Roman Kaiser | Fabian Michl (Hrsg.)

Landeswahlrecht

Wahlrecht und Wahlsystem der deutschen Länder

Nomos

Onlineversion
Nomos eLibrary

Die Deutsche Nationalbibliothek verzeichnet diese Publikation in der Deutschen Nationalbibliografie; detaillierte bibliografische Daten sind im Internet über http://dnb.d-nb.de abrufbar.

ISBN 978-3-8487-6455-6 (Print)
ISBN 978-3-7489-0579-0 (ePDF)

1. Auflage 2020
© Nomos Verlagsgesellschaft, Baden-Baden 2020. Gesamtverantwortung für Druck und Herstellung bei der Nomos Verlagsgesellschaft mbH & Co. KG. Alle Rechte, auch die des Nachdrucks von Auszügen, der fotomechanischen Wiedergabe und der Übersetzung, vorbehalten. Gedruckt auf alterungsbeständigem Papier.

Geleitwort

Die Stimmabgabe bei Wahlen ist in der Bundesrepublik Deutschland seit über 70 Jahren Ausdruck einer lebendigen Demokratie, und für die Parlamente ist sie der unverzichtbare, alles entscheidende Impuls zum Auftakt einer neuen Legislaturperiode. Umso bedeutender sind die rechtlichen Rahmenbedingungen, die den Bürgerinnen und Bürgern den Weg zur Wahlurne eröffnen, die politisch engagierten Menschen Kandidaturen um Mandate ermöglichen, und die dafür sorgen, dass sich aus den abgegebenen Stimmen demokratisch legitimierte Mehrheiten in den Parlamenten formen können.

Spannend ist daher ein Blick auf die Besonderheiten und die unterschiedlichen Ausprägungen des Wahlrechts in den deutschen Ländern, wie ihn der vorliegende Band ermöglicht. Im unmittelbaren Ländervergleich wird eindrucksvoll deutlich: das Wahlrecht und das Wahlsystem sind niemals starre Größen, sondern sie bilden in ihren Wesenszügen föderale Eigentümlichkeiten ebenso wie gesellschaftliche Entwicklungsprozesse ab.

Essentiell wichtig ist, dass in unserer parlamentarischen Demokratie Veränderungen und Anpassungen am Wahlrecht stets mit Augenmaß und unter gründlicher Abwägung aller möglichen Folgen vorgenommen werden, und dass in Zweifelsfällen verfassungsrechtliche Prüf- und Kontrollinstanzen bestehen. Ebenso wichtig ist, dass Wahlrechtsreformen durch den Gesetzgeber im öffentlichen Diskurs eine hohe Aufmerksamkeit erfahren.

Die hier veröffentlichten Ausführungen regen zu einer vertiefenden Auseinandersetzung mit den Feinheiten und Facetten der Wahlsysteme in der Bundesrepublik Deutschland und ihren Entstehungsgeschichten an. Sie bilden damit eine hervorragende Grundlage auch für das Verständnis aktueller und zukünftiger Debatten, die sich mit der weiteren Entwicklung des Wahlrechts heute oder in den kommenden Jahren befassen.

Kenntnisse des Wahlrechts sind zudem nicht allein für ein wissenschaftliches Fachpublikum von Interesse. Sie sind allgemein notwendig für eine hohe gesellschaftliche Akzeptanz von parlamentarischen Entscheidungsprozessen und demokratisch verhandelten Entscheidungen.

Mein großer Dank gilt den Herausgebern für ihre Initiative zu diesem umfassenden Werk sowie den Autorinnen und Autoren für ihre detaillierte Darstellung des Wahlrechts in den deutschen Ländern und die

Geleitwort

daraus folgenden Einordnungen. Möge dieses Buch dazu beitragen, unsere Demokratie noch besser zu verstehen und zukunftsfest zu machen.

Düsseldorf im August 2020

André Kuper, MdL
Präsident des Landtags
Nordrhein-Westfalen

Vorwort

In Deutschland ist jedes Jahr ein Wahljahr. Sind die Bürgerinnen und Bürger nicht zur Wahl des Bundestages oder des Europäischen Parlaments aufgerufen, finden gewiss in wenigstens einem Land Landtags-, Bürgerschafts- oder Abgeordnetenhauswahlen statt. Die Wahlen zu den Landesparlamenten erhalten öffentliche Aufmerksamkeit weit über die jeweiligen Landesgrenzen hinaus, gelten ihre Ergebnisse doch als Barometer für die politische Stimmung in ganz Deutschland. Mehrheitswechsel in den Landesparlamenten können Mehrheitswechsel auf Bundesebene vorwegnehmen. Wahlerfolge in den Ländern stärken die Position der Parteien auch im Bund, Wahlniederlagen auf Landesebene schmälern umgekehrt den bundespolitischen Einfluss. Schließlich wird in den Landtagswahlen mittelbar auch über die Zusammensetzung des Bundesrates entschieden.

Trotz dieser hohen medialen Präsenz der Landtagswahlen und ihrer eminenten gesamtpolitischen Bedeutung ist über das Wahlrecht und Wahlsystem der Länder allgemein nur wenig bekannt. Die strukturellen Ähnlichkeiten zum vertrauten Bundestagswahlrecht lassen eine vertiefte Auseinandersetzung mit den Wahlgesetzen der Länder entbehrlich erscheinen. Doch der Schein trügt: Die Wahlgesetze der Länder weisen gegenüber dem Wahlrecht des Bundes, aber auch im Vergleich untereinander zahlreiche Besonderheiten auf, die ernstgenommen werden müssen, will man die rechtlichen und politischen Implikationen der Wahlsysteme adäquat erfassen.

Die rechtswissenschaftliche Literatur zum Landeswahlrecht ist überschaubar. Werden in den einwohnerstarken Flächenländern wahlrechtliche Fragen noch vergleichsweise intensiv untersucht, erhält das Wahlrecht der kleineren Länder kaum wissenschaftliche Aufmerksamkeit. Vor allem aber fehlt eine Gesamtdarstellung, die einen Vergleich der Wahlsysteme untereinander und mit dem Bund ermöglicht. Dabei drängt sich eine komparatistische Perspektive auf das Landeswahlrecht geradezu auf, stehen doch die Wahlrechtsgesetzgeber in Bund und Ländern nicht selten vor vergleichbaren Herausforderungen und können von Lösungsansätzen profitieren, die sich andernorts bewährt haben. Auch wahlrechtliche „Innovationen" treten häufig erstmals auf Länderebene auf, ehe sie im Bund diskussionswürdig erscheinen.

Dieser Band will die Basis für einen interföderalen Wahlrechtsvergleich schaffen. Sein Kernstück bilden Darstellungen und Analysen der Rechts-

Vorwort

lage in den einzelnen Ländern, die nach der Art von Länderberichten in alphabetischer Reihenfolge präsentiert werden (Teil II). Vorangestellt ist eine Einführung in die theoretischen, historischen und bundesverfassungsrechtlichen Grundlagen des Landeswahlrechts (Teil I). Eine Zusammenschau von Themen und Perspektiven des interföderalen Wahlrechtsvergleichs schließen den Band ab (Teil III). Für die einzelnen Beiträge konnten wir junge Wissenschaftlerinnen und Wissenschaftler aus (fast) allen Ländern gewinnen, sodass sich die Interföderalität des Gegenstands auch in der Zusammensetzung der Autorenschaft widerspiegelt.

Wir danken dem Landtag Nordrhein-Westfalen für die großzügige Unterstützung bei den Druckkosten und Herrn Dr. Peter Schmidt vom Juristischen Lektorat des Nomos-Verlags für die ausgezeichnete Zusammenarbeit.

München/Münster im August 2020   Roman Kaiser und
                                              Fabian Michl

Inhalt

Teil I: Grundlagen

§ 1 Grundzüge der Wahlrechtstheorie　　13
Roman Kaiser

§ 2 Geschichte des Landeswahlrechts　　39
Fabian Michl

§ 3 Vorgaben des Grundgesetzes　　69
Victor Struzina

Teil II: Wahlrecht der Länder

§ 4 Baden-Württemberg　　93
Patrick Hilbert

§ 5 Bayern　　119
Roman Kaiser

§ 6 Berlin　　145
Laura Jung

§ 7 Brandenburg　　167
Michael Meier

§ 8 Bremen　　193
Tristan Barczak

§ 9 Hamburg　　219
Christina Schulz

§ 10 Hessen　　243
Benjamin Jungkind

Inhalt

§ 11 Mecklenburg-Vorpommern *Nadja Reimold*	265
§ 12 Niedersachsen *Henner Gött*	287
§ 13 Nordrhein-Westfalen *Stefan Lenz*	313
§ 14 Rheinland-Pfalz *Thomas Spitzlei*	337
§ 15 Saarland *Manuel Kollmann*	357
§ 16 Sachsen *Dorothea Heilmann*	381
§ 17 Sachsen-Anhalt *Fabian Michl*	401
§ 18 Schleswig-Holstein *Stefan Martini*	427
§ 19 Thüringen *Lukas C. Gundling*	453

Teil III: Interföderaler Rechtsvergleich

§ 20 Konvergenz und Selbstand *Roman Kaiser/Fabian Michl*	481
§ 21 Entwicklungsperspektiven *Roman Kaiser/Fabian Michl*	493
Anhang	501
Autorinnen und Autoren	503

Teil I: Grundlagen

§ 1 Grundzüge der Wahlrechtstheorie

Roman Kaiser

I. Begriff und Funktionen des Wahlrechts

Wahlrecht regelt das Verfahren, nach dem Vertretungsorgane von Hoheitsträgern gewählt werden. Dieser weite Begriff umfasst neben den im politischen Fokus stehenden Recht der Bundestags-, Landtags- und Kommunalwahlen beispielsweise auch das Recht der Wahlen von Gremien der Sozialversicherungsträger[1] oder das Recht der Hochschulwahlen. Im Folgenden soll es um einen engeren Begriff des Wahlrechts gehen, der sich auf die demokratische Parlamentswahl bezieht, also auf den „Akt, durch den [...] das Volk seinen Willen über die Zusammensetzung der Volksvertretung verbindlich kundtut".[2] Der gesamte Wahlvorgang umfasst fünf Phasen: Festlegung des Kreises der Wahlberechtigten, Wahlvorbereitung (Kandidatenaufstellung, Wahlkampf etc.), Stimmabgabe, Feststellung des Wahlergebnisses und Sitzzuteilung sowie schließlich die (nachträgliche) Wahlprüfung.[3]

Wahlrecht ist eine rechtliche Regulierung des politischen Machtkampfes. Es reguliert die Wahlen als Teil des politischen Prozesses und ist damit ein Teil des „Rechts der Politik".[4] Als solcher verwirklicht es die typische Funktionen des Rechts der Politik.[5] Das Wahlrecht dient erstens der personellen Besetzung[6] der Parlamente und ermöglicht damit erst demokrati-

---

1 Dazu *Thorsten Kingreen*, Die Qual der Wahl: Sozialwahlen in der Sozialversicherung, JöR 67 (2019), 139 ff.
2 *Hans Meyer*, Demokratische Wahl und Wahlsystem, in: Isensee/Kirchhof (Hrsg.), Handbuch des Staatsrechts, Bd. III, 3. Aufl. 2005, § 45 Rn. 1.
3 Vgl. auch *Hans Meyer*, Wahl (Fn. 2), § 45 Rn. 17, der ohne die Wahlprüfung vier Phasen benennt.
4 Begriff nach *Martin Morlok*, Notwendigkeit und Schwierigkeit eines Rechts der Politik, DVBl. 2017, 995 ff.
5 Allgemein zu Begrenzungs-, Ermöglichungs- und Demokratiefunktion des Rechts der Politik *Martin Morlok*, Notwendigkeit (Fn. 4), 995 f.
6 Damit einher geht eine Elitenselektionsfunktion der Wahl; vgl. *Hans H. Klein*, in: Maunz/Dürig, Grundgesetz-Kommentar, 60. EL 2010, Art. 38 Rn. 72.

sche Herrschaft[7] durch Ausübung der staatlichen Legislativgewalt (Ermöglichungs- und Kreationsfunktion).[8] Damit eine Parlamentswahl stattfinden kann, bedarf es der Ausgestaltung und Festlegung der technischen[9] Einzelheiten, die nur durch den Staat, nicht vom Volk selbst vorgenommen werden können.[10] Durch die Vorgabe eines verbindlichen Verfahrens wird zugleich zweitens der politische Machtkampf in eine bestimmte Bahn gelenkt (Begrenzungsfunktion). Drittens liefert das Wahlrecht den zentralen Mechanismus, um das Demokratieprinzip zu realisieren. Die Wahl vermittelt dem Staatsapparat die notwendige Legitimation, indem sie die Verbindung zwischen dem Staatsvolk und dem Parlament als notwendigem Glied der Legitimationskette[11] herstellt (Legitimationsfunktion). Sie ist der zentrale Mechanismus, durch den die permanente Meinungs- und Willensbildung des Volkes[12] in die staatliche Willensbildung einmündet.[13] Dabei stellt die Periodizität der Wahl sicher, dass die Legitimation der Staatsgewalt in regelmäßigen Abständen erneuert wird, und konstituiert so die Demokratie als begrenzte Herrschaft auf Zeit.[14] Erst dies ermöglicht eine Kontrolle der Regierenden durch die Regierten und eine Veränderung der politischen Kräfteverhältnisse (Kontroll- und Integrationsfunktion).[15]

---

7 Vgl. *Julian Krüper*, Wahlrechtsgeschichte(n) unter dem Grundgesetz, in: Heinig/Schorkopf (Hrsg.), 70 Jahre Grundgesetz, 2019, S. 149 (149 f.).
8 Damit im Zusammenhang steht die Redeweise von der Wahl als Integrationsvorgang, der die Funktionsfähigkeit des Parlaments sicherstellen soll; vgl. dazu etwa *Hans H. Klein* (Fn. 6), Art. 38 Rn. 69, 74.
9 Vgl. *Martin Morlok*, Notwendigkeit (Fn. 4), 995.
10 *Hans Meyer*, Wahl (Fn. 2), § 45 Rn. 3.
11 Vgl. *Ernst-Wolfgang Böckenförde*, Demokratie als Verfassungsprinzip, in: Isensee/Kirchhof (Hrsg.), Handbuch des Staatsrechts, Bd. II, 3. Aufl. 2004, § 24 Rn. 16.
12 Zum Volkswillensbildungsprozess, der über die Wahl hinaus die ständige Einflussnahme der Bürger auf den politischen Prozess umfasst, *Walter Schmitt Glaeser*, Die grundrechtliche Freiheit des Bürgers zur Mitwirkung an der Willensbildung, in: Isensee/Kirchhof (Fn. 2), § 38 Rn. 28 ff.
13 BVerfG, Urt. v. 19.07.1966 – 2 BvF 1/65, BVerfGE 20, 56 (98 f.); vgl. auch *Hans H. Klein* (Fn. 6), Art. 38 Rn. 67 m. w. N.
14 Vgl. *Uwe Volkmann*, Wahlen in der Demokratie, in: Mörschel (Hrsg.), Wahlen und Demokratie, 2016, S. 9 (9). Zur Demokratie als Herrschaft auf Zeit vgl. BVerfG, Urt. v. 02.03.1977 – 2 BvE 1/76, BVerfGE 44, 125 (139).
15 *Hans H. Klein* (Fn. 6), Art. 38 Rn. 70.

§ 1 Grundzüge der Wahlrechtstheorie

II. Bedingungen des Wahlrechts

Aus der Demokratie ergeben sich auch die normativen Bedingungen,[16] unter denen das Wahlrecht in erster Linie steht.[17] Die repräsentative Demokratie verlangt, dass das Wahlrecht ein Verfahren festlegt, in dem das Volk die Abgeordneten bestimmen kann. Dieses Wahlverfahren muss die Gebote der demokratischen Gleichheit und Freiheit[18] wahren.[19]

Demokratische Gleichheit erfordert die gleiche Chance politischer Machtgewinnung.[20] Unter der Geltung des Mehrheitsprinzips bedeutet dies insbesondere, dass die Minderheit von heute die Chance haben muss, zur Mehrheit von morgen zu werden.[21] Das Wahlrecht muss deshalb zum einen das Wahlvolk gleichbehandeln. Wahlen müssen allgemein sein, d. h. grundsätzlich allen Staatsbürgern offenstehen. Und alle Stimmen müssen dasselbe Gewicht haben: „one person, one vote" lautet der oberste Grundsatz. Die demokratische Wahlgleichheit zählt dementsprechend alle Wähler gleich, sie gewichtet ihre Stimmen nicht; sie ist formale, „arithmetisch-mathematische"[22], nicht proportionale Gleichheit.[23] Zum anderen muss das Wahlrecht die Wahlbewerber gleichbehandeln. Es muss eine Wettbewerbsordnung[24] garantieren, die allen Kandidaten gegenüber neutral ist und deren Chancengleichheit wahrt.[25]

Das Wahlrecht steht zugleich unter der Bedingung der Freiheit, wiederum in doppelter Hinsicht. Durch die Stimmabgabe übt zum einen „der

---

16 Zur grundlegenderen Frage nach der Bedeutung von Wahlen in der Demokratie *Annette Schmitt*, Die Rolle von Wahlen in der Demokratie, in: Falter/Schoen (Hrsg.), Handbuch Wahlforschung, 2. Aufl. 2014, S. 3 ff.; *Uwe Volkmann*, Wahlen (Fn. 14), passim.
17 Eine weitere Anforderung ergibt sich aus der Kreationsfunktion: die Funktionsfähigkeit des Parlaments. Sie betrifft v. a. die Aspekte der „Zersplitterung" (Stichwort: Sperrklausel) und der Parlamentsgröße (Stichwort: Anwachsen durch Überhang- und Ausgleichsmandate).
18 Zur Verbindung von Gleichheit und Freiheit in der Demokratie vgl. *Christoph Möllers*, Demokratie – Zumutungen und Versprechen, 2008, S. 16 ff.
19 Vgl. *Konrad Hesse*, Grundzüge des Verfassungsrechts der Bundesrepublik Deutschland, 20. Aufl. 1995, Rn. 145.
20 *Ernst-Wolfgang Böckenförde*, Demokratie (Fn. 11), § 24 Rn. 41.
21 Vgl. *Konrad Hesse*, Grundzüge (Fn. 19), Rn. 143.
22 *Gerhard Leibholz*, Strukturprobleme der Demokratie, 3. Aufl. 1967, S. 149.
23 *Ernst-Wolfgang Böckenförde*, Demokratie (Fn. 11), § 24 Rn. 41 f.
24 Vgl. *Hans Meyer*, Wahl (Fn. 2), § 45 Rn. 13.
25 Allgemein zur Chancengleichheit als Anforderung an das Recht der Politik *Martin Morlok*, Notwendigkeit (Fn. 4), 997 f.; zur Chancengleichheit der Parteien *Philip Kunig*, Parteien, in: Isensee/Kirchhof (Fn. 2), § 40 Rn. 93 ff.

Bürger als Glied des Staatsvolkes seine [...] politische Freiheit aus."[26] Das Wahlrecht muss deshalb – wie alle demokratischen Institutionen und Verfahren – den freien Prozess der Meinungs- und Willensbildung, der den Wahlentscheidungen der Bürger vorangeht, sichern.[27] Die Formalität des Wahlrechts dient hierbei als Freiheitsgarantie.[28] Zum anderen setzt „die Möglichkeit einer freien Wahl zwischen mehreren politischen Gruppierungen und Richtungen"[29] auch ein freies Entscheidungsangebot[30] und damit die Freiheit eben dieser Gruppierungen bei der Kandidatur und im Wahlkampf[31] voraus. Für die moderne Parteiendemokratie[32] bedeutet dies Mehrparteiensystem und Parteifreiheit,[33] aber auch ein Wahlvorschlagsrecht, das grundsätzlich auch in Parteien nicht vertretenen politischen Strömungen offen steht[34]. Ein Listenprivileg der Parteien wie in §§ 18, 27 BWahlG ist – auch verfassungsrechtlich – nicht unproblematisch. Die vom BVerfG bemühte Rechtfertigung aus der Natur der Sache[35] vermag kaum zu überzeugen, denn auch Wählervereinigungen, die keine Partei sind, können derart organisiert sein, dass sie als eine Liste zu einer Wahl antreten können.[36]

Neben diesen normativen Bedingungen muss das Wahlrecht auch einige faktische Bedingungen beachten. Wahlen sind das größte rechtliche Massenverfahren.[37] Zudem stehen alle Phasen der Wahl unter einem hohen Zeitdruck.[38] Das Wahlrecht muss deshalb „einerseits in hohem

---

26 *Peter Badura*, Die parlamentarische Demokratie, in: Isensee/Kirchhof (Fn. 11), § 25 Rn. 30.
27 Vgl. *Peter Badura*, Demokratie (Fn. 26), § 25 Rn. 29, 32.
28 Vgl. *Martin Morlok*, in: Dreier (Hrsg.), Grundgesetz, 3. Aufl. 2015, Art. 38 Rn. 55; allgemein für das Recht der Politik *ders.*, Notwendigkeit (Fn. 4), 999.
29 *Konrad Hesse*, Grundzüge (Fn. 19), Rn. 155.
30 Vgl. *Annette Schmitt*, Rolle (Fn. 16), S. 7 f.
31 Zur Rolle der Parteien bei der Wahlvorbereitung *Heike Merten*, Nach der Wahl ist vor der Wahl, JöR 67 (2019), 107 ff.
32 Dazu *Peter Badura*, Demokratie (Fn. 26), § 25 Rn. 55 ff.
33 Zur Parteiengründungsfreiheit *Philip Kunig*, Parteien (Fn. 25), § 40 Rn. 23 ff.
34 *Christian Starck*, Grundrechtliche und demokratische Freiheitsidee, in: Isensee/Kirchhof (Fn. 2), § 33 Rn. 32; vgl. auch *Martin Morlok* (Fn. 28), Art. 38 Rn. 78.
35 BVerfG, Beschl. v. 13.06.1956 – 1 BvR 315/53 u. a., BVerfGE 5, 77 (82 f.); Beschl. v. 17.10.1977 – 2 BvC 1/77, BVerfGE 46, 196 (199).
36 Vgl. für das brandenburgische Wahlrecht Art. 22 Abs. 3 Satz 2 BbgLV (dazu § 7 IV 2).
37 Vgl. *Hans Meyer*, Wahl (Fn. 2), § 45 Rn. 17. Zur Etablierung der Massenwahlen *Hedwig Richter*, Warum wählen wir?, APuZ 38–39/2017, 10 ff.
38 Vgl. *Hans Meyer*, Wahl (Fn. 2), § 45 Rn. 17.

Maße formalisiert und stabil [...], andererseits auch praktikabel"[39] sein. Zugleich folgen daraus auch Anforderungen an das – in nicht geringem Maße aus ehrenamtlichen Wahlhelfern bestehende – Verwaltungspersonal der Wahl.[40] Schließlich werfen sowohl die Manipulationsanfälligkeit eines Massenverfahrens als auch der Stabilitäts- und Zeitdruck die Frage nach dem effektiven Rechtsschutz und den richtigen Sanktionen[41] auf.

III. Strukturentscheidungen des Wahlrechts

Bei der Regelung des Wahlrechts sind unweigerlich verschiedene Strukturentscheidungen hinsichtlich Form und Inhalt zu treffen, anhand derer sich die vielfältigen Möglichkeiten der Ausgestaltung des Wahlrechts verdeutlichen lassen.

1. Regelungsstruktur

Die erste grundlegende, formelle Strukturentscheidung betrifft die Regelungsstruktur des Wahlrechts, d. h. die Frage, in welcher rechtlichen Form das Wahlrecht statuiert wird. Zur Verfügung stehen die drei Ebenen Verfassung, Gesetz und Verordnung. Die Aufteilung zwischen den letzteren beiden Formen ist relativ klar vorgegeben. Durch Parlamentsgesetz werden die wesentlichen Vorgaben gemacht und das Wahlrecht in seinen Grundzügen festgelegt. Der Verordnungsgeber regelt sodann die näheren Einzelheiten, insbesondere technischer Art, wie beispielsweise den Ablauf der Wahlhandlung (vgl. §§ 49 ff. BWahlO).

Offen ist demgegenüber die Frage nach dem Verhältnis von Verfassung und Gesetz, genauer gesagt die Frage danach, inwieweit wahlrechtliche Entscheidungen bereits auf Verfassungsebene getroffen, damit dem Wahlrechtsgesetzgeber vorgegeben und einer erschwerten Abänderbarkeit unterworfen werden sollten. Jenseits einer expliziten Benennung der Grundsätze für ein demokratisches Wahlrecht[42] stellt sich vor allem die

---

39 BVerfG, Beschl. v. 21.04.2009 – BvC 2/06, BVerfGE 124, 1 (23).
40 Zu diesem Aspekt vgl. *Arne Pilniok*, Das Personal der Wahlen und die Vertrauensfrage, in: Richter/Buchstein (Hrsg.), Kultur und Praxis der Wahlen, 2017, S. 265 ff.
41 Allgemein zum Sanktionsproblem im Recht der Politik *Martin Morlok*, Notwendigkeit (Fn. 4), 997.
42 Zu den Wahlrechtsgrundsätzen des GG vgl. § 3 II.

Frage danach, inwieweit die Verfassung selbst das Wahlsystem[43] festlegen sollte. Die Antwort kann nur eine verfassungspolitische sein. Bei dieser Entscheidung über das „Maß der Gestaltungsfreiheit des Wahlgesetzgebers" handelt es sich um eine der wichtigsten, die der Verfassungsgeber zu fällen hat, denn sie trifft „den Nerv des politischen Systems Demokratie."[44] Höhere Gestaltungsfreiheit bedeutet auch bessere Möglichkeiten, die Chancen der Machtgewinnung zu eigenen Gunsten zu manipulieren.[45] Deshalb ist die „völlige Freiheit des Wahlgesetzgebers und damit der jeweiligen Parlamentsmehrheit, die Bedingungen des Machterwerbs mit einfacher Mehrheit festzulegen",[46] zumindest nicht denkbar, ohne die Frage zu provozieren, welcher Sinn einer formellen Verfassung dann noch zukäme.[47] Rechtspolitische Forderungen nach einer verstärkten Verankerung des Wahlrechts im Grundgesetz[48] sind freilich vereinzelt geblieben. Demgegenüber legen einige Landesverfassungen zumindest Grundsätze für das einfachrechtlich auszugestaltende Wahlsystem fest. Mitunter wird denn auch auf Landesebene die Verfassungsänderung als Mittel gewählt, um ein neues Wahlrecht einzuführen.[49]

2. *Wahlberechtigung und Wählbarkeit*

Der erste Komplex materieller Strukturentscheidungen betrifft die Wahlberechtigung und Wählbarkeit. Durch das aktive und passive Wahlrecht wird festgelegt, wer wählen und gewählt werden kann, und damit, wer an der Staatsgewalt teilhaben kann. Das demokratische Versprechen zielt darauf, diesen Personenkreis möglichst groß zu halten. Der Grundsatz der allgemeinen Wahl verwirklicht die Volkssouveränität.[50] Er wendet sich dagegen, Bevölkerungsteile von der Wahl auszuschließen, indem die

---

43 Vgl. dazu für das GG noch unten 3 b).
44 *Hans Meyer*, Wahl (Fn. 2), § 45 Rn. 22.
45 Näher noch unten 4.
46 *Hans Meyer*, Wahl (Fn. 2), § 45 Rn. 22.
47 Hingewiesen sei an dieser Stelle auf die hamburgische Lösung (Art. 6 Abs. 4 Satz 2 und 3 HmbVerf), Änderungen des Wahlrechts durch den einfachen Gesetzgeber von einer Zwei-Drittel-Mehrheit im Parlament und die Sanktionierung durch das Volk abhängig zu machen (dazu § 9 VII).
48 Vgl. *Patrizia Robbe/Quirin Weinzierl*, Mehr Wahlrecht in das Grundgesetz?, ZRP 2015, 84 ff. Zur Diskussion um die Aufnahme einer Sperrklausel ins GG vgl. *Julian Krüper*, Verfassungsunmittelbare Sperrklauseln, ZRP 2014, 130 ff.
49 So in Hessen 1950 und in Rheinland-Pfalz 1989 (dazu § 2 V 3).
50 *Martin Morlok* (Fn. 28), Art. 38 Rn. 68.

Wahlberechtigung und/oder Wählbarkeit an bestimmte persönliche Eigenschaften wie Stand, Vermögen oder Geschlecht geknüpft werden.[51] Die Forderung nach allgemeinen Wahlen weist deshalb historisch einen dynamischen Charakter auf, der sich in der schrittweise erfolgten Ausweitung des Wahlrechts zeigt.[52]

a) Problemfelder des aktiven und passiven Wahlrechts

Heutzutage lassen sich noch vier Problemfelder des aktiven und passiven Wahlrechts feststellen.[53] Das erste betrifft den Ausschluss von Kindern und Jugendlichen. Hier geht es zum einen um das Wahlalter. Das Wahlrecht wird damit – anderen Rechten nicht unähnlich – an das Vorliegen einer gewissen geistigen Reife geknüpft. Gewöhnlich wird diese Einschränkung der Allgemeinheit der Wahl verfassungsunmittelbar und damit auf derselben Rangstufe geregelt.[54] Materiell muss maßgeblich sein, in welchem Alter bei pauschaler Betrachtung das nötige Maß an politischer Einschätzungsfähigkeit erreicht ist.[55] Nachdem lange Zeit deutschlandweit einheitlich die mit der Volljährigkeit übereinstimmende Grenze von 18 Jahren galt, sind einige wenige Länder vorangeschritten und haben das Wahlalter für das aktive Wahlrecht auf 16 Jahre abgesenkt.[56] Bei Kommunalwahlen gilt diese Altersgrenze inzwischen gar in der Hälfte der Länder.[57] In Zeiten von „Fridays for Future" wird die Debatte um eine Absenkung des Wahlalters kaum abreißen. Daran zeigt sich zugleich anschaulich die (auch par-

---

51 Vgl. *Hans Hugo Klein* (Fn. 6), Art. 38 Rn. 88.
52 *Hans Meyer*, Wahlgrundsätze, Wahlverfahren, Wahlprüfung, in: Isensee/Kirchhof (Fn. 2), § 46 Rn. 2.
53 *Hans Meyer*, Wahlgrundsätze (Fn. 52), § 46 Rn. 3.
54 Vgl. für die Bundestagswahl Art. 38 Abs. 2 GG; dazu BVerfG, Beschl. v. 15.01.2009 – BvC 4/04, BVerfGE 122, 304 (309).
55 *Hans Meyer*, Wahlgrundsätze (Fn. 52), § 46 Rn. 12.
56 Brandenburg, Bremen, Hamburg, Schleswig-Holstein (§§ 7 II, 8 II, 9 II und 18 II). Zur Diskussion vgl. *Reinhard Mußgnug*, Das Wahlrecht für Minderjährige auf dem Prüfstand des Verfassungsrechts, in: Festschrift für Gerd Roellecke, 1995, 165 ff.; *Thomas Oppermann/Tobias Walkling*, Zur rechtlichen Zulässigkeit der Herabsetzung des Wahlalters auf 16 Jahre, RuP 1995, 85 ff.; *Christoph Knödler*, Wahlrecht für Minderjährige – eine gute Wahl?, ZParl 1996, 553 ff.; *Theo Langheid*, Für und Wider des Minderjährigenwahlrechts, ZRP 1996, 131 ff.
57 Baden-Württemberg, Brandenburg, Bremen, Mecklenburg-Vorpommern, Niedersachsen, Nordrhein-Westfalen, Sachsen-Anhalt, Schleswig-Holstein, Thüringen. Zur Vereinbarkeit mit dem GG vgl. BVerwG, Urt. v. 13.06.2018 – 10 C 8/17, BVerwGE 162, 244 ff.

tei-)politische Bedeutung, die einer solchen Veränderung des Wählerspektrums zukäme.[58]

Zum anderen gehören zu diesem Problemfeld die Diskussionen um das so genannte Stellvertretermodell (Kinder-, Eltern- oder Familienwahlrecht). Dabei soll die Wahlfähigkeit dem Grunde nach an die Rechtsfähigkeit anknüpfen, also bereits ab Geburt bestehen. Die Ausübung des Wahlrechts obläge den gesetzlichen Vertretern, denen somit letztlich eine weitere Stimme zukäme. Die Konflikte mit den Grundsätzen der Wahlgleichheit und der Höchstpersönlichkeit der Wahl liegen auf der Hand.[59] Nichtsdestotrotz entspann sich um dieses Thema Anfang des Jahrzehnts eine ausgiebige verfassungspolitische und verfassungsrechtliche Debatte.[60]

Das zweite Problemfeld betrifft „Einschränkungen aufgrund persönlicher Merkmale"[61]. Darunter fällt zum einen der Ausschluss von Personen, denen aufgrund psychischer Krankheit die Einsichtsfähigkeit in den demokratischen Prozess fehlt. Handelt es sich dabei dem Grunde nach um ein legitimes Ziel, so dürfte es schwer sein, mit einem typisierenden Merkmal im Wesentlichen diejenigen Personen zu treffen, bei denen jene Voraussetzung vorliegt. Das BVerfG hat dementsprechend zurecht für das Bundestagswahlrecht den pauschalen Ausschluss von Personen, für die zur Besorgung aller Angelegenheiten ein Betreuer nicht nur durch einstweilige Anordnung bestellt ist oder die sich auf Grund einer Anordnung nach § 63 i. V. m. § 20 StGB in einem psychiatrischen Krankenhaus befinden (§ 13 Nr. 2 und 3 BWahlG a. F.), für verfassungswidrig erklärt.[62] Umgekehrt dürfte fraglich sein, ob sich eine einzelfallbezogene Feststellung der Ausschlussvoraussetzungen auf praktikable Art und Weise[63] bewerkstelligen lässt. Der andere traditionelle Ausschlussgrund, der früher unter „Verlust der bürgerlichen Ehrenrechte" firmierte, ist die Aberkennung des aktiven und/oder passiven Wahlrechts durch Strafurteil.[64] Rechtfertigen lassen wird sich angesichts der fundamentalen Bedeutung des demokratischen Teilhaberechts höchstens ein Ausschluss des passiven Wahlrechts bei Straf-

---

58 Vgl. dazu *Hans Meyer*, Wahlgrundsätze (Fn. 52), § 46 Rn. 12.
59 Vgl. nur *Martin Morlok* (Fn. 28), Art. 38 Rn. 129.
60 Vgl. *Hanna Quintern*, Das Familienwahlrecht, 2010; *Isabel Rupprecht*, Das Wahlrecht für Kinder, 2012; *Ralf Brinktrine*, Seniorendemokratie, JöR 61 (2013), 557 ff.; *Gerhart Meixner*, Plädoyer für ein „höchstpersönliches Elternwahlrecht zugunsten des Kindes", ZParl 2013, 419 ff.
61 *Hans Meyer*, Wahlgrundsätze (Fn. 52), § 46 Rn. 12.
62 BVerfG, Beschl. v. 29.01.2019 – 2 BvC 62/14, NJW 2019, 1201 ff.
63 Vgl. dazu BVerfG, Beschl. v. 29.01.2019 – 2 BvC 62/14, NJW 2019, 1201 (1211 f.).
64 Vgl. § 13 BWahlG.

taten, die gegen die freiheitlich-demokratische Grundordnung gerichtet sind. Den pauschalen Ausschluss vom Wahlrecht hat der EGMR als Konventionsverstoß verurteilt.[65] Die bestehenden – praktisch wenig relevanten – Regelungen des StGB dürften jedenfalls einer verfassungsrechtlichen Überprüfung nicht standhalten.[66] Indes nicht unerwähnt bleiben darf dabei, dass andere Staaten teilweise einen deutlich drastischeren Wahlrechtsausschluss von Strafgefangenen vornehmen, z. B. Großbritannien.[67]

Unter gemeinsamen Blickwinkel lassen sich schließlich das dritte und vierte Problemfeld der Allgemeinheit der Wahl betrachten: das Wahlrecht von Inländern, die im Ausland wohnen,[68] sowie das Wahlrecht von Ausländern, die im Inland wohnen. Betroffen sind zwei klassische Anknüpfungspunkte des Wahlrechts, die „personale Anknüpfung an die Staatsangehörigkeit und die territoriale Anknüpfung an den Wohnsitz bzw. gewöhnlichen Aufenthalt".[69] Damit soll – ähnlich dem Wahlalter – sichergestellt werden, dass die „Möglichkeit der Teilnahme am Kommunikationsprozess zwischen Volk und Staatsorganen" in hinreichendem Maße besteht.[70] Die dadurch aufgeworfene Frage, welches Maß an Verbundenheit zum staatlichen Gemeinwesen bestehen muss, um ein Recht auf demokratische Teilhabe zu haben, gehört zu den grundlegendsten Fragen der Demokratietheorie.[71] Angesichts der zunehmenden Mobilität im 21. Jahrhundert stellt sie sich in besonderem Maße.[72] Insbesondere die Freizügigkeit innerhalb der Europäischen Union bewirkt dabei erstens die Möglichkeit häufiger Wohnsitzwechsel zwischen In- und (EU-)Ausland, zweitens aber auch – nicht zuletzt aufgrund der umfassenden Diskriminierungsverbote – die Möglichkeit, sich auch ohne Annahme der Staatsbürgerschaft langfristig in einem Gemeinwesen zu verwurzeln, und drittens

---

65 EGMR, Urt. v. 06.10.2005 – 74025/01 (Hirst/Vereinigtes Königreich).
66 Vgl. *Hans Meyer*, Wahlgrundsätze (Fn. 52), § 46 Rn. 4, 14; *Katrin Stein*, „Wer die Wahl hat…", GA 2004, 22 ff.; *Heiko Holste*, Wahlrechtsausschluss für Straftäter, RuP 2015, 220 ff.
67 Vgl. House of Commons Briefing Paper No. 07461 (Prisoners' voting rights: developments since May 2015), 02.04.2020, abrufbar unter: https://commonslibrary.parliament.uk/research-briefings/cbp-7461 (abgerufen am 26.09.2020).
68 Zum sog. Out-of-Country-Voting und insb. seinen technischen Modalitäten vgl. *Christina Binder*, Wählen außerhalb des Heimatlandes: Eine völkerrechtliche Bestandsaufnahme, JöR 66 (2019), 209 ff.
69 *Astrid Wallrabenstein*, Wahlrecht und Mobilität, JöR 66 (2018), 431 (436).
70 BVerfG, Beschl. v. 04.07.2012 – 2 BvC 1, 2/11, BVerfGE 120, 39 (50).
71 Zur demokratietheoretischen Diskussion um das Ausländerwahlrecht vgl. *Michel Dormal*, Wählen ohne Staatsbürgerschaft?, PVS 57 (2016), 378 ff.
72 Vgl. *Astrid Wallrabenstein*, Wahlrecht (Fn. 69), passim.

den Umstand[73], dass Kinder in Staaten geboren werden und aufwachsen, deren Staatsangehörigkeit sie nicht besitzen. Die Herausforderung liegt darin, Zugehörigkeitsregeln zu finden, die unter diesen Umständen ein Höchstmaß demokratischer Mitbestimmung sichern und zugleich in der Lage sind, ein nachvollziehbares und sicheres Fundament[74] für die demokratische Verbundenheit aller Zugehörigen zu bilden. Fest steht dabei: In der Demokratie ist auch über die Zugehörigkeit zur demokratischen Ordnung demokratisch zu entscheiden.[75]

b) Inkurs: Landesvolk

Für das Wahlrecht der deutschen Länder ergeben sich besondere Probleme. Wie ist der Landes-Demos zu bestimmen? In der bundesstaatlichen Theorie haben auch die Länder Staatsqualität und verfügen deshalb über ein Staatsvolk, das Träger der Landesstaatsgewalt ist. Eine rein personale Anknüpfung scheidet indes mangels Landesstaatsangehörigkeit aus.[76] Hinzukommen muss eine territoriale Anknüpfung, die auf den Wohnsitz innerhalb des Staatsgebiets des Landes abstellt. Dementsprechend definiert das BVerfG das Landesvolk als den „territorial begrenzte[n] Verband der im Bereich des jeweiligen Landes lebenden Deutschen".[77] Damit ist zugleich das Legitimationssubjekt jeder Landeswahl bestimmt als „die Gesamtheit der in dem jeweiligen Wahlgebiet ansässigen Deutschen (Art. 116 Abs. 1 GG)".[78]

Das Landesstaatsvolk ist demnach mit dem deutschen Volk – definiert als die Gesamtheit der Deutschen im Sinne des Art. 116 Abs. 1 GG – personell teilidentisch.[79] Diese personale Komponente des Landesvolksbegriffs führt zu einer doppelten Begrenzung. Zum einen darf ein Landes(verfassungs)gesetzgeber bei der Festlegung des aktiven und passiven Wahlrechts

---

73 Vgl. *Astrid Wallrabenstein*, Wahlrecht (Fn. 69), 446.
74 Dessen Bedeutung betont *Julian Krüper*, Wahlrechtsgeschichte(n) (Fn. 7), 151.
75 *Christoph Möllers*, Demokratie (Fn. 18), 24 f.
76 Von der (seit Aufhebung der konkurrierenden Gesetzgebungskompetenz in Art. 73 Nr. 2 GG bestehenden) ausschließlichen Gesetzgebungskompetenz hat kein Land Gebrauch gemacht.
77 BVerfG, Urt. v. 31.10.1990 – 2 BvF 2/89 u. a., BVerfGE 83, 37 (53).
78 BVerfG, Urt. v. 31.10.1990 – 2 BvF 3/89, BVerfGE 83, 60 (71).
79 Vgl. *Rolf Grawert*, Staatsvolk und Staatsangehörigkeit, in: Isensee/Kirchhof (Fn. 11), § 16 Rn. 33; ferner *Josef Isensee*, Idee und Gestalt des Föderalismus im Grundgesetz, in: Isensee/Kirchhof (Hrsg.), Handbuch des Staatsrechts, Bd. VI, 3. Aufl. 2008, § 126 Rn. 47 ff.

nicht zwischen „seinen" und anderen Deutschen differenzieren (Art. 33 Abs. 1 i. V. m. Art. 28 Abs. 1 Satz 2 GG). Zum anderen soll den Ländern nach der Rechtsprechung des BVerfG auch eine Ausweitung des Wahlrechts auf Ausländer verwehrt sein.[80] Gemäß Art. 28 Abs. 1 Satz 2 i. V. m. Art. 20 Abs. 2 GG könne nur eine Wahl die Ausübung von Landesstaatsgewalt demokratisch legitimieren, an der ausschließlich Deutsche und keine Ausländer teilnehmen.

Auch die territoriale Komponente hat ihre eigenen Konsequenzen. Nimmt man die Anknüpfung an die Ansässigkeit im Landesgebiet ernst, so erfordert die Allgemeinheit der Wahl im Grundsatz, dass alle Deutschen, die am Wahltag diese Voraussetzung erfüllen, wahlberechtigt sind.[81] Sesshaftigkeitserfordernisse, also Mindestzeiten, innerhalb derer eine Person in dem jeweiligen Land gelebt haben muss, um das Wahlrecht zu erwerben, sind vor diesem Hintergrund rechtfertigungsbedürftig.[82] Ob man hier die Ratio des § 12 Abs. 1 Nr. 2 BWahlG, ein Mindestmaß an Verbundenheit zum staatlichen Gemeinwesen sicherzustellen,[83] eins zu eins übertragen kann, erscheint fraglich. Stimmt die These, dass es nur ein deutsches Volk gibt und dass die in Bundes- und Landesverbandskompetenz ausdifferenzierte Staatsgewalt eine Handlungseinheit bildet,[84] dann ist nicht recht erklärlich, warum die Teilhabe an einem Teil dieser Staatsgewalt eine besondere Aufenthaltsdauer voraussetzen sollte. Auch die tatsächlichen Gegebenheiten unterscheiden sich in einem Bundesstaat mit gemeinsamer Sprache und medialer Berichterstattung doch erheblich von denen, die etwa im Verhältnis zweier europäischer Staaten bestehen. Wer wollte beispielsweise ernsthaft behaupten, dass ein Bewohner Schleswig-Holsteins die Regierungsbildung in Thüringen im Februar 2020 nur in demselben Maße verfolgt habe wie die Regierungsbildung in Spanien einen Monat zuvor?

---

80 BVerfG, Urt. v. 31.10.1990 – 2 BvF 2/89 u. a., BVerfGE 83, 37 ff.; Urt. v. 31.10.1990 – 2 BvF 3/89, BVerfGE 83, 60 ff.; im Anschluss daran BremStGH, Urt. v. 31.01.2014 – St 1/13, LVerfGE 25, 325 ff. = NVwZ-RR 2014, 497 ff. mit Sondervotum *Sacksofsky*. Kritisch etwa *Brun-Otto Bryde*, Die bundesrepublikanische Volksdemokratie als Irrweg der Demokratietheorie, Staatswissenschaften und Staatspraxis 5 (1994), 305 ff.; *Hans Meyer*, Grundgesetzliche Demokratie und Wahlrecht für ansässige Nichtdeutsche, JZ 2016, 121 ff.
81 So wohl auch *Josef Isensee* (Fn. 79), § 126 Rn. 59.
82 Kritisch gegenüber Mindestzeiten *Michael Sachs*, Das Staatsvolk in den Ländern, AöR 108 (1983), 68 (87 ff.).
83 Siehe oben a).
84 *Josef Isensee* (Fn. 79), § 126 Rn. 47 f.

Die territoriale Komponente des Landesvolks führt darüber hinaus dazu, dass die Zugehörigkeit zum Landesvolk mit dem Wegzug aus dem Staatsgebiet des Landes endet. Die Länder verfügen allein über eine Territorialhoheit, nicht über eine Personalhoheit.[85] Ein Auslandswahlrecht ist dem Landeswahlrecht deshalb strukturell fremd. Unter den Bedingungen moderner Mobilität ist auch dies freilich alles andere als unproblematisch. Ob es den Ländern offensteht, Personen das Wahlrecht zu belassen, die aus ihrem Gebiet in das außerdeutsche Ausland wegziehen, ist bisher ungeklärt.[86]

Erstaunlich wenig behandelt ist aber auch die grundlegende Frage, was genau der Anknüpfungspunkt für die Ansässigkeit im Landesgebiet ist. Klassisches und in allen Landeswahlgesetzen angewandtes Kriterium ist der Wohnsitz. Für die Begriffsbestimmung wird üblicherweise auf den Wohnungsbegriff im Melderecht des Bundes (§§ 20–22 BMG) zurückgegriffen.[87] Das hat vor allem den praktischen Vorteil, dass das Wählerverzeichnis anhand des Melderegisters erstellt werden kann. Es bewirkt aber auch, dass der Wohnsitzbegriff für das Landeswahlrecht bundesweit einheitlich gehandhabt wird und folglich keine Person in zwei Ländern kraft Wohnsitzes wahlberechtigt sein kann. Zu hinterfragen wäre jedoch, ob die Anknüpfung an den melderechtlichen Wohnungsbegriff dem Sinn des wahlrechtlichen Wohnsitzbegriffes, der auf Verbundenheit mit dem jeweiligen Land abzielt, gerecht wird. Diese Frage stellt sich primär[88] dann, wenn (Haupt-)Wohnung und Ort des Lebensschwerpunktes auseinanderfallen, insbesondere wenn sich der Lebensschwerpunkt einer Person nicht am Ort der Familienwohnung (§ 22 Abs. 1 BMG) befindet.[89] Sollte hier der Lebensschwerpunkt den Anknüpfungspunkt für das Wahlrecht geben?

Der ThürVerfGH hat dies bejaht: Die Anknüpfung des einfachen Wahlrechts an das Melderecht sei zwar grundsätzlich zulässig, es müsse aber dahingehend verfassungskonform ausgelegt werden, dass der wahlrechtli-

---

85 *Josef Isensee* (Fn. 79), § 126 Rn. 52.
86 Zur Kontroverse um den „Auslandsbayern" § 5 II.
87 Entweder aufgrund gesetzlicher Festlegung (vgl. § 2 Satz 3 NLWG) oder mittels Auslegung.
88 Ein Problem kann sich auch dort ergeben, wo Personen, die im Land über keinen Wohnsitz verfügen, aufgrund des gewöhnlichen Aufenthalts wahlberechtigt sind (vgl. etwa § 2 Satz 1 Nr. 2 LWG LSA und dazu § 17 II 4). Die Auslegung dürfte dabei indes ergeben, dass nur Personen gemeint sind, die in keinem Land über einen Wohnsitz verfügen. Eindeutig in diesem Sinne etwa § 1 Nr. 3 NRWL-WahlG.
89 Vgl. dazu *Thorsten Koch*, Wahlrecht und Melderecht – zur Problematik der „Hauptwohnung", NWVBl. 2017, 197 ff.

che Wohnsitz nicht immer die melderechtliche Hauptwohnung, sondern vielmehr der persönliche Lebensmittelpunkt sei, wenn dieser von der Familienwohnung abweiche.[90] Es ergibt sich dann jedoch das Problem, dass eine Person potenziell in zwei Ländern wahlberechtigt sein kann – am Ort der Familienwohnung und am Ort des Lebensmittelpunktes.[91] Ob dies bundesverfassungsrechtlich zulässig ist, erscheint unklar.[92] Die – freilich in einem ganz anderen Kontext (dem des Ausländerwahlrechts) ergangene – Rechtsprechung des BVerfG scheint es zumindest nahezulegen, dass eine Person nur einem Teilvolk angehören kann und folglich nur in einem Land wahlberechtigt sein darf. Sollte dem so sein, ist in einem zweiten Schritt die Frage zu beantworten, ob bundesverfassungsrechtlich auch vorgegeben ist, wie die Zugehörigkeit zum Landesvolk zu bestimmen ist. Das BVerfG gibt mit den Formulierungen „ansässig" oder „im Land lebend" kein eindeutiges Kriterium vor. Im Falle einer (eingeschränkten) Gestaltungsfreiheit der Landeswahlgesetzgeber ergäbe sich im Hinblick auf den Ausschluss doppelter Wahlberechtigungen ein bundesstaatliches Koordinierungsproblem. Aus dem Prinzip der Bundestreue ließe sich wohl ableiten, dass die Länder Regelungen schaffen müssen, wonach eine doppelt wahlberechtigte Person, die sich für die Wahlberechtigung in einem Land entscheidet, diese in dem anderen Land verliert.[93]

3. Wahlsystem

Das Wahlsystem regelt, wie gewählt wird, d. h. für welche Wahlvorschläge der Wähler seine Stimme(n) abgeben kann und wie diese Stimme(n) in

---

90 ThürVerfGH, Urt. v. 12.06.1997 – VerfGH 13/95, NJW 1998, 525 (526 ff.) mit Sondervotum *Becker* und *Morneweg*. Kritisch *Wolfgang Schreiber*, Die Wohnsitznahme im Wahlgebiet als Wählbarkeitsvoraussetzung, NJW 1998, 492 ff. Der Gesetzgeber hat im Nachgang zum Urteil in § 13 Satz 3 ThürLWG festgelegt, dass Personen, deren Hauptwohnung nach § 22 Abs. 1 BMG nicht innerhalb Thüringens liegt, auf Antrag wahlberechtigt sind, wenn sie am Ort ihrer Nebenwohnung in Thüringen seit mindestens drei Monaten ihren Lebensmittelpunkt haben und dies glaubhaft machen (dazu § 19 II 2). Ähnlich sind die Regelungen in § 6 Abs. 1 Satz 2 BbgLWahlG und § 2 Satz 5 NLWG (dazu § 7 II und § 12 II).
91 Vgl. dazu *Lukas C. Gundling*, Zum Wahlrecht in zwei Ländern, ZLVR 2019, 88 ff.
92 Der ThürVerfGH, Urt. v. 12.06.1997 – VerfGH 13/95, NJW 1998, 525 (529), hatte „keine durchgreifenden verfassungsrechtlichen Bedenken", aber auch kein Bedürfnis, die Gründe dafür mitzuteilen.
93 Demgegenüber setzt *Lukas C. Gundling*, Wahlrecht (Fn. 91), 90, auf die freiwillige Ausschlagung des Wahlrechts.

Abgeordnetenmandate übersetzt werden.[94] Das Wahlsystem betrifft also die beiden Stufen der Stimmabgabe und der Mandatszuteilung.[95] Wie diese Transformation des Wählerwillens in Abgeordnetenmandate ausgestaltet wird, hängt von den zugrundeliegenden Repräsentationsvorstellungen ab. Ihre Umsetzung erfolgt im Einzelnen durch die Festlegung konkreter Entscheidungsregeln. Wahlprinzip und Wahltechnik[96] sind also zu unterscheiden.[97] Erst die Verbindung dieser beiden Ebenen macht das Spezifische eines jeden Wahlsystems aus.[98]

a) Repräsentation

Demokratische Volksvertretung bedeutet die Vertretung vieler durch wenige. Dieser an sich unscheinbare, aber demokratietheoretisch freilich höchst bedeutsame Umstand ist, was man gemeinhin als „repräsentative Demokratie" oder „parlamentarische Repräsentation" beschreibt.[99] Dabei bedarf es eines Mechanismus zur Bestimmung der Vertreter. Soll dieser Mechanismus – wie es für moderne Demokratien typisch ist – in einer Wahl durch das Volk bestehen, so muss es ein Prinzip geben, das den Auswahlvorgang strukturiert.[100] Die Bezeichnung dafür lautet „Repräsentationsprinzip". Das Repräsentationsprinzip gibt das Ziel der Vertretung und

---

94 Vgl. ferner zu den weiteren Strukturbedeutungen des Wahlsystems *Sophie Schönberger*, Die personalisierte Verhältniswahl – eine Dekonstruktion, JöR 67 (2019), 1 (3 ff.).
95 Freilich ist auch die Kandidatenaufstellung nur bezogen auf ein bestimmtes Wahlsystem möglich.
96 Begriffe nach *Hans Kelsen*, Allgemeine Staatslehre, 1925, S. 347.
97 Zur Unterscheidung zwischen Repräsentationsprinzip und Entscheidungsregel vgl. *Dieter Nohlen*, Wahlrecht und Parteiensystem, 7. Aufl. 2014, S. 151 ff.
98 Zur Frage, wie Wahlsysteme ausgewählt werden, vgl. *Josep M. Colomer*, The Strategy and History of Electoral System Choice, in: ders. (Hrsg.), Handbook of Electoral System Choice, 2004, S. 3 ff.
99 Vgl. dazu *Peter Badura*, Die parlamentarische Demokratie, in: Isensee/Kirchhof (Fn. 11), § 25 Rn. 34 ff.
100 Bei einer Auswahl durch Los gilt das nicht weniger. Es macht schließlich einen Unterschied, ob man aus allen Bürgern oder nur den freiwilligen Kandidaten oder ob man getrennt nach Gebieten oder nach Berufsständen usw. auslost. Hinzukommen gewichtete Lotterien, bei denen die Gewinnchance eines Kandidaten von den zuvor von den Wahlberechtigten an ihn vergebenen Stimmen abhängt; vgl. dazu *Akhil Reed Amar*, Choosing Representatives by Lottery Voting, Yale Law Journal 93 (1984), 1283 ff.

damit die Funktion der Wahl vor.[101] Das einfachste Prinzip bestünde darin, dass alle Wahlberechtigten die beispielsweise 500 aus ihrer Sicht politisch fähigsten Personen des Landes auswählen. Andere Repräsentationsprinzipien führen bestimmte Gesichtspunkte ein, unter denen das Volk durch die Abgeordneten vertreten werden soll und die deshalb das Wahlsystem bestimmen.

Ein Prinzip mit historisch langer Tradition ist das der territorialen Repräsentation, bei der Teil-Gebietskörperschaften jeweils einen oder mehrere Vertreter in das Parlament entsenden.[102] Im Zuge der Entwicklung des Gedankens nationaler Repräsentation und der Herausbildung moderner Parteien[103] ist an die Stelle territorialer Repräsentation vielfach die Idee parteipolitischer Repräsentation getreten. Hier ist die maßgebliche Frage diejenige „nach den politischen Zielen politischer Repräsentation auf der Ebene der aggregierten, nationalen Wahlergebnisse mit Blick auf die parteipolitische Zusammensetzung des Parlaments".[104] Dabei stehen sich zentral die beiden Repräsentationsprinzipien der Verhältniswahl und der Mehrheitswahl gegenüber.[105] Die Verhältniswahl zielt auf eine möglichst genaue Spiegelung der im Volk bestehenden parteipolitischen Kräfteverhältnisse im Parlament (Proporzprinzip). Die Funktion der Mehrheitswahl liegt demgegenüber darin, die parlamentarische Mehrheitsbildung zu erleichtern, insbesondere indem eine Ein-Partei-Regierung ermöglicht wird („mehrheitsbildendes Wahlrecht"). In der Reinform würde dieses „Mehrheitsprinzip" freilich auf eine Entscheidungsregel hinauslaufen, die der stärksten Partei alle Parlamentssitze zuspricht (Einheitswahl).[106] In der Mehrheitswahl, wie sie tatsächlich praktiziert wird, steckt deshalb immer auch der Gedanke, dass im Parlament in gewissem Maße auch eine

---

101 Vgl. *Dieter Nohlen*, Wahlrecht (Fn. 97), S. 146 f., 157.
102 Dieses Repräsentationsprinzip wird – wohl wegen der Wahlsysteme Großbritanniens und der USA – gemeinhin mit der Entscheidungsregel der Mehrheitswahl in Verbindung gebracht. Jedoch kann die Auswahl der Vertreter innerhalb der Gebietskörperschaften ohne Weiteres auch als Verhältniswahl ablaufen.
103 Vgl. für Deutschland *Hans Meyer*, Wahlsystem und Verfassungsordnung, 1973, S. 90 ff.
104 *Dieter Nohlen*, Wahlrecht (Fn. 97), S. 153.
105 Vgl. *Dieter Nohlen*, Wahlrecht (Fn. 97), S. 153 ff.
106 Vgl. auch die insoweit berechtigte Kritik an der Vorstellung eines bipolaren Kontinuums zwischen Verhältnis- und Mehrheitswahl bei *Hans Meyer*, Wahl (Fn. 2), § 45 Rn. 28.

territoriale oder (heute eher) parteipolitische Vielfalt repräsentiert sein soll.[107]

Daran zeigt sich, dass Repräsentationsprinzipien zwar auf einer abstrakten, idealtypischen Ebene säuberlich getrennt und nicht als Mischformen existieren,[108] dass aber einem konkreten Wahlsystem ohne Weiteres (und real nicht selten) mehr als ein Repräsentationsprinzip zugrunde liegen kann. So kann etwa auf der Ausgestaltungsebene der Entscheidungsregel ein Verhältniswahlrecht mit dem mehrheitsbildenden Element einer Sperrklausel kombiniert werden. In diesem Sinne kann man von „Mischsystemen" sprechen.[109]

Weitere Kombinationen sind insbesondere möglich mit Repräsentationsprinzipien, die nicht auf die parteipolitische Zusammensetzung des Parlaments, sondern auf andere Gesichtspunkte einer Repräsentation im Sinne einer Abbildung des Volks abstellen. Im Fokus steht hier insbesondere die Repräsentation von Frauen und von Minderheiten.[110] Die in den letzten Jahren intensiv diskutierten und teilweise in Form von Frauenquote für Parteilisten eingeführten Maßnahmen zur Sicherstellung einer

---

107 In dem Wunsch nach Repräsentation einer Vielfalt (man könnte auch sagen: Pluralismus) an Interessen liegt auch der Grund, warum Parlamente aus einer relativ großen Zahl an Personen bestehen. (Der historische Ursprung ist allerdings älter als der Gedanke demokratischer Repräsentation; vgl. *Jeremy Waldron*, Law as Disagreement, 1999, S. 49 ff.) Dabei ist zu betonen, dass der Grund nicht allein in dem Bedürfnis nach Arbeitsteilung liegen kann, denn die konkreten Abgeordnetenzahlen dürften einer rationalen Gesetzgebungsarbeit eher im Wege stehen (für die Landesparlamente gilt dies freilich angesichts der vergleichsweise kleinen Abgeordnetenzahl weniger).
108 Vgl. *Dieter Nohlen*, Wahlrecht (Fn. 97), S. 156.
109 Gemeinhin wird der Begriff „Mischsystem" als ebenso behelfsmäßiges wie nahezu allumfassendes Tertium verwendet, weil die Dualität von Verhältnis- und Mehrheitswahlrecht das Spektrum möglicher Wahlsysteme nicht abdeckt. Ein besonderer Fall ist das Grabenwahlrecht (segmentiertes Wahlsystem), das die beiden Repräsentationsprinzipien der Verhältnis- und Mehrheitswahl nebeneinander anzuwenden scheint, im Hinblick auf die Gesamtbesetzung des Parlaments jedoch je nach Ausmaß der Disproportion zum mehrheitsbildenden oder zum Verhältniswahlrecht gezählt werden kann, das wiederum nur unter Berücksichtigung der konkreten Ausgestaltung und Kontextfaktoren bestimmt werden kann; vgl. *Dieter Nohlen*, Wahlrecht (Fn. 97), S. 223 f. Die grundlegende Frage ist freilich, welchen Sinn dieses Nebeneinander haben soll.
110 Vgl. *Anna Katharina Mangold*, Repräsentation von Frauen und marginalisierten Personengruppen als demokratietheoretisches Problem, in: Eckertz-Höfer/Schuler-Harms (Hrsg.), Gleichberechtigung und Demokratie, 2019, S. 107 ff.

geschlechterparitätischen Parlamentsbesetzung („Parité")[111] folgen diesem Repräsentationsprinzip (teilweise als „deskriptive Repräsentation" bezeichnet).

Ähnliches gilt für die Idee territorialer Repräsentation, wie sie sich heute noch als Teil mancher Verhältniswahlsysteme findet. Durch gewisse raumbezogene Elemente soll sichergestellt werden, dass die Bevölkerung aller Regionen (regelmäßig in gleicher, d. h. bevölkerungsproportionaler Weise) im Parlament vertreten ist und eine lokale Verbindung zwischen Vertretern und Vertretenen besteht.[112] Bei einer derartigen föderalen oder regionalen Repräsentation geht es also anders als bei der klassischen territorialen Repräsentation nicht darum, das Parlament als Abbild der geographischen Gliederung des Landes zusammenzusetzen, sondern darum, „den repräsentativen Status des Abgeordneten als Vertreter des ganzen Volkes örtlich faßbar und lebendig werden zu lassen".[113] Darauf zielt etwa die Wahl von Wahlkreisabgeordneten im personalisierten Verhältniswahlrecht,[114] aber auch die Wahl nach Landeslisten bei der Bundestagswahl[115] oder die Berücksichtigung der Bezirke bei manchen Landtagswahlen[116].[117] Insbesondere für die Trennung nach regionalen Listen ließe sich freilich treffend – und analog zur Paritédiskussion – die Frage aufwerfen, ob es nicht zur Freiheit von Parteien und Wählern gehörte, darüber zu entscheiden, ob Kandidaten aus bestimmten Regionen aufgestellt bzw. gewählt werden. Interessanterweise scheint indes beim Thema regionaler Repräsentation das Problem der Wahlfreiheit – im Gegensatz zur Wahlgleichheit – bisher wenig erörtert worden zu sein.

---

111 Vgl. etwa *Sina Fontana*, Parität als verfassungsrechtlicher Diskurs, DVBl. 2019, 1153 ff.; *Antje v. Ungern-Sternberg*, Parité-Gesetzgebung auf dem Prüfstand des Verfassungsrechts, JZ 2019, 525 ff.; *Silvia Pernice-Warnke*, Parlamente als Spiegel der Bevölkerung?, DVBl. 2020, 81 ff.; ferner die umfangreichen Nachweise in § 7 IV 1. Zu weiteren denkbaren Maßnahmen *Maria Wersig*, Mehr Frauen in die Parlamente, RuP 2019, 60 ff.
112 Dazu *Julia Faber*, Föderalismus und Binnenföderalismus im Wahlrecht zu den deutschen Volksvertretungen und zum Europäischen Parlament, 2015, S. 74 ff.
113 *Markus Möstl*, Die Wahlrechtsgleichheit im Zuge der Parlamentsreform im Bund und im Freistaat Bayern, AöR 127 (2002), 401 (406).
114 Dabei ist die (erhoffte) Bindung des Abgeordneten zu seinem Wahlkreis zu unterscheiden von der auf einer anderen Ebene liegenden „Personalisierung" der Wahlentscheidung (zu Letzterer noch unten b).
115 Vgl. § 6 BWahlG. Die Länder werden hierbei nicht im Verhältnis der Bevölkerung, sondern der Wahlbeteiligung repräsentiert.
116 Vgl. zu Baden-Württemberg und Bayern § 4 III bzw. § 5 III.
117 Vgl. (für die Bundes- und Landesebene) *Julia Faber*, Föderalismus (Fn. 112), Kap. 4 und 5.

Aus verfassungsrechtlicher Sicht lautet die entscheidende Frage, ob bzw. inwieweit sich die Verfassung auf ein bestimmtes Repräsentationsprinzip (bzw. eine Kombination aus Repräsentationsprinzipien) festlegt. Dies kann durch eine ausdrückliche Verfassungsbestimmung erfolgen. So schreibt etwa Art. 66 Abs. 1 Satz 2 SVerf für den Landtag des Saarlandes eine Wahl „nach den Grundsätzen der Verhältniswahl" vor.[118] Vorgaben können sich aber freilich auch durch Auslegung offener Verfassungsbestimmungen ergeben. Für die Bundesrepublik Deutschland hat sich dieses Problem auf die Frage zugespitzt, ob das Grundgesetz ausschließlich ein (grundsätzliches) Verhältniswahlrecht oder auch ein mehrheitsbildendes Wahlrecht zulässt. Das BVerfG hat wiederholt ausgesprochen, dass die Entscheidung zwischen diesen beiden Wahlsystemen oder für eine Kombination aus beiden (insbesondere auch ein Grabenwahlrecht) dem Wahlrechtsgesetzgeber freistehe.[119]

b) Entscheidungsregeln

Auf der Ebene der Entscheidungsregel geht es um die konkrete Ausgestaltung des Wahlsystems in Umsetzung der zugrundeliegenden Repräsentationsidee. Die zur Verfügung stehenden Wahlsystemtypen sind zahlreich und lassen sich auf verschiedene Arten klassifizieren.[120] Noch unübersichtlicher ist die Vielfalt konkret existierender Wahlsysteme. Eine ausführliche Typologie der Wahlsysteme lässt sich an dieser Stelle nicht aufstellen. Im Folgenden sollen aber zwei – insbesondere für die deutsche Diskussion relevante – Begriffspaare erörtert werden.

Auch auf der Ebene der Wahlsysteme stehen sich nämlich Mehrheits- und Verhältniswahl gegenüber, allerdings nicht allein in der simplifizierenden Dichotomie von Mehrheitswahl in Ein-Personen-Wahlkreisen einerseits und (landesweiter) Listenwahl andererseits. Mehrheits- und Ver-

---

118 Überblick über europäische Länder mit verfassungsrechtlicher Festlegung des Repräsentationsprinzips bei *Dieter Nohlen*, Wahlrecht (Fn. 97), S. 157. Zur Vorgabe der Verhältniswahl in der Weimarer Reichsverfassung vgl. § 2 II 1.
119 BVerfG, Urt. v. 25.07.2012 – 2 BvF 3/11 u. a., BVerfGE 131, 316 (334 f.) m. w. N. A. A. insb. *Hans Meyer*, Wahlsystem (Fn. 103), insb. S. 191 ff., der ein Mehrheitswahlrecht für nicht vereinbar mit der Wahlrechtsgleichheit des GG hält; siehe auch *ders.*, Wahl (Fn. 2), § 45 Rn. 31 ff.
120 Zum Begriff der – auf der mittleren Ebene zwischen Repräsentationsprinzipien und konkreten Wahlsystemen angesiedelten – Wahlsystemtypen und zu Klassifikationsversuchen vgl. *Dieter Nohlen*, Wahlrecht (Fn. 97), S. 195 ff.

hältniswahl (Majorz und Proporz) meinen auf dieser Ebene zunächst Entscheidungsregeln (oder Verteilungsregeln) im Sinne der Technik der Mandatszuteilung, die sich „danach unterscheiden, ob Mehrheit oder verhältnismäßiger Anteil das Wahlergebnis im Wahlkreis bestimmen soll".[121] Durch ihre Anwendung in – unterschiedlich gestaltbaren – Wahlkreisen und durch die Kombination mit weiteren Gestaltungselementen (z. B. einer Sperrklausel) entsteht das Wahlsystem.[122]

Dabei ist festzuhalten, dass das Repräsentationsprinzip des Mehrheitswahlrechts nicht notwendig mit der Anwendung der Verteilungsregel Majorz einhergehen muss. So führt die Anwendung der Proporzregel innerhalb von kleinen Mehr-Personen-Wahlkreisen[123] in aller Regel zu nicht unerheblichen Abweichungen vom landesweiten Proporz, sodass es sich dabei um ein mehrheitsbildendes Wahlrecht handelt.[124] Wird die proportionale Verteilungsregel demgegenüber in großen Wahlkreisen getrennt angewendet, so hat dies zwar ebenfalls Proporzabweichungen zur Folge, die aber so gering sind, dass es sich letztlich noch um eine Verhältniswahl handelt, die lediglich eine gewisse Einschränkung durch das Prinzip regionaler Repräsentation erfährt.[125]

Insofern ist – zumindest unter dem Blickwinkel der parteipolitischen Zusammensetzung des Parlaments – der These zuzustimmen, dass sich Wahlsysteme vor allem nach dem Ausmaß der Proporzabweichung unter-

---

121 *Dieter Nohlen*, Wahlrecht (Fn. 97), S. 163.
122 Auf die besondere Bedeutung des Sitzzuteilungsverfahrens bei Verhältniswahlsystemen kann hier nur hingewiesen werden. Vgl. *Julian Krüper*, Wahlrechtsgeschichte(n) (Fn. 7), 159 f.; ausführlich zu den verschiedenen Techniken *Friedrich Pukelsheim*, Sitzzuteilungsmethoden, 2016.
123 So etwa die von der Großen Koalition 1967/68 angedachte Wahlrechtsreform (Dreierwahlkreissystem); siehe Bundesministerium des Innern, Zur Neugestaltung des Bundestagswahlrechts, 1968; vgl. dazu *Jochen Abr. Frowein/Roman Herzog*, Rechtsgutachten zu der Vereinbarkeit der Verhältniswahl in kleinen Wahlkreisen (Dreier-Wahlkreissystem) mit dem Grundgesetz, 1968; *Andreas Sattler*, Zur Frage der Vereinbarkeit des Dreier-Wahlkreissystems mit dem Grundgesetz, DÖV 1970, 545 ff.; *ders./Hans Meyer*, Nochmals: Dreier-Wahlkreissystem und Grundgesetz, DÖV 1971, 449 ff.; *Bernhard Vogel/Dieter Nohlen/Rainer-Olaf Schultze*, Wahlen in Deutschland, 1971, S. 247 ff. Die teilweise Wahl in Mehrmandatswahlkreisen in Hamburg fügt sich in den Parteienproporz nach Landeslisten ein (§ 9 III 1, V).
124 Vgl. *Christofer Lenz*, Die Wahlrechtsgleichheit und das Bundesverfassungsgericht, AöR 121 (1996), 337 (343); *Dieter Nohlen*, Wahlrecht (Fn. 97), S. 205.
125 Dies gilt etwa für die bayerische Landtagswahl, die in den sieben Regierungsbezirken (Wahlkreisen) getrennt erfolgt (§ 5 III).

scheiden.[126] Die politikwissenschaftliche Wahlforschung betreibt denn auch einigen Aufwand, um Proporzabweichungen messen zu können.[127] Schwierig ist dann jedoch die Grenzziehung zwischen Wahlsystemen, die den landesweiten Proporz noch in einer Weise gewährleisten, dass sie zum Repräsentationsprinzip der Verhältniswahl zu rechnen sind, und solchen, bei denen die Proporzabweichung so groß ist, dass sie zum Mehrheitswahlrecht zählen. Darin liegt auch eines der Probleme der Rechtsprechung des BVerfG, nach der die Anforderungen der Wahlrechtsgleichheit von der gesetzgeberischen Entscheidung zwischen Verhältnis- und Mehrheitswahlrecht abhängen:[128] Kleine Proporzabweichungen (durch die Sperrklausel) sind eine zulässige, mittlere Proporzabweichungen eine unzulässige Einschränkung der verhältniswahlrechtlichen Erfolgswertgleichheit, wohingegen größere Proporzabweichungen wieder zulässig sein müssen, weil es sich dann nicht mehr um ein Verhältnis-, sondern ein Mehrheitswahlrecht handelt. Schon abgesehen von der Frage, ob eine solche Trennung überhaupt überzeugend ist, ist völlig unklar, wo die Grenze zwischen Verletzung der Erfolgswertgleichheit und zulässigem Mehrheitswahlrecht zu ziehen wäre. Die definitorische Unbestimmtheit wird zum normativen Problem.

Eine andere schwierige Unterscheidung ist die zwischen Personen- und Listenwahl. Schon sprachlich ist der Ausdruck „Personenwahl" wenig geglückt, schließlich werden auch bei der Listenwahl Personen gewählt. Der Gegensatz zur Personenwahl wäre also die reine Parteiwahl, bei der lediglich die Parteien zur Wahl stünden und diese nach der Wahl selbstständig ihre Abgeordneten aussuchten.[129] Wirklich gemeint ist vielmehr, dass bei der Personenwahl einzelne Kandidaten, bei der Listenwahl hingegen ein Personenkollektiv gewählt wird. Richtigerweise müsste man also von Einzelpersonenwahl sprechen. Noch wichtiger ist indes, dass die Personenwahl in aller Regel auch eine Parteiwahl ist. Dies kann aus rechtlichen Gründen der Fall sein, weil die Stimmen für Kandidaten zugleich über die Sitzverteilung nach Parteiproporz (mit)bestimmen, zum Beispiel

---

126 *Hans Meyer*, Wahl (Fn. 2), § 45 Rn. 25, 28, 30.
127 *Dieter Nohlen*, Wahlrecht (Fn. 97), S. 215 f.
128 *Christofer Lenz*, Wahlrechtsgleichheit (Fn. 124), 348 f.
129 Sie würde freilich im Widerspruch zum Grundsatz der Unmittelbarkeit der Wahl stehen, nach dem der Wähler vor der Wahl erkennen können muss, welche Personen sich bewerben und wie sich seine Stimme auf deren Erfolg oder Misserfolg auswirkt (vgl. § 3 II 3).

weil es nur eine Stimme gibt[130] oder weil Kandidaten- und Listenstimmen zusammengezählt werden[131]. Es folgt aber auch daraus, dass faktisch die Parteizugehörigkeit der Kandidaten die Wahlentscheidung der Wähler maßgeblich beeinflusst.[132] Besonders irreführend ist deshalb der mitunter – auch im Text mancher Landesverfassung[133] – anzutreffende Ausdruck „Persönlichkeitswahl", weil er suggeriert, dass die Wähler ihre Entscheidung bei dieser Kandidaturform primär nach der Persönlichkeit der Kandidaten träfen. Die Maßgeblichkeit der Parteizugehörigkeit gilt zumal dann, wenn pro Partei nur ein Kandidat antritt. Der Wähler hat dann keine Möglichkeit, innerhalb der von ihm favorisierten Partei einen Kandidaten auszuwählen. Anders ist dies, wenn der Wähler auf der Parteiliste einem oder mehreren Kandidaten Präferenzen zuweisen kann („offene" im Gegensatz zur „geschlossenen Liste").[134] Eine Listenwahl kann also eine echte Personenwahl sein.[135]

Aus dem Gesagten folgt, dass die Funktion der sog. personalisierten Verhältniswahl nicht ernsthaft darin gesehen werden kann, den Wählern einen teilweisen direkten Einfluss auf die Zusammensetzung des Parlaments zu geben. Dafür ist das Auswahlangebot in einem Wahlkreis viel zu gering. Freilich wirkt sich das Ergebnis im Wahlkreis auf die personelle Zusammensetzung des Parlaments aus, aber das tut das Ergebnis der Listenwahl auch – der Unterschied zwischen beiden Stimmen besteht nur darin, dass sich die Erststimme *ausschließlich* auf die personelle Zusammensetzung auswirkt.[136] Die vielleicht bedeutendste personelle Auswirkung der Erststimme ist indes versteckt: Sie führt nämlich zu einer Entscheidung zwischen dem Direkt- und einem – für den Wähler nicht bestimm-

---

130 So das Wahlsystem in Baden-Württemberg (§ 4 III). Das Gleiche gilt natürlich bei Mehrstimmenwahlsystemen, wenn alle Stimmen auch für den Proporz zählen, z. B. bei Kommunalwahlen (Stichwort „Panaschieren"), aber auch in Hamburg (§ 9 III 1).
131 So das Wahlsystem in Bayern (§ 5 III 1).
132 Vgl. *Dieter Nohlen*, Wahlrecht (Fn. 97), S. 160.
133 Art. 28 Abs. 1 BWLV, Art. 22 Abs. 3 Satz 3 BbgLV, Art. 41 Abs. 1 Satz 2 SächsVerf, Art. 42 Abs. 1 LV LSA, Art. 16 Abs. 2 Satz 1 SHVerf.
134 So in Bayern, Bremen und Hamburg (§ 5 III 1, § 8 III 1, § 9 III 1).
135 Vgl. auch *Dieter Nohlen*, Wahlrecht (Fn. 97), S. 160.
136 Dabei kann das Zweitstimmenergebnis auch die „Personalauswahl" der Erststimme konterkarieren, wenn nämlich abgelehnte Direktkandidaten über die Liste einziehen; vgl. dazu *Sophie Schönberger*, Verhältniswahl (Fn. 94), 11 f.

baren – Listenkandidaten derselben Partei.[137] Hinzukommt die für das Mehrheitswahlrecht typische Disproportion. So gingen bei der Bundestagswahl 2017 77,3 % der Direktmandate an CDU und CSU, die aber nur 37,2 % der Erststimmen erhalten hatten. Somit entschieden weniger als zwei Fünftel der Wähler[138] über mehr als drei Viertel der Direktmandate, wohingegen die 7,0 % FDP-Wähler via Erststimme gar keinen Einfluss auf die personelle Zusammensetzung des Bundestages hatten.[139] Genauer gesagt ergibt sich die Ungleichheit – sozusagen im „Erfolgswert" bezüglich der personellen Zusammensetzung des Parlaments – aus der Anzahl verlorener, weil nicht für den jeweils erfolgreichen Direktkandidaten abgegebenen Stimmen. Bedenkt man, dass 2017 nur dreizehn Direktkandidaten eine absolute Mehrheit erreichen konnten, so bedeutet dies, dass die 299 Wahlkreisabgeordneten von weniger als der Hälfte aller Wähler gewählt wurden. Oder anders formuliert: Die überwiegende Mehrheit der Wähler hatte im Ergebnis keinen Einfluss auf die personelle Zusammensetzung des Bundestages. Bei der personalisierten Verhältniswahl geht es demnach weniger um die personelle Zusammensetzung des Parlaments, sondern in allererster Linie darum, eine regionale Verankerung und Rückbindung eines Teils der Abgeordneten sicherzustellen.[140] Ob die beabsichtigte stärkere Bindung zwischen Abgeordneten und Wahlkreise auch faktisch bewirkt wird, ist wiederum eine andere Frage.[141]

---

137 Für *Hans Meyer*, Der Überhang und anderes Unterhaltsame aus Anlaß der Bundestagswahl 1994, KritV 77 (1994), 312 (328 Fn. 47), erscheint die personalisierte Verhältniswahl insofern in einem „trüben Licht". Ausführlich *Sophie-Charlotte Lenski*, Paradoxien der personalisierten Verhältniswahl, AöR 134 (2009), 473 (497 ff.).
138 Realiter sind es freilich sogar noch weniger, da hier die CDU-Wähler aus Wahlkreisen, in denen der CDU-Kandidat nicht erfolgreich war, nicht herausgerechnet sind.
139 Noch anschaulicher ist der Vergleich von FDP und CSU alleine, die jeweils 7,0 % der Erststimmen erlangt hatten. Null FDP-Direktmandaten stehen 46 CSU-Direktmandate (15,4 %) gegenüber.
140 Zu diesem Gedanken territorialer Repräsentation bereits oben a). Dies zeigt sich in gewisser Weise auch daran, dass Überhangmandate einer Partei verbleiben – offenbar sollen alle Wahlkreise einen Abgeordneten haben. Würde es hingegen bei der Direktwahl nur um den Einfluss auf die personelle Zusammensetzung der durch den Proporz in ihrer Größe bestimmten Fraktionen gehen, könnte man Überhangmandate unbesetzt lassen.
141 Kritisch etwa *Sophie Schönberger*, Verhältniswahl (Fn. 94), 17 ff.

4. Wahlprüfung und Rechtsschutz

Aus der besonderen Bedeutung der Wahl für die demokratische Legitimation der Staatsgewalt folgt auch die besondere Wichtigkeit der Rechtskontrolle.[142] Das Wahlrecht kann seinen Funktionen nur gerecht werden, wenn seine Einhaltung überprüft wird. In Deutschland[143] hat sich die besondere Kontrollform der „Wahlprüfung" (vgl. Art. 41 GG) etabliert. Charakteristisch für die Wahlprüfung ist zum einen, dass sie grundsätzlich nur als nachträgliche Kontrolle nach der Wahl stattfindet, und zum anderen, dass sie als zweistufiges Verfahren mit einer Prüfung durch das Parlament selbst und einer erst darauffolgenden gerichtlichen Prüfung erfolgt.[144]

Historisch war die Zuständigkeit des Parlaments ein berechtigtes Sicherungsmittel gegen die monarchische Exekutive und Judikative. Im demokratischen Rechtsstaat muss jedoch die Frage aufgeworfen werden, welchen Grund es hat, statt unabhängiger Gerichte ausgerechnet die Gewählten über die Korrektheit ihrer Wahl entscheiden zu lassen. Schließlich handelt es sich bei der Wahlprüfung nicht um eine parlamentarische Entscheidung nach politischen Maßstäben, sondern um Rechtskontrolle.[145] Gerade in Sachen Wahlrecht ist die Verfassungsgerichtsbarkeit in ihrer Rolle als Hüterin des Wettbewerbs gefragt.[146] Problematisch ist die Zweistufigkeit nicht zuletzt deswegen, weil sie eine abschließende Wahlprüfungsentscheidung zeitlich noch weiter hinauszögert.[147] Je länger die Wahlprüfung dauert, umso länger bleibt – im Erfolgsfalle – ein rechtswidriger Zustand aufrechterhalten und umso weniger kann eine stattgebende Entscheidung noch „retten". Sicherlich geht mit der Zweistufigkeit eine Entlastung der Verfassungsgerichtsbarkeit einher – dass aber ausgerechnet

---

142 Vgl. *Hans H. Klein*, in: Maunz/Dürig (Fn. 6), 68. EL 2013, Art. 41 Rn. 7.
143 Das Wahlprüfungsrecht der Länder entspricht überwiegend, aber nicht durchweg dem Vorbild des Bundes. Siehe dazu die Beiträge in diesem Band jeweils unter Abschn. VI; knapper Überblick bei *Hans H. Klein* (Fn. 142), Art. 41 Rn. 27 ff.
144 Vgl. zu Begriff, Struktur und Geschichte der Wahlprüfung *Hans H. Klein* (Fn. 142), Art. 41 Rn. 1, 7 ff., 13 ff.
145 Vgl. *Helmut Winkelmann*, Wahlprüfungsgesetz, 2012, § 3 Rn. 1.
146 Vgl. *Niels Petersen*, Verfassungsgerichte als Wettbewerbshüter des politischen Prozesses, in: Elser u. a. (Hrsg.), Das letzte Wort, 2014, S. 59 ff.; *Fabian Michl/ Roman Kaiser*, Wer hat Angst vorm Gerrymander?, JöR 67 (2019), 51 (80 f.).
147 Vor allem, wenn es keine Frist für die Entscheidung des Parlaments gibt. Vgl. die Kritik am Wahlprüfungsrecht des Bundes von *Hans Meyer*, Wahlgrundsätze (Fn. 52), § 46 Rn. 92.

Abgeordnete zeitliche Freiräume hätten, wäre eine Neuigkeit. Die Dauer, die manches Wahlprüfungsverfahren auf Bundesebene in Anspruch nimmt, spricht denn auch Bände.

Inhaltlich stellt sich vor allem das Bestandsschutzproblem: Nicht jeder Fehler kann eine Wahlwiederholung erfordern.[148] Die allgemeine Linie in Deutschland lautet deshalb, dass die Wahl nur dann für ungültig erklärt und wiederholt wird, wenn sich der Wahlfehler auf die Sitzverteilung im Parlament ausgewirkt hat oder ausgewirkt haben könnte (sog. Mandatsrelevanz).[149] Das birgt indes die Gefahr, dass bei der Wahlprüfung der subjektive Rechtsschutz zu kurz kommt. Der Bundesgesetzgeber hat hier inzwischen zumindest festgelegt, dass Verletzungen subjektiver Rechte vom BVerfG festzustellen sind (§ 48 Abs. 3 BVerfGG). Darüber, den Feststellungsausspruch auch auf rein objektive nicht mandatsrelevante Wahlfehler auszuweiten,[150] wäre nachzudenken.

Das vielleicht bedeutendste Problem der Wahlprüfung betrifft die Frage, ob Rechtsschutz allein durch die nachträgliche Wahlprüfung oder bereits durch andere Rechtsbehelfe vor der Wahl zu erreichen ist.[151] Inwieweit kommt der Wahlprüfung (Art. 41 GG) Vorrang vor dem Gebot effektiven Rechtsschutzes (Art. 19 Abs. 4 GG) zu? Schließt die Wahlprüfung die Statthaftigkeit einer Verfassungsbeschwerde vor der Wahl aus? Können Maßnahmen der Wahlorgane vor den Verwaltungsgerichten angegriffen werden? Und inwieweit können die Antworten darauf von der Rechtsprechung gefunden werden oder sind dem (ggf. verfassungsändernden) Gesetzgeber vorbehalten? Die Rechtsprechung, insbesondere das BVerfG[152], ging bisher von einem absoluten Vorrang der Wahlprüfung aus (sog. Spezialitätsthese). Eine Ausnahme davon hat der verfassungsän-

---

148 Vgl. näher *Hans H. Klein* (Fn. 142), Art. 41 Rn. 105 m. N. aus der Rechtsprechung des BVerfG.
149 Vgl. für das GG *Hans H. Klein* (Fn. 142), Art. 41 Rn. 110 m. w. N. Ausführlich zu Maßstäben und Rechtsfolgen der Wahlprüfung *David Nikolai Rauber*, Wahlprüfung in Deutschland, 2005.
150 So (implizit) die Forderung von *Hans Meyer*, Wahlgrundsätze (Fn. 52), § 46 Rn. 91.
151 Vgl. aus dem Schrifttum etwa *Wolf-Rüdiger Schenke*, Der gerichtliche Rechtsschutz im Wahlrecht, NJW 1981, 2440 ff.; *Heinrich Lang*, Subjektiver Rechtsschutz im Wahlprüfungsverfahren, 1997; *Adelheid Puttler*, Landeswahlprüfung durch ein Gericht, DÖV 2001, 849 ff.; *Hans Meyer*, Wahlgrundsätze (Fn. 52), § 46 Rn. 91 ff.
152 Ständige Rechtsprechung seit BVerfG, Beschl. v. 20.10.1960 – 2 BvQ 6/60, BVerfGE 11, 329 f.

dernde Gesetzgeber auf Bundesebene[153] vor einigen Jahren für einen Teilbereich der Wahlvorbereitung geschaffen: Nach Art. 93 Abs. 1 Nr. 4c entscheidet das BVerfG über Beschwerden von Vereinigungen gegen die Nichtanerkennung als Partei für die Wahl zum Bundestag.[154] Bewegung in die Diskussion ist jüngst durch eine Entscheidung des SächsVerfGH zur Kandidatenaufstellung für eine Landesliste gekommen.[155] Das Gericht hält eine Verfassungsbeschwerde ausnahmsweise für statthaft, „wenn und soweit eine Entscheidung eines Wahlorgans auf einem besonders qualifizierten Rechtsverstoß beruht und voraussichtlich einen Wahlfehler von außerordentlichem Gewicht begründete, der erst nach der Wahl beseitigt werden könnte und möglicherweise zu landesweiten Neuwahlen führte".[156] Die Entscheidung wurde in der Rechtswissenschaft sehr schnell aufgegriffen und kontrovers diskutiert.[157] Ihre weiteren Auswirkungen auf das Wahlprüfungsrecht in Bund und Ländern bleiben abzuwarten.

---

153 Die Länder sind dem teilweise gefolgt.
154 Vgl. dazu *Christian Walter*, in: Maunz/Dürig (Fn. 6), 84. EL 2018, Art. 93 Rn. 431 ff.; ferner *Lars Bechler/Stephan Neidhardt*, Verfassungsgerichtlicher Rechtsschutz für Parteien vor der Bundestagswahl, NVwZ 2013, 1438 ff.; *Robert Frau*, Effektiver Rechtsschutz für Kleinstparteien?, DÖV 2014, 421 ff.; *ders.*, Nochmals zum Rechtsschutz für Kleinstparteien, DÖV 2018, 152 ff.
155 SächsVerfGH, Urt. v. 16.08.2019 – Vf. 76-VI-19, NVwZ 2019, 1829 ff.; siehe auch SächsVerfGH, Urt. v. 25.07.2019 – Vf. 77-VI-19, BeckRS 2019, 15989 (einstweilige Anordnung).
156 SächsVerfGH, Urt. v. 16.08.2019 – Vf. 76-VI-19, NVwZ 2019, 1829 (1832).
157 Vgl. *Alexander Hobusch*, Der „tote Winkel" des Rechtsschutzes, Verfassungblog v. 01.08.2019, abrufbar unter: https://verfassungsblog.de/der-tote-winkel-des-rechtsschutzes, DOI: https://doi.org/10.17176/20190801-201017-0; *Heinrich Lang*, Braucht ein „kranker" Wahlrechtsschutz neue Therapien?, Verfassungsblog v. 14.08.2019, abrufbar unter: https://verfassungsblog.de/braucht-ein-kranker-wahlrechtsschutz-neue-therapien, DOI: https://doi.org/10.17176/20190814-080918-0; *Alexander Brade*, Präventive Wahlprüfung?, NVwZ 2019, 1814 ff.; *Winfried Kluth*, Außerordentlicher Wahlrechtsschutz durch den Verfassungsgerichtshof des Freistaates Sachsen – Beginn einer Trendwende?, LKV 2019, 501 ff.; *Wolf-Rüdiger Schenke*, Die Garantie eines Wahlrechtsschutzes durch Art. 19 IV GG, NJW 2020, 122 ff.; *Jan-Marcel Drossel/Jakob Schemmel*, Vorgelagerter Rechtsschutz bei Bundestagswahlen, NVwZ 2020, 1318 ff.

§ 2 Geschichte des Landeswahlrechts

Fabian Michl

I. Wahlrecht in der Demokratie

1. Revolution

Am Anfang des modernen Landeswahlrechts steht die Revolution – oder besser: stehen die Revolutionen – im November 1918. Gewiss, Landtage und Landtagswahlen gab es in Deutschland schon vorher. In den mittel- und süddeutschen Staaten wählte man Parlamente seit über hundert Jahren, in Preußen, das alle anderen an Fläche und Einwohnern weit übertraf, immerhin schon seit 1848. Doch ein *demokratisches* Wahlrecht konnte während des langen 19. Jahrhunderts in den deutschen Ländern nicht entstehen. Erst der Sturz der Monarchen, der am 7. November in München begann und am 25. November 1918 in Sondershausen sein Ende nahm, ebnete den Weg für eine parlamentarische Demokratie in den 25 deutschen Ländern, die – mit Ausnahme der drei Hansestädte – ihre Staatsgewalt bis dahin auf das monarchische Prinzip gestützt hatten. Und erst die parlamentarische Demokratie verlangte nach Wahlgesetzen, die den Prinzipien entsprachen, die ein modernes, demokratisches Wahlrecht ausmachen, nämlich vor allem allgemein und gleich zu sein.

2. Von der Partizipation zur Legitimation

Die Landtage des 19. Jahrhunderts waren bis zuletzt Partizipationsorgane der (männlichen) Bürger, die über ihre „Repräsentanten" in den Landtagen an der Gesetzgebung des Monarchen mitwirkten.[1] Die Wahl der Repräsentanten verschaffte der monarchischen Hoheitsausübung aber keine demokratische Legitimation, sondern bestenfalls faktische Akzeptanz. Das Landeswahlrecht war auf diese Partizipationsfunktion der Parla-

---

1 Zur Parlamentsgeschichte im 19. Jahrhundert *Christoph Schönberger*, Das Parlament. Geschichte einer europäischen Erfindung, in: Morlok/Schliesky/Wiefelspütz (Hrsg.), Parlamentsrecht, § 1 Rn. 25 ff.

mente zugeschnitten. Es verhalf nicht dem Volk als Legitimationssubjekt zum Ausdruck seines „Willens", sondern gewährleistete nur die politische Teilhabe der (besitzenden) Bürger, vornehmlich bei Eingriffen in „Freiheit und Eigentum". So ließ sich die Verknüpfung von Steuerleistung und Wahlrecht rechtfertigen, die im preußischen Dreiklassenwahlrecht nur ihren bekanntesten, aber bei weitem nicht einzigen Ausdruck fand.[2] Auch der kategoriale Wahlrechtsausschluss der Frauen gehörte in der vordemokratischen bürgerlichen Gesellschaft mit ihrem „bürgerlichen" Geschlechterverständnis zum landeswahlrechtlichen Gemeingut. Außerdem wurden in vielen deutschen Ländern die Abgeordneten nicht unmittelbar vom Wahlvolk, sondern mittelbar über ein Wahlmännersystem gewählt, das in Kombination mit dem allgemein üblichen Mehrheitswahlrecht gehörigen Anteil daran hatte, die Repräsentativität der Landtage zu schmälern und „unerwünschte" Kräfte, vor allem die Sozialdemokraten, aus den Parlamenten fernzuhalten. Wahlrechtsreformen hatten um die Jahrhundertwende die Landtagswahlen den Idealen der allgemeinen, gleichen und unmittelbaren Wahl zwar in manchen Ländern merklich angenähert.[3] Doch erst der revolutionäre Wechsel der Regierungsform im November 1918 machte den Weg frei für ein modernes Wahlrecht in den deutschen Ländern, das dem Volk zum Ausdruck seines alle Staatsgewalt legitimierenden „Willens" verhelfen sollte.

3. *Proportionales Wahlsystem*

Am 12.11.1918 kündigte der Rat der Volksbeauftragten in Berlin an, dass fortan alle Wahlen zu öffentlichen Körperschaften „nach dem gleichen, geheimen, direkten, allgemeinen Wahlrecht auf Grund des proportionalen Wahlsystem für alle mindestens 20 Jahre alten männlichen und weiblichen Personen zu vollziehen" seien.[4] Das hatte schon drei Tage zuvor die revolutionäre Regierung in Württemberg in Aussicht gestellt; weitere „provisorische" Landesregierungen sollten den Beispielen folgen.[5] Da die Länder

---

[2] Auch in den meisten anderen Ländern hingen Wahlberechtigung und Wählbarkeit von der Entrichtung eines bestimmten Steuerbetrages ab.
[3] Vgl. *Eberhard Schanbacher*, Parlamentarische Wahlen und Wahlsystem in der Weimarer Republik, 1981, S. 40 ff.; *Dietrich Thänhardt*, Wahlen und politische Strukturen in Bayern 1848–1953, 1973, S. 118 ff.
[4] Aufruf des Rates der Volksbeauftragten an das deutsche Volk v. 12.11.1918, RGBl. S. 1303.
[5] *Eberhard Schanbacher*, Wahlen (Fn. 3), S. 47 f.

sich noch keine neuen Verfassungen gegeben hatten, fanden die ersten Landtagswahlen auf der Grundlage von Bekanntmachungen und Wahlgesetzen der Revolutionsregierungen statt, die mit den Proklamationen ernstmachten.[6] Die ersten Wahlen nach den neuen Grundsätzen wurden am 15.12.1918 in Anhalt und Mecklenburg-Strelitz abgehalten.

Das provisorische Landeswahlrecht der Jahre 1918/19 hatte als Strukturmerkmal die Entscheidung für die Verhältniswahl gemein. Die Mandatszuteilung nach den Grundsätzen des Parteienproporzes war bereits im Kaiserreich eine programmatische Forderung der SPD gewesen, die durch das absolute Mehrheitswahlrecht strukturell benachteiligt worden war. Als die Sozialdemokraten im November 1918 die Regierungsgewalt in Reich und Ländern übernahmen, erschien ihnen die Einführung eines Wahlsystems, das auf den Parteienproporz abstellte, als entscheidender Schritt auf dem Weg zu einer echten Demokratie. Damit gaben sie zugleich, wie *Theodor Heuss* es später formulieren sollte, „die Chance des Gewinns einer Mehrheit preis",[7] die ihnen eine Beibehaltung des hergebrachten (Mehrheits-)Wahlsystems in der jungen Demokratie beschieden hätte.[8]

II. Weimarer Republik

1. Vorgaben der Reichsverfassung

Bei den Verfassungsgebungen in den ersten Jahren nach der Revolution herrschte zwischen der Sozialdemokratie und den bürgerlichen Parteien weitgehende Einigkeit darüber, dass das Verhältniswahlrecht das „gerechteste" Wahlsystem sei. Eine Rückkehr zum Mehrheitswahlrecht war politisch ausgeschlossen.[9] Art. 17 der Weimarer Reichsverfassung (WRV) sicherte diese Systementscheidung reichsverfassungsrechtlich ab, indem er den Ländern eine Volksvertretung vorschrieb, die „in allgemeiner, gleicher

---

6 *Eberhard Schanbacher*, Wahlen (Fn. 3), S. 61 ff.
7 *Theodor Heuss*, Wahlrechtspolitik, Der Deutsche Volkswirt 4 (1929), 17.
8 Die Beibehaltung des Mehrheitswahlrechts war Ende 1918 politisch freilich keine ernsthafte Alternative zur Verhältniswahl; vgl. *Erhard H. M. Lange*, Wahlrecht und Innenpolitik, 1975, S. 226 ff.; *Eberhard Schanbacher*, Wahlen (Fn. 3), S. 55 ff.
9 *Christoph Gusy*, 100 Jahre Weimarer Verfassung, 2018, S. 146; *Gertrude Lübbe-Wolff*, Das Demokratiekonzept der Weimarer Reichsverfassung, in: Horst Dreier/Christian Waldhoff (Hrsg.), Das Wagnis der Demokratie, 2018, S. 111 (115); zur Haltung der Parteien im Einzelnen *Eberhard Schanbacher*, Wahlen (Fn. 3), S. 54 ff., 73 ff.

unmittelbarer und geheimer Wahl von allen reichsdeutschen Männern und Frauen nach den Grundsätzen der Verhältniswahl gewählt" werden sollte. Die Verfassunggebende Nationalversammlung war selbst nach diesen Grundsätzen gewählt worden, die sie in Art. 22 Satz 1 WRV auch für die künftigen Reichstagswahlen niederlegte. Für die Entwicklung des Landeswahlrechts in den folgenden einhundert Jahren war damit eine wichtige Weiche gestellt worden: Von den Grundsätzen des Verhältniswahlrechts sollte – wenn überhaupt – nur noch vorübergehend abgerückt werden,[10] wenn sie auch verschiedentlich eingeschränkt und modifiziert werden würden.

2. Spielarten der reinen Verhältniswahl

Das Verhältniswahlsystem war in den ursprünglich 24, später 18[11] und zuletzt 17[12] Ländern des demokratisch verfassten Deutschen Reiches unterschiedlich ausgestaltet. Dabei spielten nicht zuletzt die Größe des Staatsgebiets und die Einwohnerzahl eine Rolle. So wurden beispielsweise im Freistaat Schaumburg-Lippe nur insgesamt 15 Abgeordnete gewählt, wobei das Staatsgebiet einen einzigen Wahlkreis bildete.[13] Die Einwohnerzahl des Kleinstaates überstieg mit rund 48.000 nur geringfügig die Zahl der Stimmen, die eine Partei im Freistaat Preußen – mit seinen rund 38 Millionen Einwohnern – benötigte, um ein einziges Landtagsmandat zu erringen.[14] Die Fläche Preußens, die das schaumburg-lippische Staatsgebiet um das 860-Fache übertraf, wurde für die Wahl in 23 Wahlkreise eingeteilt, in denen die Parteien mit Kreislisten („Kreiswahlvorschlägen") antraten. Die Wähler hatten nur eine Stimme, die sie für eine Liste abgeben konnten, ohne einen bestimmten Bewerber auf der Liste auswählen zu können (geschlossene Listenwahl).

---

10 Zum kurzlebigen Grabenwahlrecht als einziger – partieller – Unterbrechung der Verhältniswahltradition siehe unten Abschn. IV 3 und V 2.
11 Zusammenschluss der sieben Thüringer Staaten zum Land Thüringen am 01.05.1920.
12 Eingliederung des Freistaats Waldeck nach Preußen am 01.04.1929.
13 Landtagswahlgesetz v. 25.2.1922, Schaumburg-Lippische Landesverordnungen 26 (1922), S. 43.
14 Gesetz über die Wahlen zum Preußischen Landtag v. 03.12.1920, GS S. 559. Zur Entstehung des preußischen Wahlrechts vgl. *Eberhard Schanbacher*, Wahlen (Fn. 3), S. 91 ff.

Das Wahlergebnis wurde in Preußen zunächst auf Ebene der Wahlkreise ermittelt, indem jeder Kreisliste ein Sitz pro 40.000 Stimmen zugeteilt wurde. Die restlichen Stimmen wurden „verwertet": Zunächst auf der Ebene eines der neun Wahlkreisverbände, in denen je zwei bis drei Wahlkreise zusammengefasst wurden.[15] Die Parteien konnten ihre Kreislisten innerhalb eines Wahlkreisverbandes miteinander verbinden, mit der Folge, dass die Reststimmen in den einzelnen Wahlkreisen auf die Listenverbindungen verteilt wurden. Für je 40.000 Stimmen wurde den Listenverbindungen wiederum ein Abgeordnetensitz zugeteilt. Die danach immer noch verbleibenden Stimmen wurden schließlich auf Landesebene verteilt, indem sie den Landeslisten („Landeswahlvorschläge") der jeweiligen Parteien „überwiesen" wurden. Auch in diesem letzten Schritt kamen auf einen Sitz 40.000 Stimmen. Verblieb am Ende ein Rest von mehr als 20.000 Stimmen erhielt die Partei einen weiteren und letzten Sitz für ihre Landesliste. Im Übrigen verfielen die Reststimmen.

Das preußische Landtagswahlrecht war damit eng an das bereits zuvor beschlossene Reichswahlgesetz angelehnt, das ebenfalls eine Wahlkreiseinteilung, Wahlkreisverbände und eine zweistufige Reststimmenverwertung kannte. Ein kleiner Unterschied lag darin, dass in Preußen die Reststimmenverwertung nur begrenzt möglich war: Der Landesliste einer Partei konnten höchstens so viele Abgeordnetensitze zugeteilt werden, wie ihre Kreislisten insgesamt errungen hatten. Das Reichstagswahlrecht kannte diese Begrenzung nicht. Bei den gleichzeitig abgehaltenen Reichstags- und preußischen Landtagswahlen am 20.05.1928 sollte die Ergebnisrelevanz dieses unscheinbaren Unterschieds deutlich hervortreten: Im Reich kam die NSDAP auf 2,6 % der Stimmen und erhielt bei vollständiger Reststimmenverwertung zwölf von 491 Sitzen (2,4 %). In Preußen erreichten die Nationalsozialisten 2,9 % der Stimmen und erhielten acht von 450 Sitzen (1,8 %).[16] Wären ihre Reststimmen auch in Preußen vollständig verwertet worden, hätten der NSDAP rechnerisch 17 Sitze (3,8 %) zugeteilt werden müssen. Die „Weimarer Koalition" aus SPD, Zentrum und DDP hätte dann bereits 1928 ihre knappe Mehrheit im Landtag verloren.[17]

---

15 So bildeten beispielsweise die Wahlkreise 1 Ostpreußen und 6 Pommern den Wahlkreisverband I Ostpreußen-Pommern.
16 Die NSDAP war eine Verbindung mit dem Völkisch Nationalen Block (VNB) eingegangen, in der sechs Mandate auf die NSDAP, zwei auf den VNB entfielen.
17 Vgl. *Gerhard Schulz*, Zwischen Demokratie und Diktatur, Bd. II, 1987, S. 217 ff., auch zu dem darauffolgenden Verfahren vor dem Staatsgerichtshof, das sich aber durch die Neuwahl des Landtags 1932 erledigte.

Während Preußen und die meisten anderen Länder sich stark am Leitbild der „reinen" Verhältniswahl orientierten, rückte Bayern deutlich davon ab.[18] Zwar wurde auch der Bayerische Landtag nach den Grundsätzen des Verhältniswahlrechts gewählt, doch wurden diese um ein Persönlichkeitselement ergänzt. Statt ihre Stimme einer Liste in den insgesamt acht Wahlkreisen zu geben, konnten sich die Wähler nämlich zwischen den Parteibewerbern in ihrem jeweiligen „Stimmkreis" entscheiden. Der Proporz wurde aus der Addition dieser Personenstimmen auf Wahlkreisebene gebildet, wobei die einer Partei zugewiesenen Mandate intern nach der individuellen Stimmenzahl der „Stimmkreis"-Bewerber vergeben wurden. Da das Landeswahlgesetz eine Abgeordnetenzahl festschrieb, wurden die Reststimmen auf Landesebene nur insoweit verwertet, wie Mandate auf Wahlkreisebene nicht verbraucht worden waren. Im Freistaat Bayern galt damit zwischen 1919 und 1933 ein Wahlrecht, das – obwohl es nur auf einer Stimme basierte – dem heutigen Leitbild der „personalisierten Verhältniswahl" sehr nahekommt.[19]

3. Fragmentierung des Parteiensystems

Als sich Mitte der zwanziger Jahre die „Zersplitterung" der Weimarer Parteienlandschaft auch in den Landtagen bemerkbar machte,[20] setzten die Wahlrechtsgesetzgeber in den Ländern verschiedene Instrumente ein, um den Einzug von Klein- und Kleinstparteien in die Parlamente zu verhindern.[21] Württemberg und Bayern folgten dem preußischen Vorbild und begrenzten die Reststimmenverwertung auf Landesebene. Andere Länder erschwerten mit Unterschriftenklauseln die Einreichung von Wahlvor-

---

18 Landeswahlgesetz v. 12.05.1920, GVBl. S. 195; dazu *Eberhard Schanbacher*, Wahlen (Fn. 3), S. 96 ff.
19 Eine weitere bayerische Besonderheit waren die zusätzlichen 15 „Landesabgeordneten", die den Parteien nach dem Landesproporz „zur Benennung zugeteilt" wurden (Art. 42 BayLWG 1920). Die Bestimmung wurde 1930 vom Bayerischen Staatsgerichtshof für verfassungswidrig erklärt; vgl. *Eberhard Schanbacher*, Wahlen (Fn. 3), S. 178 ff. und zu den Folgen S. 186 ff.
20 Bei den Beratungen über das bayerische Landeswahlgesetz hatte man diese „Nebenwirkung" des Verhältniswahlrechts bereits vorhergesehen, musste sich aber dem Druck des Art. 17 WRV beugen; vgl. *Eberhard Schanbacher*, Wahlen (Fn. 3), S. 98 f.
21 *Christoph Gusy*, Verfassung (Fn. 9), S. 148 m. N. aus der zeitgenössischen Literatur; ausf. zu den Wahlrechtsreformen in den Ländern *Eberhard Schanbacher*, Wahlen (Fn. 3), S. 150 ff., zur Haltung der Parteien ab S. 189 ff.

schlägen und machten diese teilweise auch von erheblichen „Sicherheitsleistungen" abhängig. Die meisten dieser Maßnahmen wurden vom Staatsgerichtshof für das Deutsche Reich wegen Verstoßes gegen Art. 17 WRV für verfassungswidrig erklärt.[22] In den Augen seiner Kritiker hatte der Staatsgerichtshof „bei seiner Urteilsfindung alle staatspolitischen und sonstigen Wertungen oder Zweckmäßigkeitserwägungen bewußt ausgeschaltet und sich allein auf formal-juristische, logische Gedankengänge beschränkt".[23] In der Tat lehnte es der Staatsgerichtshof explizit ab, das Bemühen „um einen ordnungsmäßigen Gang der Geschäfte in der parlamentarischen Staatsform" als eine rechtlich relevante Erwägung anzuerkennen.[24]

Die Weimarer Republik ging nicht allein am Wahlrecht und schon gar nicht am Landeswahlrecht zugrunde. Doch indem der Staatsgerichtshof durch seine streng formale Interpretation der Wahlrechtsgleichheit die legislativen Gestaltungsspielräume derart stark einengte, schlug er den Landtagen wichtige Instrumente aus der Hand, die dem strauchelnden Parlamentarismus Ende der zwanziger, Anfang der dreißiger Jahre zumindest ein Mindestmaß an Stabilität hätten verschaffen können. Dass das Wahlrecht die Demokratie stabilisieren konnte, zeigte die Beschränkung der Reststimmenverwertung in Preußen deutlich. Sie entging dem Verdikt der Verfassungswidrigkeit letztlich nur dadurch, dass sich das von den Nationalsozialisten initiierte Verfahren vor dem Staatsgerichtshof durch die Neuwahl am 24.04.1932 erledigte. Aus dieser ging die NSDAP mit rund 37 % als stärkste politische Kraft hervor. Im Landtag verfügte sie zusammen mit der KPD über eine „destruktive Mehrheit", gegen die keine demokratische Politik mehr zu machen war.

---

22 Vgl. *Walter Jellinek*, Der Staatsgerichtshof für das Deutsche Reich und die Splitterparteien, AöR 54 (1928), 99 ff.; *Willibald Apelt*, Die Wahlrechtsentscheidungen des Staatsgerichtshofs und die letzte Regierungsbildung im Freistaat Sachsen, AöR 57 (1930), 121 ff.; Überblick über die Verfahren bei *Eberhard Schanbacher*, Wahlen (Fn. 3), S. 168 ff.
23 *Willibald Apelt*, Wahlrechtsentscheidungen (Fn. 23), S. 124.
24 StGH, Urt. v. 22.03.1928 – 7/28, RGZ 124 (Anhang), 1* (12*).

III. Nationalsozialismus

1. Landtagswahlen 1932

Der Weg der Nationalsozialisten an die Macht führte über die Landtage. Bei den zwölf Landtagswahlen im Jahr 1932 errang die NSDAP fast in allen Ländern den größten Stimmenanteil und die meisten Mandate.[25] In Bayern blieb sie mit 32,5 % der Stimmen nur äußerst knapp hinter der BVP (32,6 %), erhielt aber trotz dieses minimalen Unterschieds aufgrund der Besonderheiten des bayerischen Wahlrechts nur 43 von 128 Landtagsmandaten – die BVP hingegen kam auf 45 Sitze. In Lübeck konnte sich ein letztes Mal die SPD (36,3 %) als stärkste Kraft gegenüber der NSDAP (33,1 %) behaupten. In Mecklenburg-Strelitz lag die DNVP (31,0 %) deutlich vor SPD (26,9 %) und NSDAP (23,9 %). In den Landtagen von Mecklenburg-Schwerin und Oldenburg errangen die Nationalsozialisten dafür bereits 1932 eine absolute Mehrheit. Ende 1932 war die NSDAP – zählt man die Sitzverteilung in allen Landtagen zusammen – bereits mit 32,5 % der Sitze die stärkste politische Kraft in den Ländern. Die SPD kam nur noch auf 26,3 %. Das Wahlrecht konnte diesen Siegeszug der Nationalsozialisten im letzten Jahr der Republik nicht verhindern, zumal die NSDAP längst keine Splitterpartei mehr war.

2. Gleichschaltung 1933/34

Nach den Stimmenverlusten der Nationalsozialisten bei der Reichstagswahl vom 06.11.1932 inszenierte ihre Propaganda den Wahlerfolg im kleinen Freistaat Lippe am 15.01.1933 als Durchbruch auf dem Weg zur „Machtergreifung" im Reich.[26] Zwei Wochen später übergab Reichspräsident Hindenburg die Macht im Reich an Adolf Hitler, ganz ohne eine weitere Wahlentscheidung des Volkes. Am 05.03.1933 wurde der Reichstag neugewählt. Die NSDAP erreichte – trotz zahlreicher Repressionen gegen SPD und KPD – keine absolute Mehrheit, konnte aber dank der Unterstützung ihrer bürgerlichen Steigbügelhalter am 24.03.1933 das Ermächtigungsgesetz durch den Reichstag bringen. Auf dessen Grundlage beschloss

---

25 Die Wahlergebnisse sind auf der Grundlage von zeitgenössischen Veröffentlichungen dokumentiert bei www.gonschior.de/weimar/index.htm (zuletzt abgerufen am 20.08.2020).
26 Die NSDAP kam auf 39,5 % und errang neun der 21 Landtagsmandate.

die Reichsregierung nur eine Woche später das *Vorläufige Gesetz zur Gleichschaltung der Länder mit dem Reich*, das die Volksvertretungen der Länder auflöste und entsprechend dem Ergebnis der Reichstagswahl vom 05.03.1933 neu zusammensetzte; die KPD wurde von der Sitzzuteilung ausgeschlossen.[27] Die einzige Ausnahme bildete Preußen, wo ebenfalls am 05.03.1933 ein neuer Landtag gewählt worden war, dessen Zusammensetzung für die Nationalsozialisten günstiger war als der Parteienproporz im Reich.[28] Es sollte die vorerst letzte Landtagswahl in Deutschland sein.

Im Juli 1933 griff der Reichsinnenminister dann noch einmal in die Zusammensetzung der Landtage ein, indem er der SPD auf dem Verordnungswege alle Sitze aberkannte.[29] Doch galt der „Parteienstaat" den neuen Machthabern ohnehin bereits als „überwunden".[30] Bei der Reichstagswahl am 12.11.1933 war nur noch eine von der NSDAP dominierte Einheitsliste zugelassen. Die Landtage wurden vom neugewählten Reichstag durch das *Gesetz über den Neuaufbau des Reichs* vom 30.01.1933 aufgehoben, die Hoheitsrechte der Länder auf das Reich übertragen.[31] Auf ein Landeswahlrecht konnte der nationalsozialistische Staat in der Folge verzichten.

IV. Besatzungszeit

1. Gründung der Länder 1945/46

Nach dem vollständigen Übergang der Hoheitsgewalt auf die alliierten Besatzungsmächte mit der Berliner Erklärung vom 05.06.1945 war an Landtagswahlen erst einmal nicht zu denken. Für die Besatzungsmächte stand der Aufbau von Exekutivstrukturen im Vordergrund, die – unter ihrer Aufsicht – zunächst ohne ein Parlament agieren sollten. Den Anfang machte die Sowjetische Militäradministration für Deutschland (SMAD) im Juni und Juli 1945 mit der Gründung der Länder Mecklenburg-Vorpom-

---

27 §§ 4 ff. des Vorläufigen Gesetzes zur Gleichschaltung der Länder mit dem Reich v. 31.03.1933, RGBl. I S. 153.
28 Die Benachteiligung der Kommunisten galt jedoch auch hier: § 10 des Gleichschaltungsgesetzes.
29 § 1 der Verordnung zur Sicherung der Staatsführung v. 07.07.1933, RGBl. I S. 462.
30 Vgl. § 3 der Verordnung zur Sicherung der Staatsführung v. 07.07.1933, RGBl. I S. 462.
31 Art. 1 f. des Gesetzes über den Neuaufbau des Reichs v. 30.01.1934, RGBl. I S. 75.

mern, Sachsen und Thüringen – jeweils mit eigenen Landesregierungen – sowie der „Bestätigung" der preußischen Provinzen Sachsen und Mark Brandenburg – jeweils mit eigenen Provinzialverwaltungen.[32] Am 19.09.1945 zog der Oberbefehlshaber der US-Streitkräfte in Deutschland mit der Bildung der „Staaten" Groß-Hessen, Württemberg-Baden und Bayern innerhalb der US-amerikanischen Besatzungszone nach.[33] Die drei Länder hatten – unter Besatzungsvorbehalt – „volle gesetzgebende, richterliche und vollziehende Gewalt". „Bis zu dem Zeitpunkt, an dem die Schaffung demokratischer Einrichtungen möglich sein" würde, erließen die von der Besatzungsmacht ernannten Landesregierungen die Gesetze.

Die Briten und Franzosen hatten in ihren Zonen zunächst noch mit den bestehenden Verwaltungsstrukturen der mittleren und unteren Ebene weitergearbeitet. Im August 1946 schufen aber auch sie Länder mit deutschen Zivilregierungen. In der britischen Zone wurden die preußischen Provinzen aufgelöst und erhielten „vorläufig die staatsrechtliche Stellung von Ländern". So entstanden die Länder Schleswig-Holstein, Hannover und Nordrhein-Westfalen.[34] Die alten Weimarer Länder Braunschweig, Oldenburg, Schaumburg-Lippe und Lippe hatten ebenfalls Landesregierungen erhalten, wurden aber am 01.11.1946 mit Hannover zum neuen Land Niedersachsen vereinigt bzw. – im Fall von Lippe – nach Nordrhein-Westfalen eingegliedert.[35] Aus der Stadt Bremen, dem Landgebiet Bremen und dem Stadtkreis Wesermünde formten die Briten das Land Bremen, das sie aber im Januar 1947 vollständig der US-Besatzungsmacht unterstell-

---

32 Diese „Bestätigung" hatte nicht nur deklaratorischen Charakter, sondern steht der Gründung der Länder – der Sache nach – gleich. Die preußische Provinz Sachsen existierte 1945 nicht einmal mehr de jure, sondern war ein Jahr zuvor in die Provinzen Halle und Merseburg aufgeteilt worden. Erst die „Bestätigung" durch die SMAD fügte sie wieder zusammen und erweiterte das Provinzgebiet um den früheren Freistaat Anhalt sowie kleinere braunschweigische und thüringische Gebietsteile. Im Fall von Brandenburg führte die „Bestätigung" zu einer Verkleinerung des Territoriums, da die östlich der Oder-Neiße-Linie gelegenen Gebietsteile zu Polen kam.
33 Proklamation Nr. 2 v. 19.09.1945, ABl. der Militärregierung Deutschland – Amerikanische Zone, Ausg. A, S. 2.
34 Verordnung Nr. 46 v. 23.08.1946, ABl. der Militärregierung Deutschland – Britisches Kontrollgebiet, S. 306.
35 Verordnung Nr. 55 v. 01.11.1946, ABl. der Militärregierung Deutschland – Britisches Kontrollgebiet, S. 341; Verordnung Nr. 77 v. 21.01.1947, ABl. der Militärregierung Deutschland – Britisches Kontrollgebiet, S. 411.

ten.[36] Die Franzosen gründeten ebenfalls im August 1946 das „rhein-pfälzische Land".[37] (Süd-)Baden und Württemberg-Hohenzollern existierten bereits seit September 1945 als Verwaltungseinheiten der Militärregierung,[38] aber noch ohne offiziell den Status eines „Landes" erhalten zu haben.

2. *US-amerikanische Besatzungszone*

Die ersten demokratischen Wahlen in Nachkriegsdeutschland fanden nicht auf Ebene der Länder, sondern in den Kommunen der US-amerikanischen Zone statt. Den Anfang machte Groß-Hessen mit den Gemeinderatswahlen im Januar 1946, gefolgt von Bayern und Württemberg-Baden im Mai. Am 30.06.1946 wurden in den drei „Staaten" der US-Zone dann auch verfassunggebende Landesversammlungen gewählt. Die Besatzungsmacht ließ den deutschen Zivilregierungen bei der Gestaltung der Wahlgesetze weitgehend freie Hand und zeigte sich aufgeschlossen gegenüber der Verhältniswahl, obwohl diese in den USA selbst nicht besonders populär war.[39] Da die SPD auf das Proporzsystem bestand – und die Besatzungsmacht konsensuale Lösungen der deutschen Parteien befürwortete –, verstummten vereinzelte Stimmen aus den Unionsparteien, die eine reine Personenwahl oder ein Grabenwahlrecht forderten, rasch. Alle drei Länder der US-Zone entschieden sich vielmehr für ein Verhältniswahlrecht, wenn auch mit verschiedenen Ausgestaltungen.[40]

In Württemberg-Baden wurden die 100 Abgeordnetensitze in einer reinen Verhältniswahl mit geschlossenen Listen vergeben, wobei 85 Sitze in

---

36 Verordnung Nr. 76 v. 31.12.1946, ABl. der Militärregierung Deutschland – Britisches Kontrollgebiet, S. 411; Proklamation Nr. 3 v. 21.01.1947, ABl. der Militärregierung Deutschland – Amerikanische Zone, Ausg. C, S. 1.
37 Verordnung Nr. 57 v. 30.08.1946, ABl. des französischen Oberkommandos in Deutschland, S. 292.
38 Arrêté No. 8 de l'Administrateur Général organisant la délégation supérieure de Bade v. 10.09.1945, ABl. des französischen Oberkommandos in Deutschland, S. 17; Arrêté No. 10 de l'Administrateur Général organisant la délégation supérieure du Wurtemberg v. 14.09.1945, ABl. des französischen Oberkommandos in Deutschland, S. 21/51.
39 *Erhard H. M. Lange*, Wahlrecht (Fn. 8), S. 38 ff. mit Überlegungen zu den Hintergründen der US-amerikanischen Haltung, die im Rückblick überraschend erscheint, zumal die US-Besatzungsmacht später für die Bundesrepublik eine Personenwahl nach Mehrheitswahlgrundsätzen befürworten sollte.
40 *Erhard H. M. Lange*, Wahlrecht (Fn. 8), S. 48 ff.

26 unterschiedlich großen Wahlkreisen auf Kreislisten, die restlichen 15 Sitze auf die Landeslisten der Parteien verteilt wurden.[41] Bayern knüpfte an seine Weimarer Tradition eines personalisierten Verhältniswahlrechts mit der markanten Unterscheidung zwischen Wahl- und Stimmkreisen an.[42] Das Staatsgebiet wurde in fünf Wahlkreise, diese wiederum in insgesamt 180 Stimmkreise eingeteilt. Die Wähler konnten ihre Stimme nur für einen Bewerber in ihrem Stimmkreis abgeben. Aus der Addition der Personenstimmen ergab sich der Parteienproporz auf Ebene der Wahlkreise, in denen die Mandate verteilt wurden. Über die Reihung der Bewerber innerhalb der Parteien entschied die Zahl der Stimmen, die jeder Stimmkreisbewerber „persönlich" erhalten hatte. Verrechnungsvorschriften stellten sicher, dass der Parteienproporz trotz der feingliedrigen Aufteilung des Wahlgebiets landesweit weitgehend gewahrt wurde.

Für eine Kombination aus dem württembergisch-badischen und dem bayerischen Modell entschied man sich in Groß-Hessen,[43] wo ein kleinerer Teil der Sitze (26) den Landeslisten vorbehalten blieb, der Großteil (64) aber auf offene Listen in einem zweistufig gegliederten Wahlgebiet verteilt wurden. Dabei entsprachen die drei Regierungsbezirke den bayerischen Wahlkreisen – auf dieser Ebene wurde nach Proporz verteilt –, die „Wahlkreise" den bayerischen Stimmkreisen, in denen die Parteien mit einem Kandidaten antraten, der zusammen mit den anderen Kandidaten im Regierungsbezirk eine Liste bildete. Anders als in Bayern, wo die Zahl der in den Wahlkreisen zu vergebenden Sitze von vorneherein feststand, wurden in Hessen die 64 zu vergebenden Sitze abhängig von der Gesamtstimmenzahl auf die Regierungsbezirke verteilt. Durch diese dynamische regionale Verteilung wurden vor allem drohende Verzerrungen infolge abweichender Wahlbeteiligung ausgeschaltet.

Die Erfahrungen mit dem Wahlrecht für die verfassungsgebenden Versammlungen führten in den drei Ländern der US-Zone zu unterschiedlichen Ausgestaltungen ihres Wahlrechts.[44] Württemberg-Baden hielt am reinen Verhältniswahlrecht fest, sowohl im Wahlgesetz für die Landtagswahl am 24.11.1946[45] als auch – für die Zukunft – in der Landesverfassung vom 24.11.1946.[46] Hessen gab die offene Listenwahl mit Einzelkandidaten

---

41 Gesetz Nr. 35 v. 21.03.1946, RBl. S. 159.
42 Gesetz Nr. 36 v. 14.02.1946, GVBl. S. 261.
43 Wahlgesetz für die verfassungberatende Groß-Hessische Landesversammlung v. 16.05.1946, GVBl. S. 139.
44 *Erhard H. M. Lange*, Wahlrecht (Fn. 8), S. 56 ff.
45 Gesetz Nr. 114 v. 16.10.1946, RGBl. S. 241.
46 Art. 52 der Verfassung für Württemberg-Baden v. 28.11.1946, RBl. S. 277.

in den Wahlkreisen auf und kehrte – ebenfalls verfassungsrechtlich festgeschrieben –[47] zu einem Verhältniswahlrecht Weimarer Typs zurück, mit einer Proporzverteilung in 15 Wahlkreisen, geschlossenen Listen und Reststimmenverwertung auf Landesebene.[48]

In Bayern ordnete Ministerpräsident Hoegner für die Landtagswahl am 03.10.1946 noch einmal das Wahlrecht der Landesversammlung an, zeigte sich bei den Verfassungsberatungen aber bereit, es künftig so zu modifizieren, „daß der einzelne Abgeordnete an den Stimmkreis gebunden wird".[49] Er prägte dafür den Ausdruck „verbessertes Verhältniswahlrecht", der schließlich in den Verfassungstext eingehen sollte, ebenso wie die Einteilung des Wahlgebiets in Wahl- und Stimmkreise.[50] Eine Festlegung auf die Direktwahl von Abgeordneten in den Stimmkreisen im Sinne einer echten Personenwahl war damit aber noch nicht verbunden. Sie wurde erst in das neue Landeswahlgesetz vom 29.03.1949 aufgenommen, nachdem die SPD aus der Koalition mit der CSU ausgeschieden war.[51] Schließlich sah die Bayerische Verfassung auch eine Zehn-Prozent-Hürde auf Wahlkreisebene vor.[52] Die Hessische und die Württemberg-Badische Verfassung überließen die Regelung einer Sperrklausel dem Wahlgesetz, allerdings mit der Maßgabe, dass die Hürde nicht höher sein durfte als zehn bzw. fünf Prozent der abgegebenen gültigen Stimmen.[53]

3. Britische Besatzungszone

Die britische Besatzungsmacht hatte 1946 noch keine Wahlen zu verfassunggebenden Versammlungen abhalten lassen, sondern kurzerhand Landtage eingesetzt („Ernannte Landtage"). Nur in Hamburg fand bereits

---

47 Art. 75 Abs. 1 der Verfassung des Landes Hessen v. 01.12.1946, GVBl. S. 229.
48 Wahlgesetz für den Landtag des Landes Hessen v. 14.10.1946, GVBl. S. 177.
49 Wortbeitrag Dr. Hoegner (SPD), 4. Sitzung des Verfassungsausschusses v. 24.7.1946, in: Stenographische Berichte über die Verhandlungen des Verfassungsausschusses der Bayerischen Verfassungsgebenden Landesversammlung, Bd. 1, S. 85.
50 Wortbeitrag Dr. Hoegner (SPD), 4. Sitzung des Verfassungsausschusses v. 24.7.1946, in: Stenographische Berichte über die Verhandlungen des Verfassungsausschusses der Bayerischen Verfassungsgebenden Landesversammlung, Bd. 1, S. 86.
51 Gesetz über Landtagswahl, Volksbegehren und Volksentscheid (Landeswahlgesetz) v. 29.03.1949, GVBl. S. 69.
52 Art. 14 Abs. 4 der Verfassung des Freistaates Bayern v. 02.12.1946, GVBl. S. 333.
53 Art. 52 Abs. 2 Satz 2 Verf. WB (Fn. 46); Art. 75 Abs. 3 Satz 2 HV.

im Oktober 1946 eine Bürgerschaftswahl statt, nach einem relativen Mehrheitswahlrecht britischer Prägung.[54] Auch dem Wahlrecht der Flächenländer wollten die Briten ihren Stempel aufdrücken.[55] Anders als die US-Amerikaner machten sie den Ernannten Landtagen vergleichsweise konkrete Vorgaben für die zu erlassenden Wahlgesetze und mischten sich immer wieder in die Beratungen ein. Dabei präferierten sie – orientiert am heimischen Vorbild – Direktwahlen in Ein-Personen-Wahlkreisen, freilich weniger in der Sorge um stabile Regierungsmehrheiten, als geleitet von dem Gedanken „einer engen Verbindung von Mandatsträgern und Wählern".[56] So zeigte sich die Besatzungsmacht bereit, Proporzerwägungen einfließen zu lassen, solange ein hinreichender Anteil der Abgeordneten direkt vor Ort bestimmt würde.

Den britischen Leitbildern am nächsten kam das Wahlsystem, das SPD und CDU in Schleswig-Holstein – gegen den Widerstand der kleineren Parteien – beschlossen:[57] 42 Abgeordnete wurden mit relativer Mehrheit in Ein-Personen-Wahlkreisen gewählt, 28 nach den Grundsätzen der Verhältniswahl aus geschlossenen Landeslisten. Obwohl also nach zwei Wahlsystemen gewählt wurde, hatten die Wähler nur eine Stimme, mit der sie einen Wahlkreisbewerber wählen konnten. Der Proporz für die Verhältniswahl wurde anhand der Stimmen für die parteigebundenen Wahlkreisbewerber ermittelt. Dabei wurden bei einem erfolgreichen Bewerber nur die Stimmen gewertet, die er mehr hatte als der erste erfolglose Bewerber („Überschussstimmen"), bei erfolglosen Bewerbern alle Stimmen („Reststimmen"). Der so ermittelte Proporz entschied nur über die Vergabe der 28 Listenmandate und hatte keine Rückwirkung auf die Direktmandate. Berücksichtigt wurden bei der Verteilung nur Parteien, die mindestens ein Direktmandat errungen hatten. Es handelte sich also um ein Grabenwahlrecht mit einer stark mehrheitsbildenden Tendenz, die sich bei der ersten Wahl am 24.04.1947 auch sogleich bemerkbar machte: Die SPD kam auf 43,8 % der Stimmen, errang aber 43 der 70 Mandate (61,4 %).

---

54 *Andreas Fraude/Matthias Lloyd*, Kommunalpolitik in Hamburg, in: Kost/Wehling (Hrsg.), Kommunalpolitik in den deutschen Ländern, 2010, S. 148 (156). Auch in Bremen war eine Bürgerschaft gewählt worden, die jedoch nur für die Stadt Bremen zuständig war, also als Kommunalvertretung, nicht als Landtag des erst im Januar 1947 von den US-Amerikanern gegründeten Landes fungierte.
55 Ausf. *Erhard H. M. Lange*, Mehrheitsbildung oder Proporz, ZfP 6 (1975), 351 ff.; ders., Wahlrecht (Fn. 8), S. 89 ff.
56 *Erhard H. M. Lange*, Mehrheitsbildung (Fn. 55), 362.
57 Wahlgesetz für den Landtag von Schleswig-Holstein (Landeswahlgesetz) v. 31.01.1947, ABl. S. 95.

In Nordrhein-Westfalen und Niedersachsen waren die Widerstände gegen die britischen Direktiven größer, zumal der Interessengegensatz zwischen CDU und SPD kaum zu überbrücken war. Die Union versprach sich von einem mehrheitsbildenden Personenwahlsystem eine Erhöhung ihrer Wahlchancen, während die Sozialdemokraten – auch aus Gründen der Parteitradition – überwiegend auf die Verhältniswahl bestanden. Nach intensiven Auseinandersetzungen, die in gewisser Weise den Streit über ein gesamt(west)deutsches Wahlrecht 1948/49 vorwegnahm, entschied man sich in beiden Ländern für ein Mischsystem, das personen- und verhältniswahlrechtliche Elemente kombinierte und – aufgrund der Dominanz des Proporzes – als „personalisiertes Verhältniswahlrecht" gelten kann.

So wurden in Nordrhein-Westfalen 150 Abgeordnete in Ein-Personen-Wahlkreisen mit einfacher Stimmenmehrheit gewählt.[58] 50 weitere Mandate wurden auf geschlossene Landeslisten vergeben.[59] Die Wähler hatten nur eine Stimme, die sie einem Wahlkreisbewerber geben konnten. Aus der Addition der Stimmen aller parteigebundenen Bewerber wurde sodann der Proporz berechnet. Nach dem Proporz wurde die Zahl der einer Partei insgesamt zustehenden Sitze ermittelt, wobei von der Gesamtzahl der Sitze, also 200, ausgegangen wurde (nicht etwa nur von den 50 für die Landeslisten vorgesehenen Mandaten). Parteien, die weniger als fünf Prozent der Gesamtstimmen erreicht hatten, blieben außen vor. Von der Zahl der Sitze einer jeden Partei wurden die errungenen Direktmandate abgezogen. Sodann wurden die übrigen 50 Sitze nach dem Proporz verteilt. Hatte eine Partei mehr Direktmandate gewonnen, als ihr nach dem Proporz Sitze zustanden, durfte sie diese als Überhangmandate behalten, ohne dass den anderen Parteien Ausgleichsmandate zugewiesen worden wären. Je nach Wahlergebnis konnte also das personenwahlrechtliche Element die grundsätzliche Verhältniswahl überlagern – ein Effekt, der sich bei der ersten Wahl deutlich zugunsten der CDU auswirkte, die 16 ausgleichslose Überhangmandate erhielt. Obwohl sie nur 37,6 % der Stimmen errungen hatte, kam sie so auf 42,6 % der Sitze, während die SPD mit ihren 64 Mandaten (davon 53 Direktmandate) bei einem Stimmenanteil von 32 % nur 29,6 % der Sitze erhielt.

---

58 Gesetz über die erste Wahl zum Landtag des Landes Nordrhein-Westfalen (Landeswahlgesetz) v. 22. 1.1947 i. d. F. d. Beschl. d. Landtages v. 5.3.1947, GV. S. 69.
59 Die Zahlen ergeben sich nicht unmittelbar aus dem Gesetz, da die Wahlkreise erst noch von einem Landeswahlausschuss eingeteilt werden mussten (§ 13 LWG). Der Ausschuss grenzte 150 Ein-Personenwahlkreise ab. § 35 Abs. 2 LWG NRW 1947 rechnet diesen Mandaten weitere „33 1/3 Prozent", also 50, hinzu.

Das niedersächsische Wahlgesetz[60] orientierte sich merklich am nordrhein-westfälischen Vorbild. In Niedersachsen wurden 95 Abgeordnete direkt in den Wahlkreisen mit einfacher Mehrheit gewählt, zwischen 54 und 63 Mandate wurden auf Listen vergeben. Die Wähler konnten nur eine Stimme für die Wahlkreisbewerber abgeben; der Proporz ergab sich aus der Addition der Personenstimmen. Parteien, deren Gesamtstimmenzahl unter fünf Prozent lag, blieben bei der Verteilung der Mandate außen vor. Bei den anderen Parteien wurden zunächst die Direktmandate abgesetzt, sodann die übrigen Sitze nach dem Proporz verteilt. Sofern Überhangmandate anfielen, konnte die überhängende Partei diese nur bis zur absoluten Obergrenze der Abgeordnetenzahl von 158 behalten. Es waren also maximal neun Überhangmandate möglich. Lag die Zahl der Überhangmandate darunter, wurden die übrigen Sitze bis zur Obergrenze von 158 auf die anderen Parteien proportional verteilt, die Überhangmandate also – ggf. partiell – ausgeglichen. Bei der ersten Wahl am 20.04.1947 fielen jedoch keine Überhangmandate an, so dass der Landtag nur aus der Mindestzahl von 149 Abgeordneten bestand.

4. Französische Besatzungszone

Die Franzosen ließen die „Beratenden Landesversammlungen" in Baden, Rheinland-Pfalz und Württemberg-Hohenzollern indirekt durch die Gemeinde- und Kreistagsmitglieder und aus diesen gebildete Wahlmännergremien wählen. Ein Vorbild für Landtagswahlen konnten diese mittelbaren Wahlen nicht sein. In der französischen Zone zeigten sich die Wahlrechtsgesetzgeber wenig „innovationsfreudig", knüpften an die Weimarer Wahlrechtstradition an und sahen für die Wahlen am 18.05.1947 eine reine Verhältniswahl in Wahlkreisen vor. Dabei setzten Baden und Württemberg-Hohenzollern zusätzlich auf Landeslisten, während die Mandate in Rheinland-Pfalz ausschließlich auf Listen in den fünf Wahlkreisen vergeben wurden.[61] Sperrklauseln gab es nicht. Bei der verfassungsrechtlichen „Absicherung" des Wahlsystems verfuhren die Länder unterschiedlich: Die

---

60 Niedersächsisches Landeswahlgesetz v. 31.03.1947, GVBl. S. 3.
61 Zu den geringfügigen Unterschieden zwischen den Wahlsystemen der drei Länder in der französischen Zone vgl. *Erhard H. M. Lange*, Wahlrecht (Fn. 8), S. 131 ff. Die Differenzen beziehen sich vor allem auf die regionale Verteilung der Mandate. In Rheinland-Pfalz bildeten die Wahlkreise (ähnlich wie in Bayern) die eigentlichen „Wahlkörper", während in den anderen beiden Ländern letztlich Proporz auf Landesebene maßgeblich war.

Verfassungen von Baden und Württemberg-Hohenzollern trafen keine Systementscheidungen. Der badische Gesetzgeber hielt aber an der Verhältniswahl fest[62] und in Württemberg-Hohenzollern wurde bis 1953 überhaupt nicht mehr gewählt. Die rheinland-pfälzische Verfassung schrieb das Verhältniswahlrecht hingegen explizit fest.[63]

5. Sowjetische Besatzungszone

Nach dem Vorbild der Briten hatte die Sowjetische Besatzungsmacht im Sommer 1946 zunächst „Ernannte Landtage", sog. Beratende Versammlungen, in den drei Ländern und zwei Provinzen ihrer Zone eingerichtet. Im September 1946 wurden in der gesamten SBZ Gemeindewahlen, am 20.10.1946 Landtags- und Kreistagswahlen abgehalten.[64] Die Wahlordnung hatte die SED-Zentrale in Berlin erarbeitet.[65] Sie wurde von der SMAD als Besatzungsrecht für alle Länder und Provinzen der SBZ einheitlich erlassen und sah ein reines Verhältniswahlsystem ohne Sperrklausel vor.[66] Unterschiede zu den Verhältniswahlsystemen in den westlichen Zonen gab es nur wenige.[67] Obwohl die SED im Wahlkampf begünstigt, CDU und LDP in mancherlei Hinsicht benachteiligt worden waren,[68] verfehlte die SED in allen Ländern und Provinzen – wenn auch nur knapp – die absolute Mehrheit.[69] Trotz dieses Wahlausgangs sah auch der von der SED vorgelegte *Entwurf einer Verfassung für die Deutsche Demokratische Republik* vom 16.11.1946 – der deutschen Wahlrechtstradition folgend –

---

62 Landesgesetz über die Landtagswahlen, Kreiswahlen und Gemeindewahlen (Landeswahlgesetz) v. 07.07.1948, GVBl. S. 105.
63 Art. 80 der Verfassung für Rheinland-Pfalz v. 18.05.1948, GVBl. S. 209.
64 Vgl. *Jürgen W. Falter/Cornelia Weins*, Die Wahlen in der Sowjetisch Besetzten Zone von 1946, Historical Research, Supplement 25, S. 333 ff.; *Karl-Heinz Hanja*, Die Landtagswahlen 1946 in der SBZ, 2000.
65 Zum „Zusammenspiel von SMAD und SED im Vorfeld der Wahlen" *Karl-Heinz Hanja* (Fn. 64), S. 41 ff.
66 Wahlordnung für die Landtags- und Kreistagswahlen in der sowjetischen Besatzungszone Deutschland v. 11.09.1946.
67 Ins Auge fallen aber die Wahlvorschlagsberechtigung von „antifaschistisch-demokratischen Organisationen" (§ 5 Nr. 3 WahlO SBZ), die u. a. der SED-nahen Vereinigung der gegenseitigen Bauernhilfe die Einreichung von Wahlvorschlägen ermöglichen sollte, sowie die Möglichkeit, die Reihenfolge der Listenkandidaten nach der Wahl durch Vorstandsbeschluss zu ändern (§ 69 WahlO SBZ).
68 *Karl-Heinz Hanja* (Fn. 64), S. 113 ff., 131 ff.
69 Wahlergebnisse bei *Karl-Heinz Hanja* (Fn. 64), S. 195 ff.

die Wahl des Parlaments nach den „Grundsätzen des Verhältniswahlrechts" vor.[70] Daran orientierten sich die Verfassungen der fünf Länder bzw. Provinzen der SBZ, die zwischen Dezember 1946 und Februar 1947 von den Landtagen verabschiedet wurden.[71]

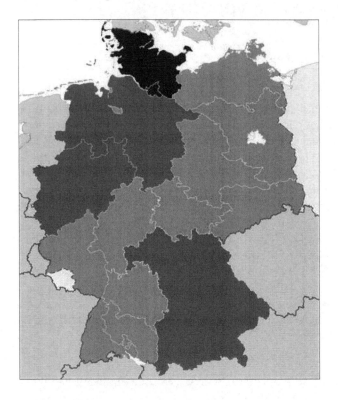

Landeswahlrecht in der Besatzungszeit[72]
Dunkelgrau: mehrheitsbildendes Wahlsystem „Grabenwahlrecht"); mittelgrau: personalisierte Verhältniswahl; hellgrau: reine Verhältniswahl.

---

70 Art. 40 f. SED-Verfassungsentwurf.
71 Art. 3 der Verfassung des Landes Thüringen v. 20.12.1946; Art. 25 der Verfassung der Provinz Sachsen-Anhalt v. 10.01.1947; Art. 23 der Verfassung des Landes Mecklenburg v. 16.01.1947; Art. 10 der Verfassung für die Mark Brandenburg v. 06.02.1947; Art. 27 der Verfassung des Landes Sachsen v. 28.02.1947.
72 Eigene Arbeit auf der Grundlage von https://commons.wikimedia.org/wiki/File:Germany_location_map_labeled_8_Jun_1947_-_22_Apr_1949.svg; TUBS /CC BY-SA (https://creativecommons.org/licenses/by-sa/3.0).

V. Bonner Republik

1. Vom Landes- zum Bundeswahlrecht 1948/49

Als die Abgeordneten des Parlamentarischen Rates 1948/49 über ein Wahlgesetz für ein künftiges gesamt(west)deutsches Parlament berieten,[73] konnten sie sich nicht nur auf die gesamtdeutsche Erfahrung mit dem „Weimarer" Verhältniswahlrecht stützen, sondern auch auf die Erfahrungen mit den unterschiedlichen Wahlsystemen, die in den Ländern seit 1946/47 „erprobt" worden waren. Die Länder der Besatzungszeit waren ein „Wahlrechtslaboratorium" für den entstehenden Bund. Die experimentell gewonnene Erkenntnisse konnte der Parlamentarische Rat für das bundesdeutsche Wahlrecht fruchtbar machen. Die Diskussion über das „beste" Wahlrecht wurde dadurch überlagert, dass anders als noch in den Ländern – jedenfalls der US-amerikanischen und der französischen Zone – die Wahlrechtsfrage als parteipolitische Machtfrage verstanden wurde. Vor allem die Unionsparteien wollten ein Wahlsystem durchsetzen, das ihnen die Regierungsmehrheit im künftigen Bundesparlament sicherte. Für Konrad Adenauer war die Verhinderung einer „sozialistisch-kommunistische[n] Mehrheit im zukünftigen Parlament" so „überragend wichtig", dass er seine Wahlrechtsexperten auffoderte „Prinzipien" dahinter zurückzustellen.[74]

Die Antwort war eindeutig: CDU und CSU würden am meisten von einem mehrheitsbildenden Wahlsystem profitieren, sei es ein einfaches Mehrheitswahlrecht in Ein-Personen-Wahlkreisen nach britischem Vorbild, sei es ein Grabenwahlrecht mit einem starken Übergewicht der Direktmandate. Ein solches Grabenwahlrecht war in Schleswig-Holstein erprobt worden, dessen Wahlgesetz offensichtlich Pate stand für den ersten Entwurf, den die Unionsparteien in den Parlamentarischen Rat einbrachten: 300 Abgeordnete wären danach in Ein-Personen-Wahlkreisen mit einfacher Mehrheit, weitere 50 aus „Bundesreservelisten" nach einem Proporz aus den Gesamtstimmen der unterlegenen Wahlkreisbewerber zu besetzen

---

73 Ausf. Darstellung der Beratungen in: Bundestag/Bundesarchiv (Hrsg.), Der Parlamentarische Rat, Bd. 6, 1994, S. VII ff.
74 Konrad Adenauer auf der Sitzung der CDU/CSU-Arbeitsgemeinschaft (Wahlauschuss) in Königswinter v. 05.03.1949, zit. nach *Erhard H. M. Lange*, Wahlrecht (Fn. 8), S. 373.

gewesen.[75] Ein solches Grabenwahlrecht, das ausschließlich der Union genutzt hätte, war mit den anderen Parteien freilich nicht zu machen, obwohl die CDU/CSU bis zuletzt entsprechende Anträge stellte. Auch einem frühen Vorschlag der FDP, nach dem ein Großteil der Abgeordneten nach romanischem Mehrheitswahlrecht[76] – das kein Vorbild in den Ländern gehabt hätte – gewählt werden sollte, waren keine Erfolgschancen beschieden.

Die SPD hatte sich von Anfang an für ein personalisiertes Verhältniswahlrecht ausgesprochen. Nachdem ein kompliziertes Dreistimmen-Modell mit Sechser-Wahlkreisen undurchführbar erschien, orientierten sich die Sozialdemokraten am erprobten Wahlsystem von Nordrhein-Westfalen und Niedersachsen: Ein Teil der Abgeordneten sollten direkt in Ein-Personen-Wahlkreisen mit einfacher Mehrheit gewählt, ein anderer Teil nach dem Proporz der addierten Personenstimmen aus geschlossenen Listen. Der Proporz entschied außerdem über die Gesamtzahl der Sitze einer Partei, wobei Überhangmandate bestehen bleiben sollten. Das war die Grundlage für das Wahlgesetz, das nach langwierigen, durch die Intervention der Alliierten zusätzlich erschwerten Verhandlungen schließlich von den Ministerpräsidenten am 15.06.1949 verkündet wurde. Auf Drängen der Unions-Ministerpräsidenten war zuvor noch das Verhältnis zwischen Direkt- und (Landes-)Listenmandaten auf 60:40 festgelegt und außerdem eine Sperrklausel von fünf Prozent auf Landesebene vorgesehen worden, die aber dann nicht greifen sollte, wenn eine Partei ein Direktmandat in dem Land errungen hatte. Das Wahlgesetz für die Wahl des ersten deutschen Bundestages war ein hart erkämpfter Kompromiss, der nicht zufällig den kompromisshaften Wahlgesetzen in Nordrhein-Westfalen und Niedersachsen ähnelte und sich – wie diese – ständiger Kritik ausgesetzt sah.

---

75 Vgl. Bundestag/Bundesarchiv (Hrsg.), Der Parlamentarische Rat, Bd. 6, 1994, S. 408, dort in Fn. 50. Der Entwurf wurde vom CSU-Abgeordneten Kroll eingebracht, beruhte aber auf einem Vorschlag des CDU-Wahlrechtsexperten und späteren Bundesminister Gerhard Schröder, der als Vorsitzender der Wahlrechtskommission in der britischen Besatzungszone die Vorzüge der Mehrheitswahl schätzen gelernt hatte.

76 Bei der romanischen Mehrheitswahl ist im ersten Wahlgang die absolute Mehrheit erforderlich; im zweiten Wahlgang genügt die relative Mehrheit.

2. Abschied vom Grabenwahlrecht 1950–1960

Der Wahlrechtsdiskurs in den Ländern wurde zunächst weitgehend unbeeindruckt vom Bundeswahlrecht geführt, wobei die spezifischen Parteienkonstellationen in den Ländern in unterschiedliche Richtung wiesen. Dennoch lassen sich übergreifende „Trends" ausmachen. So verabschiedete man sich im Laufe der fünfziger Jahre weitgehend vom Grabenwahlrecht, das in Schleswig-Holstein und Hamburg unter britischer Besatzung eingeführt worden war. Dabei erschien die mehrheitsbildende Kombination von Personen- und Verhältniswahl zu Beginn des Jahrzehnts Akteuren auf beiden Seiten des parteipolitischen Spektrums als reizvolle Alternative zum reinen oder personalisierten Verhältniswahlrecht. So versuchte die SPD in Bremen – letztlich erfolglos –, ein für sie günstiges Grabenwahlrecht zu implementieren, und bediente sich dabei derjenigen Argumente, die die CDU im Bund für dieses Modell anführte: Mehrheitsbildung und Verhinderung von Splitterparteien.[77] Am Ende blieb man in Bremen jedoch bei dem 1947 eingeführten reinen Verhältniswahlrecht.

In Schleswig-Holstein musste die SPD erleben, dass das Grabenwahlrecht sich auch zum Nachteil der größten Partei auswirken konnte, nämlich dann, wenn sich die anderen Parteien in „Wahlblöcken" zusammenschlossen, um erfolgreich in den Wahlkreisen zu kandidieren. So konnte die SPD in der Wahl am 09.07.1950 nur noch insgesamt 19 Mandate erringen, davon nur acht in den Wahlkreisen. CDU, FDP und DP hatten sich zuvor im „Deutschen Block" zusammengetan und über Wahlkreisabsprachen 31 Direktmandate errungen. Nachdem sich die BHE zu einer Koalition mit dem „Deutschen Block" bereitfand, löste eine „bürgerliche" Landesregierung die Sozialdemokraten ab, die 38 Jahre lang nicht mehr an einer Regierung in Schleswig-Holstein beteiligt sein sollten. Der neue Landtag ersetzte das Grabenwahlrecht durch die personalisierte Ein-Stimmen-Verhältniswahl mit einem Übergewicht der Direktmandate (42/27), wie sie bereits in Nordrhein-Westfalen und Niedersachsen praktiziert wurde.[78]

Mit Hessen führte 1950 erstmals ein Land außerhalb des britischen Einflussbereichs das Grabenwahlrecht ein, um das vielfach kritisierte reine Verhältniswahlrecht zugunsten eines mehrheitsbildenden Systems abzulö-

---

[77] Zur Bremer Wahlrechtsdiskussion 1951 vgl. *Erhard H. M. Lange*, Wahlrecht (Fn. 8), S. 431 ff.

[78] Gesetz zur Änderung des Landeswahlgesetzes v. 22.10.1951, GVOBl. S. 175.

sen.[79] Zuvor musste die Verfassung von 1946 – mit bestätigendem Volksentscheid – geändert werden, da sie ein Verhältniswahlsystem vorschrieb.[80] Von den 80 Abgeordneten wurden nunmehr 48 in den Wahlkreisen, 32 über die Landeslisten gewählt. Stimmgebung und -wertung entsprachen weitgehend dem schleswig-holsteinischen Vorbild. Gewählt wurde also mit einer Stimme für die Wahlkreisbewerber, wobei die Überschuss- und Reststimmen für den Parteienproporz herangezogen wurden. Bei der Landtagswahl am 19.11.1950 triumphierte die SPD: Sie erzielte 44,4 % der Stimmen, die sie aufgrund des Wahlsystems in 58,8 % der Mandate umsetzen konnte, wobei sie 36 Wahlkreis- und 11 Proporzmandate erhielt. Bei einem reinen Verhältniswahlsystem wäre die SPD nur auf 36 Mandate (45 %) gekommen und auf einen Koalitionspartner angewiesen gewesen. Die mehrheitsbildende Tendenz des Grabenwahlrechts hatte also voll zugunsten der Sozialdemokraten gewirkt. Nachdem auch in Hessen eine Blockbildung aus CDU und FDP drohte, war die SPD bereit, das Grabenwahlrecht schon für die Landtagswahl 1954 wieder abzuschaffen.[81] Gewählt wurde dann nach einem personalisierten Verhältniswahlrecht mit einer Stimme.[82] Der vorausschauende Verzicht der hessischen Sozialdemokraten auf den unmittelbaren Vorteil des Grabenwahlrechts sollte sich auszahlen: Die SPD regierte Hessen teils allein, teils mit kleineren Koalitionspartnern weitere 33 Jahre ununterbrochen.

Anders erging es den Sozialdemokraten in Hamburg, die in der Bürgerschaftswahl 1949 aufgrund des Grabenwahlrechts[83] ihr Stimmenergebnis von 42,8 % in eine komfortable Mehrheit von 65 der 120 Mandate umsetzen hatten können. Anders als die hessische zog die hamburgische SPD indes keine Konsequenzen aus dem Debakel der Genossen im benachbarten Schleswig-Holstein und hielt für die Bürgerschaftswahl 1953 an der

---

79 Gesetz über die Wahlen zum Landtag des Landes Hessen (Landtagswahlgesetz) v. 18.09.1950, GVBl S. 171.
80 Gesetz zur Änderung der Artikel 75 und 138 der Verfassung des Landes Hessen v. 22.07.1950, GVBl. S. 131.
81 „SPD-Fraktion nimmt Wahlgesetzvorschlag an,", in: FAZ v. 21.04.1954, S. 4.
82 Gesetz zur Änderung des Landtagswahlgesetzes v. 15.07.1954, GVBl. S. 129. 48 Abgeordnete wurden direkt in den Wahlkreisen, weitere 48 über die Listen gewählt, wobei für den Proporz die Summe aller Wahlkreisstimmen zugrunde gelegt wurde. Es galt eine Fünf-Prozent-Hürde. Überhangmandate blieben bestehen, wurden aber ausgeglichen.
83 Gesetz über die Wahl zur hamburgischen Bürgerschaft v. 19.08.1949, GVBl. S. 169.

Kombination aus Mehrheits- und Verhältniswahl fest.[84] CDU, FDP, DP und BHE schlossen sich im „Hamburg Block" zusammen, trafen Wahlkreisabsprachen und fügten so den Sozialdemokraten eine empfindliche Niederlage zu: Mit exakt 50,0 % der Stimmen kam der Block auf 62 der 120 Mandate. Die Effekte des Grabenwahlrechts hatte sich auch in Hamburg gegen die SPD gewendet, die davon 1946 und 1949 profitiert hatte. Die neugewählte Bürgerschaft beschloss vor der nächsten Wahl neues Wahlgesetz, das ein reines Verhältniswahlsystem einführte.[85] Damit war das letzte Grabenwahlsystem in Deutschland Geschichte.

Auch für die Bundestagswahlen war eine echte Kombination von Mehrheits- und Verhältniswahl ohne Proporzausgleich ab Mitte der fünfziger Jahre keine Option mehr, obwohl gerade die CDU immer wieder damit geliebäugelt und dafür um die Jahreswende 1955/56 sogar die Koalition mit der FDP aufs Spiel gesetzt hatte.[86] Im Februar 1956 sah sich Konrad Adenauer veranlasst, durch einen Leserbrief in der FAZ klarzustellen, dass er „niemals ein Befürworter oder Anreger des Grabensystems gewesen" sei.[87] Damit waren die Grabenwahlrechtsambitionen der Union (vorerst) beendet. Das Bundeswahlgesetz von 1956 führte vielmehr die Grundentscheidungen des Wahlgesetzes von 1953 fort, das mit den zwei Wählerstimmen eine markante – und auch für die Landeswahlgesetze vorbildgebende – Neuerung gebracht hatte.

An eine Rückkehr zum Grabenwahlrecht war auch in den Ländern nicht mehr zu denken. Ende der fünfziger Jahre Jahre hatten sich sechs Länder für die personalisierte Verhältniswahl entschieden – mit besonderen Spielarten in Baden-Württemberg und Bayern. Nach reinem Verhältniswahlrecht wurde nur noch in Bremen, Hamburg, Rheinland-Pfalz und dem 1957 der Bundesrepublik beigetretenen Saarland gewählt. Am Ende des Jahrzehnts wählten damit über 80 % der Deutschen in den Ländern nach einem Verhältniswahlsystem, in dem sie mit ihrer Stimme auch Einfluss auf die personelle Zusammensetzung des Parlaments nehmen konnten.

---

84 Gesetz zur Änderung des Gesetzes über die Wahl zur hamburgischen Bürgerschaft v. 29.11.1952, GVBl. S. 253.
85 Gesetz über die Wahl zur hamburgischen Bürgerschaft v. 06.12.1956, GVBl. S. 497.
86 *Erhard H. M. Lange*, Wahlrecht (Fn. 8), S. 636 ff.
87 „Der Kanzler antwortet", in: FAZ v. 15.02.1956, S. 2.

Fabian Michl

3. Siegeszug der Zweitstimme 1987–1989

Die Entscheidung des Bundesgesetzgebers, ab der Bundestagswahl 1953 jedem Wähler zwei Stimmen zu geben, von denen er eine für die Wahlkreisbewerber, die andere für die Parteilisten abgeben konnte, machte die Unterscheidung von Erst- und Zweitstimme in Deutschland populär.[88] Dennoch kannte lange Zeit nur das bayerische Landeswahlrecht eine strukturell vergleichbare – in den Details aber doch sehr unterschiedliche – Regelung, die bis heute besteht (§ 5).[89] In der Bonner Republik begünstigte das Zweistimmenwahlrecht tendenziell das sogenannte bürgerliche Lager, weil es Wahlkreisabsprachen der CDU mit kleineren Partnern (DP, BHE, FDP) ermöglichte, die der SPD – bis zur sozialliberalen Koalition – fehlten. Besonders die FDP versprach sich von der Unterscheidung zwischen Erst- und Zweitstimme und dem dadurch möglichen „Stimmensplitting" einen Vorteil. Spätestens seit den achtziger Jahren zählen „Zweitstimmenkampagnen" zum Standardrepertoire des liberalen Wahlkampfes.[90]

Vor diesem parteipolitischen Hintergrund ist es nicht überraschend, dass das Zweitstimmensystem – orientiert am Bundeswahlrecht – zunächst dort eingeführt wurde, wo die CDU auf die FDP als Koalitionspartner angewiesen war: 1987 in Niedersachsen, wo die Christdemokraten seit 1986 nur noch mit Unterstützung der Liberalen regieren konnten;[91] 1988 in Hessen, nachdem eine schwarz-gelbe Koalition im Jahr zuvor die langjährige sozialdemokratische Regierungstradition beendet hatte.[92] In beiden Ländern hatte die FDP die Zweitstimmenregelung in den Koalitions-

---

88 Vgl. *Eckhard Jesse*, Das Zweitstimmensystem in der Bundesrepublik, in: Oppelland (Hrsg.), Das deutsche Wahlrecht im Spannungsfeld von demokratischer Legitimität und politischer Funktionalität, 2015, S. 105 (110 ff.).
89 Für die Wahlen zum Westberliner Abgeordnetenhaus wurde 1979 ein Wahlsystem eingeführt, das dem Bundeswahlrecht ähnelte; vgl. *Werner Reutter*, Das Abgeordnetenhaus von Berlin, in: Mielke/Reutter (Hrsg.), Länderparlamentarismus in Deutschland, 2. Aufl. 2011, S. 143 (147 f.).
90 Vgl. „Die Zweitstimmen und die Bonner Koalition", in: FAZ v. 30.07.1980, S. 4.
91 Gesetz zur Änderung wahlrechtlicher Vorschriften für Landtags- und Kommunalwahlen v. 26.11.1987, GVBl. S. 214; Neubekanntmachung des Niedersächsischen Landeswahlgesetzes v. 28.19.1988, GVBl. S. 173.
92 Gesetz zur Änderung wahlrechtlicher Vorschriften (Wahlrechtsänderungsgesetz) v. 16.06.1988, GVBl. I, S. 235; Gesetz über die Wahlen zum Landtag des Landes Hessen (Landtagswahlgesetz – LWG) i. d. F. v. 19.02.1990, GVBl. I S. 58.

verhandlungen durchgesetzt.[93] Die Systementscheidungen wirken bis heute fort (§ 10 und § 12). In Rheinland-Pfalz, wo seit der Gründung des Landes ein reines Verhältniswahlrecht gegolten hatte, ebnete 1989 ebenfalls eine CDU-FDP-Koalition den Weg für die personalisierte Verhältniswahl mit Zweistimmenregelung. Voraussetzung dafür war eine Verfassungsänderung, bei der die Regierungsfaktionen auf die Unterstützung der oppositionellen SPD setzen konnte.[94] Kurz darauf beschlossen CDU, FDP und SPD auch das neue Wahlgesetz, das erstmals 1991 zur Anwendung kam.[95] Es blieb in seinen Grundstrukturen bis heute unverändert (§ 14).

Am Ende der Bonner Republik galt damit in vier der zehn Länder ein personalisiertes Verhältniswahlrecht mit Zweistimmenregelung, drei weitere Landtage wurden ebenfalls in einer personalisierten Verhältniswahl, aber mit nur einer Stimme gewählt. Das reine Verhältniswahlrecht war zu einer Eigenheit der drei nach Fläche und Einwohnerzahl kleinsten Länder, nämlich des Saarlandes, Hamburgs und Bremens geworden.

---

93 „Wallmann will Zwei-Stimmen-Wahlrecht zur Landtagswahl einführen", in: FAZ v. 23.04.1987, S. 1; „In Niedersachsen haben die Wähler zwei Stimmen", in: FAZ v. 12.05.1990, S. 2.
94 PlPr. 11/66 v. 03.11.1989, S. 4634; 28. Landesgesetz zur Änderung der Landesverfassung v. 21.11.1989, GVBl. S. 239.
95 3. Landesgesetz zur Änderung wahlrechtlicher Vorschriften v. 28.11.1989, GVBl. 1990 S. 13.

Fabian Michl

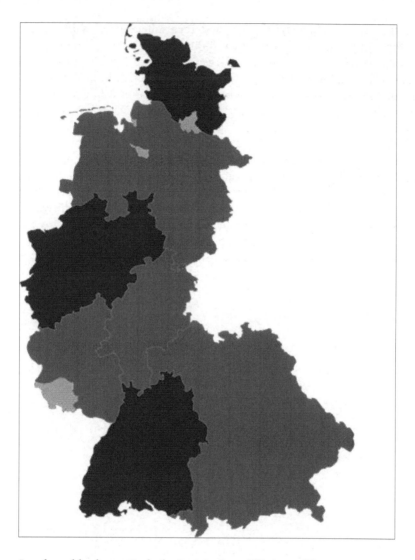

Landeswahlrecht am Ende der Bonner Republik (1990)[96]
Dunkelgrau: personalisierte Verhältniswahl mit einer Stimme; mittelgrau: personalisierte Verhältniswahl mit zwei Stimmen; hellgrau: reine Verhältniswahl.

---

96 Eigene Arbeit auf der Grundlage von https://commons.wikimedia.org/wiki/File:Germany,_Federal_Republic_of_location_map_January_1957_-_October_1990.svg; TUBS /CC BY-SA (https://creativecommons.org/licenses/by-sa/3.0).

VI. Deutsche Demokratische Republik

1. Landtagswahlen 1950

Zur Entwicklung eines eigenständigen Wahlrechts konnte es in den fünf Ländern der Sowjetischen Besatzungszone nach der Gründung der Deutschen Demokratischen Republik am 07.10.1949 nicht kommen. Die SED hatte aus ihrem unerwartet „schlechten" Abschneiden bei den Landtagswahlen 1946 die Schlüsse gezogen und in der Provisorischen Volkskammer ein Wahlgesetz beschließen lassen, das ihr die Mehrheiten auch in den Landtagen sichern sollte, die – zusammen mit der Volkskammer und den Kommunalvertretungen – neu gewählt wurden.[97] Das Wahlgesetz legte sich zwar auf die Grundsätze der Verhältniswahl fest, doch war dies angesichts der Präambel nicht mehr als ein Lippenbekenntnis: „Aus nationaler Verantwortung und zur Sicherung des Aufbauwerkes der Republik", heißt es dort, habe „der Block der antifaschistisch-demokratischen Parteien und Organisationen von seinem verfassungsmäßigen Recht Gebrauch gemacht und beschlossen, die Wahlen auf der Grundlage eines gemeinsamen Wahlprogramms mit gemeinsamen Kandidatenlisten der Nationalen Front des demokratischen Deutschland durchzuführen." Zur „Wahl" stand also nur eine Einheitsliste, auf der die Mandate zuvor schon zwischen der SED, den Blockparteien und den SED-nahen Massenorganisationen aufgeteilt worden waren. Die Landtagswahlen am 15.10.1950 gerieten so zu reinen Scheinwahlen.

2. Auflösung der Länder 1952

Den neuen Landtagen war ohnehin nur eine kurze Existenz beschieden: Im Juli 1952 wurde ihnen ihr Zuständigkeitsbereich, die Länder, durch die Einteilung der Republik in Bezirke entzogen. „Das noch vom kaiserlichen Deutschland stammende System der administrativen Gliederung in Länder mit eigenen Landesregierungen" gewährleiste „nicht die Lösung der neuen Aufgaben unseres Staates", heißt es in der Präambel des sogenannten Demokratisierungsgesetzes, das die Länder zur Bildung von Bezirken –

---

[97] Gesetz über die Wahlen zur Volkskammer, zu den Landtagen, Kreistagen und Gemeindevertretungen in der Deutschen Demokratischen Republik am 15. Oktober 1950 v. 09.08.1950, GBl. S. 743.

und damit zur faktischen Selbstauflösung – verpflichtete.[98] Nachdem sie die Einrichtung der Bezirke vollzogen hatten, wurden die Mitglieder der Landtage entsprechend ihrem Wohnsitz *ipso iure* zu Mitgliedern der jeweiligen Bezirkstage. Die Landtage hatten aufgehört zu existieren.

3. Wiedereinführung der Länder 1990

Nach der Wende beschloss die nach reinem Verhältniswahlrecht am 18.03.1990 gewählte Volkskammer die (Wieder-)Einführung der fünf DDR-Länder mit nur geringfügig verändertem Territorium.[99] Gleichzeitig wurde mit dem Gesetz über die Wahlen zu Landtagen in der Deutschen Demokratischen Republik ein neues einheitliches Landeswahlrecht geschaffen.[100] Das Länderwahlgesetz orientierte sich an dem Vorbild des westdeutschen Bundeswahlrechts. Die Abgeordneten sollten „nach den Grundsätzen einer mit der Personenwahl verbundenen Verhältniswahl" gewählt werden. Dabei wurde die Hälfte der Abgeordneten in Ein-Personen-Wahlkreisen, die andere Hälfte über die Landeslisten bestimmt, wobei jeder Wähler wie im Bundeswahlrecht zwei Stimmen hatte. Es galt – erneut wie im Bundeswahlgesetz – eine Fünf-Prozent-Hürde, die durch eine Grundmandatsklausel (mindestens drei Direktmandate) eingeschränkt wurde. Überhangmandate blieben bestehen und wurden nicht ausgeglichen. Die Wahlen fanden, wie im Ländereinführungsgesetz festgelegt, am 14.10.1990 statt. Die DDR hatte zu diesem Zeitpunkt freilich schon aufgehört zu existieren. In vier der fünf Länder des „Beitrittsgebiets" ging die CDU als stärkste Partei aus den Wahlen hervor und regierte fortan allein (Sachsen) oder in einer Koalition mit der FDP (Mecklenburg-Vorpommern, Sachsen-Anhalt und Thüringen). In Brandenburg konnten sich hingegen die Sozialdemokraten durchsetzen und bildeten eine Dreierkoalition mit FDP und Bündnis 90.

---

98 Gesetz über die weitere Demokratisierung des Aufbaus und der Arbeitsweise der staatlichen Organe in den Ländern in der Deutschen Demokratischen Republik v. 23.07.1952, GBl. S. 613.
99 Verfassungsgesetz zur Bildung von Ländern in der Deutschen Demokratischen Republik (Ländereinführungsgesetz) v. 22.07.1990, GBl. I S. 955.
100 Gesetz über die Wahlen zu Landtagen in der Deutschen Demokratischen Republik (Länderwahlgesetz) v. 22.07.1990, GBl. I S. 960.

VII. Berliner Republik

1. Gesamtberliner Abgeordnetenhauswahl 1990

Die Wahlrechtsgeschichte der Berliner Republik beginnt in der „neuen alten" gesamtdeutschen Hauptstadt Berlin, deren 23 Bezirke durch den Einigungsvertrag zum sechzehnten Land der Bundesrepublik Deutschland wurden.[101] Für die erste Wahl zum Gesamtberliner Abgeordnetenhaus am 02.12.1990 musste das bisherige Westberliner Wahlrecht angepasst werden. Parteien und politischen Vereinigungen in den Ostberliner Bezirken wurde die Einreichung von Listenvereinigungen ermöglicht. Außerdem wurde die Fünf-Prozent-Hürde gesondert auf die beiden Wahlgebiete in West und Ost angewendet.[102] Das Wahlsystem der Westberliner Abgeordnetenhauswahlen wurde aber beibehalten: Direktwahl eines Teils der Abgeordneten in Ein-Personen-Wahlkreisen mit der Erststimme, Wahl des anderen Teils über geschlossene Listen mit der Zweitstimme, Absetzung der Direktmandate von den Listenmandaten, kurzum eine personalisiertes Verhältniswahlsystem nach dem Modell des Bundeswahlrechts, das auch nach der ersten Gesamtberliner Wahl beibehalten wurde (§ 6).

2. „Neue" Länder

Für ein personalisiertes Verhältniswahlrecht mit zwei Stimmen entschieden sich Anfang der neunziger Jahre auch alle anderen „neuen" Länder, die – anders als Berlin – auf keine ungebrochene Wahlrechtstradition zurückblicken konnten. Sie orientierten sich dabei ebenfalls am Bundeswahlrecht und/oder dem Landeswahlrecht ihrer westdeutschen „Partnerländer", setzten aber auch eigene Akzente. Über das Nähere informieren die Kapitel zu Brandenburg (§ 7), Mecklenburg-Vorpommern (§ 11), Sachsen (§ 16), Sachsen-Anhalt (§ 17) und Thüringen (§ 19) in diesem Band. Mit der ausnahmslosen Übernahme des personalisierten Zwei-Stimmen-Verhältniswahlrechts in den „neuen" Ländern wurde dieses Modell in der Berliner Republik endgültig zum dominierenden Wahlsystem. Mitte der

---

101 Nach Art. 1 Abs. 2 EV. Nach Art. 1 Abs. 2 der Verfassung von Berlin v. 01.09.1950, VBl. I S. 433, war Berlin zwar bereits seit 1950 „ein Land der Bundesrepublik Deutschland". Dieser Artikel wurde aber durch Anordnung der Alliierten Kommandantur v. 29.08.1950 „zurückgestellt".
102 2. Gesetz zur Änderung des Landeswahlgesetzes v. 06.10.1990, GVBl. S. 2140.

neunziger Jahre wurden elf der 16 Landtage nach diesem System gewählt, wenn es auch in der Ausgestaltung durchaus Unterschiede gab – und bis heute gibt, wie in diesem Band im Einzelnen und synoptisch (§ 20) dargestellt wird.

3. „Alte" Länder

Auch in den „alten" Ländern setzte sich der Trend hin zum Zweistimmensystem fort. 1997 führte der schleswig-holsteinische Landtag auf die Initiative der FDP eine Zweistimmenregelung ein,[103] die zum ersten Mal bei der Landtagswahl 2000 zur Anwendung kam und bis heute gilt (§ 18). 2007 folgte Nordrhein-Westfalen,[104] wo zwei Jahre zuvor eine CDU-FDP-Koalition die fast 40 Jahre währende Ära SPD-geführter Landesregierungen beendet hatte. Die offenen parteipolitischen Erwägungen, die in der Bonner Republik noch den Ausschlag gegeben haben, waren – in der Rhetorik, aber nicht in der Sache – hinter die Vorbildwirkung des Bundeswahlrechts zurückgetreten. Die Wahlberechtigten sollten „nach gleichen Grundsätzen wie bei der Bundestagswahl wählen" können, heißt es in der nordrhein-westfälischen Gesetzesbegründung. Das „Umdenken", das die Ein-Stimmen-Regelung des Landeswahlrechts Wählern und Parteien abverlangt habe, solle künftig entfallen.[105] Das neue Wahlrecht kam im einwohnerstärksten Land erstmals 2010 zur Anwendung und gilt bis heute (§ 13). Mit der Wahlrechtsreform in Nordrhein-Westfalen hat die deutsche „Wahlrechtsharmonisierung"[106] ihren vorläufigen Abschluss gefunden.

Zwölf der 16 Landtage werden heute nach einem personalisierten Verhältniswahlrecht mit zwei Stimmen gewählt. Sie repräsentieren über 80 % der Deutschen in den Ländern. Nur noch Baden-Württemberg (§ 4) setzt auf ein personalisiertes Verhältniswahlrecht mit einer Stimme. Das reine Verhältniswahlrecht ist zu einem Alleinstellungsmerkmal des Saarlands (§ 15) geworden, nachdem in den zweitausender Jahren auch Bremen (§ 8) und Hamburg (§ 9) – jeweils recht komplizierte – Verhältniswahlsysteme mit Elementen der Personenwahl eingeführt haben.

---

103 Gesetz zur Änderung des Landeswahlgesetzes v. 27.10.1997, GVOBl. S. 462. Die Zweistimmenregelung war zuvor bereits von Bündnis 90/Die Grünen im Koalitionsvertrag mit der SPD durchgesetzt worden; vgl. Abg. Klaus-Peter Puls (SPD), PlPr. 14/37 v. 27.08.1997, S. 2444.
104 Gesetz zur Änderung des Landeswahlgesetzes v. 20.12.2007, GVBl. 2008 S. 2.
105 Gesetzentwurf der Landesregierung v. 15.03.2007, LT-Drs. 14/3978, S. 31.
106 Gesetzentwurf der Landesregierung v. 15.03.2007, LT-Drs. 14/3978, S. 31.

§ 3 Vorgaben des Grundgesetzes

Victor Struzina

I. Verhältnis zwischen Grundgesetz und Landeswahlrecht

Das Verhältnis zwischen Grundgesetz[1] und Landeswahlrecht bestimmt sich vor allem nach Art. 28 Abs. 1 GG. Über Art. 28 Abs. 1 Satz 1 GG gelten die allgemeinen Grundsätze des Demokratieprinzips (vgl. Art. 20 Abs. 1, 2 GG) auch für die Länder. Anders als Art. 28 Abs. 1 Satz 1 GG nimmt Art. 28 Abs. 1 Satz 2 GG nicht auf allgemeine Anforderungen Bezug, sondern enthält konkrete – und mit dem Wortlaut von Art. 38 Abs. 1 Satz 1 GG verwandte – Anforderungen für die Ausgestaltung des Rechts zur Wahl (unter anderem) der Landesparlamente.[2] Bevor auf die sich aus Art. 28 Abs. 1 Satz 2 GG ergebenden Pflichten der Länder bei der Gestaltung ihres Rechts zur Wahl der Parlamente und auf entsprechende landesrechtliche Spielräume eingegangen wird (unten III.), werden zu Beginn die Wahlrechtsgrundsätze des Bundes kursorisch dargestellt (sogleich II.). Entsprechend der Konzeption des vorliegenden Bandes werden in diesem Kapitel nicht die Einzelheiten des Bundesrechts, zumal des Rechts der Wahl zum Deutschen Bundestag[3] auf Grundlage des BWahlG und der BWO geschildert, sondern es steht der Überblick über die einschlägigen grundgesetzlichen Bestimmungen im Vordergrund, der den Blick für die Systematik und die Bedeutung dieser Regelungen im Kontext des Landeswahlrechts schärfen soll.

---

1 Neben dem Grundgesetz enthält auch das Völkerrecht (etwa Art. 25 lit. b, 27 IPbR i. V. m. 50 IPbR [„all parts of federal States"], Art. 3 des 1. Zusatzprotokolls zur EMRK [i. V. m. Art. 59 Abs. 2, 31 GG]) Vorgaben, die für die Ausgestaltung des Landtagswahlrechts von Bedeutung sein können, vgl. dazu *Julia Faber*, Föderalismus und Binnenföderalismus im Wahlrecht, 2015, S. 288 f.
2 Vgl. *Kyrill-Alexander Schwarz*, in: von Mangoldt/Klein/Starck, Grundgesetz, 7. Aufl. 2018, Art. 28 Rn. 84.
3 Vgl. dazu umfassend *Wolfgang Schreiber*, BWahlG, 10. Aufl. 2017; *ders.*, Handbuch des Wahlrechts zum deutschen Bundestag, 7. Aufl. 2005.

II. Wahlrechtsgrundsätze des Bundes

1. Allgemeines

Art. 38 Abs. 1 Satz 1 GG nennt als Wahlrechtsgrundsätze die allgemeine, die unmittelbare, die gleiche, die geheime und die freie Wahl.[4] Die Wahlrechtsgrundsätze stellen grundlegende Anforderungen an demokratische Wahlen und sollen das Demokratieprinzip wirksam zur Geltung bringen.[5] Sie erfassen daher den gesamten Wahlvorgang.[6] Eine Hierarchie zwischen den Wahlrechtsgrundsätzen besteht nach überwiegender Auffassung nicht. Ungeachtet anders lautender Stimmen in Rechtsprechung[7] und Schrifttum[8], die vor allem die besondere Stellung der Wahlrechtsgleichheit hervorheben, betont das BVerfG die Gleichrangigkeit und die gleichmäßige Gewichtung der fünf Grundsätze.[9] Dies hat zur Konsequenz, dass der Gesetzgeber im Kollisionsfall eine Entscheidung über den Vorrang zu treffen hat.[10] Zur (möglichst) gleichmäßigen Konkretisierung der Wahlrechtsgrundsätze auf Grundlage von Art. 38 Abs. 3 GG wird dem (Bundes-)Gesetzgeber ein weiter[11] Gestaltungsspielraum eingeräumt.[12] Im

---

4 Der in Art. 38 Abs. 1 Satz 1 GG nicht genannte Grundsatz der öffentlichen Wahl wurde vom BVerfG unter Berufung auf Art. 38, 20 Abs. 1, 2 GG eigens entwickelt, vgl. unten 7.

5 Vgl. BVerfG, Beschl. v. 16.07.1998 – 2 BvR 1953/95, BVerfGE 99, 1 (13). Siehe auch § 1 II.

6 Vgl. *Martin Morlok*, in: Dreier (Hrsg.), Grundgesetz-Kommentar, 3. Aufl. 2015, Art. 38 Rn. 52; *Hans H. Klein*, in: Maunz/Dürig, Grundgesetz-Kommentar, 60. EL 2010, Art. 38 Rn. 83.

7 Insbesondere das Sondervotum bei BVerfG, Urt. v. 09.11.2011 – 2 BvC 4/10 u. a., BVerfGE 129, 300 (347 f.), in dem neben der Gleichheit auch die Freiheit der Wahl hervorgehoben wird.

8 Es wird vor allem die besondere Stellung der Wahlrechtsgleichheit betont, vgl. etwa *Hans Meyer*, Wahlgrundsätze, Wahlverfahren, Wahlprüfung, in: Isensee/Kirchhof (Hrsg.), Handbuch des Staatsrechts, Bd. 3, 3. Aufl. 2005, § 46 Rn. 7 ff.; weitere Nachweise bei *Julia Faber*, Föderalismus (Fn. 1), S. 180 mit Fn. 782.

9 Vgl. BVerfG, Beschl. v. 16.07.1998 – 2 BvR 1953/95, BVerfGE 99, 1 (13).

10 Vgl. *Hans Meyer*, Wahlgrundsätze (Fn. 8), Rn. 31 m. w. N. Vgl. zu einem Fall der Kollision zwischen der allgemeinen Wahl auf der einen Seite und der geheimen und freien Wahl auf der anderen Seite BVerfG, Beschl. v. 24.11.1981 – 2 BvC 1/81, BVerfGE 59, 119 (125).

11 Für den Grundsatz der Wahlrechtsgleichheit gilt dies allerdings nur eingeschränkt, vgl. BVerfG, Urt. v. 06.02.1956 – 2 BvH 1/55, BVerfGE 4, 375 (382 f.); Beschl. v. 17.10.1990 – 2 BvE 6/90 u. a., 82, 353 (364).

12 Vgl. BVerfG, Urt. v. 01.08.1953 – 1 BvR 281/53, BVerfGE 3, 19 (24 f.); Beschl. v. 13.06.1956 – 1 BvR 315/53 u. a., BVerfGE 5, 77 (81); Beschl. v. 24.11.1981 – 2 BvC

Unterschied zu Art. 28 Abs. 1 Satz 2 GG[13] stellt Art. 38 Abs. 1 Satz 1 GG nicht nur ein objektives Rechtsprinzip dar, sondern eröffnet als subjektive Rechtsposition[14] den aktiv und passiv wahlberechtigten Deutschen[15] die Möglichkeit, Rechtsschutz mittels der Verfassungsbeschwerde zum BVerfG zu ersuchen (Art. 93 Abs. 1 Nr. 4a GG). Parteien[16] sind ebenfalls Träger der Rechte aus Art. 38 Abs. 1 Satz 1 GG; ihnen steht als Rechtsbehelf das Organstreitverfahren (Art. 93 Abs. 1 Nr. 1 GG) zu Verfügung.[17]

2. *Allgemeinheit der Wahl*

Der nicht immer trennscharf von der gleichen Wahl[18] abgegrenzte[19] Grundsatz der allgemeinen Wahl steht entstehungsgeschichtlich in derselben Tradition wie die unmittelbare und die geheime Wahl.[20] Die allgemeine Wahl garantiert im Grundsatz die (aktive und passive) Teilnahme

---

1/81, BVerfGE 59, 119 (124); Urt. v. 10.04.1997 – 2 BvF 1/95, BVerfGE 95, 335 (349); Beschl. v. 26.02.1998 – 2 BvC 28/96, BVerfGE 97, 317 (328).
13 Vgl. BVerfG, Beschl. v. 16.07.1998 – 2 BvR 1953/95, BVerfGE 99, 1 (7 f.); Beschl. v. 09.03.2009 – 2 BvR 120/09, BVerfGK 15, 186 ff. Die umfangreiche Rechtsprechung des BVerfG zum Landeswahlrecht resultiert vor allem aus der ehemaligen Rechtsprechung des Gerichts, in der die Grundsätze der allgemeinen und gleichen Wahl mit (dem von Art. 93 Abs. 1 Nr. 4a GG umfassten) Art. 3 Abs. 1 GG verknüpft wurden, vgl. auch unten 2., 6.
14 Vgl. näher *Hans H. Klein*, in: Maunz/Dürig (Fn. 6), 68. EL 2013, Art. 38 Rn. 135 ff.
15 Das BVerfG (Urt. v. 31.10.1990 – 2 BvF 2/89 u. a., BVerfGE 83, 37 [50 ff.]) setzt das „Volk" (i.S.d. Art. 20 Abs. 2, 28 Abs. 1 Satz 2 GG) mit der Gesamtheit der Staatsangehörigen, also mit deutschen Staatsangehörigen und ihnen nach Art. 116 Abs. 1 GG gleichgestellten Personen („Staatsvolk") gleich. Kritisch hierzu *Hans Meyer*, Wahlgrundsätze (Fn. 8), § 46 Rn. 7 ff. Zur (mit Blick auf Art. 79 Abs. 3 GG umstrittenen) Frage, ob das Wahlrecht durch verfassungsänderndes Gesetz auf Ausländer erstreckt werden könnte vgl. die Nachweise bei *Hans H. Klein* (Fn. 6), Art. 38 Rn. 139 mit Fn. 7.
16 Zu unabhängigen Wahlkreisbewerben siehe BVerfG, Beschl. v. 09.03.1976 – 2 BvR 89/74, BVerfGE 41, 399 ff.
17 Vgl. BVerfG, Beschl. v. 20.07.1953 – 1 PBvU 1/54, BVerfGE 4, 27 (30 f.) sowie *Martin Morlok* (Fn. 6), Art. 38 Rn. 59.
18 Dazu unten 6.
19 Vgl. etwa BVerfG, Beschl. v. 23.03.1982 – 2 BvL 1/81, BVerfGE 60, 162 (167).
20 Vgl. *Hans Meyer*, Wahlgrundsätze (Fn. 8), § 46 Rn. 1 m. w. N.

an der Wahl einschließlich des Wahlvorschlagsrechts[21] für alle Bürger[22] und ist darauf gerichtet, den Ausschluss einzelner Teile der Bevölkerung „überhaupt"[23] zu verhindern.[24] Trotz der damit zum Ausdruck kommenden Nähe der allgemeinen Wahl zu den Wertungen des Art. 3 Abs. 1 GG ist dieser Wahlrechtsgrundsatz aufgrund seines formalen Charakters lediglich eine „spezialgesetzlich normierte Ausprägung"[25] des allgemeinen Gleichheitssatzes und von diesem zu unterscheiden.[26]

Aus dem Grundsatz der allgemeinen Wahl folgt kein Verbot der Differenzierung schlechthin. Durchbrechungen des Grundsatzes sind verfassungsrechtlich zulässig, sofern für sie ein zwingender Grund besteht.[27] Bereits das Grundgesetz selbst begrenzt in Art. 38 Abs. 2 GG das aktive und passive Wahlrecht auf den Kreis der Personen, die das achtzehnte Lebensjahr vollendet haben bzw. volljährig sind,[28] und sieht in Art. 55 Abs. 1, 94 Abs. 1, 137 Abs. 1 GG weitere „Inkompatibilitäten"[29] vor. Weitere Einschränkungen betreffen den Ausschluss des Wahlrechts wegen fehlender Zugehörigkeit zum „Staatsvolk",[30] mangels Sesshaftigkeit im Wahlgebiet[31] und infolge Richterspruchs[32]. Der Grundsatz der allgemeinen

---

21 Vgl. BVerfG, Beschl. v. 23.03.1982 – 2 BvL 1/81, BVerfGE 60, 162 (167); Beschl. v. 20.10.1993 – 2 BvC 2/91, BVerfGE 89, 243 (251).
22 Politische Parteien können sich auf die allgemeine Wahl insofern berufen, als ihnen keine Bedingungen für die Wahlzulassung auferlegt werden dürfen, die nicht von jeder Partei erfüllt werden können, vgl. BVerfG, Urt. v. 01.08.1953 – 1 BvR 281/53, BVerfGE 3, 19 (31).
23 BVerfG, Beschl. v. 23.10.1973 – 2 BvC 3/73, BVerfGE 36, 139 (141).
24 Vgl. *Hartmut Maurer*, Staatsrecht I, 6. Aufl. 2010, § 13 Rn. 3.
25 BVerfG, Beschl. v. 16.07.1998 – 2 BvR 1953/95, BVerfGE 99, 1 (10).
26 Vgl. *Siegfried Magiera*, in: Sachs (Hrsg.), Grundgesetz, 8. Aufl. 2018, Art. 38 Rn. 79.
27 Vgl. BVerfG, Beschl. v. 06.05.1970 – 2 BvR 158/70, BVerfGE 28, 220 (225); BVerfG, Beschl. v. 23.10.1973 – 2 BvC 3/73, BVerfGE 36, 139 (141). Zu den Problemfeldern der Wahlberechtigung siehe § 1 III 2.
28 Vgl. zur Diskussion um ein „Minderjährigenwahlrecht" *Peter Müller*, in: von Mangoldt/Klein/Starck (Fn. 2), Art. 38 Rn. 184 f. m. w. N.
29 *Siegfried Magiera* (Fn. 26), Art. 38 Rn. 83.
30 Vgl. bereits oben Fn. 15.
31 Dazu *Claas Friedrich Germelmann*, Das Wahlrecht von Auslandsdeutschen im Lichte globaler Kommunikations- und Aufenthaltsgewohnheiten, Jura 2014, 310 ff.
32 Vgl. BVerfG, Beschl. v. 23.10.1973 – 2 BvC 3/73, BVerfGE 36, 139 (141 f.). Zur Verfassungswidrigkeit des Wahlrechtsausschlusses von Personen, für die in allen Angelegenheiten nicht nur durch einstweilige Anordnung ein Betreuer bestellt wurde, sowie von Personen, die sich wegen einer im Zustand der Schuldunfähigkeit begangenen Tat gemäß § 63 StGB in einem psychiatrischen Krankenhaus

Wahl erfährt seit jeher eine sehr dynamische Interpretation.[33] Auch heute wird daher eine „ständige Überprüfung und ggf. Anpassung der Beschränkungsgründe an die sich ändernden Bedingungen für die Ausübung des Wahlrechts"[34] gefordert.[35]

3. Unmittelbarkeit der Wahl

Mit der unmittelbaren Wahl soll eine (möglichst) rationale Entscheidung des Wählers sichergestellt werden.[36] Erforderlich ist ein Wahlverfahren, in dem für den Wähler nicht nur erkennbar ist, „welche Personen sich um ein Abgeordnetenmandat bewerben"[37], sondern auch, „wie sich die eigene Stimmabgabe auf Erfolg oder Mißerfolg der Wahlbewerber auswirken kann"[38]. Ein Mandatsverzicht ist dabei aber ebenso unschädlich wie die Nichtannahme der Wahl.[39] Das verfassungsrechtliche Gebot einer Maximierung des Einflusses von Wahlberechtigten auf die Zusammensetzung des Parlaments richtet sich historisch gegen das in den Gliedstaaten des Deutschen Bundes und später im Partikularrecht des Deutschen Reichs verbreitete Wahlmännersystem,[40] das mit dem Grundsatz der unmittelbaren Wahl nicht vereinbar ist[41].

Ebenfalls mit der unmittelbaren Wahl unvereinbar ist eine reine Parteienwahl, bei der die Parteien erst im Nachgang der Wahl die Abgeordneten für die errungenen Sitze im Parlament bestimmen.[42] Umgekehrt wird den Anforderungen des Art. 21 GG bereits durch den Einfluss der Parteien bei der Besetzung der Liste Rechnung getragen.[43] Die Vereinbarkeit von

---

befinden, nach § 13 Nr. 2, 3 BWahlG a. F. vgl. BVerfG, Beschl. v. 29.01.2019 – 2 BvC 62/14, BVerfGE 151, 1 (37 ff.).
33 Vgl. *Hans Meyer*, Wahlgrundsätze (Fn. 8), § 46 Rn. 2.
34 *Siegfried Magiera* (Fn. 26), Art. 38 Rn. 84.
35 Kritisch zu einer Handlungspflicht des Gesetzgebers *Hans-Heinrich Trute*, in: von Münch/Kunig (Hrsg.), Grundgesetz-Kommentar, 6. Aufl. 2012, Art. 38 Rn. 20 f.
36 Vgl. BVerfG, Urt. v. 10.04.1997 – 2 BvF 1/95, BVerfGE 95, 335 (350); Urt. v. 03.07.2008 – 2 BvC 1/07 u. a., BVerfGE 121, 266 (307 f.).
37 BVerfG, Urt. v. 03.07.2008 – 2 BvC 1/07 u. a., BVerfGE 121, 266 (307).
38 Ebd.
39 BVerfG, Beschl. v. 11.11.1953 – 1 BvL 67/52, BVerfGE 3, 45 (50).
40 Vgl. *Hans H. Klein* (Fn. 6), Art. 38 Rn. 16, 100; *Martin Morlok* (Fn. 6), Art. 38 Rn. 79. Vgl. zur Geschichte des Landeswahlrechts § 2.
41 Vgl. BVerfG, Beschl. v. 03.07.1957 – 2 BvR 9/56, BVerfGE 7, 63 (68).
42 BVerfG, Urt. v. 10.04.1997 – 2 BvF 1/95, BVerfGE 95, 335 (349).
43 Vgl. *Martin Morlok* (Fn. 6), Art. 38 Rn. 81.

Wahllisten mit dem Grundsatz der unmittelbaren Wahl hängt dabei nicht von der Art der jeweiligen Liste ab. Eine Zusammenstellung der Wahlbewerber aus mehreren zugelassenen Listen oder eine Häufung mehrerer Stimmen auf einen Bewerber im Rahmen von „freien Listen" wird ebenso für zulässig erachtet wie „lose gebundene Listen", bei denen eine Auswahl unter den Wahlbewerbern einer Liste stattfindet.[44] Von der Rechtsprechung gedeckt sind daneben auch „starre Listen", auf denen die Kandidaten in unveränderbarer Reihenfolge nominiert sind.[45] Die Zulässigkeit eines (von einer Partei oder von einer Fraktion geplanten) Austauschs von Abgeordneten während der Legislaturperiode im Wege des Mandatsverzichts und entsprechender Listennachfolge („Rotationsprinzip") erscheint im Hinblick auf die unmittelbare Wahl dagegen verfassungsrechtlich zweifelhaft.[46] Generell für unzulässig erachtet wird das sog. „ruhende Mandat", weil ein als Abgeordneter gewählter Regierungsvertreter durch Beendigung des Regierungsamtes ansonsten über die Dauer des Mandats seines Listennachfolgers entscheiden könnte.[47] Bejaht werden kann wiederum die Vereinbarkeit der Nichtberücksichtigung von Listenbewerbern beim Nachrücken infolge eines freiwilligen Austritts oder eines Ausschlusses aus der Partei.[48]

---

44 Vgl. *Hans-Heinrich Trute* (Fn. 35), Art. 38 Rn. 29 m. w. N.; *Hans H. Klein* (Fn. 6), Art. 38 Rn. 103.
45 Vgl. BVerfG, Beschl. v. 03.07.1957 – 2 BvR 9/56, BVerfGE 7, 63 (69); Beschl. v. 11.04.1967 – 2 BvC 1/67, BVerfGE 21, 355 (355 f.) sowie *Martin Morlok* (Fn. 6), Art. 38 Rn. 81; kritisch *Hans Herbert von Arnim*, Wahl ohne Auswahl, ZRP 2004, 115 (116 f.); *ders.*, Wählen wir unsere Abgeordneten unmittelbar?, JZ 2002, 578 ff.; *Hans Meyer*, Wahlgrundsätze (Fn. 8), § 46 Rn. 18.
46 *Hans-Heinrich Trute* (Fn. 35), Art. 38 Rn. 32 hält eine solche Praxis für zulässig, solange sie lediglich verabredet und nicht erzwungen ist. *Martin Morlok* (Fn. 6), Art. 38 Rn. 82 fordert dagegen die Kenntnis des Wählers von einer solchen Verabredung zum Zeitpunkt seiner Wahlentscheidung. Vgl. ferner die (widersprüchliche) Entscheidung des NdsStGH, Urt. v. 05.06.1985 – 3/84 u. a., NdsStGHE 3, 42 ff. m. Anm. *Hans H. Rupp*, NJW 1985, 2321, zur grundsätzlichen Verfassungswidrigkeit und wirksamen Rotation in der konkreten Situation im Niedersächsischen Landtag.
47 Vgl. *Hans H. Klein* (Fn. 6), Art. 38 Rn. 105 m. w. N. Problematisch daher Art. 108 Abs. 2 BremLVerf; Art. 39 HmbVerf, vgl. unten III.
48 Vgl. *Martin Morlok* (Fn. 6), Art. 38 Rn. 82 m. umf. N., der die Fälle der Parteispaltung und -neugründung wie einen freiwilligen Austritt behandeln will.

4. Wahlgeheimnis

Die geheime Wahl soll sicherstellen, dass der Inhalt der Stimmabgabe des Wählers bei der Wahlhandlung[49] und auch später nicht ermittelt werden kann.[50] Zweck der geheimen Wahl ist es zunächst, die Entschließungsfreiheit des Einzelnen bei der Stimmabgabe ohne (soziale)[51] Beeinflussung von außen zu gewährleisten.[52] Als „wichtigste[r] institutionelle[r] Schutz der Wahlfreiheit"[53] verkörpert der Grundsatz der geheimen Wahl aber nicht nur ein subjektives Recht, sondern fungiert gleichermaßen als objektives Prinzip, zu dessen Aufrechterhaltung der Einzelne beiträgt, indem er den Inhalt seiner Stimmabgabe beim Wahlakt nicht offenlegt.[54] Eine vorherige oder spätere Preisgabe des Inhalts der Stimmabgabe durch den Wähler berührt den Grundsatz der geheimen Wahl freilich nicht.[55]

(Zulässige) Einschränkungen erfährt der Grundsatz der geheimen Wahl vor allem dort, wo die Beeinflussbarkeit des Einzelnen gegenüber dem Gewicht der ordnungsgemäßen und praktikablen Durchführung des Wahlverfahrens in den Hintergrund tritt. Ungeachtet der Frage, inwiefern sich der Schutz der geheimen Wahl nicht nur auf den Inhalt der Stimmabgabe, sondern auch auf den Umstand der Stimmabgabe an sich (im Sinne des Wahlaktes eines Einzelnen) bezieht,[56] ist etwa die Notwendigkeit eines entsprechenden Vermerks über die Tatsache der Stimmabgabe im Wählerverzeichnis zu Vermeidung eines mehrfachen Wahlgangs durch dieselbe Person anerkannt.[57] Ebenfalls zulässig – wenn auch nicht unproblematisch

---

49 Während die Erstreckung des Schutzes der geheimen Wahl auch auf die Phase der Wahlvorbereitung von BVerfG, Urt. v. 01.08.1953 – 1 BvR 281/53, BVerfGE 3, 19 (31 f.) noch offengelassen wurde, erkennen BVerfG, Urt. v. 06.02.1956 – 2 BvH 1/55, BVerfGE 4, 375 (386 f.) und BVerfG, Beschl. v. 07.02.1961 – 2 BvR 45/61, BVerfGE 12, 135 (139) eine solche Vorverlagerung bei einem Unterschriftenquorum als Voraussetzung für einen Wahlvorschlag an. Vgl. dazu auch *Hans Meyer*, Wahlgrundsätze (Fn. 8), § 46 Rn. 22.
50 Vgl. *Hans Meyer*, Wahlgrundsätze (Fn. 8), § 46 Rn. 20.
51 Vgl. zu soziologischen Implikationen die Nachweise bei *Martin Morlok* (Fn. 6), Art. 38 Rn. 121 mit Fn. 418.
52 Vgl. *Peter Müller* (Fn. 28), Art. 38 Rn. 164.
53 BVerfG, Beschl. v. 16.07.1998 – 2 BvR 1953/95, BVerfGE 99, 1 (13). Zur Freiheit der Wahl unten 5.
54 Vgl. *Martin Morlok* (Fn. 6), Art. 38 Rn. 122; *Hans Meyer*, Wahlgrundsätze (Fn. 8), § 46 Rn. 22.
55 Vgl. *Peter Müller* (Fn. 28), Art. 38 Rn. 164 m. w. N.
56 Zweifelnd *Christian Burkiczak*, Die verfassungsrechtlichen Grundlagen der Wahl des Deutschen Bundestages, JuS 2009, 805 (809) m. w. N.
57 Vgl. *Martin Morlok* (Fn. 6), Art. 38 Rn. 122.

—[58] ist die Möglichkeit der Stimmabgabe mittels Briefwahl.[59] Bereits von der Garantie der allgemeinen Wahl abgedeckt und mit dem Grundsatz der geheimen Wahl vereinbar ist zudem die Stimmabgabe durch Vertrauenspersonen im Fall körperlicher oder geistiger Beeinträchtigungen des stimmberechtigten Wählers.[60]

5. Freiheit der Wahl

Noch mehr als bei den anderen Wahlrechtsgrundsätzen betont das BVerfG beim Grundsatz der freien Wahl die Bedeutung für die demokratische Legitimation der Gewählten.[61] Die freie Wahl betrifft im Wesentlichen zwei Aspekte. Zum einen zielt sie auf eine (möglichst) freie Verwirklichung des Wählerwillens.[62] Dazu beitragen soll zunächst eine öffentliche Bekanntmachung der Wahlvorschläge, die eine rechtzeitige Kenntnisnahme gewährleistet.[63] Im Übrigen tragen vor allem die Aspekte der geheimen Wahl zur ungestörten Willensverwirklichung beim Wahlakt bei.[64] Neben die Willensverwirklichung tritt als zweites Ziel der freien Wahl der Schutz der freien Willensbildung.[65] Dies gilt in positiver wie in negativer Hinsicht. Während in positiver Hinsicht die Freiheit der Wahlbetätigung im Vordergrund steht, ist von der freien Wahl auch das (negative) Recht umfasst, von seinem Wahlrecht keinen Gebrauch zu machen.[66] Ferner kommt die freie Wahl durch ein grundsätzlich gewährleistetes freies Wahlvorschlagsrecht zum Ausdruck.[67]

---

58 Vgl. *Hans Meyer*, Wahlgrundsätze (Fn. 8), § 46 Rn. 21.
59 Vgl. BVerfG, Beschl. v. 15.02.1967 – 2 BvC 2/66, BVerfGE 21, 200 (204 f.); Beschl. v. 24.11.1981 – 2 BvC 1/81, BVerfGE 59, 119 (125). Zum Problem der Stimmabgabe mittels elektronischer Geräte siehe die Ausführungen zur Öffentlichkeit der Wahl unten 7.
60 Vgl. BVerfG, Beschl. v. 15.02.1967 – 2 BvC 2/66, BVerfGE 21, 200 (206 f.); vgl. nunmehr auch die Regelung der „Wahl-Assistenz" in § 14 Abs. 5 BWahlG.
61 Vgl. nur BVerfG, Urt. v. 02.03.1977 – 2 BvE 1/76, BVerfGE 44, 125 (139); Beschl. v. 15.02.1978 – 2 BvR 134/76 u. a., BVerfGE 47, 253 (283).
62 Vgl. *Hans Meyer*, Wahlgrundsätze (Fn. 8), § 46 Rn. 21.
63 Vgl. BVerfG, Beschl. v. 23.11.1988 – 2 BvC 3/88, BVerfGE 79, 161 (165 f.).
64 Vgl. bereits oben 4. Das BVerfG spricht davon, dass „das Prinzip der freien Wahl zwischen Parteien notwendig mit dem Prinzip der geheimen Wahl verbunden ist" (BVerfG, Urt. v. 17.08.1956 – 1 BvB 2/51, BVerfGE 5, 85 [232]).
65 Vgl. *Hans Meyer*, Wahlgrundsätze (Fn. 8), § 46 Rn. 21.
66 Vgl. *Siegfried Magiera* (Fn. 26), Art. 38 Rn. 90 f.
67 Vgl. BVerfG, Beschl. v. 09.03.1976 – 2 BvR 89/74, BVerfGE 41, 399 (417); Beschl. v. 15.02.1978 – 2 BvR 134/76 u. a., BVerfGE 47, 253 (282); Beschl. v. 22.10.1985 –

Von besonderer Relevanz ist die Gewährleistung der freien Willensbildung im Kontext der Wahlbeeinflussung durch Politik, Kultur und Medien im Vorfeld der Wahl. Zu unterscheiden ist dabei zunächst zwischen der Wahlbeeinflussung durch staatliche Organe, durch Akteure der mittelbaren Staatsverwaltung und der Einflussnahme Privater. Staatlichen Organen, zumal Organen der Regierung, hat das BVerfG untersagt, unter Einsatz staatlicher Mittel parteiisch in den Wahlkampf einzugreifen.[68] Schwer fällt insoweit freilich die Abgrenzung zwischen einem „amtsangemessenen" Einsatz staatlicher Mittel einerseits und Wahlkampf andererseits, wobei auch die zeitliche Nähe zum Wahlzeitpunkt[69] eine entscheidende Rolle spielt.[70] Mangels (messbarer) Beeinflussung des Wahlergebnisses sieht das BVerfG Geschenke von Wahlkreisbewerbern aber als zulässig an.[71] Bei Religionsgesellschaften, auch bei Kirchen als öffentlich-rechtlichen Körperschaften,[72] wird eine Beeinflussung des Wählerwillens dagegen für zulässig erachtet und ebenso als Ausdruck der Grundrechtsausübung gewertet wie bei Gewerkschaften und Arbeitgeberverbänden, sofern nur nicht mit Zwang oder Druck operiert wird.[73] Anders als die „Auswahl der Nachrichten und die Verbreitung von Meinungen"[74] durch

---

1 BvL 44/83, BVerfGE 71, 81 (100). Kritisch zum „Parteienmonopol" durch Listen insoweit *Hans Meyer*, Wahlgrundsätze (Fn. 8), § 46 Rn. 28. Dort auch zur Annullierung der Hamburgischen Bürgerschaft durch das HmbVerfG (Urt. v. 04.05.1993 – 3/92, NVwZ 1993, 1083 ff.) wegen grober Fehler im Aufstellungsverfahren einer Partei.

68 Vgl. BVerfG, Urt. v. 02.03.1977 – 2 BvE 1/76, BVerfGE 44, 125 ff., in dem aber vor allem auf die Chancengleichheit bei Wahlen und nicht auf die freie Wahl abgestellt wird. Vgl. zur Gleichheit der Wahl unten 6.

69 In BVerfG, Urt. v. 02.03.1977 – 2 BvE 1/76, BVerfGE 44, 125 (152 f.) wird insoweit zwischen „nahe[m] Vorfeld der Wahl", „heiße[r] Phase des Wahlkampfes" und dem Zeitpunkt der Bestimmung des Wahltags durch den Bundespräsidenten (§ 16 BWahlG) unterschieden.

70 Kritisch zur Rechtsprechung des BVerfG *Hans Meyer*, Wahlgrundsätze (Fn. 8), § 46 Rn. 24. Vgl. auch *Tristan Barczak*, Die parteipolitische Äußerungsbefugnis von Amtsträgern, NVwZ 2015, 1014 ff.

71 BVerfG, Beschl. v. 15.02.1967 – 2 BvC 1/66, BVerfGE 21, 196 (199); kritisch dazu *Jochen Abr. Frowein*, Die Rechtsprechung des Bundesverfassungsgerichts zum Wahlrecht, AöR 99 (1974), 72 (104).

72 Vgl. dazu (allerdings bezogen auf das Kommunalwahlrecht) BVerwG, Urt. v. 17.01.1964 – VII C 50/62, BVerwGE 19, 14 (17) sowie OVG NRW, Urt. v. 14.02.1962 – III A 726/61, OVGE MüLü 18, 1 ff.

73 Vgl. *Siegfried Magiera* (Fn. 26), Art. 38 Rn. 93 m. w. N.

74 Vgl. BVerfG, Beschl. v. 09.05.1978 – 2 BvC 2/77, BVerfGE 48, 271 (278).

die private Presse[75] ist die Berichterstattung durch die öffentlich-rechtlichen Rundfunkanstalten insofern eingeschränkt, als deren „Gesamtprogramm ein Mindestmaß an inhaltlicher Ausgewogenheit, Sachlichkeit und gegenseitiger Achtung"[76] aufzuweisen hat und dazu auch die Information „über die Gewichtsverteilung zwischen den bedeutsamen politischen [...] Gruppen"[77] gehört.[78]

6. *Gleichheit der Wahl*

Die meisten Kontroversen im Rahmen von Art. 38 Abs. 1 Satz 1 GG werden um den Grundsatz der gleichen Wahl ausgetragen. Es findet sich eine Fülle an Entscheidungen des BVerfG[79] und Beiträgen aus dem Schrifttum[80], die sich den rechtlichen Problemen der Etablierung eines gleichen Wahlrechts widmen. Die zentrale Bedeutung für die Staatsordnung insgesamt erfährt die Gleichheit der Wahl vor allem aus ihrer Nähe zum Demokratieprinzip, das die „Egalität der Staatsbürger"[81] gerade voraussetzt.[82] Nachdem das BVerfG unter Verkennung der formalen Anforderungen der Wahlrechtsgrundsätze die gleiche Wahl anfänglich als Anwendungsfall des allgemeinen Gleichheitssatzes ansah, hat es sich zur Begründung der Wahlrechtsgleichheit mittlerweile von einem Rückgriff auf Art. 3 Abs. 1 GG verabschiedet.[83] Das BVerfG zieht folgerichtig auch die prozessuale Konsequenz, dass Verletzungen der Wahlgleichheit bei Wahlen auf Landesebene – Art. 28 Abs. 1 Satz 2 GG findet in Art. 93 Abs. 1 Nr. 4a GG keine Erwähnung – nicht Gegenstand der Verfassungsbeschwerde zum BVerfG sein können.[84]

---

75 Ebd. In dem Urteil wird offengelassen, ob eine Ablehnung von Anzeigen eines Wahlbewerbers im Anzeigenteil bei Ausnutzung einer Monopolstellung durch die Zeitungsverlage uneingeschränkt zulässig ist.
76 BVerfG, Beschl. v. 09.05.1978 – 2 BvC 2/77, BVerfGE 48, 271 (277 f.).
77 BVerfG, Beschl. v. 09.05.1978 – 2 BvC 2/77, BVerfGE 48, 271 (278).
78 Vgl. zum Ganzen *Hans Meyer*, Wahlgrundsätze (Fn. 8), § 46 Rn. 27.
79 Vgl. etwa die Nachweise bei *Hans Meyer*, Wahlgrundsätze (Fn. 8), § 46 Rn. 30 mit Fn. 109.
80 Vgl. nur den Überblick bei *Karl-Ludwig Strelen*, in: Schreiber (Fn. 3), § 1 Rn. 43 mit Fn. 87.
81 BVerfG, Urt. v. 13.02.2008 – 2 BvK 1/07, BVerfGE 120, 82 (102).
82 Vgl. *Hans H. Klein* (Fn. 6), Art. 38 Rn. 115.
83 Vgl. dazu *Hans Meyer*, Wahlgrundsätze (Fn. 8), § 46 Rn. 32 f.
84 Vgl. BVerfG, Beschl. v. 16.07.1998 – 2 BvR 1953/95, BVerfGE 99, 1 (13 ff.).

Gleichheit meint im Rahmen von Art. 38 Abs. 1 Satz 1 GG in erster Linie die staatliche Gleichbehandlung von Wählern, Wahlbewerbern und Wahlvorschlagsberechtigten, die jeweils in Konkurrenz zueinander stehen.[85] Neben dem aktiven Wahlrecht ist daher auch das passive Wahlrecht vom Gebot der gleichen Wahl umfasst.[86] In zeitlicher Hinsicht wird auch[87] der Grundsatz der gleichen Wahl ausgedehnt; sein Schutz erstreckt sich nicht nur auf den Zeitpunkt der Stimmabgabe, sondern auch auf das Wahlbewerbungsrecht, auf das Wahlvorschlagsrecht und auf den Wahlkampf.[88] Dementsprechend ist aus dem Grundsatz der gleichen Wahl i. V. m. Art. 21 Abs. 1 GG[89] das Recht auf Chancengleichheit der politischen Parteien zu folgern.[90] Das BVerfG ordnet es als „unabdingbares Element des vom Grundgesetz gewollten freien und offenen Prozesses der Meinungs- und Willensbildung des Volkes"[91] ein. Mit umfasst von der Wahlgleichheit ist somit auch die Erstattung von Wahlkampfkosten[92] und der Wettbewerb der Parteien um Spenden[93].

Hinsichtlich der Wertigkeit der Stimme fordert der Grundsatz der gleichen Wahl, dass alle Wähler mit ihrer Stimmabgabe den gleichen Einfluss auf das Wahlergebnis haben.[94] Dies betrifft sowohl den gleichen Zählwert

---

85 Vgl. *Hans Meyer*, Wahlgrundsätze (Fn. 8), § 46 Rn. 34.
86 Vgl. BVerfG, Urt. v. 05.11.1975 – 2 BvR 193/74, BVerfGE 40, 296 (317); Beschl. v. 09.03.1976 – 2 BvR 89/74, BVerfGE 41, 399 (413); Beschl. v. 23.03.1982 – 2 BvL 1/81, BVerfGE 60, 162 (167); Beschl. v. 23.02.1983 – 2 BvR 1765/82, BVerfGE 63, 230 (242).
87 Zur Vorverlagerung des Schutzes der freien Wahl bereits oben 5.
88 Vgl. BVerfG, Beschl. v. 12.07.1960 – 2 BvR 373/60, BVerfGE 11, 266 (272); Beschl. v. 30.05.1962 – 2 BvR 158/62, BVerfGE 14, 121 (132); Beschl. v. 24.02.1971 – 1 BvR 438/68, BVerfGE 30, 227 (246); Beschl. v. 09.03.1976 – 2 BvR 89/74, BVerfGE 41, 399 (417); Urt. v. 02.03.1977 – 2 BvE 1/76, BVerfGE 44, 125 (146).
89 Kritisch *Hans Meyer*, Wahlgrundsätze (Fn. 8), § 46 Rn. 35.
90 Vgl. BVerfG, Beschl. v. 15.01.1985 – 2 BvF 3/83, BVerfGE 69, 92 (105 ff.); vgl. im Kontext der Äußerungsbefugnis in Bezug auf politische Parteien ferner ausdrücklich BVerfG, Urt. v. 10.06.2014 – 2 BvE 4/13, BVerfGE 136, 323 (333); Urt. v. 16.12.2014 – 2 BvE 2/14, BVerfGE 138, 102 (107 f.). Vgl. zum freien Wahlvorschlagsrecht bereits oben 5.
91 BVerfG, Urt. v. 02.03.1977 – 2 BvE 1/76, BVerfGE 44, 125 (145).
92 Vgl. BVerfG, Urt. v. 19.07.1966 – 2 BvF 1/65, BVerfGE 20, 56 (116); Urt. v. 03.12.1968 – 2 BvE 1/67, BVerfGE 24, 300 (339 f.); Beschl. v. 09.03.1976 – 2 BvR 89/74, BVerfGE 41, 399 (413 ff.).
93 Vgl. BVerfG, Urt. v. 24.06.1958 – 2 BvF 1/57, BVerfGE 8, 51 (64); Urt. v. 14.07.1986 – 2 BvE 2/84 u. a., BVerfGE 73, 40 (89).
94 Vgl. BVerfG, Urt. v. 03.07.2008 – 2 BvC 1/07 u. a., BVerfGE 121, 266 (295); Urt. v. 09.11.2011 – 2 BvC 4/10, BVerfGE 129, 300 (317 f.); Urt. v. 26.02.2014 – 2 BvE 2/13 u. a., BVerfGE 135, 259 (284).

jeder Stimme eines Wahlberechtigten als auch die gleiche rechtliche Erfolgschance („Erfolgswertgleichheit").[95] Allerdings schreibt das Grundgesetz dem Gesetzgeber kein bestimmtes Wahlsystem vor.[96] Denkbar wäre daher neben einer Kombination aus Verhältnis- und Mehrheitswahl („Grabenwahl") auch eine reine Mehrheitswahl. Die Verbindung zwischen Mehrheits- und Verhältniswahl (als „personalisierte Verhältniswahl") ist ebenso möglich,[97] ohne dass dabei (wegen der Anforderungen der Gleichheit der Wahl) eine verfassungsrechtliche Vermutung zugunsten des Verhältniswahlrechts bestehen würde.[98] Bezüglich der (die Erfolgswertgleichheit nicht gewährleistende) Mehrheitswahl, bei der nur die für den jeweiligen Mehrheitskandidaten abgegebenen Stimmen zur Mandatszuteilung führen, verlangt der Grundsatz der gleichen Wahl aber als Erfolgschancengleichheit, dass „alle Wähler auf der Grundlage möglichst gleich großer Wahlkreise […] und damit mit annähernd gleichem Stimmengewicht am Kreationsvorgang teilnehmen können"[99].[100] Bei der Verhältniswahl wird der Gleichheit Genüge getan, wenn die Gewichtung der Parteien im Parlament in einem „möglichst den Stimmenzahlen angenäherten Verhältnis"[101] erfolgt.[102] Die Vereinbarkeit der zur möglichst proportionalen Umsetzung der Stimmverteilung in Parlamentssitze entwickelten Berechnungsmethoden – namentlich das D'Hondt'sche Höchstzahlverfahren, das Verfahren nach Hare/Niemeyer sowie das Divisorverfahren nach Sainte-

---

95 *Peter Müller* (Fn. 28), 7. Aufl. 2018, Art. 38 Rn. 145.
96 Vgl. nur BVerfG, Urt. v. 05.04.1952 – 2 BvH 1/52, BVerfGE 1, 208 (246); Urt. v. 23.01.1957 – 2 BvE 2/56, BVerfGE 6, 84 (90); Urt. v. 25.07.2012 – 2 BvF 3/11 u. a., BVerfGE 131, 316 (334 f.) sowie ausführlich *Hans H. Klein*, in: Maunz/Dürig (Fn. 6), 68. EL 2013, Art. 38 Rn. 158 ff.
97 Vgl. BVerfG, Urt. v. 23.01.1957 – 2 BvE 2/56, BVerfGE 6, 84 (90); BVerfG, Urt. v. 10.04.1997 – 2 BvF 1/95, BVerfGE 95, 335 (349 f.); Urt. v. 03.07.2008 – 2 BvC 1/07 u. a., BVerfGE 121, 266 (296). Vgl. zur damit potentiell einhergehenden Paradoxie des negativen Stimmgewichts *Martin Morlok* (Fn. 6), Art. 38 Rn. 117.
98 Vgl. *Siegfried Magiera* (Fn. 26), Art. 38 Rn. 115; *Peter Müller* (Fn. 28), Art. 38 Rn. 146; a. A. aber *Martin Morlok* (Fn. 6) Art. 38 Rn. 102 m. w. N. in Fn. 320.
99 BVerfG, Urt. v. 10.04.1997 – 2 BvF 1/95, BVerfGE 95, 335 (353). Vgl. ferner BVerfG, Urt. v. 03.07.2008 – 2 BvC 1/07 u. a., BVerfGE 121, 266 (295 f.); Beschl. v. 21.04.2009 – 2 BvC 2/06, BVerfGE 124, 1 (18); Beschl. v. 31.01.2012 – 2 BvC 3/11, BVerfGE 130, 212 (225 f.).
100 Vgl. *Peter Müller* (Fn. 28), Art. 38 Rn. 145. Zum Problem manipulativer Wahlkreiszuschnitte in Deutschland siehe *Fabian Michl/Roman Kaiser*, Wer hat Angst vorm Gerrymander?, JöR 67 (2019), 51 ff.
101 BVerfG, Urt. v. 09.11.2011 – 2 BvC 4/10, BVerfGE 129, 300 (318); Urt. v. 26.02.2014 – 2 BvE 2/13 u. a., BVerfGE 135, 259 (284).
102 Vgl. BVerfG, Urt. v. 03.07.2008 – 2 BvC 1/07 u. a., BVerfGE 121, 266 (296).

§ 3 Vorgaben des Grundgesetzes

Laguë – mit den Anforderungen der gleichen Wahl wurde vom BVerfG bislang nicht angezweifelt.[103]

Aufgrund ihres formalen Charakters sind Durchbrechungen[104] der Wahlrechtsgleichheit nur im Fall eines sachlich zwingenden Grundes statthaft.[105] Neben der Sicherung des Charakters der Wahl als eines „Integrationsvorgangs bei der politischen Willensbildung des Volkes"[106] kommt als rechtfertigender Grund einer Beeinträchtigung insoweit vor allem auch die Sicherung der „Funktionsfähigkeit der zu wählenden Volksvertretung"[107] in Betracht. Schränkt der Gesetzgeber die Wahlrechtsgleichheit ein, geht damit zugleich die Verpflichtung einher, die jeweilige Beschränkung fortlaufend zu überprüfen und ggf. zu korrigieren, wenn ihre verfassungsrechtliche Rechtfertigung aufgrund der Änderung der von der Einschränkung vorausgesetzten tatsächlichen oder normativen Grundlagen zweifelhaft wird.[108]

Eine zulässige und auch in der Literatur anerkannte Differenzierung bei der Zulassung der Wahl betrifft etwa die gesetzliche Anordnung angemessener Unterschriftenquoren, die der Stimmenzersplitterung vor der Wahl entgegenwirken sollen.[109] Ungeachtet der im Schrifttum[110] geäußerten Bedenken bejaht das BVerfG vor dem Hintergrund der Sicherung der Handlungs- und Funktionsfähigkeit des Parlaments ferner die Zulässigkeit[111] gesetzlicher Sperrklauseln, bei denen im Rahmen der Verteilung

---

103 Vgl. BVerfG, Beschl. v. 22.05.1963 – 2 BvC 3/62, BVerfGE 16, 130 (144) zum D'Hondt'schen Höchstzahlverfahren sowie BVerfG, Beschl. v. 24.11.1988 – 2 BvC 4/88, BVerfGE 79, 169 (170 f.) auch zum Verfahren nach Hare/Niemeyer.
104 Vgl. zu diesen ausführlich *Hans Meyer*, Wahlgrundsätze (Fn. 8), § 46 Rn. 36 ff.
105 BVerfG, Urt. v. 05.04.1952 – 2 BvH 1/52, BVerfGE 1, 208 (249, 255); Beschl. v. 22.05.1979 – 2 BvR 193/79 u. a., BVerfGE 51, 222 (234 ff.); Beschl. v. 15.01.1985 – 2 BvF 3/83, BVerfGE 69, 92 (106).
106 BVerfG, Urt. v. 10.04.1997 – 2 BvC 3/96, BVerfGE 95, 408 (418); Urt. v. 26.02.2014 – 2 BvE 2/13 u. a., BVerfGE 135, 259 (286).
107 BVerfG, Urt. v. 29.09.1990 – 2 BvE 1/90 u. a., BVerfGE 82, 322 (338); Urt. v. 09.11.2011 – 2 BvC 4/10, BVerfGE 129, 300 (320 f.); Urt. v. 26.02.2014 – 2 BvE 2/13 u. a., BVerfGE 135, 259 (286).
108 Vgl. BVerfG, Urt. v. 14.07.1986 – 2 BvE 2/84, BVerfGE 73, 40 (94); Urt. v. 29.09.1990 – 2 BvE 1/90 u. a., BVerfGE 82, 322 (338 f.).
109 Vgl. BVerfG, Urt. v. 03.12.1968 – 2 BvE 1/67, BVerfGE 24, 300 (341) sowie *Hans H. Klein* (Fn. 6), Art. 38 Rn. 125.
110 Vgl. etwa *Martin Morlok* (Fn. 6), Art. 38 Rn. 112; *Hans Meyer*, Wahlgrundsätze (Fn. 8), § 46 Rn. 39.
111 Eine verfassungsrechtliche Verpflichtung des Gesetzgebers zur Etablierung einer Sperrklausel besteht aber nicht, vgl. BVerfG, Beschl. v. 19.09.2017 – 2 BvC 46/14, BVerfGE 146, 327 (358).

von Mandaten auf die Sitze eines Parlaments solche Parteien unberücksichtigt bleiben sollen, die eine bestimmte Anzahl an Stimmen im Verhältnis zur Gesamtzahl der abgegebenen (und gültigen) Stimmen unterschreiten.[112] Aufgrund der Schmälerung des Erfolgswerts der jeweils abgegebenen Stimme und im Hinblick auf die Funktion der Wahl als eines Vorgangs der Integration politischer Kräfte darf der Gesetzgeber allerdings „in aller Regel kein höheres als ein Fünfprozentquorum – bezogen auf das Wahlgebiet – begründen"[113].[114] Die Rechtfertigung einer Sperrklausel richtet sich zudem stets nach den „zu erwartende[n] Funktionsstörungen und deren Gewicht"[115] „für die Aufgabenerfüllung der [zu wählenden, Anm. d. Verf.] Volksvertretung"[116]. Die Übertragung einer Fünfprozenthürde (etwa der des § 6 Abs. 3 Var. 1 BWahlG) auf verschiedene parlamentarische Vertretungen kommt daher nur in Betracht, wenn die Funktionsfähigkeit des jeweils zu wählenden Organs eine solche (anstatt keiner oder einer niedriger angesetzten Sperrklausel) auch tatsächlich erfordert.[117] Zwar umstritten,[118] aber vom BVerfG unter Berufung auf eine möglichst „effektive"[119] Integration des Staatsvolkes ebenfalls anerkannt ist die Grundmandatsklausel (des § 6 Abs. 3 Satz 1 Var. 2 BWahlG), nach der Parteien auch dann an der Sitzverteilung teilnehmen, wenn sie mindestens drei Direktmandate errungen haben.[120]

Deutlich umstrittener noch als die Grundmandatsklausel ist im Schrifttum die Frage der Verfassungsmäßigkeit ausgleichsloser Überhangmandate, die im Zusammenhang mit einer personalisierten Verhältniswahl aufgrund der nicht vollständigen Verrechnung der Direktmandate (Mehr-

---

112 Vgl. nur BVerfG, Urt. v. 10.04.1997 – 2 BvC 3/96, BVerfGE 95, 408 (419); Urt. v. 09.11.2011 – 2 BvC 4/10, BVerfGE 129, 300 (320 f.); Urt. v. 26.02.2014 – 2 BvE 2/13 u. a., BVerfGE 135, 259 (286). Dies gilt selbst bei einem durch die Sperrklausel bedingten Ausfall von 15,7 % der abgegebenen Stimmen, vgl. BVerfG, Beschl. v. 19.09.2017 – 2 BvC 46/14, BVerfGE, 146, 327.
113 BVerfG, Urt. v. 10.04.1997 – 2 BvC 3/96, BVerfGE 95, 408 (419).
114 Vgl. BVerfG, Urt. v. 10.04.1997 – 2 BvC 3/96, BVerfGE 95, 408 (419); Beschl. v. 22.05.1979 – 2 BvR 193/79 u. a., BVerfGE 51, 222 (237); Urt. v. 29.09.1990 – 2 BvE 1/90 u. a., BVerfGE 82, 322 (338).
115 BVerfG, Urt. v. 09.11.2011 – 2 BvC 4/10, BVerfGE 129, 300 (323).
116 Ebd. Vgl. auch BVerfG, Urt. v. 26.02.2014 – 2 BvE 2/13 u. a., BVerfGE 135, 259 (286 f.).
117 Vgl. *Peter Müller* (Fn. 28), Art. 38 Rn. 153.
118 Vgl. *Jochen Abr. Frowein*, Rechtsprechung (Fn. 71), 92 ff.; *Werner Hoppe*, Die Verfassungswidrigkeit der Grundmandatsklausel (§ 6 Abs. 6 Bundeswahlgesetz), DVBl. 1995, 265 (268 ff.).
119 BVerfG, Urt. v. 10.04.1997 – 2 BvC 3/96, BVerfGE 95, 408 (420).
120 Vgl. BVerfG, Urt. v. 10.04.1997 – 2 BvC 3/96, BVerfGE 95, 408 ff.

heitswahl) mit den erzielten Landeslistenmandaten (Verhältniswahl) entstehen.[121] Das BVerfG erachtet Überhangmandate grundsätzlich für zulässig,[122] hält sie zugleich aber nur in einem Umfang für hinnehmbar, der den „Grundcharakter"[123] der personalisierten Verhältniswahl „als einer Verhältniswahl nicht aufhebt"[124]. Eine verfassungsrechtliche Entschärfung des Problems der Überhangmandate lässt sich freilich mit Ausgleichsregelungen[125] erreichen, die allerdings wiederum die Inkaufnahme einer – in ihrem Ausmaß nur schlecht vorhersehbaren – Erhöhung der Gesamtzahl der Sitze des Bundestags zur Folge haben können und damit die Arbeitsfähigkeit des Parlaments zu beeinträchtigen geeignet sind.[126]

Weitere Fragen nach der Vereinbarkeit mit dem Grundsatz der gleichen Wahl[127] werfen Instrumente zur paritätischen Zusammensetzung von Parlamenten, etwa im Rahmen der Wahlvorbereitung durch die geschlechtsbezogene Quotierung der Aufstellung von Kandidatenlisten, auf. Während der Eingriff in die Wahlgleichheit durch entsprechende satzungsrechtliche Regelungen der Parteien nach überwiegender Auffassung seine Rechtfertigung im Abbau faktischer Ungleichheiten findet,[128] ist die Rechtslage bei staatlichen Paritätsvorgaben weitaus umstrittener[129].

---

121 Vgl. etwa *Christofer Lenz*, Grundmandatsklausel und Überhangmandate vor dem Bundesverfassungsgericht, NJW 1997, 1534 (1535) m. w. N.; *Martin Morlok*, Anmerkung zu BVerfG, Urt. v. 25.07.2012 – 2 BvF 3/11 u. a., NVwZ 2012, 1116 f. sowie die umf. Nachweise bei *Peter Müller* (Fn. 28), Art. 38 Rn. 157 mit Fn. 475.
122 Vgl. BVerfG, Urt. v. 10.04.1997 – 2 BvF 1/95, BVerfGE 95, 335 ff.
123 BVerfG, Urt. v. 25.07.2012 – 2 BvF 3/11 u. a., BVerfGE 131, 316 (357).
124 Ebd.
125 Vgl. nunmehr etwa § 6 Abs. 5, 6 BWahlG sowie BT-Drs. 17/11819.
126 Vgl. zum Ganzen *Peter Müller* (Fn. 28), Art. 38 Rn. 157 ff.
127 Im Kontext der Quotierung kreisen die Probleme vor allem auch um Art. 3 Abs. 2, 21 Abs. 1 GG.
128 Vgl. *Hans H. Klein* (Fn. 6), Art. 38 Rn. 108; *Peter Müller* (Fn. 28), Art. 38 Rn. 160 m. w. N.
129 Aufgrund der – verfassungswidrigen (vgl. § 7 IV 1) – gesetzgeberischen Entscheidung in Brandenburg, ab der turnusgemäß im Jahr 2024 stattfindenden Landtagswahl eine paritätische Besetzung von Listen vorzuschreiben, ist die Debatte um die Verfassungsmäßigkeit der Parité-Gesetzgebung jüngst wieder entbrannt. Vgl. aus der Fülle an Beiträgen nur *Antje von Ungern-Sternberg*, Parité-Gesetzgebung auf dem Prüfstand des Verfassungsrechts, JZ 2019, 525 ff.; *Hans Meyer*, Verbietet das Grundgesetz eine paritätische Frauenquote bei Listenwahlen zu Parlamenten?, NVwZ 2019, 1245 ff.; *Jörg Burmeister/Holger Grewe*, Parité-Gesetz und Demokratieprinzip – Verfassungsauftrag oder Identitätsverstoß, ZG 2019, 154 ff.; *Martin Morlok/Alexander Hobusch*, Ade parité? – Zur Verfassungswidrigkeit verpflichtender Quotenregelungen bei Landeslisten, DÖV 2019, 14 ff.; *Silke Laskow-*

Im Hinblick auf die Zuteilung von Wahlsendezeiten im öffentlich-rechtlichen Rundfunk hat das BVerfG[130] schließlich ein Konzept abgestufter Chancengleichheit entwickelt, das seine Rechtfertigung nicht zuletzt in der Hinnahme „vorgefundener Wettbewerbslage[n]"[131] findet.[132] Der Vergabe staatlicher Leistungen an Parteien, insbesondere der Parteienfinanzierung, liegt ebenfalls das Konzept der abgestuften Chancengleichheit zugrunde.[133]

7. Öffentlichkeit der Wahl

Grundlage der in Art. 38 Abs. 1 Satz 1 GG nicht aufgeführten, aber vom BVerfG[134] 2009 im Rahmen einer Entscheidung über die Zulässigkeit der Verwendung sog. Wahlcomputer entwickelten öffentlichen Wahl bilden neben Art. 38 GG auch die Grundentscheidungen nach Art. 20 Abs. 1 und 2 GG.[135] Das Demokratieprinzip ist insofern mit der öffentlichen Wahl verknüpft, als demokratische Legitimation die Möglichkeit einer Kontrolle des Wahlvorgangs verlangt.[136] Nach Maßgabe des Republikprinzips darf die Kontrolle des Wahlverfahrens zudem nicht dem Zugriff der Bürger entzogen werden.[137] Das Rechtsstaatsprinzip wird im Kontext der

---

ski, Zeit für Veränderungen – Ein paritätisches Wahlrecht jetzt!, Recht und Politik 2018, 391 ff.
130 Vgl. BVerfG, Beschl. v. 30.05.1962 – 2 BvR 158/62, BVerfGE 14, 121 (134, 136 f.); Beschl. v. 14.02.1978 – 2 BvR 523/75, BVerfGE 47, 198 (227 f.); Beschl. v. 09.05.1978 – 2 BvC 2/77, BVerfGE 48, 271 (277).
131 BVerfG, Urt. v. 26.10.2004 – 2 BvE 1/02, BVerfGE 111, 382 (398).
132 Vgl. *Peter Müller* (Fn. 28), Art. 38 Rn. 162 sowie ausführlich *Hans Meyer*, Wahlgrundsätze (Fn. 8), § 46 Rn. 63 ff.
133 Vgl. *Peter Müller* (Fn. 28), Art. 38 Rn. 163 sowie die einfachgesetzliche Regelung in § 5 PartG.
134 Vgl. BVerfG, Urt. v. 03.03.2009 – 2 BvC 3/07 u. a., BVerfGE 123, 39. Die Weichen für die inhaltliche Ausrichtung des heutigen Grundsatzes der öffentlichen Wahl hat das BVerfG freilich schon früher gestellt, vgl. nur BVerfG, Beschl. v. 23.11.1993 – 2 BvC 15/91, BVerfGE 89, 291 (302 f.); Urt. v. 03.07.2008 – 2 BvC 1/07 u. a., BVerfGE 121, 266 (291 ff.).
135 Vgl. BVerfG, Urt. v. 03.03.2009 – 2 BvC 3/07 u. a., BVerfGE 123, 39 (68) sowie *Hans-Heinrich Trute* (Fn. 35), Art. 38 Rn. 72a.
136 Vgl. BVerfG, Urt. v. 03.03.2009 – 2 BvC 3/07 u. a., BVerfGE 123, 39 (69).
137 Vgl. BVerfG, Urt. v. 03.03.2009 – 2 BvC 3/07 u. a., BVerfGE 123, 39 (69); *Hans-Heinrich Trute* (Fn. 35), Art. 38 Rn. 72a.

öffentlichen Wahl schließlich relevant, weil staatliche Machtausübung durch Öffentlichkeit transparent und kontrollierbar wird.[138]

Die Kernaussage des Grundsatzes der Öffentlichkeit ist, „dass alle wesentlichen Schritte der Wahl öffentlicher Überprüfbarkeit unterliegen, soweit nicht andere verfassungsrechtliche Belange eine Ausnahme rechtfertigen."[139] Spannungen der öffentlichen Wahl mit dem Grundsatz der geheimen Wahl sind bereits deswegen ausgeschlossen, weil der Grundsatz der öffentlichen Wahl nicht für den Akt der Stimmabgabe gilt.[140] Im Unterschied zur geheimen Wahl mit institutionellem Charakter handelt es sich beim Grundsatz der öffentlichen Wahl um einen flankierenden Verfahrensgrundsatz, der sich auf das gesamte Wahlverfahren erstreckt.[141] Das bedeutet allerdings nicht, dass jede Handlung, die die Ermittlung des Wahlergebnisses betrifft, eine Beteiligung der Öffentlichkeit erfordert.[142] Vielmehr wird dem Gesetzgeber die Aufgabe anvertraut, die Nachvollziehbarkeit der wesentlichen Schritte des Wahlverfahrens sicherzustellen.[143] Ausnahmen vom Grundsatz der öffentlichen Wahl kommen in Betracht, um andere verfassungsrechtlich anerkannte Belange, insbesondere andere Wahlrechtsgrundsätze, zur Geltung zu bringen.[144] Das prominenteste Beispiel für eine solche Ausnahme ist die Zulässigkeit der Briefwahl, für die das BVerfG den Grundsatz der allgemeinen Wahl ins Feld führt.[145] Deutlich engere Grenzen werden dem Einsatz elektronischer Wahlgeräte, zumal einer Stimmabgabe über das Internet,[146] gesetzt.[147]

---

138 Vgl. BVerfG, Urt. v. 03.03.2009 – 2 BvC 3/07 u. a., BVerfGE 123, 39 (69 f.).
139 BVerfG, Urt. v. 03.03.2009 – 2 BvC 3/07 u. a., BVerfGE 123, 39 (70).
140 Vgl. BVerfG, Urt. v. 03.03.2009 – 2 BvC 3/07 u. a., BVerfGE 123, 39 (76). An derselben Stelle konzediert das BVerfG aber die Durchbrechung der öffentlichen Wahl durch den Grundsatz der geheimen Wahl aus historischer Perspektive.
141 Vgl. *Hartmut Maurer* (Fn. 24) § 13 Rn. 15.
142 Vgl. BVerfG, Urt. v. 03.07.2008 – 2 BvC 1/07 u. a., BVerfGE 121, 266 (292 ff.) zur Tätigkeit eines Kreiswahlleiters auf Grundlage von § 76 Abs. 1 BWO.
143 Vgl. BVerfG, Urt. v. 03.03.2009 – 2 BvC 3/07 u. a., BVerfGE 123, 39 (70 f.).
144 Vgl. BVerfG, Urt. v. 03.03.2009 – 2 BvC 3/07 u. a., BVerfGE 123, 39 (75).
145 Vgl. etwa BVerfG, Urt. v. 03.03.2009 – 2 BvC 3/07 u. a., BVerfGE 123, 39 (75) sowie die Nachweise oben Fn. 59.
146 Vgl. zum verfassungsrechtlich (derzeit) unzulässigen „e-voting" *Martin Morlok* (Fn. 28), Art. 38 Rn. 127 m. w. N.
147 Vgl. BVerfG, Urt. v. 03.03.2009 – 2 BvC 3/07 u. a., BVerfGE 123, 39 (71 ff.); *Peter Müller* (Fn. 28), Art. 38 Rn. 169. Vgl. zum Ganzen ferner *Fabian Haibl/Gerrit Hötzel*, Verfassungskonformer Einsatz rechnergesteuerter Wahlgeräte, 2014.

III. Die Anordnung des Art. 28 Abs. 1 Satz 2 GG

Nach Art. 28 Abs. 1 Satz 2 GG muss das Volk (unter anderem) in den Ländern eine Vertretung haben, die aus allgemeinen, unmittelbaren, freien, gleichen und geheimen Wahlen hervorgegangen ist. Art. 28 Abs. 1 Satz 2 GG, dessen geschichtlicher Vorläufer Art. 17 Abs. 1 Satz 2 WRV ist,[148] ergänzt damit das bereits vom Homogenitätsgebot des Art. 28 Abs. 1 Satz 1 GG umfasste Demokratieprinzip[149] und gestaltet dieses hinsichtlich der Wahlen zu den Landesparlamenten näher aus.[150] Ganz allgemein sind es aber bereits Art. 28 Abs. 1 Satz 1, 20 Abs. 1, 2 GG – und nicht erst Art 28 Abs. 1 Satz 2 GG –, die die Länder strukturell auf ein Wahlrecht festlegen, das demokratischen Grundsätzen entspricht.[151] Ebenso wie im Rahmen von Art. 28 Abs. 1 Satz 1 GG sind Landesgesetze, die gegen Art. 28 Abs. 1 Satz 2 GG verstoßen, nichtig.[152]

Unter „Volk" i.S.v. Art. 28 Abs. 1 Satz 2 GG ist (wie bei Art. 20 Abs. 2 GG) das deutsche Staatsvolk zu verstehen.[153] Im Übrigen sind mit den Adjektiven „allgemein", „unmittelbar", „frei", „gleich" und „geheim" i. S. v. Art. 28 Abs. 1 Satz 2 GG die Wahlrechtsgrundsätze des Art. 38 Abs. 1 Satz 1 GG angesprochen (vgl. oben II.).[154] Umstritten ist dabei freilich, ob sich die Wahlrechtsgrundsätze des Art. 38 Abs. 1 Satz 1 GG aufgrund von

---

148 Anders als Art. 28 Abs. 1 Satz 2 GG enthält Art. 17 Abs. 1 Satz 2 WRV zwar keine Vorgaben zur freien Wahl, sieht dafür aber eine Bindung der Länder an die Grundsätze der Verhältniswahl vor (siehe § 2). Vgl. zur Lesart von Art. 17 Abs. 1 Satz 2 WRV als Ermessensvorschrift für den Landesgesetzgeber *Julia Faber*, Föderalismus (Fn. 1), S. 289.
149 Bei Art. 20 Abs. 2 GG handelt es sich um keine sog. „Durchgriffsnorm" (hierzu *Josef Franz Lindner*, Bundesverfassung und Landesverfassung, AöR 143 [2018], 437 [452 f.]), vgl. zur Kontroverse *Veith Mede*, in: Maunz/Dürig (Fn. 6), 73. EL 2014, Art. 28 Rn. 21 ff. Die Verbindlichkeit der allgemeinen Anforderungen des Demokratieprinzips folgt für die Länder daher nicht unmittelbar aus Art. 20 Abs. 1, 2 GG, sondern erst aus Art. 28 Abs. 1 Satz 1 GG.
150 Vgl. *Jörg Menzel*, Landesverfassungsrecht, 2002, S. 258.
151 Vgl. *Klaus F. Gärditz*, Das bayerische Landtagswahlrecht vor der Herausforderung einer disparaten Bevölkerungsentwicklung, BayVBl. 2011, 421 (427).
152 BVerfG, Urt. v. 31.10.1990 – 2 BvF 2/89 u. a., BVerfGE 83, 37.
153 So die überwiegende Auffassung, vgl. bereits oben Fn. 15 sowie *Jens Kersten*, Homogenitätsgebot und Landesverfassungsrecht, DÖV 1993, 896 (899). Kritisch *Johannes Rux*, Landes-Staatsangehörigkeit und politische Willensbildung, ZAR 2000, 177 ff. Zum Problem des „Landesvolks" vgl. § 1 III 2.
154 Art. 38 Abs. 1 Satz 1 GG bietet daher keine Analogiebasis für das Wahlrecht der Länder, vgl. etwa BVerfG, Beschl. v. 18.10.2010 – 2 BvR 2174/10, NVwZ-RR 2010, 945 f.; Beschl. v. 26.10.2010 – 2 BvR 1913/09, BVerfGK 18, 141 ff.

Art. 28 Abs. 1 Satz 2 GG in den Landesverfassungen inhaltsgleich[155] (im Sinne einer „Identität"[156]) wiederfinden müssen oder ob die Grundsätze des Art. 38 Abs. 1 Satz 1 GG insoweit lediglich eine „Mindestgarantie" (im Sinne einer „Homogenität"[157]) verbürgen, die die Länder mit umfassenderen Regelungen noch übertreffen können.[158]

Inhaltlich stellt sich die Frage, in welchem Umfang die Landesstaatsgewalt bei der Regelung ihres Landeswahlrechts aufgrund von Art. 28 Abs. 1 Satz 2 GG gebunden ist. In einer frühen Entscheidung betont das BVerfG die grundsätzliche Freiheit der Länder bei der Gestaltung des Landeswahlrechts „[i]m Rahmen des Art. 28 Abs. 1 Satz 2 GG"[159].[160] An diese Rechtsprechung knüpft das BVerfG auch in einer späteren Entscheidung an, wenn es davon spricht, dass die Länder „im Rahmen ihrer Bindung an die Grundsätze des Art. 28 GG [...] Autonomie"[161] genießen.[162] Die Länder sind bei der Ausgestaltung ihres Landeswahlrechts also innerhalb der durch Art. 28 Abs. 1 (Satz 2) GG gezogenen Grenzen frei.[163]

---

155 Auf die mit dem Wortlaut von Art. 38 Abs. 1 Satz 1 GG identische Formulierung des Normtextes einer landesverfassungsrechtlichen Vorschrift kann es dabei nicht entscheidend ankommen. Erforderlich, aber auch ausreichend dürfte es nach dieser Auffassung bereits sein, wenn eine Auslegung der jeweiligen Vorschrift dieselbe Bedeutungsermittlung wie bei Art. 38 Abs. 1 Satz 1 GG zulässt.
156 So etwa *Markus Möstl*, in: Lindner/Möstl/Wolff (Hrsg.), Verfassung des Freistaates Bayern, 2. Aufl. 2017, Art. 14 Rn. 3 („Identität der Maßstäbe") und *Klaus F. Gärditz*, Landtagswahlrecht (Fn. 151), 421 (427).
157 So BVerfG, Urt. v. 05.04.1952 – 2 BvH 1/52, BVerfGE 1, 208 (236); Urt. v. 31.10.1990 – 2 BvF 2/89 u. a., BVerfGE 83, 37 (58); *Hans Meyer*, Demokratische Wahl und Wahlsystem, in: Isensee/Kirchhof (Fn. 8), § 45 Rn. 18. Vgl. ferner StGH BW, Urt. v. 23.02.1990 – 2/88, ESVGH 40, 161 (164, 169), der ausdrücklich auf die Möglichkeit Bezug nimmt, im Landesverfassungsrecht strengere Gebote für die Wahlrechtsgleichheit aufzustellen.
158 Vgl. zum Ganzen *Julia Faber*, Föderalismus (Fn. 1), S. 291 ff.
159 BVerfG, Urt. v. 11.08.1954 – 2 BvK 2/54, BVerfGE 4, 31 (44).
160 Vgl. BVerfG, Urt. v. 11.08.1954 – 2 BvK 2/54, BVerfGE 4, 31 (44). Zugleich relativiert der zweite Senat damit seine nur gut zwei Jahre vorher getroffene Aussage, wonach im Bundesstaat viel dafür spreche, „daß bei Annahme der gleichen Grundprinzipien für das Wahlrecht die nähere Ausgestaltung [in den Ländern, Anm. d. Verf.] angeglichen wird" (BVerfG, Urt. v. 05.04.1952 – 2 BvH 1/52, BVerfGE 1, 208 [255]).
161 BVerfG, Beschl. v. 16.07.1998 – 2 BvR 1953/95, BVerfGE 99, 1 (11).
162 Vgl. BVerfG, Beschl. v. 16.07.1998 – 2 BvR 1953/95, BVerfGE 99, 1 (11).
163 Von einer „Mindeststandardgarantie für die Ausgestaltung des Wahlrechts in den Landesverfassungen und den Landeswahlgesetzen" spricht insoweit *Josef Franz Lindner*, Bundesverfassung (Fn. 149), 437 (451).

Im Hinblick auf die Wahlrechtsgleichheit bewirkt Art. 28 Abs. 1 Satz 2 GG etwa keine Bindung der Länder an ein bestimmtes Wahlsystem.[164] Eine unreflektierte Übertragung der Aussagen des BVerfG zur Gleichheit der Wahl (Art. 38 Abs. 1 Satz 1 GG) auf das Wahlrecht der Länder scheidet daher aus.[165] Um der Gefahr einer übermäßigen Parteienzersplitterung entgegenzuwirken billigt das BVerfG das Instrument der Sperrklausel auch in den Landesparlamenten, weist aber zugleich darauf hin, dass „Sperrklauseln, die über den gemeindeutschen Satz von 5 % hinaus gehen [...] in aller Regel mit dem Grundsatz der Wahlrechtsgleichheit nicht mehr vereinbar"[166] seien und betont in einer anderen in Entscheidung[167] die Maßgeblichkeit der Verhältnisse im jeweiligen Land. In einer landesrechtlichen Regelung zur Unvereinbarkeit von Landtagsmandat und Mitgliedschaft in einem vom Land beherrschten Unternehmen sieht das BVerfG keinen Verstoß gegen die passive Dimension der Wahlrechtsgleichheit und Art. 28 Abs. 1 Satz 2 GG.[168] Wegen des Grundsatzes der gleichen, vor allem aber auch wegen des Grundsatzes der unmittelbaren Wahl sind die noch existenten landesrechtlichen Regelungen[169] zum „ruhenden Mandat" demgegenüber verfassungsrechtlich zweifelhaft.[170]

Frei und nicht an Art. 38 Abs. 2 GG gebunden sind die Landesgesetzgeber in der Regelung des Wahlalters und der Wählbarkeit zum jeweiligen Landesparlament.[171] Die Kriterien, die das BVerfG zur Unzulässigkeit amtlicher Wahlbeeinflussung entwickelt hat,[172] sollen für die Länder ebenso wie auf Bundesebene gelten.[173] Daneben hält das BVerfG den Grundsatz der Chancengleichheit der Parteien auch im Landeswahlrecht für maßgeb-

---

164 Vgl. *Michael Nierhaus/Andreas Engels*, in: Sachs (Fn. 26), Art. 28 Rn. 19; *Wolfgang Löwer*, in: von Münch/Kunig (Fn. 35), Art. 28 Rn. 27; näher dazu *Jörg Menzel*, Landesverfassungsrecht (Fn. 150), S. 260 f.
165 Vgl. *Markus Möstl* (Fn. 156), Art. 14 Rn. 4.
166 BVerfG, Beschl. v. 15.02.1978 – 2 BvR 134/76 u. a., BVerfGE 47, 253 (277). Zwar bezieht sich das Urteil insgesamt auf das Kommunalwahlrecht; bei der in Bezug genommenen Passage erfolgt allerdings keine Differenzierung zwischen Landesparlamenten und gewählten Kommunalvertretern.
167 Vgl. BVerfG, Beschl. v. 11.03.2003 – 2 BvK 1/02, BVerfGE 107, 286 (295 f.) – ebenfalls bezüglich Sperrklausel im Kommunalwahlrecht.
168 Vgl. BVerfG, Beschl. v. 05.06.1998 – 2 BvL 2/97, BVerfGE 98, 145, 159 f.
169 Vgl. Art. 108 Abs. 2 BremLVerf; Art. 39 HmbVerf.
170 Vgl. *Kyrill-Alexander Schwarz* (Fn. 2), Art. 28 Rn. 89; *Horst Dreier*, in: Dreier (Fn. 6), Art. 28 Rn. 62.
171 Vgl. *Hartmut Maurer* (Fn. 24), § 13 Rn. 7; *Kyrill-Alexander Schwarz* (Fn. 2), Art. 28 Rn. 93.
172 Vgl. oben II.5.
173 So *Hans Meyer*, Wahlgrundsätze (Fn. 8), § 46 Rn. 24.

lich.¹⁷⁴ Schließlich postuliert das BVerfG auch die Einrichtung eines Wahlprüfungsverfahrens in den Ländern,¹⁷⁵ ohne dabei aber eine Verpflichtung zur (landes-)verfassungsgerichtlichen Überprüfbarkeit solcher Verfahren vorzusehen.¹⁷⁶

---

174 Die Begründung überzeugt allerdings kaum. Während in BVerfG, Urt. v. 05.04.1952 – 2 BvH 1/52, BVerfGE 1, 208 (242) noch das Recht der Parteien „auf Gleichheit der Wettbewerbschancen" im Landtagswahlrecht als „Bestandteil der demokratischen Grundordnung" gewertet wird, was eine Bindung der Länder gemäß Art. 28 Abs. 1 Satz 1, 20 Abs. 1, 2 GG nahelegt, wird ein solches Recht in BVerfG, Beschl. v. 30.05.1962 – 2 BvR 158/62, BVerfGE 14, 121 (133) aus Art 21 Abs. 1 Satz 2 GG abgeleitet.
175 BVerfG, Beschl. v. 16.07.1998 – 2 BvR 1953/95, BVerfGE 99, 1 (18); Urt. v. 08.02.2001 – 2 BvF 1/00, BVerfGE 103, 111 (134 f.), kritisch hierzu *Hans Meyer*, Wahlgrundsätze (Fn. 8), § 46 Rn. 96. Einen (methodisch unzulässigen) Rückgriff auf Art. 41 GG vermeidet das BVerfG, indem es die Wahlprüfung bereits aufgrund des Demokratieprinzips und des Grundsatzes der Wahlgleichheit als geboten ansieht, vgl. BVerfG, Beschl. v. 12.12.1991 – 2 BvR 562/91, BVerfGE 85, 148 (158).
176 Vgl. *Horst Dreier* (Fn. 170), Art. 28 Rn. 62. Die Frage, inwiefern Art. 19 Abs. 4 GG bzw. vergleichbare landesverfassungsrechtliche Vorschriften gerichtlichen Rechtsschutz gegen Verletzungen des (Landes-)Wahlrechts garantieren, ist durch ein Urteil des SächsVerfGH (Urt. v. 16.08.2019 – Vf. 76-IV-19 (HS), NVwZ 2019, 1829 ff.) jüngst wieder ins Rollen gebracht worden; vgl. dazu *Wolf-Rüdiger Schenke*, Die Garantie des Wahlrechtsschutzes durch Art. 19 IV GG, NJW 2020, 122 ff.

Teil II: Wahlrecht der Länder

§ 4 Baden-Württemberg

Patrick Hilbert

I. Wahlen zum Baden-Württembergischen Landtag

Zwischen dem Neuen Schloss und der Staatsoper Stuttgart beherbergt seit 1961 der erste deutsche Parlamentsneubau der Nachkriegszeit den Landtag des 1952 geschaffenen Landes Baden-Württemberg.[1] Die Landtagswahl wird auf der Grundlage einer klassischen Rechtsquellentrias vollzogen, die als Kaskade von der Landesverfassung (LV)[2] über das Landtagswahlgesetz (LWG)[3] hin zur Landeswahlordnung (LWO)[4] angelegt ist. Sie soll einen Landtag hervorbringen, der sich laut § 1 Abs. 1 LWG „aus mindestens 120 Abgeordneten" zusammensetzt. Durch Überhang- und Ausgleichsmandate wird diese Zahl regelmäßig überschritten. Der 2016 gewählte 16. Landtag versammelt derzeit 143 Abgeordnete; den Rekord hält mit 155 Abgeordneten der 1996 gewählte 12. Landtag.[5] Obwohl sich § 1 Abs. 1 LWG liest, als würde er eine Mindestgröße vorschreiben, geht das LWG in § 2 Abs. 7 davon aus, dass die Zahl von 120 Sitzen auch unterschritten werden kann, was allerdings nur bei zu wenigen Kandidaten möglich wäre. Dazu kam es bislang freilich noch nie.

Die Verfassung schreibt vor, dass die Wahlen allgemein, frei, gleich, unmittelbar und geheim sein müssen (Art. 26 Abs. 4 LV). Diese Wahlrechtsgrundsätze entsprechen inhaltlich denen des Grundgesetzes (vgl.

---

1 Zum Gebäude näher *Rolf-Dieter Blumer/Carola Klötzer/Karsten Preßler*, Auch die Moderne kann in Würde altern, Denkmalpflege in Baden-Württemberg 40 (2011), 21 ff.; *Amber Sayah*, Umbau des Landtags in Stuttgart, Stuttgarter Zeitung v. 06.05.2016, abrufbar unter: www.stuttgarter-zeitung.de/inhalt.landtagsumbau-in-st uttgart-der-muff-der-jahrzehnte-ist-raus.2f30ba5b-cee3-4f29-b991-db910dad6815.ht ml (alle Internetadressen zuletzt abgerufen am 27.09.2020).
2 Verfassung des Landes Baden-Württemberg (LV) v. 11.11.1953, GBl. S. 173; zuletzt geändert durch G. v. 26.05.2020, GBl. S. 305.
3 Gesetz über die Landtagswahlen (Landtagswahlgesetz – LWG) i. d. F. v. 15.04.2005, GBl. S. 384; zuletzt geändert durch G. v. 22.10.2019, GBl. S. 425.
4 Verordnung des Innenministeriums zur Durchführung des Landtagswahlgesetzes (Landeswahlordnung – LWO) i. d. F. der Bekanntmachung v. 02.06.2005, GBl. S. 513; zuletzt geändert durch G. v. 12.05.2015, GBl. S. 320.
5 Alle Daten nach www.statistik-bw.de/Wahlen/Landtag/LRLtW.jsp.

auch Art. 28 Abs. 1 Satz 2 GG).⁶ Eine Besonderheit stellt indes Art. 26 Abs. 3 LV dar, der normiert: „Die Ausübung des Wahl- und Stimmrechts ist Bürgerpflicht." Im Ergebnis ergibt sich hieraus keine Wahlpflicht, allerdings divergieren die Begründungen. Die h. L. sieht in der Vorschrift zwar eine Rechtspflicht, will sie aber unter Berufung auf historische Argumente (Vorgängerverfassungen und die Entstehungsgeschichte) dahingehend einschränken, dass sie nicht mit Zwang durchsetzbar sei und an ihre Nichtbeachtung auch keine anderweitigen Nachteile geknüpft werden dürften, weil sie andernfalls mit der Freiheit der Wahl in Konflikt gerate.⁷ Mit anderen Worten sieht die h. L. in Art. 26 Abs. 3 LV eine „unvollkommene Verbindlichkeit des Verfassungsrechts"⁸ niedergelegt. Die Argumente dieser Sichtweise stehen jedoch auf wackeligem Boden. Das historische Argument mit dem „Willen" der Verfassungseltern ist wenig ergiebig. Die Materialien sind nicht eindeutig, sondern schlicht perplex und decken das gesamte Meinungsspektrum ab.⁹ Das Argument der angeblichen Unvereinbarkeit einer (sanktionierten) Wahlpflicht mit der Freiheit der Wahl enthält eine voraussetzungsvolle Prämisse, die an sich schon strittig ist¹⁰ und hier zusätzlich dadurch verschärft wird, dass Art. 26 Abs. 3 LV und der Grundsatz der Freiheit der Wahl aus Art. 26 Abs. 4 LV auf derselben Normstufe geregelt sind und ein Vorrang von Art. 26 Abs. 4 LV sich nicht ohne weitere Begründung ergibt. Nicht nur wegen dieser Probleme liegt es näher, anders als die h. L. den weichen Wortlaut „Bürgerpflicht" ledig-

---

6 BVerfG, Urt. v. 13.02.2008 – 2 BvK 1/07, BVerfGE 120, 82 (102); *Jens Hofmann*, in: Haug (Hrsg.), Verfassung des Landes Baden-Württemberg, 2018, Art. 26 Rn. 24; der StGH BW hat darauf hingewiesen, dass die Auslegung allenfalls strenger sein könne als die des GG, StGH BW, Urt. v. 23.02.1990 – GR 2/88, ESVGH 40, 161 (164). Zu den Wahlrechtsgrundsätzen des GG siehe oben § 3 II.
7 *Klaus Braun*, Kommentar zur Verfassung des Landes Baden-Württemberg, 1984, Art. 26 Rn. 9; *Jens Hofmann* (Fn. 6), Art. 26 Rn. 23.
8 Allg. zu dieser Figur *Patrick Hilbert*, Die Richtlinienkompetenz als Argument der Zwischenschicht, in: Krüper/Pilniok (Hrsg.), Die Organisationsverfassung der Regierung, 2021, S. 91 (101 f.).
9 Siehe die 9. Sitzung des Verfassungs-Ausschusses am 16.07.1952, in: Quellen zur Entstehung der Verfassung von Baden-Württemberg, 2. Teil, bearbeitet von Paul Feuchte, 1988, S. 154 (163 ff.): für eine echte Pflicht *Kühn* (CDU), a. a. O., S. 163 f.; gegen eine Pflicht *Rimmelspacher* (SPD), a. a. O., S. 167 f.; *Brandenburg* (DVP/FDP), a. a. O., S. 170 f.; in Richtung einer unvollkommenen Verbindlichkeit, aber letztlich nicht ganz eindeutig, Vors. *Gog* (CDU), a. a. O., S. 177 f.
10 Eine Wahlpflicht mit dem Grundsatz der Freiheit der Wahl für vereinbar haltend *Detlef Merten*, Negative Grundrechte, in: ders./Papier (Hrsg.), Handbuch der Grundrechte, Bd. 2, 2006, § 42 Rn. 235 ff.; a. A. *Martin Morlok*, in: Dreier (Hrsg.), Grundgesetz, Bd. 2, 3. Aufl. 2015, Art. 38 Rn. 88 m. w. N.

lich als Ausdruck eines *nicht* rechtsverbindlichen, bloßen Appells zu verstehen.[11] Diese Sicht deckt sich auch mit der Rechtsprechung des Staatsgerichtshofs (seit 2015: Verfassungsgerichtshof), der bereits 1961 entschieden hat, Art. 26 Abs. 3 LV sei „nicht als gesetzliche Verpflichtung, sondern als allgemeine Bürgerpflicht aus der Verantwortung für das [...] Gemeinschaftsleben des Volkes" zu verstehen.[12]

Die Abgeordneten werden alle fünf Jahre neu gewählt (Art. 30 Abs. 1 Satz 1 LV),[13] sofern nicht eine frühere Wahl wegen vorzeitiger Auflösung des Landtags durch gescheiterte Regierungsbildung (Art. 47 LV), Selbstauflösung (Art. 43 Abs. 1 LV) oder durch Volksabstimmung (Art. 43 Abs. 2 LV) nötig wird, was bisher aber noch nie vorgekommen ist. Eine Vertrauensfrage ist in Baden-Württemberg nicht normiert.

Zwischen den Wahlperioden besteht regelmäßig eine unechte parlamentslose Zeit, weil mit Ablauf der Wahlperiode des alten Landtags zwar die Wahlperiode des neuen Landtags beginnt (Art. 30 Abs. 1 LV) und dieser damit auch schon rechtlich existent ist, ihm aber bis zu seiner konstituierenden Sitzung die Handlungsfähigkeit abgeht und er sich für diese Sitzung bis zu 16 Tage nach Beginn der Wahlperiode[14] Zeit lassen darf (Art. 30 Abs. 3 LV).[15] Nach einer vorzeitigen Auflösung des Landtags entsteht hingegen eine echte parlamentslose Zeit, weil der alte Landtag aufgelöst ist und die neue Wahlperiode erst am Tag der Neuwahl beginnt (Art. 43, 47, 30 Abs. 1 Satz 2 LV).[16] In diesen beiden Zwischenzeiträumen nimmt ein vom vorhergehenden Landtag bestimmter *Ständiger Ausschuß* die Rechte des Landtags gegenüber der Regierung wahr (Art. 36, 44 LV),[17] womit vor allem die Regierungskontrolle gemeint ist, denn zur Gesetzgebung und Wahl eines Ministerpräsidenten ist der Ständige Ausschuß aus-

---

11 Die Möglichkeit bloßer Verfassungsprosa wurde in der Verfassunggebenden Versammlung vom Vorsitzenden des Verfassungs-Ausschusses durchaus gesehen und goutiert: *Franz Gog* (Fn. 9), S. 177: „Im übrigen meine ich, daß der Appell an das demokratische Gewissen etwas ist, was in eine Verfassung herein soll."; für einen bloßen Appell auch *Rimmelspacher* und *Brandenburg* (Fn. 9).
12 StGH BW, Urt. v. 06.02.1961 – 5/60, ESVGH 11/II, S. 25 (28); dem folgend *Paul Feuchte*, in: ders. (Hrsg.), Verfassung des Landes Baden-Württemberg, 1987, Art. 26 Rn. 10.
13 Ursprünglich betrug die Wahlperiode vier Jahre und wurde zur Landtagswahl 1996 auf fünf Jahre erhöht, näher *Klaas Engelken*, Änderung der Landesverfassung unter der Großen Koalition, VBlBW 1996, 121 (121 ff.).
14 Beginn der Wahlperiode ist im Regelfall der 01.05., vgl. Art. 93a LV.
15 *Volker M. Haug*, in: ders. (Fn. 6), Art. 30 Rn. 5, 9 ff., 22 ff.
16 *Volker M. Haug* (Fn. 15), Art. 30 Rn. 12.
17 Näher *Volker M. Haug* (Fn. 15), Art. 36 Rn. 6 ff.

drücklich nicht befugt (Art. 36 Abs. 2 LV). Die Institution kann an historische Vorbilder anknüpfen, insbesondere aus Weimar (Art. 35 Abs. 2, 3 WRV) und ehedem Bonn (Art. 45 GG a. F.)[18].

Dass die Wahl an einem Sonntag stattfindet, ist in Baden-Württemberg verfassungsrechtlich vorgeschrieben (Art. 26 Abs. 7 LV – auch das in Anknüpfung an ein Weimarer Vorbild: Art. 22 Abs. 1 Satz 2 WRV).

II. Wahlrecht und Wählbarkeit

Das *aktive Wahlrecht* kommt allen Deutschen (Art. 116 Abs. 1 GG) zu, die am Tage der Wahl das 18. Lebensjahr vollendet haben[19] und seit mindestens drei Monaten ihre (Haupt-)Wohnung[20] in Baden-Württemberg haben oder sich sonst gewöhnlich dort aufhalten (Art. 26 Abs. 1, 7 LV, § 7 Abs. 1 LWG). Bis auf die Mindestdauer des Residenzerfordernisses sind alle Voraussetzungen schon in der Verfassung festgeschrieben; die Verfassung spricht die einfachgesetzliche Ausgestaltungsmöglichkeit einer Mindestdauer der Residenz aber ausdrücklich an (Art. 26 Abs. 7 LV).[21] Die Residenzpflicht hat zur Folge, dass ehemals in Baden-Württemberg Wohnhafte, die ihren Wohnsitz ins Ausland verlegen (und keine Wohnung in Baden-Württemberg behalten), nicht mehr wahlberechtigt sind, selbst wenn sie als Landesbeamte ins Ausland (etwa nach Brüssel) abgeordnet sind. Dies wird zum Teil als (gerechtfertigte) Beschränkung der Allgemeinheit der Wahl angesehen.[22] Richtigerweise ist die Allgemeinheit der Wahl aber – anders als auf Bundesebene[23] – schon gar nicht berührt. Das Wohnsitzerfordernis schließt nämlich keinen Bürger des „Landesvolks" aus dem Kreis der Wahlberechtigten aus, sondern es schließt ihn bereits aus dem

---

18 Hierzu *Walter Sandtner*, Entwicklung, Wesen und Befugnisse des Ständigen Ausschusses, in: Kremer (Hrsg.), Parlamentsauflösung, 1974, S. 63 ff. Die Bestimmung wurde 1976 aufgehoben.
19 Das ursprüngliche Wahlalter lag bei 21 Jahren und wurde 1970 abgesenkt (G. v. 17.03.1970, GBl. S. 83).
20 §§ 20–22 BMG; siehe zu Details *Jens Hofmann* (Fn. 6), Art. 26 Rn. 20; zur Historie *Wolfgang Kentner*, Die Änderungen des Landtagswahlrechts in Baden-Württemberg, VBlBW 1984, 1 (2).
21 Siehe hierzu auch die lebhaften und zeitgebundenen Diskussionen in der Konstituante, namentlich in der 9. Sitzung des Verfassungs-Ausschusses am 16.07.1952 (Fn. 9).
22 Siehe etwa *Jens Hofmann* (Fn. 6), Art. 26 Rn. 20.
23 Siehe nur BVerfG, Beschl. v. 04.07.2012 – 2 BvC 1, 2/11, BVerfGE 132, 39 ff. mit Sondervotum *Lübbe-Wolff*.

„Landesvolk" selbst aus. Wer aber nicht Teil des Demos ist, partizipiert nicht an der Allgemeinheitsgarantie (hier aus Art. 28 Abs. 1 Satz 2 GG, an der das landes*verfassungs*rechtlich festgeschriebene Wohnsitzerfordernis zu messen wäre). Dieser Ausschluss ist ohne weiteres möglich, weil die „Landesbürgerschaft" in Baden-Württemberg ungleich schwächer formalisiert ist als im Bund.[24] Ebenso wie man als Deutscher die „Landesbürgerschaft" allein durch Wohnsitznahme gewinnt, verliert man sie durch Wegzug und gehört dann nicht mehr zum Legitimationssubjekt „Landesvolk". In der Folge liegt im fehlenden Wahlrecht keine Einschränkung der Allgemeinheit der Wahl, sondern eine logische Konsequenz. Auch aus einer (anderen) besonderen Nähebeziehung zu einem Land folgt keine Wahlberechtigung oder deren Notwendigkeit. Selbst der baden-württembergische Landesbeamte, der in Hessen oder Bayern seinen (Erst-)Wohnsitz hat, ist kein „Baden-Württemberger" im Sinne des Wahlrechts.

Aber auch wer in Baden-Württemberg wohnt, kann vom Wahlrecht *ausgeschlossen* sein, nämlich wenn ihm das Wahlrecht durch Richterspruch aberkannt wurde oder wenn ihm zur Besorgung aller seiner Angelegenheiten ein Betreuer bestellt ist, auch wenn der Aufgabenkreis des Betreuers die in § 1896 Abs. 4 und § 1095 BGB bezeichneten Angelegenheiten nicht erfasst (§ 7 Abs. 2 LWG).[25] Der zweite Ausschlussgrund ist wortlautidentisch mit § 13 Nr. 2 BWahlG a.F., den das BVerfG für unvereinbar mit Art. 38 Abs. 1 Satz 1 und Art. 3 Abs. 3 Satz 2 GG (aber nicht für nichtig) erklärt hat.[26] Dementsprechend ist auch § 7 Abs. 2 Satz 1 Nr. 2 LWG wegen Verstoßes gegen den Grundsatz der Allgemeinheit der Wahl aus Art. 26 Abs. 4 LV sowie wegen Verstoßes gegen das Verbot der Benachteiligung wegen einer Behinderung gemäß Art. 2b LV sowie Art. 2 Abs. 1 LV i.V.m. Art. 3 Abs. 3 Satz 2 GG landesverfassungswidrig und zudem wegen Verstoßes gegen Art. 28 Abs. 1 Satz 2, Art. 3 Abs. 3 Satz 2 GG bundesverfassungswidrig. In Reaktion auf das Urteil des BVerfG hat der baden-württembergische Gesetzgeber den Ausschlussgrund aus § 7 Abs. 2 Satz 1 Nr. 2

---

24 Das zeigt sich schon daran, dass es keine entsprechenden Vorschriften gibt. Die baden-württembergische Verfassung kennt – anders als die bayerische (Art. 6 BV) – keine Vorschrift zur „Landesbürgerschaft", sondern nur zur Wahlberechtigung, die an die deutsche Staatsangehörigkeit geknüpft wird (Art. 26 Abs. 1 LV). Hieran wird deutlich, dass die Rede von der „Staatsqualität der Länder" in vielem nur symbolisch ist; siehe *Christoph Möllers*, Staat als Argument, 2000, S. 358 f., 373 f.
25 Vergleichbare Ausschlussgründe waren bis 1991 in der Verfassung normiert (Art. 26 Abs. 2 LV a. F.), näher *Konrad Frhr. von Rotberg*, Änderungen des Wahlrechts in Baden-Württemberg, BWVP 1991, 1 (1 ff.).
26 BVerfG, Beschl. des Zweiten Senats v. 29.01.2019 – 2 BvC 62/14, BVerfGE 151, 1 (Tenor zu 1, Rn. 39 ff., 84 ff.).

LWG bis zum 24.10.2021 für nicht anwendbar erklärt (§ 7 Abs. 2 Satz 2 LWG). Hintergrund ist, dass die Reaktion des Bundesgesetzgebers abgewartet werden sollte, um „an diese anknüpfend" die landesrechtlichen Regelungen zu ändern.[27] Der Bundestag hat inzwischen den Ausschlussgrund auf Bundesebene aufgehoben und eine Assistenzlösung eingeführt (§ 13, § 14 Abs. 5 BWahlG n.F.), was nun in Baden-Württemberg entsprechend geregelt wird (§ 7 Abs. 2, § 8 Abs. 4 LWG n.F.).[28]

Das *passive Wahlrecht* läuft grundsätzlich parallel zum aktiven, d. h. wählbar ist jeder Wahlberechtigte (Art. 27 Abs. 2 Satz 1 LV, § 9 Abs. 1 LWG).[29] Von der in der Verfassung eröffneten Möglichkeit, die Wählbarkeit von einer bestimmten Dauer der Staatsangehörigkeit oder des Aufenthalts im Land abhängig zu machen (Art. 28 Abs. 2 Satz 2 LV), hat der Gesetzgeber keinen Gebrauch gemacht. Wegen der Parallelität zum aktiven Wahlrecht ist aber eine Mindestresidenzzeit von drei Monaten erforderlich. (Folge hiervon ist, dass ein Abgeordneter aus dem Landtag ausscheidet, wenn er seinen (Erst-)Wohnsitz in Baden-Württemberg aufgibt (Art. 41 Abs. 3 LV, § 47 Abs. 2 Nr. 3 LWG).[30]) Das passive Wahlrecht besitzt nicht mehr, wem die Wählbarkeit oder die Fähigkeit, öffentliche Ämter zu bekleiden, durch Richterspruch aberkannt wurde (§ 9 Abs. 2 LWG).

III. Wahlsystem

Die baden-württembergische Verfassung bestimmt in Art. 28 Abs. 1, dass ein Wahlsystem einzuführen ist, das „die Persönlichkeitswahl mit den Grundsätzen der Verhältniswahl verbindet".[31] Eine konkrete Ausgestaltung ist hiermit noch nicht vorgegeben, sondern dem Gesetzgeber überlassen (Art. 28 Abs. 3 Satz 1 LV).[32] Dieser hat sich für ein *Mischsystem* ent-

---

27 LT-Drs. 16/5914, Zitat: S. 5.
28 Gesetzesbeschluss des Landtags v. 14.10.2020, LT-Drs. 16/8989.
29 Ursprünglich musste für das passive Wahlrecht das 25. Lebensjahr vollendet sein, was 1970 auf das 21. Lebensjahr abgesenkt wurde (G. v. 17.03.1970, GBl. S. 83) und 1974 mit dem aktiven Wahlrecht, das beim 18. Lebensjahr lag, parallelisiert wurde (G. v. 19.11.1974, GBl. S. 454).
30 *Volker M. Haug* (Fn. 15), Art. 41 Rn. 8.
31 Zur Entstehungsgeschichte *Paul Feuchte*, Verfassungsgeschichte von Baden-Württemberg, 1983, S. 213 f.; *Klaus Braun* (Fn. 7), Art. 28 Rn. 8, 11, je m. w. N.
32 Zum vorgegebenen Rahmen und den Möglichkeiten des Gesetzgebers näher *Klaus Braun* (Fn. 7), Art. 28 Rn. 11; *Volker M. Haug* (Fn. 15), Art. 28 Rn. 8 ff., 16.

schieden, das dem Verfassungsauftrag genügt.[33] Es enthält Elemente der Mehrheits- und der Verhältniswahl und ist durch eine besondere Akzentuierung des Persönlichkeitselements gekennzeichnet.

Der Mischcharakter zeigt sich daran, dass in den 70 Wahlkreisen jeweils ein Abgeordneter direkt im Rahmen einer relativen Mehrheitswahl ermittelt wird. Die übrigen Parlamentssitze werden nach den Grundsätzen der Verhältniswahl auf die Parteien verteilt, wobei zudem ein Regionalproporz zum Zuge kommt. (Zu den Details unten V.) Das Mischungsverhältnis von Mehrheits- und Verhältniswahl ist dabei gleichgewichtig.[34] Zwar werden von der Zielzahl von 120 Abgeordneten mit 70 mehr als die Hälfte durch Mehrheitswahl bestimmt; die verhältnismäßige Verteilung auf die Parteien wird aber dadurch sichergestellt, dass im Fall von den Parteienproporz übersteigenden Direktmandaten (Überhangmandate) den anderen Parteien Ausgleichsmandate zugeteilt werden (§ 2 Abs. 4 LWG).

Die *besondere Akzentuierung des Persönlichkeitselements* zeigt sich an zwei zusammenhängenden Besonderheiten: Jeder Wähler hat *nur eine Stimme* (§ 1 Abs. 3 Satz 1 LWG) und es gibt *keine Listen*. Es werden nur Direktkandidaten (in der Diktion des LWG: Bewerber) – und ggf. Ersatzbewerber – aufgestellt.[35] Wer nicht in einem Wahlkreis angetreten ist, kann nicht in den Landtag einziehen. Sofern ein Bewerber von einer Partei aufgestellt wurde, wird die Stimme für ihn zugleich als Stimme für seine Partei gewertet (§ 1 Abs. 3 Satz 2 LWG). Mit diesen wird nach Grundsätzen der Verhältniswahl ermittelt, wie viele der nicht direkt vergebenen Sitze der jeweiligen Partei zustehen. Die so ermittelten Sitze gehen dann an die „besten Wahlkreisverlierer"[36] der jeweiligen Partei, d. h. die *personelle* Zuteilung dieser Sitze weist ebenfalls ein „Element der Persönlichkeitswahl"[37] auf. Hinter diesem starken Persönlichkeitsbezug steht die Idee, dass sich der Einsatz des Bewerbers im Wahlkreis auch dann auszahlen

---

33 StGH BW, Urt. v. 01.07.1985 – GR 1/84, ESVGH 35, 244 (247); Urt. v. 23.02.1990 – GR 2/88, ESVGH 40, 161 (LS 1, 3, S. 164 ff., 168); Urt. v. 12.12.1990 – GR 1/90, VBlBW 1991, 133 (137); Urt. v. 22.05.2012 – GR 11/11, ESVGH 63, 14 (16); *Thomas Däubler*, Das Einstimmen-Mischwahlsystem bei baden-württembergischen Landtagswahlen, ZParl 2017, 141 (142) m. w. N.; siehe zur Kategorisierung als Mischsystem auch BVerfG, Beschl. v. 28.04.1970 – 2 BvR 313/68, BVerfGE 28, 214 (215).
34 So auch StGH BW, Urt. v. 12.12.1990 – GR 1/90, VBlBW 1990, 133 (137).
35 Näher unten IV.
36 *Thomas Däubler* (Fn. 33), 142.
37 StGH BW, Urt. v. 22.05.2012 – GR 11/11, ESVGH 63, 14 (17).

soll, wenn er den Wahlkreis nicht direkt gewinnt.[38] Das Fehlen von Listen hat zur Folge, dass die Parteien mangels Listenhoheit auf die Zusammensetzung des Landtags weniger Einfluss nehmen können.[39]

Da das Wahlsystem ein Mischsystem ist, das Elemente des Mehrheitswahlrechts enthält, ergeben sich verfassungsrechtliche Anforderungen an die *Größe der Wahlkreise*.[40] Um bei den Mehrheitselementen die Gleichheit der Wahl und die Chancengleichheit der Bewerber zu gewährleisten, müssten die Wahlkreise idealiter gleich groß sein. Da dies praktisch nicht zu verwirklichen ist, beschränkt sich die Forderung auf eine annähernd gleiche Größe. Die äußerste Grenze hat der Staatsgerichtshof in seiner Rechtsprechung dahingehend gezogen, dass die Größe eines Wahlkreises nicht mehr als 25 % von der Durchschnittsgröße der Wahlkreise abweichen darf.[41] Erfolgreich beanstandet werden können hiergegen verstoßende Wahlkreisgrößen nach dieser Rechtsprechung indes nur, wenn die Ungleichheit der Einteilung am Wahltag evident erkennbar war.[42] Der die Wahlkreiseinteilungen vornehmende Gesetzgeber bemüht sich, die Abweichungen von der Durchschnittsgröße kleiner als 15 % zu halten.[43] Dies erfolgt augenscheinlich in Anlehnung an § 3 Abs. 1 Satz 1 Nr. 3 BWahlG, wenngleich in Baden-Württemberg keine entsprechende gesetzliche Regelung existiert.[44] Die Orientierung an § 3 Abs. 1 Satz 1 Nr. 3 BWahlG ist aber nicht grenzenlos, denn anders als dort vorgesehen stellt der baden-württembergische Gesetzgeber für die Ermittlung der Wahlkreisgröße typischerweise nicht auf die durchschnittliche Bevölkerungszahl ab, son-

---

38 *Hartmut Maurer*, Verfassungsrecht, in: ders./Hendler (Hrsg.), Baden-Württembergisches Staats- und Verwaltungsrecht, 1990, S. 27 (63).
39 *Markus M. Müller*, Das Landtagswahlrecht von Baden-Württemberg, ZParl 2004, 299 (290 f.); *Thomas Däubler* (Fn. 33), S. 143.
40 StGH BW, Urt. v. 23.02.1990 – GR 2/88, ESVGH 40, 161 (LS 3, S. 164 ff., 174); eingehend zu diesem und weiteren Prüfungsmaßstäben sowie zur Prüfdichte StGH BW, Urt. v. 22.05.2012 – GR 11/11, ESVGH 63, 14 (16 ff.).
41 StGH BW, Urt. v. 14.07.2007 – GR 1/06, ESVGH 58, 1 (LS 2, S. 7 ff.); Urt. v. 22.05.2012 – GR 11/11, ESVGH 63, 14 (18). In seiner früheren Rechtsprechung hatte der StGH BW noch eine Abweichung i. H. v. 1/3 der Durchschnittsgröße akzeptiert (Urt. v. 23.02.1990 – GR 2/88, ESVGH 40, 161 (LS 3, S. 164 ff.)). Dies war in Anlehnung an BVerfG, Beschl. v. 22.05.1963 – 2 BvC 3/62, BVerfGE 16, 130 (141), erfolgt, und wurde, nachdem das BVerfG die Tolerierung dieses Grenzwerts selbst aufgegeben hatte (Urt. v. 10.04.1977 – 2 BvF 1/95, BVerfGE 95, 335 (365)), auch in Baden-Württemberg strenger gehandhabt.
42 StGH BW, Urt. v. 23.02.1990 – GR 2/88, ESVGH 40, 161 (LS 3, S. 169 f.); siehe auch StGH BW, Urt. v. 14.07.2007 – GR 1/06, ESVGH 58, 1 (LS 2, S. 11).
43 Vgl. etwa LT-Drs. 14/3535, S. 2.
44 Hierzu StGH BW, Urt. v. 22.05.2012 – GR 11/11, ESVGH 63, 14 (20 ff.).

dern auf die Zahl der Wahlberechtigten bei der letzten Landtagswahl und deren prognostizierte Entwicklung.[45]

IV. Wahlvorbereitung

Zentral für die Wahlvorbereitung ist es, Kandidaten vorzuschlagen, die auf dem Stimmzettel stehen. Da es in Baden-Württemberg keine Parteilisten gibt, können nur Wahlkreiskandidaten vorgeschlagen werden. Hierbei spielen die Parteien eine hervorgehobene Rolle, was auch in den Begrifflichkeiten deutlich wird: das LWG nennt (nur) die von einer Partei vorgeschlagenen Kandidaten „Bewerber". Ein „Monopol der Kandidatenaufstellung" haben die Parteien aber freilich nicht,[46] sondern Vorschläge sind auch ohne Parteiunterstützung möglich. Das LWG nennt diese Kandidaten „Einzelbewerber". Der Vorschlag durch eine Partei ist indes die Regel und mit gewissen Besserstellungen gegenüber Einzelbewerbern verbunden. Das ist konsequent, weil die Stimme für einen von einer Partei vorgeschlagenen Bewerber im Verhältniswahlelement der Mischwahl als Stimme für die Partei verwertet wird (näher unten V. 1. b)). Im Einzelnen gilt für die Wahlvorschläge folgendes:

1. Wahlvorschläge von Parteien

Wahlvorschläge sind für jeden der 70 Wahlkreise einzeln einzureichen. Will eine Partei Bewerber aufstellen, müssen diese gemäß § 17 Satz 1 PartG, § 24 Abs. 1 LWG in geheimer Wahl gewählt werden und zwar entweder auf einer Mitgliederversammlung (die alle wahlberechtigten Parteimitglieder des Wahlkreises umfasst) oder auf einer Vertreterversammlung (die aus der Mitte der wahlberechtigten Parteimitglieder des Wahlkreises gewählt wird). Eine entsprechende Versammlung muss grundsätzlich für jeden Wahlkreis einzeln stattfinden; eine Ausnahme ist nur für Stadtkreise vorgesehen, die mehrere Wahlkreise umfassen (wie z.B. Mannheim I und II); in ihnen darf eine gemeinsame Mitglieder- oder Vertreterversammlung

---

45 Siehe etwa LT-Drs. 14/3535, S. 2 f.; LT-Drs. 16/6692, S. 4 f. Der StGH BW hat offengelassen, ob er dies dauerhaft billigen wird: Urt. v. 14.07.2007 – GR 1/06, ESVGH 58, 1 (LS 2, S. 11).
46 Allg. *Konrad Hesse*, Die verfassungsrechtliche Stellung der politischen Parteien im modernen Staat, VVDStRL 17 (1959), 11 (23 mit Fn. 35), dort auch das Zitat.

stattfinden (§ 24 Abs. 1 Satz 4 LWG). Auf den Versammlungen sind alle stimmberechtigten Teilnehmer vorschlagsberechtigt. Den Vorgeschlagenen ist Gelegenheit zu geben, sich und ihr Programm in angemessener Zeit vorzustellen.

Parteien haben bei der Kandidatenaufstellung gegenüber dem Vorschlagen von Einzelbewerbern zwei Vorteile: Zum einen dürfen nur Parteien in jedem Wahlkreis zusätzlich zu ihrem Bewerber einen Ersatzbewerber vorschlagen, der unter dem Bewerber auf dem Stimmzettel erscheint (§ 1 Abs. 2, § 37 Abs. 2 Nr. 2 LWG, § 28 Abs. 2 i.V.m. Anlage 2 LWO). Diese *Ersatzbewerber* kommen zum Zuge, wenn einer Partei nach dem Parteien- und Regionalproporz noch Sitze zustehen, aber bereits alle Bewerber einen Sitz erhalten haben (§ 2 Abs. 5 LWG; näher unten V. 1. b)). Zudem rücken sie für den Bewerber nach, wenn er die Wahl nicht annimmt, vor Annahme der Wahl stirbt oder die Wählbarkeit verliert oder wenn er aus dem Landtag ausscheidet (§ 47 Abs. 1 Satz 1 LWG). Der zweite Vorteil der Parteien ist, dass sie ihre Bewerber und Ersatzbewerber *in bis zu zwei Wahlkreisen gleichzeitig* vorschlagen dürfen (§ 25 Abs. 1 LWG),[47] was insbesondere für kleinere Parteien oder Parteien mit besonders populären Kandidaten von Interesse sein kann. Erlangt ein Bewerber in beiden Wahlkreisen einen Sitz, steht ihm freilich nur einer zu (nämlich in dem Wahlkreis, in dem er besser abgeschnitten hat), während in dem anderen Wahlkreis der Ersatzbewerber (sofern vorhanden, sonst der nächststärkste Bewerber) zum Zuge kommt (§ 44 Abs. 2, § 47 Abs. 1 LWG).

Den Parteien steht es frei, Wahlvorschläge zu unterbreiten, und sie können sich auch auf Wahlvorschläge in bestimmten Wahlbezirken beschränken.[48] Nicht zulässig sind allerdings die Verbindung von Wahlvorschlägen mehrerer Parteien und die Aufstellung gemeinsamer Wahlvorschläge (§ 3 LWG). Hintergrund der Regelung ist, dass die Wahlvorschläge klare politische Alternativen aufbieten sollen und die 5%-Sperrklausel nicht durch Zusammenschlüsse umgangen werden soll.[49] Die Verbote des § 3 LWG verstoßen nicht gegen die Freiheit der politischen Parteien (Art. 2 Abs. 1 LV i.V.m. Art. 21 GG), sondern sind verfassungskonform.[50] Der Staatsge-

---

47 In ein und demselben Wahlkreis darf indes niemand auf zwei unterschiedlichen Wahlvorschlägen stehen, § 25 Abs. 1 Satz 2 LWG.
48 StGH BW, Urt. v. 06.02.1961 – 5/60, ESVGH 11/II, S. 25 (27 ff.).
49 Vgl. die Erläuterung des damaligen Innenministers *Fritz Ulrich* (SPD), in: Verhandlungen des Landtags von Baden-Württemberg, 1. Wahlperiode 1952–1956, Protokoll-Bd. III, S. 2026 (2027 f.).
50 StGH BW, Urt. v. 06.02.1961 – 5/60, ESVGH 11/II, S. 25 (29 ff.), zum damaligen § 4 LWG.

richtshof ist sogar noch weiter gegangen und hat eine unzulässige Umgehung des Verbindungsverbots darin gesehen, dass zwei Parteien eine (als verbindlich empfundene) wechselseitige Absprache darüber trafen, in bestimmten Wahlkreisen zugunsten der jeweils anderen auf die Aufstellung eigener Kandidaten zu verzichten, und dies auch an die Wählerschaft kommunizierten.[51] Hierfür wurde er zu Recht kritisiert, weil bei der Nichtaufstellung von Kandidaten in Wahlkreisen keine Unklarheiten drohen und auch die Freiheit der Wahl auf Seiten der Wähler nicht beeinträchtigt wird.[52]

In formaler Hinsicht müssen die auf einer Versammlung gefassten Wahlvorschläge der Parteien vom Vorstand des Landesverbands unterzeichnet sein (§ 24 Abs. 2 Satz 1 LWG, § 23 Abs. 2 LWO). Für Parteien, die während der letzten Wahlperiode nicht im Landtag vertreten waren, wird diese Vorschrift verschärft: Ihre Wahlvorschläge bedürfen zusätzlich mindestens 150 Unterschriften von Wahlberechtigten des jeweiligen Wahlkreises (§ 24 Abs. 2 Satz 2 LWG, § 23 Abs. 4 LWO). Der Staatsgerichtshof hat diese Voraussetzung früh für vereinbar mit Art. 2 Abs. 1 LV i.V.m. Art. 21 GG erklärt.[53] Jeder Wahlberechtigte darf in seinem Wahlkreis nur einen Wahlvorschlag mit seiner Unterschrift unterstützen (§ 24 Abs. 3 LWG).

2. Wahlvorschläge für Einzelbewerber

Einzelbewerber darf jeder Wahlberechtigte vorschlagen (§ 1 Abs. 1 LWG), wobei der Einzelbewerber – wie auch die Bewerber von Parteien – der Aufnahme in den Wahlvorschlag schriftlich zustimmen muss (§ 24 Abs. 4 Satz 2 LWG[54]). Ein Selbstvorschlag ist selbstredend möglich. Der Wahlvorschlag für Einzelbewerber bedarf aber in jedem Fall mindestens 150 Unter-

---

51 StGH BW, Urt. v. 06.02.1961 – 5/60, ESVGH 11/II, S. 25 (32 ff.).
52 *Karl H. Schreiber*, Anmerkung zu StGH BW, Urt. v. 06.02.1961 – 5/60, DÖV 1961, 750 f.
53 StGH BW, Urt. v. 09.04.1960 – 2/60, BWVBl. (Beilage zur DÖV) 1960, 122 (123 ff.).
54 Die Vorschrift ist legistisch misslungen, weil man mit Blick auf den systematischen Regelungsstandort (der vorgehende Satz bezieht sich nur auf Bewerber von Parteien) und den Wortlaut (Satz 2 spricht nur von „Bewerbern") annehmen könnte, das Zustimmungserfordernis beziehe sich nur auf Bewerber von Parteien und nicht auch auf Einzelbewerber. Dem ist aber nicht so. Dafür, dass alle (Einzel-)Bewerber zustimmen müssen, spricht der Sinn und Zweck der Vorschrift, nur willige Kandidaten auf dem Stimmzettel stehen zu haben. Mit dem Wortlaut ist diese Auslegung vereinbar, weil „Bewerber" auch als Oberbegriff für Bewerber

schriften von Wahlberechtigten des jeweiligen Wahlkreises (§ 24 Abs. 2 Satz 3 LWG, § 23 Abs. 3, 4 LWO). Auch insoweit gilt, dass jeder Wahlbürger im Wahlkreis nur einen Wahlvorschlag mit seiner Unterschrift unterstützen darf (§ 24 Abs. 3 LWG).

V. Wahlergebnis

1. Die Sitzzuteilung

Die Feststellung des Wahlergebnisses (§§ 39–45 LWG) dient der Verteilung der Mandate und damit der Umsetzung der Wählerentscheidungen in parlamentarische Handlungsmacht. Die *Sitzzuteilung* erfolgt in Baden-Württemberg mehrschrittig. Entsprechend der Entscheidung für ein wahlrechtliches Mischsystem kommen hierbei Elemente des Mehrheitswahlrechts und des Verhältniswahlrechts zum Zuge.

a) Zuteilung der Direktmandate (sog. Erstmandate)

In jedem Fall steht fest, dass in den 70 Wahlkreisen jeweils der Bewerber mit den relativ meisten Stimmen einen Sitz im Parlament erhält (§ 2 Abs. 3 Satz 1 i.V.m. § 5 Abs. 1 LWG). Diese Sitze werden auch „Erstmandate" genannt. Der Verteilmodus ist der einer klassischen relativen Mehrheitswahl und gilt für alle Bewerber gleichermaßen. Soweit zwei Bewerber die gleiche Stimmenzahl auf sich vereinen, entscheidet das Los (§ 2 Abs. 6 Var. 1 LWG).

b) Zuteilung der sog. Zweitmandate

Die übrigen Sitze werden „auf die Parteien" verteilt (§ 2 Abs. 1 LWG). In diesem Verteilmodus kommt zum Tragen, dass die jedem Wähler zustehende *eine* Wahlstimme im Fall der Wahl eines Bewerbers, der von einer Partei aufgestellt wurde, *zugleich* als Stimme für die Partei gewertet wird

---

und Einzelbewerber gelesen werden kann. Die Praxis geht ebenfalls von einer Zustimmungsbedürftigkeit auch bei Einzelbewerbern aus: Das Muster für die Zustimmungserklärung gemäß § 23 Abs. 5 Nr. 3 i. V. m. Anlage 5 LWO nennt ausdrücklich auch die Einzelbewerber.

(§ 1 Abs. 3 LWG).[55] Für die Verteilung blendet das LWG die Sitzzuteilung der Erstmandate zunächst noch einmal aus und geht von der Gesamtzahl von 120 Sitzen aus, von der die Sitze abgezogen werden, die (nicht von einer Partei aufgestellte) Einzelbewerber sowie von Parteien aufgestellte Bewerber, deren Partei an der 5 %-Hürde gescheitert ist, errungen haben. Die *5 %-Sperrklausel* ist in § 2 Abs. 1 Satz 2 LWG einfachgesetzlich geregelt, allerdings bereits auf Verfassungsebene vorgesehen: Art. 28 Abs. 3 Sätze 2, 3 LV eröffnen dem Gesetzgeber ausdrücklich die Möglichkeit, eine Sperrklausel bis zu einer Höhe von 5 % einzuführen, was das derzeitige Recht voll ausschöpft.[56]

Diese Anzahl von Sitzen wird in einer *landesweiten Oberverteilung* gemäß dem Höchstzahlverfahren nach Sainte-Laguë „auf die Parteien" verteilt und zwar im Verhältnis ihrer Gesamtstimmenzahlen im Land (§ 2 Abs. 1 Satz 1 LWG).[57] Bei gleichen Höchstzahlen entscheidet das Los (§ 2 Abs. 7 Var. 3 LWG).

An diesen Parteienproporz schließt sich dann ein Regionalproporz an: Die einer Partei landesweit zustehenden Stimmen werden in einer *Unterverteilung* parteiintern auf die vier *Regierungsbezirke* Stuttgart, Karlsruhe, Freiburg und Tübingen (§ 11 Abs. 1 Landesverwaltungsgesetz[58]) verteilt („Zwischenschaltung der Regierungsbezirke"). Die Verteilung erfolgt nach Sainte-Laguë im Verhältnis der Stimmenzahlen, die eine Partei in den jeweiligen Regierungsbezirken erreicht hat (§ 2 Abs. 2 LWG). Bei gleicher Höchstzahl entscheidet das Los (§ 2 Abs. 7 Var. 3 LWG). Die Verteilung auf die Regierungsbezirke bezweckte historisch deren angemessene „Repräsentation" durch Abgeordnete aus ihnen, was wiederum der politischen Integration der Bevölkerung aus den drei Vorgängerländern Baden, Württemberg-Baden und Württemberg-Hohenzollern dienen sollte (die ursprüngliche Einteilung der Regierungsbezirke kam den alten Ländergrenzen – ergänzt um eine Nord-Süd-Teilung – zumindest nahe), wobei bis 1975 für die Regierungsbezirke sogar fixe Sitzzuteilungen vorgesehen waren.[59] Letzteres ist heute ebenso anders (die Mandatszahl ist variabel) wie die Grenzen der Regierungsbezirke. Gleichwohl legt die Rechtspre-

---

55 Die Stimmen für die nicht von Parteien aufgestellten Einzelbewerber können und werden naturgemäß nicht für eine Partei gewertet.
56 Zur Verfassungskonformität unten 2.
57 Bis zur Landtagswahl 2011 wurden die Sitze nach dem Höchstzahlverfahren nach D'Hondt verteilt, hierzu unten 2. bei Fn. 79.
58 v. 14.10.2008, GBl. S. 313; zuletzt geändert durch G. v. 21.05.2019, GBl. S. 161.
59 Hierzu und zur Änderung *Paul Feuchte*, Die Verfassungsrechtliche Entwicklung im Land Baden-Württemberg 1971–1978, JöR n.F. 27 (1978), 167 (178 f.).

chung der Unterverteilung immer noch die ursprüngliche Ratio unter, wenngleich heute sprachlich die Integration von „landsmannschaftlichen Besonderheiten" in den Vordergrund gerückt wird.[60] Verfassungsrechtlich geboten ist die Zwischenschaltung der Regierungsbezirke nicht.[61]

Innerhalb der Regierungsbezirke findet nun die Verteilung auf die von der jeweiligen Partei aufgestellten Bewerber statt. Zunächst erhalten alle Bewerber, die einen Wahlkreis mit relativer Mehrheit gewonnen haben, einen Sitz (§ 2 Abs. 3 Satz 1 LWG), was ja ohnehin schon klar war, aber nun für die parteiinterne Verteilung von Relevanz ist. Falls hiernach der Partei im Regierungsbezirk noch weitere Sitze zustehen, werden diese als sog. Zweitmandate auf die relativ „besten Wahlkreisverlierer"[62] der Partei verteilt, d. h. die Bewerber einer Partei in einem Regierungsbezirk, die zwar keinen Wahlkreis gewonnen haben, im Vergleich mit ihren Parteifreunden aber am nächsten dran waren (§ 2 Abs. 3 Satz 2 LWG). Sie werden anhand der Höhe ihres prozentualen Stimmenanteils an den Gesamtstimmen für alle Bewerber in ihrem Wahlkreis ermittelt.[63] Bei gleichen prozentualen Stimmenanteilen entscheidet das Los (§ 2 Abs. 6 Var. 2 LWG). Kommen alle Wahlkreisverlierer einer Partei zum Zuge und stehen der Partei im Regierungsbezirk gleichwohl noch Sitze zu, werden diese mit Ersatzbewerbern besetzt (§ 2 Abs. 5 LWG).[64] Maßgeblich für ihre Auswahl ist die Höhe des im jeweiligen Wahlkreis errungenen prozentualen Stimmenanteils des Bewerbers, unter dem der Ersatzbewerber auf dem Wahlzettel stand.

c) Überhang- und Ausgleichsmandate

Gewinnt eine Partei in einem Regierungsbezirk mehr Wahlkreise, als ihr nach der proportionalen Sitzverteilung in diesem Regierungsbezirk Man-

---

60 StGH BW, Urt. v. 23.02.1990 – GR 2/88, ESVGH 40, 161 (171 ff.); Urt. v. 12.12.1990 – GR 1/90, VBlBW 1991, 133 (138), dort das Zitat; Urt. v. 24.03.2003 – GR 3/01, ESVGH 54, 4 (10).
61 StGH BW, Urt. v. 24.03.2003 – GR 3/01, ESVGH 54, 4 (LS 2, S. 7).
62 *Thomas Däubler* (Fn. 32), 142.
63 Bis zur Landtagswahl 2011 war noch die absolute Stimmenzahl maßgeblich, hierzu unten 2. bei Fn. 83.
64 Die Ersatzbewerber kommen zudem zum Zuge, wenn ein Bewerber in zwei Wahlkreisen aufgestellt war (§ 25 Abs. 1 LWG) und in beiden einen Sitz erlangt. Er erhält dann nur den Sitz in dem Wahlkreis, in dem er besser abgeschnitten hat, während der andere Sitz an den Ersatzbewerber (sofern vorhanden) geht (§ 44 Abs. 2, § 47 Abs. 1 LWG).

date zufallen würden, behält sie den Überschuss als Überhangmandate. Das LWG nennt sie „Mehrsitze". Sie werden *auf Regierungsbezirksebene* durch Ausgleichsmandate für die anderen Parteien ausgeglichen (§ 2 Abs. 4 LWG). Diese erhalten so viele zusätzliche Sitze, die mit ihren besten Wahlkreisverlierern besetzt werden, wie nötig sind, um die proportionale Sitzverteilung im Regierungsbezirk zu gewährleisten. Die Sitzzahl wird gemäß des Höchstzahlverfahrens nach Sainte-Laguë ermittelt, wobei bei gleicher Höchstzahl der letzte Sitz an die Partei fällt, die Überhangmandate erlangt hat (§ 2 Abs. 4 Satz 2 LWG).

Durch die Überhang- und Ausgleichsmandate erhöht sich die Zahl der Landtagssitze (§ 2 Abs. 4 Satz 1 a. E. LWG). Der Ausgleich von Überhangmandaten auf Regierungsbezirksebene statt auf Landesebene führt hierbei dazu, dass aus Regierungsbezirken, in denen eine Partei Überhangmandate errungen hat, überproportional viele Abgeordnete im Landtag sitzen, weil alle zusätzlichen Sitze mit Bewerbern aus dem entsprechenden Regierungsbezirk besetzt werden.

2. Verfassungsfragen der Sitzzuteilung

Die Ausgestaltung der Sitzzuteilung gibt (und gab) in verschiedenen Punkten Anlass zur Frage nach ihrer Vereinbarkeit mit der Verfassung.

Immergrün ist die Kritik an der Ermittlung von *Überhang- und Ausgleichsmandaten nur auf Ebene der Regierungsbezirke*, statt auf Landesebene. Grundsätzlich ist der Mechanismus von Überhang- und Ausgleichsmandaten nicht zu beanstanden. In Folge der Systementscheidung für ein Mischsystem sind Überhangmandate möglich.[65] Sie führen zwar zu unterschiedlichen Erfolgswerten der Wählerstimmen, die Ausgleichsmandate mildern diesen Effekt wiederum ab. Dass dieser Mechanismus aber nicht landesweit, sondern in den vier Regierungsbezirken stattfindet, kann u. a. zur Folge haben, dass mehr Überhangmandate entstehen (weil nämlich Überhangmandate in einem Regierungsbezirk nicht in anderen konsumiert werden können) und dass einer Partei mit Überhangmandaten bis zu vier Mal der Vorteil des letzten Sitzes (§ 2 Abs. 4 Satz 2 LWG) zukommen kann (statt nur einmal, wenn der Ausgleich auf Landesebene erfolgt).[66] Zudem wird durch den regierungsbezirksinternen Ausgleich der Regionalproporz

---

65 StGH BW, Urt. v. 14.07.2007 – GR 1/06, ESVGH 58, 1 (5).
66 *Joachim Behnke*, Das Wahlsystem von Baden-Württemberg, Der Bürger im Staat 62 (2012), 129 (132 f.).

zugunsten von Bezirken mit Überhangmandaten beeinflusst, weil nicht nur die Überhangmandate, sondern auch noch die ihnen zugeordneten Ausgleichsmandate den Bezirk im Landtag „repräsentieren". Die Rechtsprechung hat den internen Ausgleich bislang indes stets gebilligt. Die Zwischenschaltung der Regierungsbezirke sei verfassungsrechtlich nicht zu beanstanden und der derzeit geltende interne Ausgleich wäre nur verfassungswidrig, wenn ein anderes Modell den gleichen Erfolgswert aller Stimmen in allen denkbaren Fällen (d. h. nicht nur bei Anwendung auf das tatsächliche Wahlverhalten bei den vergangenen Wahlen) eindeutig besser gewährleisten würde, was nicht der Fall sei.[67] Insofern dürfte das letzte Wort aber noch nicht gesprochen sein. Zwar erging eine dieser Entscheidungen in einem Normenkontrollverfahren nach Art. 68 Abs. 1 Satz 1 Nr. 3 LV und ist gemäß § 23 Abs. 1 Satz 1 lit. a VerfGHG[68] in Gesetzeskraft erwachsen. Für eine erneute Überprüfung in der Sache verlangt die Rechtsprechung deshalb ein Eintreten neuer Umstände.[69] Solche neuen Umstände – genauer: ihr Bekanntwerden – ließe sich jedenfalls darin sehen, dass der interne Ausgleich von Überhangmandaten die Entstehung von negativen Stimmgewichten begünstigen kann,[70] worin eine Beeinträchtigung der Gleichheit und Unmittelbarkeit der Wahl sowie der Chancengleichheit der Parteien liegen kann.[71]

Ein wahlrechtlicher Klassiker ist zudem die Diskussion um die Verfassungskonformität von *Sperrklauseln*. Grundsätzlich beeinträchtigen Sperrklauseln die Gleichheit der Wahl in Gestalt der Erfolgswertgleichheit,[72] werden aber in Anknüpfung an die Rechtsprechung des BVerfG insbesondere unter Berufung auf die Sicherstellung der Funktionsfähigkeit des Parlaments verbreitet gerechtfertigt.[73] In Baden-Württemberg besteht die Besonderheit, dass die Möglichkeit einer Sperrklausel in Höhe von bis zu

---

67 StGH BW, Urt. v. 12.12.1990 – GR 1/90, VBlBW 1991, 133 (138 ff.); Urt. v. 24.03.2003 – GR 3/01, ESVGH 54, 4 (8 ff.).
68 Gesetz über den Verfassungsgerichtshof (Verfassungsgerichtshofgesetz – VerfGHG) v. 13.12.1954, GBl. S. 171, zuletzt geändert durch G. v. 01.12.2015, GBl. S. 1030.
69 StGH BW, Urt. v. 24.03.2003 – GR 3/01, ESVGH 54, 4 (10); Urt. v. 14.07.2007 – GR 1/06, ESVGH 58, 1 (12 f.).
70 *Martin Fehndrich*, Interne Ausgleichsmandate, abrufbar unter: www.wahlrecht.de/systemfehler/internerausgleich.htm.
71 BVerfG, Urt. v. 25.07.2010 – 2 BvF 3/11, 2 BvR 2670/11, 2 BvE 9/11, BVerfGE 131, 316 (LS 1, Rn. 84 ff.).
72 Prägnant *Christoph Degenhart*, Staatsrecht I, 34. Aufl. 2018, Rn. 87.
73 Siehe nur BVerfG, Urt. v. 11.08.1954 – 2 BvK 2/54, BVerfGE 4, 31 (39 f.); Urt. v. 10.04.1997 – 2 BvC 3/96, BVerfGE 95, 408 (417 ff.); Beschl. v. 19.09.2017 – 2 BvC

5 % in der Verfassung selbst vorgesehen ist (Art. 28 Abs. 3 Sätze 2, 3 LV). Deshalb liegt *landesverfassungsrechtlich keine* Beeinträchtigung der Wahlrechtsgleichheit vor. Da der landesverfassungsrechtliche Grundsatz der Gleichheit der Wahl (Art. 26 Abs. 4 LV) und die Sperrklauselmöglichkeit auf derselben Normebene liegen, wird der Erstere modifiziert.[74] Dass das Ob der Einführung in den Händen des einfachen Gesetzgebers liegt, ändert hieran nichts. Die Verfassung sieht bereits selbst vor, dass eine Sperrklausel einer bestimmten Höhe verfassungsrechtlich zulässig ist. „Verfassungswidriges Verfassungsrecht", das – wenn überhaupt – nur im Lichte der Ewigkeitsklausel des Art. 64 Abs. 1 Satz 2 LV denkbar wäre, liegt hierin nicht. Die Sperrklauselöffnungsklausel stand von Anfang an in der Verfassung, Art. 64 Abs. 1 Satz 2 LV bezieht sich aber nur auf Verfassungsänderungen. Hinzu kommt, dass selbst eine nachträglich eingeführte verfassungsunmittelbare Sperrklausel nicht an der Ewigkeitsklausel scheitern würde, da bereits die (nur) einfachrechtliche Einführung einer Sperrklausel ohne verfassungsrechtliche Vorsehung von der h. M. für zulässig gehalten wird.[75] Die dabei herangezogene „klassische" Rechtfertigung mit der Funktionsfähigkeit des Parlaments ist in Baden-Württemberg für die Verfassungskonformität der Sperrklausel zudem von Bedeutung, weil das Sperrklauselregime auch am *Grundgesetz*, nämlich dem Grundsatz der Gleichheit der Wahl aus Art. 28 Abs. 1 Satz 2 GG, zu messen ist, das keine verfassungsunmittelbare Sperrklausel kennt. *Insofern* liegt in der Sperrklausel ein Eingriff in den grundgesetzlichen Grundsatz der Gleichheit der Wahl, der aber eben im Anschluss an das BVerfG von der h. M. als gerechtfertigt angesehen wird.[76] (Das Funktionsfähigkeitsargument mag man dabei beurteilen wie man will,[77] praktisch ist es vorerst festgeklopft, weil

---

46/14, BVerfGE 146, 327 Rn. 67 m. w. N.; *Rudolf Wendt*, Sperrklauseln im Wahlrecht?, in: Festschrift für Meinhard Schröder, 2012, S. 431 ff., hier insb. 438 f.; differenziert *Franziska M. Buchwald/Jochen Rauber/Bernd Grzeszick*, Die landtagswahlrechtliche Sperrklausel in der Rechtsprechung des VerfGH des Saarlandes, LKRZ 2012, 441 ff.

74 *Klaus Braun* (Fn. 7), Art. 28 Rn. 16; *Volker M. Haug* (Fn. 15), Art. 28 Rn. 22.
75 *Julian Krüper*, Verfassungsunmittelbare Sperrklauseln, ZRP 2014, 130 (130 f.).
76 Oben Fn. 73. Für landesverfassungsunmittelbare Sperrklauseln noch großzügiger *Lothar Michael*, Verfassungsunmittelbare Sperrklauseln auf Landesebene, 2015, S. 107 ff., insb. 109 f., 126 f., 130 ff., 164 ff., der die Gleichheitsanforderung aus Art. 28 Abs. 1 Satz 2 GG durch eine „landesverfassungsfreundliche Auslegung" (a. a. O., S. 122, 136) absenken will.
77 Zur Kritik und alternativen Ausgestaltungsvorschlägen siehe *Sophie-Charlotte Lenski*, Die Fünf-Prozent-Hürde auf dem Prüfstand politischer Realität, MIP 20

wenig wahrscheinlich ist, dass die Rechtsprechung von ihrem für Bundes- und Landtagswahlen eingeschlagenen Pfad abweicht.[78]

Ein mittlerweile gegessener Zankapfel war die bis 2011 in § 3 LWG a.F. vorgesehene *Verteilung der Zweitmandate* nach dem D'Hondt'schen Höchstzahlverfahren. In der Oberverteilung führt dieses Verfahren zu einer Benachteiligung der schwächeren Parteien.[79] In der Unterverteilung führte es zu einer Bevorzugung des größten Regierungsbezirks (Stuttgart).[80] Die Zuteilung nach D'Hondt ist verfassungsrechtlich problematisch,[81] der Staatsgerichtshof hat sie indes stets für verfassungskonform gehalten.[82] Die Frage hat sich heute aber mit der Umstellung auf das Höchstzahlverfahren nach Sainte-Laguë erledigt. Dieses ist verfassungskonform.

Ebenfalls nur von historischem Interesse ist die Diskussion um die Verteilung der Zweitmandate in Anknüpfung an die absolute Stimmenzahl der Kandidaten im Wahlkreis, durch die Bewerber in größeren Wahlkreisen begünstigt wurden und entsprechend die Erfolgschance für die auf sie abgegebenen Stimmen höher war. Der Staatsgerichtshof hat auch dies jedoch gebilligt.[83] Das Problem ist erledigt, seit an den prozentualen Stimmenanteil im Wahlkreis angeknüpft wird (§ 2 Abs. 3 Satz 2 LWG).

(2014), 178 ff.; *Frank Decker*, Ist die Fünf-Prozent-Sperrklausel noch zeitgemäß?, ZParl 2016, 460 (462 ff.).

78 *Julian Krüper* (Fn. 75), 131.
79 Vgl. allg. *Friedrich Pukelsheim*, Sitzzuteilungsmethoden, 2016, S. 31 (siehe auch S. 30).
80 Vgl. StGH BW, Urt. v. 24.3.2003 – GR 3/01, ESVGH 54, 4 (6 f.).
81 Näher *Jochen Rauber*, Das Ende der Höchstzahlen?, NVwZ 2014, 626 ff.
82 Für die Oberverteilung: StGH BW, Urt. v. 14.07.2007 – GR 1/06, ESVGH 58, 1 (LS 4, S. 13 ff.); für die Unterverteilung: StGH BW, Urt. v. 24.3.2003 – GR 3/01, ESVGH 54, 4 (6 ff.).
83 StGH BW, Urt. v. 25.06.1977 – 4/76, ESVGH 27, 189 (190 f.); Urt. v. 01.07.1985 – GR 1/84, ESVGH 35, 244 (246 ff.); Urt. v. 23.02.1990 – GR 2/88, ESVGH 40, 161 (LS 5, S. 173 ff.), mit nicht in jeder Hinsicht überzeugender Argumentation. Nach Ansicht der Rechtsprechung steht dem Gesetzgeber die Wahl zwischen der Anknüpfung an die absolute Stimmenzahl oder an den prozentualen Stimmenanteil frei: StGH BW, Urt. v. 23.02.1990 – GR 2/88, ESVGH 40, 161 (176).

VI. Wahlprüfung

Die Gültigkeit der Wahl kann vom Landtag in einem Wahlprüfungsverfahren überprüft werden, das im Landeswahlprüfungsgesetz (LWPrG)[84] näher ausgestaltet ist. Gegen die Entscheidung des Landtags ist die Wahlprüfungsbeschwerde zum Verfassungsgerichtshof (bis 2015: Staatsgerichtshof) statthaft.

1. Wahlprüfungsverfahren vor dem Landtag

Das Wahlprüfungsverfahren ist antragsgebunden und setzt einen Einspruch voraus, der schriftlich und begründet innerhalb eines Monats nach Bekanntgabe des endgültigen Endergebnisses der Wahl beim Landtag erhoben worden sein muss (§ 1 Abs. 2, § 3 LWPrG). Einspruchsberechtigt ist jeder Wahlberechtigte, jede an der Wahl beteiligte Partei, jede bei der Wahl als (Mit-)Unterzeichner eines Wahlvorschlags auftretende Gruppe sowie der Landeswahlleiter in amtlicher Eigenschaft (§ 2 LWPrG).

In § 1 Abs. 1 LWPrG werden die Anfechtungsgründe aufgezählt, auf die sich ein Einspruch stützen kann. Geltend zu machen ist, dass die Verteilung der Abgeordnetensitze dadurch beeinflusst worden sein kann, dass zwingende Vorschriften des LWG oder der LWO nicht oder unrichtig angewendet worden sind, fehlerhafte Entscheidungen der Wahlorgane bei der Zulassung/Zurückweisung von Wahlvorschlägen oder der Feststellung des Wahlergebnisses ergangen sind oder Wahlbewerber oder Dritte sich bei der Wahl bestimmter Straftaten bei Wahlen[85] oder einer Nötigung schuldig gemacht haben. Die h. M. sieht diese Aufzählung nicht als abschließend an.[86] Überzeugend ist das nicht, weil der Wortlaut in eine andere Richtung deutet und im Übrigen so offen ist, dass unter ihn wohl letztlich ohnehin jeder mandatsrelevante Wahlgeschehensfehler gefasst werden kann. Auch in der einschlägigen Entscheidung des Staatsgerichtshofs zur angeblichen Nichtabgeschlossenheit von § 1 Abs. 1 LWPrG ging es nicht um einen sonstigen Fehler, sondern letztlich um die Frage, ob das damalige einfache Recht den Forderungen höherrangigen Rechts

---

84 Gesetz über die Prüfung der Landtagswahlen (Landeswahlprüfungsgesetz) v. 07.11.1955, GBl. S. 231, zuletzt geändert durch G. v. 01.12.2015, GBl. S. 1030.
85 Konkret: §§ 107, 107a, 107b, 107c, 108, 108a, 108b, 108d Satz 2 StGB.
86 StGH BW, Urt. v. 13.12.1969 – GR 1/69, 2/69, ESVGH 20, 194 (LS 2, S. 196); *Volker M. Haug* (Fn. 15), Art. 31 Rn. 15, 32 ff.

genügte.[87] Dies zu überprüfen ist aber dem Landtag ohnehin ausdrücklich untersagt (§ 1 Abs. 3 LWPrG). Die Prüfung der Verfassungsmäßigkeit und Rechtsgültigkeit des unterverfassungsrechtlichen Wahlrechts darf nur (inzident) vom Verfassungsgerichtshof überprüft werden.

Über den Einspruch entscheidet der Landtag im Plenum, die Entscheidung wird allerdings von einem Wahlprüfungsausschuss vorbereitet (§ 4 LWPrG). Dieser führt für jeden Einspruch eine Vorprüfung durch (§ 5 LWPrG), an die sich eine mündliche Verhandlung anschließt, auf die nur unter engen Voraussetzungen verzichtet werden darf (§§ 6–8 LWPrG). Im Anschluss berät der Ausschuss geheim über den Einspruch und fasst Beschluss über einen Antrag an die Vollversammlung des Landtags, mit dem eine Entscheidung über den Einspruch vorgeschlagen wird (§ 9 LWPrG). Frühestens drei Tage nach dessen Verteilung an die Abgeordneten wird hierüber im Plenum beraten (§ 10 LWPrG) und ein Beschluss mit einfacher Mehrheit gefasst (§ 11 Abs. 1 LWPrG). Nimmt der Landtag den Antrag an, ist das Wahlprüfungsverfahren beendet; lehnt er den Antrag ab, gilt der Antrag als an den Wahlprüfungsausschuss zurückverwiesen; dieser muss dann nach erneuter mündlicher Verhandlung einen neuen Antrag vorlegen. Wenn der Landtag den neuen Antrag nicht annimmt, ist eine Ablehnung nur durch Annahme eines anderen (dann selbst formulierten) Antrags möglich (§ 11 LWPrG), so dass das Wahlprüfungsverfahren nach dieser Runde in jedem Fall zu einem Ende kommt.

Die *Entscheidung* kann auf *Verwerfung* des Einspruchs wegen formaler Mängel lauten oder eine *Feststellung* über die Gültigkeit oder die (ggf. teilweise) Ungültigkeit der Wahl treffen (§ 9 Abs. 2 Satz 2 LWG). Die Ent-

---

87 In StGH BW, Urt. v. 13.12.1969 – GR 1/69, 2/69, ESVGH 20, 194 (196 ff., insb. 201 f.), ging es um die Frage, ob höherrangiges Recht verlangt, dass die Mitgliedschaft im Landtag inkompatibel mit der Mitgliedschaft im öffentlichen Dienst ist, und dementsprechend Abgeordnete, die Beamte oder Angestellte im öffentlichen Dienst waren, ihr Mandat zu Unrecht erworben hatten. Das einfache Recht sah keine Inkompatibilität vor, so dass nach ihm die Mandate zweifelsfrei erworben worden waren und es also nur um die Frage ging, ob dieses geltende Recht verfassungskonform war. Der StGH BW bejahte das (und selbst wenn nicht hätte eine unmittelbare Anwendung von oder jedenfalls eine Analogie zu § 12 LWPrG, der das Verfahren beim nachträglichen Mandatsverlust regelt, nahe gelegen). Zwischenzeitlich sind Inkompatibilitätsvorschriften eingeführt worden: §§ 26–37 Gesetz über die Rechtsverhältnisse der Mitglieder des Landtags (Abgeordnetengesetz – AbgG) v. 12.09.1978, GBl. S. 473, zuletzt geändert durch G. v. 12.11.2019, GBl. S. 461. Ihre Anwendung wäre indes im Wahlprüfungsverfahren vom Landtag nicht zu prüfen, weil sie nicht in § 1 Abs. 1 lit. a LWPrG genannt sind.

scheidung wird den Einsprechenden und den weiteren Beteiligten zugestellt (§ 11 Abs. 4 LWPrG).

Die teilweise Ungültigkeitserklärung – etwa in einem Wahlkreis – kann zur Folge haben, dass einzelnen Abgeordneten ihre Mitgliedschaft im Landtag bestritten wird; sie behalten ihre Rechte, bis die Entscheidung Rechtskraft erlangt, allerdings kann der Landtag mit Zweidrittelmehrheit als einstweilige Anordnung beschließen, dass der Abgeordnete mit sofortiger Wirkung nicht mehr an den Arbeiten des Landtags teilnehmen darf (§ 13 LWPrG).

2. Wahlprüfungsbeschwerde vor dem Verfassungsgerichtshof

Die Entscheidung des Landtags im Wahlprüfungsverfahren kann mit der Wahlprüfungsbeschwerde vor dem Verfassungsgerichtshof angefochten werden (Art. 31 Abs. 2 LV, § 14 LWPrG, § 8 Abs. 1 Nr. 4 VerfGHG[88]).[89] Die Beschwerde ist innerhalb eines Monats nach Beschlussfassung des Landtags (und nicht nach der Zustellung an die Beteiligten[90]) schriftlich und begründet zu erheben (§ 52 Abs. 1 Satz 1, § 15 Abs. 1 VerfGHG). Die Anfechtungsberechtigung läuft nicht parallel zur Einspruchsberechtigung und wird in § 52 Abs. 1 Satz 2 VerfGHG an unterschiedliche Voraussetzungen geknüpft: Parteien sowie der Landeswahlleiter sind überhaupt nicht anfechtungsberechtigt. Stets anfechtungsberechtigt sind Fraktionen, Minderheiten des Landtags, die mindestens ein Zehntel der gesetzlichen Mitgliederzahl umfassen, sowie Abgeordnete, deren Mitgliedschaft bestritten ist. Wahlberechtigte, deren Einspruch verworfen wurde, sind hingegen nur anfechtungsberechtigt, wenn ihnen mindestens hundert weitere Wahlberechtigte beitreten.[91] Für Gruppen von Wahlberechtigten, deren Einspruch verworfen wurde, gilt grundsätzlich dasselbe; wenn für sie bei der Wahl allerdings ein Wahlvorschlag zugelassen wurde, müssen sie den Bei-

---

88 Fn. 68.
89 Siehe hierzu auch *Volker M. Haug* (Fn. 15), Art. 31 Rn. 18 ff.
90 StGH BW, Beschl. v. 12.08.2002 – GR 4/01, ESVGH 53, 9 (9).
91 Zur Rechtfertigung des Beitrittserfordernisses StGH BW, Beschl. v. 30.05.1997 – GR 1/97, ESVGH 47, 241 ff.; Beschl. v. 12.08.2002 – GR 4/01, ESVGH 53, 9 (10 ff.). Die Beitrittserklärungen müssen innerhalb der Beschwerdefrist vorgelegt werden, StGH BW, Urt. v. 13.12.1969 – GR 1/69, 2/69, ESVGH 20, 194 (LS 1, S. 205). Beides entspricht der alten Rechtslage im Bund unter § 48 BVerfGG a. F. und der Rspr. des BVerfG (Nachweise bei *Bruno Schmidt-Bleibtreu*, in: Maunz/Schmidt-Bleibtreu/Klein/Bethge (Hrsg.), BVerfGG, 25. EL 2006, § 48 Rn. 31).

tritt nicht nachweisen (§ 52 Abs. 2 LWG). Angemerkt werden muss, dass der Wortlaut von § 52 Abs. 1 Satz 2 lit. b VerfGHG missglückt ist: Er spricht die Anfechtungsberechtigung solchen (Gruppen von) Wahlberechtigten zu, „deren Einspruch [...] verworfen worden ist". Verworfen werden aber strenggenommen nur die aus formellen Gründen unzulässigen Einsprüche, bei allen anderen wird eine Feststellungsentscheidung über die (Un-)Gültigkeit der Wahl getroffen (vgl. § 9 Abs. 2 Satz 2 LWPrG). Es ist nicht davon auszugehen, dass der Weg zur Wahlprüfungsbeschwerde nur denjenigen offenstehen sollte, die einen unzulässigen Einspruch erhoben haben. Richtigerweise sind deshalb alle (Gruppen von) Wahlberechtigten anfechtungsberechtigt, deren Einspruch keinen Erfolg hatte. So wird es auch in der Praxis gehandhabt.

Die Wahlprüfungsbeschwerde ist auf die Aufhebung der Entscheidung des Landtags sowie die Feststellung der (ganz oder teilweisen) (Un-)Gültigkeit der Wahl zu richten. Die Rechtsprechung lässt zudem Hilfsanträge zu, mit denen die Zuteilung eines weiteren Mandats an eine Partei begehrt wird.[92] Die inhaltliche Prüfung des Verfassungsgerichtshofs wird durch die Anträge im Wahlprüfungsverfahren vor dem Landtag determiniert und beschränkt: der Verfassungsgerichtshof beschränkt seine Prüfung „auf diejenigen Einwendungen [...], die der Beschwerdeführer bereits mit seinem Einspruch beim Landtag zulässigerweise vorgebracht hatte und die er mit der Wahlprüfungsbeschwerde wiederholt".[93] Diese Beschränkung hat eine kleine Kuriosität zur Folge: Die Rechtsprechung geht – völlig zu Recht – davon aus, dass sie im Rahmen der Wahlprüfungsbeschwerde nicht nur Wahlgeschehensfehler, sondern auch Wahlrechtsfehler prüfen darf, d. h. das LWG und die LWO inzident an höherrangigem Recht messen darf.[94] Der Landtag darf dies ausdrücklich nicht (§ 1 Abs. 3 LWPrG). Die Rechtsprechung fordert aber gleichwohl, schon im Wahlprüfungsverfahren vor dem Landtag die Verfassungswidrigkeit von Vorschriften zu rügen, um einer späteren Präklusion der Rüge in der Wahlprüfungsbe-

---

92 StGH BW, Urt. v. 24.03.2003 – GR 3/01, ESVGH 54, 4 (5); Urt. v. 14.07.2007 – GR 1/06, ESVGH 58, 1 (2).
93 StGH BW, Urt. v. 01.07.1985 – GR 1/84, ESVGH 35, 244 (246); Urt. v. 24.03.2003 – GR 3/01, ESVGH 54, 4 (5), dort das Zitat; Urt. v. 22.05.2012 – GR 11/11, ESVGH 63, 14 (14 f.); st. Rspr.
94 StGH BW, Urt. v. 25.06.1977 – 4/76, ESVGH 27, 189 (189 f.); Urt. v. 01.07.1985 – GR 1/84, ESVGH 35, 244 (245); Urt. v. 23.02.1990 – GR 2/88, ESVGH 40, 161 (163); Urt. v. 14.07.2007 – GR 1/06, ESVGH 58, 1 (2); Urt. v. 24.03.2003 – GR 3/01, ESVGH 54, 4 (5), st. Rspr.

schwerde zu entgehen.[95] Hinsichtlich der Überprüfung der Wahlrechtsfehler sieht der Verfassungsgerichtshof seinen Prüfungsmaßstab nicht als auf die Landesverfassung beschränkt an, sondern misst das einfache Recht auch an solchen Vorschriften des Grundgesetzes, die „als inhaltsgleiche Vorschriften in der Landesverfassung und im Grundgesetz niedergelegt sind".[96]

VII. Wahlrechtsreform

Wie fast jedes Wahlsystem ist auch das baden-württembergische nicht perfekt. Reformüberlegungen könnten u. a. bei den verfassungsrechtlichen Problempunkten ansetzen;[97] wissenschaftlich steht derzeit vor allem ein Bemühen um die Vermeidung von Überhangmandaten im Fokus.[98]

Ohne unmittelbaren Bezug dazu, schien auch in die Praxis Bewegung gekommen zu sein: In der derzeit laufenden 16. Legislaturperiode war eigentlich eine Wahlrechtsreform beabsichtigt. Die schwarz-grüne Regierungskoalition hatte die Einführung von Listen geplant und hierzu im Koalitionsvertrag vereinbart: „Damit der Landtag die Baden-Württembergische Gesellschaft künftig in ihrer ganzen Breite besser abbildet, werden wir ein Personalisiertes Verhältniswahlrecht mit einer geschlossenen Landesliste einführen. Darüber wollen wir mit den im Landtag vertretenden Parteien in Gespräche eintreten."[99] In den – ursprünglich geheim gehaltenen[100] – Nebenabreden zum Koalitionsvertrag wurde noch vereinbart:

---

95 Deutlich StGH BW, Urt. v. 01.07.1985 – GR 1/84, ESVGH 35, 244 (246); Urt. v. 23.02.1990 – GR 2/88, ESVGH 40, 161 (163).
96 StGH BW, Urt. v. 25.07.1977 – GR 4/76, ESVGH 27, 189 (190); Urt. v. 01.07.1985 – GR 1/84, ESVGH 35, 244 (245).
97 Zu ihnen oben V. 2.
98 Eingehend *Joachim Behnke*, Reformperspektiven für das Wahlsystem von Baden-Württemberg, in: Wagschal/Eith/Wehner (Hrsg.), Der historische Machtwechsel: Grün-Rot in Baden-Württemberg, 2013, S. 59 (66 ff.).
99 Koalitionsvertrag zwischen BÜNDNIS 90/DIE GRÜNEN Baden-Württemberg und der CDU Baden-Württemberg 2016 – 2021, S. 68.
100 Hierzu *Roland Muschel*, Geheime Nebenabsprachen bei grün-schwarzer Koalition, Südwest Presse v. 16.07.2016, abrufbar unter: www.swp.de/suedwesten/landespolitik/geheime-nebenabsprachen-bei-gruen-schwarzer-koalition-22936851.html; *Renate Allgöwer*, Nebenabreden im Netz veröffentlicht, Stuttgarter Zeitung v. 19.07.2016, abrufbar unter: www.stuttgarter-zeitung.de/inhalt.gruene-und-cdu-im-land-nebenabreden-im-netz-veroeffentlicht.cd60d388-2512-41c2-b5b1-a46bd6b3d40e.html.

„Dabei werden wir das Einstimmenwahlrecht beibehalten."[101] Die Vereinbarungen sind knapp, geben aber Anlass zu grundsätzlichen Bemerkungen. Zum einen scheint mit der Formulierung, die Gesellschaft solle „in ihrer ganzen Breite besser" abgebildet werden, ein deskriptives Repräsentationsverständnis auf,[102] das Parlamenten in pluralen Gesellschaften wenig angemessen ist.[103] Zwar spricht nichts gegen den Wunsch nach mehr weiblichen Abgeordneten (der offensichtlich hinter der Formulierung im Koalitionsvertrag steht), und Überlegungen zu dessen Realisierung sind sehr willkommen und zu diskutieren. Es ist aber verfehlt, den Wunsch als eine parlamentarische Repräsentationstheorie zu reformulieren, weil Parlamente keine Spiegelbilder der Gesellschaft sein müssen, um ihre Aufgabe zu erfüllen.[104] Rechtspolitische Forderungen sind keine guten Theoriefundamente. Im hiesigen Fall würde eine entsprechende Theoretisierung zudem den Keim der Parlamentarismuskritik schon in sich tragen, weil sie vom Parlament etwas forderte, was es nicht einlösen kann, denn Spiegelbildlichkeit in jeder Hinsicht ist schlicht ausgeschlossen, weil sie viel mehr umfasste als den Männer-Frauen-Anteil. Die Forderung nach mehr weiblichen Abgeordneten sollte deshalb theoretisch und sprachlich nicht am Repräsentationsgedanken, sondern am Gleichheitsgedanken ansetzen.[105] Zum anderen steckt hinter dem Plan, ein Listenwahlrecht einzuführen, durchaus auch anderes als der Gedanke der Erhöhung des Frauenanteils im Parlament. Zwar wird als Argument für die Einführung von Listen typischerweise angeführt, dass über sie der Anteil von Frauen im Parlament erhöht werden kann; das wurde schon in den ersten Beratungen auf dem Weg zur Verabschiedung des LWG thematisiert[106]. Aber letztlich

---

101 Nebenabreden zum Koalitionsvertrag 2016–2021 zwischen BÜNDNIS 90/DIE GRÜNEN und der CDU Baden-Württemberg, S. 4.
102 Zur Kategorie *Hanna F. Pitkin*, The Concept of Representation, 1967, S. 60 ff.
103 *Oliver Lepsius*, Repräsentation, in: Evangelisches Staatslexikon, 2006, Sp. 2036 (2039); zu Gegenpositionen *Anna Katharina Mangold*, Repräsentation von Frauen und gesellschaftlich marginalisierten Personengruppen als demokratietheoretisches Problem, in: Eckertz-Höfer/Schuler-Harms (Hrsg.), Gleichberechtigung und Demokratie – Gleichberechtigung in der Demokratie, 2019, S. 109 ff., insb. 119 f., 124.
104 Vgl. zum Parlamentarismus als Antwort auf ein gesellschaftliches Organisationsproblem siehe *Hans Kelsen*, Das Problem des Parlamentarismus (1925), in: Die Wiener Rechtstheoretische Schule, Bd. II, 1968, S. 1661 (1663 ff.).
105 Vgl. (zum Ganzen) auch *Friederike Wapler*, Politische Gleichheit: demokratietheoretische Überlegungen, JöR 67 (2019), S. 427 ff., hier insb. 453 f.
106 Siehe die Erläuterung des damaligen Innenministers *Fritz Ulrich* (SPD) (Fn. 49), S. 2027; sowie *Paul Feuchte* (Fn. 31), S. 341 m. w. N.

liegt die Einführung von starren Listen vor allem im Interesse der Parteien, die über sie einen viel stärkeren Einfluss auf die Zusammensetzung des Landtags bekommen.[107] Damit soll nicht der rechtspolitische Stab über die Einführung von Listen gebrochen werden, die möglicherweise auch einen positiven Einfluss auf den Anteil weiblicher Abgeordneter haben können (wenngleich nicht müssen) – gleichwohl sollte man die (Eigen-)Interessenlagen der Parteien stets mit im Blick haben. Die genauen Motive hinter der angedachten Reform bleiben zwar schwer zu ergründen. Das ist aber derzeit auch nicht dringlich, denn letztlich ereilte die Pläne das Schicksal der meisten geplanten Wahlrechtsreformen: Sie wurden nicht verwirklicht.[108]

---

107 Vgl. oben III. mit Fn. 39.
108 Näher: Grüne scheitern mit Reform des Landtagswahlrechts, Stuttgarter Zeitung v. 24.04.2018, abrufbar unter: www.stuttgarter-zeitung.de/inhalt.baden-wue rttemberg-gruene-scheitern-mit-reform-des-landtagswahlrechts.26637d2b-f2da-49 15-95f4-a70dee20d1f9.html.

§ 5 Bayern

Roman Kaiser

I. Wahlen zum Bayerischen Landtag

Das Recht der Wahlen zum Bayerischen Landtag[1] ist in der Bayerischen Verfassung (BV), dem Landeswahlgesetz (LWG)[2] und der Landeswahlordnung (LWO)[3] geregelt.[4] Auf Verfassungsebene existiert mit Art. 14 BV eine – im Vergleich etwa zu Art. 38 GG – umfangreiche Vorschrift, die selbst das Wahlsystem festlegt und neben den Wahlrechtsgrundsätzen und dem passiven Wahlrecht auch Regelungen über die Einteilung des Wahlgebiets,

---

1 Vgl. zum Landtag (Art. 13 ff. BV) und insb. zur Gesetzgebungsfunktion (Art. 5 Abs. 1, Art. 72 Abs. 1 BV) *Josef Franz Lindner*, Bayerisches Staatsrecht, 2. Aufl. 2019, Rn. 131 ff., 242 ff.; *Eva Julia Lohse*, Bayerisches Verfassungsrecht, in: Huber/Wollenschläger (Hrsg.), Landesrecht Bayern, 2019, § 1 Rn. 101 ff.; politikwissenschaftlich *Alf Mintzel/Barbara Wasner*, Landesparlamentarismus in Bayern, in: Mielke/Reutter (Hrsg.), Landesparlamentarismus, 2. Aufl. 2012, S. 105 ff. Zur Geschichte von Landtag und Wahlen vgl. *Dietrich Thränhardt*, Wahlen und politische Strukturen in Bayern 1848–1953, 1973; *Klaus Unterpaul*, Die Grundsätze des Landeswahlrechts nach der Bayerischen Verfassung im Lichte der Entwicklung von 1946 bis 1989, 1992; *Bayerischer Landtag*, Der Bayerische Landtag vom Spätmittelalter bis zur Gegenwart, 1995.
2 Gesetz über Landtagswahl, Volksbegehren, Volksentscheid und Volksbefragung i. d. F. der Bekanntmachung v. 05.07.2002, GVBl. S. 277 ff. Grundlage ist der Gesetzgebungsauftrag des Art. 14 Abs. 5 BV; dazu BayVerfGH v. 02.12.1949 – Vf. 5-VII-49, VerfGHE 2, 181 (207 f.). BayVerfGH v. 04.10.1974 – Vf. 6-VII-74, VerfGHE 27, 139 (143), stellt klar, dass das LWG zu den die Verfassungsbestimmungen über die Wahl ergänzenden Grundnormen zählt, aber nicht selbst den Rang einer Verfassungsbestimmung hat und deshalb nicht in den Formen eines verfassungsändernden Gesetzes (Art. 75 BV) zu erlassen und ändern ist. Eine Volksbefragung gibt es entgegen der Gesetzesbezeichnung nicht, da Art. 88a LWG für verfassungswidrig und nichtig erklärt wurde; vgl. BayVerfGH v. 21.11.2016 – Vf. 15-VIII-14 u. a., NVwZ 2017, 319 ff.
3 Wahlordnung für Landtagswahlen, Volksbegehren und Volksentscheide v. 16.02.2003, GVBl. S. 62 ff. Grundlage ist die Verordnungsermächtigung des Art. 92 LWG.
4 Zum LWG im Einzelnen vgl. *Enno Boettcher/Reinhard Högner/Cornelius Thum/Werner Kreuzholz*, Landeswahlgesetz, Bezirkswahlgesetz und Landeswahlordnung Bayern, 18. Aufl. 2013.

den Wahltag und eine Sperrklausel umfasst.[5] Daneben enthält Art. 7 BV das aktive Wahlrecht. Die Wahlrechtsgrundsätze sowie das aktive und passive Wahlrecht verbürgen subjektive Rechte, nicht jedoch die sonstigen Regelungen des Art. 14 BV.[6] Bei der Auslegung der verfassungsrechtlichen Gewährleistungen ist der Homogenitätsgrundsatz des Art. 28 Abs. 1 GG zu beachten.[7]

Der Landtag besteht grundsätzlich aus 180 Abgeordneten (Art. 13 Abs. 1 BV).[8] Diese Zahl kann aufgrund von Überhang- und Ausgleichsmandaten jedoch überschritten werden (Art. 14 Abs. 1 Satz 6 BV). Die Wahlperiode beträgt fünf Jahre (Art. 16 Abs. 1 Satz 1 BV). Sie kann in drei Fällen vorzeitig enden (Art. 18 BV): Auflösung durch Beschluss der Mitgliedermehrheit, (zwingende) Auflösung durch den Landtagspräsidenten im Fall einer gescheiterten Ministerpräsidentenwahl[9] und Abberufung durch Volksentscheid auf Antrag von einer Million wahlberechtigter Stimmbürger. Die Wahlperiode beginnt mit dem ersten Zusammentritt des Landtags und endet mit dem Zusammentritt eines neuen Landtags (Art. 16 Abs. 1 Satz 1 BV).[10] Die Wahl findet frühestens 59 Monate und spätestens 62 Monate nach der letzten Landtagswahl statt (Art. 16 Abs. 1 Satz 3 BV). Der Wahltag muss – um der Allgemeinheit der Wahl willen[11] – ein Sonntag oder öffentlicher Ruhetag sein (Art. 14 Abs. 3 BV). Gemäß Art. 20 Satz 1 LWG obliegt es der Staatsregierung, den Wahltermin festzulegen. Dabei hat sie innerhalb des verfassungsrechtlich vorgegebenen Zeitraums einen Ermessens-

---

5 Zu Genese und Entwicklung *Ferdinand Wollenschläger*, in: Meder/Brechmann (Hrsg.), Verfassung des Freistaates Bayern, 6. Aufl. 2020, Art. 14 Rn. 6 m. w. N.
6 BayVerfGH v. 30.05.1952 – Vf. 76-VII-51, VerfGHE 5, 125 (141); v. 04.10.1974 – Vf. 6-VII-74, VerfGHE 27, 139 (142). Für ein umfassendes Grundrecht „auf Wahlen in der von Art. 14 vorgesehenen Gestalt" hingegen *Markus Möstl*, in: Lindner/Möstl/Wolff, Verfassung des Freistaates Bayern, 2. Aufl. 2017, Art. 14 Rn. 9.
7 BayVerfGH v. 26.03.2018 – Vf. 15-VII-16, BayVBl. 2018, S. 623 (625). Zum Homogenitätsgrundsatz siehe § 3 I.
8 Von 1950 bis 2003 betrug die (bis 1998 nur einfachgesetzlich festgelegte) Mitgliederzahl 204. Zur Verfassungsmäßigkeit der Verkleinerung vgl. BayVerfGH v. 10.10.2001 – Vf. 2-VII-01 u. a., VerfGHE 54, 109 (160 f.).
9 Vgl. dazu *Josef Franz Lindner*, Unter Zeitdruck – Zur anstehenden Regierungsbildung im Freistaat Bayern, Verfassungsblog v. 21.09.2018, abrufbar unter: https://verfassungsblog.de/unter-zeitdruck-zur-anstehenden-regierungsbildung-im-freistaat-bayern/, DOI: https://doi.org/10.17176/20180921-134804-0.
10 Zur Rechtslage vor 1998, bei der eine Überschneidung der Wahlperioden des alten und des neuen Landtags möglich war, vgl. BayVerfGH v. 14.08.1974 – Vf. 42-VI-74, VerfGHE 27, 119 (129 ff.).
11 BayVerfGH v. 04.10.1974 – Vf. 6-VII-74, VerfGHE 27, 139 (152).

spielraum.¹² Die Festsetzung des Wahltermins ist kein Verwaltungsakt, sondern ein „staatsorganisationsrechtlicher Akt mit Verfassungsfunktion".¹³ Dieser ist normgebunden und unterliegt der verfassungsgerichtlichen Überprüfung im Wege der Verfassungsbeschwerde nach Art. 66, 120 BV.¹⁴ Der Vorrang des Wahlprüfungsverfahrens steht dem nicht entgegen, denn es besteht „ein dringendes und schutzwürdiges Interesse daran, daß über die Verfassungsmäßigkeit [...] selbständig und nicht erst in Verbindung mit der Prüfung des Wahlergebnisses entschieden werden kann."¹⁵ Bei einer bloß nachträglichen Kontrolle hätte die Staatsregierung es faktisch in der Hand, die Wahlen in verfassungswidriger Weise hinauszuzögern. Das „Recht auf rechtzeitige [...] Durchführung der Wahlen"¹⁶ kann nur im Vorhinein effektiv durchgesetzt werden. Statthaft ist deshalb auch ein Organstreit nach Art. 64 BV.¹⁷

Die Bayerische Verfassung schreibt für die Landtagswahl die Grundsätze allgemeiner, gleicher, geheimer und unmittelbarer Wahl (Art. 14 Abs. 1 Satz 1 BV, Art. 19 LWG) vor. Diese Grundsätze stimmen inhaltlich im Wesentlichen mit den Wahlrechtsgrundsätzen des Grundgesetzes überein.¹⁸ Die Freiheit der Wahl ist in der Bayerischen Verfassung nicht ausdrücklich erwähnt, genießt aber als „unerläßliches Merkmal des demokratischen Staatswesens"¹⁹ gleichwohl verfassungsrechtlichen Schutz.²⁰ Die Wahlgleichheit²¹ versteht der BayVerfGH wie das BVerfG wahlsystemab-

---

12 *Heinz Huber*, in: Meder/Brechmann (Fn. 5), Art. 16 Rn. 6.
13 BayVerfGH v. 14.08.1974 – Vf. 42-VI-74, VerfGHE 27, 119 (125).
14 BayVerfGH v. 14.08.1974 – Vf. 42-VI-74, VerfGHE 27, 119 (126).
15 BayVerfGH v. 14.08.1974 – Vf. 42-VI-74, VerfGHE 27, 119 (126).
16 BayVerfGH v. 04.10.1974 – Vf. 6-VII-74, VerfGHE 27, 139 (142).
17 *Heinz Huber* (Fn. 12), Art. 16 Rn. 6; *Markus Möstl* (Fn. 6), Art. 14 Rn. 20. Offengelassen von BayVerfGH v. 14.08.1974 – Vf. 42-VI-74, VerfGHE 27, 119 (126).
18 Vertieft zum Inhalt der Wahlrechtsgrundsätze unter dem GG § 3 II. Speziell zu den Wahlrechtsgrundsätzen der BV *Klaus Unterpaul*, Grundsätze (Fn. 1), passim; *Ferdinand Wollenschläger* (Fn. 5), Art. 14 Rn. 20 ff.; *Markus Möstl* (Fn. 6), Art. 14 Rn. 20 ff. Zur Zulässigkeit der Briefwahl BayVerfGH v. 04.10.1974 – Vf. 6-VII-74, VerfGHE 27, 139 ff.
19 BayVerfGH v. 24.11.1966 – Vf. 23-VII-66, VerfGHE 19, 105 (105 Ls. 1).
20 BayVerfGH v. 24.11.1966 – Vf. 23-VII-66, VerfGHE 19, 105 (110); v. 14.08.1974 – Vf. 42-VI-74, VerfGHE 27, 119 (128); v. 04.10.1974 – Vf. 6-VII-74, VerfGHE 27, 139 (149); v. 17.02.2005 – Vf. 99-III-03, VerfGHE 58, 56 (66); v. 08.12.2009 – Vf. 47-III-09, VerfGHE 62, 229 (234).
21 Zum unklaren Verhältnis zum allgemeinen Gleichheitssatz in der Rspr. des BayVerfGH vgl. *Ferdinand Wollenschläger* (Fn. 5), Art. 14 Rn. 28.

hängig.[22] Von erheblicher praktischer Bedeutung ist die Wahlgleichheit vor allem für die Stimmkreiseinteilung und die Mandatszuteilung, aber auch für das Verfahren der Kandidatenaufstellung. Ein spezieller Ausfluss ist die Chancengleichheit der Parteien (sowie Wählergruppen und Wahlbewerber), die von der Bayerischen Verfassung auch ohne eine dem Art. 21 GG äquivalente Vorschrift[23] garantiert wird.[24] Schließlich wird im Schrifttum – in Anlehnung an die Rechtsprechung des BVerfG[25] – gefordert, die Öffentlichkeit der Wahl als ungeschriebenen Wahlrechtsgrundsatz der Verfassung anzuerkennen.[26]

II. Wahlrecht und Wählbarkeit

Die Teilnahme an Wahlen ist Teilnahme an der Bildung des Staatswillens[27] und ermöglicht dem einzelnen Bürger die Teilhabe am kollektiven Selbstbestimmungsrecht des Volkes.[28] Dementsprechend unterfällt sie dem von Art. 7 Abs. 2 BV als Ausfluss des Demokratieprinzips (Art. 2 Abs. 1, Art. 4 BV) verbürgten Grundrecht auf Teilhabe an der Staatsgewalt.[29]

Das aktive Wahlrecht – Art. 1 ff. LWG sprechen von „Stimmrecht" – steht nach Art. 7 Abs. 2 BV jedem „Staatsbürger" zu. Staatsbürger im Sinne der Verfassung ist „jeder Staatsangehörige, der das 18. Lebensjahr vollendet hat" (Art. 7 Abs. 1 BV). Das Rechtsinstitut der bayerischen Staatsangehörigkeit ist in Art. 6 BV zwar vorgesehen, mangels Vollzugsgesetzes

---

22 BayVerfGH v. 18.12.1975 – Vf. 5-VII-75, VerfGHE 28, 222 (234 f.); ausf. *Markus Möstl* (Fn. 6), Art. 14 Rn. 24.
23 Auch betrachtet der BayVerfGH Art. 21 GG – ungeachtet dessen Einordnung als sog. Bestandteilsnorm durch das BVerfG – nicht als Rechtsnorm des bayerischen Verfassungsrechts, berücksichtigt ihn allerdings bei der Auslegung und Anwendung der BV. Vgl. BayVerfGH v. 26.03.2018 – Vf. 15-VII-16, BayVBl. 2018, 623 (631). Zur Lehre von den Bestandteilsnormen vgl. *Josef Franz Lindner*, Bundesverfassung und Landesverfassung, AöR 143 (2018), 437 (461 ff.).
24 Vgl. *Ferdinand Wollenschläger* (Fn. 5), Art. 14 Rn. 37 ff. m. w. N.
25 Vgl. nur BVerfG, Urt. v. 03.03.2009 – 2 BvC 3/07 u. a., BVerfGE 123, 39 (68 ff.).
26 Vgl. *Markus Möstl* (Fn. 6), Art. 14 Rn. 32; *Ferdinand Wollenschläger* (Fn. 5), Art. 14 Rn. 46 f.
27 Vgl. BayVGH, Beschl. v. 03.09.1980 – 5 C 1463/79, BayVBl. 1980, 656.
28 Vgl. BayVerfGH v. 16.07.1991 – Vf. 6-VII-90, VerfGHE 44, 85 (90).
29 Vgl. BayVerfGH v. 04.10.1973 – Vf. 6-VII-74, VerfGHE 27, 139 (142).

aber obsolet.[30] Für die Staatsbürgerschaft ist deshalb auf die deutsche Staatsangehörigkeit abzustellen.[31] Staatsbürger im Sinne des Art. 7 Abs. 2 BV ist somit „jeder, der die deutsche Staatsangehörigkeit gemäß Art. 16, 116 GG besitzt und in Bayern wohnhaft ist"[32] und das 18. Lebensjahr vollendet hat. Dementsprechend knüpft auch Art. 1 Abs. 1 LWG für die Stimmberechtigung an die Eigenschaft als Deutscher i. S. d. Art. 116 I GG[33] an.[34] Bedenkt man, dass die bayerische Staatsangehörigkeit keinen Nicht-Deutschen zuerkannt werden könnte[35] und alle Deutschen in Bayern dieselben (staatsbürgerlichen) Rechte und Pflichten genießen (Art. 8 BV, Art. 33 Abs. 1 GG)[36], ist der Unterschied für die Wahlberechtigung ohnehin ein rein theoretischer.

Einfachrechtliche Beschränkungen des Stimmrechts ergeben sich aus den Regelungen des LWG. Art. 1 Abs. 1 Nr. 2 LWG statuiert ein Mindestaufenthaltserfordernis, dessen Zulässigkeit sich verfassungsunmittelbar aus der Ermächtigung (Kann-Regelung[37]) in Art. 7 Abs. 3 BV ergibt. Zum Tragen kommt der Gedanke der Sesshaftigkeit, wonach eine hinreichende Verbindung des Wählers mit dem durch die Wahl zu legitimierenden Gemeinwesen sichergestellt werden soll.[38] Voraussetzung des Stimmrechts ist danach, dass der Wähler seit mindestens drei Monaten in Bayern seine Wohnung, bei mehreren Wohnungen seine Hauptwohnung, hat oder sich sonst in Bayern gewöhnlich aufhält.[39] Ein Wahlrecht für „Auslandsbayern", also für Personen, die aus Bayern ins (außerdeutsche) Ausland weggezogen sind, gibt es nicht.[40]

---

30 BayVerfGH v. 15.12.1959 – Vf. 7-VI-59, VerfGHE 12, 171 (176); v. 12.06.2013 – Vf. 11-VII-11, VerfGHE 66, 70 (87 f.).
31 *Josef Franz Lindner*, in: Lindner/Möstl/Wolff (Fn. 6), Art. 6 Rn. 3.
32 BayVerfGH v. 12.06.2013 – Vf. 11-VII-11, VerfGHE 66, 70 (88).
33 Erfasst sind damit auch die Statusdeutschen.
34 Bestätigt durch BayVerfGH v. 12.03.1986 -Vf. 23-VII-84, VerfGHE 39, 30 ff.
35 BayVerfGH v. 12.03.1986 -Vf. 23-VII-84, VerfGHE 39, 30 (34 f.).
36 Vergleich der beiden – nicht deckungsgleichen – Vorschriften bei *Josef Franz Lindner*, in: Lindner/Möstl/Wolff (Fn. 6), Art. 8 Rn. 3 ff.
37 *Winfried Brechmann*, in: Meder/Brechmann (Fn. 5), Art. 7 Rn. 15.
38 BayVerfGH v. 12.04.1967 – Vf. 33-VII-66, VerfGHE 20, 58 (59).
39 Dabei gilt der melderechtliche Wohnungsbegriff. Näher *Cornelius Thum*, in: Boettcher u. a. (Fn. 4), Art. 1 LWG Rn. 12 ff.
40 Ein solches Wahlrecht fordert *Josef Franz Lindner*, Der „Auslandsbayer", BayVBl. 2016, 577 ff.; *ders.*, Nochmals: Der prekäre status activus des „Auslandsbayern", BayVBl. 2016, 772 ff. Dagegen *Cornelius Thum*, Zur Territorialbindung des Wahlrechts bei Landtagswahlen, BayVBl. 2016, 579 ff.; *ders.*, Zum Verlust des Wahlrechts für Landtagswahlen mit Wegzug ins Ausland, BayVBl. 2016, 774 ff. Vgl. auch *Astrid Wallrabenstein*, Wahlrecht und Mobilität, JöR 66 (2018), 431 (434 f.).

Weitere Ausschlussgründe können vom Wahlgesetzgeber angeordnet werden, soweit sie durch zwingende Gründe gerechtfertigt sind.[41] Einzig vorgesehen ist der Ausschluss von Personen, die infolge Richterspruchs das Stimmrecht nicht besitzen (Art. 1 Abs. 1 Nr. 3 i. V. m. Art. 2 LWG). Angeknüpft wird dadurch an § 45 Abs. 5 StGB, der es in das Ermessen des Strafgerichts stellt, einem Verurteilten für die Dauer von zwei bis fünf Jahren das Recht, in öffentlichen Angelegenheiten zu wählen oder zu stimmen, abzuerkennen, soweit das Gesetz es besonders vorsieht.[42]

Bis 2019 waren vom Stimmrecht auch Personen ausgeschlossen, für die zur Besorgung aller Angelegenheiten ein Betreuer nicht nur durch einstweilige Anordnung bestellt war oder die sich auf Grund einer Anordnung nach § 63 i. V. m. § 20 StGB in einem psychiatrischen Krankenhaus befanden (Art. 2 Nr. 2 und 3 LWG a. F.). Der BayVerfGH bestätigte die Verfassungsmäßigkeit dieser beiden Ausschlussgründe.[43] Nachdem jedoch das BVerfG die Parallelvorschriften des § 13 Nr. 2 und 3 BWahlG a. F. wegen Verstoßes gegen die Allgemeinheit der Wahl für verfassungswidrig erklärt hatte,[44] wurden die Regelungen vom Landtag aus dem LWG entfernt.[45] Nach dem Beschluss des BVerfG wäre es möglich, zur Sicherung des Charakters der Wahl als eines Integrationsvorgangs bei der politischen Willensbildung des Volkes solche Personen, die über die erforderliche Einsicht in das Wesen und die Bedeutung von Wahlen nicht verfügen, – in einer gleichheitskonformen Weise – von der Wahl auszuschließen.[46] Davon hat der bayerische Gesetzgeber keinen Gebrauch gemacht.

Das passive Wahlrecht steht nach Art. 14 Abs. 2 BV jedem wahlfähigen Staatsbürger zu, der das 18. Lebensjahr vollendet hat. Seit es 2003 von 21 auf 18 Jahre abgesenkt wurde,[47] stimmt das Alterserfordernis mit dem bereits in der Definition des Staatsbürgers in Art. 7 Abs. 1 BV enthaltenen überein und ist redundant. Es wurde 2017 folgerichtig aus der einfachgesetzlichen Parallelvorschrift des Art. 22 Satz 1 LWG entfernt. Mit anderen

---

Eine historisch überkommene, aber praktisch kaum relevante bayerische Besonderheit ist die Ausnahme in Art. 1 Abs. 2 LWG.
41 *Winfried Brechmann* (Fn. 37), Art. 7 Rn. 17.
42 Überblick und zutreffende verfassungsrechtliche Kritik bei *Katrin Stein*, „Wer die Wahl hat…", GA 2004, 22 ff.; kritisch auch *Josef Franz Lindner*, in: Lindner/Möstl/Wolff (Fn. 6), Art. 7 Rn. 9.
43 BayVerfGH v. 09.07.2002 – Vf. 9-VII-01, VerfGHE 55, 85 ff.; v. 31.10.2018 – Vf. 16-VII-17, BayVBl. 2019, 303 ff.
44 BVerfG, Beschl. v. 29.01.2019 – 2 BvC 62/14, NJW 2019, 1201 ff.
45 Gesetz v. 24.07.2019, GVBl. S. 342; LT-Drs. 18/2015.
46 BVerfG, Beschl. v. 29.01.2019 – 2 BvC 62/14, NJW 2019, 1201 (1209 f.).
47 Bis 1970 lag die Altersgrenze bei 25 Jahren.

Worten sind das aktive und passive Wahlrecht deckungsgleich.[48] Zusätzlich geregelt ist nur, dass nicht wählbar ist, wer infolge Richterspruchs die Wählbarkeit nicht besitzt (Art. 22 Satz 2 LWG i. V. m. § 45 Abs. 2 StGB, § 39 Abs. 2 BVerfGG). Dass durch das Anknüpfen an die Wahlfähigkeit auch das passive Wahlrecht die Sesshaftigkeit in Bayern voraussetzt, ist von der Verfassung gedeckt, da die Ermächtigung des Art. 7 Abs. 3 BV in der Auslegung des BayVerfGH sowohl für das aktive als auch für das passive Wahlrecht gilt.[49]

III. Wahlsystem

1. Verbessertes Verhältniswahlrecht

Die Wahlen zum Bayerischen Landtag erfolgen nach einem „verbesserten Verhältniswahlrecht" (Art. 14 Abs. 1 Satz 1 BV), das im Kern dem Modell des personalisierten Verhältniswahlrechts folgt. Gemeint ist also eine Modifikation des Verhältniswahlrechts.[50] Es geht gerade nicht darum, mittels eines perfekten Parteiproporzes eine lupenreine Verhältniswahl[51] zu realisieren, sondern vielmehr Gestaltungselemente in das Wahlrecht aufzunehmen, die auf anderen Gedanken basieren.[52] Drei solche Modifikationen, die bereits in der Verfassung selbst enthalten sind, kennzeichnen das „verbesserte" Verhältniswahlrecht: die Aufteilung des Staatsgebiets in Wahlkreise, die teilweise Wahl von Abgeordneten in Stimmkreisen und eine 5%-Sperrklausel (Art. 14 Abs. 1 Satz 1, Abs. 4 BV).[53] Weitere Modifikationen können einfachgesetzlich geregelt werden, und zwar sowohl sol-

---

48 Von historischem Interesse sind die Regelungen zum Ausschluss von NS-Belasteten (vom aktiven und passiven Wahlrecht); vgl. BayVerfGH v. 22.09.1947 – Vf. 23-IIIa-47, VerfGHE 1, 1 ff.; v. 30.07.1949 – Vf. 14-VII-49 u. a., VerfGHE 2, 50 ff.; v. 21.11.1957 – Vf. 101-VII-56, VerfGHE 10, 76 ff. Vgl. dazu *Klaus Unterpaul*, Grundsätze (Fn. 1), S. 120 ff.
49 BayVerfGH v. 09.10.2018 – Vf 1.-VII-17, BayVBl. 2019, 260 (Ls. 2).
50 Zu Ursprung und Bedeutung des Begriffs vgl. BayVerfGH v. 02.12.1949 – Vf. 5-VII-49, VerfGHE 2, 181 (203 ff.). Kritisch gegenüber dem Begriffsverständnis des BayVerfGH *Jochen Abr. Frowein*, Anmerkung zu BayVerfGH v. 18.12.1975 – Vf. 5-VII-75, DÖV 1976, 483 (485).
51 Zur Verhältniswahl als Repräsentationsprinzip und Entscheidungsregel § 1 III 3.
52 BayVerfGH v. 19.07.1995 – Vf. 11-VII-93, BayVBl. 1996, 175.
53 Vgl. BayVerfGH v. 02.12.1949 – Vf. 5-VII-49, VerfGHE 2, 181 (206 f.); v. 18.12.1975 – Vf. 5-VII-75, VerfGHE 28, 222 (232, 235); ferner *Markus Möstl* (Fn. 6), Art. 14 Rn. 14 ff.

che, die keine Abweichung vom Prinzip des Parteienproporzes bedeuten (z. B. die Addition von Erst- und Zweitstimmen), als auch – allerdings in engeren Grenzen – solche, die sich auf das Sitzverhältnis auswirken.[54]

Die Abgeordneten werden „in Wahlkreisen und Stimmkreisen gewählt" (Art. 14 Abs. 1 Satz 1 BV).[55] Die Wahlkreise sind geographisch deckungsgleich mit den sieben Regierungsbezirken des Freistaats (Art. 14 Abs. 1 Satz 2 BV)[56] und bilden eigenständige Wahlkörper.[57] Die Wahlen zum Bayerischen Landtag finden also nicht in einem (Gesamt-)Wahlgebiet – dem Staatsgebiet des Freistaats –, sondern in sieben getrennten Wahlgebieten statt.[58] Dies gilt für sämtliche Wahlschritte von der Kandidatenaufstellung bis zur Sitzzuteilung.[59] Die Wahl in Wahlkreisen bedeutet eine „Verbesserung" im Sinne einer Modifizierung der Verhältniswahl, denn dem reinen Verhältniswahlsystem entspräche nur eine landesweite Wahl und Sitzverteilung nach Parteien.[60] Die Wahlkreisbildung zielt darauf, „zwischen den Wählern und den von den politischen Parteien aufgestellten Kandidaten eine engere Bindung zu schaffen und große, unübersichtliche Listen zu vermeiden."[61] Die Einteilung nach Regierungsbezirken soll zum einen Manipulationen verhindern und zum anderen die Repräsentation der Wahlkreisbewohner als regional abgegrenzter Bevölkerungsgruppe durch die Wahlkreisabgeordneten ermöglichen.[62]

Die sieben Wahlkreise sind ihrerseits in Stimmkreise unterteilt. Jeder Wähler hat zwei Stimmen, eine zur Wahl eines Stimmkreisabgeordneten und eine zur Wahl eines Wahlkreisabgeordneten (Art. 36, 38 LWG).[63] Mit der Erststimme kann der Wähler aus den einzelnen Stimmkreiskandidaten auswählen (direkte Personenwahl). Mit der Zweitstimme kann der Wähler

---

54 *Markus Möstl* (Fn. 6), Art. 14 Rn. 18.
55 Zur historischen Entwicklung *Julia Faber*, Föderalismus und Binnenföderalismus im Wahlrecht, 2015, S. 294 ff.
56 Zu den Regierungsbezirken vgl. Art. 9 Abs. 1 und Art. 185 BV sowie *Josef Franz Lindner*, Staatsrecht (Fn. 1), Rn. 184 ff.
57 BayVerfGH v. 18.12.1975 – Vf. 5-VII-75, VerfGHE 28, 222 (237).
58 Zu dieser Form des Binnenföderalismus *Julia Faber*, Föderalismus (Fn. 55), S. 305 ff.
59 BayVerfGH v. 18.12.1975 – Vf. 5-VII-75, VerfGHE 28, 222 (237).
60 Vgl. BayVerfGH v. 02.12.1949 – Vf. 5-VII-49, VerfGHE 2, 181 (206); ferner *Markus Möstl* (Fn. 6), Art. 14 Rn. 15. Kritisch *Jochen Abr. Frowein*, Anmerkung (Fn. 50), 485.
61 BayVerfGH v. 18.12.1975 – Vf. 5-VII-75, VerfGHE 28, 222 (237).
62 BayVerfGH v. 18.12.1975 – Vf. 5-VII-75, VerfGHE 28, 222 (239).
63 Zur Reihenfolge auf den Stimmzetteln vgl. Art. 37 Abs. 3 LWG und BayVerfGH v. 05.08.1952 – Vf. 185-VII-50, VerfGHE 5, 204 (213 f.).

auf den Wahlkreislisten der Parteien (oder sonstigen organisierten Wählergruppen) einen Wahlkreisbewerber auswählen (begrenzt offene Listenwahl oder Präferenzstimmgebung[64]). Möglich ist es auch, seine Zweitstimme einer Wahlkreisliste als solcher zukommen zu lassen, indem man nicht einen besonderen Wahlkreiskandidaten, sondern die Liste ankreuzt[65] oder indem man mehrere Wahlkreiskandidaten derselben Liste kennzeichnet (Art. 40 Abs. 2 LWG).[66]

Die Aufteilung der 180 Landtagsmandate auf Wahl- und Stimmkreise erfolgt in drei Schritten. Zuerst werden den einzelnen Wahlkreisen feste Mandatskontingente zugewiesen (Kontingentsystem, Art. 21 Abs. 2 LWG). Die Wahlrechtsgleichheit verlangt dabei eine strikt bevölkerungsproportionale Mandatszuteilung, da andernfalls die Stimmen in den verschiedenen Wahlkreisen von vornherein ein unterschiedliches Gewicht hätten.[67] Einfachgesetzlich ist dies in Art. 21 Abs. 1 Satz 2 LWG umgesetzt; maßgeblich ist die deutsche Hauptwohnbevölkerung (Art. 21 Abs. 1 Satz 3 Halbsatz 1 LWG).[68] Die aus der disparaten Bevölkerungsentwicklung folgende Verkleinerung der ländlich geprägten Wahlkreise[69] wird erst dann zu einem verfassungsrechtlichen Problem, wenn in einem einzelnen Wahl-

---

64 Zu deren eingeschränkter Bedeutung *Rainer-Olaf Schultze/Jürgen Ender*, Bayerns Wahlsystem – verfassungspolitisch bedenklich?, ZParl 22 (1991), 150 (152 f.); anders *Emil Hübner*, Das bayerische Landtagswahlrecht, in: Bocklet (Hrsg.), Das Regierungssystem des Freistaates Bayern, Bd. II, 1979, S. 279 (282 ff.). Vgl. auch noch unten V.
65 Ein besonderer Kreis zum Ankreuzen der Wahlkreisliste ist auf den Stimmzetteln allerdings nicht vorgesehen. Vgl. das Muster nach § 36 Abs. 2 i. V. m. Anlage 14 LWO.
66 Ein Verstoß gegen Freiheit oder Unmittelbarkeit der Wahl liegt darin nicht; BayVerfGH v. 10.03.2020 – Vf. 56-III-19, BeckRS 2020, 3581 Rn. 44 ff.
67 BayVerfGH v. 18.12.1975 – Vf. 5-VII-75, VerfGHE 28, 222 (236); v. 04.12.2012 – Vf. 14-VII-11 u. a., VerfGHE 65, 189 (204 f.).
68 Zur verfassungsrechtlichen Beurteilung *Ferdinand Wollenschläger* (Fn. 5), Art. 14 Rn. 54 m. w. N.; zur Parallelproblematik bei der Stimmkreisgröße vgl. unten 2. Zur Verfassungsmäßigkeit der Stichtagsregelung in Art. 21 Abs. 1 Satz 3 Halbsatz 2 LWG vgl. BayVerfGH v. 04.12.2012 – Vf. 14-VII-11 u. a., VerfGHE 65, 189 (207).
69 Vgl. zur Diskussion *Klaus F. Gärditz*, Das bayerische Landtagswahlrecht vor der Herausforderung einer disparaten Bevölkerungsentwicklung, BayVBl. 2011, 421 ff.; *Cornelius Thum*, Zur Mandatszuteilung an die Wahlkreise nach bayerischem Landeswahlrecht, BayVBl. 2011, 428 ff.; *Ferdinand Wollenschläger/Jens Milker*, Wahlkreiszuschnitt im Spannungsfeld demokratischer Gleichheit und regionaler Repräsentation, BayVBl. 2012, 65 ff.; *Hans-Detlef Horn*, Die 5 %-Hürde im bayerischen Landtagswahlsystem der festen Wahlkreise, BayVBl. 2012, 97 ff.

kreis mehr als die von der landesweiten Sperrklausel[70] vorgesehenen 5 % der Stimmen erforderlich sind, um dort überhaupt ein Mandat zu erhalten (faktische Sperrwirkung).[71]

Im zweiten Schritt werden die Kontingente in Wahlkreismandate (also Listenmandate) und Stimmkreismandate geteilt. Dabei darf je Wahlkreis höchstens ein Stimmkreis mehr gebildet werden als Abgeordnete aus der Wahlkreisliste zu wählen sind (Art. 14 Abs. 1 Satz 5 BV). Grundsätzlich sind die Mandatskontingente der Wahlkreise also hälftig zu verteilen; nur bei ungerader Mandatszahl kann ein Stimmkreis mehr gebildet werden.[72] Schließlich sind innerhalb der Wahlkreise die Stimmkreise einzuteilen.

2. Stimmkreiseinteilung

Die Einteilung der Stimmkreise nimmt der Gesetzgeber in einer Anlage zum LWG vor (Art. 5 Abs. 4 Satz 1 LWG). Als Grundlage seiner Entscheidung dient ein Bericht der Staatsregierung (Art. 5 Abs. 5 LWG). Eine unabhängige Kommission wie auf Bundesebene (vgl. § 3 Abs. 2–4 BWahlG) existiert nicht. Die Bayerische Verfassung enthält für den Stimmkreiszuschnitt einige Vorgaben.[73] Eine bayerische Besonderheit ist der Grundsatz der Deckungsgleichheit (Art. 14 Abs. 1 Satz 3 BV): „Jeder Landkreis und jede kreisfreie Gemeinde bildet einen Stimmkreis." Diese Bestimmung verfolgt einen doppelten Zweck:[74] Zum einen zielt sie darauf, eine politisch funktionsfähige und sinnvolle Bindung zwischen den Wählern und ihrem Stimmkreisabgeordneten zu gewährleisten, indem die repräsentierte Bevölkerungsgruppe nicht nur eine arithmetische Größe sein, sondern eine nach örtlichen, historischen, wirtschaftlichen, kulturellen und ähnli-

---

70 Dazu unten V.
71 BayVerfGH v. 04.12.2012 – Vf. 14-VII-11 u. a., VerfGHE 65, 189 (205 f.); vgl. auch *Markus Möstl* (Fn. 6), Art. 14 Rn. 26. Die Frage, wie wahrscheinlich das Auftreten der faktischen Sperrwirkung ist, ist kompliziert und umstritten; vgl. näher die Nachweise in Fn. 69.
72 Derzeit werden 91 der 180 Abgeordneten in Stimmkreisen gewählt (Art. 21 Abs. 3 LWG).
73 Zur Entwicklung vgl. *Klaus Unterpaul*, Die verfassungsrechtlichen Vorgaben für die künftige Stimmkreiseinteilung in Bayern, BayVBl. 1998, 743 (743 f.); ferner *Enno Boettcher*, Verfassungsrechtliche Vorgaben für die Stimmkreiseinteilung in Bayern, BayVBl. 1992, 641 ff.
74 BayVerfGH v. 02.12.1949 – Vf. 5-VII-49, VerfGHE 2, 181 (206 f.); v. 18.10.1974 – Vf. 9-VII-74, VerfGHE 27, 153 (159 f.); v. 12.07.1990 – Vf. 10-VII-89, VerfGHE 43, 100 (105).

chen Gesichtspunkten, wie sie der Abgrenzung der Verwaltungsbezirke vielfach zugrunde liegen, zusammengehörige Einheit bilden soll. Zum anderen soll verhindert werden, dass die parlamentarische Mehrheit auf Grund einer Analyse des bisherigen Wählerverhaltens eine Stimmkreisbildung vornimmt, die einseitig ihre Interessen begünstigt (Wahlkreisgeometrie/Gerrymandering).[75]

Von Bedeutung für die Stimmkreiseinteilung ist aber auch die Wahlrechtsgleichheit, die es grundsätzlich erfordert, Größenunterschiede zwischen Stimmkreisen zu vermeiden.[76] Durch Verfassungsänderung von 1973 wurde der Grundsatz gleich großer Stimmkreise als Einschränkung der Deckungsgleichheit in die Verfassung aufgenommen (Art. 14 Abs. 1 Satz 4 BV): „Soweit es der Grundsatz der Wahlgleichheit erfordert, sind räumlich zusammenhängende Stimmkreise abweichend von Satz 3 zu bilden." Der BayVerfGH hat diese Verfassungsänderung bestätigt[77] und die aus der Wahlgleichheit folgenden Vorgaben für die Stimmkreiseinteilung näher ausformuliert.[78]

Für den Grundsatz gleicher Stimmkreisgröße spricht das mehrheitswahlrechtliche Gebot der Bevölkerungsproportionalität: Das Wahlvolk ist nur dann gleichmäßig repräsentiert, wenn jeder Abgeordneter einen gleich großen Bevölkerungsteil vertritt.[79] Dieser Gedanke ist aber weniger gewichtig in einem System, welches das mehrheitswahlrechtliche Element dem verhältniswahlrechtlichen Grundsatz unterordnet und deshalb Wahlgleichheit primär in Form des Parteiproporzes verlangt.[80] Der BayVerfGH hatte deshalb die unterschiedliche Größe der Stimmkreise mangels Proporzrelevanz zunächst sogar für gänzlich irrelevant erklärt.[81] Jedoch wirkt sich die Wahl der Stimmkreisabgeordneten zumindest auf die personelle

---

75 Zum Gerrymandering vgl. *Fabian Michl/Roman Kaiser*, Wer hat Angst vorm Gerrymander?, JöR 67 (2019), 51 ff. (insb. 64 ff. zu bayerischen „Verdachtsfällen").
76 Zunächst für Stimmkreisverbände: BayVerfGH v. 18.08.1966 – Vf. 58, 70-VIII-66, VerfGHE 19, 64 (74 f.).
77 BayVerfGH v. 18.10.1974 – Vf. 9-VII-74, VerfGHE 27, 153 (163 ff.).
78 BayVerfGH v. 12.07.1990 – Vf. 10-VII-89, VerfGHE 43, 100 (104 ff.); v. 10.10.2001 – Vf. 2-VII-01 u. a., VerfGHE 54, 109 (135 ff.); v. 04.10.2012 – Vf. 14-VII-11 u. a., VerfGHE 65, 189 (210 ff.), m. Anm. *Julia Faber*, BayVBl. 2013, 146 ff.
79 BayVerfGH v. 12.07.1990 – Vf. 10-VII-89, VerfGHE 43, 100 (104); *Markus Möstl*, Die Wahlrechtsgleichheit im Zuge der Parlamentsreform im Bund und im Freistaat Bayern, AöR 127 (2002), 401 (408) m. w. N.
80 *Markus Möstl*, Wahlrechtsgleichheit (Fn. 79), 418.
81 BayVerfGH v. 30.05.1952 – Vf. 76-VII-51, VerfGHE 5, 125 (146). Vgl. auch BayVerfGH v. 02.12.1949 – Vf. 5-VII-49, VerfGHE 2, 181 (216): gleiche Stimmkreisgröße als bloße „rechtspolitische Forderung".

Zusammensetzung des Landtags aus.[82] Die Stimmkreise sind im System des verbesserten Verhältniswahlrechts nicht bloße unselbstständige Abstimmungsbezirke,[83] sondern dienen der direkten Wahl von Abgeordneten und sichern damit die personelle Auswahl der Abgeordneten.[84] (Außerdem wirkt sich die Erststimme auch erheblich auf die Reihenfolge aus, in der die Listenbewerber Berücksichtigung finden[85] – dazu sogleich.) Deswegen ist auch hier das Gebot gleich großer Stimmkreise zumindest im Grundsatz zu berücksichtigen.[86] Allerdings können gewisse Unterschiede in der Größe der Stimmkreise hingenommen werden, weil sie sich nicht auf die Zahl der Abgeordneten einer Partei auswirken.[87]

Zu beachten ist aber eine bayerische Besonderheit:[88] Über die Reihenfolge, in der die Kandidaten auf der Wahlkreisliste Berücksichtigung finden, entscheiden die für jeden Bewerber abgegebenen Erst- und Zweitstimmen zusammen. Im wahlkreislisteninternen Wettbewerb der bei der Direktwahl unterlegenen Bewerber steigen deshalb die Chancen eines Bewerbers mit der Größe seines Stimmkreises, weil derselbe prozentuale Stimmenanteil einer höheren absoluten Zahl von Erststimmen entspricht.[89] Die Chancengleichheit der Listenbewerber als Teil der Wahlgleichheit erfordert somit möglichst gleich große Stimmkreise.

Die Verfassung erfordert einerseits keine arithmetisch genau gleich großen Stimmkreise, steht andererseits aber auch zu hohen Größenunterschieden entgegen.[90] Der BayVerfGH hat als äußerste Grenze eine Abweichung von einem Drittel nach oben oder unten gegenüber dem Durchschnitt der Stimmkreise als äußerste Grenze bestimmt.[91] Ob die vom BVerfG aus der Wahlgleichheit des Grundgesetzes abgeleitete Forderung nach strengeren

---

82 Darauf hinweisend auch *Klaus Unterpaul*, Stimmkreiseinteilung (Fn. 73), 744; *Steffen Kautz*, Verfassungsrechtliche Vorgaben für die Stimmkreiseinteilung bei den Landtagswahlen in Bayern, BayVBl. 2001, 97 (100); *Ferdinand Wollenschläger* (Fn. 5), Art. 14 Rn. 65.
83 BayVerfGH v. 10.10.2001 – Vf. 2-VII-01 u. a., VerfGHE 54, 109 (135).
84 BayVerfGH v. 02.12.1949 – Vf. 5-VII-49, VerfGHE 2, 181 (207); v. 18.08.1966 – Vf. 58-VIII-66 u. a., VerfGHE 19, 64 (74).
85 Vgl. *Rainer-Olaf Schultze/Jürgen Ender*, Wahlsystem (Fn. 64), 152.
86 So auch *Markus Möstl*, Wahlrechtsgleichheit (Fn. 79), 417.
87 BayVerfGH v. 12.07.1990 – Vf. 10-VII-89, VerfGHE 43, 100 (105 f.).
88 BayVerfGH v. 18.10.1974 – Vf. 9-VII-74, VerfGHE 27, 153 (164).
89 *Klaus Unterpaul*, Stimmkreiseinteilung (Fn. 73), 744 f.; *Steffen Kautz*, Stimmkreiseinteilung (Fn. 82), 100.
90 BayVerfGH v. 04.10.2012 – Vf. 14-VII-11 u. a., VerfGHE 65, 189 (212).
91 BayVerfGH v. 12.07.1990 – Vf. 10-VII-89, VerfGHE 43, 100 (106).

Maßstäben für die Bundestagswahl[92] auch für das bayerische Wahlrecht gilt, hat der BayVerfGH bisher offen gelassen.[93] Eine solche Übertragung ist indes aus zweierlei Gründen abzulehnen:[94] Die Bayerische Verfassung erhebt das Prinzip territorialer Radizierung mit der Deckungsgleichheit zum eigenständigen Verfassungsprinzip; und angesichts der vollständigen Unterordnung des mehrheitswahlrechtlichen unter das verhältniswahlrechtliche Element kommt dem Gebot gleicher Stimmkreisgröße, wie gesehen, von vornherein eine geringere Bedeutung zu.[95]

Gleichwohl hat der Gesetzgeber sich dafür entschieden, die strengeren Vorgaben des § 3 Abs. 1 Satz 1 Nr. 3 BWahlG für Bayern zu übernehmen:[96] Nach Art. 5 Abs. 3 Satz 3 LWG *soll* die Einwohnerzahl eines Stimmkreises von der durchschnittlichen Einwohnerzahl der Stimmkreise im jeweiligen Wahlkreis nicht um mehr als 15 % nach oben oder unten abweichen; beträgt die Abweichung mehr als 25 %, *ist* eine Neuabgrenzung vorzunehmen. Diese strengeren Grenzen dürften schon deshalb verfassungsgemäß sein, weil sie – was meist nicht beachtet wird – als einfaches Recht den Gesetzgeber gar nicht binden können.[97] Zwingend sind die Grenzen vielmehr ausschließlich als Vorgabe für den Bericht der Staatsregierung, der die Entscheidung des Landtags vorbereitet (Art. 5 Abs. 5 LWG). Die Grenzziehung ist allerdings auch in der Sache verfassungskonform, da der Gesetzgeber nicht verpflichtet ist, innerhalb seines Konkretisierungsspielraums (dazu sogleich) die absolute verfassungsrechtliche Grenze auszureizen.[98] Die Grenze von 25 % ist weder zu hoch noch zu niedrig.[99] Fehlerhaft wäre es allerdings, wenn der Gesetzgeber der Soll-Grenze von 15 %

---

92 BVerfG, Urt. v. 10.04.1997 – 2 BvF 1/95, BVerfGE 95, 335 (365).
93 BayVerfGH v. 10.10.2001 – Vf. 2-VII-01 u. a., VerfGHE 54, 109 (137); v. 04.10.2012 – Vf. 14-VII-11 u. a., VerfGHE 65, 189 (212).
94 Ebenso *Markus Möstl* (Fn. 6), Art. 14 Rn. 27; *Ferdinand Wollenschläger* (Fn. 5), Art. 14 Rn. 69.
95 Ob die strengeren Anforderungen des BVerfG aufrechtzuerhalten sind, nachdem nun auch das Bundestagswahlrecht Ausgleichsmandate kennt (§ 6 Abs. 5 BWahlG), bleibt fraglich.
96 Gesetz v. 25.05.2001, GVBl. S. 216; LT-Drs. 14/5719, S. 22 f. Kritisch *Ulrich M. Gassner*, Verfassungsrechtliche Determinanten der Stimmkreiseinteilung, BayVBl. 2001, 1 (8 ff.).
97 BayVerfGH v. 10.10.2001 – Vf. 2-VII-01 u. a., VerfGHE 54, 109 (137), spricht allerdings ohne nähere Begründung von einer „einfachgesetzliche[n] Selbstbindung". Zutreffend hingegen für Art. 21 Abs. 1 Satz 2 LWG *Klaus F. Gärditz*, Bevölkerungsentwicklung (Fn. 69), 422: „rechtsfolgenlose Aussage" mit „Präambelfunktion".
98 BayVerfGH v. 10.10.2001 – Vf. 2-VII-01 u. a., VerfGHE 54, 109 (141).
99 BayVerfGH v. 10.10.2001 – Vf. 2-VII-01 u. a., VerfGHE 54, 109 (137 ff.).

einen grundsätzlichen Vorrang vor Aspekten der Deckungsgleichheit gewähren würde.[100]

Für die Messung der Größenunterschiede zwischen den Stimmkreisen bezieht sich der Wortlaut des Art. 5 Abs. 2 Satz 3 LWG zwar – anders als § 3 Abs. 1 Satz 2 BWahlG, der Ausländer ausdrücklich ausnimmt – schlicht auf die Einwohnerzahl. Maßgeblich ist aber auch hier allein die Zahl deutscher Einwohner. Nach der neueren Rechtsprechung des BayVerfGH ist an sich auf die Zahl der Wahlberechtigten als Grundrechtsträger der Wahlgleichheit abzustellen.[101] Die gesamte deutsche Bevölkerung bleibt als Maßstab aber zulässig, solange der Anteil der Minderjährigen sich regional nur unerheblich unterscheidet.[102] Die maßgebliche Vergleichsgröße für die Stimmkreisgröße ist der Durchschnitt im Wahlkreis als selbstständigem Wahlkörper (Art. 5 Abs. 2 Satz 3 LWG).[103]

Für die Stimmkreiseinteilung eröffnet sich dem Gesetzgeber im Spannungsfeld der verfassungsrechtlich gleichwertigen[104] Grundsätze Deckungs- und Wahlgleichheit ein Konkretisierungsspielraum, den er auszufüllen hat. Ihm steht bei seiner Abwägung ein „angemessener, relativ weiter, verfassungsgerichtlich nicht überprüfbarer Beurteilungsspielraum" zu.[105] Dem Gesetzgeber abverlangt ist eine Reihe von Einzelentscheidungen, bei denen jeweils die am konkreten Ort bedeutsamen Sachgesichtspunkte zu gewichten und gegeneinander abzuwägen sind.[106] Dabei ist er nicht verpflichtet, unterschiedslos und ohne Rücksicht auf die besonderen örtlichen Gegebenheiten stets demselben Sachgesichtspunkt den Vorrang zu geben.[107]

Ausgangspunkt der Überlegungen des Gesetzgebers muss das der Wahl in Stimmkreisen zugrundeliegende Prinzip der Repräsentation einer organischen Einheit sein. Wo eine Abweichung vom Gebot der Deckungsgleichheit erforderlich ist, muss er versuchen, „zusammengehörende Bevölkerungsgruppen zusammenzufassen."[108] Dabei sollte die Abweichung von den Verwaltungsgrenzen möglichst gering bleiben. Eine „Zer-

---

100 Vgl. *Ulrich M. Gassner*, Stimmkreiseinteilung (Fn. 96), 9.
101 BayVerfGH v. 04.10.2012 – Vf. 14-VII-11 u. a., VerfGHE 65, 189 (205).
102 BayVerfGH v. 04.10.2012 – Vf. 14-VII-11 u. a., VerfGHE 65, 189 (207); so auch BVerfG, Urt. v. 31.01.2012 – 2 BvC 3/11, BVerfGE 130, 212 (231).
103 Kritisch *Steffen Kautz*, Stimmkreiseinteilung (Fn. 82), 101.
104 *Markus Möstl* (Fn. 6), Art. 14 Rn. 27.
105 BayVerfGH v. 04.10.2012 – Vf. 14-VII-11 u. a., VerfGHE 65, 189 (213).
106 BayVerfGH v. 04.10.2012 – Vf. 14-VII-11 u. a., VerfGHE 65, 189 (213).
107 BayVerfGH v. 04.10.2012 – Vf. 14-VII-11 u. a., VerfGHE 65, 189 (213).
108 BayVerfGH v. 04.10.2012 – Vf. 14-VII-11 u. a., VerfGHE 65, 189 (207).

fransung"[109] ist zu vermeiden. Es soll sich einerseits das Gebiet jedes Stimmkreises auf möglichst wenige verschiedene Landkreise erstrecken und andererseits jeder Landkreis an möglichst wenigen Stimmkreisen Anteil haben.[110] Art. 5 Abs. 2 Satz 2 Halbsatz 2 LWG sieht zudem vor, dass das Gebiet kreisangehöriger Gemeinden und der räumliche Wirkungsbereich von Verwaltungsgemeinschaften nicht durchschnitten werden dürfen.

Wenn jedoch das Ziel einer Zusammenfassung zusammengehörender Bevölkerungsgruppen „angesichts der Anforderungen des Grundsatzes der Wahlgleichheit nicht zu erreichen ist, kann der Gesetzgeber aber auch homogene, in sich geschlossene Gebiete auf verschiedene Stimmkreise aufteilen oder in neuen Stimmkreisen Bevölkerungsgruppen zusammenfassen, die nicht in allen ihren Teilen eine organische Einheit bilden."[110a] Allerdings steigen auch die Anforderungen an die Rechtfertigung einer Abweichung von der Wahlgleichheit, je mehr von dem Prinzip der Deckungsgleichheit abgewichen wird.[111] Des Weiteren ist der Gedanken der Stimmkreiskontinuität zu beachten. Der Gesetzgeber darf aber auch sonstige sachliche Erwägungen wie etwa landesplanerische Gesichtspunkte heranziehen.

In jedem Fall sind „räumlich zusammenhängende Stimmkreise" (Art. 14 Abs. 1 Satz 4 BV) zu bilden. Eine räumliche Trennung eines Stimmkreises „würde die Arbeit des Stimmkreisabgeordneten und die Entwicklung einer Bindung zwischen den Stimmkreisbürgern und ‚ihrem' Abgeordneten in unangemessener, nicht gerechtfertigter Weise erschweren."[112] Auch im Übrigen folgt aus dem Demokratieprinzip (Art. 2 Abs. 1 BV) und der Stellung des Abgeordneten (Art. 13 BV), dass ein Stimmkreis nicht so zugeschnitten werden darf, dass eine effiziente politische Arbeit des Abgeordneten gar nicht oder nur unter erheblich erschwerten Bedingungen möglich ist.[113] Diese äußerste Grenze[114] ist indes erst dann überschritten, wenn die Ausdehnung und die geographische Gestalt des Stimmkreises oder die wirtschaftlichen, sozialen und kulturellen Unterschiede die üblichen Schwierigkeiten in einem großen Stimmkreis über-

---

109 *Steffen Kautz*, Stimmkreiseinteilung (Fn. 82), 103.
110 *Steffen Kautz*, Stimmkreiseinteilung (Fn. 82), 103.
110a BayVerfGH v. 20.12.2001 – Vf. 14-VII-01 u. a., VerfGHE 54, 181 (201).
111 *Ferdinand Wollenschläger* (Fn. 5), Art. 14 Rn. 68.
112 BayVerfGH v. 20.12.2001 – Vf. 14-VII-01 u. a., VerfGHE 54, 181 (201).
113 BayVerfGH v. 10.10.2001 – Vf. 2-VII-01 u. a., VerfGHE 54, 109 (143).
114 *Ferdinand Wollenschläger* (Fn. 5), Art. 14 Rn. 73.

schreiten.[115] Eine bloße ungewöhnliche Gestalt eines Stimmkreises wie etwa die Verbindung zweier nicht aneinander grenzender Landkreise mittels einer Art „Landbrücke", führt nicht zu einem Verfassungsverstoß.[116]

In seiner ursprünglichen Fassung sah Art. 14 Abs. 1 Satz 3 BV noch vor, dass „in größeren Städten jeder Wahlbezirk mit durchschnittlich 60000 Einwohnern" einen Stimmkreis bildet. Diese Regelung hatte zur Folge, dass die Stimmkreise in Großstädten automatisch der Bevölkerungswachstum anzupassen waren, während im Übrigen die Deckungsgleichheit unabhängig von der Bevölkerungsverteilung galt.[117] Sie wurde abgeschafft, als mit der Verfassungsänderung von 1973 das Gebot möglichst gleich großer Stimmkreise in Art. 14 Abs. 1 Satz 4 BV aufgenommen wurde. Der Grundsatz der Deckungsgleichheit hat für die Einteilung von Großstädten in mehrere Stimmkreise nunmehr keine Bedeutung. Insbesondere besteht keine Pflicht des Gesetzgebers, sich bei der Einteilung der Stimmkreise an der Stadtbezirkseinteilung zu orientieren.[118] Allerdings ist der Gesetzgeber auch nicht verpflichtet, die Abweichungen der Stimmkreisgröße innerhalb einer Großstadt gegen Null auszurichten. Dies folgt schon daraus, dass der Gedanke der Kontinuität der demokratischen Repräsentation einer ständigen Neueinteilung entgegensteht.[119] Wichtigste Maßgabe der Stimmkreiseinteilung in Großstädten muss es demnach sein, Bevölkerungsgruppen zusammenzufassen, die nach materiellen Kriterien eine Einheit bilden. Dies ist nichts anderes als die konkrete Anwendung des allgemeinen Gedankens, dass „eine formale Betrachtungsweise umso weniger gerechtfertigt werden kann, je dichter besiedelt ein Gebiet ist."[120]

IV. Wahlvorbereitung

Das Wahlvorschlagsrecht ist „ein Kernstück des Bürgerrechts auf aktive Teilnahme an der Wahl (Art. 7 Abs. 2 BV)."[121] Die Wahlrechtsgrundsätze

---

115 BayVerfGH v. 04.10.2012 – Vf. 14-VII-11 u. a., VerfGHE 65, 189 (217).
116 BayVerfGH v. 04.10.2012 – Vf. 14-VII-11 u. a., VerfGHE 65, 189 (217). Zu diesem sog. „Hundeknochen-Stimmkreis" vgl. auch *Fabian Michl/Roman Kaiser*, Gerrymander (Fn. 75), 66 ff.
117 *Klaus Unterpaul*, Stimmkreiseinteilung (Fn. 73), 743.
118 BayVerfGH v. 10.10.2001 – Vf. 2-VII-01 u. a., VerfGHE 54, 109 (146 f.).
119 BayVerfGH v. 10.10.2001 – Vf. 2-VII-01 u. a., VerfGHE 54, 109 (148).
120 *Ulrich M. Gassner*, Stimmkreiseinteilung (Fn. 96), 6.
121 BayVerfGH v. 28.10.2019 – Vf. 74-III-18, BayVBl. 2020, 86 (90).

des Art. 14 Abs. 1 BV sind auf seine Ausübung sinngemäß anzuwenden.[122] Es steht in Bayern den „politischen Parteien und sonstigen organisierten Wählergruppen" zu (Art. 23 LWG). Darin liegt ein doppelter Unterschied zum Bundestagswahlrecht (§ 18 Abs. 1 BWahlG): Im Stimmkreis können keine unabhängigen Kandidaten antreten, dafür besteht bei der Listenwahl kein Parteienprivileg. Den Ausschluss von Einzelbewerbern hat der BayVerfGH für verfassungsmäßig erachtet: Durch das erforderliche Zusammenwirken mit weiteren Wahlberechtigten wird die Bewerbung von Kandidaten vermieden, die über keine ernsthafte Unterstützung verfügen, was dem Schutz der Wähler und der Verhinderung übermäßiger Stimmenzersplitterung dient.[123]

Die Wahlvorschläge sind für die Wahlkreise aufzustellen (Wahlkreisvorschläge, Art. 26 Abs. 1 Satz 1 LWG). Die Stimmkreisbewerber und die Wahlkreisliste sind in geheimer Abstimmung durch – örtlich auf den jeweiligen Stimm- bzw. Wahlkreis beschränkte – Mitglieder- oder Vertreterversammlungen zu bestimmen (Art. 28, 29 LWG). Alle Stimmkreisbewerber sind automatisch auch Listenbewerber; sie stehen allerdings in dem Stimmkreis, in dem sie kandidieren, nicht auf der Wahlkreisliste zur Wahl und werden auf dem Stimmzettel nicht aufgeführt (Art. 29 Abs. 2 Satz 1, Art. 37 Abs. 2 Halbsatz 2 LWG). Die Wahlkreisliste wird durch weitere (reine) Wahlkreisbewerber vervollständigt (Art. 29 Abs. 2 Satz 1 Halbsatz 1, Satz 2 LWG).

Parteien und Wählergruppen, die nicht im Landtag oder Bundestag vertreten sind, können einen Wahlvorschlag nur einreichen, wenn sie ihre Beteiligung an der Wahl dem Landeswahlleiter angezeigt haben und der Landeswahlausschuss ihr Wahlvorschlagsrecht festgestellt hat (Art. 24 Abs. 1 LWG).[124] Außerdem muss eine Partei oder Wählergruppe, die bei der letzten Landtagswahl im gesamten Wahlgebiet nicht mindestens 1,25 % der Stimmen erhalten hat, mit ihrem Wahlkreisvorschlag die Unterstützungsunterschriften von einem Tausendstel der Stimmberechtigten des Wahlkreises, maximal aber 2.000 Personen, einreichen (Art. 27

---

122 BayVerfGH v. 12.10.1950 – Vf. 79-VII-50, VerfGHE 3, 115 (124).
123 BayVerfGH v. 12.10.1950 – Vf. 79-VII-50, VerfGHE 3, 115 (124); v. 28.10.2019 – Vf. 74-III-18, BayVBl. 2020, 86 (90). Kritisch *Klaus Unterpaul*, Grundsätze (Fn. 1), S. 150 ff., 244 f. Zum Begriff der Wählergruppe vgl. BayVerfGH v. 05.08.1952 – Vf. 185-VII-50, VerfGHE 5, 204 (211 f.); *Cornelius Thum*, in: Boettcher u. a. (Fn. 4), Art. 23 LWG Rn. 4.
124 Zur Verfassungskonformität vgl. BayVerfGH v. 12.03.1996 – Vf. 12-VII-95, VerfGHE 49, 23 (26 ff.); v. 17.02.2005 – Vf. 99-III-03, VerfGHE 58, 56 (67 f.).

Abs. 1 Nr. 4 Satz 2 LWG).[125] Die Einhaltung der Vorschriften über die Kandidatenaufstellung ist in allen Phasen des Wahlverfahrens von Amts wegen zu prüfen und kann auch zum Gegenstand eines Wahlprüfungsverfahrens gemacht werden.[126]

V. Wahlergebnis

Die Feststellung des Wahlergebnisses erfolgt getrennt in den sieben Wahlkreisen.[127] Unter dem Gebot der Erfolgswertgleichheit muss die Verteilungsregelung allerdings darauf zielen, eine Zusammensetzung des Landtags entsprechend dem landesweiten Proporz herbeizuführen.[128] Für die Sitzzuteilung maßgeblich sind die Gesamtstimmen, also die Summe von Erst- und Zweitstimmen (Art. 42 Abs. 2 Satz 1 LWG[129]). Verfassungsrechtlich ist dies mangels Verzerrung des Proporzes unbedenklich[130] – auch wenn zu befürchten ist, dass diese Besonderheit des bayerischen Wahlrechts bei den Wählern wenig bekannt ist.[131]

Zur Anwendung kommt das Hare/Niemayer-Verfahren (Art. 42 Abs. 2 LWG).[132] Das ursprünglich angewandte D'Hondt'sche Höchstzahlverfahren, dessen Abweichungen vom genauen Proporz eine Benachteiligung kleiner Parteien bedeutet, erklärte der BayVerfGH wiederholt für grundsätzlich mit dem System des verbesserten Verhältniswahlrechts verein-

---

125 Zur Zulässigkeit eines Unterschriftenerfordernisses BayVerfGH v. 12.10.1950 – Vf. 79-VII-50, VerfGHE 3, 115 (124 f.); *Ferdinand Wollenschläger* (Fn. 5), Art. 14 Rn. 89.
126 BayVerfGH v. 08.12.2009 – Vf. 47–III-09, VerfGHE 62, 229 (233).
127 Zur Verfassungskonformität vgl. BayVerfGH v. 18.12.1975 – Vf. 5-VII-75, VerfGHE 28, 222 (237 ff.).
128 BayVerfGH v. 24.04.1992 – Vf. 5-V-92, VerfGHE 45, 54 (63 f.).
129 „Stimmen, die für den Wahlkreisvorschlag insgesamt abgegeben worden sind".
130 *Ferdinand Wollenschläger* (Fn. 5), Art. 14 Rn. 16; *Markus Möstl* (Fn. 6), Art. 14 Rn. 18.
131 Vgl. *Roman Kaiser*, Von Wissen und Nichtwissen bei der Wahl: Das „verbesserte Verhältniswahlrecht" in Bayern, Verfassungsblog v. 10.10.2018, https://verfassungsblog.de/von-wissen-und-nichtwissen-bei-der-wahl-das-verbesserte-verhaeltniswahlrecht-in-bayern/, DOI: https://doi.org/10.17176/20181012-131718-0; anders *Rainer-Olaf Schultze/Jürgen Ender*, Wahlsystem (Fn. 64), 151 f.
132 Zur Berechnung *Werner Kreuzholz*, in: Boettcher u. a. (Fn. 4), Art. 42 LWG Rn. 2 f.

bar,[133] schließlich aber für verfassungswidrig, da die getrennte Anwendung des D'Hondt'schen Verfahrens in den sieben Wahlkreisen zu Proporzabweichungen führen kann, die mit dem Gebot der Erfolgswertgleichheit nicht mehr vereinbar sind.[134]

Wahlvorschläge, auf die im Land nicht mindestens 5 % der insgesamt abgegebenen gültigen Stimmen entfallen, erhalten keinen Sitz im Landtag zugeteilt (Art. 14 Abs. 4 BV, Art. 42 Abs. 4 Satz 1 LWG). Die verfassungsunmittelbar als Teil des „verbesserten" Verhältniswahlrechts vorgesehene Sperrklausel[135] hat der BayVerfGH am Gleichheitssatz (Art. 118 Abs. 1 BV) bzw. an der Wahlrechtsgleichheit (Art. 14 Abs. 1 Satz 1 BV) als höherrangigen Verfassungsnormen gemessen[136] und wiederholt für zulässig erachtet.[137] Der besondere, zwingende Grund, der die Einschränkung der Erfolgswertgleichheit rechtfertigt, liegt in der Sicherung der Handlungs- und Entscheidungsfähigkeit des Parlaments.[138] Die der Sperrklausel unterfallenden Stimmen bleiben bei der Sitzverteilung unberücksichtigt (Art. 42 Abs. 4 Satz 2 LWG), kommen also im Ergebnis den anderen Parteien zugute, da deren Anteil an der Gesamtsitzzahl steigt. Diese Folgeregelung der Sperrklausel ist eine im Regelungssystem konsequente Normierung,

---

133 BayVerfGH v. 02.12.1949 – Vf. 5-VII-49, VerfGHE 2, 181 (212); v. 18.12.1975 – Vf. 5-VII-75, VerfGHE 28, 222 (236); v. 28.07.1986 – Vf. 3-VII-86, VerfGHE 39, 75 (77 f.).
134 BayVerfGH v. 24.04.1992 – Vf. 5-V-92, VerfGHE 45, 54 (64 f.). Vgl. auch den Vorlagebeschluss von BayVerfGH v. 18.02.1992 – Vf. 39-III-91, VerfGHE 45, 12 ff. – m. abw. Ansicht (23); ferner *Josef Aulehner*, Die Disproportion von Stimmen und Mandatsanteilen, BayVBl. 1991, 577 ff.; *Klaus Unterpaul*, Die Möglichkeiten des Gesetzgebers zur verfassungskonformen Neuregelung des bayerischen Landeswahlrechts, BayVBl. 1992, 394 ff.; *Gerhard Zech*, Benachteiligung kleiner Parteien durch das Bayerische Landeswahlgesetz, ZParl 23 (1992), 362 ff.; ferner bereits *Jochen Abr. Frowein*, Anmerkung (Fn. 50), 483 ff.
135 Bis einschließlich der Wahl von 1970 handelte es sich um eine 10-%-Hürde auf Wahlkreisebene. Zur Verfassungsänderung siehe Gesetz v. 19.07.1973, GVBl. S. 389.
136 Zurecht kritisch BayVerfGH v. 10.06.1949 – Vf. 52-VII-47, VerfGHE 2, 45 (49) – abw. Ansicht.
137 BayVerfGH v. 10.06.1949 – Vf. 52-VII-47, VerfGHE 2, 45 ff.; v. 24.10.1958 – 46-VII-58, VerfGHE 11, 127 ff.; v. 15.05.1970 – Vf. 10-IV-70, VerfGHE 23, 80 (86 ff.); v. 28.07.1986 – Vf. 3-VII-86, VerfGHE 39, 75 (80 f.); v. 18.07.2006 – Vf. 9-VII-04, VerfGHE 59, 125 ff.
138 BayVerfGH v. 18.07.2006 – Vf. 9-VII-04, VerfGHE 59, 125 (130); vgl. auch *Josef Aulehner*, Disproportion (Fn. 134), 581 ff.

die sich innerhalb des gesetzgeberischen Gestaltungsspielraums hält.[139] Gleiches gilt für den Verzicht auf eine Grundmandatsklausel.[140]

In den Stimmkreisen ist der Kandidat mit den meisten Stimmen gewählt (relative Mehrheitswahl, Art. 43 Abs. 1 Satz 1 LWG). Ausgeschlossen werden allerdings erfolgreiche Stimmkreisbewerber, deren Partei an der Fünf-Prozent-Hürde gescheitert ist, mit der Folge, dass der Kandidat mit der nächsthohen Stimmenzahl gewählt ist (Art. 43 Abs. 2 LWG). Dies rechtfertigt sich dadurch, dass auch die Wahl der Stimmkreisbewerber in das Gesamtsystem des verbesserten Verhältniswahlrechts einbezogen ist und deshalb dem Zweck der Sperrklausel, die Arbeits- und Leistungsfähigkeit des Landtags zu sichern, unterfällt.[141]

Die Anzahl an gewählten Listenbewerbern pro Wahlkreisvorschlag ergibt sich aus der Differenz zwischen der Sitzzahl und der Zahl der erfolgreichen Stimmkreisbewerber des Wahlkreisvorschlags (Art. 44 Abs. 1 LWG). Über die Reihenfolge innerhalb der Wahlkreisliste entscheiden wiederum die Gesamtstimmen (Art. 45 Abs. 1 LWG).[142] Für nicht erfolgreiche Stimmkreisbewerber abgegebene Erststimmen kommen diesen also bei der Verteilung der Listenmandate zugute und gehen zulasten der reinen Listenbewerber.[143] Das schwächt in der Konsequenz die Bedeutung der Präferenzstimme – ein Umstand, der zur verfassungspolitischen Frage Anlass gibt, ob die Addition von Erst- und Zweitstimme (zumindest insoweit) nicht aufgegeben werden sollte.[144]

Gewinnt ein Wahlkreisvorschlag in einem Wahlkreis mehr Stimmkreise, als ihm Sitze nach den Gesamtstimmen zustehen, verbleiben ihm diese Sitze als sog. Überhangmandate (Art. 44 Abs. 2 Satz 1 LWG). Die Proporzverzerrung wird dadurch aufgefangen, dass das Sitzkontingent des Wahlkreises erhöht und Ausgleichsmandate verteilt werden (Art. 44 Abs. 2

---

139 BayVerfGH v. 10.05.2010 – Vf. 49-III-09, VerfGHE 63, 51 (59 ff.); v. 10.10.2014 – Vf. 25-III-14, VerfGHE 67, 255 (259 ff.).
140 *Ferdinand Wollenschläger* (Fn. 5), Art. 14 Rn. 95.
141 BayVerfGH v. 28.07.1986 – Vf. 3-VII-86, VerfGHE 39, 75 (81).
142 Zum Einfluss des Listenplatzes auf die Zweitstimmenzahl vgl. *Thorsten Faas/Harald Schoen*, The Importance of Being First: Effects of Candidates' List Positions in the 2003 Bavarian State Election, Electoral Studies 25 (2006), 91 ff.
143 Vgl. *Emil Hübner*, Landtagswahlrecht (Fn. 64), 281.
144 Vgl. *Rainer-Olaf Schultze/Jürgen Ender*, Wahlsystem (Fn. 64), 152 f. Bei der Landtagswahl 2018 wären bei starrer Liste immerhin 31 von 114 Listenabgeordneten (27,2 %) nicht in den Landtag eingezogen. Indes ist unter allen Abgeordneten kein einziger, der nicht auch Stimmkreisbewerber war; nicht selten haben auch bei der Listenreihenfolge die Erststimmen den Ausschlag gegeben.

Satz 2 LWG). Somit fügt sich nach geltendem Recht[145] „das mehrheitswahlrechtliche Element [...] voll und ganz in das verhältniswahlrechtliche Verteilungsprinzip"[146] ein – allerdings nur auf Wahlkreis-, nicht auf Landesebene. Ein landesweiter Ausgleich findet nicht statt, die Folge sind Verzerrungen im Parteiproporz.[147] Aufgegeben wird dadurch auch die Bevölkerungsproportionalität der Sitzkontingente der sieben Wahlkreise. Die daraus folgenden Unterschiede in der Erfolgswertgleichheit sind als Konsequenz des „verbesserten Verhältniswahlrechts" jedoch verfassungsgemäß.[148] Dass sich die Gesamtabgeordnetenzahl über 180 erhöht, ist verfassungsrechtlich ausdrücklich erlaubt (Art. 14 Abs. 1 Satz 6 BV).[149] Eine Pflicht zur Gewährung von Überhang- und Ausgleichsmandaten ergibt sich daraus freilich nicht.[150]

Eine Sonderregelung findet sich in Art. 42 Abs. 5 LWG: Erhält ein Wahlvorschlag landesweit zwar mehr als die Hälfte der Gesamtstimmen, aber weniger als die Hälfte der Landtagsmandate, werden ihm so viele weitere Sitze zugeteilt, bis die Hälfte der Abgeordnetenmandate überschritten ist.[151] Diese Regelung sichert das Mehrheitsprinzip bei der Landtagswahl,[152] ist bisher aber nicht relevant geworden.

---

145 Überblick zur Entwicklung *Wolfgang Bischof/Friedrich Pukelsheim*, Überlegungen zum Landeswahlgesetz nach der Wahl zum 18. Bayerischen Landtag am 14. Oktober 2018, BayVBl. 2019, S. 757 (761).
146 BayVerfGH v. 04.10.2012 – Vf. 14-VII-11 u. a., VerfGHE 65, 189 (211).
147 Vgl. *Wolfgang Bischof/Friedrich Pukelsheim*, Überlegungen (Fn. 145), 760.
148 BayVerfGH v. 28.10.2019 – Vf. 74-III-18, BayVBl. 2020, 86 (90 f.).
149 Zur Vereinbarkeit mit dem Homogenitätsgebot BayVerfGH v. 28.10.2019 – Vf. 74-III-18, BayVBl. 2020, 86 (88 ff.).
150 Vgl. LT-Drs. 13/9366, S. 6.
151 Beispiel bei *Werner Kreuzholz* (Fn. 132), Art. 42 LWG Rn. 2 f.
152 Zur Bedeutung des Mehrheitsprinzips bei Wahlen vgl. *Fabian Michl/Roman Kaiser*, Gerrymander (Fn. 75), 90 f.

VI. Wahlprüfung

Die Wahlprüfung[153] obliegt dem Landtag (Art. 33 Satz 1 BV, Art. 51 LWG).[154] Er prüft und entscheidet von Amts wegen, auf Antrag aus seiner Mitte oder auf Wahlbeanstandungen durch Stimmberechtigte hin.[155] Für Letztere gilt eine Frist von einem Monat ab Bekanntgabe des Wahlergebnisses (Art. 53 LWG).[156] Die Nachprüfung durch den Landtag bezieht sich auf das gesamte Wahlverfahren (vgl. Art. 52 LWG).

Ist die Gültigkeit der Wahl bestritten, entscheidet der BayVerfGH (Art. 33 Satz 2, Art. 63 BV). Für das Verfahren gilt Art. 48 VfGHG.[157] Der Antrag kann – binnen einem Monat seit der Beschlussfassung des Landtags[158] – gestellt werden von Abgeordneten, deren Mitgliedschaft im Landtag bestritten ist, Fraktionen des Landtags oder Landtagsminderheiten von wenigstens 10 % sowie Stimmberechtigten, deren Wahlbeanstandung vom Landtag verworfen worden ist.[159] Für die Entscheidung gelten die folgenden Maßstäbe.[160] Die Wahlprüfung dient in erster Linie dem Schutz des objektiven Wahlrechts und zielt auf die Feststellung der verfassungs- und gesetzmäßigen Zusammensetzung des Landtags in der laufenden Legislaturperiode. Es gilt der Erheblichkeitsgrundsatz: Es muss ein Wahlfehler vorliegen, der die konkrete Mandatsverteilung beeinflusst haben kann (Mandatsrelevanz). Eine solche Möglichkeit darf nicht nur theoretisch bestehen, sondern muss nach allgemeiner Lebenserfahrung konkret und

---

153 Älteres Schrifttum zum Rechtsschutz: *Manfred Zuleeg*, Der Rechtsschutz bei den Wahlen zum Bayerischen Landtag, BayVBl. 1962, 335 ff.; *Christian Petzke*, Zum Rechtsschutz des aktiven und passiven Wahlrechts bei Landtags- und Bundestagswahlen in Bayern, BayVBl. 1975, 317 ff.; *Josef Aulehner*, Disproportion (Fn. 134), 577 ff.
154 Gemäß § 94 S. 1 BayLTGeschO beschließt die Vollversammlung nach Vorprüfung im Ausschuss für Verfassung, Recht, Parlamentsfragen und Integration auf Grund dessen Beschlussempfehlung.
155 *Markus Möstl* (Fn. 6), Art. 33 Rn. 5.
156 Vgl. dazu (Fristende an Samstag, Sonntag oder Feiertag) BayVerfGH v. 10.05.2010 – Vf. 49-III-09, VerfGHE 63, 51 (56 f.).
157 Ein Wahlprüfungsgesetz gibt es in Bayern nicht.
158 Diese muss zwingend vorausgehen; vgl. BayVerfGH v. 11.11.2019 – Vf. 46-III-19, BeckRS 2019, 28497 Rn. 33; v. 03.07.2020 – Vf. 53-III-19, BeckRS 2020, 15591 Rn. 22. Zum Verhältnis beider Prüfungen ausf. BayVerfGH v. 22.09.1947 – Vf. 23-IIIa-47, VerfGHE 1, 1 (5 ff.); ferner *Markus Möstl* (Fn. 6), Art. 33 Rn. 6.
159 Zur Verfassungsmäßigkeit der begrenzten Antragsberechtigung vgl. BayVerfGH v. 05.02.1992 – Vf. 36-III-91 u. a., VerfGHE 45, 3 (5 ff.).
160 Vgl. nur zuletzt BayVerfGH v. 28.10.2019 – Vf. 74-III-18, BayVBl. 2020, 86 (87); v. 03.07.2020 – Vf. 53-III-19, BeckRS 2020, 15591 Rn. 24 f.

nicht ganz fernliegen sein. Der BayVerfGH prüft zum einen, ob das (formelle und materielle) Wahlrecht richtig angewendet worden ist, und zum anderen, ob die einfachrechtlichen Wahlvorschriften mit der Bayerischen Verfassung vereinbar sind. Da für die Wahlprüfung die Besetzung des BayVerfGH nach Art. 3 Abs. 2 Satz 1 Nr. 3 VfGHG gilt (vier Berufsrichter und drei nichtberufsrichterliche Mitglieder), muss die Spruchgruppe, wenn sie eine Vorschrift des Wahlrechts für verfassungswidrig hält, einer Berufsrichterspruchgruppe vorlegen (Art. 3 Abs. 2 Satz 1 Nr. 2, Abs. 3 VfGHG), die insoweit mit Bindungswirkung entscheidet.[161]

VII. Wahlrechtsreform

Sowohl die Praxis als auch die Wissenschaft bringen immer wieder Anstöße für Reformen des bayerischen Wahlrechts hervor.[162] Eine (weitere) Absenkung des Wahlalters auf 16 Jahre – wie sie zuletzt vom bayerischen Kultusminister gefordert wurde[163] – wäre möglich, bedürfte allerdings einer Verfassungsänderung (Änderung von Art. 7 Abs. 1 und Art. 14 Abs. 2 BV). Popularklagen, die darauf zielten, ein „höchstpersönliches Elternwahlrecht zugunsten Kind" (sic) einzuführen, hat der BayVerfGH abgewiesen:[164] Aus den Vorschriften der Verfassung über Familie und Kinder (Art. 124–126 BV) und aus dem allgemeinen Gleichheitssatz (Art. 118 Abs. 1 BV) ergibt sich kein Auftrag, ein Elternwahlrecht einzuführen. Vielmehr läge darin gerade ein Verstoß gegen den Grundsatz der Wahlgleichheit.

Auch eine Verfassungsverletzung durch fehlende geschlechterparitätische Vorgaben für die Kandidatenaufstellung hat der BayVerfGH ver-

---

161 Vgl. BayVerfGH v. 18.02.1992 – Vf. 39-III-91, VerfGHE 45, 12 (17); v. 19.05.1992 – Vf. 39-III-91, VerfGHE 45, 85 (87 ff.); ferner *Steffen Schmidt*, Die „interne Richtervorlage" im Bayerischen Verfassungsgerichtshofgesetz, BayVBl. 1992, 742 ff.; *Wolfgang Sprenger*, Die „interne Richtervorlage" beim Bayerischen Verfassungsgerichtshof, BayVBl. 1992, 746 ff.
162 Zur Frage der Digitalisierung vgl. *Anika D. Luch/Sönke E. Schulz/Jakob Tischer*, Online-Wahlen und -Abstimmungen in Deutschland, BayVBl. 2015, 253 ff.
163 Vgl. „Piazolo verteidigt Vorstoß zur Senkung des Wahlalters", Süddeutsche Zeitung v. 04.04.2019, S. 39, abrufbar unter: https://www.sueddeutsche.de/bayern/michael-piazolo-kommunalwahl-wahlalter-csu-1.4394787 (abgerufen am 26.09.2020).
164 BayVerfGH v. 05.11.2003 – Vf. 15-VII-02, VerfGHE 56, 141 ff; v. 24.01.2017 – Vf. 13-VII-15, BayVBl. 2017, 448 ff.

neint:[165] Die Vorschriften über die Kandidatenaufstellung enthalten verfahrensrechtliche Mindestanforderungen zur Sicherung demokratischer Grundstandards, sind allgemein sowie geschlechtsspezifisch neutral gefasst und wahren die formale Chancengleichheit aller sich bewerbenden Personen ebenso wie das Recht der Wahlberechtigten in der Aufstellungsversammlung, ihnen geeignet erscheinende Personen vorzuschlagen und zu wählen sowie die Listenreihenfolge zu bestimmen. Auch erfordert das Demokratieprinzip des Art. 2 BV Repräsentation des Volkes nicht in dem Sinne, dass das Parlament ein Spiegelbild der Bevölkerung sein müsste. Auf einem anderen Blatt steht die Frage, ob die Einführung der Parität durch den Gesetzgeber verfassungsmäßig wäre. Als Eingriff in die Grundrechte der Parteien und Bewerber bedürfte sie jedenfalls einer verfassungsrechtlichen Rechtfertigung (insbesondere aus dem Staatsziel des Art. 118 Abs. 2 Satz 2 BV). Entsprechende Gesetzentwürfe von SPD[166] und Grünen[167] wurden im Verfassungsausschuss und im Plenum abgelehnt.[168]

Nach der Landtagswahl 2018 stellt sich auch für Bayern – obgleich nicht mit der gleichen Brisanz wie auf Bundesebene[169] – die Frage nach Reformen des Wahlsystems.[170] Anlass dafür bieten vor allem die deutliche Vergrößerung des Landtags (durch 25 Überhang- und Ausgleichsmandate) sowie Verzerrungen im Partei- und Regionalproporz.[171] In der Politik sind die Reformideen bislang nicht angekommen.

Abschließend ein Wort zum interföderalen Vergleich: Bayern, „Deutschlands eigenwilliger Freistaat"[172], hat seinem Ruf auch im Wahlrecht seit jeher alle Ehre gemacht. Gar so einzigartig wie noch vor ein paar

---

165 BayVerfGH v. 26.03.2018 – Vf. 15-VII-16, BayVBl. 2018, 590 ff., 623 ff., m. Anm. *Christopher Schmidt*, NVwZ 2018, 882 f., und *Susanne Walter*, djbZ 2019, 123 ff.
166 Gesetzentwurf der SPD-Fraktion v. 12.01.2019, LT-Drs. 18/51.
167 Gesetzentwurf der Fraktion Bündnis 90/Die Grünen v. 29.01.2019, LT-Drs. 18/206.
168 Beschlussempfehlung und Bericht v. 14.03.2019, LT-Drs. 18/575, 18/576; Beschluss v. 02.04.2019, LT-Drs. 18/1450, 18/1451. Zur Debatte im Plenum siehe PlPr. 18/8, S. 480 ff.; 18/14, S. 1171 ff.
169 Vgl. nur *Joachim Behnke*, Die Unausweichlichkeit der Reform des Wahlsystems nach seinem offenkundigen Scheitern bei der Bundestagswahl 2017, JöR 67 (2019), 23 ff.
170 Vgl. bereits *Roman Kaiser*, Wissen (Fn. 131).
171 Vgl. ausf. mit Reformvorschlägen *Wolfgang Bischof/Friedrich Pukelsheim*, Überlegungen (Fn. 145), 757 ff.
172 *Jürgen Gebhardt*, Bayern, Deutschlands eigenwilliger Freistaat, in: Roth (Hrsg.), Freistaat Bayern, 4. Aufl. 1986, S. 83 ff.

Jahrzehnten[173] ist das bayerische Landtagswahlrecht heute aber nicht mehr – allerdings nicht wegen Änderungen in Bayern, sondern in den anderen Ländern.[174]

---

173 Vgl. *Peter James*, The Bavarian Electoral System, Electoral Studies 7 (1988), 33 (33).
174 Vgl. dazu § 2 V, VII und § 20 III.

§ 6 Berlin

Laura Jung

I. Wahlen zum Berliner Abgeordnetenhaus

Parlament des Stadtstaats Berlin[1] ist das Abgeordnetenhaus. Der Name geht zurück auf die preußische Verfassung.[2] Der preußische Landtag bestand aus zwei Kammern, dem Herrenhaus und dem Haus der Abgeordneten. Nachdem die Stadtverordnetenversammlung von Groß-Berlin dem Verfassungsausschuss am 02.09.1947 die Verfassungsentwürfe der Fraktionen der SPD, der CDU und der SED überwiesen hatte, setzte sich diese Bezeichnung dort gegen andere Vorschläge durch.[3] Darunter waren etwa der aus anderen deutschen Ländern bekannte „Landtag", aber auch „Volkskammer", „Stadttag" sowie „Volkstag".[4]

Die erste Wahl fand im Jahr 1950 statt, freilich – nach der Teilung der Stadt – zum Abgeordnetenhaus von West-Berlin. Sein provisorischer Sitz war das Rathaus Schöneberg.[5] In Ost-Berlin hatte das Abgeordnetenhaus keine Entsprechung; Ost-Berlin war bis Mitte 1990 eine Kommune.[6] Zwar statuierte Art. 1 Abs. 1 der Verfassung der Deutschen Demokratischen Republik von 1949 seinerzeit noch: „Deutschland ist eine unteilbare Repu-

---

1 Art. 1 Abs. 1 VvB: „Berlin ist ein deutsches Land und zugleich eine Stadt".
2 *Hans-Joachim Driehaus*, in: ders. (Hrsg.), Verfassung von Berlin. Taschenkommentar, 4. Aufl. 2020, Art. 38 Rn. 3.
3 Siehe den Stenographischen Bericht der Stadtverordnetenversammlung von Groß-Berlin, 41. Sitzung, 02.09.1947, abrufbar unter: https://web.archive.org/web/20150928040408/http://europeanalocal.de/eld/fedora/svv46-50/Steno_GBerl_Koerp_1947_Bd.2,3_41.pdf (abgerufen am 29.09.2020).
4 Protokoll über die 20. Sitzung des Verfassungsausschusses am 24.09.1947, in: Reichhardt (Hrsg.), Die Entstehung der Verfassung von Berlin, 1990, Dokument 102, S. 832 („Volkskammer", „Landtag"); *Werner Breunig*, Verfassunggebung in Berlin 1945–1950, 1990, S. 240 („Stadttag"), S. 273 („Volkstag").
5 https://www.parlament-berlin.de/de/Reden-der-Praesidenten/Begruessung-des-Praesidenten-des-Abgeordnetenhauses-von-Berlin-Walter-Momper-anlaesslich-der-Buchvorstellung--Der-Preussische-Landtag-1899---1947--von-PD-Dr.-Siegfried-Heimann- (abgerufen am 29.09.2020).
6 *Klaus Finkelnburg*, Eine Verfassung für Berlin, in: Der Präsident des Abgeordnetenhauses von Berlin (Hrsg.), Das Gesamtberliner Parlament, 2011, S. 20 (23 f.).

blik; sie baut sich auf den deutschen Ländern auf". Jedoch verschwand die Betonung einer föderalen Struktur, der die Verfassungswirklichkeit der DDR ohnehin nie entsprach,[7] 1968 aus der Verfassung. An gleicher Stelle betonte sie nunmehr: „Die Deutsche Demokratische Republik ist ein sozialistischer Staat deutscher Nation".[8]

Nach der Wiedervereinigung fand die erste Gesamtberliner Wahl parallel zur Bundestagswahl am 02.12.1990 statt.[9] Mangels gemeinsamen Landesgesetzgeber beruhte diese Wahl auf zwei gleichlautenden Wahlgesetzen.[10] Vom Tag der Wiedervereinigung am 03.10.1990 bis zum Beginn der Wahlperiode des neuen Abgeordnetenhauses war im Einigungsvertrag zwischen den beiden deutschen Staaten eine „Doppelregierung" des West-Berliner Senats und des Ost-Berliner Magistrats vorgesehen.[11] Seit 1993 hat das Berliner Parlament seinen Sitz im früheren Gebäude des namensgebenden preußischen Abgeordnetenhauses.[12]

2019 reformierten die Parlamentarier die Arbeitsweise des Berliner Legislativorgans grundlegend. Die Mehrheit der Mitglieder des Abgeordnetenhauses verabschiedete ein Gesetz, mit dem die Abkehr vom sog. Feierabendparlament besiegelt wurde.[13] Das Abgeordnetenmandat ist nunmehr haupt- und nicht mehr nur nebenberufliche Tätigkeit. Mit dem Wandel zum Vollzeitparlament gehen neben einer Erhöhung der Diäten

---

7 *Detlef Kotsch/Harald Engler*, Staat und Staatspartei. Die Verwaltungsreform der SED in Brandenburg, in: Werner/Kotsch/Engler (Hrsg.), Bildung und Etablierung der DDR-Bezirke in Brandenburg, 2017, S. 15 (18), bezeichnen das föderale Staatswesen ab 1949, das bereits durch die Verwaltungsreform 1952 revidiert wurde, als „funktionsuntüchtig".

8 Art. 1 Abs. 1 der Verfassung der Deutschen Demokratischen Republik i. d. F. v. 06.04.1968.

9 https://www.bundeswahlleiter.de/bundestagswahlen/1990.html (abgerufen am 29.09.2020); https://www.berlin.de/wahlen/historie/berliner-wahlen/ergebnisbericht_1990.pdf (abgerufen am 29.09.2020).

10 Für West-Berlin siehe LWG v. 08.10.1987, GVBl. S. 2370, i. d. F. v. 03.09.1990, GVBl. S. 1881; für Ost-Berlin siehe Gesetz über die Wahlen zum ersten Gesamtberliner Abgeordnetenhaus vom 05.09.1990, GVAmtsbl. S. 109, geändert durch Gesetz vom 08.10.1990, GVAmtsbl. S. 270, in der ab 09.10.1990 geltenden Fassung; für die Länderwahlen in den neuen Ländern (ohne Berlin) kurz vor Ende der DDR siehe Länderwahlgesetz vom 22.07.1990, GBl. I S. 960, auf das beide LWG in § 1 Abs. 2 verwiesen. Näher *Klaus Finkelnburg*, Verfassung (Fn. 6), S. 27.

11 Art. 16 des Einigungsvertrags v. 31.08.1990, BGBl. 1990 II S. 894: sog. Magisenat, siehe *Klaus Finkelnburg*, Verfassung (Fn. 6), S. 21.

12 https://www.parlament-berlin.de/de/Das-Haus/Geschichte (abgerufen am 07.01.2020); *Siegfried Heimann*, Der ehemalige Preußische Landtag, 2014, S. 154.

13 Gesetz über die Rechtsverhältnisse der Mitglieder des Abgeordnetenhauses von Berlin (Landesabgeordnetengesetz) v. 09.10.2019, GVBl. 2019, S. 674.

auch längere Sitzungstage, längere Ausschusssitzungen und zwei zusätzliche Sitzungstermine pro Jahr einher.[14]

Die Verfassung von Berlin (VvB) stellt mit ihrem dritten Abschnitt, der die Volksvertretung zum Gegenstand hat, die grundlegende Rechtsquelle des Berliner Wahlrechts dar. Die Verfassung vom 23.11.1995 nimmt zum einen Bezug auf die 1950 in Kraft getretene VvB a. F., die damals der neu geschaffenen Landeseigenschaft West-Berlins wie auch seinem Sonderstatus als Enklave Rechnung trug.[15] 1995 knüpfte man zum anderen an die Verfassung von Berlin vom 11.07.1990 an, die von der (Ostberliner) Stadtverordnetenversammlung beschlossen worden war. Diese trat nur sechs Monate später außer Kraft, nämlich am 11.01.1991, als man die Westberliner Verfassung von 1950 übergangsweise auf den Ostteil der Stadt erstreckte.

Art. 39 VvB ist die zentrale Norm für das Berliner Landeswahlrecht. Dort ist neben den Wahlrechtsgrundsätzen, der Sperrklausel, dem passiven sowie dem aktiven Wahlrecht in Abs. 5 auch die Ermächtigung zum Erlass des Landeswahlgesetzes (LWG) normiert. Das LWG vom 25.09.1987[16] regelt die näheren Einzelheiten des Wahlverfahrens, wobei der Senat – die Berliner Regierung, Art. 55 VvB, – in § 34 Abs. 1 LWG zum Verordnungserlass ermächtigt wird. Dem ist er mit dem Erlass der Landeswahlordnung (LWO) nachgekommen.[17]

Im Abgeordnetenhaus sitzen mindestens 130 Abgeordnete, Art. 38 Abs. 2 VvB. 78 davon werden über die Erststimme – nach den Grundsätzen der relativen Mehrheitswahl – und die übrigen aus Listen gewählt (§ 7 Abs. 2 LWG). Damit ist ein Verhältnis von 60 % Erst- und 40 % Zweitstimmenanteil unter den Parlamentariern angelegt. Dieses verschiebt sich jedoch regelmäßig durch Überhang- und Ausgleichsmandate.[18] In der aktuellen Wahlperiode, die am 27.10.2016 begann, hat das Berliner Landesparlament 160 Abgeordnete.[19]

---

14 https://www.berlin.de/aktuelles/berlin/5911799-958092-abgeordnetenhaus-beschliesst-reform-mit-.html (abgerufen am 28.01.2020).
15 *Werner Reutter*, Das Abgeordnetenhaus von Berlin: Ein Stadtstaatenparlament im Bundesstaat, in: Mielke/Reutter (Hrsg.), Länderparlamentarismus in Deutschland, 2004, S. 111 (111 f.).
16 GVBl. 1987, S. 2370, zuletzt geändert durch Gesetz v. 20.03.2019, GVBl. 2019, S. 234.
17 Landeswahlordnung v. 09.03.2006, GVBl. 2006, S. 224.
18 Siehe näher III.
19 https://www.parlament-berlin.de/de/Das-Parlament/Arbeitsweise (abgerufen am 29.09.2020).

Die Wahlperiode beträgt gemäß § 7 Abs. 1 LWG a. E. fünf Jahre. Der 5-jährige Turnus besteht jedoch erst seit 1999, als die erste Wahl nach der neuen Berliner Verfassung vom 23.11.1995 stattfand.[20] Zuvor betrug die Wahlperiode nur vier Jahre.[21]

Die Wahlrechtsgrundsätze sind in Art. 39 Abs. 1, 70 Abs. 1 VvB niedergelegt. Das Abgeordnetenhaus von Berlin wird gemäß Art. 39 Abs. 1 VvB in allgemeiner, gleicher, geheimer und direkter Wahl gewählt. Dies entspricht bis auf den nicht genannten Grundsatz der Freiheit der Wahl dem Verfassungsrecht des Bundes.[22] Auch in Berlin müssen Wahlen selbstverständlich frei sein; dies wird auch ohne die explizite Nennung in Art. 39 Abs. 1 VvB jedenfalls über die bundesverfassungsrechtliche Homogenitätsklausel in Art. 28 Abs. 1 Satz 2 GG gewährleistet.[23]

II. Wahlrecht und Wählbarkeit

Art. 39 Abs. 3 VvB und § 1 Abs. 1 LWG regeln, wer wahlberechtigt ist. Über das aktive Wahlrecht, Art. 39 Abs. 3 VvB, verfügen danach alle Deutschen im Sinne von Art. 116 Abs. 1 GG unter drei Voraussetzungen: Erstens müssen sie am Tag der Wahl zum Abgeordnetenhaus das 18. Lebensjahr vollendet haben (§ 1 Abs. 1 Nr. 1 LWG). Zweite Bedingung ist, dass sie seit mindestens drei Monaten ununterbrochen ihren Wohnsitz in Berlin haben. Mit dieser Anknüpfung an die melderechtliche Hauptwohnung (§§ 1 Abs. 2 Satz 1 LWG, 21 Abs. 1, 2 BMG) soll sichergestellt werden, dass die Wahlberechtigten sich mit den politischen Verhältnissen im Wahlgebiet vertraut machen konnten.[24] Die dritte, negative Voraussetzung lautet, dass kein Ausschluss vom Wahlrecht nach § 2 LWG vorliegt.

§ 2 LWG wurde mit dem 11. Gesetz zur Änderung des LWG zuletzt erheblich entschlackt.[25] In der früheren Fassung waren auch Betreute nach § 2 Nr. 2 LWG a. F. sowie gemäß § 2 Nr. 3 LWG a. F. Menschen im Maßregelvollzug gemäß §§ 63, 20 StGB vom Wahlrecht ausgeschlossen. Nach-

---

20 https://www.berlin.de/sen/inneres/buerger-und-staat/verfassungs-und-verwaltungsrecht/verfassung-von-berlin/ (abgerufen am 29.09.2020).
21 https://www.parlament-berlin.de/C1257B55002AD428/vwContentbyKey/W298SLYW025DEVSDE/$FILE/Ueberblick_WP.pdf (abgerufen am 29.09.2020).
22 Siehe § 3 II.
23 *Rolf-Peter Magen*, in: Pfennig/Neumann (Hrsg.), Verfassung von Berlin, 3. Aufl. 2000, Art. 39 Rn. 8.
24 *Rolf-Peter Magen* (Fn. 23), Art. 39 Rn. 14.
25 GVBl. 2019, S. 234.

dem das BVerfG im Januar 2019 die Verfassungswidrigkeit der Wahlrechtsausschlüsse Vollbetreuter und schuldunfähig untergebrachter Straftäter im BWahlG festgestellt hatte,[26] trug das Berliner Abgeordnetenhaus mit der Änderung des LWG Art. 29 der UN-Behindertenrechtskonvention Rechnung.[27] Der Wahlrechtsausschluss erfasst nunmehr nur noch Personen, die infolge Gerichtsentscheids das Wahlrecht nicht besitzen.

Das passive Wahlrecht zum Berliner Abgeordnetenhaus ist in Art. 39 Abs. 4 VvB, § 4 LWG geregelt. Wählbar sind nach § 4 Abs. 1 LWG alle Wahlberechtigten, die am Tage der Wahl das 18. Lebensjahr vollendet haben. Dass das Wahlalter noch einmal separat für das passive Wahlrecht geregelt ist, ist eigentlich überflüssig, da § 4 Abs. 1 LWG an die Wahlberechtigung – also das aktive Wahlrecht – anknüpft. Während dieses für die Bezirksverordnetenversammlungen bereits ab der Vollendung des 16. Lebensjahrs besteht, bleibt es für die Wahlen zum Abgeordnetenhaus bei der Altersgrenze von 18 Jahren.

§ 4 Abs. 2 LWG normiert zwei Ausschlussgründe vom passiven Wahlrecht. Zum einen findet eine normative Verknüpfung zum Ausschlussgrund nach § 2 LWG statt (§ 4 Abs. 2 Nr. 1 LWG). Dies ist erneut insoweit nicht ganz verständlich, als dieser Ausschlussgrund, wie erwähnt, bereits Bestandteil der Definition der Wahlberechtigung ist. § 15 Abs. 2 BWahlG, der dem Landesgesetzgeber möglicherweise als Regelungsvorbild diente, knüpft dagegen gerade nicht an die Wahlberechtigung an. Zum anderen ist nach § 4 Abs. 2 Nr. 2 LWG nicht wählbar, wer „infolge Gerichtsentscheids die Wählbarkeit oder die Fähigkeit zur Bekleidung öffentlicher Ämter nicht besitzt". Diese Ausschlussgründe sind nicht deckungsgleich. Mit dem Verlust der Wählbarkeit wird auf § 45 Abs. 1 und 2 StGB verwiesen, die das passive Wahlrecht betreffen. Dieses verliert man ipso iure, wenn man wegen eines Verbrechens zu einer Freiheitsstrafe von mindestens einem Jahr verurteilt wird.

III. Wahlsystem

Die Wahl zum Berliner Abgeordnetenhaus ist eine personalisierte Verhältniswahl mit gebundenen Listen; das bedeutet, dass die auf der Liste stehen-

---

26 BVerfG, Beschl. v. 29.01.2019 – 2 BvC 62/14, BVerfGE 151, 1 ff.; für das Wahlrecht zum Europäischen Parlament siehe BVerfG, Beschl. (einstweilige Anordnung) v. 15.04.2019 – 2 BvQ 22/19, BVerfGE 151, 152 ff.
27 GVBl. 2020, S. 234; für das Zustimmungsgesetz des Bundesgesetzgebers siehe BGBl. 2008 II, S. 1419.

den Bewerberinnen und Bewerber eine feste Reihenfolge haben, in der sie in das Parlament einziehen, wenn die Partei genügend Mandate erhält.[28]
§ 15 Abs. 1 Satz 1 LWG regelt als Parallelvorschrift zu § 4 BWahlG, dass die Wahlberechtigten zwei Stimmen haben. Die Erststimme gilt der Wahl einer Person im Wahlkreis, die eine relative Mehrheit der abgegebenen Stimmen auf sich vereinen muss (§ 16 Satz 1 LWG). Die Zweitstimme ist für die Wahl einer Bezirksliste im Wahlkreisverband oder der Wahl einer Landesliste im Wahlgebiet bestimmt.[29] § 15 Abs. 1 Satz 2 LWG stellt klar, dass die Wahlberechtigten mit der Zweitstimme eine andere Partei wählen können als die, der sie ihre Erststimme gegeben haben.

Auch das Verfahren in Bezug auf die Zweitstimme erinnert im Ansatz an das BWahlG. Ein wesentlicher Unterschied besteht jedoch darin, dass es in Berlin neben dem Aufstellen einer Landesliste für die Parteien auch die Möglichkeit gibt, Bezirkslisten aufzustellen. Der Stadtstaat Berlin besteht gemäß § 4 Abs. 1 Bezirksverwaltungsgesetz (BezVG) aus zwölf Bezirken.[30] Auch wenn die Bezirke – der Einwohnerzahl nach – in etwa den Landkreisen im Flächenstaat entsprechen, sind sie keine eigenständigen Gebietskörperschaften mit Rechtspersönlichkeit. Die Bezirke stellen nach § 2 Abs. 1 BezVG vielmehr Selbstverwaltungseinheiten ohne eigene Rechtspersönlichkeit dar. Ob etwa die bezirkliche Selbstverwaltung gemäß Art. 68 ff. VvB Verfassungsrang hat, wie der Wortlaut von Art. 72 Abs. 1 Halbsatz 1 VvB nahelegt, ist umstritten.[31]

Für das Wahlrecht zum Abgeordnetenhaus spielen die Bezirke als räumliche Untergliederungen Berlins insofern eine Rolle, als CDU, FDP und SPD bei der letzten Wahl zum Abgeordnetenhaus im Jahre 2016 – wie auch bei den vorherigen Wahlen – Bezirkslisten aufgestellt haben.[32] Die Linke, die Grünen, die Piraten und die Mehrzahl der im Parlament damals nicht vertretenen Parteien entschieden sich dagegen für Landeslisten. Das gilt auch für die AfD, die 2016 zum ersten Mal ins Abgeordnetenhaus ein-

---

28 *Rolf-Peter Magen* (Fn. 23), Art. 39 Rn. 17.
29 Zum Begriff des Wahlkreisverbands siehe sogleich nach Fn. 34.
30 https://service.berlin.de/bezirksaemter/ (abgerufen am 29.09.2020).
31 Zum Streitstand *Andreas Musil/Sören Kirchner*, Das Recht der Berliner Verwaltung, 4. Aufl. 2017, Rn. 36 ff.
32 https://www.wahlen-berlin.de/wahlen/BE2016/presse/20160712.pdf (abgerufen am 29.09.2020).

zog.³³ In der Debatte um ein Berliner Paritätsgesetz haben die Grünen jüngst die Abschaffung der Bezirkslisten vorgeschlagen.³⁴

Jeder der zwölf Bezirke bildet für die Wahlen zum Abgeordnetenhaus einen Wahlkreisverband (§ 9 Abs. 1 Satz 2 LWG). Der Berliner Senat bestimmt vor jeder Wahl, wie viele Wahlkreise in jedem Wahlkreisverband eingerichtet werden (§ 9 Abs. 2 Halbsatz 1 LWG). Dabei kommt es von Wahl zu Wahl zu leichten Verschiebungen der insgesamt 78 Wahlkreise, die der Zahl der Direktmandate entsprechen. Richtschnur ist gemäß § 9 Abs. 2 Halbsatz 2 LWG, dass auf alle Wahlkreise im Wahlgebiet eine möglichst gleich große Anzahl von Deutschen entfällt. Dabei legt die Senatsverwaltung für Inneres die Berechnungen des Amtes für Statistik Berlin-Brandenburg über das Verhältnis der Zahl der deutschen Einwohner im Wahlgebiet zur Zahl der deutschen Einwohner in den Wahlkreisverbänden zugrunde (§ 9 Abs. 1 LWO). Die Abgrenzung der Wahlkreise wird dann eigenverantwortlich von den Bezirken vorgenommen (§§ 9 Abs. 4 Satz 1 LWG, 9 Abs. 2 LWO, 4 Abs. 1 S. 2 AZG, Nr. 3 Allgemeiner Zuständigkeitskatalog). Gemäß § 37 Abs. 1 Satz 2 BezVG i. V. m. § 1 Nr. 1 der Verordnung über die Gliederung des Bezirksamts ist dort das Fachamt für Bürgerdienste zuständig. In den Wahlkreisen sollen innerhalb eines Wahlkreisverbandes eine etwa gleich große Anzahl von Deutschen ihre Hauptwohnung haben (§ 9 Abs. 4 Satz 2 LWG). Weitere Kriterien für die Einteilung gibt das Gesetz nicht vor. In der Praxis orientieren sich die Bezirke aber an der Regelung des § 3 Abs. 1 Nr. 3 Hs. 1 BWahlG. Danach soll die Bevölkerungszahl eines Wahlkreises von der durchschnittlichen Bevölkerungszahl der Wahlkreise nicht um mehr als 15 % nach oben oder unten abweichen.

Während sich die Grenzen der Wahlkreise von Wahl zu Wahl leicht verschieben, gilt das freilich nicht für die Wahlkreisverbände. Eine Änderung der Gliederung Berlins in die verschiedenen Bezirke würde eine Verfassungsänderung erfordern (Art. 4 Abs. 1 VvB). Der Gesetzesvorbehalt in Art. 4 Abs. 2 Satz 1 VvB ist seit der Änderung des Abs. 1 obsolet. Damals wurde im Zuge der – heftig umstrittenen – Gebietsreform von 1998, als die Zahl der Bezirke auch aus Kostengründen reduziert wurde, eine Auf-

---

33 https://www.bpb.de/politik/hintergrund-aktuell/234076/wahlen-in-berlin (abgerufen am 29.09.2020).
34 *Ronja Ringelstein*, Berliner Paritätsgesetz wird nicht für die Wahl 2021 gelten, abrufbar unter: https://www.tagesspiegel.de/berlin/gruene-legen-eckpunktepapier-vor-berliner-paritaetsgesetz-wird-nicht-fuer-die-wahl-2021-gelten/25608626.html (abgerufen am 29.09.2020).

zählung der zwölf Bezirke in die Verfassung von Berlin aufgenommen.[35] Durch die neuen Bezirksgrenzen veränderten sich die Wahlchancen in einigen Bezirken vor allem für die Grünen und die PDS erheblich; dies war vor allem dort der Fall, wo – wie in Mitte – vormals im Ost- und im Westteil der Stadt gelegene Bezirke zusammengelegt wurden.[36] Beide Parteien beteiligten sich dementsprechend rege an der Diskussion um den räumlichen Neuzuschnitt der Bezirke, etwa mit dem Vorschlag, vorab eine Volksabstimmung abzuhalten.[37]

IV. Wahlvorbereitung

Die Wahlvorbereitung, also insbesondere die Aufstellung von Kandidatinnen und Kandidaten, ist in den §§ 10 ff. LWG geregelt, das in den §§ 10 Abs. 12, 12 Abs. 4, 13 Abs. 2 Satz 3 LWG ergänzend auf die LWO verweist. Verfassungsrechtlich von herausgehobener Bedeutung ist hierbei das grundsätzlich freie Wahlvorschlagsrecht aller Wahlbeteiligten als Ausprägung der Wahlfreiheit.[38] Das BVerfG hat das Wahlvorschlagsrecht in einer auch für Berlin geltenden Weise so umschrieben, dass eine „Monopolisierung des Wahlvorschlagsrechts bei den politischen Parteien [..] gegen die Grundsätze der allgemeinen, gleichen und freien Wahl" verstieße.[39]

Dieser Prämisse entsprechend sieht § 10 Abs. 1 Satz 1 LWG vor, dass Wahlkreisvorschläge sowohl von Parteien als auch von einzelnen Wahlberechtigten eingereicht werden können. Allerdings können nur Parteien Bezirkslisten in den Wahlkreisverbänden und Landeslisten im Wahlgebiet einreichen (§ 10 Abs. 1 Satz 2 LWG). Die politischen Parteien sind im Berliner Wahlrecht also in Bezug auf ihr Listenvorschlagsrecht gegenüber einzelnen Wahlberechtigten privilegiert. Das Landeswahlrecht trägt damit der zentralen Bedeutung der Parteien für einen freien, offenen Prozess der Meinungsbildung in der parlamentarischen Demokratie Rechnung.[40]

---

35 *Peter Ottenberg/Robert Wolf*, Bezirksverwaltungsrecht. Praxiskommentar, 17. Aufl. 2019, § 1 BezVG Rn. 1 mit Fn. 2.
36 *Tobias Arbinger*, Bezirksfusion: Ab durch die Mitte!, abrufbar unter: https://www.tagesspiegel.de/berlin/bezirksfusion-ab-durch-die-mitte/189344.html (abgerufen am 29.09.2020).
37 *Ottenberg/Wolf* (Fn. 35), § 1 BezVG Rn. 1 mit Fn. 2 m. w. N.
38 BVerfG, Beschl. v. 09.03.1976 – 2 BvR 89/74, BVerfGE 41, 399.
39 BVerfG, Beschl. v. 09.03.1976 – 2 BvR 89/74, BVerfGE 41, 399 (417).
40 BVerfG, Urt. v. 02.03.1977 – 2 BvE 1/76, BVerfGE 44, 125 (145); Urt. v. 14.07.1986 – 2 BvE 2/84, BVerfGE 73, 40 (85).

Wählergemeinschaften haben für die Wahl zum Berliner Abgeordnetenhaus kein Vorschlagsrecht (§ 23 Abs. 1 LWG e contrario).[41] Listenverbindungen mehrerer Parteien sind gemäß § 11 LWG unzulässig.[42]

Die Aufstellung der Wahlvorschläge und Bezirkslisten regelt § 12 LWG: Möglich sind entweder Partei- oder Delegiertenversammlungen wahlberechtigter Angehöriger der bezirklichen Gliederung der Partei (§ 12 Abs. 1 Satz 1, 2 LWG). Entsprechendes gilt für die Aufstellung der Landeslisten, über die Parteimitglieder oder Delegierte des gesamte Wahlgebiets abstimmen müssen (§ 12 Abs. 1 Satz 3 LWG). Bezirks- oder Landeswahlausschuss entscheiden sodann über die Zulassung der Wahlkreisvorschläge und Bezirkslisten oder Landeslisten und die darin jeweils aufgestellten Personen (§ 13 Abs. 1 Satz 1, 2 LWG). § 14 LWG regelt das Nähere zum Ausscheiden von Bewerbern, Bewerberinnen und Abgeordneten insbesondere durch Rücktritt (§ 14 Abs. 2 LWG) sowie die Voraussetzungen einer Nachwahl (§ 14 Abs. 5 LWG).

1. Listenvorschlagsrecht

Das Listenvorschlagsrecht kann von Parteien entweder in Form von Landeslisten oder von Bezirkslisten ausgeübt werden. Der Begriff der Partei wird im Berliner Landeswahlrecht nach § 10 Abs. 1 Satz 2 LWG unter Rückgriff auf das Parteiengesetz des Bundes näher bestimmt. Dabei handelt es sich um eine statische Verweisung, die auf das Bundesgesetz in einer bestimmten Fassung – hier die vom 31.01.1994 – verweist. Gegen diese Form der Bezugnahme bestehen verfassungsrechtlich keine Bedenken.[43] Vom BVerfG für verfassungswidrig erklärte Parteien sind von dem für das Berliner Landeswahlrecht maßgeblichen Parteienbegriff ausgeschlossen (§ 10 Abs. 1 Satz 2 LWG).

---

41 Dies ist bei den Wahlen zu den städtischen Bezirksverordnetenversammlungen anders.
42 Zur Ausnahme für die erste Gesamtberliner Wahl zum Abgeordnetenhaus 1990 siehe *Rolf-Peter Magen* (Fn. 23), Art. 39 Rn. 17.
43 So – für den umgekehrten Fall einer Verweisung des Bundes- auf das Landesrecht – BVerfG, Beschl. v. 01.03.1978 – 1 BvR 786/70, BVerfGE 47, 285 (Ls. 1). Zur Diskussion um die verfassungsrechtliche Zulässigkeit *dynamischer* Verweisungen, die auf ein Gesetz in der jeweils gültigen Verfassung verweisen, siehe *Heinz-Joachim Pabst*, Die Problematik dynamischer Verweisungen von Landesrecht auf Bundesrecht am Beispiel der Schuldrechtsreform, NVwZ 2005, 1034 (1035 f. m. w. N.).

§ 10 Abs. 2 und 3 LWG bestimmen das Aufstellungsverfahren näher. Hat die Partei bereits an der letzten Wahl zum Abgeordnetenhaus oder zum Bundestag teilgenommen, so gilt § 10 Abs. 3 Satz 1 LWG. Danach zeigt der Landesvorstand dem Landeswahlleiter spätestens vier Wochen vor dem Wahltag schriftlich an, dass die Partei an der Wahl teilnehmen möchte.

Die Partei kann entweder eine Landesliste oder Bezirkslisten einreichen, je nachdem, was ihr satzungsmäßig zuständiges Organ beschlossen hat. Die Entscheidung darüber kann sich auch bereits aus der Satzung der Partei selbst ergeben, vgl. § 10 Abs. 3 Satz 3 LWG. Der jeweilige Landesvorstand der Partei muss dem Landeswahlleiter die Entscheidung für die Listenart gemäß § 10 Abs. 3 Satz 1 LWG mitteilen. Das Gesetz sieht vor, dass dies zusammen mit der schriftlichen Anzeige der Bereitschaft erfolgt, an der Wahl teilzunehmen. Nach Ablauf einer Frist von vier Wochen vor der Wahl kann diese Entscheidung nicht mehr geändert werden (§ 10 Abs. 3 Satz 4 Halbsatz 1 LWG). Hat die Partei sich zwischen Bezirks- und Landeslisten nicht entschieden, oder war ihre Entscheidung nicht form- oder fristgerecht, so darf sie neben Wahlkreisvorschlägen nur Bezirkslisten einreichen (§ 10 Abs. 3 Satz 5 LWG). Das Gleiche gilt für den Fall, dass die Partei mehrere widersprüchliche Erklärungen abgibt, bei denen nicht feststellbar ist, welche zeitlich später erfolgte (§ 10 Abs. 3 Satz 4 Halbsatz 3 LWG).

Stellt sich eine Partei zum ersten Mal für das Abgeordnetenhaus zur Wahl, muss sie ein etwas komplizierteres Verfahren durchlaufen, um ebenfalls eine Landesliste oder Bezirkslisten einreichen zu können. Sie muss dem Landeswahlleiter nämlich spätestens vier Monate vor dem Wahltag verschiedene Unterlagen – insbesondere die Satzung und das schriftliche Parteiprogramm – einreichen, die für den Landeswahlausschuss bestimmt sind (§ 10 Abs. 2 Satz 1, 2 LWG). Dieses Gremium entscheidet dann, ob es die Parteieigenschaft feststellen kann. Die Anerkennung der Parteieigenschaft nur wenige Tage vor Ablauf der Einreichungsfrist von Wahlvorschlägen verletzt die durch Art. 21 GG garantierte Chancengleichheit der Parteien nicht.[44]

Das kompliziertere Verfahren muss die Partei jedoch nur durchlaufen, wenn sie neben der letzten Wahl zum Abgeordnetenhaus auch an der letzten Bundestagswahl nicht teilgenommen hat. Bei den letzten beiden Parteien, die neu ins Abgeordnetenhaus einzogen, war aber genau das der Fall. Sie hatten nämlich zuvor bereits an Bundestagswahlen teilgenommen, sodass ihre Eigenschaft als Partei nicht mehr durch den Landeswahl-

---

44 BlnVerfGH, Beschl. v. 24.01.2003 – 190/01, juris Rn. 22.

ausschuss eigens festgestellt werden musste. Dies gilt für die Piratenpartei, die vor ihrem Einzug ins Abgeordnetenhaus 2011 bereits an der Bundestagswahl 2009 teilgenommen hatte.[45] Auch die AfD trat erstmals bei den Bundestagswahlen 2013 an.[46]

Gegen die Entscheidung des Landeswahlausschusses, mit der die Parteieigenschaft versagt wird, steht der Partei der Einspruch beim BlnVerfGH offen (§ 10 Abs. 2 Satz 4 LWG). Für die Dauer bis zur Entscheidung des BlnVerfGH über dieses Rechtsmittel ist die Partei wie eine wahlvorschlagsberechtigte zu behandeln – ihre Parteieigenschaft wird also zunächst fingiert.

Die Beschaffenheit einer Wahlvorschlagsliste ist in § 10 Abs. 5 LWG näher geregelt. Aus § 10 Abs. 5 Satz 2 LWG, der insoweit auf die Formvorgaben des Wahlkreisvorschlags verweist (§ 10 Abs. 4 Satz 2 LWG), ist ersichtlich, dass Name und gegebenenfalls die Kurzbezeichnung der einreichenden Partei anzugeben sind. Demgegenüber enthält § 10 Abs. 5 Satz 1 LWG neben der in Halbsatz 1 niedergelegten Binsenweisheit, dass jede Liste mindestens zwei Personen enthalten muss, auch die wichtigere Vorgabe in Halbsatz 2, dass die Reihenfolge erkennbar sein muss. § 10 Abs. 6 Satz 1 LWG bestimmt, dass jede aufgestellte Person nur auf einer Liste aufgestellt werden kann. Sie muss schriftlich ihre Zustimmung erklären (§ 10 Abs. 7 Satz 1 LWG).

2. *Wahlkreisvorschlag*

Wahlkreisvorschläge stehen, wie erwähnt, einzelnen Wahlberechtigten wie Parteien offen (§ 10 Abs. 1 Satz 1 LWG). Im Unterschied zu den Listenvorschlägen dürfen die Wahlkreisvorschläge je nur eine passiv wahlberechtigte Person benennen (§ 10 Abs. 4 Satz 1 LWG). Wie beim Listenvorschlagsrecht müssen die mit Wahlkreisvorschlägen aufgestellten Personen schriftlich ihre Zustimmung erklären (§ 10 Abs. 7 Satz 1 LWG). § 10 Abs. 6 Satz 1 LWG bestimmt, dass jede aufgestellte Person nur in einem Wahlkreis aufgestellt werden kann.

Einzelbewerberinnen und -bewerber sind gemäß § 10 Abs. 4 Satz 3 LWG als solche zu kennzeichnen. Stammt der Wahlkreisvorschlag von

---

45 https://www.bpb.de/politik/grundfragen/parteien-in-deutschland/kleinparteien/42193/piraten (abgerufen am 29.09.2020).
46 https://www.bpb.de/nachschlagen/zahlen-und-fakten/bundestagswahlen/206265/waehlerstimmen (abgerufen am 29.09.20).

einer Partei, müssen der Name und die Kurzbezeichnung der Partei angegeben werden. § 10 Abs. 4 Satz 1 LWG regelt die übrigen Formalien des Vorschlags.

3. *Verhältnis der beiden Vorschlagsarten und gemeinsames Kriterium der Unterstützungsunterschriften*

Das Verhältnis zwischen Listenvorschlag und Wahlkreisvorschlag regelt § 10 Abs. 6 LWG. Neben der bereits erwähnten Vorgabe, dass niemand im Wahlgebiet in mehr als einem Wahlkreis und auf mehr als einer Liste aufgestellt werden darf, umfasst dies auch den Fall, dass jemand sowohl auf einer Liste als auch auf einem Wahlkreisvorschlag steht. Dies ist grundsätzlich möglich (§ 10 Abs. 6 Satz 2 LWG). Allerdings gibt es eine Einschränkung für den Fall, dass der Wahlkreisvorschlag von einer Partei stammt: In diesem Fall darf diese Person auf einer Liste nur für dieselbe Partei aufgestellt werden, es gilt also ein Verbot des Doppelauftretens.[47] Wird eine Person auf einem Wahlkreisvorschlag und zugleich auf einer Liste gewählt, kann sie das Mandat nur über den Wahlkreisvorschlag annehmen (§ 10 Abs. 6 Satz 3 LWG).

Das Vorschlagsrecht hat unabhängig davon, ob es als Listenvorschlagsrecht oder als Wahlkreisvorschlag ausgeübt wird, in jedem Falle zur Voraussetzung, dass Unterstützungsunterschriften in ausreichender Zahl vorliegen. Dieses Kriterium hat den BlnVerfGH Anfang der 2000er Jahre einige Male beschäftigt.

§ 10 Abs. 9 LWG regelt für das Listenvorschlagsrecht die Anzahl an Unterstützungsunterschriften, die für die jeweilige Liste erforderlich sind. Bezirkslisten müssen von mindestens 185, Landeslisten von mindestens 2.200 Wahlberechtigten persönlich und handschriftlich unterzeichnet sein. Diese müssen am Tag der Unterschrift wahlberechtigt und im Wahlkreis mit ihrer Hauptwohnung gemeldet sein (§ 10 Abs. 9 Satz 3, Abs. 8 Halbsatz 1 LWG). Die bestehenden Unterschriftenquoren verletzen das Recht der politischen Parteien auf Chancengleichheit nicht.[48] Dieser Grundsatz, der aus dem auf das Landesverfassungsrecht einwirkenden Art. 21 GG folgt, hängt eng mit der Allgemeinheit der Wahl und der

---

47 Siehe noch zur alten Rechtslage BlnVerfGH, Urt. v. 06.12.2002 – 192/01, LVerfGE 13, 71 (89 f.).
48 BlnVerfGH, Beschl. v. 24.01.2003 – 190/01, juris Rn. 8.

Gleichheit des Wahlvorschlagsrechts zusammen.[49] Denn wenn nur diejenigen zur Wahl stehen, die das Quorum erreichen, berührt das den Grundsatz der Allgemeinheit der Wahl. Außerdem führt es zur Nichtberücksichtigung der Wahlvorschläge derjenigen, die nicht die erforderliche Unterschriftenzahl erbracht haben, und beschränkt insofern die Gleichheit des Wahlvorschlagsrechts.[50] Entscheidend für die Verfassungsmäßigkeit der Unterschriftenquoren ist ihre Höhe. Unter Rückgriff auf die bundesverfassungsgerichtliche Rechtsprechung wie auf die seines institutionellen Vorgängers, des Wahlprüfungsgerichts, hat der BlnVerfGH ein Quorum von höchstens 2,4 bis 3 Tausendsteln der Wahlberechtigten für verfassungsmäßig erklärt.[51] Zu berücksichtigen sind auch die stadtstaatlichen Verhältnisse, die das Sammeln der Unterschriften erleichtern.[52] Hintergrund dessen ist, dass es sich bei der Vermeidung von Stimmenzersplitterung und der Beschränkung des Wahlaktes auf ersthafte Bewerber um sachliche Rechtfertigungsgründe handelt.[53] Auch wenn die Legislaturperiode vorzeitig endet, muss das Quorum nicht abgesenkt werden.[54]

Erneut sieht das LWG in § 10 Abs. 11 aber eine Privilegierung etablierter Parteien vor. Für Parteien, die in der letzten Wahlperiode ununterbrochen als Partei im Abgeordnetenhaus oder im Deutschen Bundestag vertreten waren, genügt bei Bezirkslisten die Unterschrift des Bezirksvorstands (§ 10 Abs. 11 Satz 1 Halbsatz 1 LWG), bei Landeslisten die des Landesvorstands (§ 10 Abs. 11 Satz 2 LWG). Auch bei dieser Privilegierung handelt es sich um ein sachliches Differenzierungskriterium, denn der vergangene Wahlerfolg belegt die Ernsthaftigkeit der Wahlvorschläge sowie das Vorliegen des erforderlichen Rückhalts unter den Wahlberechtigten.[55]

---

49 BlnVerfGH, Beschl. v. 24.01.2003 – 190/01, juris Rn. 9 f.
50 BlnVerfGH, Beschl. v. 24.01.2003 – 155/01, NVwZ-RR 2003, 466 (466); Beschl. v. 24.01.03 – 190/01, juris Rn. 11.
51 BlnVerfGH, Beschl. v. 24.01.2003 – 190/01, juris Rn. 14; Wahlprüfungsgericht Berlin, Urt. v. 19.01.1979 – WPG 1.79, OVGE Bln 14, 262 (268 f.); BVerfG, Dreierausschussbeschl. v. 25.01.1961 – 2 BvR 582/60, BVerfGE 12, 132 (134).
52 BlnVerfGH, Beschl. v. 24.01.2003 – 155/01, NVwZ-RR 2003, 466 (466 f.).
53 BVerfG, Beschl. (einstweilige Anordnung) v. 17.10.1990 – 2 BvE 6/90, BVerfGE 82, 353 (364); Dreierausschussbeschl. v. 07.02.1961 – 2 BvR 45/61, BVerfGE 12, 135 (137); Beschl. v. 30.05.1962 – 2 BvR 158/62, BVerfGE 14, 121 (135).
54 BlnVerfGH, Beschl. v. 24.01.2003 – 152/01, juris Rn. 27. Dies gilt laut dem Senat auch für die Zeiten der Covid-19-Pandemie, Antwort auf die Schriftliche Anfrage Nr. 18/23240 v. 22.04.2020 über Wahlgrundsätze in Zeiten von Corona-Verordnungen, Abghs-Drs. 18/23240.
55 BlnVerfGH, Beschl. v. 24.01.2003 – 190/01, juris Rn. 16.

Laura Jung

Die Unterstützungsunterschriften für die Wahlkreisvorschläge regelt § 10 Abs. 8 LWG. Danach muss jeder Wahlkreisvorschlag von 45 oder mehr Wahlberechtigten des Wahlkreises unterschrieben sein. Diese müssen – wie beim Listenvorschlagsrecht – am Tag der Unterschrift wahlberechtigt und im Wahlkreis mit ihrer Hauptwohnung gemeldet sein (§ 10 Abs. 8 Halbsatz 1 LWG).

Unterstützungsunterschriften dürfen dabei nicht beliebig oft geleistet werden, vielmehr darf nur ein Wahlkreisvorschlag und eine Liste unterzeichnet werden (§ 10 Abs. 10 Halbsatz 1 LWG). Findet sich eine Unterschrift dennoch auf mehreren Listen oder Wahlkreisvorschlägen, ist die Unterschrift auf allen Wahlvorschlägen derselben Art ungültig.

V. Wahlergebnis

Das Wahlergebnis wird nach dem Sortieren und Auszählen aller abgegebenen Stimmzettel durch Addition aller gültigen (vgl. § 15 Abs. 2 LWG) abgegebenen Stimmen öffentlich festgestellt (§§ 17 Abs. 1 LWG, 57, 60 f. LWO). Zunächst werden jedoch die Parteien ermittelt, die mindestens einen Anteil von fünf Prozent der abgegebenen Zweitstimmen erhalten haben oder von denen mindestens ein Bewerber oder eine Bewerberin direkt ins Abgeordnetenhaus gewählt worden ist. Grundsätzlich gilt also eine Fünf-Prozent-Hürde, außer mindestens ein Bewerber oder eine Bewerberin der betreffenden Partei hat ein Direktmandat errungen. Denn die Sperrklausel des Berliner Landeswahlrechts ist mit einer Grundmandatsklausel verbunden (Art. 39 Abs. 2 VvB, § 18 LWG).

Bei der Feststellung, ob eine Partei unter die Sperrklausel fällt, werden sämtliche abgegebenen Zweitstimmen berücksichtigt, also auch die ungültigen (§§ 18 Halbsatz 1 LWG, 73 Abs. 3, 2 lit. e, f LWO).[56] Die Klausel dient der Sicherung der Verhandlungs- und Entscheidungsfähigkeit des Parlaments und begegnet keinen verfassungsrechtlichen Bedenken.[57]

Von der zu vergebenden Mindestanzahl an Sitzen werden dann gegebenenfalls diejenigen Direktmandate abgezogen, die etwa von Einzelbewerberinnen oder Parteibewerbern, deren Partei im betreffenden Bezirk keine Liste aufgestellt hat, gewonnen wurden (§ 17 Abs. 1 Satz 2 LWG). Bei den

---

56 BlnVerfGH, Beschl. v. 24.01.2012 – 150/11, LKV 2012, 219 (219 f.).
57 BlnVerfGH, Beschl. v. 16.11.1996 – 72 A/95, LVerfGE 3, 108 (111 f.).

vergangenen Wahlen kam es nicht zu derartigen Abzügen.[58] Für die Erststimme gilt dann, dass in dem jeweiligen Wahlkreis die Person ein Direktmandat im Abgeordnetenhaus erhält, die die meisten Stimmen erhalten hat (§§ 16 Satz 1, 17 Abs. 1 Satz 2 LWG). § 16 Satz 1 LWG stellt die Parallelnorm zu § 5 BWahlG dar. Bei Stimmengleichheit entscheidet das Los, das der Bezirkswahlleiter zieht (§ 16 Satz 2 LWG).

Die gültigen Zweitstimmen, die auf die Bezirks- und Landeslisten der Parteien abgegeben wurden, werden zusammengezählt (§ 17 Abs. 1 Satz 1 Halbsatz 1 LWG). Bezirkslisten einer Partei gelten dafür als verbunden (§ 17 Abs. 1 Satz 1 Halbsatz 2 LWG). Die Sitze werden nach dem Hare/Niemeyer-Verfahren dem Wahlergebnis der einzelnen Parteien entsprechend proportional auf die Bezirks- und Landeslisten verteilt (§§ 17 Abs. 2 Satz 1, 2, 73 Abs. 4 LWO). Das rechnerische Vorgehen ist in § 17 Abs. 2 Sätze 2 bis 5, Abs. 3 Sätze 2 bis 6 LWG beschrieben.

Vom so errechneten Sitzkontingent werden dann die von Parteibewerberinnen und -bewerbern mit der Erststimme errungenen Direktmandate abgezogen, § 17 Abs. 4 Satz 1, 2 LWG. Bei der Sitzverteilung nach Landes- und Bezirkslisten bleiben diese dann unberücksichtigt (§ 17 Abs. 4 Satz 4 Halbsatz 1 LWG). Kein Listenmandat erhalten auch diejenigen, die zwar bei ihrer Aufstellung, nicht mehr aber zum Zeitpunkt der Wahl Parteimitglieder sind. Möglich ist es aber, auf der Liste von vornherein parteilose Kandidatinnen und Kandidaten aufzustellen (§ 17 Abs. 4 Satz 4 Halbsatz 2 LWG). Ist die Liste erschöpft, bleiben die Sitze unbesetzt (§ 17 Abs. 4 Satz 5 LWG).

Die übrigen Sitze einer Partei werden aus ihrer Landesliste in der dort festgelegten Reihenfolge besetzt, wenn sie eine solche eingereicht hat (§ 17 Abs. 3 Satz 1, Abs. 4 Satz 3 LWG). Hat eine Partei dagegen Bezirkslisten eingereicht, werden die ihnen zustehenden Sitze auf die einzelnen Wahlkreisverbände verteilt, und zwar entsprechend ihrem Anteil an gültigen Zweitstimmen im jeweiligen Wahlkreisverband an der Gesamtzahl an Zweitstimmen im gesamten Wahlgebiet (§ 17 Abs. 3 Satz 2 LWG). Erneut wird dann das Hare/Niemeyer-Verfahren angewendet (§ 17 Abs. 3 Sätze 3 bis 6 LWG).

Erringt eine Partei in den Wahlkreisen mehr Sitze, als ihr nach ihrem Zweitstimmenanteil eigentlich zustehen, behält sie diese als Überhang-

---

58 Die Landeswahlleiterin für Berlin (Hrsg.), Wahlen zum Abgeordnetenhaus 2016. Endgültiges Ergebnis, abrufbar unter: https://www.wahlen-berlin.de/wahlen/be2016/afspraes/gewaehlte_gemeinde-1-berlin_gesamt.html (abgerufen am 29.09.2020); *Driehaus* (Fn. 2), Art. 39 Fn. 17.

mandate (§ 19 Abs. 1 LWG). Kommt es zu einem derartigen Überhang, sieht § 19 Abs. 2 Satz 1 LWG Ausgleichsmandate für die anderen Parteien vor, durch die sich die Gesamtzahl der Sitze erhöht. Die Berechnung ergibt sich aus § 73 Abs. 6 lit. d LWO, auf den § 19 Abs. 2 Satz 2 LWG verweist. Gegen die Verordnungsermächtigung bestehen keine verfassungsrechtlichen Bedenken, sie entspricht dem Konkretisierungsgebot des Art. 64 Abs. 1 Satz 2 VvB.[59] Sie ist in Zusammenschau mit der allgemeinen Verordnungsermächtigung in § 34 Abs. 1 LWG zu betrachten, mit der sie eine Einheit bildet.[60]

Bei der Sitzverteilung im Fall von Bezirkslisten werden diese übergangen, soweit auf sie Überhangmandate entfallen (§ 73 Abs. 6 lit. d Satz 8 LWO). Damit ist nun klargestellt, dass keine Neuverteilung sämtlicher Mandate zu erfolgen hat. Zuvor kam es zur Ausgangssituation eines vom BlnVerfGH entschiedenen Falls:[61] dass nämlich eine Partei in einem Bezirk 1 mit mehr Direktmandaten und mehr Zweitstimmen als in einem Bezirk 2 dennoch im Bezirk 1 weniger Sitze erhält (sog. Alabama-Paradoxon).[62] Der Landeswahlausschuss hatte das in § 73 Abs. 6 lit. d Satz 6 LWO beschriebene Berechnungsverfahren dergestalt angewendet, dass zunächst die Ausgangsmandate der Partei auf die Bezirkslisten verteilt wurden. Bezirk 1 erhielt zwei Mandate. Als anschließend dieselbe Partei ein Ausgleichmandat erhielt, erfolgte eine völlige Neuverteilung der Mandate auf die Bezirkslisten der Partei. Dadurch verlor die Partei in Bezirk 1 ein Mandat gegenüber der ursprünglichen Verteilung der Mandate, während Bezirk 2 eines hinzugewann. Auf den Einspruch im Wahlprüfungsverfahren wurde die ursprüngliche Sitzverteilung wiederhergestellt und der durch die Neuverteilung benachteiligte Bewerber erhielt ein Mandat im Abgeordnetenhaus.

Der BlnVerfGH stellte fest, dass der Verordnungsgeber zur Herstellung des parteiexternen Proporzes ermächtigt ist. Auch die parteiinterne Verteilung von Ausgleichsmandaten auf die verschiedenen Bezirkslisten obliege

---

59 BlnVerfGH, Urt. v. 21.03.2003 – 175/01, LVerfGE 14, 63 (70); Beschl. v. 19.02.2007 – 169/06, juris Rn. 27 f. Zum Konkretisierungsgebot näher *Petra Michaelis*, in: Driehaus (Fn. 2), Art. 64 Rn. 2.
60 BlnVerfGH, Urt. v. 21.03.2003 – 175/01, LVerfGE 14, 63 (70); Beschl. v. 19.02.2007 – 169/06, juris Rn. 27.
61 BlnVerfGH, Urt. v. 21.03.2003 – 175/01, LVerfGE 14, 63 ff.; im vorläufigen Rechtsschutz war der spätere Einsprechende noch unterlegen, BlnVerfGH, Beschl. v. 13.12.2001 – 175 A/01, juris.
62 *Joachim Behnke*, Das Wahlsystem der Bundesrepublik Deutschland, 2007, S. 134 f. m. w. N.

ihm.⁶³ Er beanstandete allerdings die Auslegung und Anwendung des § 73 Abs. 6 lit. d Satz 6 LWO durch den Landeswahlausschuss. Denn die Verordnungsermächtigung gebe nicht das Recht, in die Verteilung der Ausgangsmandate nach § 17 Abs. 3 LWG wieder einzugreifen.⁶⁴ Die Ermächtigung bezieht sich also nur auf die Ausgleichsmandate, der Verordnungsgeber darf dagegen vor dem Hintergrund des Wesentlichkeitsgrundsatzes und der Bedeutung der Mandatsverteilung für die Chancengleichheit der Bewerberinnen und Bewerber, Art. 21 GG, keinen zwischenbezirklichen Ausgleich in Form einer völligen Neuverteilung der Sitze auf die einzelnen Bezirkslisten vornehmen.⁶⁵

In zwei weiteren Verfahren entschied der BlnVerfGH, dass die Methode der Verteilung der Ausgleichsmandate auf die Bezirkslisten von der Gesamtzahl der auf die Partei entfallenden Mandate als Rechengröße ausgehen darf. Dies entspreche dem Gebot der Folgerichtigkeit innerhalb jedes Abschnitts der Wahl.⁶⁶ Auch dürften einzelne Bezirkslisten mit ihrem Zweitstimmenanteil und den auf sie entfallenden Mandaten einschließlich der Überhangmandate aus der Berechnung herausgenommen werden, wenn andernfalls das Alabama-Paradoxon einträte. Die vom Einsprechenden präferierte Lösung, ohne Berücksichtigung der Gesamtzahl der Mandate nur die Ausgleichsmandate zu verteilen, führt demgegenüber entgegen der Logik der gesetzlich angeordneten Verwendung des Hare/Niemeyer-Verfahrens dazu, dass die Wahlkreisverbände mit dem höchsten Stimmenanteil bevorzugt werden.⁶⁷

VI. Wahlprüfung

Im Land Berlin gab es bis zur Wiedervereinigung ein Wahlprüfungsgericht beim Abgeordnetenhaus.⁶⁸ Ein Verfassungsgericht existierte dagegen nicht, obwohl dies in Art. 72 VvB von 1950 vorgesehen war.⁶⁹ Das Änderungsgesetz des Abgeordnetenhauses vom 22.11.1974 trug diesem Wider-

---

63 BlnVerfGH, Urt. v. 21.03.2003 – 175/01, LVerfGE 14, 63 (70 f.).
64 BlnVerfGH, Urt. v. 21.03.2003 – 175/01, LVerfGE 14, 63 (72 f.).
65 BlnVerfGH, Urt. v. 21.03.2003 – 175/01, LVerfGE 14, 63 (71 f.; 73); BlnVerfGH, Beschl. v. 19.02.2007 – 169/06, juris Rn. 40.
66 BlnVerfGH, Beschl. v. 19.02.2007 – 169/06, juris Ls. 1.
67 BlnVerfGH, Urt. v. 19.02.2007 – 168/06, LVerfGE 18, 85 (97 f.).
68 *Rolf-Peter Magen* (Fn. 23), Art. 39 Rn. 29.
69 https://www.berlin.de/gerichte/sonstige-gerichte/verfassungsgerichtshof/artikel.265018.php (abgerufen am 29.09.2020).

spruch zum Wortlaut der Verfassung vor dem Hintergrund des Viermächteabkommens der Alliierten Rechnung: Art. 72 VvB der Verfassung wurde damals offiziell durch Art. 87a VvB suspendiert.[70] 1995 erhielt das Land Berlin schließlich einen Verfassungsgerichtshof, Art. 84 VvB.

Das Wahlprüfungsverfahren in Berlin ist einstufig ausgestaltet und dem BlnVerfGH gemäß §§ 84 Abs. 2 Nr. 6, Abs. 2 VvB, 14 Nrn. 2, 3 i. V. m. §§ 40 ff. des Gesetzes über den Verfassungsgerichtshof (VerfGHG) zugewiesen. Dies stellt im Vergleich zu den anderen Ländern einen Sonderfall dar.[71] Der BlnVerfGH entscheidet sowohl über Einsprüche gegen die Gültigkeit der Wahlen zum Abgeordnetenhaus (§ 14 Nr. 2 VerfGHG) als auch über Einsprüche gegen Entscheidungen über den Erwerb und den Verlust eines Sitzes im Abgeordnetenhaus (§ 14 Nr. 3 VerfGHG). Das Wahlprüfungsverfahren dient dem Schutz des objektiven Wahlrechts, also der Gewährleistung der richtigen Zusammensetzung des Abgeordnetenhauses.[72] Der Rechtsbehelf der Verfassungsbeschwerde ist dabei – anders als im Bundesrecht gemäß Art. 41 Abs. 1 GG – nicht grundsätzlich durch das Wahlprüfungsverfahren ausgeschlossen.[73]

Gemäß § 40 Abs. 1 VerfGHG erfolgt die Wahlprüfung nur auf einen Einspruch hin. § 40 Abs. 2 VerfGHG nennt die Gründe, auf die der Einspruch gestützt werden kann. Darin liegt eine Regelung des materiellen Wahlprüfungsrechts.[74] Hiervon umfasst sind Wahlfehler von der Wahlvorbereitung (Nrn. 1, 1a, 7) über die Feststellung des Wahlergebnisses (Nrn. 2, 3), des Fehlens des passiven Wahlrechts von Abgeordneten (Nr. 4), die fehlerhafte Nichtberufung oder Berufung (Nr. 5) sowie die fehlerhafte Feststellung des Sitzverlusts gemäß § 6 Abs. 3 Nrn. 1, 2, 5 LWG (Nr. 6). § 40 Abs. 1 Nr. 8 Satz 1 LWG enthält mit der Rüge der Verletzung von Vorschriften des Grundgesetzes, der Verfassung von Berlin, des LWG und der LWO eine Auffangregelung. Diese ist beschränkt auf Gesetzesverletzungen bei der Vorbereitung oder der Durchführung der Wahlen oder bei der Ermittlung des Wahlergebnisses, die die Verteilung der Sitze beeinflusst haben (sog. Mandatsrelevanz).

Je nachdem, auf welchen Grund der Einspruch gestützt wird, unterscheiden sich die einspruchsberechtigten Personen und Organe (§ 40 Abs. 3 VerfGHG). Einzelne Wahlberechtigte können sich nur darauf berufen, zu Unrecht keinen Wahlschein erhalten zu haben oder nicht in das

---

[70] Art. 87a VvB i. d. F. v. 22.11.1974: „Artikel 72 der Verfassung wird suspendiert".
[71] *Gisela von Lampe*, in: Pfennig/Neumann (Fn. 23), Art. 84 Rn. 151.
[72] BlnVerfGH, Urt. v. 17.03.1997 – 90/95, LVerfGE 6, 32 (38).
[73] BlnVerfGH, Beschl. v. 31.07.1998 – 92/95, LVerfGE 9, 23 (26 f.).
[74] *Gisela von Lampe* (Fn. 71), Art. 84 Rn. 155.

Wahlverzeichnis eingetragen worden zu sein; zudem muss dies Mandatsrelevanz haben (§ 40 Abs. 1 Nr. 7 VerfGHG). Soweit Parteien einspruchsberechtigt sind, meint dies den Landesverband; Bezirksgruppen sind nicht erfasst.[75] Der BlnVerfGH unterstellt aber auch teilweise die Parteieigenschaft, um in die Begründetheitsprüfung eintreten zu können.[76] In dem auf den Einspruch folgenden Wahlprüfungsverfahren sind die anderen Einspruchsberechtigten neben dem Einsprechenden Verfahrensbeteiligte mit eigenem Antragsrecht (§ 41 VerfGHG).

Außer für die auf § 40 Abs. 2 Nr. 1a VerfGHG gestützten Einsprüche beträgt die Frist grundsätzlich einen Monat nach der Bekanntmachung des Wahlergebnisses im Amtsblatt für Berlin (§ 40 Abs. 3 Satz 1 VerfGHG). Abweichende Fristen und teilweise Fristbeginne enthalten die § 40 Abs. 3 Sätze 2, 5, 6 VerfGHG. Der Einspruch ist schriftlich zu erheben und zugleich zu begründen (§ 40 Abs. 3 Satz 1 VerfGHG). Die Begründung muss innerhalb der Antragsfrist erfolgen und alle Angaben enthalten, die für eine sachgerechte Auseinandersetzung des BlnVerfGH mit dem Einspruch erforderlich sind (vgl. § 21 Abs. 1 Satz 2 VerfGHG).[77] Dieses Gebot einer hinreichend substantiierten Begründung erfordert, dass die Einspruchsführer in konkreter Auseinandersetzung mit allen ihnen zugänglichen Wahlunterlagen einen Sachverhalt vortragen, der eine Verletzung des Wahlrechts möglich erscheinen lässt.[78] Der Anfechtungsgegenstand bestimmt auch den Prüfungsmaßstab; eine Überprüfung der Wahl insgesamt findet in der Regel nicht statt.[79]

Die Entscheidung des BlnVerfGH lautet auf Zurückweisung des Einspruchs, wenn er keinen Erfolg hat. Ist er dagegen erfolgreich, hängt der Entscheidungsausspruch vom jeweils festgestellten Wahlfehler ab (§ 42 VerfGHG). § 42a Satz 1 VerfGHG sieht die Möglichkeit des Erlasses einer einstweiligen Anordnung vor. Er erweitert die auch für Wahlprüfungsfälle bestehenden Eilkompetenzen des BlnVerfGH nach § 31 VerfGHG; allerdings gilt das nur für Anträge, die auf eine Entscheidung des BlnVerfGH noch vor der Wahl gerichtet sind.[80] Das Wahlprüfungsverfahren selbst kann dagegen erst nach Feststellung des amtlichen Endergebnisses angestrengt werden. Zuvor eingelegte Einsprüche sind unzulässig.[81]

---

75 BlnVerfGH, Beschl. v. 13.12.2017 – 163/16, LVerfGE 28, 68 (72).
76 Siehe etwa BlnVerfGH, Beschl. v. 24.01.2003 – 177/01, juris Rn. 13.
77 *Gisela von Lampe* (Fn. 71), Art. 84 Rn. 28.
78 BlnVerfGH, Beschl. v. 13.12.2017 – 163/16, LVerfGE 28, 68 (74 f.).
79 *Gisela von Lampe* (Fn. 71), Art. 84 Rn. 161.
80 BlnVerfGH, Beschl. v. 12.10.2016 – 145 A/16, juris Rn. 8.
81 BlnVerfGH, Beschl. v. 12.10.2016 – 145 A/16, juris Rn. 5.

Laura Jung

VII. Wahlrechtsreform

Reformbestrebungen in Bezug auf das Berliner Wahlrecht gab es in der jüngeren Vergangenheit vor allem im Hinblick auf drei Themenbereiche. Angesichts der geografischen Nähe und Verbundenheit zu Brandenburg diskutiert die Berliner Landespolitik ebenfalls über ein Paritätsgesetz (1). Vor allem in der Legislaturperiode bis 2016, als die Grünen noch Oppositionspartei und die Piratenpartei noch im Parlament vertreten waren, war auch das Wahlalter Gegenstand einiger Gesetzesinitiativen (2). Daneben werden auch Reformen hinsichtlich des Wahlrechts von EU-Ausländern und Drittstaatenangehörigen diskutiert (3).

1. Paritätsgesetz

Alle Parteien der Regierungskoalition der Legislaturperiode bis 2021 sprechen sich grundsätzlich für ein Paritätsgesetz aus.[82] Am Weltfrauentag 2018 verabschiedete das Abgeordnetenhaus einen Entschließungsantrag, in dem von der Einführung eines Paritätsgesetzes die Rede war; dies werde allerdings noch geprüft.[83] Die Verfassungsmäßigkeit wird vom wissenschaftlichen Dienst des Abgeordnetenhauses beurteilt.[84] Angesichts der Entscheidungen des Thüringer und des Brandenburger Verfassungsgerichtshofs erscheint eine baldige Verabschiedung eines Paritätsgesetzes als wenig wahrscheinlich, zumal auch die genaue Ausgestaltung des Gesetzes zwischen den Koalitionspartnern umstritten ist.[85]

---

82 *Sabine Beikler*, R2G stimmt für Frauenquote in Parlament und Ämtern, abrufbar unter: https://www.tagesspiegel.de/berlin/parite-gesetz-in-berlin-r2g-stimmt-fuer-frauenquote-in-parlament-und-aemtern/21050756.html (abgerufen am 29.09.2020).
83 Antrag auf Annahme einer Entschließung der Fraktion der SPD, der Fraktion Die Linke und der Fraktion Bündnis 90/Die Grünen v. 28.02.2018. Internationaler Frauentag: Macht, Arbeit, Einkommen – für die gleichberechtigte Partizipation von Frauen am politischen und gesellschaftlichen Leben, Abghs-Drs. 18/0868.
84 *Sabine Beikler*, Kommt jetzt die Frauenquote?, abrufbar unter: https://www.tagesspiegel.de/berlin/der-frauentag-im-parlament-kommt-jetzt-die-frauenquote/21047544.html (abgerufen am 29.09.2020).
85 *Ronja Ringelstein*, Berliner Paritätsgesetz wird nicht für die Wahl 2021 gelten, abrufbar unter: https://www.tagesspiegel.de/berlin/gruene-legen-eckpunktepapier-vor-berliner-paritaetsgesetz-wird-nicht-fuer-die-wahl-2021-gelten/25608626.html (abgerufen am 29.09.2020).

Die Linke schlägt eine verpflichtende Quotierung der Landes- und Bezirkslisten vor.[86] Zudem soll die Zahl der Wahlkreise halbiert werden. In jedem der neuen, größeren Wahlkreise hätten die Wählerinnen und Wähler zwei Stimmen und müssten dann zwei Personen unterschiedlichen Geschlechts wählen, also etwa eine männliche und eine diverse oder weibliche Person. Würden zwei Personen des gleichen Geschlechts gewählt, also etwa zwei Männer, wäre der Stimmzettel ungültig.

Während die SPD noch innerparteilich diskutiert, haben sich die Grünen in einem Eckpunktepapier zu der von ihnen präferierten Ausgestaltung eines Paritätsgesetzes geäußert. Auch sie plädieren für größere Wahlkreise und das Zwei-Stimmen-Modell. Daneben sieht der Vorschlag vor, die Bezirkslisten abzuschaffen. Ergebnisparität soll über größere Wahlkreise, Landeslisten und die Wahlkreisnominierungen hergestellt werden.

2. *Wahlalter*

Reformen zum Wahlalter wurden vor allem in der Legislaturperiode von 2011 bis 2016 in Form von Gesetzesinitiativen der Opposition angeregt. Im Koalitionsvertrag[87] der nach den Wahlen von 2016 gebildeten Regierung ist festgehalten, dass das Wahlalter anhand internationaler Standards überprüft und gegebenenfalls geändert werde – bisher ist eine derartige Reform aber ausgeblieben.

In der vorhergegangenen Legislaturperiode hatten die Fraktionen der Grünen und der Linken eine Absenkung des Wahlalters auf 16 Jahre vorgeschlagen.[88] Die Absenkung des Wahlalters habe sich auf Bezirksebene für die Kommunalwahlen zur Bezirksverordnetenversammlung bewährt

---

86 *Sabine Beikler*, Linke präsentiert Entwurf für Parité-Gesetz in Berlin, abrufbar unter: https://www.tagesspiegel.de/berlin/frauen-im-parlament-linke-praesentiert-entwurf-fuer-parite-gesetz-in-berlin/24058102.html (abgerufen am 29.09.2020).
87 Berlin gemeinsam gestalten. Koalitionsvereinbarung zwischen: Sozialdemokratische Partei Deutschlands (SPD), Landesverband Berlin, und DIE LINKE, Landesverband Berlin, und BÜNDNIS 90/DIE GRÜNEN, Landesverband Berlin, für die Legislaturperiode 2016–2021, S. 154, abrufbar unter: https://www.berlin.de/rbmskzl/regierender-buergermeister/senat/koalitionsvereinbarung/ (abgerufen am 29.09.2020).
88 Antrag der Fraktion Bündnis 90/Die Grünen und der Fraktion Die Linke, Wahlalter 16 I: Gesetz zur Änderung der Verfassung von Berlin v. 18.01.2012, Abghs-Drs. 17/0106; Antrag der Fraktion Bündnis 90/Die Grünen und der Fraktion Die Linke, Wahlalter 16 II: Gesetz zur Änderung des Landeswahlgesetzes v. 18.01.2012, Abghs-Drs. 17/0107.

und solle nun – wie bereits in Bremen und Brandenburg – auch für die Wahlen zum Landesparlament gelten. Einen Schritt weiter gingen die Piraten, die sich vollends gegen Altersbeschränkungen aussprachen.[89] Ihr Gesetzentwurf sah vor, das Wahlalter über die nächsten Legislaturperioden schrittweise zu senken. Bis zum Alter von 16 Jahren muss der Wille zu wählen nach dem Vorschlag aktiv bekundet werden. Auch war vorgesehen, das passive Wahlrecht auf 16 Jahre abzusenken. Später ging von allen drei genannten Fraktionen eine weitere erfolglose Gesetzesinitiative aus, mit der die Absenkung des Wahlalters für die Wahlen zum Abgeordnetenhaus auf 16 Jahre erreicht werden sollte.[90]

3. Ausländerwahlrecht

Im Koalitionsvertrag von 2016 fand die Reform des Wahlrechts nicht nur hinsichtlich des Wahlalters, sondern auch hinsichtlich des Ausländerwahlrechts Erwähnung. Danach soll eine Bundesratsinitiative zur Änderung des Grundgesetzes ergriffen werden, um EU-Bürgerinnen und -Bürgern sowie Drittstaatenangehörigen das Wahlrecht auf Landesebene zu ermöglichen, wobei für Letztere eine angemessene Mindestaufenthaltsdauer zur Voraussetzung gemacht werden soll.[91] Entsprechende Anträge wurden von Seiten der Opposition auch bereits in der vergangenen Legislaturperiode gestellt.[92]

---

89 Antrag der Piratenfraktion im Abgeordnetenhaus von Berlin, Wahlrecht ohne Altersbegrenzung I: Gesetz zur Änderung der Verfassung von Berlin v. 18.01.2012, Abghs-Drs. 17/0111; Antrag der Piratenfraktion, Wahlrecht ohne Altersbegrenzung II: Antrag auf Änderung des Landeswahlgesetzes v. 18.01.2012, Abghs-Drs. 17/0112.
90 Antrag der Fraktion Bündnis 90/Die Grünen, der Fraktion Die Linke und der Piratenfraktion, Gesetz zur Änderung der Verfassung von Berlin v. 28.01.2015, Abghs-Drs. 17/2072.
91 Berlin gemeinsam gestalten. Koalitionsvereinbarung zwischen: Sozialdemokratische Partei Deutschlands (SPD), Landesverband Berlin, und DIE LINKE, Landesverband Berlin, und BÜNDNIS 90/DIE GRÜNEN, Landesverband Berlin, für die Legislaturperiode 2016–2021, S. 154, abrufbar unter: https://www.berlin.de/rbmskzl/regierender-buergermeister/senat/koalitionsvereinbarung/ (abgerufen am 29.09.2020).
92 Antrag der Piratenfraktion, Wahlrecht bei Kommunal- und Landtagswahlen auf ausländische Staatsangehörige ausweiten v. 30.08.2016, Abghs-Drs. 17/3119.

§ 7 Brandenburg

Michael Meier

I. Wahlen zum Landtag Brandenburg

Das heutige brandenburgische Landtagswahlrecht gehört mit seinen knapp 30 Jahren zu den jüngeren Wahlrechtsordnungen der Bundesrepublik. Wie auch in den übrigen neuen Ländern gängig[1], finden sich vergleichsweise viele wahlrechtsrelevante Regelungen unmittelbar in der Landesverfassung (LV)[2]. Unter anderem mit einer Ober- und Untergrenze für Ausgleichsmandate sowie einem Regelungsauftrag zur Einführung eines Ausländerwahlrechts setzt das Landtagswahlrecht Brandenburgs aber auch gänzlich eigenständige Akzente.[3] Bundesweite Aufmerksamkeit hat es in besonderem Maße durch die Einführung des ersten sog. Parité-Gesetzes zur gleichmäßigen Besetzung der Wahllisten mit Männern und Frauen im Jahr 2019 erlangt, das inzwischen jedoch vom Verfassungsgericht des Landes Brandenburg (BbgVerfG) aufgehoben wurde.[4]

Historisch lassen sich die parlamentarischen Vorläufer des heutigen Landtags auf dem Gebiet der damaligen preußischen Provinz Brandenburg zum 1823 eingerichteten Provinziallandtag zurückverfolgen, dessen Mitglieder jedoch lediglich durch ein mittelbares, weitgehend nach Vermögensverhältnissen gewichtetes Klassenwahlrecht durch die Stände und

---

1 *Christian von Coelln*, Teilnahmerechte (Mitwirkungsrechte), in: Merten/Papier (Hrsg.), Handbuch der Grundrechte in Deutschland und Europa, Bd. 8, 2017, § 243 Rn. 10; *Patrizia Robbe/Quirin Weinzierl*, Mehr Wahlrecht in das Grundgesetz?, ZRP 2015, 84 (86).
2 Verfassung des Landes Brandenburg v. 20.08.1992, GVBl. I, S. 298, zuletzt geändert durch Gesetz v. 16.05.2019, GVBl. I Nr. 16.
3 Zur Regelung der Überhangmandate näher unter V.2., zum prospektiven Ausländerwahlrecht unter II.; vgl. auch die Zusammenstellung der Charakteristika des brandenburgischen Landtagswahlrecht bei *Paul Schumacher/Thomas Nobbe*, Das Landesrecht in Brandenburg, Br A-26, in: Bülow u. a. (Hrsg.), Praxis der Kommunalverwaltung, Ausgabe Brandenburg, Mai 2019, Ziff. 1.2.7.3.
4 Dazu näher unter IV.1.

ab 1875 von den Kreistagen bestimmt wurden.[5] In der Weimarer Republik wurde der Provinziallandtag schließlich von 1921 bis zu seiner Selbstauflösung 1933 in allgemeinen, unmittelbaren, gleichen, freien und geheimen Wahlen unter Anwendung eines reinen Verhältniswahlrechts gewählt.[6] Während sich die 1946 wiederum nach reinem Verhältniswahlrecht durchgeführte erste Nachkriegs-Landtagswahl vorerst letztmalig halbwegs frei gestaltete, bestimmten eine oktroyierte Einheitsliste und erhebliche Wählerrepression die Wahl von 1950, bevor der Landtag sich 1952 erneut selbst auflöste.[7] Erst im Zuge der friedlichen Revolution kam es am 14.10.1990 wieder zu Landtagswahlen in Brandenburg, bei denen erstmalig das personalisierte Verhältniswahlrecht Anwendung fand.[8] Seit 1994 folgen die Landtagswahlen dem vom ersten Nachwende-Landtag ausgearbeiteten[9],

---

5 *Friedrich Beck*, Die brandenburgischen Provinzialstände 1823–1875 sowie *Kurt Adamy/Felix Escher/Marko Leps*, Der Provinziallandtag im Kaiserreich (1872/75–1914/18), in: Adamy/Hübener (Hrsg.), Geschichte der Brandenburgischen Landtage, 1998, S. 1 (16 f., 55 ff.), 81 (92); *Thomas Hildebrandt*, Die Brandenburgischen Provinziallandtage von 1841, 1843 und 1845 anhand ausgewählter Verhandlungsgegenstände, 2002, S. 46 ff.; *Alexander v. Brünneck*, in: Bauer/Häde/Peine (Hrsg.), Landesrecht Brandenburg, 4. Aufl. 2021, § 1 Rn. 10 f.; zu den vorhergehenden mittelalterlichen und frühneuzeitlichen Land- und Ständetagen in der Mark Brandenburg siehe *Herbert Helbig*, Gesellschaft und Wirtschaft der Mark Brandenburg im Mittelalter, 1973, S. 59 ff.; *Helmuth Croon*, Brandenburgische Ständeakten, 1938, S. 1 ff.; *Thomas Vesting*, Absolutismus und materiale Rationalisierung: Zur Entstehung des preußischen Patrimonialstaates, AöR 119 (1994), 369 (375 ff.).

6 *Christian Engeli/Kristina Hübener*, Provinziallandtag und Provinzialverwaltung 1919–1945, in: Adamy/Hübener (Fn. 5), S. 163 (178 f., 183); *Alexander v. Brünneck* (Fn. 5), § 1 Rn. 12.

7 *Hans-Joachim Schreckenbach/Werner Künzel*, Das Land Brandenburg und der brandenburgische Landtag 1945–1952, in: Adamy/Hübener (Fn. 5), S. 225 (235 f., 287 ff., 309 ff.); *Klaus Stern*, Staatsrecht der Bundesrepublik Deutschland, Bd. 5, 2000, S. 1038 f.,1636; *Alexander v. Brünneck* (Fn. 5), § 1 Rn. 17, 20.

8 Das hierbei angewandte Wahlrecht war noch von der letzten DDR-Volkskammer im Gesetz über die Wahlen zu den Landtagen in der Deutschen Demokratischen Republik v. 22.07.1990, DDR-GBl. I, S. 960, beschlossen worden; hierzu *Klaus Stern* (Fn. 7), S. 1794, 1966; *Sieglinde Reinhardt*, Der Landtag Brandenburg 1989 bis zur Gegenwart, in: Adamy/Hübener (Fn. 5), S. 327 (330).

9 Hierzu *Paul Schumacher/Thomas Nobbe* (Fn. 3), Ziff. 1.2.7.1 ff.; *Karl Schmitt*, Die Landtagswahlen 1994 im Osten Deutschlands. Früchte des Föderalismus: Personalisierung und Regionalisierung, ZParl 1995, 261 (262 f.); *Malte Lübker/Suzanne S. Schüttemeyer*, Der Brandenburgische Landtag, in: Mielke/Reutter (Hrsg.), Landesparlamentarismus, 2. Aufl. 2012, S. 177 (179).

im Wesentlichen bis heute fortgeltenden[10] Wahlrecht, dessen wichtigste Regelungen sich in Art. 22, 62 und 63 LV sowie im Landeswahlgesetz (BbgLWahlG)[11], der Landeswahlverordnung (BbgLWahlV)[12] und im Wahlprüfungsgesetz (WPrüfG)[13] finden.

Grundsätzlich hat der Landtag eine Größe von 88 Abgeordneten (§ 1 Abs. 1 Satz 1 BbgLWahlG)[14] und wird auf fünf Jahre gewählt (Art. 62 Abs. 1 Satz 1 LV). In der Verfassung finden sich allerdings verschiedene Varianten einer vorzeitigen Beendigung der Legislaturperiode. Insbesondere kann sich der Landtag gemäß Art. 62 Abs. 2 LV mit einer Mehrheit von zwei Dritteln seiner Mitglieder ohne weitere materielle Voraussetzungen[15] selbst auflösen. Die Auflösung kann auch durch Volksentscheid erzwungen werden, bei dem die Zustimmung einer absoluten Mehrheit der Wahlberechtigten und eine Zweidrittelmehrheit der abgegebenen Stimmen erforderlich ist (Art. 78 Abs. 1, 3 LV).[16] Des Weiteren sieht Art. 83 Abs. 3 LV eine automatische Auflösung des Landtags für den Fall vor, dass drei Monate nach seiner Konstituierung[17] selbst im dritten Wahlgang mit relativer Mehrheit (Art. 83 Abs. 2 Satz 2 LV) die Wahl eines Ministerpräsidenten nicht gelingt. Zuletzt besteht auch nach einer gescheiterten Vertrauensfrage die Möglichkeit einer Auflösung durch den Landtag selbst oder widrigenfalls durch den Ministerpräsidenten, wenn der Landtag nicht binnen 20 Tagen die eigene Auflösung beschließt (Art. 87 LV). Innerhalb dieser 20-Tages-Frist genügt für die Selbstauflösung abweichend von Art. 62 Abs. 2 LV nach umstrittener, aber im Ergebnis vorzug-

---

10 Eine Übersicht der Änderungen findet sich bei *Paul Schumacher/Thomas Nobbe* (Fn. 3), Ziff. 1.2.7.4 ff.
11 Wahlgesetz für den Landtag Brandenburg (Brandenburgisches Landeswahlgesetz – BbgLWahlG) in der Fassung der Bekanntmachung v. 28.01.2004, GVBl. I Nr. 2, S. 30, zuletzt geändert durch Gesetz v. 12.02.2019, GVBl. I Nr. 1.
12 Brandenburgische Landeswahlverordnung (BbgLWahlV) v. 19.02.2004, GVBl. II Nr. 7, S. 150, zuletzt geändert durch Art. 1 der Verordnung v. 22.03.2019, GVBl. II Nr. 23.
13 Gesetz über die Prüfung der Wahlen zum Landtag des Landes Brandenburg (Wahlprüfungsgesetz – WPrüfG) in der Fassung der Bekanntmachung v. 20.01.2003, GVBl. I Nr. 1, S. 11.
14 Zu möglichen Abweichungen siehe unter V.1. und V.2.
15 *Hasso Lieber*, in: Lieber/Iwers/Ernst (Hrsg.), Verfassung des Landes Brandenburg, 2012, Art. 62 Ziff. 2.; *Michael Sachs*, Zur Verfassung des Landes Brandenburg, LKV 1993, 241 (247); *Carola Schulze*, in: Simon/Franke/Sachs (Hrsg.), Handbuch der Verfassung des Landes Brandenburg, 1994, § 11 Rn. 19.
16 Hierzu *Jörg Menzel*, Landesverfassungsrecht, 2002, S. 418.
17 Gemäß Art. 62 Abs. 4 Satz 1 LV tritt der Landtag spätestens 30 Tage nach der Wahl zusammen.

würdiger Ansicht bereits eine einfache Mehrheit im Landtag.[18] Hierfür spricht neben der allgemeinen Mehrheitsregel des Art. 65 LV insbesondere der Wille des Verfassungsgebers[19]. Über den ausdrücklichen Wortlaut hinaus ist allerdings – wie bei Art. 68 GG[20] – eine tatsächliche Lage der Instabilität Voraussetzung für die Rechtmäßigkeit der Auflösung[21], zumal andernfalls eine Umgehung der eigentlich für die Selbstauflösung nötigen Zweidrittelmehrheit zu befürchten wäre.

Art. 22 Abs. 3 Satz 1 LV garantiert in Anlehnung an das Grundgesetz die Grundsätze der allgemeinen, unmittelbaren, gleichen, freien und geheimen Wahl. Für ihre Auslegung sind nach allgemeiner Meinung die zu Art. 38 Abs. 1 Satz 1, 28 Abs. 1 Satz 2 GG entwickelten Grundsätze maßgeblich.[22]

II. Wahlrecht und Wählbarkeit

Seit 2011 beträgt das Mindestalter für das aktive Wahlrecht 16 Jahre (Art. 22 Abs. 1 Satz 1 Halbsatz 1 LV, § 5 Abs. 1 Satz 1 Nr. 1 BbgLWahlG).[23] Damit ist Brandenburg nicht nur neben Bremen, Hamburg und Schles-

---

18 *Dietrich Franke*, Der Entwurf der brandenburgischen Landesverfassung, in: Stern (Hrsg.), Deutsche Wiedervereinigung, Bd. 3, 1992, S. 1 (20); a. A. *Martina Ernst*, in: Lieber/Iwers/Ernst (Fn. 15), Art. 87 Ziff. 3.1.2.
19 Verfassungsausschuss, Ausschussprotokoll VA II/4 v. 20.03.1992, S. 9 (abgedruckt in: Landtag Brandenburg, Dokumentation, Verfassung des Landes Brandenburg vom 20. August 1992, Bd. 3, 1993, S. 619); dazu *Helga Jahn*, in: Simon/Franke/Sachs (Fn. 15), § 14 Rn. 36.
20 Hierzu BVerfG, Urt. v. 16.02.1983 – 2 BvE 1/83 u. a., BVerfGE 62, 1 (42 ff.); Urt. v. 25.08.2005 – 2 BvE 4, 7/05, BVerfGE 114, 121 (152 ff.); *Andreas Buettner/Marc Jäger*, Bundestagsauflösung und Vertrauensfrage, DÖV 2006, 401 (410 ff.).
21 Im Ergebnis ebenso *Martina Ernst* (Fn. 18), Art. 87 Ziff. 2.2.
22 Ausführlich hierzu § 3 II; zur Anwendung der grundgesetzlichen Auslegung auf Art. 22 Abs. 3 LV siehe BbgVerfG, Urt. v. 12.10.2000 – VfGBbg 19/00, LVerfGE 11, 148 (155); Urt. v. 23.10.2020 – VfGBbg 9/19 (Rz. 147), VfGBbg 55/19 (Rz. 195); wohl auch *Steffen Johann Iwers*, in: Lieber/Iwers/Ernst (Fn. 15), Art. 22 Ziff. 1.; *Paul Schumacher/Thomas Nobbe* (Fn. 3), Ziff. 2.1; allgemein *Eckart Klein*, Zur Wechselwirkung von Bundes- und Landesgrundrechten, in: Knippel (Hrsg.), Festgabe zum 10jährigen Bestehen des Verfassungsgerichts des Landes Brandenburg, 2003, S. 29 (33 f.).
23 Gesetz zur Änderung der Verfassung des Landes Brandenburg v. 19.12.2011, GVBl. I Nr. 30; hierzu *Stefan Haack*, in: Bauer/Häde/Peine (Fn. 5), § 2 Rn. 47; *Werner Reutter*, Verfassungsgesetzgebung in Brandenburg, ZParl 2015, 116 (127 f.).

wig-Holstein eines der wenigen Länder, das auch bei Landtagswahlen das Mindestalter entsprechend abgesenkt hat. Vielmehr hat es als einziges Land das Wahlrecht ab 16 sogar verfassungsrechtlich verankert.[24] Zudem muss sich der ständige Wohnsitz oder gewöhnliche Aufenthalt[25] des Wählers seit mindestens einem Monat in Brandenburg befinden (§ 5 Abs. 1 Satz 1 Nr. 2 BbgLWahlG, vgl. auch Art. 22 Abs. 5 Satz 2 LV). Mit dem in Art. 3 Abs. 1 Satz 1 i.V.m. Art. 22 Abs. 1 LV auch verfassungsrechtlich vorgeschriebenen[26] Kriterium des „ständigen Wohnsitzes" knüpft Brandenburg – anders als die übrigen Länder –[27] nicht primär an die melderechtliche (Haupt-)Wohnung, sondern an die Begrifflichkeit von § 7 BGB und damit den tatsächlichen Lebensmittelpunkt an.[28] Mit dem Zusatz „ständig" sollte zum Ausdruck gebracht werden, dass bei mehreren Wohnsitzen (vgl. § 7 Abs. 2 BGB) der „Schwerpunkt bei dem Wohnsitz in Brandenburg" liegen müsse.[29] Der melderechtlichen Hauptwohnung kommt gemäß § 5 Abs. 1 Satz 2 BbgLWahlG lediglich indizielle Wirkung zu, wenn

---

24 *Hermann Heußner/Arne Pautsch*, Die Verfassungswidrigkeit des Wahlrechtsausschlusses von 17-Jährigen bei den Wahlen zum Europäischen Parlament, NVwZ 2019, 993 (994); *Friederike Wapler*, Politische Gleichheit: demokratietheoretische Überlegungen, JöR 67 (2019), 427 (431).
25 Die Einführung der Tatbestandsalternative „gewöhnlicher Aufenthalt" sollte insbesondere das Wahlrecht für obdachlose Bürger sicherstellen, siehe Gesetzentwurf der Landesregierung zum Zweiten Gesetz zur Änderung landeswahlrechtlicher Vorschriften v. 12.02.2009, LT-Drs. 4/7237, S. 12 f.; hierzu auch *Ruben Langer*, Länderreport Brandenburg, LKV 2009, 309 (311).
26 Zur Genese siehe Verfassungsausschuss, Ausschussprotokoll VA/UA I/8 v. 27.04.1991, S. 8, Anlagen 1 und 2; Ausschussprotokoll VA/UA I/9 v. 03.05.1991, S. 5; Ausschussprotokoll VA/UA I/13 v. 11.10.1991, S. 20 (abgedruckt in: Landtag Brandenburg, Dokumentation [Fn. 19], Bd. 2, S. 587, 506 f., 624, 694); vgl. auch Gesetzentwurf der Landesregierung zum Wahlgesetz für den Landtag von Brandenburg (Brandenburgisches Landeswahlgesetz – BbgLWahlG) v. 18.06.1993, LT-Drs. 1/2084, Begr. S. 8 f., 12.
27 Hierzu sowie zur Verfassungsmäßigkeit der inkongruenten Länderregelungen und der aus den Regelungsdisparitäten folgenden Möglichkeit eines parallelen Wahlrechts in zwei Ländern siehe § 1 III 2 b.
28 LT-Drs. 1/2084 (Fn. 26), Begr. S. 12; siehe auch *Paul Schumacher/Thomas Nobbe* (Fn. 3), Ziff. 5.1.1.3; zur Parallelregelung im brandenburgischen Kommunalwahlrecht OVG Frankfurt (Oder), Urt. v. 20.09.2001 – 1 A 15/00, LKV 2002, 230 (232 f.); OVG Berlin-Brandenburg, Beschl. v. 24.01.2020 – OVG 12 S 48.19; VG Cottbus, Beschl. v. 23.05.2019 – VG 1 L 240/19; zum bürgerlich-rechtlichen Wohnsitzbegriff *Andreas Spickhoff*, in: Säcker u.a. (Hrsg.), Münchener Kommentar zum BGB, Bd. 1, 8. Aufl. 2018, § 7 Rn. 8 f., 20 ff.
29 LT-Drs. 1/2084 (Fn. 26), Begr. S. 12. Obgleich bereits der bürgerlich-rechtliche Wohnsitzbegriff selbst als „Schwerpunkt der Lebensverhältnisse" definiert ist (s. hierzu die Nachweise in Fn. 28), kann dem Zusatz „ständig" wegen der Möglich-

der Wähler über mehrere gemeldete Wohnungen im Sinne des § 21 BMG verfügt. Kann der Wähler also nachweisen, dass sich sein Lebensmittelpunkt am Ort einer Nebenwohnung in Brandenburg befindet, so ist er dort wahlberechtigt.[30] Neben dem Alters- und Wohnsitzerfordernis darf das Wahlrecht darüber hinaus nicht durch Richterspruch aberkannt worden sein (§ 5 Abs. 2 Satz 1 Nr. 3 i. V. m. § 7 BbgLWahlG).[31] Die Wahlrechtsausschlüsse für unter Betreuung stehende und in psychiatrischen Kliniken untergebrachte Bürger wurden bereits 2018, und damit noch vor der Entscheidung des BVerfG zur Parallelregelung im BWahlG[32], aufgehoben.[33]

Das passive Wahlrecht setzt die Vollendung des 18. Lebensjahres voraus (Art. 22 Abs. 1 Satz 1 Halbsatz 2 LV, § 8 Abs. 1 Satz 1 Nr. 1 BbgLWahlG). Für die Wählbarkeit müssen die Kandidaten bereits seit drei Monaten im Land ansässig sein (§ 8 Abs. 1 Satz 1 Nr. 2 BbgLWahlG). § 8 Abs. 2 BbgLWahlG regelt die Ausschlüsse der Wählbarkeit infolge Richterspruchs oder bei Unterbringung in einer psychiatrischen Einrichtung.

Gemäß Art. 22 Abs. 1 Satz 1 i. V. m. Art. 3 Abs. 1 Satz 1 LV steht sowohl das aktive als auch das passive Wahlrecht – wie nach herrschendem Verständnis von Art. 28 Abs. 1 Satz 2 GG vorgegeben –[34] grundsätzlich nur deutschen Einwohnern („Bürgern") zu. Eine Besonderheit ist allerdings, dass Art. 22 Abs. 1 Satz 2 LV den Landesgesetzgeber verpflichtet, das volle Wahlrecht auch auf ausländische Einwohner zu erstrecken, „sobald und

---

keit zweier Wohnsitze i.S.v. § 7 Abs. 2 BGB eigene Bedeutung zukommen, auch wenn der primär mit zeitlicher Dauerhaftigkeit verbundene Begriff insofern eher unglücklich gewählt ist.

30 Verfahrensregelungen für Wähler mit melderechtlicher Hauptwohnung außerhalb Brandenburgs finden sich in § 6 Abs. 1 Satz 2 BbgLWahlG sowie § 13 Abs. 2 Satz 2, § 14 Abs. 2 BbgLWahlV, dazu *Paul Schumacher/Thomas Nobbe* (Fn. 3), Ziff. 9.3, 9.4.1.

31 Hierzu *Paul Schumacher/Thomas Nobbe* (Fn. 3), Ziff. 5.1.2; vgl. auch *Karl-Ludwig Strelen*, in: Schreiber, BWahlG, 10. Aufl. 2017, § 7 Rn. 7 ff.

32 BVerfG, Urt. v. 29.01.2019 – 2 BvC 62/14, BVerfGE 151, 1 (37 ff., Rz. 83 ff.) zur Verfassungswidrigkeit von § 13 Nr. 2 und 3 BWahlG a. F.

33 Gesetz zur Erweiterung des Wahlrechts im Land Brandenburg v. 29.06.2018, GVBl. I Nr. 16, dazu *Paul Schumacher/Thomas Nobbe* (Fn. 3), Ziff. 5.1.3 f.; *Ruben Langer*, Länderreport Brandenburg, LKV 2018, 453 (455).

34 BVerfG, Urt. v. 31.10.1990 – 2 BvF 2, 6/89, BVerfGE 83, 37 (51 f.); *Kyrill-Alexander Schwarz*, in: v. Mangoldt/Klein/Starck, Grundgesetz, Bd. 2, 7. Aufl. 2018, Art. 28 Rn. 73; *Horst Dreier*, in: ders. (Hrsg.), Grundgesetz-Kommentar, Bd. 2, Art. 28 Rn. 61.

soweit das Grundgesetz dies zuläßt".³⁵ Diese Klausel ist nach zutreffender Ansicht mit dem Grundgesetz vereinbar, weil sie das Ausländerwahlrecht explizit unter den Vorbehalt künftiger grundgesetzlicher Zulässigkeit stellt.³⁶ Mit Art. 28 Abs. 1 Satz 3 GG wurde Art. 22 Abs. 1 Satz 2 LV zumindest teilweise aktiviert, er zielt aber perspektivisch weiter auf eine umfassende Wahlrechtserstreckung auch für die Landtagswahlen ab.³⁷ Soweit Normtext oder Interpretation des Grundgesetzes zukünftig ein umfassendes Ausländerwahlrecht erlauben, dabei aber – wie beim Kommunalwahlrecht für EU-Ausländer³⁸ – Ausgestaltungsspielräume eröffnen sollten, müsste der Landesgesetzgeber diese zwingend so nutzen, dass insbesondere der Wahlrechtsgleichheit so weit wie möglich genügt wird.³⁹

In § 23 des brandenburgischen Abgeordnetengesetzes (AbgG)⁴⁰ sind vor allem für Beamte, Richter und Angestellte des öffentlichen Dienstes Regelungen zur Unvereinbarkeit von Amt und Mandat enthalten.⁴¹ Für solche Inkompatibilitätsregelungen ist nach einer Entscheidung des BbgVerfG

---

35 Zur Entstehungsgeschichte von Art. 22 Abs. 1 Satz 2 LV *Steffen Johann Iwers*, Entstehung, Bindungen und Ziele der materiellen Bestimmungen der Landesverfassung Brandenburg, Bd. 2, 1998, S. 431 f. Die Überschrift von Art. 3 LV bezieht ausländische Einwohner – allerdings lediglich semantisch und deshalb noch mit Art. 28 Abs. 1 Satz 2 GG vereinbar – sogar in das „Staatsvolk" Brandenburgs ein, vgl. *Steffen Johann Iwers*, Entstehung (Fn. 35), S. 306; anders *Hasso Lieber* (Fn. 15), Art. 3 Ziff. 1.
36 *Michael Sachs*, in: Simon/Franke/Sachs (Fn. 15), § 3 Rn. 11; *Kyrill-Alexander Schwarz*, Erweiterungen des Kreises der Wahlberechtigten, AöR 138 (2013), 411 (417); *Dietrich Franke/Reiner Kneifel-Haverkamp*, JöR 42 (1994), 111 (142); *Steffen Johann Iwers*, Entstehung (Fn. 35), S. 435; *ders.* (Fn. 22), Art. 22 Ziff. 2. a. E.; nur im Ergebnis ebenso *Jörg Menzel*, Landesverfassungsrecht (Fn. 16), S. 414.
37 *Alexander v. Brünneck/F. Immanuel Epting*, in: Simon/Franke/Sachs (Fn. 15), § 22 Rn. 8; *Steffen Johann Iwers* (Fn. 22), Art. 22 Ziff. 2.; demgegenüber sprechen *Stefan Haack* (Fn. 23), § 2 Rn. 47 und *Franz-Joseph Peine*, Landesgrundrechte in Brandenburg, in: Merten/Papier (Fn. 1), § 248 Rn. 55 von einer „Bezugnahme" auf Art. 28 Abs. 1 Satz 3 GG.
38 Hierzu *Hartmut Bauer*, Europäisierung des Verfassungsrechts, JBl. 2000, 750 (755); *Wolfgang Löwer*, in: v. Münch/Kunig (Hrsg.), Grundgesetz-Kommentar, Bd. 1, 6. Aufl. 2012, Art. 28 Rn. 33.
39 *Jörg Menzel*, Landesverfassungsrecht (Fn. 16), S. 414.
40 Gesetz über die Rechtsverhältnisse der Mitglieder des Landtags Brandenburg (Abgeordnetengesetz – AbgG) in der Fassung der Bekanntmachung v. 02.12.2019, GVBl. I Nr. 55, geändert durch Art. 1 des Gesetzes v. 27.02.2020, GVBl. I Nr. 4.
41 Zum im Wesentlichen deckungsgleichen § 28 AbgG Bbg a. F. *Paul Schumacher/Thomas Nobbe* (Fn. 3), Ziff. 5.3.

zum Kommunalwahlrecht mit Art. 22 Abs. 5 Satz 3 LV eine eigene landesverfassungsrechtliche Grundlage geschaffen worden.[42]

III. Wahlsystem

Der Brandenburger Landtag wird nach den Grundsätzen der personalisierten Verhältniswahl mit geschlossenen Listen gewählt (§§ 1 bis 3 BbgLWahlG). Gemäß § 1 Abs. 2 BbgLWahlG hat jeder Wähler zwei Stimmen, wobei die Erststimme den Direktkandidaten bestimmt und die Zweitstimme einer der Landeslisten gilt.[43]

Die personalisierte Verhältniswahl ist in Art. 22 Abs. 3 Satz 3 LV („Verfahren [...], das die Persönlichkeitswahl mit den Grundsätzen der Verhältniswahl verbindet") auch verfassungsrechtlich festgeschrieben. Damit sind nicht nur die Eckpfeiler der geltenden Wahlrechtsordnung vor einfachrechtlichen Systemwechseln geschützt, die Grundsätze der personalisierten Verhältniswahl genießen auch Verfassungsrang und müssen zum übrigen Wahlverfassungsrecht in praktische Konkordanz gebracht werden. Das gilt auch für die Persönlichkeits- und Verhältniswahlelemente untereinander[44] und kann durchaus Auswirkungen auf wahlrechtliche Einzelfragen zeitigen[45]. Auch wenn Art. 22 Abs. 3 Satz 3 LV im Grundrechtsteil geregelt ist, sprechen Wortlaut und die größere Sachnähe der Wahlgrundsätze gegen eine Einordnung als subjektiv rügefähiges Grundrecht.

Grundsätzlich verteilen sich die 88 Sitze des Landtages jeweils hälftig auf Listen- und Direktmandate (§ 1 Abs. 1 BbgLWahlG).[46] Für die Wahl

---

42 BbgVerfG, Urt. v. 25.01.1996 – VfGBbg 13/95, LVerfGE 4, 85 (92 ff.), das allerdings für Landtagswahlen eine mögliche Rechtfertigung durch den Gewaltenteilungsgrundsatz offenließ (a. a. O., S. 93 f.); kritisch zum Urteil *Jörg Menzel*, Unvereinbarkeit von Amt und Mandat in den Ländern nach Art. 137 Abs. 1 GG und Landesverfassungsrecht, DÖV 1996, 1037 (1042 f.); zum Ganzen *Stefan Haack* (Fn. 23), § 2 Rn. 51; *Steffen Johann Iwers* (Fn. 22), Art. 22 Ziff. 6.; *Paul Schumacher/ Thomas Nobbe* (Fn. 3), Ziff. 5.3.
43 *Paul Schumacher/Thomas Nobbe* (Fn. 3), Ziff. 3.1.
44 Zur auf Bundesebene oftmals anzutreffenden Prävalenz des Verhältniswahlelements *Heinrich Lang*, Wahlrecht und Bundesverfassungsgericht, 2014, S. 76; *Dieter Nohlen*, Wahlrecht und Parteiensystem, 7. Aufl. 2014, S. 395; zum Spannungsverhältnis zwischen Personal- und Verhältniswahl eingehend *Sophie-Charlotte Lenski*, Paradoxien der personalisierten Verhältniswahl, AöR 134 (2009), 473 ff.
45 Siehe bspw. zum Einfluss auf die Regelungen zum Ausgleich von und Nachrücken bei Überhangmandaten unten V.3.
46 Zu Abweichungen siehe unter V.1. und V.2.

der Direktkandidaten ist das Wahlgebiet in 44 Wahlkreise unterteilt, die möglichst gleich viele Wahlberechtigte aufweisen sollen und weitestgehend „unter Wahrung der örtlichen Verhältnisse" zu bilden sind (§ 15 Abs. 1 BbgLWahlG). Die Zahl der Wahlberechtigten soll nicht mehr als 25 Prozent vom Durchschnitt nach oben oder unten divergieren. Bei Abweichungen von mehr als 33,3 Prozent muss der jeweilige Wahlkreis neu zugeschnitten werden (§ 14 Abs. 2 BbgLWahlG).[47]

IV. Wahlvorbereitung

Die Vorschriften zur Wahlvorbereitung finden sich in §§ 9 bis 32 BbgLWahlG sowie §§ 10 bis 46 BbgLWahlV. Neben Fragen der Wahlleitung, Wahlkreiseinteilung und den organisatorischen Rahmenbedingungen[48] regeln sie insbesondere die Aufstellung, Einreichung und Zulassung der Wahlvorschläge (§§ 21 bis 30 BbgLWahlG sowie §§ 29 bis 41 BbgLWahlV). Im Jahr 2019 hatte Brandenburg in einem sog. Parité-Gesetz die – inzwischen vom BbgVerfG kassierte – Pflicht eingeführt, Wahllisten gleichmäßig mit Frauen und Männern zu besetzen. Ein Charakteristikum des brandenburgischen Wahlrechts *de lege lata* sind die großzügigen Regelungen zu Gunsten von politischen Vereinigungen und Listenvereinigungen, die neben den Parteien zur Einreichung von Wahlvorschlägen zugelassen sind.[49]

---

[47] Zum Ganzen *Paul Schumacher/Thomas Nobbe* (Fn. 3), Ziff. 3.2; zu Abweichungen bei Wahlkreisgrößen *Hartmut Bauer*, Die Verfassungsentwicklung des wiedervereinten Deutschland, in: Isensee/Kirchhof (Hrsg.), Handbuch des Staatsrechts, Bd. 1, 3. Aufl. 2003, § 14 Rn. 94.
[48] Hierzu eingehend *Paul Schumacher/Thomas Nobbe* (Fn. 3), Ziff. 7. bis 9.
[49] Soweit nachfolgend im Kontext des BbgLWahlG lediglich von „Parteien" die Rede ist, gelten die Ausführungen, sofern nicht anders gekennzeichnet, auch für politische Vereinigungen und Listenvereinigungen, auf deren jeweils explizite Erwähnung aus Gründen der Übersichtlichkeit verzichtet werden soll.

Michael Meier

1. Parité-Gesetz

Als erstes Land hatte Brandenburg im Januar 2019 ein als „Parité-Gesetz" firmierendes Regelwerk beschlossen[50], das eine geschlechterparitätische Aufstellung der Listenvorschläge vorschreiben sollte.[51] Die Neuregelungen

---

50 Zweites Gesetz zur Änderung des Brandenburgischen Landeswahlgesetzes – Parité-Gesetz v. 12.02.2019, GVBl. I Nr. 1. Das Gesetz ging ursprünglich auf einen noch weitreichenderen Entwurf der damaligen Oppositionsfraktion von Bündnis 90/Die Grünen zurück (Gesetzentwurf v. 22.02.2018, LT-Drs. 6/8210), die neben der Listenbesetzung auch die Direktkandidatenwahl paritätsgerecht reformieren wollte. Die Regierungsfraktionen von SPD und Linkspartei griffen den Gesetzentwurf zwar auf, entschieden sich aber für eine Beschränkung auf die Listenaufstellung (vgl. hierzu die – insofern eher spärlichen – Gesetzesmaterialien zum modifizierten Entwurf der Koalitionsfraktionen, Beschlussempfehlung und Bericht des Ausschusses für Inneres und Kommunales v. 29.01.2019, LT-Drs. 6/10466, Anlage 3).
51 Aus der Literatur zum brandenburgischen Parité-Gesetz siehe *Paul Schumacher/Thomas Nobbe* (Fn. 3), Ziff. 1.2.7.18, 11.6.5; *Jörg Burmeister/Holger Greve*, Parité-Gesetz und Demokratieprinzip: Verfassungsauftrag oder Identitätsverstoß?, ZG 2019, 154 (155 ff.); *Antje v. Ungern-Sternberg*, Parité-Gesetzgebung auf dem Prüfstand des Verfassungsrechts, JZ 2019, 525 ff.; *Hermann Butzer*, in: Epping/Hillgruber (Hrsg.), BeckOK GG, 43. Ed. 2020, Art. 38 Rn. 81.1 f.; *Stefan Haack* (Fn. 23), § 2 Rn. 50; *Silke Ruth Laskowski*, Zeit für Veränderung: das Brandenburger Parité-Gesetz und seine Dynamik, djbZ 2019, 60 (61 ff.); *Anika Klafki*, Parität – Der deutsche Diskurs im globalen Kontext, DÖV 2020, 856 (857 ff.); *Winfriede Schreiber*, Wer wagt, gewinnt! ....oder nicht?, djbZ 2019, 121 ff.; *Monika Polzin*, Parité-Gesetz in Brandenburg – Kein Sieg für die Demokratie, Verfassungsblog v. 08.02.2019, abrufbar unter: https://verfassungsblog.de/parite-gesetz-in-brandenburg-kein-sieg-fuer-die-demokratie/, DOI: https://doi.org/10.17176/20190211-212411-0 (zuletzt abgerufen am 10.06.2020); *Christoph Möllers*, Die Krise der Repräsentation, FAZ v. 13.02.2019, Nr. 37, S. 9; *Christine Hohmann-Dennhardt*, Parité, SZ v. 09./10.02.2019, Nr. 34, S. 5; *Ruben Langer*, Länderreport Brandenburg, LKV 2019, 356; vgl. zudem *Steffen Johann Iwers/Julia Platter*, Geschlechterparität bei Landtagswahlen, Gutachten des Parlamentarischen Beratungsdienstes des Landtags Brandenburg v. 18.10.2018 Nr. 6/48, abrufbar unter: https://www.parlamentsdokumentation.brandenburg.de/starweb/LBB/ELVIS/parladoku/w6/gu/48.pdf (abgerufen am 10.06.2020) sowie die Stellungnahmen von u. a. *Martin Morlok/Alexander Hobusch* im Gesetzgebungsprozess, Ausschuss für Inneres und Kommunales, Sitzungsprot. v. 25.05.2018, P-AIK 6/45; allgemein zu Frauenquoten in Parlamenten *Martin Morlok/Alexander Hobusch*, Ade parité? – Zur Verfassungswidrigkeit verpflichtender Quotenregelungen bei Landeslisten, DÖV 2019, 14 ff.; hierzu *Hans Meyer*, Verbietet das Grundgesetz eine paritätische Frauenquote bei Listenwahlen zu Parlamenten?, NVwZ 2019, 1245 ff.; dazu wiederum *Martin Morlok/Alexander Hobusch*, Sinnvoll heißt nicht verfassungsgemäß – zu Meyers Kritik an der Paritätskritik, NVwZ 2019, 1734 ff.; ferner *Frauke Brosius-Gersdorf*, Aus dem Tandem

fanden sich in § 25 Abs. 3 Satz 2 bis 7, Abs. 8 Satz 2 sowie § 30 Abs. 1 Satz 2 Nr. 2 Satz 3 BbgLWahlG und waren zunächst zum 30.06.2020 in Kraft getreten. Mit Urteil vom 23.10.2020 hat das BbgVerfG die Regelungen jedoch im Wesentlichen als verfassungswidrig eingestuft und für nichtig erklärt.[52] Es liegt damit auf einer Linie mit dem ThürVerfGH, der bereits zuvor eine ähnliche Paritätsklausel in Thüringen aufgehoben hatte.[53] Den Kern der nunmehr kassierten brandenburgischen Regelung bildeten § 25 Abs. 3 Satz 3 und 4 BbgLWahlG. Sie bestimmten, dass die Landeslisten jeweils alternierend mit einem Mann und einer Frau zu bilden gewesen wären (sog. Reißverschlussverfahren), wobei die Parteien selbst entscheiden konnten, ob die Listung mit einem Mann oder einer Frau beginnt. Damit ging die Regelung über eine einfache Quote hinaus und hätte eine gleichmäßig-paritätische Besetzung auch der aussichtsreichen Listenplätze sichergestellt. Personen des dritten Geschlechts konnten auf allen Listenplätzen platziert werden (§ 25 Abs. 3 Satz 6 BbgLWahlG). Auf reine Männer- oder Frauenparteien sollten die Paritätsregelungen keine Anwendung finden (§ 25 Abs. 3 Satz 7 BbgLWahlG).[54] Bereits im Ansatz unglücklich

---

ins Parlament. Zu Sinn und Unsinn von Quoten für Wahlen, djbZ 2019, 57 ff.; *Silvia Pernice-Warnke*, Parlamente als Spiegel der Bevölkerung?, DVBl. 2020, 81 ff.; *Wapler*, Gleichheit (Fn. 24), 427 ff.; *Sina Fontana*, Parität als verfassungsrechtlicher Diskurs, DVBl. 2019, 1153 ff.; *Hubertus Gersdorf*, Das Paritätsurteil des Thüringer Verfassungsgerichtshofes springt doppelt zu kurz, DÖV 2020, 779 ff.; *Claudia Danker*, Paritätische Aufstellung von Landeswahllisten – Beeinträchtigung der Wahlrechtsgrundsätze, NVwZ 2020, 1250; *Hermann Butzer*, Diskussionsstand und Verfassungsfragen einer Paritégesetzgebung auf Bundes- und Landesebene, NdsVBl. 2019, 10 ff.; *Johann Hahlen*, in: Schreiber (Fn. 31), § 27 Rn. 14; *Siegfried Jutzi*, Gendergerechte Demokratie – eine verfassungsrechtliche Repräsentationsanforderung?, LKRZ 2012, 92 (95); aus der älteren Literatur *Ingwer Ebsen*, Quotierung politischer Entscheidungsgremien durch Gesetz?, JZ 1989, 553 ff.; *Janbernd Oebbecke*, Quotierung auf Landeslisten, JZ 1988, 176 ff.
52 BbgVerfG, Urt. v. 23.10.2020 – VfGBbg 9/19, VfGBbg 55/19. Lediglich § 25 Abs. 8 Satz 2 BbgLWahlG blieb von der Nichtigerklärung unberührt, dürfte aber nunmehr ebenfalls obsolet sein.
53 ThürVerfGH, Urt. v. 15.07.2020 – VerfGH 2/20, NVwZ 2020, 1266; dazu § 19 IV 2.
54 Zweifelhaft ist allerdings, ob solche monogeschlechtlichen Aufnahmeregelungen überhaupt zulässig wären, vgl. *Hans Meyer*, Frauenquote (Fn. 51), 1248 f.; *Bodo Pieroth*, in: Jarass/Pieroth (Hrsg.), Grundgesetz für die Bundesrepublik Deutschland, 16. Aufl. 2020, Art. 21 Rn. 36; für ihre Zulässigkeit hingegen ThürVerfGH, Urt. v. 15.07.2020 – VerfGH 2/20, NVwZ 2020, 1266 (1268 f., Rz. 92); *Martin Morlok/Alexander Hobusch*, Ade parité? (Fn. 51), 20; *Hans Hugo Klein*, in: Maunz/Dürig, Grundgesetz, 82. EL 2018, Art. 21 Rn. 379; wohl auch BbgVerfG, Urt. v. 23.10.2020 – VfGBbg 9/19 (Rz. 184 f.).

war die Regelung zur Rechtsfolge für den Fall paritätswidrig besetzter Landeslisten. Der vom Reformgesetzgeber eingeführte § 30 Abs. 1 Satz 2 Nr. 2 Satz 3 BbgLWahlG hätte vorgesehen, dass eine betroffene Landesliste bei bloßen Einzelverstößen automatisch mit „alle[n] verbliebenen Bewerbenden" hätte neugebildet werden sollen. Bei unbefangener Lesart hätten paritätsunwillige Parteien so schlussendlich sogar von gesetzeswidriger Listenaufstellung profitieren können.⁵⁵

Im Vorfeld der Entscheidung des BbgVerfG war die Verfassungsmäßigkeit des Parité-Gesetzes in der Literatur heftig umstritten. Einigkeit bestand noch dahingehend, dass die Vorgaben für die Listenaufstellung in die aktive Wahlrechtsfreiheit, die passive Wahlrechtsgleichheit (Art. 28 Abs. 1 Satz 2 GG, Art. 22 Abs. 3 Satz 1 LV) und die Parteifreiheit (Art. 21 Abs. 1 GG, Art. 20 Abs. 1, 3 LV) eingreifen.⁵⁶ Ein Teil der Literatur hielt diese Beeinträchtigungen jedoch insbesondere durch das Gleichberechtigungsgebot der Art. 3 Abs. 2 GG, Art. 12 Abs. 3 LV für gerechtfertigt.⁵⁷ Der überwiegende Teil der Lehre verneinte demgegenüber eine Rechtfertigung, weil die Beschränkung der Wahl- und Parteifreiheit außer Verhältnis zum Gleichstellungszweck stehe⁵⁸ oder Art. 3 Abs. 2 GG, Art. 12 Abs. 3 LV wegen Spezialität der Wahlrechtsgleichheit von vornherein nicht anwendbar seien⁵⁹. Manche Autoren erblickten in der Listenquotierung sogar

---

55 Zudem hätte die Regelung dem Wahlausschuss – entgegen Beteuerungen in der Gesetzesbegründung (vgl. LT-Drs. 6/10466 [Fn. 50], S. 4, Anlage 3 S. 5) – problematische Ermessensspielräume eingeräumt, weil er gemäß § 30 Abs. 1 Satz 2 Nr. 2 Satz 2 BbgLWahlG hätte entscheiden müssen, ob die jeweilige Liste „nur hinsichtlich einzelner Bewerber" rechtswidrig zusammengesetzt gewesen wäre, vgl. zum Ganzen *Antje v. Ungern-Sternberg*, Parité-Gesetzgebung (Fn. 51), 527; *Silke Ruth Laskowski*, Veränderung (Fn. 51), 61. Das BbgVerfG hätte demgegenüber unter Rückgriff auf die Gesetzesmaterialien eine sinnstiftendere Auslegung für möglich gehalten (vgl. Urt. v. 23.10.2020 – VfGBbg 9/19 [Rz. 97 ff.], VfGBbg 55/19 [Rz. 160 ff.]), die jedoch vom Wortlaut der Norm kaum noch gedeckt gewesen wäre.
56 *Martin Morlok/Alexander Hobusch*, Ade parité? (Fn. 51), 15; *Frauke Brosius-Gersdorf*, Tandem (Fn. 51), 58; *Jörg Burmeister/Holger Greve*, Parité-Gesetz (Fn. 51), 157 f.; *Silvia Pernice-Warnke*, Parlamente (Fn. 51), 84 f.; *Antje v. Ungern-Sternberg* sieht mit guten Gründen zusätzlich die Allgemeinheit der Wahl betroffen (*dies.*, Parité-Gesetzgebung [Fn. 51], 528); siehe auch LT-Drs. 6/10466 (Fn. 50), Anlage 3 S. 3 f.
57 *Hans Meyer*, Frauenquote (Fn. 51), 1249; *Frauke Brosius-Gersdorf*, Tandem (Fn. 51), 59; *Winfriede Schreiber*, Wer wagt (Fn. 51), 122 f.
58 *Martin Morlok/Alexander Hobusch*, Ade parité? (Fn. 51), 19 f.; *Johann Hahlen* (Fn. 51), § 27 Rn. 14.
59 *Antje v. Ungern-Sternberg*, Parité-Gesetzgebung (Fn. 51), 533; *Silvia Pernice-Warnke*, Parlamente (Fn. 51), 86 f.; *Siegfried Jutzi*, Demokratie (Fn. 51), 95.

einen Verstoß gegen den im Demokratieprinzip wurzelnde Grundsatz der Gesamtrepräsentation und attestierten einen Verstoß gegen Art. 79 Abs. 3 GG.[60]

Mit seiner Entscheidung hat sich das BbgVerfG zumindest im Ergebnis der herrschenden Meinung in der Literatur angeschlossen. Das Gericht sieht in den brandenburgischen Paritätsregelungen eine Beeinträchtigung der passiven Wahlrechtsgleichheit (Art. 22 Abs. 3 Satz 1 LV) sowie der Organisations- und Programmfreiheit, der Wahlvorschlagsfreiheit und der Chancengleichheit der Parteien (Art. 12 Abs. 1, 2, Art. 20 Abs. 1, 3 Satz 2, Art. 21, Art. 22 Abs. 3 Satz 1 LV).[61] In der Privilegierung der Angehörigen des dritten Geschlechts (vgl. § 25 Abs. 3 Satz 6 BbgLWahlG) liege zudem eine geschlechtsspezifische Diskriminierung (Art. 12 Abs. 2, 3 Satz 1 LV).[62] Vor allem hält das BbgVerfG die Paritätsregeln aber ebenfalls für unvereinbar mit dem Demokratieprinzip (Art. 2 Abs. 1, 2 LV) „in seiner aus der derzeitigen Landesverfassung zum Ausdruck kommenden Form". Dem Demokratieprinzip liege vielmehr ein Modell der Gesamtrepräsentation zu Grunde, mit dem eine gruppenspezifische Quotenvorgabe unvereinbar sei. Aus diesem Grund verneint das Gericht auch eine Rechtfertigung der festgestellten Beeinträchtigungen aus dem Gleichstellungsgebot des Art. 12 Abs. 3 Satz 2 LV, ohne insofern überhaupt noch in eine Gewichtung des Gleichstellungsgebots vorzunehmen.[63]

In der Tat sprechen gute Gründe dafür, die mit der Paritätsregelung verbundenen Eingriffe zumindest momentan nicht als gerechtfertigt anzusehen. Zwar ist das Gleichstellungsgebot als möglicher Rechtfertigungsgrund von durchaus signifikantem Gewicht zu berücksichtigen. Da mildere Einwirkungen wie offene Listen oder finanzielle Anreize bisher vernachlässigt wurden, die Regelung über die Herstellung bloßer Chancengleichheit hinausgeht und der Frauenanteil im Brandenburger Landtag

---

60 *Jörg Burmeister/Holger Greve*, Parité-Gesetz (Fn. 51), 164 ff.; *Monika Polzin*, Parité-Gesetz (Fn. 51).
61 BbgVerfG, Urt. v. 23.10.2020 – VfGBbg 9/19 (Rz. 88 ff., 174 ff.), VfGBbg 55/19 (Rz. 150 ff.). Eine Beeinträchtigung der aktiven Wahlrechtsfreiheit schloss das Gericht zwar allgemein nicht aus, hielt eine Betroffenheit der Beschwerdeführer im konkreten Verfahren aber nicht für schlüssig dargelegt, vgl. Urt. v. 23.10.2020 – VfGBbg 55/19 (Rz. 138).
62 BbgVerfG, Urt. v. 23.10.2020 – VfGBbg 55/19 (Rz. 219 ff.).
63 BbgVerfG, Urt. v. 23.10.2020 – VfGBbg 9/19 (Rz. 86, 130 ff., 165 ff.), VfGBbg 55/19 (Rz. 149, 182 ff., 209 ff.).

zuletzt immerhin bei über 30 Prozent lag[64], bleibt sein Gewicht aber letztlich hinter den strengen Anforderungen eines „zwingenden Grundes"[65] zurück, die das BbgVerfG freilich im Ergebnis nicht mehr konkret geprüft hat. Ob jedoch das von ihm stattdessen ins Feld geführte Demokratieprinzip einer Quotenregelung derart konzeptionell entgegensteht, wie vom Gericht angenommen, ist keineswegs ausgemacht. Immerhin lässt die Listenquotierung den demokratischen Kerngedanken der Mehrheitswahlentscheidung unberührt und kann dazu beitragen, den in der passiven Wahlrechtsgleichheit und -allgemeinheit angelegten Gedanken des gleichen Zugangs zu Wahlämtern zu effektuieren. Dass das BbgVerfG trotzdem wohl eine Einführung von Quotenregelungen im Wege der Verfassungsänderung für zulässig hält,[66] ist in jedem Fall schon wegen Art. 28 Abs. 1 Satz 1 GG nur schwer mit seinem strengen Verständnis des Demokratieprinzips zu vereinbaren.

2. Politische Vereinigungen, Listenvereinigungen und Einzelbewerber

Gemäß Art. 22 Abs. 3 Satz 2 LV sind neben Parteien auch politische Vereinigungen, Listenvereinigungen und Einzelbewerber zur Wahlteilnahme berechtigt. Diese sogar verfassungsrechtlich verankerte Regelung resultiert aus der zur Wendezeit vorherrschenden Reserviertheit gegenüber politischen Parteien.[67]

Mit der Einbeziehung politischer Vereinigungen wollten Landesverfassungs- und -gesetzgeber auch Gruppierungen mit weniger festen Organisa-

---

64 Vgl. *Robert Meyer/Milena Hassenkamp*, Herrenwahl, Spiegel Online v. 04.09.2019, abrufbar unter: https://www.spiegel.de/politik/deutschland/sachsen-und-branden burg-warum-jetzt-weniger-frauen-in-den-landtagen-sitzen-a-1285026.html (abgerufen am 13.06.2020).
65 Allgemein zur Rechtfertigung der Beschränkung von Wahlrechtsgrundsätzen BVerfG, Beschl. v. 29.01.2019 – 2 BvC 62/14, BVerfGE 151, 1 (19, Rz. 43) sowie § 3 II.
66 Vgl. BbgVerfG, Urt. v. 23.10.2020 – VfGBbg 9/19 (Rz. 86, 119, 170), VfGBbg 55/19 (Rz. 149, 175, 214). Im Ergebnis spricht freilich durchaus viel dafür, Paritätsregelungen wegen ihrer einschneidenden Wirkung auf die Grunddeterminanten des Wahlrechts verfassungsrechtlich abzusichern, vgl. *Hermann Butzer*, Verfassungsfragen (Fn. 51), 20; *Antje v. Ungern-Sternberg*, Parité-Gesetzgebung (Fn. 51), 534; *Christoph Möllers*, Krise (Fn. 51).
67 *Stefan Haack* (Fn. 23), § 2 Rn. 49; *Alexander v. Brünneck/F. Immanuel Epting* (Fn. 37), § 22 Rn. 10; siehe auch *Paul Schumacher/Thomas Nobbe* (Fn. 3), Ziff. 11.3.3.

tionsstrukturen eine Teilnahme an Landtagswahlen ermöglichen.[68] Zu verstehen sind hierunter alle mitgliedschaftlich organisierten sowie auf Teilnahme an der Willensbildung mindestens in Brandenburg und auf Mitwirkung im dortigen Landtag ausgerichteten Gruppen. Schon wegen §§ 21 Abs. 2 Satz 1, 25 Abs. 2 bis 5 BbgLWahlG ist zudem ein gewisser Organisationsgrad erforderlich.[69] In der Literatur wurde teils kritisch angemerkt, dass sie damit ohnehin als Parteien i. S. v. § 2 Abs. 1 PartG zu behandeln seien.[70] Der Landesgesetzgeber hat sich dieser Haltung 2018 im finanzrechtlichen Kontext offenbar angeschlossen und die politischen Vereinigungen unter Aufhebung der bisherigen gesonderten Landeswahlkampfkostenerstattung auf die allgemeine Parteienfinanzierung verwiesen.[71] Ob allerdings gerade locker organisierte Gruppierungen tatsächlich immer die hierfür erforderliche feste Organisation aufweisen, erscheint keineswegs unproblematisch.[72]

Im Gegensatz zu den meisten anderen Ländern[73] dürfen in Brandenburg Parteien und politische Vereinigungen auch als sog. Listenvereinigung mit einer gemeinsamen Landesliste antreten (§ 22 Abs. 1 Satz 1 BbgLWahlG). Anders als bei Listenverbindungen werden nicht lediglich mehrere Listen verklammert, sondern *eine* einheitliche Liste auf einer gemeinsamen Mitglieder- oder Delegiertenversammlung (§ 22 Abs. 2 Satz 2

---

68 *Paul Schumacher/Thomas Nobbe* (Fn. 3), Ziff. 11.3.3.
69 *Paul Schumacher/Thomas Nobbe* (Fn. 3), Ziff. 11.3.3; hierzu auch *Martin Morlok/ Heike Merten*, Partei genannt Wählergemeinschaft, DÖV 2011, 125 (130).
70 *Martin Morlok/Heike Merten*, Partei (Fn. 69), 134.
71 Vgl. die mit Art. 4 des Gesetzes zur Änderung parlamentsrechtlicher Vorschriften v. 07.03.2018, GVBl. I Nr. 3, erfolgte Aufhebung des bisherigen Wahlkampfkostenerstattungsgesetzes (WKKG) sowie die Erläuterungen im zugehörigen Gesetzentwurf der Landtagspräsidentin v. 01.12.2017, LT-Drs. 6/7706, S. 11; zum Ganzen *Paul Schumacher/Thomas Nobbe* (Fn. 3), Ziff. 1.2.7.14, 18.2; *Ruben Langer*, Länderreport Brandenburg, LKV 2018, 212 (213); zu den früheren Regelungen des WKKG *Heike Merten*, Institutionelle Rahmenbedingungen kommunaler Wählergemeinschaften – Der Einfluss des Parteienrechts, in: Morlok/Poguntke/Walther (Hrsg.), Politik an den Parteien vorbei, 2012, S. 95 (103 f.).
72 Vgl. etwa das Beispiel der Gruppierung „Zusammen für Brandenburg: Freie Wähler" bei *Sophie Schönberger*, Rechtliche Hürden für neue Parteien, in: Morlok/Poguntke/Zons (Hrsg.), Etablierungschancen neuer Parteien, 2016, S. 71 (79, dortige Fn. 30).
73 *Wolfgang Schreiber*, 50 Jahre Bundeswahlgesetz – Rückblick, Ausblick, DVBl. 2006, 529 (536, dortige Fn. 65); *Malte Lübker/Suzanne S. Schüttemeyer* (Fn. 9), S. 187.

Nr. 3 BbgLWahlG) gebildet.[74] § 22 Abs. 2 BbgLWahlG, § 31 BbgLWahlV statuieren für Listenvereinigungen zusätzliche formelle Anforderungen, insbesondere eine gesonderte Anzeigepflicht.

Als Direktwahlkandidaten können zudem Einzelbewerber antreten (§§ 21 Abs. 1, 24 Abs. 4 Satz 3 BbgLWahlG). Anders als bei politischen Vereinigungen und Listenvereinigungen ist für Einzelkandidaten auch nach der Reform von 2018 gemäß § 53 BbgLWahlG n. F. weiterhin eine gesonderte landesrechtliche Wahlkampfkostenerstattung vorgesehen.

3. Weitere Regelungen über die Wahlvorschläge

Die allgemeinen Voraussetzungen der Wahlvorschlagsberechtigung einer Partei sind in §§ 21 ff. BbgLWahlG geregelt.[75] Für die Aufstellung der Wahlvorschläge ist vor allem § 25 BbgLWahlG maßgeblich. Sowohl die Direktkandidaten (Kreiswahlvorschläge) als auch die Kandidaten der Landesliste einer Partei (vgl. § 21 Abs. 6 BbgLWahlG) sind gemäß § 25 Abs. 1 BbgLWahlG auf Mitglieder- oder Delegiertenversammlungen zu wählen. Die Aufstellung der Landesliste erfolgt auf einer Landesversammlung (§ 25 Abs. 3 Satz 1 BbgLWahlG). Anders als bei der Bundestagswahl (§ 21 BWahlG) können die Direktkandidaten in Brandenburg nicht nur auf einer wahlkreis- oder landkreisweiten Mitglieder- oder Delegiertenversammlung, sondern ebenfalls zentral auf der landesweiten Versammlung (§ 25 Abs. 2 BbgLWahlG) bestimmt werden.

V. Wahlergebnis

Die Feststellung des Wahlergebnisses und die hierauf beruhende Mandatszuteilung sind in §§ 2 und 3 BbgLWahlG geregelt.

---

74 Paul Schumacher/Thomas Nobbe (Fn. 3), Ziff. 11.3.4, vgl. auch Hans Hugo Klein (Fn. 54), Art. 38 Rn. 131 f.
75 Hierzu Paul Schumacher/Thomas Nobbe (Fn. 3), Ziff. 11.3.1 ff.

1. Feststellung des Wahlergebnisses und Berechnungsverfahren für die Sitzverteilung

Gemäß § 2 BbgLWahlG werden die Direktmandate in den Wahlkreisen nach relativer Mehrheit vergeben, wobei im Fall von Stimmengleichheit das Los entscheidet. Für die Gesamtverteilung der Sitze werden von der Regelzahl von 88 Mandaten zunächst etwaige Direktmandate abgezogen, deren Inhaber keiner Partei mit zugelassener Landesliste angehören (§ 3 Abs. 2 BbgLWahlG). Die verbliebenen Sitze werden gemäß § 3 Abs. 3 BbgLWahlG unter den zu berücksichtigenden Parteien[76] basierend auf dem Zweitstimmenergebnis ihrer Landesliste nach der Quotenmethode mit Restausgleich nach größten Bruchteilen (Hare/Niemeyer) verteilt.[77] § 3 Abs. 4 BbgLWahlG enthält eine Mehrheitsklausel, die sicherstellen soll, dass einer Partei, deren Liste die absolute Mehrheit unter den erfolgreichen Landeslisten erringt, tatsächlich auch die absolute Mehrheit der Mandate zugeteilt wird.[78] Von den hiernach auf die jeweilige Partei entfallenden Mandate wird die Zahl der von ihr errungenen Direktmandate abgezogen und die verbleibenden Sitze nach der Reihenfolge der Landesliste an die nicht bereits direkt gewählten Listenkandidaten vergeben.[79] Ist die Landesliste erschöpft, bleiben noch offene Sitze unbesetzt (§ 3 Abs. 5 BbgLWahlG).

2. Überhang- und Ausgleichsmandate

Wie bei personalisierten Verhältniswahlsystemen üblich, entstehen auch bei Landtagswahlen in Brandenburg Überhangmandate, wenn eine Partei mehr Direktmandate erhält, als ihr nach dem Zweitstimmenergebnis ihrer Liste zusteht. § 3 Abs. 6 BbgLWahlG enthält die hierzu gängige Regelung, nach der die begünstigte Partei sämtliche Überhangmandate behalten darf und sich die Anzahl der eigentlich 88 Parlamentssitze um die Zahl der Überhangmandate erhöht.

§ 3 Abs. 7 bis 11 BbgLWahlG sehen in diesem Fall vor, den übrigen im Landtag vertretenen Parteien grundsätzlich zur Wiederherstellung des

---

76 Zur Sperrklausel sogleich unter 3.
77 *Paul Schumacher/Thomas Nobbe* (Fn. 3), Ziff. 13.5; *Malte Lübker/Suzanne S. Schüttemeyer* (Fn. 9), S. 186.
78 Dazu *Jochen Rauber*, Das Ende der Höchstzahlen?, NVwZ 2014, 626 (629); *Paul Schumacher/Thomas Nobbe* (Fn. 3), Ziff. 13.5.2.
79 Zu möglichen Überhangmandaten sogleich unter 2.

Zweitstimmenproporzes Ausgleichsmandate zuzuteilen. Der Verhältnisausgleich ist allerdings durch eine Unter- und eine Obergrenze beschränkt: Zum einen werden Ausgleichsmandate überhaupt erst dann gewährt, wenn eine Partei mindestens drei Überhangmandate erringt (§ 3 Abs. 11 BbgLWahlG).[80] Ist dieser Schwellenwert überschritten, sind alle Überhangmandate ihrer Fraktion auszugleichen, nicht nur die über dem Schwellenwert liegenden. Soweit eine Partei die Untergrenze von zwei Überhangmandaten nicht überschreitet, eine andere Partei aber das Ausgleichsverfahren auslöst, werden auch die Überhangmandate der erstgenannten Partei auf die Ausgleichsmandate angerechnet.[81] Zum anderen ist die Anzahl der Ausgleichsmandate insofern nach oben begrenzt, als die Gesamtabgeordnetenzahl durch ihre Vergabe auf nicht mehr als 110 Abgeordnete ansteigen darf (§ 3 Abs. 7 und 9 BbgLWahlG). Die Brandenburger Regelung schlägt damit einen im Grundsatz durchaus wegweisenden Mittelweg zwischen Wahrung proportionaler Sitzverteilung und Verhinderung einer ausufernden Abgeordnetenzahl ein.

Freilich ist gerade auf Grund der Obergrenze von 110 Mandatsträgern durchaus denkbar, dass auch nach Zuteilung der Ausgleichsmandate mehr als zwei Überhangmandate unausgeglichen bleiben. Legt man die Rechtsprechung des BVerfG zur Begrenzung von Überhangmandaten zu Grunde, dürften allerdings umgerechnet höchstens zwei Überhangmandate zugelassen werden.[82] Selbst wenn man die vom BVerfG gezogene

---

80 Die Freistellung war ursprünglich der Befürchtung geschuldet, dass bereits einzelne Direktmandate regionaler Splitterparteien zu einer vergleichsweise hohen Zahl an Ausgleichsmandaten führen könnten, siehe *Paul Schumacher*, Anmerkung zu BbgVerfG, Urt. v. 12.10.2000 – VfgBbg 19/00, DVBl. 2011, 800 (801); diese Befürchtung hat sich allerdings bisher nicht bestätigt, vgl. *Paul Schumacher/ Thomas Nobbe* (Fn. 3), Ziff. 3.1; 13.5.4; zu Besonderheiten der regional verwurzelten Parteien der sorbischen Minderheit näher unter 3.
81 Zwar ist der Wortlaut von § 3 Abs. 11 BbgLWahlG insofern unklar, die Anrechnung ergibt sich aber aus § 3 Abs. 8 Satz 3 i. V. m. Abs. 5 Satz 1 BbgLWahlG. In der Situation des insofern lückenhaften Abs. 9 ist Abs. 5 Satz 1 analog heranzuziehen.
82 BVerfG, Urt. v. 25.07.2012 – 2 BvF 3/11, 2 BvR 2670/11, 2 BvE 9/11, BVerfGE 131, 316 (368 ff.) erlaubt für den Bundestag Überhangmandate im Umfang einer halben Fraktionsstärke. Im Landtag Brandenburg liegt die Mindestgröße einer Fraktion momentan bei vier Abgeordneten (siehe § 1 Abs. 1 Satz 2 des Gesetzes über die Rechtsstellung und die Finanzierung von Fraktionen und Gruppen im Landtag Brandenburg [Fraktionsgesetz – FraktG] v. 19.06.2019, GVBl. I Nr. 40, geändert durch Art. 3 des Gesetzes v. 11.11.2019, GVBl. I Nr. 52).

Grenzlinie auf Bundesebene für sachgerecht halten wollte,[83] dürfte die dort entwickelte Formel jedoch schwerlich auf Wahlen zu den regelmäßig deutlich kleineren Landtagen übertragbar sein.[84] Da in Brandenburg zudem das personalisierte Verhältniswahlrecht verfassungsrechtlich festgeschrieben ist[85], lässt sich eine Beschränkung des Proporzausgleiches auch deshalb eher rechtfertigen, weil sie einem zu starken Übergewicht der Listen- gegenüber den Wahlkreiskandidaten entgegenwirkt. Allerdings hat die konkrete Ausgestaltung der brandenburgischen Obergrenze als Deckelung der *Gesamt*größe des Landtags die paradoxe Wirkung, dass umso weniger Ausgleichsmandate zur Verfügung stehen, je höher die Zahl der Überhangmandate ausfällt, obwohl gerade in diesen Fällen die zweitstimmenproportionale Sitzverteilung besonders verzerrt wird.[86] Dieser Effekt ließe sich entschärfen, wenn nicht die Gesamtzahl der Abgeordneten, sondern die Zahl der Ausgleichsmandate gedeckelt würde.[87]

Ein Sonderproblem stellt sich, wenn Inhaber eines Überhangmandats während der laufenden Legislaturperiode aus dem Landtag ausscheiden. Trotz der eigentlich einschränkungslosen Nachrücker-Regelung in § 43 BbgLWahlG a. F.[88] entschied das BbgVerfG im Jahr 2000, dass die Nachbesetzung eines direkt gewählten Abgeordnetensitzes wegen des Grundsatzes der unmittelbaren Wahl solange ausscheide, wie die betreffende Fraktion

---

83 Berechtigte Kritik gegen die Entscheidung etwa bei *Benedikt Beckermann*, Iudex calculat, DÖV 2015, 1009 (1014); *Heinrich Lang*, Wahlrecht (Fn. 44), S. 70 ff.; vgl. auch *Ute Mager/Robert Uerpmann*, Überhangmandate und Gleichheit der Wahl, DVBl. 1995, 273 ff.
84 In diese Richtung auch *Veith Mehde*, in: Maunz/Dürig (Fn. 54), 73. EL 2014, Art. 28 Rn. 102.
85 Hierzu oben III.
86 Gelingt es einer Partei beispielsweise, alle 44 Direktmandate zu erringen, während auf ihre Liste „lediglich" 30 % der Zweitstimmen entfallen, stünden ihr 18 Überhangmandate zu, der Landtag würde sich im Ausgangspunkt auf 106 Mitglieder vergrößern. Da bis zur Kappungsgrenze von 110 Abgeordneten gemäß § 3 Abs. 9 BbgLWahlG nur noch weitere vier Ausgleichsmandate geschaffen werden können, blieben insgesamt ca. 16 Überhangmandate unterkompensiert.
87 Die damaligen Koalitionsfraktionen hatten die Regelung – offenbar ohne Berücksichtigung des exponentiellen Effekts – gegen den Widerstand der Opposition durchgesetzt, vgl. Beschlussempfehlung und Bericht des Hauptausschusses zum Gesetzentwurf der Landesregierung v. 21.01.1994, LT-Drs. 1/2701, S. 77. Vgl. auch den ursprünglichen Regierungsentwurf, der die Ausgleichsmandate anteilig deckeln wollte, siehe LT-Drs. 1/2084 (Fn. 26), S. 10.
88 Die Norm bestimmte damals pauschal, dass der Sitz eines ausgeschiedenen Abgeordneten „auf die nächste [...] Ersatzperson der Landesliste übergeht".

über unausgeglichene Überhangmandate verfügt.[89] Der Gesetzgeber hat diese Entscheidung mittlerweile ausdrücklich in § 43 Abs. 2 BbgLWahlG kodifiziert.[90] Dass hierdurch die personalisierte Repräsentation im betroffenen Wahlkreis allerdings vollständig aufgegeben wird, steht wiederum im Konflikt mit der verfassungsrechtlich garantierten personalisierten Verhältniswahl.[91] Vorzugswürdig wäre deshalb die Nachwahl eines Direktkandidaten.[92]

3. Sperrklausel

Während der Beratungen zur brandenburgischen Verfassung diskutierte der Landtag kontrovers die Aufnahme einer verfassungsrechtlichen Regelung zur Sperrklausel, überließ die Entscheidung aber letztlich dem einfachen Gesetzgeber.[93] Dieser hat sich in § 3 Abs. 1 Satz 1 Var. 1 BbgLWahlG für die übliche Fünf-Prozent-Klausel entschieden, betonte dabei allerdings explizit die „stärkere Durchlässigkeit der Sperrklausel" auf Grund der Zulässigkeit von Listenvereinigungen.[94]

Ausgenommen von der Sperrklausel sind zum einen Parteien, die mindestens ein Direktmandat erringen (§ 3 Abs. 1 Satz 1 Var. 2 BbgLWahlG).[95] Gerade die Kombination aus lediglich einem einzigen erforderlichen Wahlkreiserfolg und dem bloß relativen Mehrheitserfordernis für Direkt-

---

89 BbgVerfG, Urt. v. 12.10.2000 – VfGBbg 19/00, LVerfGE 11, 148 (154 ff.) unter maßgeblicher Bezugnahme auf BVerfG, Beschl. v. 26.02.1998 – 2 BvC 28/96, BVerfGE 97, 317 (325 ff.); teils krit. zur Entscheidung die Anm. v. *Paul Schumacher*, Anmerkung (Fn. 80), 800 sowie *Matthias Rossi*, Verlust von Überhangmandaten, LKV 2001, 258 ff. In der Sache handelte es sich entgegen der Meinung des BbgVerfG nicht um bloße Wortlautinterpretation, sondern um eine teleologische Reduktion.
90 Zweites Gesetz zur Änderung landeswahlrechtlicher Vorschriften v. 27.05.2009, GVBl. I Nr. 7, S. 157.
91 Hierzu oben III.
92 Ähnlich *Matthias Rossi*, Verlust (Fn. 89), 259 f.
93 Die Vorschläge reichten von einer Drei- und Fünf-Prozent-Hürde bis hin zum vollständigen Verbot einer Sperrklausel, dazu *Steffen Johann Iwers*, Entstehung (Fn. 35), S. 433 m. w. N.
94 Vgl. LT-Drs. 1/2701 (Fn. 87), S. 76; zur Zulassung von Listenvereinigungen siehe oben, IV.2.
95 Im ursprünglichen Regierungsentwurf war noch eine Schwelle von drei Grundmandaten vorgesehen (LT-Drs. 1/2084 [Fn. 26], S. 9), zur Ratio der Absenkung auf ein Direktmandat geben die Gesetzesmaterialien keine Auskunft (vgl. LT-Drs. 1/2701 [Fn. 87], S. 76).

kandidaten eröffnet Kleinparteien eine durchaus realistische Chance, über diese Grundmandateklausel der Fünf-Prozent-Hürde zu entgehen.[96] So zog im Jahr 2014 die Brandenburger Liste Vereinigte Bürgerbewegungen (BVB)/Freie Wähler trotz eines Zweitstimmenergebnisses von nur 2,7 Prozent in den Landtag ein, nachdem sie ein Direktmandat im Wahlkreis Teltow-Fläming III erringen konnte.[97]

Zum anderen genießen „Parteien [...] der Sorben" eine Befreiung von der Sperrklausel (§ 3 Abs. 1 Satz 2 BbgLWahlG). Die Sorben bzw. Wenden sind eine slawisch-sprachige Minderheit mit Siedlungsgebiet in der brandenburgischen und sächsischen Lausitz.[98] Neben dem Bund und Schleswig-Holstein gehört Brandenburg damit zu den wenigen Rechtsordnungen, die eine Befreiung zu Gunsten einer Minderheit vorsehen.[99] Die Verfassungsmäßigkeit solcher Privilegierungen ist durchaus umstritten.[100] Im Ergebnis sprechen aber die nur geringe Beeinträchtigung der politischen Konkurrenten und der in Art. 25 LV[101] auch verfassungsrechtlich verankerte besondere Schutzauftrag für die sorbische Minderheit dafür, den Eingriff in die Chancengleichheit der übrigen Parteien noch als gerechtfertigt anzusehen.[102] Eine verfassungsrechtliche *Verpflichtung* zur Ausnahme der sorbischen Parteien von der Fünf-Prozent-Hürde ist damit freilich nicht

---

96 *Thorsten Ingo Schmidt*, Das Abstandsgebot zwischen Fraktionen und parlamentarischen Gruppen, DÖV 2015, 261 (262).
97 *Werner Reutter*, Wahlen und Parteien in Brandenburg, in: Lorenz/Anter/Reutter (Hrsg.), Politik und Regieren in Brandenburg, 2016, S. 59 (61); bei der Wahl im Jahr 2019 verteidigte sie das Direktmandat, konnte aber darüber hinaus auch 5,0 % der Zweitstimmen auf sich vereinigen, vgl. Brandenburger Wahlergebnisse, abrufbar unter: https://www.wahlergebnisse.brandenburg.de/wahlen/LT20 19/tabelleLand.html (abgerufen am 17.09.2019).
98 Näher *Thomas Pastor*, Die rechtliche Stellung der Sorben in Deutschland, 1997, S. 15; *Michael Schwarz*, Nationale Minderheiten in Deutschland, DÖV 2016, 972 (974 f.); zur typologischen Einordnung der sorbischen Minderheit *Eckart Klein*, Status des deutschen Volkszugehörigen und Minderheiten im Ausland, in: Isensee/Kirchhof (Hrsg.), Handbuch des Staatsrechts, Bd. 10, 3. Aufl. 2012, § 212 Rn. 40.
99 *Karl-Ludwig Strelen* (Fn. 31), § 6 Rn. 47; zur Befreiung in Schleswig-Holstein § 18 V 3.
100 Umfangreiche Nachweise zum Streitstand bei *Karl-Ludwig Strelen* (Fn. 31), § 6 Rn. 47 (dortige Fn. 103); speziell zur Situation der Sorben *Thomas Pastor*, Sorben (Fn. 98), S. 118 ff.
101 Vgl. hierzu *Martina Ernst* (Fn. 18), Art. 25 Ziff. 4.; allgemein *Franz-Joseph Peine* (Fn. 37), § 248 Rn. 61 f.
102 Allgemein zur Einschränkung von Wahlrechtsgrundsätzen siehe die Nachweise in Fn. 64.

verbunden.¹⁰³ Trotz Befreiung muss die jeweilige Gruppierung genug Stimmen auf sich vereinigen, um mindestens einen Sitz beanspruchen zu können.¹⁰⁴ Bisher ist dies noch keiner Partei der sorbischen Minderheit gelungen.¹⁰⁵

Nicht ganz einfach zu beantworten ist die Frage nach den Voraussetzungen für die Zulassung als „Partei der Sorben".¹⁰⁶ § 3 Abs. 1 Satz 2, 3 BbgLWahlG beinhaltet insofern lediglich Regelungen zu den Verfahrensmodalitäten. Hiernach trifft die Anerkennungsentscheidung der Landeswahlausschuss nach Anhörung des Rates für Angelegenheiten der Sorben/Wenden, eines beim Landtag angesiedelten sorbischen Beratungsgremiums.¹⁰⁷ Immerhin lässt sich den Gesetzesmaterialien entnehmen, dass es sich in materieller Hinsicht um Listen handeln muss, „deren Kandidaten sich in besonderer Weise für den Schutz, die Förderung und die eigenständige Entwicklung des sorbischen Volkes einsetzen"¹⁰⁸. Nach der zur schleswig-holsteinischen und bundesrechtlichen Regelung entwickelten herrschenden Meinung müssen neben diesem programmatischen Element aber auch in personeller Hinsicht Vorstand und Gesamtpartei von Angehörigen der Minderheit geprägt und die Partei maßgeblich von ihnen

---

103 *Hans Hugo Klein*, Neuwahl par ordre de mufti: Bemerkungen zu den Urteilen des Landesverfassungsgerichts von Schleswig-Holstein vom 30. August 2010, ZSE 2010, 564 (571, dortige Fn. 31); zur parallelen Problematik in Schleswig-Holstein auch BVerfG, Urt. v. 11.08.1954 – 2 BvK 2/54, BVerfGE 4, 31 (42); auch aus Art. 14 EMRK lässt sich keine solche Pflicht ableiten, siehe EGMR, Urt. v. 28.01.2016 – 65480/10, NVwZ 2017, 945 (946 Rz. 43).
104 *Martin Neumann*, Sorben/Wenden als Akteure der brandenburgischen Bildungspolitik, 2007, S. 56 taxiert die hierfür erforderliche Stimmzahl auf ca. 13.000.
105 Zu den bisherigen Anläufen siehe *Martin Neumann*, Sorben/Wenden (Fn. 104), S. 56 ff.; *Martina Ernst* (Fn. 18), Art. 25 Ziff. 4.
106 Ausführlich hierzu *Marc Lechleitner*, Parteien der Sorben/Wenden nach § 3 Abs. 1 Satz 2 BbgLWahlG, Gutachten des Parlamentarischen Beratungsdienstes des Landtags Brandenburg v. 27.05.2019 Nr. 6/60, abrufbar unter: https://www.parlamentsdokumentation.brandenburg.de/starweb/LBB/ELVIS/parladoku/w6/gu/60.pdf (abgerufen am 01.05.2020).
107 Näher hierzu und zu möglichen Interessenkonflikten der Ratsmitglieder *Martin Neumann*, Sorben/Wenden (Fn. 104), S. 49 ff., 57 ff.; zur jüngsten Reform des Wahlmodus für den Rat siehe Gesetzentwurf der Abgeordneten *Kerstin Kircheis u. a.*, Gesetz zur Änderung von Rechtsvorschriften über die Rechte der Sorben/Wenden im Land Brandenburg v. 25.05.2012, LT-Drs. 5/5401, Begr. S. 8.
108 Vgl. Änderungsantrag der Abgeordneten *Kerstin Bednarsky u. a.* v. 26.01.1994, LT-Drs. 1/2734, S. 2.

gegründet sein.[109] Auch für Brandenburg wird – schon wegen der Formulierung „Partei [...] *der* Sorben"[110] – ebenfalls ein personelles Element zu fordern sein. Allerdings ist gemäß § 2 des Sorben/Wenden-Gesetzes (SWG)[111] die Zugehörigkeit zum sorbischen Volk grundsätzlich allein vom subjektiven Bekenntnis des Betreffenden abhängig.[112] Eine gewisse Plausibilitätskontrolle mit Blick auf die sprachliche und kulturelle Prägung der Partei wird man wegen des Ausnahmecharakters der Privilegierung zwar zulassen müssen, ein maßgebliches Abstellen auf eine wie auch immer geartete „organisatorische Anbindung" an sorbische „kulturelle Einrichtungen"[113] dürfte die Zulassungsentscheidung hingegen unzulässig mit dem regionalen Verbandswesen verquicken.

VI. Wahlprüfung

Das Wahlprüfungsverfahren obliegt zunächst dem Landtag, gegen dessen Entscheidung sodann die Beschwerde zum BbgVerfG statthaft ist (Art. 63 LV, § 42 BbgLWahlG). Ablauf und Einzelheiten der Wahlprüfung durch den Landtag regelt das WPrüfG.

---

109 Hierzu und zum Folgenden zusammenfassend *Marc Lechleitner*, Parteien (Fn. 106), S. 4 ff. m. w. N.; zur Regelung in Schleswig Holstein siehe SchlH-VerfG, Urt. v. 13.09.2013 – LVerfG 7/12, NVwZ 2013, 1546 f.; *Bodo Pieroth/ Tobias Aubel*, Der Begriff der Partei der dänischen Minderheit im Schleswig-Holsteinischen Landeswahlrecht, NordÖR 2001, 141 ff.; zur Regelung im Bund *Karl-Ludwig Strelen* (Fn. 31), § 6 Rn. 47.
110 *Marc Lechleitner*, Parteien (Fn. 106), S. 4.
111 Gesetz über die Ausgestaltung der Rechte der Sorben/Wenden im Land Brandenburg (Sorben/Wenden-Gesetz – SWG) v. 07.07.1994, GVBl. I Nr. 21, S. 294, zuletzt geändert durch Art. 2 des Gesetzes v. 15.10.2018, GVBl. I Nr. 23.
112 *Martin Neumann*, Minderheitenpolitik im „toleranten Brandenburg" und das sorbische/wendische Siedlungsgebiet, in: Madlena Norberg/Peter Kosta (Hrsg.), Domownja/Heimat, Sorbische/wendische Perspektiven auf die Lausitz, 2010, S. 147 (152); zum Hintergrund *Carola Schulze*, Minderheitenschutz und Minderheitenrechte in der Bundesrepublik Deutschland, in: Breuer u.a. (Hrsg.), Festschrift für Eckart Klein, 2013, S. 335 (337). Auch § 5 Abs. 2 Satz 3, 6 SWG n. F. knüpft die Wahlberechtigung für die neuerdings eingeführte Direktwahl des Rates für Angelegenheiten der Sorben/Wenden allein an das subjektive Bekenntnis.
113 So *Bodo Pieroth/Tobias Aubel*, Begriff (Fn. 109), 144 für die Regelung in Schleswig-Holstein.

Jeder Wahlberechtigte kann, unabhängig von einer eigenen Beschwer[114], binnen sechs Wochen nach Bekanntgabe des Wahlergebnisses durch den Landeswahlleiter[115] im Wege des Einspruchs gegen die Gültigkeit der Wahl eine Wahlprüfung des Landtags einleiten. Auch Landeswahlleiter und Landtagspräsident sind einspruchsberechtigt (§ 2 und 3 WPrüfG). Die Einspruchsgründe sind in § 4 Abs. 1 WPrüfG abschließend aufgelistet. Insbesondere kann gemäß § 4 Abs. 1 Nr. 3 WPrüfG die Verletzung der relevanten einfach- und verfassungsrechtlichen Wahlvorschriften gerügt werden[116], nicht jedoch die fehlerhafte Zulassung von Wahlvorschlägen (§ 4 Abs. 2 WPrüfG).[117] Die Einspruchsgründe erfordern im Wesentlichen entweder tatbestandlich oder *eo ipso*, dass der gerügte Fehler auf das Ergebnis von Einfluss gewesen ist (sog. Mandatserheblichkeit).[118] Die Entscheidung des Landtags wird durch den Wahlprüfungsausschuss vorbereitet (§§ 5 bis 8 WPrüfG) und vom Plenum verabschiedet, wobei die Entscheidung in der Regel innerhalb von vier, maximal binnen sechs Monaten erfolgen muss (§ 10 WPrüfG). Die möglichen Entscheidungsinhalte enthält § 9 WPrüfG. Die einschneidendste unter den möglichen Rechtsfolgen ist die Ungültigerklärung der Wahl (§ 9 Nr. 3 WPrüfG), die eine anschließende Wiederholungswahl erforderlich macht (§ 13 WPrüfG). Umstritten sind die Folgen einer Ungültigerklärung für den gerade gewählten Landtag. Viel spricht dafür, dass nicht der rechtswidrig zusammengesetzte neue Landtag fortbesteht, sondern der vorangegangene Landtag wiederauflebt.[119]

---

114 *Hasso Lieber* (Fn. 15), Art. 63 Ziff. 7.
115 *Paul Schumacher/Thomas Nobbe* (Fn. 3), Ziff. 15.2.2.
116 Zur Bedeutung dieser Variante vgl. exemplarisch *Steffen Johann Iwers*, Bericht über die Arbeit des Verfassungsgerichts des Landes Brandenburg im Jahre 2015, LKV 2016, 204 (210 f.).
117 Hierzu *Paul Schumacher/Thomas Nobbe* (Fn. 3), Ziff. 15.2.5; zum stattdessen eröffneten präventiven Rechtsschutz siehe sogleich.
118 Näher *Paul Schumacher/Thomas Nobbe* (Fn. 3), Ziff. 15.3.1 f.; *Hasso Lieber* (Fn. 15), Art. 63 Ziff. 6.
119 A. A. *Hasso Lieber* (Fn. 15), Art. 63 Ziff. 9; zu Art. 41 GG für ein Wiederaufleben *Bodo Pieroth* (Fn. 54), Art. 41 Rn. 8; *Siegfried Magiera*, in: Sachs (Hrsg.), Grundgesetz, 8. Aufl. 2018, Art. 41 Rn. 17; a. A. *Utz Schliesky*, in: v. Mangoldt/Klein/Starck (Fn. 34), Art. 41 Rn. 50; vgl. auch BVerfG, Beschl. v. 11.11.1953 – 1 BvR 444/53, BVerfGE 3, 41 (44).

Gegen die Entscheidung des Landtags ist gemäß Art. 63 Abs. 2 LV, § 12 WPrüfG und § 59 VerfGGBbg[120] innerhalb einer Frist von zwei Monaten ab Zustellung der Entscheidung[121] die Beschwerde zum BbgVerfG statthaft. Wird die Beschwerde von einem oder mehreren Wahlberechtigten erhoben, bedürfen diese der Unterstützung von weiteren 100 Wahlberechtigten, was trotz Art. 63 Abs. 2 LV verfassungsgemäß sein soll.[122] Unschädlich ist es, wenn der Beschwerdeführer, beispielsweise in Folge eines Wohnortwechsels, nach Einlegung des Wahleinspruchs das Wahlrecht in Brandenburg verliert.[123]

Für Entscheidungen und Maßnahmen mit unmittelbarem Bezug zum Wahlverfahren sind mit Ausnahme der wahlrechtlichen Anfechtungsmöglichkeiten gemäß § 48 BbgLWahlG andere Rechtsbehelfe neben der Wahlprüfung ausgeschlossen (sog. Exklusivität der Wahlprüfung).[124] Im Jahr 2018 wurde immerhin in §§ 21 Abs. 5 Satz 3 BbgLWahlG, 60a VerfGGBbg eine präventive Beschwerde für die Wahlzulassung der Parteien geschaffen.[125]

VII. Wahlrechtsreform

Ob und welche Maßnahmen die Brandenburger Landespolitik der Aufhebung des Parité-Gesetzes durch das BbgVerfG folgen lassen wird, bleibt abzuwarten. Die Entscheidung der Verfassungsrichter scheint die Möglichkeit einer Umsetzung der geschlechtsspezifischen Quotenregelung im

---

120 Gesetz über das Verfassungsgericht des Landes Brandenburg (Verfassungsgerichtsgesetz Brandenburg – VerfGGBbg) in der Fassung der Bekanntmachung v. 22.11.1996, GVBl. I, S. 343, zuletzt geändert durch Art. 1 des Gesetzes v. 18.06.2018, GVBl. I Nr. 13.
121 Hierzu BbgVerfG, Urt. v. 12.10.2000 – VfGBbg 19/00, LVerfGE 11, 148 (151 ff.).
122 BbgVerfG, Beschl. v. 17.06.2010 – VfGBbg 24/10; *Paul Schumacher/Thomas Nobbe* (Fn. 3), Ziff. 15.5; *Hasso Lieber* (Fn. 15), Art. 63 Ziff. 7.
123 BbgVerfG, Urt. v. 12.10.2000 – VfGBbg 19/00, LVerfGE 11, 148 (150 f.).
124 Für die Verfassungsmäßigkeit BbgVerfG, Beschl. v. 02.09.1999 – VfGBbg 29/99, 29/99 EA, LVerfGE 10, 235 f.; ebenso zu § 49 BWahlG BVerfG, Beschl. v. 15.12.1986 – 2 BvE 1/86, BVerfGE 74, 96 (101); zu Recht kritisch *Paul Schumacher/Thomas Nobbe* (Fn. 3), Ziff. 15.7; *Utz Schliesky* (Fn. 119), Art. 41 Rn. 20; *Martin Morlok*, in: Dreier (Fn. 34), Art. 41 Rn. 11; umfassende Nachweise zum Streitstand bei *Johann Hahlen* (Fn. 51), § 49 Rn. 3.
125 Gesetz zur Änderung des Verfassungsgerichtsgesetzes Brandenburg und weiterer Gesetze v. 18.06.2018, GVBl. I Nr. 13; zum Hintergrund *Johann Steffen Iwers*, Bericht über die Arbeit des Verfassungsgerichts des Landes Brandenburg im Jahre 2016, LKV 2017, 106.

Wege einer Verfassungsänderung offenzuhalten.[126] Der Koalitionsvertrag von SPD, CDU und Bündnis 90/Die Grünen sieht für den Fall einer Beanstandung der Parité-Novelle durch das Verfassungsgericht grundsätzlich eine verfassungskonforme Anpassung der Regelungen vor.[127] Ob insbesondere die CDU sich jedoch auch zu einer Verfassungsänderung bereitfinden wird, lassen erste Reaktionen aus Kreisen der Landespartei eher bezweifeln.[128] Umgekehrt bestanden zumindest vor der verfassungsgerichtlichen Entscheidung bei Bündnis 90/Die Grünen und Linkspartei Bestrebungen, die Paritätspflicht sogar noch stärker auszuweiten und auch auf die Wahl der Direktkandidaten zu erstrecken.[129]

---

126 Ausführlich zum Ganzen unter IV.1.
127 Zusammenhalt, Nachhaltigkeit, Sicherheit, Gemeinsamer Koalitionsvertrag von SPD, CDU und Bündnis 90/Die Grünen, S. 48, abrufbar unter: https://www.brandenburg.de/media/bb1.a.3833.de/Koalitionsvertrag_Endfassung.pdf (abgerufen am 10.06.2020).
128 Vgl. *Jan Heidtmann*, Brandenburgs Paritätsgesetz gekippt, SZ v. 24./25.10.2020, Nr. 246, S. 6.
129 *Igor Göldner*, „Wir sind noch lange nicht am Ziel", Märkische Allgemeine v. 07./08.03.2020, S. 12, Nr. 57; siehe bereits den ursprünglichen Gesetzentwurf von Bündnis 90/Die Grünen, LT-Drs. 6/8210 (Fn. 50), S. 5, 10, 38, hierzu oben IV.1.

§ 8 Bremen

Tristan Barczak

I. Wahlen zur Bremischen Bürgerschaft

1. Rechtsgrundlagen: Bekanntes und „Bremensien"

Hanseatischer Tradition entsprechend heißt der Landtag in Bremen „Bürgerschaft" (vgl. Art. 66 Abs. 2 lit. b LVerf).[1] Die Rechtsgrundlagen über die Wahl der Mitglieder der Bürgerschaft finden sich sowohl auf landesverfassungsrechtlicher (Art. 75 LVerf[2]) als auch auf parlamentsgesetzlicher (WahlG[3]) und verordnungsrechtlicher Ebene (LWO[4]).

Art. 75 LVerf normiert die wesentlichen landesverfassungsrechtlichen Vorgaben für die Wahl zur Bremischen Bürgerschaft. Deren Mitglieder werden nach Art. 75 Abs. 1 Satz 1 LVerf in allgemeiner, gleicher, unmittelbarer freier und geheimer Wahl gewählt. Die Reihenfolge der Wahlrechtsgrundsätze unterscheidet sich insofern zwar von derjenigen des Art. 38 Abs. 1 Satz 1 GG[5] und nennt namentlich die Gleichheit der Wahl an vorgezogener Position. Ein abweichender Sinngehalt der Einzelgrundsätze – jenseits des von der Homogenitätsklausel des Art. 28 Abs. 1 Satz 2 GG ohnehin statuierten rechtsstaatlich-verbindlichen Mindestmaßes an

---

1 Zur Begriffsgeschichte *Andreas Rehder*, Die Verfassung der Freien Hansestadt Bremen von 1920, 2016, S. 137 f.; zur staatsorganisationsrechtlichen Stellung *Ulrich K. Preuß*, Landtag (Bürgerschaft), in: Kröning/Pottschmidt/Preuß u. a. (Hrsg.), Handbuch der Bremischen Verfassung, 1991, S. 301 ff.
2 Landesverfassung der Freien Hansestadt Bremen (LVerf) i. d. F. der Bekanntmachung v. 12.08.2019 (GBl. S. 524).
3 Bremisches Wahlgesetz (WahlG) v. 23.05.1990 (GBl. S. 321), zuletzt geändert durch Art. 1 des Gesetzes zur Änderung des Bremischen WahlG und weiterer wahlrechtlicher Vorschiften v. 04.09.2018 (GBl. S. 411).
4 Bremische Landeswahlordnung (LWO) v. 23.05.1990 (GBl. S. 334), zuletzt geändert durch Art. 1 der Verordnung zur Änderung der Landeswahlordnung und der Verordnung über die gemeinsame Durchführung des Volksentscheides und einer Wahl zum Deutschen Bundestag v. 22.11.2018 (GBl. S. 474).
5 Zu den in Art. 38 Abs. 1 Satz 1 GG normierten Wahlrechtsgrundsätzen siehe näher § 3 II.

Deckungsgleichheit – ist hiermit indes nicht verbunden, wie sich bereits im Umkehrschluss zu § 5 Abs. 1 Satz 1 WahlG folgern lässt.[6]

Neben den bekannten Wahlrechtsmaximen fördert Art. 75 LVerf mehrere „Bremensien" – im hier interessierenden Kontext verstanden als Besonderheiten des bremischen Wahlrechts im Vergleich mit den bundesdeutschen Wahlsystemen[7] – zu Tage: Dies beginnt bereits mit der rechtsbegrifflichen Unterscheidung zwischen „Bürgerschaft" (Art. 75) und „Stadtbürgerschaft" (Art. 148), mit der zum Ausdruck gebracht wird, dass das Verfassungsorganisationsrecht zwischen staatlicher und gemeindlicher Tätigkeit trennt. Die Freie Hansestadt Bremen ist hiernach – anders als Berlin (vgl. Art. 1 Abs. 1 BlnVerf) oder die Freie und Hansestadt Hamburg (Art. 4 Abs. 1 HmbVerf) – nicht als Einheitsgemeinde, sondern als Zwei-Städte-Staat[8] konzipiert. Der Umstand, dass Bremen „kein ‚echter' Stadtstaat"[9] ist, spiegelt sich im Landtagswahlrecht an mehreren Stellen wider: Um eine angemessene Repräsentation beider Kommunen im Landesparlament zu garantieren, ist das Wahlgebiet gemäß Art. 75 Abs. 1 Satz 1 LVerf in zwei voneinander getrennte Bereiche (Bremen und Bremerhaven) unterteilt, für die jeweils separate Listenwahlvorschläge einzureichen sind. Weitere, im föderalen Vergleich hervorstechende „Bremensien" finden sich mit der an die Aufteilung in zwei separate Wahlbereiche anknüpfenden verfassungsunmittelbaren 5-%-Sperrklausel nach Art. 75 Abs. 3 LVerf,[10] der auf vier Jahre beschränkten Wahlperiode,[11] des mit Vollendung des 16. Lebensjahrs einsetzenden aktiven Wahlrechts[12] sowie der nicht durch das Parlament selbst durchgeführten Wahlprüfung.[13]

---

6 Vgl. ferner *Stephan Haberland*, in: Fischer-Lescano/Rinken/Buse u. a. (Hrsg.), Verfassung der Freien Hansestadt Bremen, 2016, Art. 75 Rn. 7, 15 ff.

7 Plakativ insoweit auch *Daniel Deckers*, Klein, aber schräg – Wahlrecht in Bremen, abrufbar unter: https://www.faz.net/aktuell/politik/wahl-in-bremen/klein-aber-sch raeg-das-wahlrecht-in-bremen-13585556.html (abgerufen am 15.06.2020).

8 Vgl. Art. 143 Abs. 1 LVerf: „Die Stadt Bremen und die Stadt Bremerhaven bilden jede für sich eine Gemeinde des bremischen Staates". Zu dieser einmaligen Konstruktion BremStGH, Urt. v. 05.11.2004 – St 2/04, LVerfGE 15, 180 (194 f.); *Lothar Probst*, Bremen: Zur Identität eines Stadtstaates, in: Werz/Koschkar (Hrsg.), Regionale politische Kultur in Deutschland, 2016, S. 141 (145 ff.).

9 *Jörn Ketelhut/Roland Lhotta/Mario-G. Harms*, Die Bremische Bürgerschaft als „Mitregent": Hybrider Parlamentarismus im Zwei-Städte-Staat, in: Mielke/Reutter (Hrsg.), Landesparlamentarismus, 2. Aufl. 2012, S. 219 (221).

10 Siehe unten V. 2.

11 Siehe unten 3.

12 Siehe unten II. 1.

13 Siehe unten VI.

2. Zahl der Mitglieder

Die Regelung des Art. 75 ist seit der ursprünglichen, vorgrundgesetzlichen Fassung der Landesverfassung der Freien Hansestadt Bremen vom 21.10.1947,[14] die an die demokratische und freiheitliche Tradition Bremens vor 1933 anknüpfte,[15] weitgehend unverändert geblieben. Eine wesentliche Änderung hat sie indes durch die Verfassungsnovelle vom November 1994[16] erfahren. Die bis dahin verfassungsrechtlich festgeschriebene Mitgliederzahl von 100 wurde gestrichen und Art. 75 Abs. 2 LVerf erhielt seine bis heute gültige Fassung: „Die Zahl der Mitglieder der Bürgerschaft wird durch Gesetz festgelegt". Hintergrund der Verfassungsnovellierung war eine geplante Verringerung der Anzahl der Abgeordneten mit dem Ziel, die Kosten für das Parlament zu senken.[17]

Dem verfassungsrechtlichen Regelungsauftrag ist der bremische Wahlgesetzgeber mit § 5 Abs. 1 Satz 1 und 2 WahlG nachgekommen: Danach besteht die Bürgerschaft aktuell[18] aus 84 Mitgliedern, von denen 69 Mitglieder im Wahlbereich Bremen und 15 Mitglieder im Wahlbereich Bremerhaven zu wählen sind. Die Anzahl der jeweiligen Abgeordnetenmandate wird nach einem bestimmten Schlüssel aufgeteilt, der sich an der Einwohnerentwicklung in den beiden Städten orientiert.[19] Dieser Schlüssel muss fortlaufend am Maßstab der jeweiligen Einwohnerentwicklung in den beiden Städten überprüft werden, um dem Prinzip der Erfolgswertgleichheit in den beiden Wahlbereichen gerecht zu werden. Dabei ist es nach Auffassung des BremStGH verfassungskonform, wenn die Entscheidung über die Mandatsaufteilung im Wahlgesetz „etwa zwei Jahre" vor einer Bürgerschaftswahl getroffen wird.[20]

---

14 GBl. S. 251.
15 *Lutz W. Hambusch*, Verfassungsreform in Bremen, ZParl 4 (1973), 355 (355).
16 GBl. S. 289. Eine weitere staatsorganisationsrechtlich bedeutsame, hier jedoch nicht weiter interessierende Verfassungsänderung betraf die Umstellung der Bürgerschaft auf ein Teilzeitparlament (Art. 97 Abs. 2 LVerf) durch Gesetz v. 23.03.2010, GBl. S. 273.
17 Bericht und Antrag des nichtständigen Ausschusses „Reform der Landesverfassung", Bü-Drs. 13/592 v. 21.06.1993, S. 9 f.
18 Zuletzt geändert durch Gesetz v. 27.02.2018, GBl. S. 34: Erhöhung von 83 auf 84 Mitgliedern.
19 *Lothar Probst*, Wahlrecht und Wahlsystem, in: ders. (Hrsg.), Politische Institutionen, Parteien und Wahlen im Land Bremen, 2011, S. 77 (78).
20 BremStGH, Urt. v. 05.11.2004 – St 2/04, LVerfGE 15, 180 (190 ff., 198).

3. Wahlperiode

Die Dauer der Legislaturperiode der Bürgerschaft beträgt nach Art. 75 Abs. 1 Satz 1 LVerf, § 5 Abs. 1 Satz 1 WahlG vier Jahre. Bremen verfügt damit als letztes der 16 deutschen Länder über eine lediglich vierjährige Wahlperiode. Diese war bereits wiederholt Gegenstand von Kritik und Reformbemühungen.[21] Zuletzt sollte mit dem „Gesetz zur Änderung der Landesverfassung der Freien Hansestadt Bremen – Verlängerung der Wahlperiode der Bremischen Bürgerschaft", das auf einen fraktionsübergreifenden Antrag von SPD, Bündnis 90/Die Grünen, CDU, DIE LINKE und FDP vom April/Mai 2017 zurückging,[22] die Wahlperiode auf fünf Jahre verlängert werden. Zur Begründung hieß es: „Für eine Optimierung der Funktionsfähigkeit der Bremischen Bürgerschaft durch eine Verlängerung der Wahlperiode von derzeit vier Jahren um ein Jahr auf fünf Jahre sprechen gewichtige Argumente. Die Arbeit der Abgeordneten [...] wird hierdurch effektiviert [...]. Gleichzeitig sind Wahlen Kernstück einer parlamentarischen Demokratie und dürfen nicht als lästige Unterbrechung des eigentlichen politischen Geschäfts betrachtet werden [...]. Um den Berechtigten selbst die Entscheidung zu überlassen, soll diese Änderung der Landesverfassung nur erfolgen, wenn sich die wahlberechtigte Bevölkerung dafür ausgesprochen hat. Dafür soll das Mittel des Volksentscheids herangezogen werden."[23] Der Volksentscheid über die Verfassungsänderung (Art. 70 Abs. 1 lit. a, 125 Abs. 3 LVerf), der am 24.09.2017 stattfand, führte im Ergebnis jedoch zu einer Ablehnung des Gesetzentwurfs; von 330.890 gültigen Stimmen entfielen 160.166 auf „Ja" und 170.724 auf „Nein".[24] Damit bleibt es – zumindest vorerst – bei der „Bremensie" einer nur 4-jährigen Wahlperiode.

---

21 Vgl. *Andreas Bovenschulte/Andreas Fisahn*, Die Verfassung der Freien Hansestadt Bremen, in: Fisahn (Hrsg.), Bremer Recht, 2008, S. 18 (50).
22 Bü-Drs. 19/1012 v. 04.04.2017, neugefasst durch Bü-Drs. 19/1068 v. 09.05.2017.
23 Antrag der Fraktionen der SPD, Bündnis 90/Die Grünen, der CDU, DIE LINKE und der FDP, Gesetz zur Änderung der Landesverfassung der Freien Hansestadt Bremen – Verlängerung der Wahlperiode der Bremischen Bürgerschaft, Bü-Drs. 19/1068 v. 09.05.2017, S. 1 f.
24 Vgl. BremABl. 2017, S. 911 sowie die Mitteilung des Senats über den Volksentscheid zur Verlängerung der Wahlperiode der Bremischen Bürgerschaft, Bü-Drs. 19/1342 v. 07.11.2017, S. 4.

II. Wahlrecht, Wählbarkeit und Wahlbeteiligung

Die Fragen der Wahlberechtigung und Wählbarkeit werden nach Art. 75 Abs. 1 Satz 2 LVerf ebenfalls der Regelung durch den (einfachen) Landesgesetzgeber überlassen.

1. Aktives Wahlrecht

Wahlberechtigt sind gemäß § 1 Abs. 1 WahlG alle Deutschen i. S. d. Art. 116 Abs. 1 GG, die am Wahltag das 16. Lebensjahr vollendet haben, seit mindestens drei Monaten im Gebiet der Freien Hansestadt Bremen eine Wohnung innehaben oder, sofern sie eine Wohnung in der Bundesrepublik Deutschland nicht innehaben, sich sonst gewöhnlich aufhalten, und nicht nach § 2 WahlG vom aktiven Wahlrecht kraft Richterspruchs (§ 45 Abs. 5 StGB) ausgeschlossen sind. Zur Bürgerschaftswahl 2011 hatte Bremen – als erstes deutsches Land[25] – das Wahlalter für Landtagswahlen von 18 auf 16 Jahren gesenkt.[26] Einfluss auf die seit der Bürgerschaftswahl 1975 beinahe kontinuierlich sinkende Wahlbeteiligung hatte diese Entscheidung indes nicht:[27] Betrug die Wahlbeteiligung im Jahr 1975 noch 82,2 %, belief sie sich bei den Bürgerschaftswahlen 2011 auf 55,5 % und erreichte im Jahr 2015 ein historisches Tief von 50,5 %. Erst bei der Wahl im 2019 war ein substantieller Zuwachs der Wahlbeteiligung feststellbar (64,1 %).[28] Über politische Initiativen und Gesetzesänderungen sollten zudem das Wahlrecht für Obdachlose (z. B. durch Einführung möglichst niedrigschwelliger Verfahren zur Stimmabgabe[29]) und Menschen mit Behinderungen gestärkt werden: So wurde insbesondere die Anknüpfung

---

25 Vgl. dazu auch Wissenschaftliche Dienste des Deutsches Bundestages, Wahlrecht ab 16 Jahren – Regelungen und Erfahrungen, WD 3–3000–135/10, S. 5 ff.
26 Durch Gesetz v. 03.11.2009, GBl. S. 443.
27 Im Einzelnen zu den Auswirkungen des reformierten Wahlrechts auf die Wahlbeteiligung *Lothar Probst*, Die Bürgerschaftswahl in Bremen vom 22. Mai 2011: Triumph für Rot-Grün, „Abwahl" der Opposition, ZParl 42 (2011), 804 (814 ff.); *ders.*, Die Bürgerschaftswahl in Bremen vom 10. Mai 2015: SPD und Grüne Verlierer der Wahl, aber Mehrheit knapp behauptet, ZParl 46 (2015), 539 (547 ff.).
28 Vgl. Statistisches Bundesamt, Wahlbeteiligung bei den Bürgerschaftswahlen in Bremen von 1946 bis 2019, abrufbar unter: https://de.statista.com/statistik/daten/s tudie/3172/umfrage/wahlbeteiligung-bei-den-buergerschaftswahlen-in-bremen-seit -1947/(abgerufen am 15.06.2020).
29 Dringlichkeitsantrag der Fraktionen der SPD, Bündnis 90/Die Grünen und DIE LINKE, Das Wahlrecht für Obdachlose stärken, Bü-Drs. 20/154 v. 12.11.2019 und

des Wahlrechts an das gesetzliche Betreuungsrecht gemäß § 2 Nr. 2 WahlG a. F. im Jahr 2018 ersatzlos gestrichen.[30] Bremen nahm auch in dieser Frage des aktiven Wahlrechts eine Vorreiterrolle ein, die der Sache nach die Entscheidung des BVerfG[31] zur Verfassungswidrigkeit des Wahlrechtsausschlusses vollbetreuter Personen (§ 13 Nr. 2 BWahlG a.F.) vorwegnahm.

Unter den gleichen Voraussetzungen wie Deutsche können Staatsangehörige der übrigen Mitgliedstaaten der Europäischen Union an der Wahl zur Bürgerschaft im Wahlbereich Bremen teilnehmen (§ 1 Abs. 1a WahlG).[32] Ihr Wahlrecht gilt jedoch, im Einklang mit Art. 22 AEUV, ausschließlich für die Zusammensetzung der kommunalen Stadtbürgerschaft (Art. 148 LVerf), nicht für die Wahl des Landtags (Art. 75 LVerf). Diese Einschränkung hat der Staatsgerichtshof für verfassungskonform erklärt, da es im staatsorganisatorischen Spielraum des bremischen Gesetzgebers liege, auch nach Einführung des Kommunalwahlrechts für Unionsbürger am traditionellen Modell der Stadtstaatlichkeit Bremens festzuhalten.[33] Im Gegenzug hat der BremStGH einen von der Bürgerschaft am 24.01.2013 in erster Lesung beschlossenen Gesetzesentwurf zur Änderung des bremischen Wahlgesetzes, der Unionsbürgern ein Wahlrecht zur Bürgerschaft einräumte, als verfassungswidrig angesehen.[34] Dabei stützte er sich maßgeblich auf die Rechtsprechung des BVerfG zu Beginn der 1990er Jahre, nach welcher das Staatsvolk, von dem die Staatsgewalt in der Bundesrepublik Deutschland ausgeht, nach dem Grundgesetz von den Deutschen, also den deutschen Staatsangehörigen und den ihnen nach Art. 116 Abs. 1 GG gleichgestellten Personen, gebildet werde und die den Ländern zukommende Staatsgewalt gemäß Art. 20 Abs. 2, Art. 28 Abs. 1 Satz 1 GG ebenfalls nur von denjenigen getragen werden könne, die Deutsche im Sinne

---

Bremische Bürgerschaft (20. Wahlperiode), Plenarprotokoll der 6. Sitzung v. 11.12.2019 und 12.12.2019, S. 558–563.
30 Durch Gesetz v. 27.02.2018, GBl. S. 34.
31 BVerfG, Beschl. v. 29.01.2019 – 2 BvC 62/14, BVerfGE 151, 1 ff.
32 Für die Wahl der Stadtverordnetenversammlung der Stadt Bremerhaven vgl. § 43 Abs. 1, 2 WahlG.
33 BremStGH, Urt. v. 29.08.2000 – St 4/99, BremStGHE 6, 253 (253, 1. Ls.).
34 BremStGH, Urt. v. 31.01.2014 – St 1/13, BremStGHE 8, 234 (247 ff.), mit Sondervotum *Sacksofsky*. Begründet wurde dies von der Mehrheitsmeinung mit einem Verstoß gegen den Grundsatz der Volkssouveränität (Art. 66 Abs. 1 LVerf). Vgl. hierzu die krit. Anm. von *Sebastian Eickenjäger/Alex Valle Franco*, Ausweitung des Wahlrechts für Migranten?, ZAR 2015, 52 ff. und *Robert Chr. van Ooyen*, Kein Ausländerwahlrecht: Die Luxemburger und der Staatsgerichtshof Bremen entscheiden gegen eine demokratische Avantgarde, RuP 51 (2015), 129 ff.

des Art. 116 Abs. 1 GG seien.[35] Die Folge für Bremen ist, dass nur Unionsbürger ein selbstständiges aktives und passives Wahlrecht zur Stadtbürgerschaft haben, während deutsche Staatsbürger nur die Bürgerschaft (Landtag) wählen können und damit zugleich die Zusammensetzung der Stadtbürgerschaft beeinflussen (vgl. § 5 Abs. 3 WahlG, sog. Teilidentität der Bürgerschaft mit der Stadtbürgerschaft[36]).

2. *Passives Wahlrecht*

Wählbar ist gemäß § 4 Abs. 1, 3 WahlG jeder Wahlberechtigte, der am Wahltage das 18. Lebensjahr vollendet hat und dem nicht am Wahltage infolge Richterspruchs die Wählbarkeit oder die Fähigkeit zur Bekleidung öffentlicher Ämter aberkannt wurde. Unionsbürgerinnen und -bürger sind – spiegelbildlich zu § 1 Abs. 1a WahlG – ausschließlich zur Stadtbürgerschaft wählbar (§ 4 Abs. 2 WahlG).

III. Wahlsystem

1. *Systemische Grundentscheidung: Eine mit der Personenwahl verbundene Verhältniswahl*

Weder das Grundgesetz noch die Landesverfassung schreiben für das Land Bremen ein bestimmtes Wahlsystem vor.[37] Es besteht insoweit ein breiter Entscheidungsspielraum, den das Grundgesetz und die bremische Landesverfassung dem Gesetzgeber bei der Gestaltung des Wahlrechts einräumen. Dieser ist jedoch nicht schrankenlos: Ungeachtet verschiedener Ausgestaltungsmöglichkeiten ist der Gesetzgeber verpflichtet, den Wahlrechtsgrundsätzen zu entsprechen. Aus dem Grundsatz der Wahlrechtsgleichheit leitet sich das Gebot ab, das ausgewählte Verfahren in seinen Grundele-

---

35 BVerfG, Urt. v. 31.10.1990 – 2 BvF 2/89 u. a., BVerfGE 83, 37 ff.; Urt. v. 31.10.1990 – 2 BvF 3/89, BVerfGE 83, 60 ff.
36 Vgl. *Christoph Külpmann*, Zur Verfassungswidrigkeit der Mandatszuteilung im bremischen Wahlrecht, NordÖR 2010, 1 (1 mit Fn. 5); von einer „Doppelfunktion" der im Wahlbereich Bremen gewählten Abgeordneten sprechen *Jörn Ketelhut/Roland Lhotta/Mario-G. Harms*, „Mitregent" (Fn. 9), S. 222.
37 BVerfG (Vorprüfungsausschuss), Beschl. v. 19.05.1982 – 2 BvR 630/81, NVwZ 1982, 613 (613); BremStGH, Urt. v. 08.04.2010 – St 3/09, LVerfGE 21, 139 (151); *Stephan Haberland* (Fn. 6), Art. 75 Rn. 30 m. w. N.

menten einheitlich und folgerichtig zu regeln und keine strukturwidrigen Elemente einzuführen.[38]

Nach bremischem Recht galt bis zur Bürgerschaftswahl 2007 ein lediglich durch die 5-%-Sperrklausel modifiziertes reines Verhältniswahlrecht, wobei jeder Wahlberechtigte – im Unterschied etwa zur Bundestagswahl (§ 4 BWahlG) und den meisten anderen Landtagswahlen – nur eine Stimme für die Wahl einer Landesliste hatte.[39] Das reine Verhältniswahlrecht mit starrer Listenwahl und 5-%-Sperrklausel wurde im Laufe der Zeit mehr und mehr als unbefriedigend wahrgenommen. Mit dem „Gesetz über Mehr Demokratie beim Wählen – Mehr Einfluss für Bürgerinnen und Bürger" vom 19.12.2006[40], das im Wesentlichen auf das vom Verein „Mehr Demokratie e. V." initiierte Volksbegehren „Neues Wahlrecht" zurückgeht, wurde das Landeswahlgesetz grundlegend novelliert. Die „geradezu ‚revolutionäre'"[41] Gesetzesänderung zielte maßgeblich darauf ab, den Wählerinnen und Wählern durch die Einführung der Personenstimme eine Änderung der von den Parteien und Wählervereinigungen vorgegebenen „starren Liste" zu ermöglichen, also mehr Sitze für die Zuteilung aufgrund der Personenstimmen zu sichern und dadurch mehr Einfluss bei der Auswahl der Abgeordneten der Bremischen Bürgerschaft zu geben.[42] Die Wahlrechtsnovelle vollzog letztlich das nach, was in Hamburg bereits zwei Jahre zuvor durch Volksentscheid vom 13.06.2004 beschlossen worden war, in dem benachbarten Stadtstaat jedoch nie zur praktischen Anwendung gelangte.[43] Jedem Wahlberechtigten stehen nach bremischem Recht nun fünf Stimmen zu (vgl. § 6 Abs. 1 Satz 1 WahlG). Die fünf Stimmen können in ihrer Gesamtheit an einen Bewerber abgegeben (Kumulieren, § 6 Abs. 2 WahlG) oder auf Bewerber aus unterschiedlichen Wahlvorschlägen verteilt werden (Panaschieren, § 6 Abs. 3 WahlG).[44] Neben dieser Wahl eines Bewerbers oder mehrerer Bewerber können auch

---

38 BVerfG, Urt. v. 13.02.2008 – 2 BvK 1/07, BVerfGE 120, 82 (103 f.); BremStGH, Urt. v. 08.04.2010 – St 3/09, LVerfGE 21, 139 (151).
39 Zur alten Rechtslage *Lothar Probst*, Wahlrecht (Fn. 19), S. 77 ff.; *Andreas Bovenschulte/Andreas Fisahn*, Verfassung (Fn. 21), S. 50.
40 GBl. S. 539.
41 *Lothar Probst*, Wahlrecht (Fn. 19), S. 78.
42 Ob dies in der Praxis gelingen kann, wird indes bezweifelt, vgl. *Armin Schäfer/Harald Schoen*, Mehr Demokratie, aber nur für wenige? Der Zielkonflikt zwischen mehr Beteiligung und politischer Gleichheit, Leviathan 41 (2013), 94 (104 ff.).
43 Näher zum hamburgischen Wahlrecht § 9 III. 2.
44 Mit empirischen Erkenntnissen *Jan Lorenz*, Wie die Kumuliermöglichkeit Panaschieren verhindert und Personenwahlkampf polarisiert: Das Beispiel Bremens, ZParl 49 (2018), 564 ff.

Listen (Parteien/Wählervereinigungen) gewählt werden und die Stimmen wiederum auch dort kumuliert oder panaschiert werden (§ 6 Abs. 4 WahlG). Danach ist es ist möglich, alle fünf Stimmen auf einen Kandidaten/eine Kandidatin bzw. eine Liste zu konzentrieren (Kumulieren, „Häufeln"). Umgekehrt ist es möglich, jeweils eine Stimme an fünf favorisierte verschiedene Kandidaten zu geben, auch wenn diese nicht derselben Partei angehören. Genauso ist es möglich, je ein Kreuz hinter fünf verschiedene Listen zu setzen (Panaschieren, „Mischen"). Schließlich lässt § 6 Abs. 4 Satz 1 WahlG („Statt oder neben") auch eine Kombination beider Modelle zu: So wäre es z. B. auch möglich, dass ein Wähler drei seiner fünf Stimmen für einzelne Kandidaten abgibt, von denen er wiederum zwei Stimmen bei Kandidat A konzentriert (Kumulierung nach § 6 Abs. 2 WahlG) und die dritte Stimme Kandidat B gibt (Panaschierung nach § 6 Abs. 3 WahlG). Die verbleibenden zwei Stimmen kann der Wähler nun an Liste C und D verteilen oder bei Liste D „anhäufeln" (§ 6 Abs. 4 Satz 1 und 2 WahlG).

Die Wahl entspricht mit diesem Prinzip einer mit der Personenwahl verbundenen Verhältniswahl aufgrund von Listenwahlvorschlägen von Parteien und Wählervereinigungen (§ 7 Abs. 1 WahlG). Die vom bremischen Gesetzgeber gewählte Kombination von Personen- und Verhältniswahl bleibt dabei vom Grundsatz her eine Verhältniswahl.[45] Dies ergibt sich schon daraus, dass die abgegebenen Personenstimmen gemeinsam mit den reinen Listenstimmen dem Wahlvorschlag in seiner Gesamtheit zugerechnet werden (vgl. § 7 Abs. 3 WahlG). In Ermangelung von in Wahlkreisen vergebenen Direktmandaten stellt sich in Bremen auch das Problem der Überhangmandate nicht.[46] Die Personenstimme hat auch aus diesem Grund nicht dieselbe Bedeutung wie die Erststimme (Direktmandat) bei der Wahl zum Deutschen Bundestag, die strikt von der Listenstimme (Zweitstimme) zu unterscheiden ist.[47] Die Personenstimme nach geltendem bremischen Wahlrecht besitzt gleichwohl die folgenden drei Funktionen: Die erste Funktion ist die einer reinen Listenstimme, indem sie mit

---

[45] Vgl. auch die Begründung des Gesetzes zur Änderung des Bremischen Wahlgesetzes aufgrund des Vorschlags der Initiative „Mehr Demokratie", Bü-Drs. 16/863 v. 12.12.2005, S. 5; *Lothar Probst/Valentin Schröder*, Das Bremer Wahlsystem: Intransparent, paradox und möglicherweise verfassungswidrig, 2015, S. 3: „weiterhin in die Kategorie der Verhältniswahlsysteme einzuordnen".

[46] Zur Diskussion um Überhangmandate vgl. den Bericht des nichtständigen Ausschusses „Überprüfung einer Wahlrechtsnovellierung im Land Bremen", Bü-Drs. 16/815 v. 29.11.2005, S. 18 ff. et passim.

[47] BremStGH, Urt. v. 08.04.2010 – St 3/09, LVerfGE 21, 139 (151 f.).

darüber entscheidet, wie viele Sitze die Liste insgesamt im Verhältnis zu den anderen Listenwahlvorschlägen von Parteien und Wählervereinigungen erhält (§ 7 Abs. 3 WahlG). In ihrer zweiten Funktion dient die Personenstimme dazu, innerhalb einer Liste festzustellen, wie viele Sitze nach Listenwahl (Listenbank) und wie viele Sitze nach Personenwahl (Personenbank) zu vergeben sind (§ 7 Abs. 5 WahlG). In ihrer dritten Funktion soll die Personenstimme auf der „Personenbank" eine Reihenfolge der Kandidaten nach der Anzahl der auf sie entfallenden Stimmen festsetzen (§ 7 Abs. 6 WahlG).[48]

2. Wahlgebiet, Wahlbereiche und -bezirke

Nach Art. 75 Abs. 1 Satz 1 LVerf wird das Wahlgebiet des Landes Bremen in die Wahlbereiche Bremen und Bremerhaven eingeteilt und eine verfassungsunmittelbare Sperrklausel an diese Einteilung geknüpft.[49] Diese im Bund-Länder-Vergleich einzigartige[50] Regelung steht landesverfassungsrechtlich insoweit unter besonderem Schutz, als sie nach Art. 125 Abs. 4 LVerf nur unter erschwerten Bedingungen abänderbar ist (Volksentscheid oder einstimmiger Beschluss der Bürgerschaft). Nach § 5 Abs. 2 WahlG umfasst der Wahlbereich Bremen das Gebiet der Stadtgemeinde Bremen, der Wahlbereich Bremerhaven das der Stadtgemeinde Bremerhaven.

Nach der Rechtsprechung des BremStGH rechtfertigt sich die Einteilung des Wahlgebiets in zwei separate Wahlbereiche durch landesspezifische Eigenarten der verfassungsmäßigen Organisation und Tradition, die geographische Lage sowie die Zahlen der Gesamtbevölkerung und der Wahlberechtigten als Ausdruck eines ausgewogenen Verhältnisses zwischen den beiden Gemeinden im Zwei-Städte-Staat.[51] Der Umstand, dass das Land Bremen aus den beiden Stadtgemeinden Bremen und Bremerhaven bestehe, „die weitgehend – schon wegen ihrer räumlichen Trennung von 60 km – ein eigenständiges Leben führen",[52] wurde auch vom BVerfG anerkannt, das die Einteilung in zwei Wahlbereiche als „historisch gegeben[en]"[53] betrachtet hat. Nun ist eine Argumentation, die sich maßgeb-

---

48 Zu Prinzip und Reihenfolge der Mandatszuteilung näher unten V. 1.
49 Zu dieser unten V. 2.
50 Siehe oben I. 1.
51 BremStGH, Beschl. v. 23.07.1964 – St 1/1964, BremStGHE 1, 205 (215 f.); Urt. v. 04.05.1981 – St 1/80, BremStGHE 4, 111 (126 ff.).
52 BremStGH, Beschl. v. 23.07.1964 – St 1/1964, BremStGHE 1, 205 (215).
53 BVerfG, Urt. v. 05.04.1952 – 2 BvH 1/52, BVerfGE 1, 208 (253).

lich auf historische Gewachsenheit und traditionelle Überlieferung zurückzieht, prinzipiell mit Vorsicht zu genießen. In seiner verfassungsorganisationsrechtlichen Struktur als Zwei-Städte-Staat unterscheidet sich Bremen jedoch tatsächlich von jedem anderen Land, einschließlich der Stadtstaaten Berlin und Hamburg.[54] Die Einteilung des Landes Bremen in die beiden Wahlbereiche Bremen und Bremerhaven war zudem bereits in der ersten Verfassung des Bremischen Staats vom 21.03.1849 angelegt (Art. 36, § 72) und steht somit in einer ununterbrochenen verfassungsgeschichtlichen Kontinuitätslinie, die es gerechtfertigt erscheinen lässt, beide Wahlbereiche auch weiterhin getrennt zu behandeln.[55] Sie dient dabei vor allem dem Zweck, die Eigenständigkeit Bremerhavens zu betonen und für Bremerhaven zu sichern, dass seine Interessen durch eigene Abgeordnete wahrgenommen werden können.[56] Das aus den Wahlen in zwei Wahlbereichen mit festen Mandatskontingenten hervorgegangene gemeinsame Parlament bietet wohl am ehesten die Gewähr dafür, dass die historischen, geographischen, sozialen, wirtschaftlichen und kulturellen Besonderheiten der beiden Städte ebenso gewahrt werden wie ihre Gemeinsamkeiten. Das Ziel, den Charakter der Bürgerschaft als eines in den Wahlbereichen Bremen und Bremerhaven gewählten Parlaments zu erhalten, dürfte für die rechtlich-politische Eigenart des Landes Bremen als Zwei-Städte-Staat als so wesentlich erscheinen, dass es der Wahlrechtsgleichheit in seiner Bedeutung entspricht. Daher braucht sich der Gesetzgeber nach der Rechtsprechung des BremStGH auch nicht auf Lösungen verweisen zu lassen, in denen dieses Ziel nur unvollkommen berücksichtigt werden kann.[57] In der Praxis führt diese Besonderheit des bremischen Wahlrechts jedoch zu erheblichen verfassungsrechtlichen Problemen, namentlich bei der Anwendung der in Art. 75 Abs. 3 LVerf normierten 5-%-Sperrklausel.[58]

Lediglich für die Organisation der Stimmabgabe wird jeder der beiden Wahlbereiche in Wahlbezirke aufgeteilt (§ 9 WahlG, §§ 1 f. LWO). Wahlkreise kennt das bremische Recht hingegen auch nach Einführung der Personenstimme im Jahr 2006[59] nicht. Stattdessen beziehen sich die Wahlvorschläge auf den jeweiligen Wahlbereich (§ 7 Abs. 2 Satz 1 WahlG i. V. m. § 28 Abs. 1 Satz 1 und Anlage 6 der LWO).

---

54 Siehe oben I. 1.
55 BremStGH, Urt. v. 04.05.1981 – St 1/80, BremStGHE 4, 111 (131).
56 *Stephan Haberland* (Fn. 6), Art. 75 Rn. 9 m. w. N.
57 BremStGH, Urt. v. 05.11.2004 – St 2/04, LVerfGE 15, 180 (195).
58 Siehe unten V.
59 Siehe oben 1.

IV. Wahlvorbereitung

1. Wahltermin und Wahltag

Wahltermin und Wahltag sind in Art. 75 Abs. 4 und 5 LVerf sowie § 14 WahlG normiert. Die sprachlichen Divergenzen zwischen Landesverfassung und -wahlgesetz sind mit Blick auf die Konkretisierungsbefugnis des parlamentarischen Gesetzgebers gemäß Art. 75 Abs. 1 Satz 2 LVerf unschädlich. Gemäß Art. 75 Abs. 4 LVerf muss der Wahltermin innerhalb des letzten Monats der Wahlperiode der vorhergehenden („laufenden", vgl. § 14 Satz 1 WahlG) Bürgerschaft liegen. Er wird spätestens neun Monate vor Ablauf der Wahlperiode durch Beschluss der Bürgerschaft festgesetzt. Der Beschluss stellt einen „staatsorganisatorischen Akt mit Verfassungsfunktion"[60] dar. Bei ihm handelt es sich um eine im pflichtgemäßen Ermessen der Bürgerschaft stehende „politische Leitentscheidung",[61] die verfassungsgerichtlich nur daraufhin überprüft werden kann, ob sie gegen spezielle Rechtsnormen oder gegen allgemeine verfassungsrechtliche Grundsätze, etwa das Recht auf Chancengleichheit der politischen Parteien oder das im Gleichheitssatz verbürgte Willkürverbot, verstoßen. Die politische Zweckmäßigkeit dieses staatsorganisatorischen Akts ist dagegen der Beurteilungszuständigkeit des BremStGH entzogen.[62] Danach ist es verfassungsrechtlich unzulässig, den Wahltermin so zu wählen, dass die die Regierung tragenden Parteien davon gezielt profitieren oder dass durch die Auswahl des Wahltermins einem bestimmten Bevölkerungsteil die Teilnahme an der Wahl zielgerichtet erschwert wird (z. B. wenn der Wahltermin auf einen Feiertag gelegt wird, der es bestimmten Bevölkerungsgruppen aus religiösen Gründen unmöglich macht, an der Wahl teilzunehmen). Umgekehrt erscheint es jedoch mit Blick auf eine mögliche Steigerung der demokratischen Legitimation des Parlaments angemessen, wenn der Wahltermin so festgelegt wird, dass er eine höhere Wahlbeteiligung erwarten lässt (z. B. außerhalb der Schulferien).[63]

Der Wahltag muss nach Art. 75 Abs. 5 LVerf ein Sonntag oder allgemeiner öffentlicher Ruhetag („gesetzlicher Feiertag", § 14 Satz 2 WahlG) sein.

---

[60] BVerfG, Urt. v. 16.02.1983 – 2 BvE 1/83 u. a., BVerfGE 62, 1 (31); Urt. v. 25.08.2005 – 2 BvE 4/05 u. a., BVerfGE 114, 121 (146); *Michael Droege*, Herrschaft auf Zeit: Wahltage und Übergangszeiten in der repräsentativen Demokratie, DÖV 2009, 649 (653).
[61] BVerfG, Urt. v. 25.08.2005 – 2 BvE 4/05 u. a., BVerfGE 114, 121 (148).
[62] Vgl. VerfGH RP, Urt. v. 29.11.1983 – 6/83 u. a., NVwZ 1984, 574 (575).
[63] *Stephan Haberland* (Fn. 6), Art. 75 Rn. 52.

Diese von Verfassungs wegen getroffene Festlegung dient dem Zweck, im Interesse einer optimalen Verwirklichung des Grundsatzes der Allgemeinheit der Wahl eine Verhinderung der Teilnahme an der Wahl durch berufliche Verpflichtungen von Wahlberechtigten auszuschließen.[64] Nach § 14 Satz 3 WahlG macht der Bürgerschaftspräsident den Wahltag öffentlich bekannt.

2. Aufstellung und Inhalt der Wahlvorschläge

Nach § 17 WahlG sind dem Wahlbereichsleiter Wahlvorschläge spätestens am 69. Tage vor der Wahl bis 18 Uhr schriftlich einzureichen. Vorschlagsberechtigt sind zunächst Parteien und Wählervereinigungen, die im Deutschen Bundestag oder in der Bürgerschaft seit deren letzter Wahl aufgrund eigener Wahlvorschläge ununterbrochen vertreten waren (§ 16 Abs. 3 Nr. 1 WahlG, § 26 Abs. 1 LWO). Ebenfalls berechtigt, Wahlvorschläge einzureichen, sind solche Parteien und Wählervereinigungen, die zwar in den genannten Repräsentationsorganen nicht entsprechend ununterbrochen vertreten waren, aber ihre Beteiligung an der Bürgerschaftswahl dem Landeswahlleiter rechtzeitig[65] schriftlich angezeigt haben und deren Eigenschaft als Partei oder Wählervereinigung der Landeswahlausschuss festgestellt hat (§ 16 Abs. 3 Nr. 2 i. V. m. Abs. 1 Satz 1 WahlG, §§ 26 Abs. 1, 27 LWO). Nicht vorschlagsberechtigt sind demgegenüber Einzelbewerberinnen und Einzelbewerber.

Die Wahlvorschläge müssen von drei Mitgliedern des Landesvorstandes, darunter der oder dem Vorsitzenden oder der Stellvertretung, persönlich und handschriftlich unterzeichnet sein. Besteht kein Landesverband, so müssen die Wahlvorschläge von den Vorständen der nächstniedrigen Gebietsverbände der Partei oder Wählervereinigung im Gebiet der Freien Hansestadt Bremen persönlich und handschriftlich unterzeichnet sein (§ 18 Abs. 2 Satz 1 WahlG). Dabei genügen die Unterschriften des einreichenden Vorstandes, wenn er innerhalb der Einreichungsfrist für Wahlvorschläge eine von mindestens drei Mitgliedern, darunter der oder dem Vorsitzenden oder der Stellvertretung, persönlich und handschriftlich unterzeichnete Vollmacht der anderen beteiligten Vorstände beibringt (§ 28 Abs. 2 LWO). Wahlvorschläge der im Bundestag oder in der Bürgerschaft nicht ununterbrochen vertretenen Parteien und Wählervereinigun-

---

64 *Stephan Haberland* (Fn. 6), Art. 75 Rn. 54 m. w. N.
65 Spätestens am 97. Tage vor der Wahl bis 18 Uhr.

gen, d. h. Vorschlagsberechtigte i. S. d. § 16 Abs. 3 Nr. 2 WahlG, müssen außerdem von einem Tausendstel der Wahlberechtigten des Wahlbereichs persönlich und handschriftlich unterzeichnet sein; die Wahlberechtigung muss im Zeitpunkt der Unterzeichnung gegeben sein und ist bei Einreichung der Wahlvorschläge durch eine Bescheinigung der Gemeindebehörde nachzuweisen (§ 18 Abs. 2 Satz 2 WahlG).

Als Bewerber einer Partei oder Wählervereinigung kann in einem Wahlvorschlag nur benannt werden, wer nicht Mitglied einer anderen Partei ist und in einer Mitgliederversammlung zur Wahl der Bewerber oder in einer besonderen oder allgemeinen Vertreterversammlung hierzu gewählt worden ist (§ 19 Abs. 1 Satz 1, Abs. 6 WahlG). Im Wahlvorschlag zur Bürgerschaft im Wahlbereich Bremen können auch nach § 4 Abs. 2 WahlG zur Stadtbürgerschaft wählbare Unionsbürger aufgestellt werden (vgl. § 19 Abs. 1a WahlG).[66]

3. Prüfung und Zulassung der Wahlvorschläge

Gemäß § 22 Abs. 1 WahlG hat der Wahlbereichsleiter die Wahlvorschläge unverzüglich (d. h. ohne schuldhaftes Zögern, § 121 Abs. 1 Satz 1 BGB analog) nach Eingang zu prüfen. Gegenstand dieser sog. Vorprüfung sind die Vollständigkeit der Wahlvorschläge sowie die Frage, ob sie den Erfordernissen des WahlG und der LWO entsprechen (vgl. § 29 Abs. 1 Satz 2 LWO). Stellt der Wahlbereichsleiter dabei Mängel fest, so benachrichtigt er sofort die Vertrauensperson (§ 20 WahlG) und fordert sie auf, behebbare Mängel rechtzeitig zu beseitigen. Eine Mängelbeseitigung ist grundsätzlich nur bis zum Ablauf der Einreichungsfrist des § 17 WahlG möglich (vgl. § 22 Abs. 2 Satz 1 WahlG). Danach ist nur noch eine eingeschränkte Mängelbeseitigung statthaft und können nur an sich gültige Wahlvorschläge korrigiert werden.

Nach der Entscheidung über die Zulassung des Wahlvorschlages ist jede Mängelbeseitigung ausgeschlossen (§ 22 Abs. 3 WahlG). Die Entscheidung über die Zulassung des Wahlvorschlages trifft der Wahlbereichsausschuss gemäß § 23 Abs. 1 Satz 1 WahlG am 58. Tag vor der Wahl. Sind die Anforderungen nur hinsichtlich einzelner Bewerber nicht erfüllt, so werden ihre Namen aus dem Wahlvorschlag gestrichen. Gegen die vollständige oder teilweise Nichtzulassung eines Wahlvorschlages durch den Wahlbereichsausschuss ist die Beschwerde an den Landeswahlausschuss statthaft (§ 23

---

66 Zur Wählbarkeit im Übrigen oben II. 2.

Abs. 2 WahlG). Beschwerdeberechtigt sind die Vertrauensperson des Wahlvorschlages sowie der Wahlbereichsleiter. Die Beschwerde einer Vertrauensperson ist schriftlich oder zur Niederschrift beim Wahlbereichsleiter einzulegen; der Wahlbereichsleiter hat seine Beschwerde schriftlich beim Landeswahlleiter einzulegen (§ 31 Abs. 1 Satz 1, 2 LWO).

Die zugelassenen Wahlvorschläge werden spätestens am 27. Tage vor der Wahl durch den Wahlbereichsleiter öffentlich bekannt gemacht und gleichzeitig dem Landeswahlleiter mitgeteilt (§ 24 Abs. 1 WahlG). Mit dem Bekanntgabeerfordernis wird gewährleistet, dass sich Wählerinnen und Wähler rechtzeitig mit den Wahlvorschlägen vertraut machen können sowie klare und verlässliche Informationen über sämtliche Kandidaturen bei der Wahl erhalten. Das Erfordernis rechtzeitiger Bekanntgabe trägt damit zugleich dem Grundsatz der Freiheit der Wahl i. S. freier Wählbarkeit Rechnung.[67]

V. Wahlergebnis

1. Prinzip und Reihenfolge der Mandatszuteilung

Die Ermittlung des Wahlergebnisses ist in § 30 Abs. 1 WahlG normiert. Danach stellt der Auszählwahlvorstand nach Beendigung der Wahlhandlung für den Wahlbezirk die Listenstimmen, die Personenstimmen sowie die Gesamtzahl der für jeden Wahlvorschlag und seine Bewerber abgegebenen Stimmen (Summe der Listen- und Personenstimmen) fest.

Die Zuteilung der Mandate und damit verbunden die Konkretisierung des Wahlsystems ist im Einzelnen wie folgt geregelt: Für jeden Wahlbereich sind selbstständige Wahlvorschläge aufzustellen, wobei eine Partei oder Wählervereinigung in jedem Wahlbereich nur einen Wahlvorschlag einreichen kann (§ 7 Abs. 2 WahlG). Die Zuteilung der Mandate erfolgt dabei in drei Schritten[68]. Für die verhältnismäßige Gesamtverteilung der Mandate der Bürgerschaft werden – erstens – zunächst alle Stimmen, die auf einen Wahlvorschlag und auf Bewerber dieses Wahlvorschlages entfallen, summiert und unter den Wahlvorschlägen der Parteien eine mengen-

---

67 *Stephan Haberland* (Fn. 6), Art. 75 Rn. 22.
68 Vgl. dazu BremStGH, Urt. v. 08.04.2010 – St 3/09, LVerfGE 21, 139 (140); *Stephan Haberland* (Fn. 6), Art. 75 Rn. 33 ff.; demgegenüber zwischen vier Schritten differenzierend *Valentin Schröder*, Fremdverwertung und Personenstimmenparadox, in: Probst/Schröder (Fn. 45), S. 12 (13).

mäßige Sitzverteilung aufgrund des Divisorverfahrens mit Standardrundung nach *Sainte Laguë/Schepers* vorgenommen (§ 7 Abs. 3 und 4 WahlG). Auf diese Weise wird bestimmt, welche Parteien und Wählervereinigungen wie viele Sitze in der Bürgerschaft erhalten. Sodann werden – zweitens – die Listen- und Personenstimmen, die auf einen Wahlvorschlag entfallen, getrennt und nach Maßgabe des daraus gewonnenen Verhältnisses verteilt (vgl. § 7 Abs. 5 Satz 1 WahlG). Je mehr Wähler der jeweiligen Liste also Personenstimmen abgegeben haben, desto mehr Mandate werden auch nach Personenstimmen vergeben. Welche Bewerber letztlich die Mandate erhalten, bestimmt schließlich – drittens – die Vorschrift des § 7 Abs. 6 WahlG: Bis zum Jahr 2018 normierte § 7 Abs. 6 WahlG a. F., dass zunächst die auf der Liste zu vergebenden Sitze den Bewerbern in der Reihenfolge zugeteilt werden, in der sie im Wahlvorschlag benannt sind (sog. *Listenbank*). Erst danach wurden die Mandate unter den verbleibenden Bewerbern verteilt, die nach den Personenstimmen zu vergeben sind, und zwar in der Reihenfolge des Personenstimmenergebnisses der einzelnen Bewerber (sog. *Personenbank*). Durch Gesetz vom 27.02.2018[69] wurde die Reihenfolge der Sitzzuteilung umgekehrt: Bei der Wahl der 20. Bremischen Bürgerschaft am 26.05.2019 erhielten erstmals zunächst diejenigen Bewerber einer Partei mit den meisten Personenstimmen ein Mandat und wurden die übrigen Sitze nach der festen Listenreihenfolge vergeben (*Personenbank vor Listenbank*, § 7 Abs. 6 Satz 1 und 2 WahlG n. F.).

Hintergrund der Wahlrechtsnovelle 2018 war eine verfassungsrechtliche und wahlrechtspolitische Kritik an der Regelung des § 7 Abs. 6 WahlG a. F. und der von ihm normierten Reihenfolge *Listenbank vor Personenbank*. Gegen diese wurde eingewandt, dass die durch sie verfügte Mandatszuteilung den Listenwählern einen geringeren Einfluss auf die personelle Zusammensetzung des Parlaments als den Personenwählern gewähre. Die Forderung nach dem gleichen Erfolgswert der Stimme werde verletzt, wenn nicht sichergestellt sei, dass innerhalb des für die Vergabe nach Personenstimmen eröffneten Mandatsanteils eine möglichst große Zahl von Personenstimmen auch mandatsrelevant werde. Das geltende Recht könne dazu führen, dass wegen der Berücksichtigung gerade der Bewerber mit den höchsten Personenstimmenzahlen bereits über die Liste für die Besetzung der Personenbank tatsächlich nur sehr wenige Personenstimmen mandatsrelevant würden, weil nur Bewerber mit wenig Personenstimmen für die Personenbank übrigblieben. Damit erlangten diese Personenstimmen einen viel zu hohen Erfolgswert im Verhältnis zum Erfolgswert der

---

69 GBl. S. 34.

Stimmen der Listenwähler. Demgegenüber würde eine vorrangige Vergabe nach Personenstimmen sicherstellen, dass eine möglichst große Zahl an Personenstimmen mandatsrelevant werde.[70] Einen entsprechenden Antrag der Bürgerschaft, im Wege der abstrakten Normenkontrolle (Art. 140 Abs. 1 Satz 1 LVerf) die Regelung des § 7 Abs. 6 WahlG für mit der Landesverfassung unvereinbar erklären zu lassen, hielt der BremStGH im Jahr 2010 für unbegründet: § 7 Abs. 6 WahlG sei nicht systemwidrig, sondern beinhalte eine folgerichtige Entscheidung des Gesetzgebers.[71] Diese verstoße auch nicht gegen den verfassungsrechtlichen Grundsatz der Wahlrechtsgleichheit, da sich alle Personenstimmen zunächst einmal als Listenstimmen auswirkten und schon deshalb Mandatsrelevanz besäßen. Daher sei die letztlich für die Mandatszuteilung nach der Personenbank erforderliche Anzahl der Personenstimmen nicht den Stimmen entgegenzusetzen, die als reine Listenstimmen abgegeben wurden. Das Verhältnis dieser Personenstimmen zu den reinen Listenstimmen werde ausschließlich durch § 7 Abs. 5 WahlG ermittelt und erhalte dadurch seine rechtliche Relevanz. Fragen der Gleichheit des Erfolgswertes in der Relation beider Stimmkategorien träten daher nicht auf.[72]

Doch auch gegen die im Februar 2018 in Kraft getretene Neuregelung des § 7 Abs. 6 WahlG gab es verfassungs- und wahlrechtspolitischen Widerstand: So wurde kritisiert, dass nach nunmehr geltender Rechtslage viele der Personenmandate an prominentere Kandidaten gingen, da die Spitzenkandidaten der Parteien auf den vorderen Listenplätzen in der Regel auch die meisten Personenstimmen erhielten. Auf der Grundlage von § 7 Abs. 6 WahlG a. F. hatten diese Bewerber ihr Mandat über die Liste erhalten. Die Personenmandate konnten so auch Bewerbern mit verhältnismäßig wenigen Personenstimmen von den hinteren Listenplätzen zu einem Sitz in der Bürgerschaft verhelfen. Im Ergebnis bewirke die Wahlrechtsänderung einerseits mehr Transparenz bei der Zuteilung der Personenstimmenmandate, vermittle andererseits aber auch einen stärkeren Einfluss der Parteien bei der Frage, wer über die Liste ins Parlament gelange.[73] Ein gegen die Neufassung des § 7 Abs. 6 WahlG gerichtetes Volksbegehren („Mehr Demokratie beim Wählen") erreichte im Januar 2019 nicht die notwen-

---

70 Vgl. *Christoph Külpmann*, Mandatszuteilung (Fn. 36), 4 ff.
71 BremStGH, Urt. v. 08.04.2010 – St 3/09, LVerfGE 21, 139 (150 f.).
72 BremStGH, Urt. v. 08.04.2010 – St 3/09, LVerfGE 21, 139 (154).
73 Vgl. *Jürgen Theiner*, Veränderte Sitzzuteilung – Bürgerschaft beschließt neues Bremer Wahlrecht ab 2019, abrufbar unter: https://www.weser-kurier.de/bremen/bremen-stadt_artikel,-buergerschaft-beschliesst-neues-bremer-wahlrecht-ab-2019-_arid,1703023.html (abgerufen am 15.06.2020).

dige Unterschriftenzahl, um einen Volksentscheid beantragen zu können. Der BremStGH war mit der Frage der Verfassungskonformität des seit 2018 geltenden § 7 Abs. 6 WahlG noch nicht befasst.
Unabhängig von der reformierten Reihenfolge der Mandatszuteilung gilt das bremische Wahlsystem noch aus einem anderen Grund als „intransparent, paradox und möglicherweise verfassungswidrig".[74] Die Kritik bezieht sich u. a. auf den Umstand, dass es nach der Systementscheidung für eine mit der Personenwahl verbundene Verhältniswahl zu einem negativen Stimmgewicht bei der Personenauswahl kommen kann. Die Stimmabgabe für einen etwa in der Mitte der Liste platzierten Kandidaten kann dazu führen, dass die Zahl der Personenmandate vergrößert wird und gerade dieser Listenplatz nicht mehr zu einem Sitz führt. Nimmt man als Beispiel[75] einen Kandidaten auf Platz 10 einer Parteiliste, der 20 Mandate zugeteilt werden, kann sich Folgendes ergeben: Falls die Stimmen für diese Partei hälftig als Personenstimmen und hälftig als Listenstimmen abgeben wurden, würden auch die Mandate hälftig, also jeweils zehn, nach Listenreihenfolge und Personenpriorität vergeben. Der fiktive Kandidat auf Platz zehn würde einen Sitz erhalten. Sammelte er allerdings selbst so viele Personenstimmen, dass nur noch neun Mandate nach Listenreihenfolge und elf nach Personenstimmen zugeteilt werden, würde sein Listenplatz 10 leer ausgehen, mit der Folge, dass ihm seine eigenen Personenstimmen geschadet hätten. Im ungünstigsten Fall bliebe er ohne Sitz. Dass dieses sog. *Personenstimmenparadoxon*[76] wegen des negativen Stimmgewichts den Vorwurf der Verfassungswidrigkeit mit Blick auf die Grundsätze der Gleichheit und Unmittelbarkeit der Wahl rechtfertigt, erscheint naheliegend. Zwar betrifft das negative Stimmgewicht nicht die Liste als Ganzes, an deren Mandatszahl sich nichts ändert, sondern nur die Sitzzuteilung unter den verschiedenen Kandidaten auf der Liste.[77] Mit dem vom BVerfG entschiedenen Fall ist die bremische Konstellation somit nicht unmittelbar vergleichbar.[78] Das bremische Personenstimmenparadoxon

---

74 So der Untertitel der Studie von *Lothar Probst/Valentin Schröder*, Wahlsystem (Fn. 45).
75 Beispiel nach *Paul Tiefenbach*, Das Bremer Bürgerschaftswahlrecht in der Kritik, ZParl 46 (2015), 578 (586).
76 *Valentin Schröder*, Fremdverwertung und Personenstimmenparadox, in: Probst/Schröder, Wahlsystem (Fn. 45), S. 12 ff.; *ders.*, Fremdverwertung und Personenstimmenparadox: Negatives Stimmgewicht im Bremer und Hamburger Bürgerschaftswahlrecht, ZParl 46 (2015), 561 (564 ff.).
77 *Paul Tiefenbach*, Bürgerschaftswahlrecht (Fn. 75), 586.
78 Vgl. BVerfG, Urt. v. 03.07.2008 – 2 BvC 1/07 u. a., BVerfGE 121, 266 ff.

führt jedoch dazu, dass sich Wählerinnen und Wähler zu einem Zeitpunkt zwischen Personen- und Listenstimme entscheiden müssen, zu dem sie nicht wissen können, welche der beiden zugehörigen Reihenfolgen für ihren jeweiligen Favoriten vorteilhafter ist.[79] Genau diese Unsicherheit über den Effekt des Stimmgewichts hat das BVerfG jedoch für verfassungswidrig gehalten: Ein Berechnungsverfahren wie das bremische, das dazu führen kann, dass eine Wählerstimme für einen Kandidaten eine Wirkung gegen diesen Kandidaten hat, widerspricht Sinn und Zweck einer demokratischen Wahl.[80]

2. *Verfassungsunmittelbare Sperrklausel*

Das Wahlergebnis wird zudem von Art. 75 Abs. 3 LVerf beeinflusst, der eine verfassungsunmittelbare Sperrklausel enthält.[81] Auf Wahlvorschläge, „für die weniger als fünf vom Hundert der Stimmen im Wahlbereich Bremen bzw. im Wahlbereich Bremerhaven abgegeben werden", entfallen nach Art. 75 Abs. 3 LVerf keine Sitze. Wenngleich der Wortlaut („bzw.") insoweit nicht eindeutig ist und auch mit Blick auf die Normgenese unklar bleibt, ob der bremische Verfassunggeber das Erfüllen der 5-%-Klausel kumulativ oder alternativ in den beiden Wahlbereichen Bremen und Bremerhaven statuieren wollte, gehen Rechtsprechung und Schrifttum allgemein davon aus, dass es ausreicht, wenn der Wahlvorschlag in einem der beiden Wahlbereiche die 5-%-Hürde überspringt.[82] Dieser Lesart ist auch der einfache Wahlgesetzgeber gefolgt (vgl. § 7 Abs. 7 WahlG), der die Vorgabe des Art. 75 Abs. 3 LVerf in Wahrnehmung seiner von Art. 75 Abs. 1 Satz 2 LVerf eröffneten Konkretisierungsbefugnis entspre-

---

79 *Valentin Schröder*, Negatives Stimmgewicht (Fn. 76), 572.
80 BVerfG, Urt. v. 03.07.2008 – 2 BvC 1/07 u. a., BVerfGE 121, 266 (300).
81 Zu den Besonderheiten verfassungsunmittelbarer Sperrklauseln näher *Julian Krüper*, Verfassungsunmittelbare Sperrklauseln, ZRP 2014, 130 ff.; *Tristan Barczak*, Verfassungswidrigkeit der verfassungsunmittelbaren Sperrklausel für Kommunalwahlen, NWVBl. 2017, 133 (134 ff.); *Urs Kramer/Vanessa Bahr/Tim Hinrichsen/Nadine Voß*, Kommunale Sperrklauseln auf Verfassungsebene, DÖV 2017, 353 ff.
82 Vgl. nur BremStGH, Urt. v. 05.11.2004 – St 2/04, LVerfGE 15, 180 (189 ff.); *Andreas Bovenschulte/Andreas Fisahn*, Verfassung (Fn. 21), S. 51; *Lars Viellechner*, in: Fischer-Lescano/Sperlich (Hrsg.), Landesrecht Bremen, 2018, § 1 Rn. 43; *Jörn Ketelhut/Roland Lhotta/Mario-G. Harms*, „Mitregent" (Fn. 9), S. 222.

chend präzisiert hat. Ein überregionaler Reststimmenausgleich ist allerdings ausgeschlossen.[83]

Nachdem in der jüngeren Vergangenheit Sperrklauseln im Kommunal-[84] und Europawahlrecht[85] zunehmend unter Druck geraten und verfassungsgerichtlich für unwirksam erklärt worden sind, finden sich auch zunehmend kritische Stimmen, die die Verfassungskonformität der Sperrklausel in Art. 75 Abs. 3 LVerf anzweifeln. Dies überrascht zunächst insoweit nicht, als Art. 75 Abs. 3 LVerf nicht nur für die Landtagswahl gilt, sondern aufgrund der Personenidentität der Abgeordneten von Bürgerschaft und Stadtbürgerschaft der Stadtgemeinde Bremen zu der „kuriosen Besonderheit"[86] führt, dass die 5-%-Hürde für die Wahl zur Stadtbürgerschaft der Stadtgemeinde Bremen ebenfalls zum Tragen kommt, seit dem Jahr 2006 aber nicht (mehr) für die Wahl zur Stadtverordnetenversammlung der Stadt Bremerhaven.[87] Landesverfassungsunmittelbare Sperrklauseln müssen sich maßgeblich an den bundesverfassungsrechtlichen Normativbestimmungen der Art. 21 Abs. 1 und Art. 28 Abs. 1 Satz 2 GG mes-

---

83 *Ulrich K. Preuß*, Landtag (Fn. 1), S. 305 f.; *Alfred Rinken*, Die Rechtsprechung des Staatsgerichtshofs der Freien Hansestadt Bremen, JöR 42 (1994), 325 (359).
84 BVerfG, Urt. v. 13.02.2008 – 2 BvK 1/07, BVerfGE 120, 82 (107 ff.); VerfGH NRW, Urt. v. 06.07.1999 – VerfGH 14/98 u. a., OVGE 47, 304 ff.; Urt. v. 21.11.2017 – VerfGH 21/16 u. a, NVwZ 2018, 159 ff.; LVerfG M-V, Urt. v. 14.12.2000 – LVerfG 4/99, LKV 2001, 270 (273 ff.); ThürVerfGH, Urt. v. 11.04.2008 – VerfGH 22/05, NVwZ-RR 2009, 1 (14 ff.). Dazu statt vieler *Markus Krajewski*, Kommunalwahlrechtliche Sperrklauseln im föderativen System, DÖV 2008, 345 ff.
85 BVerfG, Urt. v. 09.11.2011 – 2 BvC 4/10 u. a., BVerfGE 129, 300 (317 ff.): 5-%-Hürde; Urt. v. 26.02.2014 – 2 BvE 2/13 u. a., BVerfGE 135, 259 (280 ff., Rn. 34 ff.): 3-%-Hürde; anders zuvor noch BVerfG, Beschl. v. 22.05.1979 – 2 BvR 193/79 u. a., BVerfGE 51, 222 ff. Vgl. aus der Literatur *Sebastian Roßner*, Verfassungswidrigkeit der Fünf-Prozent-Sperrklausel im Europawahlrecht, NVwZ 2012, 22 ff. und *Bernd Grzeszick*, Weil nicht sein kann, was nicht sein darf: Aufhebung der 3 %-Sperrklausel im Europawahlrecht durch das BVerfG und dessen Sicht auf das Europäische Parlament, NVwZ 2014, 537 ff.
86 *Stephan Haberland* (Fn. 6), Art. 75 Rn. 46.
87 Dies hat der BremStGH mit der besonderen rechtlichen Konstruktion einer Koppelung der bremischen Stadtbürgerschafts- an die Bürgerschaftswahl gemäß Art. 145 Abs. 1, 148 Abs. 1 Satz 1 LVerf gerechtfertigt, zugleich jedoch eine (Wieder-)Einführung der 5-%-Hürde mit Blick auf die Stadtverordnetenversammlung Bremerhaven für verfassungsrechtlich unzulässig erklärt, da es sich bei letzterer nicht um ein Parlament im staatsrechtlichen Sinne handele, vgl. BremStGH, Urt. v. 14.05.2009 – St 2/08, BremStGHE 8, 75 (105 f.). Dazu auch *Dian Schefold*, Wieder Fünf-Prozent-Klausel in Bremerhaven? Prüfauftrag an den StGH und parlamentarischer Prozess, NordÖR 2008, 365 ff.

sen lassen. Hierfür spricht der Telos der Wahlrechtsgrundsätze, die Teil der Durchgriffsnorm des Art. 28 Abs. 1 GG sind, auf die gesamte Landesrechtsordnung einwirken und ihre spezifischen Wirkungen als höherrangiges Bundesrecht entfalten. Anders als vereinzelt angenommen,[88] ist eine verfassungsrechtliche Sperrklausel danach an denselben materiell-rechtlichen Maßstäben zu messen wie eine einfach-gesetzliche.[89]

Nach Auffassung des Staatsgerichtshofs lässt sich die Geltung der verfassungsunmittelbaren, auf die Wahlbereiche Bremen und Bremerhaven bezogenen 5-%-Sperrklausel jedoch mit denselben Argumenten rechtfertigen, die schon die Differenzierung des Wahlgebiets in die beiden Wahlbereiche stützen können sollen (Organisation, Tradition und Geographie des Zwei-Städte-Staats).[90] Gegen die Vereinbarkeit des Art. 75 Abs. 3 LVerf mit Art. 28 Abs. 1 Satz 2 GG wird hingegen in der Literatur mit gewichtigen Argumenten eingewandt, die Implementierung der Sperrklausel in der Landesverfassung hindere den einfachen Landesgesetzgeber daran, Nachbesserungen vorzunehmen, wenn die Voraussetzungen für ein Festhalten an der Sperrklausel in der jetzigen Form entfielen.[91] Faktisch werde der einfache Gesetzgeber deshalb aus der Ausübung seiner Beobachtungs- und Nachbesserungspflicht entlassen. Unter Berücksichtigung der Änderungen der verfassungsgerichtlichen Rechtsprechung in den letzten Jahren (Betonung der Beobachtungs- und Anpassungspflicht des einfachen Gesetzgebers, Unwirksamkeit der Sperrklauseln im Kommunal- und Europawahlrecht[92]) und der dargestellten Folgen und Probleme, die sich sowohl aus der verfassungsrechtlichen als auch aus der einfach-gesetzlichen Umsetzung der Anwendung der Sperrklausel im bremischen Wahlrecht ergäben, seien die gravierenden Einschränkungen der Erfolgswertgleichheit und der Chancengleichheit der Parteien durch die Sperrklausel in der bremischen Ausprägung allein unter Hinweis auf die bremische Tradition und die besonderen bremischen Strukturen nicht mehr zu rechtfertigen.[93] Dabei sei auch zu berücksichtigen, dass die demokratische Legitimationskraft der

---

88 Etwa von *Wolfgang Roth*, Verfassungsmäßigkeit der Einführung einer 3%-Sperrklausel bei Kommunalwahlen durch Verfassungsänderung, insbesondere für das Land Nordrhein-Westfalen, 2015, S. 107 ff.
89 *Tristan Barczak*, Sperrklausel (Fn. 81), 134 ff.; dieser Auffassung ausdrücklich folgend VerfGH NRW, Urt. v. 21.11.2017 – VerfGH 21/16 u. a., NVwZ 2018, 159 (164 ff.).
90 BremStGH, Beschl. v. 23.07.1964 – St 1/1964, BremStGHE 1, 205 (215 f.); Urt. v. 04.05.1981 – St 1/80, BremStGHE 4, 111 (126 ff.).
91 *Stephan Haberland* (Fn. 6), Art. 75 Rn. 45; *Lars Viellechner* (Fn. 82), § 1 Rn. 43.
92 Vgl. die Nachweise in den Fn. 84 und 85.
93 *Stephan Haberland* (Fn. 6), Art. 75 Rn. 49.

Wahl nicht nur darauf abziele, funktionsfähige Staatsorgane hervorzubringen, sondern vor allem dazu diene, die in der Wählerschaft vorhandenen politischen Anschauungen im Parlament möglichst wirklichkeitsnah abzubilden. Diese Abbildung könne durch die Existenz einer Sperrklausel aber erheblich verfälscht werden, da ein unter Umständen erheblicher Teil der abgegebenen Stimmen bei der Mandatsverteilung nicht berücksichtigt werde. So seien etwa bei der Bürgerschaftswahl vom 22.05.2011 aufgrund der 5-%-Sperrklausel insgesamt fast 13 % der abgegebenen Stimmen bei der Zusammensetzung der Bürgerschaft nicht berücksichtigt worden.[94]

VI. Wahlprüfung

Entsprechend den Vorgaben des Homogenitätsprinzips des Art. 28 Abs. 1 GG und auf der Traditionslinie der deutschen Rechtsentwicklung auf dem Gebiet der Wahlprüfung hat auch der bremische Wahlrechtsgesetzgeber das Wahlprüfungsverfahren als ein spezielles, dem Wahlvorgang nachgelagertes Verfahren ausgestaltet.[95] Es ist nicht in der Landesverfassung, sondern lediglich in §§ 37 ff. WahlG geregelt. Die Wahlprüfung wird dabei, anders als auf Bundesebene (vgl. Art. 41 Abs. 1 Satz 1 GG) und in den übrigen Ländern (mit Ausnahme Hessens), bereits im Ausgangspunkt nicht durch das Parlament selbst durchgeführt: Als Wahlprüfungsinstanzen kennt das bremische Recht vielmehr das Wahlprüfungsgericht und den BremStGH. Wird im Wahlprüfungsverfahren die Wahl ganz oder teilweise für ungültig erklärt, so ist sie nach Maßgabe der Entscheidung des Wahlprüfungsgerichts bzw. BremStGH zu wiederholen (§ 41 Abs. 1 WahlG, § 65 LWO).

1. Wahlprüfungsgericht

Über die Gültigkeit der Wahl entscheidet in erster Instanz ein Wahlprüfungsgericht (§ 37 Abs. 1 Satz 1 WahlG). Die Prüfung erfolgt auf Einspruch. Den Einspruch können jeder Wahlberechtigte, jede an der Wahl beteiligte Partei und Wählervereinigung sowie jede sonstige Gruppe von Wahlberechtigten und in amtlicher Eigenschaft der Landeswahlleiter sowie der Präsident der Bürgerschaft einlegen (§ 38 Abs. 1 Satz 1, 2

---

94 *Stephan Haberland* (Fn. 6), Art. 75 Rn. 49.
95 BremStGH, Urt. v. 13.09.2016 – St 2/16, NordÖR 2017, 16 (17).

WahlG). Die mögliche Beanstandung des festgestellten Wahlergebnisses im Rahmen der Wahlprüfung beschränkt sich dabei auf den sachlichen Umfang, mit dem sich ein möglicher Wahlfehler auf das Ergebnis der Wahl auswirkt.[96] Wahlfehler, die im Wahlprüfungsverfahren auszumachen sind, sind alle Verstöße gegen die allgemeinen Wahlrechtsgrundsätze (Art. 75 Abs. 1 Satz 1 LVerf) und gegen sonstige zwingende Wahlvorschriften, die die gesetzmäßige Zusammensetzung der zu wählenden Körperschaft berühren können, sei es, dass sie sich auf die Wahlvorbereitung, sei es, dass sie sich auf die Wahlhandlung oder erst die Feststellung des Wahlergebnisses beziehen.[97]

Das Wahlprüfungsgericht besteht aus dem Präsidenten und dem Vizepräsidenten des Bremischen Verwaltungsgerichts sowie aus fünf Mitgliedern der Bürgerschaft (§ 37 Abs. 1 Satz 2 WahlG). Vorsitzender des Wahlprüfungsgerichts ist der Präsident des Verwaltungsgerichts, sein Stellvertreter ist der Vizepräsident und, falls dieser verhindert ist, der jeweils nächst dienstältere Berufsrichter (§ 37 Abs. 1 Satz 4 WahlG). Auf das Verfahren vor dem Wahlprüfungsgericht finden zwar die Vorschriften über das Verfahren bei den Verwaltungsgerichten in ihrer jeweils geltenden Fassung entsprechend Anwendung und die Entscheidung des Wahlprüfungsgerichts ergeht durch einen der Rechtskraft fähigen Beschluss (vgl. § 38 Abs. 4 Satz 1, 4 WahlG). Aufgrund seiner Besetzung mit fünf Mitgliedern der Bürgerschaft ist das Wahlprüfungsgericht jedoch kein Organ der rechtsprechenden Gewalt i. S. d. Art. 135 LVerf, Art. 92 GG, sondern eine Mischform zwischen Parlamentsausschuss und Gericht und damit eine materiell-verfassungsrechtliche Institution *sui generis*.[98] Bei der Wahlprüfung handelt es sich um eine dem Landtag als parlamentarische Angelegenheit zugewiesene Aufgabe, die lediglich durch ein spezifisch zusammengesetztes Gremium wahrgenommen wird.[99] Ebenso wie das BVerfG charakterisiert der BremStGH das Wahlprüfungsverfahren als ein in erster Linie objektives Verfahren.[100] Dem Wahlprüfungsgericht gebührt dabei

---

96 BremStGH, Urt. v. 05.11.2004 – St 2/04, LVerfGE 15, 180 (189).
97 *Stephan Haberland* (Fn. 6), Art. 75 Rn. 56 m. w. N.
98 BremStGH, Urt. v. 22.05.2008 – St 1/07, LVerfGE 19, 145 (163); Urt. v. 13.09.2016 – St 2/16, NordÖR 2017, 16 (17).
99 Für das parallel strukturierte Wahlprüfungsgericht nach hessischem (Verfassungs-)Recht vgl. HessStGH, Beschl. v. 09.08.2000 – P.St. 1547, NJW 2000, 2891 (2892). Näher hierzu § 10 VI.
100 Im Rahmen der Gewährleistung einer gesetzmäßigen, dem Wählerwillen entsprechenden Zusammensetzung des Parlaments dient es freilich zugleich der Verwirklichung des subjektiven aktiven und passiven Wahlrechts, vgl. BremStGH, Urt. v. 22.05.2008 – St 1/08, BremStGHE 8, 56 (65).

die Vorhand, während eine dem Schutz des subjektiven aktiven und passiven Wahlrechts dienende gerichtliche Rechtskontrolle – in Ermangelung der Verfassungsbeschwerde nach bremischem Recht (vgl. Art. 140 LVerf, § 10 StaatsghG) – ausschließlich in zweiter Instanz vor dem BremStGH erreicht werden kann.[101]

2. Staatsgerichtshof

Gegen die Entscheidung des Wahlprüfungsgerichts kann innerhalb von zwei Wochen nach Zustellung des Beschlusses der BremStGH angerufen werden (vgl. § 39 Abs. 1 Satz 1 WahlG i. V. m. Art. 140 Abs. 2 LVerf, § 10 Nr. 4 StaatsghG), der in seiner Eigenschaft als „Wahlprüfungsgericht II. Instanz"[102] als reine Beschwerdeinstanz fungiert.[103] Beschwerdeberechtigt sind neben dem Einspruchsführer, dessen Einspruch vom Wahlprüfungsgericht zurückgewiesen worden ist, der Landeswahlleiter, der Präsident der Bürgerschaft und insbesondere Abgeordnete, deren Mitgliedschaftsverlust das Wahlprüfungsgericht festgestellt hat. Die Beschwerdebefugnis ergibt sich aus § 39 Abs. 2 WahlG: Danach kann die Beschwerde nur darauf gestützt werden, dass die Entscheidung des Wahlprüfungsgerichts das Grundgesetz, die Landesverfassung oder das WahlG verletzt habe.

VII. Wahlrechtsreform

Seit Beginn der 1990er Jahre ist das bremische Wahlrecht wiederholt und tiefgreifend verändert worden, wobei die für den Zwei-Städte-Staat typischen Charakteristika erhalten geblieben sind.[104] Die wichtigsten Wahlrechtsreformen der vergangenen 30 Jahre wurden eingeleitet durch die Ersetzung des bis dahin verwendeten Höchstzahlverfahrens (*d'Hondt*) durch die Methode der mathematischen Proportion (*Hare/Niemeyer*) im

---

101 BremStGH, Urt. v. 13.09.2016 – St 2/16, NordÖR 2017, 16 (17); *Jörn Ketelhut*, Verfassungsgerichtsbarkeit im Zwei-Städte-Staat: Der Staatsgerichtshof der Freien Hansestadt Bremen, in: Reutter (Hrsg.), Landesverfassungsgerichte, 2017, S. 129 (144 f.).
102 *Alfred Rinken*, Staatsgerichtshof (Fn. 83), 359.
103 *Jörn Ketelhut*, Verfassungsgerichtsbarkeit (Fn. 101), S. 145.
104 Vgl. auch *Jörn Ketelhut/Roland Lhotta/Mario-G. Harms*, „Mitregent" (Fn. 9), S. 222–225.

Jahr 1993.¹⁰⁵ Bereits im darauffolgenden Jahr strich der verfassungsändernde Gesetzgeber die bis dahin verfassungsrechtlich in Art. 75 Abs. 2 LVerf verankerte Zahl der gesetzlichen Mitglieder der Bürgerschaft und überantwortet sie der Regelung durch den einfachen Wahlrechtsgesetzgeber.¹⁰⁶ Im Jahr 2001 wurde sodann das bis heute geltende Divisorverfahren mit Standardrundung nach *Sainte-Laguë/Schepers* (§ 7 Abs. 3 und 4 WahlG) an die Stelle des Verfahrens nach *Hare/Niemeyer* gesetzt,¹⁰⁷ das somit nur bei den Bürgerschaftswahlen 1995 und 1999 zur Anwendung kam. Mit der von einem Volksbegehren initiierten Einführung einer mit der Personenwahl verbundenen Verhältniswahl (§ 7 Abs. 1 WahlG) im Jahr 2006¹⁰⁸ hat das bremische Wahlrecht eine weitere grundlegende und einschneidende Novellierung erfahren.¹⁰⁹ Zuvor waren Bemühungen, eine entsprechende Reform auf dem parlamentarischen Weg einzuleiten, am Widerstand der regierenden Großen Koalition von SPD und CDU gescheitert.¹¹⁰ Reformen der jüngeren Vergangenheit führten u. a. zu einer Erweiterung des aktiven Wahlrechts: Im Jahr 2009 senkte der Wahlrechtsgesetzgeber zunächst das Wahlalter von 18 auf 16 Jahren,¹¹¹ im Jahr 2018 strich er sodann den gesetzlichen Wahlrechtsausschluss vollständig unter Betreuung stehender Personen ersatzlos.¹¹² In beiden Fällen nahm Bremen eine Vorreiterrolle der bundesdeutschen Wahlgesetzgebung ein.¹¹³ Mit dem Gesetz zur Änderung des Bremischen Wahlgesetzes vom 27.02.2018 novellierte der Wahlrechtsgesetzgeber zugleich die Reihenfolge der Mandatszuteilung und führte die Reihenfolge *Personenbank vor Listenbank* (§ 7 Abs. 6 WahlG) ein.¹¹⁴

Nach dieser Periode kontinuierlicher Reformierung scheint das bremische Wahlrecht nun in eine Phase relativer Stabilisierung eingetreten zu sein. Aktuelle Diskussionen um Reformen des bremischen Wahlrechts betreffen nicht mehr die Grundausrichtung, sondern Einzel- und Detailfragen. So wird nach dem Vorbild Brandenburgs und Thüringens aktuell

---

105 GBl. 1993, S. 89.
106 GBl. 1994, S. 289. Näher oben I. 2.
107 GBl. 2001, S. 195.
108 GBl. 2006, S. 539.
109 Näher oben III. 1.
110 *Jörn Ketelhut/Roland Lhotta/Mario-G. Harms*, „Mitregent" (Fn. 9), S. 222 f.
111 GBl. 2009, S. 443. Durch das Gesetz zur Änderung des Bremischen Wahlgesetzes v. 03.11.2009 wurden zudem zahlreiche weitere Änderungen des WahlG vorgenommen und insgesamt 25 Vorschriften des Gesetzes novelliert.
112 GBl. 2018, S. 34.
113 Näher oben II. 1.
114 GBl. 2018, S. 34. Näher oben V. 1.

auch in Bremen über ein Paritätsgesetz mit dem Ziel geschlechtergerechter Listenaufstellungen diskutiert und vorgeschlagen, von den derzeit noch frei kumulier- und panaschierbaren fünf Stimmen je zwei Stimmen für Männer und zwei für Frauen vorzuschreiben. Entsprechende Anregungen stießen im zuständigen Fachausschuss der Bürgerschaft jedoch zuletzt auf Skepsis.[115]

---

115 Vgl. *Lisa-Maria Röhling*, Paritätsgesetz für Bremen – Frauenausschuss diskutiert über Paritätsregelung für Wahllisten in Bremen, abrufbar unter: https://www.we ser-kurier.de/bremen/bremen-stadt_artikel,-frauenausschuss-diskutiert-ueber-pari taetsregelung-fuer-wahllisten-in-bremen-_arid,1884273.html (abgerufen am 15.06.2020).

§ 9 Hamburg

Christina Schulz

I. Wahlen zur Hamburgischen Bürgerschaft

Die Freie und Hansestadt Hamburg ist gemäß Art. 4 der Hamburgischen Verfassung[1] (HmbV) ein Stadtstaat sowie eine Einheitsgemeinde.[2] Dies bedeutet nach Art. 4 Abs. 1 HmbV, dass staatliche und gemeindliche Tätigkeiten hier nicht getrennt werden. Das Landesparlament, das in Hamburg nach Art. 6 Abs. 1 HmbV Bürgerschaft genannt wird, hat somit die Gesetzgebungskompetenzen für alle Bereiche der Landes- wie auch Kommunalebene, ohne bei der Ausübung dazwischen unterscheiden zu müssen, beziehungsweise mit Blick auf Art. 4 Abs. 1 HmbV zu dürfen. Das gleiche gilt für die übrigen Organe, die sowohl kommunale als auch staatliche Aufgaben ohne Unterscheidung ausführen.[3]

Zwar ist die Verwaltung zum Zwecke der besseren Aufgabenerfüllung dekonzentriert organisiert[4] und das Hamburgische Landesgebiet gemäß § 1 BezVG[5] in sieben Teilgebiete namens Bezirke eingeteilt. In den Bezirken erfüllen die Bezirksämter und die nach § 5 Abs. 1 BezVG gewählten Bezirksversammlungen aber lediglich die Aufgaben, die nicht nach § 2 Satz 2 und 3 BezVG wegen ihrer übergeordneten Bedeutung oder ihrer Eigenart einer einheitlichen Durchführung durch den Senat als Hamburgische Landesregierung (Art. 33 Abs. 2 Satz 1 HmbV) oder die Fachbehörden, wie die Ministerien in Hamburg heißen, bedürfen. Es handelt sich bei den Bezirken demnach nicht um Gemeinden im Sinne des Art. 28 Abs. 1

---

1 Verfassung der Freien und Hansestadt Hamburg, i.d.F. der Bekanntmachung v. 06.06.1952, HmbBl I 100-a, zuletzt geändert durch Gesetz v. 20.02.2020, GVBl. S. 145.
2 *Klaus David*, Verfassung der Freien und Hansestadt Hamburg, Kommentar, 2. Aufl. 2004, Art. 4 Rn. 20 ff.
3 *Klaus David* (Fn. 2), Art. 6 Rn. 1.
4 *Klaus David* (Fn. 2), Art. 4 Rn. 12.
5 Bezirksverwaltungsgesetz v. 06.07.2006 GVBl. S. 404, zuletzt geändert durch Gesetz v. 12.12.2019, GVBl. S. 478.

Satz 2 GG[6] und folglich bei den Bezirksversammlungen auch nicht um Gemeinderäte,[7] da die Kompetenz, sämtliche Angelegenheiten staatlicher und kommunaler Natur zentral durch die Landesregierung zu erledigen, durch das Evokationsrecht des Senats in § 42 Satz 2 BezVG als Ausdruck der Einheitsgemeinde erhalten bleibt.

Trotz dieser organisatorischen Besonderheiten erfüllt Hamburg mit seiner Bürgerschaft die Aufgabe des Art. 28 Abs. 1 Satz 2 GG, wonach die Länder eine Vertretung des Volkes haben müssen, die aus allgemeinen, unmittelbaren, freien, gleichen und geheimen Wahlen hervorgegangen ist.[8] Die Wahlrechtsgrundsätze des Art. 6 Abs. 2 Satz 1 HmbV stimmen dabei exakt mit denen des Art. 28 Abs. 1 Satz 2 und 38 Abs. 1 GG überein.[9]

Die Größe der Bürgerschaft wird in Art. 6 Abs. 2 Satz 1 HmbV mit einer Mindestzahl von 120 Abgeordneten vorgegeben. Nach Art. 6 Abs. 4 Satz 1 HmbV bestimmt das einfache Gesetz das Nähere und kann dabei auch eine Überschreitung dieser Untergrenze vorsehen.[10] Dies tut das Gesetz über die Wahl zur Hamburgischen Bürgerschaft[11] (BüWG) mit seinem § 2 Abs. 1 Satz 1 und setzt die Abgeordnetenzahl grundsätzlich auf 121 fest, um Patt-Situationen bei Abstimmungen im Parlament zu vermeiden.[12]

Art. 10 Abs. 1 Satz 1 HmbV bestimmt weiterhin, dass die Bürgerschaft auf fünf Jahre gewählt wird. Angewendet wurde diese Regelung erstmals für die 21. Legislaturperiode der Bürgerschaft bei der Wahl im Jahr 2015. Bis zu diesem Zeitpunkt betrug die Wahlperiode für die Hamburgische Bürgerschaft vier Jahre. Die Änderung wurde aufgrund des Antrags der CDU-Fraktion vom 13.05.2012[13] vorgenommen und die Legislaturperiode auf fünf Jahre verlängert.[14] Dies wurde für erforderlich gehalten, um dem

---

6 Grundgesetz für die Bundesrepublik Deutschland in der im Bundesgesetzblatt Teil III, Gliederungsnummer 100–1, veröffentlichten bereinigten Fassung, zuletzt geändert durch Artikel 1 des Gesetzes v. 15.11.2019, BGBl. I S. 1546.
7 *Klaus David*, in: David/Stüber (Hrsg), Verfassung der Freien und Hansestadt Hamburg, Kommentar, 1. Aufl. 2020, Art. 4 Rn. 23.
8 *Klaus David*, Kommentar, 2. Aufl. (Fn. 2), Art. 6 Rn. 2.
9 Vgl. § 3 II.
10 *Klaus David* (Fn. 2), Art. 6 Rn. 39.
11 Gesetz über die Wahl zur Hamburgischen Bürgerschaft in der Fassung v. 22.07.1986, GVBl. S. 223, zuletzt geändert durch Gesetz v. 13.09.2019, GVBl. S. 280.
12 Mitteilung des Senats an die Bürgerschaft, Gesetz zur Änderung wahlrechtlicher Vorschriften v. 10.05.1988, Bü-Drs. 13/1679, S. 2.
13 Antrag der Fraktion CDU v. 30.05.2012, Bü-Drs. 20/4316.
14 52. Sitzung der Bürgerschaft der Freien und Hansestadt Hamburg in der 20. Wahlperiode v. 13.02.2013, Plenarprotokoll 20/52, S. 4043 f.

Parlament „mehr nutzbare Arbeitszeit" zwischen Konstituierung und Wahlkampfüberlegungen zu verschaffen, sowie für eine Harmonisierung mit den Verhältnissen in den anderen Ländern, in welchen mit Ausnahme Bremens zu diesem Zeitpunkt überall eine Wahlperiode von fünf Jahren bestand.[15]

Das Hamburgische Wahlrecht weist zudem eine mehrschichtige Regelungsstruktur auf. Die Grundpfeiler der Volkswahl des Parlaments sind in der Hamburgischen Verfassung in Art. 6 ff. normiert und konkretisieren damit die Vorgabe des Art. 3 Abs. 2 Satz 1 HmbV, wonach alle Staatsgewalt vom Volke ausgeht. Das Gesetz über die Wahl zur Hamburgischen Bürgerschaft übernimmt im Sinne des Art. 6 Abs. 4 Satz 1 HmbV die Aufgabe, das Nähere zu bestimmen und die Einzelheiten des Wahlsystems darzulegen. Zudem gehört in diesen Gesetzeskanon die Verordnung für die Wahlen zur Hamburgischen Bürgerschaft[16] (HmbBüWO). Diese Rechtsverordnung wird gemäß § 47 Satz 1 BüWG vom Senat erlassen und enthält nach § 47 Satz 2 BüWG insbesondere Vorschriften über die Tätigkeit, Beschlussfähigkeit, das Verfahren der Wahlorgane, die Wahlzeit, die Erstellung und den Inhalt der Wahlberechtigtenverzeichnisse. Weiterhin ist das Gesetz über die Prüfung der Wahlen zur Bürgerschaft und zu den Bezirksversammlungen[17] (WPrüfG) zu nennen, welches das Verfahren der Wahlprüfung regelt.

Das letzte für das Hamburgische Wahlrecht relevante Dokument ist die Zuständigkeitsanordnung für die Wahlen zur Hamburgischen Bürgerschaft und zu den Bezirksversammlungen.[18] Da in den Hamburgischen Gesetzen Aufgaben stets „von der zuständigen Behörde" (vgl. § 18a Satz 1 BüWG) auszuführen sind, bedarf es der Zuständigkeitsanordnungen des Senats, die diese Zuständigkeiten konkretisieren. Die zuständige Behörde nach § 18a BüWG, die die Wahlkreise einteilt, ist gemäß Abschnitt II Abs. 1 der genannten Zuständigkeitsanordnung das Statistische Amt für Hamburg und Schleswig-Holstein.

---

15 Antrag der Fraktion CDU v. 30.05.2012, Bü-Drs. 20/4316, S. 1.
16 Verordnung für die Wahlen zur Hamburgischen Bürgerschaft (Hamburgische Bürgerschaftswahlordnung – HmbBüWO) v. 27.05.2014, GVBl. S. 179, zuletzt geändert durch Artikel 1 der Verordnung v. 15.10.2019, GVBl. S. 339.
17 Gesetz über die Prüfung der Wahlen zur Bürgerschaft und zu den Bezirksversammlungen (Wahlprüfungsgesetz) v. 25.06.1997, GVBl. S. 282, zuletzt geändert durch Gesetz v. 06.06.2001, GVBl. S. 127.
18 Anordnung über Zuständigkeiten für die Wahlen zur Hamburgischen Bürgerschaft und zu den Bezirksversammlungen v. 29.07.1986 (Amtl. Anz. 1986, S. 1393), zuletzt geändert durch Artikel 4 der Anordnung v. 26.10.2010 (Amtl. Anz. S. 2129).

II. Wahlrecht und Wählbarkeit

Das aktive Wahlrecht ist in § 6 BüWG geregelt. Nach dessen Abs. 1 sind alle Deutschen im Sinne des Art. 116 Abs. 1 GG wahlberechtigt, die das 16. Lebensjahr vollendet haben, seit mindestens drei Monaten im Gebiet der Freien und Hansestadt Hamburg eine Wohnung innehaben oder sich sonst gewöhnlich aufhalten und nicht nach § 7 BüWG vom Wahlrecht ausgeschlossen sind. § 6 Abs. 2 bis 5 BüWG regelt Besonderheiten, wie den Fall, dass eine Person mehrere Wohnungen besitzt, sich im Strafvollzug befindet oder zur See fährt. Das aktive Wahlrecht wurde im Jahr 2011 durch Antrag der GAL-Fraktion[19] (wie der Landesverband von Bündnis 90/Die Grünen Hamburg damals hieß) von den bis dahin geltenden 18 Jahren auf 16 Jahre herabgesetzt. Begründet wurde dies mit der Notwendigkeit, das politische Engagement und die Teilhabemöglichkeiten der heute immer früher entscheidungsreifen und selbstständigen Jugendlichen dieser Altersgruppe zu fördern und die demokratische Kultur zu beleben.[20]

Die Wählbarkeit oder auch das passive Wahlrecht regelt § 10 Abs. 1 BüWG dahingehend, dass jeder Wahlberechtigte, der am Wahltag das 18. Lebensjahr vollendet hat, wählbar ist. Dies gilt nach § 10 Abs. 2 BüWG nicht für Personen, die nach § 7 BüWG vom aktiven Wahlrecht ausgeschlossen sind oder infolge eines Richterspruchs die passive Wählbarkeit oder die Fähigkeit zur Bekleidung öffentlicher Ämter nicht besitzen.

III. Wahlsystem

1. Das aktuelle Wahlsystem in der Freien und Hansestadt Hamburg

Die Hamburgische Bürgerschaft wird nach § 2 Abs. 1 Satz 2 BüWG nach den Grundsätzen einer mit der Personenwahl verbundenen Verhältniswahl gewählt. Dies wird nach § 2 Abs. 2 BüWG in der Form umgesetzt, dass von den 121 Bürgerschaftsabgeordneten 71 nach Wahlkreislisten mit Mehrmandatswahlkreisen und die Übrigen 50 nach Landeslisten gewählt werden.

Die Landeslisten der Parteien werden nach § 24 Abs. 4 BüWG von Parteivertretern der Landesebene aufgestellt, sodass diese Listen für ganz

---

19 Antrag der Fraktion GAL v. 12.05.2011, Bü-Drs. 20/474.
20 Antrag der Fraktion GAL v. 12.05.2011, Bü-Drs. 20/474, S. 1.

Hamburg gleich sind. Sie dienen gemäß § 3 Abs. 4 und § 5 Abs. 4 Satz 1 BüWG dazu, das Verhältnis der Sitzverteilung auf die Parteien und Wählervereinigungen zu bestimmen. Die Wahlkreislisten werden nach § 24 Abs. 3 Satz 1 BüWG von den Parteimitgliedern eines Wahlkreises erstellt, womit es für jeden Wahlkreis gesonderte Wahlkreislisten gibt, die nach § 5 Abs. 4 Satz 1 i.V.m. Abs. 6 BüWG ausschließlich bestimmen, welche Personen die jeweiligen Sitze in der Bürgerschaft erhalten. Die Wahlkreisstimmen haben somit keinen Einfluss auf das Verhältnis der Sitzverteilung.

Dabei haben die Wahlberechtigten nach § 3 Abs. 1 BüWG für beide Listen jeweils fünf Stimmen – also fünf sogenannte Wahlkreisstimmen für die Wahlkreislisten und fünf Landesstimmen für die Landeslisten –, sodass bei einer Bürgerschaftswahl von der Wählerin oder dem Wähler jeweils zehn Stimmen zu verteilen sind.

Bei beiden Listen handelt es sich um sogenannte offene Listen, bei denen die Wählerin oder der Wähler die Reihenfolge der Kandidaten durch unterschiedliche Gewichtung ihrer oder seiner Stimmen beeinflussen kann.[21] Dies geschieht nach § 3 Abs. 2 und 3 BüWG durch das Kumulieren, wo die Stimmen bei einer Person oder Liste angehäuft werden, und das Panaschieren, bei dem die Stimmen auf mehrere Personen oder Listen verteilt werden können.

Dabei sind die Wahloptionen für die Wahlkreis- und Landeslisten unterschiedlich. Nach § 3 Abs. 2 BüWG können die Wahlkreisstimmen nämlich nur auf die in den Wahlkreislisten genannten Personen verteilt werden. Nach § 3 Abs. 2 Nr. 1 BüWG kann einer Kandidatin oder einem Kandidaten bis zu fünf Stimmen durch Kumulation gegeben, oder ein Panaschieren durch Verteilung der Stimmen an Personen aus unterschiedlichen Wahlkreislisten nach § 3 Abs. 2 Nr. 2 BüWG vorgenommen werden.[22] Daneben können die Landesstimmen nach § 3 Abs. 3 BüWG beliebig auf eine ganze Landesliste sowie auf die in ihnen genannten Personen verteilt werden. Somit hat die Wählerin oder der Wähler bei den Landeslisten mehr Möglichkeiten, ihre oder seine Stimmen auf unterschiedlichste Art zu verteilen, da neben den Personen auch ganze Listen gewählt werden können. Dies kann nach § 3 Abs. 3 Nr. 1 u. 2 BüWG wie bei den Wahlkreislisten durch Anhäufung der Stimmen bei einer Person oder Verteilung auf mehrere Personen sowie nach § 3 Abs. 3 Nr. 3 BüWG durch Ver-

---

21 *Johann Hahlen*, in: Schreiber (Hrsg.), Bundeswahlgesetz Kommentar, 10. Aufl. 2017, § 27 Rn. 13.
22 Siehe die verschiedenen Kombinationsmöglichkeiten bei *Friederike David/Klaus David*, 20 Stimmen für Hamburg, 2010, S. 21 f.

teilung der Stimmen an Landeslisten oder Personen geschehen, wobei ebenfalls Kumulieren und Panaschieren möglich ist.[23]

Mit diesem besonderen Mechanismus, der den Wählerinnen und den Wählern insgesamt zehn Stimmen gibt, von denen je fünf Stimmen unterschiedlich auf Wahlkreis- und Landeslisten verteilt werden können, hat Hamburg ein sehr modernes, aber auch kompliziertes Wahlsystem. Der Grund darin liegt in der bewegten Vergangenheit des Hamburgischen Wahlrechts, das seit 2004 einige Änderungen erfahren hat.

2. Änderungen des Hamburgischen Wahlrechts seit 2004

Bis zum Jahr 2004 wurden die Abgeordneten der Hamburgischen Bürgerschaft durch eine reine Verhältniswahl mit gebundenen oder auch starren Listen[24] gewählt. Auf den Stimmzetteln der Landeslisten standen nur die Namen der jeweiligen Spitzenkandidaten der Parteien. Wer sonst noch auf der Parteiliste stand, blieb für die Wählerinnen und Wähler verborgen.[25] Die Reihenfolge der Kandidierenden auf den Listen wurde damit ausschließlich durch die Parteien oder Wählervereinigungen festgelegt und war von der Wählerschaft nicht beeinflussbar. Diese konnte lediglich eine Stimme für die jeweilige Parteiliste als Ganzes abgeben.[26]

Da dieses Wahlrecht in großen Teilen der Gesellschaft als bürgerfern und veraltet empfunden wurde, startete der Verein „Mehr Demokratie" im Jahr 2002 die Volksinitiative „Mehr Bürgerrechte – Ein neues Wahlrecht für Hamburg", mit der er das Wahlrecht erneuern wollte.[27] Gegenstand der Initiative war ein komplett überarbeitetes Wahlgesetz, das insbesondere die personalisierte Verhältniswahl und somit zusätzlich zu den Landeslisten Wahlkreise einführen sollte, in denen mehrere Kandidierende direkt gewählt werden konnten. Neu war somit das System, dass 71 Abgeordnete über die Wahlkreise und der Rest über die Landeslisten gewählt

---

23 Siehe die verschiedenen Kombinationsmöglichkeiten bei *Friederike David/Klaus David*, 20 Stimmen (Fn. 22), S. 16 f.
24 *Johann Hahlen* (Fn. 21), § 27 Rn. 12.
25 *Manfred Brandt*, Lotta continua – Der Kampf geht weiter, in: Dressel/Fuchs/Warmke (Hrsg.), Direkte Demokratie in Hamburg, 2014, S. 40 (48).
26 *Andreas Fraude/Matthias Lloyd*, Kommunalpolitik in Hamburg, in: Kost/Wehling (Hrsg.), Kommunalpolitik in den deutschen Ländern, 2. Aufl., 2010, S. 148 (156 f.); *Klaus David* (Fn. 2), Art. 6 Rn. 73.
27 Mitteilung des Senats an die Bürgerschaft, Betr.: Feststellung des Senats über das Zustandekommen einer Volksinitiative v. 18.02.2003, Bü-Drs. 17/2297; *Manfred Brandt*, Lotta continua (Fn. 25), S. 48 f.

werden sollten. Daneben wurden den Wählerinnen und Wählern statt wie bisher eine Stimme nun insgesamt zehn Stimmen gegeben, sodass die Wahlberechtigten je fünf Stimmen auf den Landes- und Wahlkreislisten kumulieren und panaschieren konnten. Es sollte für beide Listen die Möglichkeit geben, einzelne Personen und ganze Listen anzukreuzen. Hierdurch wollte man einen starken Einfluss der Wählerinnen und Wähler auf die personelle Zusammensetzung der Bürgerschaft schaffen, sodass die Abgeordneten in Zukunft zu mehr Überzeugungsarbeit in ihren Stadtteilen und somit mehr Bürgernähe gezwungen werden sollten.[28] Das Volksgesetzgebungsverfahren endete am 13.06.2004 mit einem erfolgreichen Volksentscheid, der ein neues Recht über die Wahl zur Hamburgischen Bürgerschaft und zu den Bezirksversammlungen einführte.[29]

Dieses neue Wahlrecht kam jedoch nie zur Anwendung. Die CDU, die in der 18. Legislaturperiode mit absoluter Mehrheit regierte, veränderte das vom Volk beschlossene Wahlrecht im Jahr 2006 in ihrem Sinne, bevor es sich in der Bürgerschaftswahl von 2008 auswirken konnte.[30] Das neue Wahlrecht der CDU behielt zwar die Wahlkreise und die hierauf entfallenden fünf Stimmen der Wählerinnen und Wähler, die auf die Parteilisten oder Personen verteilt werden konnten, wie vom Volksentscheid beschlossen, bei. Allerdings blieben die Landeslisten ähnlich dem Zustand von vor 2004, sodass die Wählerinnen und Wähler hier lediglich eine Stimme für eine gebundene Gesamtliste abgeben konnten. Damit hatten die Hamburger bei den Wahlen zur Bürgerschaft im Jahr 2008 jeweils sechs Stimmen zu verteilen, mit denen aber weniger Einfluss auf die personelle Verteilung der Sitze genommen werden konnte, als von der Volksinitiative mit ihrer Reform beabsichtigt gewesen war.[31]

Die CDU-Fraktion nutzte mit diesem Vorgehen den weiten Handlungsspielraum, den ihr Art. 6 Abs. 4 Satz 1 HmbV mit der Vorgabe „das Gesetz bestimmt das Nähere" verschaffte.[32] Da hiermit allerdings ein nur zwei Jahre zuvor beschlossenes Volksgesetz zudem zeitlich kurz vor der nächs-

---

28 Unterrichtung durch die Präsidentin der Bürgerschaft, Betr.: Volksinitiative „Mehr Bürgerrechte – Ein neues Wahlrecht für Hamburg" v. 03.01.2003, Bü-Drs. 17/2005, Anlage S. 4 ff.
29 *Klaus David*, in: David/Stüber (Fn. 7), Art. 6 Rn. 3; Gesetz zur Änderung des Gesetzes über die Wahl zur Hamburgischen Bürgerschaft, des Gesetzes über die Wahl zu den Bezirksversammlungen, des Bezirksverwaltungsgesetzes und des Hamburgischen Meldegesetzes v. 05.07.2004, GVBl. S. 313.
30 *Manfred Brandt*, Lotta continua (Fn. 25), S. 49.
31 Antrag der CDU-Fraktion v. 19.06.2006, Bü-Drs. 18/4339 S. 5 ff.
32 *Klaus David* (Fn. 29), Art. 6 Rn. 1.

ten Bürgerschaftswahl aufgehoben wurde, regte sich einiger Widerstand gegen das neue Wahlrecht. So strengte die Volksinitiative einen Organstreit vor dem HmbVerfG an, wobei sie die Organrechte des Volkes als Gesetzgeber durch das Vorgehen der Bürgerschaft als verletzt ansah. Die Klage wurde jedoch als unzulässig abgewiesen, da das HmbVerfG die Volksinitiative, die seit dem Jahr 2004 durch erfolgreichen Volksentscheid beendet war, als nicht mehr parteifähig qualifizierte.[33]

Daneben strengte die komplette Opposition in der Hamburgischen Bürgerschaft, insgesamt 58 Abgeordnete, eine Normenkontrolle gegen das Vorgehen der CDU-Fraktion an. Sie rügte unter anderem, dass das von der CDU-Fraktion beschlossene Änderungsgesetz den verfassungsrechtlichen Grundsatz der Organtreue gegenüber dem Volksgesetzgeber verletze und beantragten die Feststellung der Nichtigkeit des neuen Wahlgesetzes. Dies wurde vom HmbVerfG jedoch mit der Begründung abgelehnt, dass Volks- und parlamentarischer Gesetzgeber gleichrangig seien und letzterer Gesetze, gleich welchen Ursprungs, jederzeit nach erfolgter inhaltlicher Auseinandersetzung ändern könne. Die Normenkontrolle war letztlich nur in einem von vier Punkten bezüglich der sogenannten „Relevanzschwelle" erfolgreich, die vorsah, dass die ersten Plätze auf den Wahlkreislisten an die Personen fallen sollten, die mehr als 30 Prozent der Persönlichkeitsstimmen auf sich vereinigten. Diese Regelung erschwere die Möglichkeit des Kumulierens und Panaschierens, ohne dabei hinreichend transparent zu sein, sodass das HmbVerfG das Gebot der Normenklarheit verletzt sah.[34] Nach kleineren Gesetzesänderungen im Sinne des Urteils des HmbVerfG im Jahr 2007[35] wurde das neue Wahlrecht daher bei den Bürgerschaftswahlen im Jahr 2008 das erste, aber auch einzige Mal angewendet.

Begleitend zur Bürgerschaftswahl formierte sich nämlich die nächste Volksinitiative „Mehr Demokratie – Ein faires Wahlrecht für Hamburg", die erneut für ein moderneres Wahlrecht nach dem Vorbild des Volksentscheides von 2004 kämpfte.[36] Nachdem das Volksbegehren im März 2009 erfolgreich war,[37] suchte die nun in einer Koalition mit der GAL-Fraktion regierende CDU-Fraktion den Diskurs mit der Volksinitiative, um einen

---

33 HmbVerfG, Urt. v. 27.04.2007 – 3/06, LVerfGE 18, 211 (226 ff.).
34 HmbVerfG, Urt. v. 27.04.2007 – 4/06, LVerfGE 18, 232 (254 ff.).
35 Antrag der CDU-Fraktion v. 31.05.2007, Bü-Drs. 18/6339; Antrag der CDU-Fraktion v. 31.05.2007, Bü-Drs. 18/6340.
36 Mitteilung des Senats an die Bürgerschaft v. 08.04.2008, Bü-Drs. 19/123; *Manfred Brandt*, Lotta continua (Fn. 25), S. 49.
37 Mitteilung des Senats an die Bürgerschaft v. 10.03.2009, Bü-Drs. 19/2534.

weiteren Volksentscheid zu vermeiden. Es wurde ein Kompromiss gefunden, der einige Elemente des Volksgesetzes aus dem Jahr 2004 aufgriff und im Juni 2009 als Antrag aller Fraktionen in die Bürgerschaft eingebracht wurde.[38]

Mit dem neuen Wahlrecht von 2009 bekamen die Hamburger Wählerinnen und Wähler, wie bereits mit dem Volksentscheid im Jahr 2004 beschlossen, insgesamt zehn Stimmen sowie die Möglichkeit des Kumulierens und Panaschierens auf beiden Listen, § 3 Abs. 2 u. 3 BüWG. Der Kompromiss beinhaltete aber abweichend vom Volksentscheid, dass nach § 3 Abs. 2 BüWG die Wahlkreisstimmen nur auf Personen verteilbar sind, wohingegen nach § 3 Abs. 3 BüWG die Landesstimmen auf Parteilisten und Personen verteilt werden können.[39] Dies erklärt letztlich die unterschiedliche Handhabung in der Verteilung der Stimmen. Parallel zu diesem Vorgang wurde auch die Hamburgische Verfassung geändert, um eine leichtfertige Veränderung des Wahlrechts für die Zukunft zu erschweren.[40] Seit 2009 fordert Art. 6 Abs. 4 Satz 2 HmbV nicht mehr nur noch die einfache, sondern eine Zweidrittelmehrheit der abgegebenen Stimmen. Zudem ist seitdem nach Art. 6 Abs. 4 Satz 3 HmbV für jede Wahlrechtsänderung das fakultative Referendum des Art. 50 Abs. 4 HmbV anwendbar.[41] Danach tritt ein von der Bürgerschaft beschlossenes Wahlrechtsgesetz nicht vor Ablauf von drei Monaten nach seiner Verkündung in Kraft, sodass 2,5 % der Wahlberechtigten bei Bedarf einen Volksentscheid über das Änderungsgesetz beantragen können.

Von diesem Recht wurde bisher einmal im Jahr 2013 Gebrauch gemacht, nachdem die Hamburgische Bürgerschaft mit dem 15. Änderungsgesetz der Hamburgischen Verfassung die Sperrklauseln von drei Prozent für Bezirksversammlungswahlen in Art. 4 HmbV und von fünf Prozent für Bürgerschaftswahlen in Art. 6 HmbV eingefügt hatte. Der Verein „Mehr Demokratie" strengte gegen die Einführung der Drei-Prozent-Klausel für Bezirksversammlungswahlen ein fakultatives Referendum nach

---

38 Antrag der CDU-, GAL-, SPD- und DIE LINKE-Fraktion v. 24.06.2009, Bü-Drs. 19/3280; *Klaus David* (Fn. 29), Art. 6 Rn. 5; *Andreas Fraude/Matthias Lloyd*, Kommunalpolitik (Fn. 26), S. 148 (158).
39 Antrag der CDU-, GAL-, SPD- und DIE LINKE-Fraktion v. 24.06.2009, Bü-Drs. 19/3280, S. 16 f.
40 Antrag der CDU-, GAL-, SPD- und DIE LINKE-Fraktion v. 10.06.2009, Bü-Drs. 19/3255, S. 2.
41 Antrag der CDU-, GAL-, SPD- und DIE LINKE-Fraktion v. 10.06.2009, Bü-Drs. 19/3255, S. 1 ff.; Antrag der CDU-, GAL-, SPD- und DIE LINKE-Fraktion v. 24.06.2009, Bü-Drs. 19/3280, S. 16.

Art. 50 Abs. 4 Satz 1 bis 4 HmbV an, zumal diese Sperrklausel in einfachgesetzlicher Form zuvor vom HmbVerfG für verfassungswidrig erklärt worden war.[42] Der Senat der Freien und Hansestadt Hamburg begehrte daraufhin vor dem HmbVerfG die Feststellung, dass ein fakultatives Referendum nach Art. 4 Abs. 2 Satz 3 HmbV a. F. (heute Art. 4 Abs. 3 Satz 3) und Art. 6 Abs. 4 Satz 3 HmbV i. V. m. Art. 50 Abs. 4 HmbV nicht auf die vorgenommene Verfassungsänderung anwendbar sei. Das HmbVerfG entsprach dem Antrag mit der Begründung, dass die Möglichkeit eines Volksentscheids nach Art. 4 Abs. 2 und Art. 6 Abs. 4 HmbV nur für einfachgesetzliche Regelungen, nicht jedoch für Verfassungsänderungen eröffnet sei.[43]

3. Einteilung des Wahlgebiets

Die Freie und Hansestadt Hamburg ist nach §§ 2 Abs. 2, 18 Abs. 1 BüWG in Mehrmandatswahlkreise eingeteilt, also solche, in denen nach § 18 Abs. 1 Satz 1 BüWG jeweils drei bis fünf Bürgerschaftssitze zu vergeben sind. Die aktuelle Wahlkreiseinteilung und die Anzahl der jeweils zu verteilenden Sitze in den Wahlkreisen ergibt sich aus § 18 Abs. 8 BüWG i. V. m. der Anlage zu diesem Gesetz und orientiert sich an der Zahl der jeweils in ihnen wohnenden Wahlberechtigten.[44] Danach existieren in der Freien und Hansestadt Hamburg insgesamt 17 Wahlkreise, wovon in vier Wahlkreisen drei Sitze, in sechs Wahlkreisen vier Sitze und in den restlichen sieben Wahlkreisen fünf Sitze zu verteilen sind.

Die Wahlkreiskommission, die nach § 18 Abs. 5 Satz 1 BüWG von der Präsidentin oder dem Präsidenten der Bürgerschaft ernannt wird, überwacht die Organisation der 17 Wahlkreise. Sie hat nach § 18 Abs. 6 Satz 1 BüWG die Aufgabe, über Änderungen der Wahlberechtigtenzahlen im Wahlgebiet zu berichten und darzulegen, ob und welche Änderungen der Wahlkreiseinteilung oder der Sitzverteilung auf die Wahlkreise sie für erforderlich hält. Sie schlägt also bei Bedarf Änderungen des Zuschnitts der Wahlkreise vor und, gemäß § 18 Abs. 1 Satz 2 i. V.m Abs. 4 BüWG gemessen an der Zahl der wahlberechtigten Einwohner, wie viele Abgeordnete aus einem Wahlkreis in die Bürgerschaft entsendet werden sollten. Dabei sind nach § 18 Abs. 2 BüWG die Wahlkreise so zu begrenzen, dass

---

42 HmbVerfG, Urt. v. 15.01.2013 – 2/11, NVwZ 2013, 575 (576).
43 HmbVerfG, Beschl. v. 20.02.2014 – 4/13, NVwZ-RR 2014, 504 (505).
44 *Klaus David* (Fn. 29), Art. 6 Rn. 3.

sie ein zusammenhängendes Ganzes bilden, wobei die örtlichen Verhältnisse und Bezirksgrenzen gewahrt werden und die Wahlkreise auch im Hinblick auf die Bevölkerungsentwicklung möglichst beständig sein sollen. Die Wahlkreiskommission muss der Bürgerschaft nach § 18 Abs. 7 BüWG innerhalb von 27 Monaten nach Beginn der jeweiligen Wahlperiode Bericht über ihre Erkenntnisse erstatten, was sodann unverzüglich im Amtlichen Anzeiger zu veröffentlichen ist.

IV. Wahlvorbereitung

Die Wahlvorbereitung im Sinne der Aufstellung der Kandidierenden für die Wahlen zur Hamburgischen Bürgerschaftswahl ist in den §§ 22 ff. BüWG geregelt. Nach § 22 Abs. 1 BüWG ist der Kreis der Aufstellungsberechtigten auf Parteien, Wählervereinigungen und einzelne Bewerberinnen und Bewerber begrenzt. Parteien und Wählervereinigungen können dabei Wahlkreis- und Landesliste, Einzelbewerberinnen und Einzelbewerber können ihre Kandidatur nur als Wahlkreisliste einreichen.

Das Aufstellungsverfahren beginnt für neue Gruppierungen zunächst mit der Beteiligungsanzeige, die nach § 23 Abs. 1 Satz 1 BüWG von Parteien und Wählervereinigungen spätestens am 90. Tag vor der Wahl bei der Landeswahlleitung abgegeben werden muss. Ohne die Beteiligungsanzeige und die Feststellung des Landeswahlausschusses, dass es sich beim Absender um eine Partei oder Wählervereinigung handelt, können keine Wahlvorschläge eingereicht werden. Dieses Erfordernis gilt jedoch nach § 23 Abs. 2 Satz 2 BüWG nicht für Parteien, wenn sie seit der jeweils letzten Wahl ununterbrochen im Deutschen Bundestag oder in einem Landtag vertreten sind, oder wenn ihre Parteieigenschaft bei der letzten Wahl zum Deutschen Bundestag festgestellt worden ist. Die Entscheidung des Bundeswahlleiters über die Parteieigenschaft einer Partei gilt in Hamburg somit ergänzend. Die jeweiligen Feststellungen im Sinne des § 23 Abs. 1 und 2 BüWG werden gemäß § 23 Abs. 3 BüWG von der Landeswahlleitung und vom Landeswahlausschuss spätestens am 72. Tag vor der Wahl getroffen. Die Wahlkreislisten und Landeslisten sind sodann gemäß § 23 Abs. 4 Satz 1 BüWG spätestens am 68. Tage vor der Wahl schriftlich bei der Bezirkswahlleitung und der Landeswahlleitung einzureichen.

Die Aufstellung von Wahlbewerberinnen und Wahlbewerbern erfolgt im Vorfeld nach den Vorgaben des § 24 BüWG. Zunächst kann nach dessen Absatz 1 Satz 1 und 2 in einem Wahlvorschlag einer Partei oder Wählervereinigung nur benannt werden, wer in einer Mitglieder- oder Vertreterversammlung in geheimer Abstimmung von Wahlberechtigten gewählt worden ist. Dabei ist es nach Absatz 1 Satz 5 wichtig, dass Personen nur einzeln gewählt werden dürfen. Die Wahl von nicht veränderbaren Personenblöcken ist unzulässig.

Die Kandidatinnen und Kandidaten einer Wahlkreisliste werden nach § 24 Abs. 3 BüWG in einer Mitgliederversammlung einer Partei oder Wählervereinigung gewählt. An der Abstimmung dürfen nur Mitglieder teilnehmen, die im jeweiligen Wahlkreis wahlberechtigt sind, wobei dieses Erfordernis auf die Kandidierenden selbst nicht zutreffen muss. Gewählt werden können also auch Personen, die außerhalb des Wahlkreises wohnen. Die Zusammenstellung der Landeslisten erfolgt nach § 24 Abs. 4 BüWG, wobei die an der Aufstellung einer Landesliste teilnehmenden Personen zur Bürgerschaft wahlberechtigt sein müssen. Alle weiteren Einzelheiten über das Verfahren über die Erstellung der Wahlvorschläge regeln gemäß § 24 Abs. 7 BüWG die Parteien und Wählervereinigungen durch ihre Satzungen.

§ 25 BüWG macht darüber hinaus Vorgaben hinsichtlich des Inhalts und der Form der Wahlvorschläge. So dürfen die Kandidierenden nach § 25 Abs. 2 Satz 1 und 2 BüWG jeweils nur einmal auf einer Wahlkreisliste und einer Landesliste auftauchen und dies auch nur innerhalb der gleichen Partei oder Wählervereinigung. Eine Kandidatur für eine Partei auf einer Wahlkreisliste und eine Kandidatur für eine andere Partei auf der Landesliste ist demnach unzulässig. Zudem ergeben sich einige Besonderheiten für die verschiedenen Listenarten. Für die Wahlkreislisten gilt nach § 25 Abs. 1 Satz 3 BüWG, dass maximal doppelt so viele Kandidaten pro Partei aufgestellt werden dürfen, wie es in dem Wahlkreis Sitze zu verteilen gibt. Dies können somit, je nachdem gemäß § 18 Abs. 1 Satz 1 BüWG in einem Wahlkreis drei, vier oder fünf Sitze zu verteilen sind also sechs, acht oder zehn Kandidierende sein. Auf den Landeslisten ist nach § 25 Abs. 1 Satz 4 BüWG nur die Benennung von maximal 60 Personen erlaubt.

Sind die Listen und damit die Wahlvorschläge erstellt, bedarf es nach § 23 Abs. 5 Satz 1 BüWG für neu antretende Parteien, Wählervereinigungen und Einzelbewerber Unterstützungsunterschriften. Für eine Wahlkreisliste sind 100 Unterstützungsunterschriften von Wahlberechtigten des Wahlkreises nötig, für eine Landesliste werden 1.000 Unterschriften von den Wahlberechtigten gefordert. Dies gilt wiederum nur für solche Kandidierenden, Parteien und Wählervereinigungen, die nicht seit der jeweils letzten Wahl im Deutschen Bundestag oder in einem Landtag vertreten sind.

Um die Erfassung der Kandidierenden und das Wahlvorschlagsverfahren zu vereinfachen, hat das Hamburgische Landeswahlamt zur Bürgerschaftswahl 2015 eine Web-Datenbank eingerichtet. Dort können alle

Angaben der Kandidierenden eingegeben und anschließend alle erforderlichen Dokumente ausgedruckt werden. Aus dieser Web-Datenbank werden im Anschluss auch die Stimmzettel erstellt.[45]

V. Wahlergebnis

1. Feststellung des Wahlergebnisses

Die Sitzvergabe nach Wahlkreis- und Landeslisten richtet sich nach §§ 4 und 5 BüWG. Insgesamt werden nacheinander vier Zählschritte vorgenommen, um alle Mandate auf die Kandidierenden zu verteilen und die endgültige Sitzzahl festzustellen.[46]

Der erste Schritt bezüglich der Feststellung des Wahlergebnisses ist die Bestimmung der verhältnismäßigen Verteilung der 121 Sitze auf die Parteien und Wählervereinigungen. Nach § 3 Abs. 4 und § 5 Abs. 4 Satz 1 BüWG richtet sich die Sitzverteilung in der Bürgerschaft ausschließlich nach dem Verhältnis der abgegebenen Gesamtstimmen für die Landeslisten. Gesamtstimmen werden in § 5 Abs. 1 Nr. 4 BüWG definiert als alle Personen- und Listenstimmen, die für jede Landesliste insgesamt abgegeben werden. Eine Grundmandatsklausel in dem Sinne, dass eine Partei bei der Verteilung der Sitze nur berücksichtigt wird, wenn sie eine vorgegebene Anzahl an Direktmandaten in den Wahlkreisen gewinnt,[47] existiert in Hamburg nicht. Allerdings sehen Art. 6 Abs. 2 Satz 2 HmbV und § 5 Abs. 2 BüWG eine Fünf-Prozent-Sperrklausel vor, wonach nur Landeslisten berücksichtigt werden, die mindestens fünf vom Hundert der insgesamt abgegebenen gültigen Gesamtstimmen erhalten haben.

Unter Berücksichtigung der Sperrklausel entscheiden die Stimmen, die eine Partei und ihre Kandidatinnen und Kandidaten einer Landesliste zusammen erhalten haben, darüber, wie viele Bürgerschaftssitze der Partei in der Bürgerschaft zustehen. Dies ist eine Verkomplizierung im Vergleich zum Wahlrecht von vor 2009, als es lediglich eine Landeslistenstimme von den Wählerinnen und Wählern zu verteilen gab. Es gibt den Wahlberech-

---

45 Behörde für Inneres und Sport, Kandidierendenaufstellung, Hinweise für Parteien, Wählervereinigungen und Einzelbewerbende, abrufbar unter: https://www.hamburg.de/hinweise-und-vordrucke/4296416/kandidatenaufstellung/ (abgerufen am 19.03.2020).
46 Siehe verschiedene Rechenbeispiele bei *Friederike David/Klaus David*, 20 Stimmen (Fn. 22), S. 26 ff.
47 *Karl-Ludwig Strelen*, in: Schreiber (Fn. 21), § 6 Rn. 42.

tigten in den weiteren Zählschritten aber auch mehr Einfluss auf die personelle Zusammensetzung der Bürgerschaft. Nach § 5 Abs. 4 Satz 2 BüWG gilt für die Sitzverteilung das Divisorverfahren mit Standardrundung, auch bekannt als Verfahren nach Sainte-Laguë,[48] welches das zuvor genutzte Verfahren nach Hare/Niemeyer abgelöst hat.[49]

Sodann werden nach § 5 Abs. 6 BüWG von der für jede Landesliste ermittelten Sitzzahl die Anzahl von Sitzen abgezogen, die die Parteien und Wählervereinigungen in den Wahlkreisen errungen haben. Von den 121 zu verteilenden Sitzen werden also zunächst 71 Wahlkreissitze abgezogen, die restlichen 50 Sitze werden im Anschluss nach den Landeslisten verteilt, vgl. § 2 Abs. 2 BüWG. Demnach besteht der zweite Schritt des Auszählungsverfahrens darin, gemäß § 4 BüWG die personelle Sitzzuteilung nach Wahlkreislisten festzustellen.

Für die personelle Besetzung der ersten 71 Bürgerschaftssitze wird nach § 4 Abs. 1 BüWG zunächst festgestellt, wie viele Wahlkreisstimmen jeweils für die einzelnen Personen abgegeben wurden. Sodann wird die Summe der Wahlkreisstimmen berechnet, also wie viele Stimmen für alle Personen einer Wahlkreisliste insgesamt abgegeben wurden. Nach § 4 Abs. 2 Satz 1 BüWG erfolgt die Verteilung der Stimmen auf die im Wahlkreis zu vergebenden drei bis fünf Sitze ebenfalls nach dem Divisorverfahren mit Standardrundung (Sainte-Laguë). Für das weitere Berechnungsverfahren sieht § 4 Abs. 2 Satz 2 BüWG vor, dass jede Wahlkreisliste so viele Sitze bekommt, wie sich nach Teilung der Summe ihrer Wahlkreisstimmen durch die Wahlzahl ergeben. Diese Wahlzahl wird nach § 4 Abs. 2 Satz 4 BüWG ermittelt, indem die Zahl aller im Wahlkreis abgegebenen gültigen Stimmen durch die Zahl der im Wahlkreis zu vergebenden Sitze geteilt wird. Zuletzt werden nach § 4 Abs. 3 Satz 1 BüWG die auf eine Wahlkreisliste entfallenden Sitze den Personen in der Reihenfolge der persönlich erreichten Stimmenzahl zugewiesen. Somit bekommen die Kandidierenden mit den meisten Stimmen die Bürgerschaftssitze, womit die von den Parteien aufgestellte Reihenfolge der Liste sich auf die Sitzverteilung nicht unmittelbar auswirkt.

Nachdem durch das beschriebene Verfahren die ersten 71 Sitze verteilt wurden, erfolgt im dritten Schritt gemäß § 2 Abs. 2 BüWG die Vergabe der restlichen 50 Bürgerschaftssitze nach Landeslisten. § 5 Abs. 7 und 8 BüWG bestimmt dabei, dass die verbleibenden Sitze in zwei weiteren Schritten zu vergeben sind, nach Listenreihenfolge und Personenstimmen.

---

48 *Johann Hahlen*, in: Schreiber (Fn. 21), § 3 Rn. 18.
49 *Klaus David* (Fn. 2), Art. 6 Rn. 40.

Die Listenwahl gemäß § 5 Abs. 7 Satz 1 BüWG sieht vor, dass für jede Landesliste festgestellt wird, wie viele der nach § 5 Abs. 6 BüWG noch verbleibenden Sitze jeweils noch zu vergeben sind. Die so ermittelten Sitze werden nach § 5 Abs. 7 Satz 4 BüWG den noch nicht gewählten Personen in der Reihenfolge zugeteilt, wie sie in der Landesliste benannt sind. Es erfolgt also eine Sitzverteilung nach der Reihenfolge, wie sie die Parteien und Wählervereinigungen zuvor festgelegt haben.

Die Sitzverteilung nach Personenstimmen gemäß § 5 Abs. 8 Satz 1 BüWG (Personenwahl) weist die nun noch verbleibenden Sitze den noch nicht gewählten Personen der Landesliste zu. Dies erfolgt in der Reihenfolge der Personenstimmenzahlen, was bedeutet, dass die Kandidierenden mit den meisten Stimmen die restlichen Plätze erhalten.[50]

Das Verhältnis dieser Verteilung bestimmt sich nach dem Verhältnis der abgegebenen Listen- und Personenstimmen. Dies steht nicht explizit im Gesetz, sondern ergibt sich nur aus dem Gesamtzusammenhang der Normen. Danach ist das Kontingent der Sitze, das nach Listenreihenfolge vergeben wird, entsprechend größer, je mehr Stimmen auf die Listenstimmen entfallen und umgekehrt. Demnach beeinflussen die Wählerinnen und Wähler mit ihrer Wahlentscheidung mittelbar auch, ob mehr Bewerberinnen und Bewerber nach der Liste oder nach Personenstimmenzahl Mandate erwerben.[51] Bei der Bürgerschaftswahl am 23.02.2020 erlangte beispielsweise die SPD von ihren insgesamt 54 Mandaten 26 Sitze über die Landesliste. Dabei entfielen 662.264 Stimmen auf die Landesliste und 901.176 Stimmen auf einzelne Personen. Entsprechend dieses Verhältnisses wurden 11 Sitze nach der von der Partei festgesetzten Reihenfolge über die Landesliste und 15 Sitze über die Personenstimmen verteilt.[52]

Dieser Zweischritt ist zum einen die Folge des Wahlrechtskompromisses aus dem Jahr 2009. Er ist allerdings auch beeinflusst durch das Urteil des HmbVerfG vom 27.04.2007, wonach der Gesetzgeber eine Möglichkeit finden musste, den Wählerinnen und Wählern Einfluss auf das Ergebnis

---

50 Siehe Rechenbeispiel bei *Friederike David/Klaus David*, 20 Stimmen (Fn. 22), S. 29 f.
51 Antrag der Fraktionen CDU, GAL, SPD und DIE LINKE v. 24.06.2009, Bü-Drs. 19/3280, S. 20; *Klaus David* (Fn. 29), Art. 6 Rn. 25, 27.
52 *Statistisches Amt für Hamburg und Schleswig-Holstein*, Analyse der Bürgerschaftswahl am 23. Februar 2020 in Hamburg, Berechnung und Zuteilung der Mandate, S. 44, 54 f., abrufbar unter: https://www.statistik-nord.de/fileadmin/Dokumente/Wahlen/Hamburg/B%C3 %BCrgerschaftswahlen/2020/Analyse/B%C3 %BCWa2020_Berechnung_und_Zuteilung_der_Mandate.pdf (abgerufen am 09.06.2020).

durch die Stimmabgabe für die Gesamtliste als auch durch die Wahl einzelner Bewerber zu geben.[53]

Im vierten und letzten Schritt wird die Gesamtzahl der Bürgerschaftssitze ermittelt. Eine Überschreitung der grundsätzlich vorgesehenen 121 Sitze kann sich dabei aus mehreren Gründen ergeben. Es kommt eine Sitzzahlerhöhung nach § 5 Abs. 3 Satz 1 BüWG in Betracht, wonach die in den Wahlkreisen erlangten Sitze von Einzelbewerberinnen und Einzelbewerbern und Kandidierenden, deren Partei keine Landesliste oder nicht die Fünf-Prozent-Hürde genommen hat, zu den 121 Abgeordnetensitzen hinzugefügt werden. Ist die dann vorliegende Sitzzahl eine gerade Zahl, wird sie gemäß § 5 Abs. 3 Satz 2 BüWG um einen weiteren Sitz erhöht. Auf diese Art wird eine ungerade Zahl von Sitzen sichergestellt, um Patt-Situationen zu vermeiden.[54]

Zudem kommt eine Sitzvermehrung nach § 5 Abs. 5 Satz 1 BüWG durch Überhang- und Ausgleichsmandate in Betracht. Hat eine Partei oder Wählervereinigung in den Wahlkreisen mehr Sitze errungen, als ihr nach Sitzverteilung der Landeslisten insgesamt zustehen (Überhangmandate), so erhöht sich die Gesamtzahl der zu vergebenden Sitze um die Zahl, die erforderlich ist, um unter Einbeziehung der Überhangmandate die Sitzverteilung nach dem Verhältnis der Gesamtstimmzahlen zu gewährleisten (Ausgleichsmandate). Ist hierdurch die erhöhte Gesamtzahl der Sitze gerade, sieht § 5 Abs. 5 Satz 2 BüWG wiederum die Erhöhung der Gesamtzahl auf eine ungerade Sitzzahl vor. Der Gewährleistung einer ungeraden Mitgliederzahl kommt somit besondere Bedeutung zu.[55]

Eine Besonderheit findet sich schließlich in § 5 Abs. 5 Satz 3 und 4 BüWG. Hiernach erhält eine Partei oder Wählervereinigung, die die absolute Mehrheit der Gesamtlandeslistenstimmen erhält, auch die absolute Mehrheit der Bürgerschaftsmandate, wofür sie gegebenenfalls zusätzliche Mandate bekommt. Es handelt sich um eine Sicherungsklausel für die absolute Mehrheit nach Landeslistenstimmen. Hiermit wird das Verhältniswahlrecht um ein Element des Mehrheitswahlrechts bereichert.[56] Diese Mehrheitssicherungsklausel wurde im Rahmen des Normenkontrollver-

---

53 HmbVerfG, Urt. v. 27.04.2007 – 4/06, LVerfGE 18, 232 (261 ff.); *Klaus David* (Fn. 29), Art. 6 Rn. 18, 25.
54 Mitteilung des Senats an die Bürgerschaft, Gesetz zur Änderung wahlrechtlicher Vorschriften v. 10.05.1988, Bü-Drs. 13/1679, S. 2.
55 *Klaus David* (Fn. 29), Art. 6 Rn. 30.
56 *Klaus David* (Fn. 29), Art. 6 Rn. 31.

fahrens im Jahr 2007 vom HmbVerfG überprüft und für verfassungsmäßig befunden.[57]

2. *Sperrklausel*

Wie bereits angedeutet, existiert im Hamburgischen Bürgerschaftswahlrecht eine Sperrklausel. Diese ist in Art. 6 Abs. 2 Satz 2 HmbV sowie in § 5 Abs. 2 BüWG normiert und sieht vor, dass Wahlvorschläge nur berücksichtigt werden, wenn sie mindestens fünf vom Hundert der insgesamt abgegebenen gültigen Landeslistenstimmen erhalten haben. Es gilt mithin eine Fünf-Prozent-Sperrklausel für die Wahlen zur Hamburgischen Bürgerschaft. In der Hamburgischen Verfassung ist die Sperrklausel seit dem Jahr 2013 verankert.[58] Als sachlicher Rechtfertigungsgrund gilt dabei das Bedürfnis nach dem Erhalt der Funktionsfähigkeit des Parlaments.[59]

VI. *Wahlprüfung*

Die Hamburgische Verfassung sieht in ihrem Art. 9 die Überprüfung der Wahl zur Hamburgischen Bürgerschaft vor. Danach entscheidet zunächst die Bürgerschaft über die Gültigkeit der Wahl sowie darüber, ob Abgeordnete die Mitgliedschaft im Parlament verloren haben. Gegen die Entscheidung können Betroffene das HmbVerfG anrufen.

1. *Wahlprüfungsverfahren durch die Bürgerschaft*

Das Wahlprüfungsverfahren, das die Bürgerschaft durchführt, ist im Wahlprüfungsgesetz näher geregelt. Während Art. 9 Abs. 1 HmbV und § 1 Abs. 1 und 2 Nr. 1 WPrüfG vorsehen, dass die Bürgerschaft generell über die Gültigkeit der Wahl sowie über den Mandatsverlust der Abgeordneten

---

57 HmbVerfG, Urt. v. 27.04.2007 – 4/06, LVerfGE 18, 232 (260 f.).
58 Antrag der Fraktionen SPD, CDU und GRÜNE v. 13.11.2013, Bü-Drs. 20/9961; Fünfzehntes Gesetz zur Änderung der Verfassung der Freien und Hansestadt Hamburg v. 13.12.2013, GVBl. S. 499.
59 BVerfG, Beschl. v. 22.05.1979 – 2 BvR 193/79 u. a., BVerfGE 51, 222 (236 ff.); Urt. v. 10.04.1997 – 2 BvC 3/96, BVerfGE 95, 408 (420 ff.); HmbVerfG zu Sperrklauseln für die Wahl der Bezirksversammlungen: HmbVerfG, Urt. v. 15.01.2013 – 2/11, NVwZ 2013, 575; Urt. v. 08.12.2015 – 4/15, NVwZ 2016, 381.

befindet, erweitert § 1 Abs. 2 Nr. 2 WPrüfG die Prüfkompetenz auf die Fälle, in denen fraglich ist, ob ein nach §§ 35, 38 ff. BüWG nachträglich berufenes Mitglied im Zeitpunkt seiner Berufung wählbar war und die Voraussetzungen seiner Berufung gegeben waren.[60]

Die formalen Voraussetzungen der Wahlprüfung sind in den §§ 2 ff. WPrüfG geregelt. Danach besteht für die Überprüfung der Wahl und der Wählbarkeit eines nachträglich berufenen Mitglieds ein Einspruchserfordernis, für die Entscheidung über den Verlust der Mitgliedschaft bedarf es eines Antrags. Einspruchs- und antragsberechtigt sind dabei alle zur Wahl Wahlberechtigten, die Präsidentin und der Präsident der Bürgerschaft und die Landeswahlleiterin und der Landeswahlleiter, § 2 WPrüfG. Einspruch und Antrag sind nach § 3 Abs. 1 Satz 1 WPrüfG schriftlich bei der Bürgerschaft einzulegen und zu begründen. Die Einspruchsfrist gegen Entscheidungen nach § 1 Abs. 2 Nr. 2 WPrüfG beträgt gemäß § 4 Abs. 3 WPrüfG zwei Monate nach Bekanntmachung des Erwerbs der nachträglichen Mitgliedschaft, der Antrag auf Entscheidung nach § 1 Abs. 2 Nr. 1 WPrüfG über den Verlust der Mitgliedschaft kann gemäß § 4 Abs. 4 WPrüfG dagegen jederzeit gestellt werden.

Die materiellen Voraussetzungen der Begründung eines Einspruchs oder Antrags im Sinne des § 2 Abs. 1 WPrüfG regelt § 5 WPrüfG. Dessen Absatz 1 sieht als Einspruchsgründe vor, dass bei der Vorbereitung oder Durchführung der Wahl zwingende Vorschriften der Hamburgischen Verfassung, womit die Wahlrechtsgrundsätze den Maßstab der Wahlprüfung bilden,[61] des Bürgerschaftswahlgesetzes oder der Hamburgischen Wahlordnung unbeachtet geblieben sind oder unrichtig angewendet wurden (Nr. 1). Zudem sind taugliche Gründe, dass fehlerhafte Entscheidungen der Wahlorgane bei der Zulassung oder Zurückweisung von Wahlvorschlägen oder bei der Feststellung des Wahlergebnisses ergangen sind (Nr. 2), oder dass Kandidierende oder Dritte einen objektiven Tatbestand der §§ 107 ff., 240 oder 274 Abs. 1 Nr. 1 StGB[62] erfüllt haben (Nr. 3). Hierbei handelt es sich um eine enumerative Aufzählung von Wahlprüfungsgründen, sodass ausschließlich diese der Überprüfung zugänglich sind.[63] Das Vorliegen eines solchen Grundes allein ist für den Erfolg eines Einspruchs allerdings nicht ausreichend. Es muss vielmehr nach § 5 Abs. 1 a. E. WPrüfG kumulativ hinzukommen, dass durch den jeweils verwirklich-

---

60 *Klaus David* (Fn. 2), Art. 9 Rn. 2 ff., 7.
61 *Klaus David* (Fn. 2), Art. 6 Rn. 44.
62 Strafgesetzbuch i. d. F. der Bekanntmachung v. 13.11.1998 (BGBl. I S. 3322), zuletzt geändert durch Artikel 1 des Gesetzes v. 03.03.2020 (BGBl. I S. 431).
63 *Klaus David* (Fn. 2), Art. 9 Rn. 8.

ten Einspruchsgrund die Verteilung der Abgeordnetensitze beeinflusst worden sein kann, sogenannte „Mandatsrelevanz".[64] Wenn ein fehlerfreier Verfahrenslauf also potentiell zum gleichen Ergebnis geführt hätte, führt das Vorliegen eines der aufgezählten Wahlprüfungsgründe nicht zur Ungültigkeit der Wahl.[65] Insbesondere Verstöße gegen Satzungsbestimmungen eines Wahlvorschlagsträgers sind nach § 5 Abs. 2 WPrüfG alleine keine hinreichenden Gründe für einen Einspruch. Ein Einspruch im Fall der nachträglichen Berufung nach § 38 Abs. 1 und § 39 Abs. 1 BüWG kann daneben nur damit begründet werden, dass ein als gewählt erklärter Bewerbender nicht wählbar war oder die Berufungsvoraussetzungen nicht vorgelegen haben, § 5 Abs. 3 WPrüfG.

Der Antrag nach § 2 Abs. 1 Satz 2 WPrüfG kann letztlich nur damit begründet werden, dass die gesetzlichen Voraussetzungen vorliegen, die zum Verlust der Mitgliedschaft führen. Dies richtet sich nach § 11 und § 12 BüWG.[66]

§ 6 WPrüfG regelt die Entscheidungsmöglichkeiten der Bürgerschaft, wobei nach dessen Absatz 1 Satz 2 eine Wahl vollständig, aber auch nur teilweise für ungültig erklärt werden kann. Im Übrigen ergeht nach § 6 Abs. 2 bis 4 WPrüfG die Entscheidung über den Erwerb oder Verlust der Mitgliedschaft oder der Einspruch oder Antrag wird zurückgewiesen, das Verfahren eingestellt oder für erledigt erklärt. Die Entscheidung der Bürgerschaft ist nach § 7 Abs. 1 Satz 1 WPrüfG zu begründen und nach § 8 Abs. 1 WPrüfG den Einsprechenden, Antragstellenden, den Mitgliedern, deren Mitgliedschaft Gegenstand der Entscheidung ist und der Landeswahlleiterin oder dem Landeswahlleiter innerhalb von zwei Wochen nach der Beschlussfassung zuzustellen. Die vom Wahlprüfungsverfahren betroffenen Bürgerschaftsabgeordneten haben nach § 9 Satz 1 WPrüfG grundsätzlich kein Stimmrecht bei dieser Entscheidung.

Von der Möglichkeit der Wahlüberprüfung wird bei Wahlen zur Hamburgischen Bürgerschaft regelmäßig Gebrauch gemacht. Bei der Bürgerschaftswahl im Jahr 2015 wurden zehn Einsprüche eingereicht. Inhaltlich behandeln die Einsprüche zum Beispiel die Verletzung der Wahlrechts-

---

64 *Johann Hahlen*, in: Schreiber (Fn. 21), § 49 Rn. 21; *Klaus David* (Fn. 2), Art. 9 Rn. 9.
65 HmbVerfG, Urt. v. 06.06.1979 – 1/79, HmbJVBl. 1980, 61 (64); *Klaus David* (Fn. 2), Art. 9 Rn. 9; *Johann Hahlen*, in: Schreiber (Fn. 21), § 49 Rn. 21; *Hans H. Klein*, in: Maunz/Dürig, Grundgesetz Kommentar, 78. EL 2016, Art. 41 Rn. 101, 110 f.
66 Siehe zu einer detaillierteren Darstellung der Mandatsverlustgründe *Klaus David* (Fn. 2), Art. 9 Rn. 40.

grundsätze. So wurde die Vorschrift über das Ruhen des Mandats eines Senatsmitglieds wegen einer Verletzung des Grundsatzes der unmittelbaren Wahl gerügt oder in der Ergebnisermittlung von Wahlbezirken in vom Wahllokal verschiedenen Auszählungszentren eine Verletzung des Grundsatzes der öffentlichen Wahl gesehen.[67] Die Überprüfung durch den Landeswahlleiter ergab jedoch, dass alle Einsprüche unzulässig und/oder unbegründet waren.[68]

2. Wahlprüfungsverfahren durch das Hamburgische Verfassungsgericht

Gegen die Entscheidung der Bürgerschaft über das Wahlprüfverfahren besteht nach Art. 9 Abs. 2 HmbV die Möglichkeit, das HmbVerfG anzurufen. Dies geschieht in Form einer Beschwerde nach Art. 65 Abs. 3 Nr. 7 HmbV, § 14 Nr. 7 und §§ 47 bis 49 a HVerfGG[69]. Das HmbVerfG entscheidet danach über Beschwerden gegen Entscheidungen der Bürgerschaft, welche die Gültigkeit der Wahl oder den Verlust der Mitgliedschaft von Abgeordneten betreffen oder welche den Erwerb dieser Mitgliedschaft zum Inhalt haben.

Beschwerdebefugt sind nach § 47 Abs. 1 HVerfGG Wahlberechtigte, deren Einspruch durch die Bürgerschaft abgewiesen worden ist, Abgeordnete, deren Mitgliedschaftsverlust die Bürgerschaft festgestellt hat, eine Fraktion oder eine Gruppe der Bürgerschaft, sowie eine Minderheit der Bürgerschaft, die mindestens ein Zehntel der gesetzlichen Mitgliederzahl umfasst. Das HmbVerfG kann darüber hinaus nach § 48 Abs. 1 HVerfGG durch Beschluss weitere Personen oder Personengruppen auf Antrag als Beteiligte zulassen. Für die Erhebung der Beschwerde gilt gemäß § 49 HVerfGG eine Frist von einem Monat ab Entscheidung der Bürgerschaft, wobei diese in den Fällen des § 47 Abs. 1 Nrn. 1 und 2 mit der Zustellung der Entscheidung der Bürgerschaft an die Beschwerdeberechtigten beginnt.

---

[67] *Behörde für Inneres und Sport, Landeswahlleiter*, Erfahrungsbericht des Landeswahlleiters, der Bezirkswahlleitungen und des Statistischen Amts für Hamburg und Schleswig-Holstein zu der Wahl zur Bürgerschaft am 15. Februar 2015, S. 34 f., abrufbar unter: https://www.hamburg.de/contentblob/4497914/8bb8478275151f15db9001f5b3018931/data/erfahrungsbericht-dl.pdf (abgerufen am 20.03.2020).

[68] Bericht des Verfassungs- und Bezirksausschusses v. 03.07.2015, Bü-Drs. 21/885; Bericht des Verfassungs- und Bezirksausschusses v. 30.04.2019, Bü-Drs. 21/17039.

[69] Gesetz über das Hamburgische Verfassungsgericht i. d. F. v. 23.03.1982, GVBl. S. 53, zuletzt geändert durch Gesetz v. 05.10.2017, GVBl. S. 319.

Der letzte Fall einer solchen Wahlprüfung vor dem HmbVerfG war die dem bereits erwähnten Einspruch folgende Beschwerde gegen die Gültigkeit der Wahl zur Bürgerschaft am 15. Februar 2015. Der Beschwerdeführer rügte insbesondere die Verletzung der Unmittelbarkeit der Wahl nach Art. 6 Abs. 2 Satz 1 HmbV aufgrund der Ruhevorschriften nach Art. 39 HmbV und § 39 BüWG, wonach das Bürgerschaftsmandat eines Senatsmitglieds während seiner Amtszeit ruht und von einer nachberufenen Person wahrgenommen wird. Das HmbVerfG sah die Unmittelbarkeit der Wahl jedoch als nicht verletzt an, da, wie von diesem Prinzip gefordert, hier keine dritte Instanz zwischen Wählerin beziehungsweise Wähler und Wahlbewerberin beziehungsweise Wahlbewerber tritt, sondern lediglich der nächste von der Wählerschaft bestimmte Kandidierende nachrückt. Die Ruhevorschriften wurden dementsprechend als vereinbar mit der Hamburgischen Verfassung und dem Grundgesetz angesehen, sodass das Wahlprüfungsverfahren ohne Erfolg blieb.[70]

VII. Wahlrechtsreform

Aktuelle Bestrebungen, das hamburgische Wahlrecht weiteren grundlegenden Reformen zu unterziehen, gibt es nicht. Insbesondere vor dem Hintergrund der dargestellten Entwicklungen des Wahlrechts seit dem Jahr 2004 dürften die fundamentalen Erneuerungsprozesse vorerst als abgeschlossen gelten. Hierzu dürfte auch der 2009 eingeführte Art. 6 Abs. 4 Satz 2 HmbV einen Beitrag leisten, der eine qualifizierte Mehrheit von zwei Dritteln der abgegebenen Stimmen für die Änderungen des Wahlrechts in Hamburg fordert und leichtfertige Veränderungen der aktuell geltenden Regelungen erschwert.

Die letzte Überprüfung des hamburgischen Wahlrechts wurde vom Verfassungs- und Bezirksausschuss im Rahmen der Selbstbefassung nach § 53 Abs. 2 der Geschäftsordnung der Hamburgischen Bürgerschaft[71] im Jahr 2015 beschlossen.[72] Der Abschlussbericht aus dem April 2018 enthielt einige Änderungsvorschläge, so zum Beispiel bezüglich der Einführung von Heilungsmöglichkeiten zur Verringerung der Anzahl ungültiger Stimmen und der Aufhebung der Koppelung der Reihenfolge auf dem Wahl-

---

70 HmbVerfG, Urt. v. 23.01.2017 – 8/2015, NordÖR 2017, 271 (273 ff.).
71 Geschäftsordnung der Hamburgischen Bürgerschaft v. 02.03.2015, Amtl. Anz. S. 613, zuletzt geändert durch Beschluss v. 25.09.2019, Amtl. Anz. S. 1397.
72 Bericht des Verfassungs- und Bezirksausschusses v. 03.04.2018, Bü-Drs. 21/12500, S. 1.

kreisstimmzettel mit der Anzahl der in den Wahlkreisen aufgestellten Kandidierenden. Daneben wurde der Antrag der Fraktion Die Linke hinsichtlich der Abschaffung der Wahlrechtsausschlüsse von Menschen mit Behinderungen und von psychiatrisch Untergebrachten[73] unterstützt.[74]

Diese Empfehlungen wurden von den Fraktionen der SPD, GRÜNE, LINKE und FDP aufgenommen, die im April 2018 den Antrag bezüglich des Siebenten Gesetzes zur Änderung wahlrechtlicher Vorschriften in die Bürgerschaft einbrachten.[75] Dieser Antrag wurde Ende April 2018 von der Bürgerschaft mit der erforderlichen Zweidrittelmehrheit angenommen.[76] Im Ergebnis einigten sich die antragstellenden Fraktionen aber darauf, das geltende Wahlrecht neben kleineren technischen Korrekturen in der existierenden Form bestehen zu lassen.

Darüber hinaus wurde im Vorfeld der Bürgerschaftswahl 2020 das Thema paritätischer Wahllisten und die Möglichkeiten eines Paritätsgesetzes in der Bürgerschaft diskutiert. Hintergrund der Diskussion war der Umstand, dass Frauen in der Hamburgischen Bürgerschaft und in den Bezirksversammlungen nur 38 beziehungsweise 30 Prozent der Mandate innehaben und daher eine Lücke in der Repräsentation von Frauen besteht.[77] In diesem Sinne wurde im Februar 2019 in der Bürgerschaft beschlossen, in Zukunft in Ansehung des Auftrags aus Art. 3 Abs. 2 Satz 3 und 4 HmbV, der vorsieht, die rechtliche und tatsächliche Gleichstellung von Frauen und Männern zu fördern, anzustreben, dass auch in der Hamburgischen Bürgerschaft Frauen und Männer gleichberechtigt vertreten sind. Zudem wurden die Hamburger Parteien ersucht, im Rahmen ihrer Möglichkeiten darauf hinzuwirken, ihre Listen zur Bürgerschaftswahl 2020 paritätisch zu besetzen. Auch wurde der 22. Hamburgischen Bürgerschaft empfohlen, die verfassungsrechtlichen Voraussetzungen sowie Möglichkeiten zu erörtern, ob und wie zur Bezirksversammlungswahl 2024 sowie zur Bürgerschaftswahl 2025 eine Regelung für ein Paritätsgesetz eingeführt werden könnte.[78] Diese Empfehlungen stellen den vorläufigen

---

73 Antrag der Fraktion DIE LINKE v. 30.08.2017, Bü-Drs. 21/10222.
74 Bericht des Verfassungs- und Bezirksausschusses v. 03.04.2018, Bü-Drs. 21/12500, S. 4 f., 16 f.
75 Antrag der Fraktionen SPD, GRÜNE, DIE LINKE und FDP v. 13.04.2018, Bü-Drs. 21/12700.
76 76. Sitzung der Bürgerschaft der Freien und Hansestadt Hamburg in der 21. Wahlperiode v. 25.04.2018, Plenarprotokoll 21/76, S. 5724 ff.
77 Antrag der Fraktionen GRÜNE, SPD und DIE LINKE v. 26.02.2019, Bü-Drs. 21/1685, S. 1.
78 Antrag der Fraktionen GRÜNE, SPD und DIE LINKE-Fraktion v. 26.02.2019, Bü-Drs. 21/1685, S. 2.

Schlusspunkt aktueller Reformüberlegungen bezüglich des Hamburgischen Wahlrechts dar.

§ 10 Hessen

Benjamin Jungkind

I. Wahlen zum Landtag des Landes Hessen

Das Land Hessen wurde am 19.09.1945 durch die amerikanische Besatzungsmacht aus der 1867 gebildeten preußischen Provinz Hessen-Nassau sowie einem Großteil des früheren Volksstaats Hessen unter dem Namen „Groß-Hessen" gegründet.[1] Die Hessische Verfassung (HV) trat am 01.12.1946 in Kraft und ist somit nicht nur älter als das Grundgesetz, sondern auch die älteste sich noch in Kraft befindende Landesverfassung Deutschlands.[2] Seitdem wurde sie nur sechsmal geändert,[3] zuletzt 2018.

In vier der sechs Reformen kam es dabei zumindest auch zu einer Reform des Wahlrechts. Dies verwundert insoweit etwas, als dass das Wahlrecht in der Verfassung, ähnlich wie auf Bundesebene, seit jeher nur rudimentär geregelt ist: Für die Landtagswahl zum 1. Hessischen Landtag am 01.12.1946 sah der damalige Art. 75 HV ein reines Verhältniswahlrecht vor; diese Festlegung wurde jedoch bereits 1950 durch die erste Verfassungsänderung wieder abgeschafft[4] und die Ausgestaltung des Wahlrechts weitgehend dem einfachen Gesetzgeber überlassen. Heute finden sich in

---

1 Zur Entstehung Hessens siehe: *Helmut Berding* (Hrsg.), Die Entstehung der Hessischen Verfassung von 1946, 1996; *ders.*, Tradition und Neuanfang. Die Verfassung des Landes Hessen. Vom „Groß-Hessen" der Proklamation Nr. 2 (19. September 1945) bis zum Land Hessen (24. Mai 1949), in: Heidenreich/Böhme (Hrsg.), Verfassung und Politik, 1997, S. 274 ff.; *Friedrich von Zezschwitz*, Die Entstehung der Hessischen Verfassung als Ausdruck des gesellschaftlichen Umbruchs nach 1945, in: Heidenreich/Böhme (Hrsg.), Verfassung und Politik, 1997, S. 317 ff.; *Winfried Speitkamp* (Hrsg.): Handbuch der hessischen Geschichte, Bd. 1. Bevölkerung, Wirtschaft und Staat in Hessen 1806–1945, 2010, *Michael Stolleis*, Die Entstehung des Landes Hessens und seiner Verfassung, in: Hermes/Reimer (Hrsg.), Landesrecht Hessen, 9. Auflage, S. 17 ff.
2 Vgl. *Michael Stolleis*, Entstehung (Fn. 1), S. 17 ff.
3 Zu den Verfassungsänderungen siehe auch: *Arno Wettlaufer*, Die Hessische Verfassung und ihre Reformen, NVwZ 2019, 355 ff. sowie zur Reform von 2018: *Lukas Gundling*, Zur Reform der Hessischen Verfassung 2018, ZLVR 2019, 33 ff.
4 Gesetz zur Änderung der Art. 75 und 137 der Verfassung des Landes Hessen v. 22.07.1950, GVBl. S. 131.

der Verfassung vor allem die Wahlrechtsgrundsätze (Art. 73 Abs. 2 Satz 1, Art. 72 HV), die einmal reformierte Festlegung der Wahlperiode (Art. 79 HV),[5] die dreimal reformierten Regelungen zum Wahlrecht und zur Wählbarkeit (Art. 73 Abs. 1 und 75 Abs. 2 HV),[6] die Möglichkeit und Schranken einer Sperrklausel (Art. 75 Abs. 3 Satz 2 HV)[7] sowie die Grundlagen zur Wahlprüfung[8] (Art. 78 HV).

Eine einzelne dem Art. 38 Abs. 1 GG entsprechende Bestimmung, die die Wahlrechtsgrundsätze für die Wahl zum Hessischen Landtag benennt, enthält die Hessische Verfassung nicht.[9] Die Freiheit der Wahl findet sich in Art. 72 HV, nach dem die Abstimmungsfreiheit und das Abstimmungsgeheimnis gewährleistet werden. Die übrigen aus dem Grundgesetz bekannten Wahlrechtsgrundsätze finden sich in Art. 73 Abs. 2 Satz 1 HV, nach dem das Stimmrecht allgemein, gleich, geheim und unmittelbar ist.[10] Eine diese Grundsätze zusammenfassende Norm enthält das Gesetz über die Wahlen zum Landtag des Landes Hessen (LWG) nach dessen § 1 Abs. 1 die Abgeordneten des Hessischen Landtags in freier, allgemeiner, geheimer, gleicher, unmittelbarer Wahl gewählt werden.[11] Gemäß § 29 LWG sind Wahlhandlung und Ermittlung des Wahlergebnisses zudem öffentlich.

Die zentrale, wenn auch nicht sehr ausführliche Norm zur Regelung der Wahlperiode und zur Festlegung des regelmäßigen Wahltermins ist Art. 79 HV, der gleich mehrere größere Unterschiede zur Regelung auf Bundesebene aufweist. Der erste Unterschied ist die regelmäßige Dauer der Wahlperiode, die in Hessen seit der Verfassungsreform von 2002 fünf Jahre beträgt, zuvor waren es wie auf Bundesebene vier Jahre.

Während nach Art. 39 Abs. 1 Satz 2 GG die Wahlperiode des alten Bundestags durch Zusammentritt eines neuen Bundestags endet, ist die Wahlperiode des Hessischen Landtags starr auf fünf Jahre festgelegt und endet gemäß Art. 82 HV durch den Ablauf dieser Zeitspanne. Allgemein gilt nach Art. 83 Abs. 2 Satz 1 HV, dass der neugewählte Landtag sich kraft

---

5 Gesetz zur Ergänzung der Verfassung des Landes Hessen v. 18.10.2002, GVBl. I S. 627.
6 Gesetz zur Änderung der Art. 75 und 137 der Verfassung des Landes Hessen v. 22.07.1950, GVBl. S. 131; Gesetz zur Änderung der Art. 73 und 75 der Verfassung des Landes Hessen v. 23.03.1970, GVBl. I S. 281 sowie Gesetze v. 12.12.2018, GVBl. S. 752. Siehe hierzu sogleich II.
7 Siehe hierzu III.
8 Siehe hierzu VI.
9 Vgl. *Reinhard Hinkel*, Verfassung des Landes Hessen. Kommentar, 1998, Art. 72.
10 Vgl. *Reinhard Hinkel* (Fn. 9), Art. 75.
11 Vgl. § 3 II.

eigenen Rechts am 18. Tag nach der Wahl konstituiert. Art. 83 Abs. 2 Satz 2 HV legt darüber hinaus jedoch fest, dass für den Fall, dass am 18. Tag nach der Wahl die Wahlperiode des alten Landtags noch nicht abgelaufen ist, sich der neue Landtag erst am Tag nach dem Ablauf der alten Wahlperiode versammelt. Ist dies ein Sonn- oder Feiertag, so tritt der Landtag erst am darauffolgenden zweiten Werktag zusammen (Art. 83 Abs. 3 HV).

Schließlich legt die Hessische Verfassung in Art. 79 Satz 2 HV nur fest, dass die Neuwahl vor Ablauf der alten Wahlperiode stattfinden muss – einen genauen Zeitraum, in dem die Wahl stattzufinden hat, bestimmt sie, anders als Art. 39 Abs. 1 Satz 3 GG, hingegen nicht. Ebenso schweigt sie darüber, wer über den Wahltermin entscheidet und wann der Wahlzeitpunkt bestimmt sein muss. Dies hat zur Folge, dass es in der Geschichte Hessens immer wieder zu verfassungsrechtlichen und politischen Streitigkeiten bezüglich der Festlegung des Wahltermins gekommen ist.[12]

Gemäß § 1 Abs. 2 Satz 2 LWG bestimmt die Landesregierung den Wahltag durch Verordnung, wobei nach Art. 73 Abs. 2 Satz 2 HV, § 1 Abs. 2 Satz 1 LWG der Wahltag ein Sonntag oder allgemeiner/gesetzlicher Feiertag sein muss. Darüber hinaus gibt es jedoch keine weiteren Regelungen, die die Landesregierung in einer Wahlperiode ohne außerplanmäßige Neuwahl reglementieren, sodass durch die Verfassung nur der letzte Tag, an dem die Wahl theoretisch stattfinden kann, festgelegt ist – der letzte Sonntag vor Ablauf der alten Wahlperiode. Da ein neuer Landtag aber erst am 18. Tag nach der Wahl zusammentritt, sind bei sehr späten Wahlterminen Situationen möglich, in denen es zwar eine Regierung dafür aber kein sie kontrollierendes Parlament gibt.[13] Für diesen Zeitraum sieht Art. 93 Satz 2 HV vor, dass der ständige Hauptausschuss die Rechte der Volksvertretung gegenüber der Landesregierung wahrt.[14]

---

12 Vgl. *Bernd Grzeszick*, Die Terminierung der hessischen Landtagswahl zwischen Politik und Verfassungsrecht, LKRZ 2013, 409 ff.; *Ute Sacksofsky*, Verfassungsrecht, in: Hermes/Reimer (Hrsg.), Landesrecht Hessen, 9. Aufl. 2018, S. 33 (53 f.).

13 Fällt der 18. Tag dabei auf einen Sonn- oder Feiertag, so tritt gemäß Art. 83 Abs. 3 HV der Landtag erst am darauffolgenden zweiten Werktag zusammen, sodass diese „parlamentsfreie" Zeit sich sogar noch verlängern kann.

14 Siehe zur verfassungsrechtlichen Frage nach dem frühsten und spätesten Wahltermin ausführlich *Ute Sacksofsky*, Rechtsgutachten zu den verfassungsrechtlichen Grenzen für die Bestimmung des Wahltermins für die Wahlen zum 19. Hessischen Landtag, 2012, abrufbar unter: http://www.jura.uni-frankfurt.de/44353150/Gutachten-Wahltermine-Oktober-2012.pdfm (abgerufen am 28.09.2020); *Herbert Günther*, Zur Bestimmung des Landtagswahltermins in Hessen, LKRZ 2013, 89 ff; *Bernd Grzeszick*, Terminierung (Fn. 12).

Besonderheiten gelten nach einer Selbstauflösung des Hessischen Landtags nach Art. 80 HV und der damit verbundenen Neuwahl.[15] Diese muss gemäß Art. 81 HV binnen 60 Tagen nach Wirksamwerden des Auflösungsbeschlusses, also mit Feststellung des Abstimmungsergebnisses durch den Sitzungsvorstand und Verkündung durch den Präsidenten (§ 87 Satz 1 Geschäftsordnung des Hessischen Landtags) stattfinden und führt dazu, dass die neue Wahlperiode an diesem Tag beginnt (Art. 82 HV).

Die übrigen Regelungen zum Wahlrecht und zum Wahlsystem finden sich vor allem im LWG sowie in der Landeswahlordnung (LWO); Art. 75 Abs. 3 HV enthält die allgemeine Ermächtigung zur näheren gesetzlichen Regelung. Direkt am Anfang des LWG findet sich neben den Wahlgrundsätzen die Größe des Landtags (§ 1 Abs. 1 LWG). Diese wurde vor allem in den ersten Jahren des Landes mehrmals geändert,[16] seit 1970 besteht der Hessische Landtag aus 110 Abgeordneten,[17] wobei sich die Zahl aufgrund von Ausgleichsmandaten erhöhen kann.

II. Wahlrecht und Wählbarkeit

Berechtigt zur Wahl des Hessischen Landtags sind seit der Verfassungsänderung von 1970 nach Art. 73 Abs. 1 HV alle über 18 Jahre alten Deutschen im Sinne des Art. 116 Abs. 1 GG, die in Hessen ihren Wohnsitz haben und nicht vom Stimmrecht ausgeschlossen sind. Mit dem verfassungsrechtlichen Begriff des Wohnsitzes wird dabei lediglich zum Ausdruck gebracht, dass das Wahlrecht nur solchen Personen zusteht, die sich in einer dauerhaften räumlichen Bindung zum hessischen Staatsgebiet befinden. Darüber hinaus trifft die Hessische Verfassung keine weitere Aussage darüber, welche Anforderungen hierbei im Einzelnen gestellt werden, sondern überlässt dies gemäß Art. 73 Abs. 3 HV dem Gesetz.[18] Gemäß § 2 Abs. 2 LWG sind auch diejenigen wahlberechtigt, die in Hessen keinen

---

15 Von dieser Möglichkeit hat das Parlament bisher zwei Mal Gebrauch gemacht: 1983 und 2008.
16 Siehe hierzu III.
17 Hierzu ausführlich *Theo Schiller*, Hessischer Landtag, in: Schroeder/Neumann (Hrsg.), Politik und Regieren in Hessen, 2016, S. 41 ff.
18 Urt. des HessWahlprüfG vom 28.03.1951, StAnz. 1951, 295 (297); Urt. des HessWahlprüfG vom 18.03.1951, StAnz. 1955, 521 (522). Siehe zur Entscheidung und den aufgeworfenen Fragen des Wohnsitzes *Peter Mühlhausen*, Auswirkungen von Wahlfehlern bei starker Personenbezogenheit von Listenwahlen, in: NVwZ 2016, 827 ff.

Wohnsitz haben, wenn sie seit mindestens drei Monaten vor dem Wahltag ihren dauernden Aufenthalt im Land Hessen haben und die restlichen Anforderungen erfüllen.

Ausgeschlossen vom Wahlrecht ist nach der Reform des § 3 LWG nur noch derjenige, der infolge Richterspruchs das Wahlrecht nicht besitzt.[19] Eine Reform des Wahlrechtsausschlusses war in Hessen aufgrund der Entscheidung des BVerfG über die Verfassungswidrigkeit des Wahlrechtsausschlusses von Vollbetreuten und wegen Schuldunfähigkeit untergebrachten Straftätern im BWahlG[20] notwendig geworden, da § 3 Nr. 1 LWG a.F. einen dem § 13 Nr. 2 BWahlG a.F. entsprechenden Ausschluss vorsah. Nach Art. 74 HV ist vom Stimmrecht ausgeschlossen, wer entmündigt ist, unter vorläufiger Vormundschaft oder wegen geistiger Gebrechen unter Pflegschaft steht sowie derjenige, der nicht im Vollbesitz der staatsbürgerlichen Rechte ist. Ob die in Art. 74 HV vorgenommene Anknüpfung des Wahlrechtsausschlusses den verfassungsrechtlichen Anforderungen an eine zulässige Typisierung genügt, ist ungewiss und wurde als Frage auch vom hessischen Gesetzgeber bei der Reform des § 3 LWG aufgeworfen, ohne die Zweifel jedoch weiterführend zu diskutieren. Stattdessen legte man die Vorschrift auf Grundlage ihrer Historie dahingehend aus, dass sie „eine Teilnahme von Personen von der Wahl ausschließen will, bei denen nicht in hinreichendem Maße die Möglichkeit zur Teilnahme am Kommunikationsprozess zwischen Volk und Staatsorganen besteht" und ließ sie unangetastet.[21] Dies verwundert nicht nur verfassungsrechtlich sondern auch politisch, da eine Streichung des Art. 74 HV bereits dem „Verfassungskonvent zur Änderung der Verfassung des Landes Hessen" durch die Fraktionen der CDU und der FDP 2016 vorgeschlagen worden war.[22]

Das passive Wahlrecht wurde bereits zwei Mal durch Verfassungsänderungen angepasst. Waren bei der ersten Wahl zum Hessischen Landtag nur Personen wählbar, die das 25. Lebensjahr vollendet hatten, wurde mit der Verfassungsänderung von 1950 das passive Wahlrecht auf 21 Jahre herabgesetzt. Diese Regelung hatte in der Folge mehrere Jahrzehnte Bestand

---

19 Gesetz zur Änderung des Landtagswahlgesetzes und anderer Vorschriften v. 30.10.2019, GVBl. S. 310.
20 BVerfG, Beschluss v. 29.01.2019 – 2 BvC 62/14, BVerfGE 151, 1.
21 Gesetzentwurf der Fraktion der CDU und der Fraktion BÜNDNIS 90/DIE GRÜNEN zur Änderung des Landtagswahlgesetzes und anderer Vorschriften v. 14.05.2019, LT-Drs. 20/628, S. 9.
22 Vgl. Änderungsvorschläge der Mitglieder der Enquetekommission und der Teilnehmer des Beratungsgremiums Zivilgesellschaft, S. 24, Stand: 13.12.2016, mit Verweis auf: Kommissionsvorlage 19/6, S. 30.

und führte dazu, dass Hessen über mehrere Jahre hinweg das einzige Land war, in dem das passive Wahlrecht nicht bereits denjenigen zustand, die das 18. Lebensjahr vollendet hatten. Ein erster Versuch das passive Wahlrecht abzusenken, scheiterte 1995 an dem nach Art. 123 Abs. 2 HV obligatorischen Volksentscheid, bei dem eine Mehrheit von 62,7 % der gültig Abstimmenden eine Absenkung ablehnte. Erst die Verfassungsänderung 2018 passte die Altersvorgabe des passiven an die des aktiven Wahlrechts an. Bei dem Volksentscheid stimmten 70,3 % der gültig Abstimmenden einer Absenkung zu. Passiv wahlberechtigt sind daher nunmehr nach Art. 75 Abs. 2 HV die Stimmberechtigten, die das 18. Lebensjahr vollendet haben. Nach dem bereits angesprochenen Art. 73 Abs. 3 HV gilt jedoch, dass die Voraussetzungen des Stimmrechts für das passive Wahlrecht in der Hessischen Verfassung nicht abschließend geregelt sind, sondern der Gesetzgeber für die Wählbarkeit weitere Voraussetzungen aufstellen kann. § 4 LWG schränkt den Kreis der passiv Wahlberechtigten dergestalt ein, dass wählbar jeder Wahlberechtigte ist, der am Wahltag 18 Jahre alt ist und seit mindestens drei Monaten seinen Wohnsitz oder dauernden Aufenthalt in Hessen hat. Nach § 5 LWG ist nicht wählbar, wer infolge Richterspruchs die Wählbarkeit oder die Fähigkeit zur Bekleidung öffentlicher Ämter nicht besitzt.

III. Wahlsystem

Mit Hilfe der technischen Elemente eines Wahlsystems wird festgelegt, wie die Wähler ihre Stimme abgeben können und wie diese Stimmen im Anschluss in Mandate umgerechnet werden.[23] Es lassen sich vier verschiedene Elemente unterscheiden, die hierfür von Bedeutung sind: die Wahlkreiseinteilung, die Kandidaturform, die Stimmgebung sowie die Methode der Stimmenverrechnung, die in Abschnitt V dargestellt wird. Zuvor soll jedoch ein kurzer historischer Überblick über das hessische Wahlsystem gegeben werden, da in Hessen in der Vergangenheit eine Vielzahl verschiedener Wahlsysteme zur Anwendung kamen.

Die erste in Hessen nach dem Krieg vorgenommene Personenabstimmung auf Landesebene war die Wahl der Verfassungberatenden Groß-Hes-

---

23 Siehe hierzu ausführlich *Joachim Behnke/Florian Grotz/Christof Hartmann*, Wahlen und Wahlsysteme, 2016, S. 71 ff.; *Michael Gallagher/Paul Mitchell*, Introduction to Electoral Systems, in: Gallagher/Mitchell (Hrsg.), The Politics of Electoral Systems, 2008, S. 6 ff.; *Dieter Nohlen*, Wahlrecht und Parteiensystem, 7. Aufl. 2014, S. 77 ff.

sischen Landesversammlung vom 30.06.1946, bei der ein Wahlsystem mit offener Liste und Einzelkandidaten in drei unterschiedlich großen Wahlkreisen angewandt wurde.[24] Für die erste Landtagswahl am 01.12.1946 wurde ein reines Verhältniswahlsystem nach Weimarer Vorbild verwendet. Grundlage hierfür war die mittlerweile geschaffene Verfassung, nach deren Art. 75 Abs. 1 HV der Landtag „aus den vom Volke nach den Grundsätzen der Verhältniswahl gewählten Abgeordneten" bestand. Das Nähere regelte das von der Staatsregierung in Übereinstimmung mit den Beschlüssen der Verfassungsberatenden Landesversammlung erlassene Wahlgesetz.[25] Für die Verteilung der 90 Mandate (§ 1 LWG 1946) wurden nach § 6 LWG 1946 insgesamt 15 Wahlkreise gebildet, für die gemäß § 14 LWG 1946 Kreiswahlvorschläge mit mehreren Kandidaten in einer festen Reihenfolge durch die einzelnen Parteien oder andere Gruppen aufgestellt wurden. Zudem wurde durch jede Partei bzw. Gruppe eine Liste mit Landeswahlvorschlägen erstellt (§ 15 LWG 1946). Zur Verteilung der Mandate wurde nach § 26 LWG 1946 zunächst die Gesamtzahl der gültigen Stimmen für die Parteien und Gruppen im Land ermittelt, da zum einen an der Verteilung nur solche politischen Parteien und Gruppen teilnehmen durften, die mindestens 5 % der gültigen Stimmen erhalten hatten. Zum anderen wurde mit Hilfe der Gesamtzahl der abgegebenen gültigen Stimmen und der Anzahl der zu verteilenden Mandate der Wahlquotient für die Wahlkreise gebildet – bei 1.609.388 gültigen Stimmen[26] bei der Wahl von 1946 und 90 zu vergebenden Mandaten ergab sich ein Quotient von 17.882. Die Stimmenanzahl jeder Partei in jedem der 15 Wahlkreise wurde nun gemäß § 27 LWG 1946 durch den zuvor errechneten Quotienten dividiert. Die errechnete Vorkommastelle des Quotienten jeder Partei gab an, wie viele Mandate die Partei im Wahlkreis errungen hatte. Die verbleibenden Reststimmen jedes Wahlkreises wurden dem Landeswahlvorschlag der jeweiligen Partei bzw. der Gruppe mit dem gleichen Kennwort zugewiesen und die Mandate erneut auf die gleiche Art auf die Landeswahlvorschläge verteilt (§ 28 LWG 1946). Wurden hierdurch weniger als 90 Mandate vergeben, so entfiel auf die höchsten Reststimmenzahlen der Landes-

---

24 Landeswahlgesetz v. 16.05.1946, GVBl. S. 139. Siehe hierzu ausführlich § 2 sowie *Klaus Lange*, Verfassungsrechtliche und gesetzliche Grundlagen des Wahlrechts in Hessen, in: Heidenreich/Schacht (Hrsg.), Hessen. Wahlen und Politik, 1996, S. 83.
25 Wahlgesetz für den Landtag des Landes Hessen v. 14.10.1946, GVBl. S. 177.
26 *Claus Fischer* (Hrsg.), Wahlhandbuch für die Bundesrepublik Deutschland. Daten zu Bundestags-, Landtags- und Europawahlen in der Bundesrepublik Deutschland, in den Ländern und in den Kreisen 1946–1989, 1. Hb., 1990, S. 606.

vorschläge je ein weiterer Sitz bis die Auffüllung auf 90 Mandate abgeschlossen war.

Nachdem aufgrund der Verfassungsänderung von 1950 bei den Landtagswahlen nicht mehr zwingend ein Wahlsystem nach den Grundsätzen der Verhältniswahl angewandt werden musste, wurde das bisherige Verfahren bereits für die Wahl vom 19.11.1950 durch ein Mischwahlsystem ersetzt.[27] Der Landtag bestand nunmehr nur noch aus 80 Abgeordneten (§ 1 LWG 1950). Von diesen wurden nach § 7 LWG 1950 48 Abgeordnete in 48 Wahlkreisen (§ 8 LWG 1950) und die restlichen 32 Abgeordneten aus sog. Landesergänzungsvorschlägen gewählt. Jeder Wähler hatte gemäß § 11 Abs. 1 LWG 1950 eine Stimme. Mit dieser Stimme wählte er zunächst nach § 9 LWG 1950 den Bewerber einer Partei in seinem jeweiligen Wahlkreis, wobei der Kandidat mit den meisten Stimmen gewählt war. Bei der daran anschließenden Verteilung der Mandate aus den Landesergänzungsvorschlägen wurden nur Parteien und Gruppen berücksichtigt, die mindestens 5 % aller im Land abgegebenen gültigen Stimmen auf sich vereinigen konnten (§ 32 Satz 2 LWG 1950). Für die Verteilung der Sitze aus den Landesergänzungsvorschlägen wurde jedoch nicht auf die Gesamtstimmenzahl der Partei abgestellt. Stattdessen wurden nach § 33 Abs. 2 LWG 1950 für jede Partei oder Gruppe die Stimmen zusammengezählt, die in den einzelnen Wahlkreisen die erfolglosen Bewerber erzielt hatten (sog. Reststimmen) sowie diejenigen Stimmen, die der erfolgreiche Bewerber nicht für die Erringung des Mandats gemäß § 9 LWG 1950 benötigt hatte (sog. Überschußstimmen). Nach Abs. 3 wurden aus den so ermittelnden Summen nach dem Höchstzahlverfahren nach d'Hondt zweiunddreißig Höchstzahlen ermittelt und jeder Wahlvorschlag erhielt so viele Sitze, wie auf ihn Höchstzahlen entfielen.

Zur Wahl von 1954 änderte sich das Wahlsystem erneut weitgehend.[28] Das Parlament umfasste nunmehr gemäß § 1 Abs. 1 LWG 1954 96 Abgeordnete, von denen weiterhin 48 direkt in den Wahlkreisen gewählt wurden. Die restlichen Sitze wurden über die Landesergänzungsvorschlagslisten vergeben und mussten die Einhaltung des Landesproporz gewährleisten, wobei für die Verteilung das D'Hondt'sche Höchstzahlverfahren angewandt wurde (§ 32 Abs. 1 und 2 LWG 1954). An der Verteilung der Listenmandate nahmen nur solche Parteien teil, die mindestens 5 % der abgegebenen gültigen Stimmen erhalten hatten (§ 32 Abs. 4 LWG 1954). Kam es

---

27 Gesetz über die Wahlen zum Landtag des Landes Hessen v. 18.09.1950, GVBl S. 171.
28 Gesetz zur Änderung des Landeswahlgesetzes v. 15.07.1954, GVBl. S. 129.

zu „Überhangmandaten", so verblieben diese gemäß § 32 Abs. 3 LWG 1954 bei den einzelnen Parteien, wurden aber ausgeglichen. Da nach § 10 LWG 1954 jeder Wähler eine Stimme hatte, ähnelte das Wahlsystem zum hessischen Landtag stark dem Wahlgesetz zum ersten Bundestag von 1949, ergänzt um einen Ausgleich der Überhangmandate.

In den folgenden Jahren kam es zu einigen kleineren Änderungen des Wahlsystems,[29] von die bedeutendste die Einführung des Zweistimmensystems sein dürfte.[30] Heute ähnelt das Wahlrecht in Hessen weitgehend dem Bundestagswahlrecht. Das Land ist in zwei Wahlkreisebenen unterteilt, wobei die obere Ebene das Land selbst ist. Darunter finden sich auf zweiter Ebene 55 Ein-Personen-Wahlkreise. Bei ihrer Einteilung verlangt § 7 Abs. 1 Satz 1 LWG, dass die Bevölkerungszahl eines Wahlkreises der durchschnittlichen Bevölkerungszahl der Wahlkreise so weit wie möglich entsprechen soll, wobei bei einer Abweichung von mehr als 25 % eine Neuabgrenzung vorzunehmen ist, die Wahlkreise im Hinblick auf die Bevölkerungsentwicklung möglichst beständig sein sollen und die Wahlkreise nach Möglichkeit jeweils ein zusammenhängendes Gebiet bilden sowie die Grenzen der Landkreise und der Gemeinden berücksichtigen sollen. Die Einteilung des Wahlgebietes in Wahlkreise ergibt sich gemäß § 7 Abs. 2 LWG aus der Anlage des Wahlgesetzes.

Zu Beginn der Wahlperiode ernennt der Präsident des Hessischen Landtags gemäß § 7 Abs. 4 LWG eine Wahlkreiskommission, die aus dem Landeswahlleiter als Vorsitzendem, dem Präsidenten des Hessischen Statistischen Landesamtes, dem Präsidenten des Hessischen Verwaltungsgerichtshofs sowie fünf Abgeordneten des Hessischen Landtags auf Vorschlag der im Landtag vertretenen Fraktionen besteht. Sie erstattet innerhalb von 30 Monaten nach Beginn der Wahlperiode dem für das Wahlrecht zuständigen Ministerium Bericht über Änderungen der Bevölkerungszahlen im Wahlgebiet. Dabei hat die Kommission unter Berücksichtigung der genannten Grundsätze darzulegen, ob und welche Änderungen der Wahlkreiseinteilung sie für erforderlich hält. Der Bericht wird durch das zuständige Ministerium unverzüglich dem Hessischen Landtag zugeleitet; zudem wird er im Internet veröffentlicht.

Besondere Aufmerksamkeit wurde in jüngerer Vergangenheit dem maximalen Toleranzwert von 25 % zuteil (§ 7 Abs. 1 Satz 1 Nr. 1 LWG).

---

29 Siehe für die Reformen aus der Zeit bis 1994 *Jakob Schissler*, Grundzüge der politischen und wirtschaftlichen Entwicklungen in Hessen nach 1945, in: Berg-Schlosser/Noetzel (Hrsg.), Parteien und Wahlen in Hessen 1946–1994, S. 58 ff.
30 Gesetz zur Änderung des Landeswahlgesetzes v. 22.06.1988, GVBl. I S. 235.

Diese Grenze war durch die Einteilung des Wahlkreises 34 (Frankfurt I) für die Wahl zum 20. Hessischen Landtag am 28.10.2018 überschritten worden, weshalb der HessStGH mit seinem Urteil vom 09.05.2018 einen Neuzuschnitt durch den Landtag veranlasste.[31] Das Gericht stellte dabei u. a. auf den in Art. 73 Abs. 2 Satz 1 HV verankerten Grundsatz des gleichen Stimmrechts ab, der auch für die Mehrheitswahl in den Wahlkreisen gelte und verlange, dass die Wahlkreise möglichst gleich viele Wahlberechtigte umfassen. Ein Wahlkreis, der um mehr als 25 % von der durchschnittlichen Zahl der Wahlberechtigten aller Wahlkreise abweiche, verstoße jedenfalls dann gegen den verfassungsrechtlichen Grundsatz der Stimmengleichheit, wenn der Gesetzgeber einen maximalen Toleranzwert von 25 % festgelegt habe. Im Jahr 2006 hatte der HessStGH im Rahmen einer Wahlprüfungsbeschwerde noch offengelassen, ob die seinerzeit geltende Wahlkreiseinteilung – fünf Wahlkreise wichen um mehr als 33 % von der durchschnittlichen Bevölkerungszahl der Wahlkreise ab – in vollem Umfang den verfassungsrechtlichen Anforderungen genüge.[32] Die Frage, ob unmittelbar aus dem Verfassungsrecht eine Obergrenze von weniger als 25 % abzuleiten sei, beantwortete das Gericht in der Entscheidung von 2018 nicht abschließend; trotz Verweis auf die entsprechend plädierenden Stimmen in der Literatur[33] und dem Hinweis, dass bei einer Abweichung von 25 % nach oben und unten in verschiedenen Wahlkreisen „den Stimmen der Wahlberechtigten in diesen Wahlkreisen ein erheblich ungleiches Gewicht zukommt".[34]

Für die Stimmabgabe wird gemäß § 7 Abs. 5 LWG jeder Wahlkreis in Wahlbezirke eingeteilt.[35] Jeder Wähler hat, wie bei der Bundestagswahl, zwei Stimmen, wobei die „Erststimme" als „Wahlkreisstimme" und die „Zweitstimme" als „Landesstimme" bezeichnet wird (§ 8 LWG). Im Übrigen entsprechen die Stimmen denen der Bundestagswahl: Mit der Wahlkreisstimme wird ein Wahlkreiskandidat gewählt, mit der Landesstimme die Landesliste einer Partei.

---

31 HessStGH, Urt. v. 09.05.2018 – P.St. 2670 e. A., NVwZ 2018, 1310 ff.
32 HessStGH, Beschl. v. 14.06.2006 – P. St. 1910, StAnz. 2007, 597 (601).
33 *Martin Morlok*, in: Dreier (Hrsg.), Grundgesetz Kommentar Bd. 2, 3. Aufl. 2015, Art. 38 Rn. 109; *Johann Hahlen*, in: Schreiber (Hrsg.), Bundeswahlgesetz Kommentar, 10. Aufl. 2017, § 3 Rn. 20 ff.; *Ute Sacksofsky*, Wahlrecht und Wahlsystem, in: Morlok/Schliesky/Wiefelspütz (Hrsg.), Handbuch des Parlamentsrechts, 2016, § 6 Rn. 80.
34 HessStGH, Urt. v. 09.05.2018 – P.St. 2670 e. A.
35 Siehe hierzu zudem § 1 LWO.

Entsprechend sieht das hessische Wahlsystem zwei verschiedene Kandidaturformen vor. In den Wahlkreisen ist nach § 9 LWG gewählt, wer die relative Mehrheit der abgegebenen gültigen Wahlkreisstimmen erhält. Da es sich um Ein-Personen-Wahlkreise handelt, stellen die Parteien und Wählergruppen mithin nur einzelne Kandidaten auf, die mit den Kandidaten der anderen Parteien und Wählergruppen im Wettbewerb stehen. Bei den Landeslisten handelt es sich um geschlossene Listen, sodass die Wähler keinerlei Einfluss auf die Reihenfolge der Kandidaten haben.[36]

Wählen kann nach § 11 Abs. 1 LWG nur, wer in einem Wählerverzeichnis eingetragen ist oder einen Wahlschein hat. Wer einen Wahlschein hat, kann an der Wahl des Wahlkreises, in dem der Wahlschein ausgestellt ist, durch Briefwahl oder durch Stimmabgabe in einem beliebigen Wahlbezirk des Wahlkreises teilnehmen (§ 11 Abs. 3 LWG). Die Briefwahl wurde dabei in Hessen erst vor der Landtagswahl von 1970 eingeführt.[37]

Die Stimmabgabe selbst erfolgt nach § 31 Abs. 1 LWG geheim, indem der Wähler auf dem Wahlzettel durch ein Kreuz oder auf andere Weise eindeutig kenntlich macht, welchem Bewerber er seine Wahlkreisstimme und welcher Landesliste er seine Landesstimme geben will. Die Ausübung des Wahlrechts durch einen Vertreter anstelle des Wahlberechtigten ist unzulässig (§ 11 Abs. 4 Satz 2 LWG), jedoch können gemäß §§ 31 Abs. 2, 11 Abs. 5 LWG Wahlberechtigte, die des Lesens unkundig oder wegen einer Behinderung an der Abgabe ihrer Stimme gehindert sind, sich der Hilfe einer anderen Person bedienen. Die Hilfeleistung ist dabei auf technische Hilfe bei der Kundgabe einer vom Wahlberechtigten selbst getroffenen und geäußerten Wahlentscheidung beschränkt. Unzulässig ist demgegenüber eine Hilfeleistung, die unter missbräuchlicher Einflussnahme erfolgt, die selbstbestimmte Willensbildung oder Entscheidung des Wahlberechtigten ersetzt oder verändert oder wenn ein Interessenkonflikt der Hilfsperson besteht.[38]

IV. Wahlvorbereitung

Nachdem die Landesregierung den Wahltermin bestimmt hat, fordern nach § 27 Satz 1 LWO die Wahlleiter durch öffentliche Bekanntmachung

---

36 Im Gegensatz etwa zur hessischen Kommunalwahl; siehe hierzu ausführlich: *Klaus Lange*, Grundlagen (Fn. 24), S. 98 ff.
37 *Jakob Schissler*, Grundzüge (Fn. 29), S. 59.
38 Zur Wahlhandlung darüber hinaus §§ 45 ff. LWO.

zur Einreichung von Wahlvorschlägen auf. Allgemein gilt, dass Wahlvorschläge nur von Parteien oder Wählergruppen eingereicht werden können (§ 18 Abs. 1 LWG). In Hessen besteht daher insoweit ein Unterschied zum Bundeswahlgesetz, da für die Bundestagswahl nach §§ 18, 27 BWahlG Landeslisten nur von Parteien eingereicht werden können. Die Regelungen zu den Wahlvorschlägen der Wahlkreisbewerber (Kreiswahlvorschlag) finden sich in § 19 LWG, zu den Wahlvorschlägen der Landeslisten in § 20 LWG.

Während der sog. Kreiswahlvorschlag den Namen des Bewerbers und eines Ersatzbewerbers enthalten muss, muss die Landesliste die Namen der Bewerber in einer erkennbaren Reihenfolge enthalten (§§ 19 Abs. 1, 20 Abs. 1 LWG). Jeder Bewerber (oder Ersatzbewerber) kann nur in einem Wahlkreis und in einem Kreiswahlvorschlag bzw. in einer Landesliste benannt werden. Die Bewerbung eines Kandidaten als Kreiswahlvorschlag und auf der Landesliste ist möglich, setzt aber voraus, dass er sich für die gleiche Partei oder Wählergruppe bewirbt (§ 20 Abs. 2 Satz 2 LWG).

Kreiswahlvorschläge, die von einer Partei (§ 19 Abs. 3 Satz 1 LWG) oder einer Wählergruppe (§ 19 Abs. 3 Satz 2 LWG) eingereicht werden, sowie alle Landeslisten (§ 20 Abs. 3 LWG) müssen von dem zuständigen Landesvorstand der jeweiligen Partei oder Wählergruppe unterzeichnet sein. Während nach § 19 Abs. 3 Satz 3 LWG Kreiswahlvorschläge von Parteien oder Wählergruppen, die in der vorangegangenen Legislaturperiode nicht im Landtag vertreten waren, von wenigstens fünfzig Wahlberechtigten des Wahlkreises persönlich und handschriftlich unterzeichnet sein müssen, müssen entsprechende Landeslisten gemäß § 20 Abs. 3 Satz 2 LWG von mindestens tausend Wahlberechtigten unterzeichnet sein. In beiden Fällen muss die Wahlberechtigung der Unterzeichnenden im Zeitpunkt der Unterschrift gegeben sein. Zudem muss in jedem Kreiswahlvorschlag eine Vertrauensperson und eine stellvertretende Vertrauensperson, die nicht Bewerber und Ersatzbewerber sein dürfen, benannt werden (§ 19 Abs. 4 LWG); für die Landeslisten gilt dies gemäß § 20 Abs. 4 LWG entsprechend.[39]

Die Aufstellung der Bewerber für Landeslisten und ihre Reihenfolge ist gemäß § 22 Abs. 1 LWG in geheimer Abstimmung in einer Versammlung der betreffenden Partei oder Wählergruppe festzustellen. Die Vertreter für die Vertreterversammlungen sind zuvor ebenfalls in geheimer Abstimmung zu wählen. Vorschlagsberechtigt während der Versammlung ist

---

39 Weitere Voraussetzungen für Inhalt und Form der Kreiswahlvorschläge finden sich in § 28 LWO, für Inhalt und Form der Landeslisten in § 33 LWO.

jeder Teilnehmer. Den Bewerbern ist Gelegenheit zu geben, sich und ihr Programm der Versammlung in angemessener Zeit vorzustellen. Entsprechendes gilt für die Aufstellung der Bewerber und Ersatzbewerber für Kreiswahlvorschläge durch Parteien und Wählergruppen (§ 22 Abs. 3 LWG). Die Wahl der Vertreter für die Vertreterversammlung darf gemäß § 22 Abs. 4 LWG frühestens 41 Monate und die Aufstellung der Bewerber und Ersatzbewerber frühestens 44 Monate nach Beginn der Wahlperiode stattfinden, etwas anderes gilt selbstverständlich, wenn die Wahlperiode vorzeitig endet. In Landkreisen und kreisfreien Städten, die mehrere Wahlkreise umfassen, können die Bewerber und Ersatzbewerber für diejenigen Wahlkreise, deren Gebiet die Grenze eines Kreises oder einer kreisfreien Stadt nicht durchschneiden, in einer gemeinsamen Mitglieder- oder Vertreterversammlung gewählt werden (Abs. 5). Wie die Wahl der Vertreter für die Vertreterversammlung im Detail abgehalten wird, wie die Einberufung und Beschlussfähigkeit der Mitglieder- oder Vertreterversammlung geschieht bzw. welche Anforderungen hieran gestellt werden, sowie die Regelung des Verfahrens für die Aufstellung von Wahlvorschlägen und für die Benennung der Vertrauenspersonen überlässt § 22 Abs. 6 LWG den Parteien und Wählergruppen. Die Verbindung von Wahlvorschlägen mehrerer Parteien oder Wählergruppen ist unzulässig (§ 23 LWG).

Die Kreiswahlvorschläge sind gemäß § 21 LWG spätestens am 69. Tag vor dem Wahltag bis 18 Uhr schriftlich bei dem jeweiligen Kreiswahlleiter einzureichen, die Landeslisten bis zu dem gleichen Zeitpunkt beim Landeswahlleiter. Der genaue Zeitpunkt, zu dem die Wahlvorschläge eingereicht werden müssen, sowie die Bestimmungen über Inhalt und Form der Wahlvorschläge wird durch die Wahlleiter nach § 27 Satz 2 LWO durch öffentliche Bekanntmachung mitgeteilt. Sind die Kreiswahlvorschläge beim zuständigen Kreiswahlleiter eingegangen, so hat dieser gemäß § 24 Abs. 1 LWG die Vorschläge sofort zu prüfen und muss bei Mängeln unverzüglich die jeweilige Vertrauensperson auffordern, den Fehler rechtzeitig zu beseitigen.[40] Ein gültiger Wahlvorschlag liegt dabei nicht vor, wenn die Form oder Frist des § 21 LWG nicht gewahrt sind, in dem Wahlvorschlag kein Ersatzbewerber benannt ist, der Bewerber oder der Ersatzbewerber so mangelhaft bezeichnet ist, dass seine Person nicht feststeht, die erforderlichen gültigen Unterschriften fehlen, bei dem Kreiswahlvorschlag einer Partei oder Wählergruppe ein nach § 22 LWG erforderlicher Nachweis nicht erbracht ist oder die Zustimmungserklärung des Bewerbers oder des Ersatzbewerbers fehlt. Gegen die Verfügung des Kreiswahlleiters kann die

---

40 Hierzu auch § 29 LWO.

Vertrauensperson den Kreiswahlausschuss anrufen. Nach Ablauf der Einreichungsfrist können nach § 24 Abs. 2 Satz 1 LWG nur noch Mängel an sich gültiger Wahlvorschläge behoben werden; nach der Entscheidung über die Zulassung eines Kreiswahlvorschlags ist hingegen jede Mängelbeseitigung ausgeschlossen (§ 24 Abs. 3 LWG). Für die Prüfung der Landeslisten durch den Landeswahlleiter gelten diese Vorschriften nach § 24 Abs. 4 LWG entsprechend.[41]

Darüber hinaus können die Kreiswahlvorschläge, solange noch nicht über ihre Zulassung entschieden ist, gemäß § 25 Abs. 1 LWG durch gemeinsame schriftliche Erklärung der jeweiligen Vertrauensperson und der stellvertretenden Vertrauensperson zurückgenommen werden. Ein von mindestens 50 Wahlberechtigten unterzeichneter Kreiswahlvorschlag kann nur von der Mehrheit der Unterzeichner durch eine von ihnen persönlich und handschriftlich vollzogene Erklärung zurückgenommen werden. Stirbt der im Kreiswahlvorschlag benannte Bewerber oder verliert er seine Wählbarkeit nach Einreichung des Wahlvorschlags, so gilt nach § 25 Abs. 2 LWG der in dem Wahlvorschlag benannte Ersatzbewerber als Bewerber. Die Vertrauensperson und die stellvertretende Vertrauensperson haben in diesem Fall spätestens bis zur Zulassung über den Wahlvorschlag durch eine gemeinsame schriftliche Erklärung einen neuen Ersatzbewerber zu benennen; das Verfahren nach § 22 LWG sowie das Unterschriftenquorum aus § 19 Abs. 3 LWG müssen dabei nicht eingehalten werden. Sollte der Ersatzbewerber sterben, seine Wählbarkeit nach Einreichung des Wahlvorschlags verlieren, sollten Bewerber und Ersatzbewerber sterben oder beide ihre Wählbarkeit nach der Einreichung, jedoch vor der Entscheidung über die Zulassung des Wahlvorschlags verlieren, so gilt das genannte Verfahren entsprechend. Nach der Entscheidung über die Zulassung des Kreiswahlvorschlags ist jede Änderung gemäß § 25 Abs. 5 LWG ausgeschlossen; im Falle des Todes des Bewerbers im Kreiswahlvorschlag oder des Verlusts der Wählbarkeit würde dann lediglich der Ersatzbewerber die Position des Bewerbers einnehmen.

Am 58. Tag vor der Wahl prüft der Landeswahlausschuss die Landeslisten auf ihre Ordnungsmäßigkeit und Vollständigkeit sowie die Kreiswahlausschüsse die jeweiligen Kreiswahlvorschläge und beschließen über ihre Zulassung (§ 26 Abs. 1 und 2 LWG). Ein Wahlvorschlag ist gemäß § 26 Abs. 3 Satz 1 LWG zurückzuweisen, wenn er den Anforderungen des Landeswahlgesetzes nicht entspricht oder wenn er den Anforderungen, die durch die Landeswahlordnung aufgestellt sind, nicht entspricht und im

---

41 Hierzu auch § 34 LWO.

Landeswahlgesetz nichts anderes bestimmt ist.[42] Sind bei einer Landesliste die Anforderungen nur hinsichtlich einzelner Bewerber nicht erfüllt, so werden ihre Namen aus der Landesliste gestrichen. Sind bei einem Kreiswahlvorschlag die Anforderungen hinsichtlich des Bewerbers und des Ersatzbewerbers nicht erfüllt, so ist der Kreiswahlvorschlag zurückzuweisen.

Spätestens zehn Tage nach der Prüfung, also 48 Tage vor dem Wahltag, müssen die Wahlleiter die verschiedenen zugelassenen Listen nach § 27 Abs. 1 LWG öffentlich bekannt machen. Die Reihenfolge der Veröffentlichung der Landeslisten richtet sich dabei nach dem Ergebnis der Landesstimmen bei der vorangegangenen Landtagswahl. Die Landeslisten der Parteien oder Wählergruppen, die an der vorangegangenen Wahl nicht teilgenommen haben, schließen sich in alphabetischer Reihenfolge der Namen der Parteien oder Wählergruppen an (§ 27 Abs. 2 Satz 1 und 2 LWG).[43] Die Reihenfolge der Kreiswahlvorschläge richtet sich gemäß § 27 Abs. 2 Satz 3 LWG nach der Reihenfolge der entsprechenden Landeslisten, die übrigen Kreiswahlvorschläge schließen sich ebenso in alphabetischer Reihenfolge der Namen der Parteien oder Wählergruppen sowie der Kennworte an.[44]

V. *Wahlergebnis*

Nach Beendigung der Wahl wird das Wahlergebnis gemäß § 35 LWG in den einzelnen Wahlbezirken ermittelt.[45] Die Ergebnisse werden gemäß § 61 Abs. 1 Satz 1 LWO der Gemeindebehörde mitgeteilt, die die Wahlergebnisse aller Wahlbezirke der Gemeinde zusammenfasst und dem Kreiswahlleiter wahlbezirks- und gemeindeweise meldet. Der Kreiswahlausschuss stellt hierauf aufbauend u. a. fest, wie viele gültige Landesstimmen die einzelnen Landeslisten im Wahlkreis und wieviel gültige Wahlkreisstimmen die einzelnen Wahlkreisbewerber erhalten haben und entsprechend, welcher Bewerber im Wahlkreis gewählt ist (§ 36 LWG, § 66 LWO).

---

42 Zum Ablauf bei den Kreiswahlvorschlägen § 30 LWO, bei den Landeslisten § 35 LWO.
43 Zur weiteren Darstellung und zum Inhalt der bekanntgemachten Landeslisten siehe § 36 LWO.
44 Zur weiteren Darstellung und zum Inhalt der bekanntgemachten Kreiswahlvorschläge siehe § 32 LWO.
45 Zur Zählung der Stimmen ausführlich § 58 ff. LWO. Zur Briefwahl siehe § 23 LWO und § 65 LWO.

Sobald die Ergebnisse feststehen, übersendet der jeweilige Kreiswahlleiter nach § 66 Abs. 8 LWO dem Landeswahlleiter die Wahlergebnisse. Dieser bildet die endgültigen Wahlergebnisse in den einzelnen Wahlkreisen und berichtet dem Landeswahlausschuss (§ 67 LWO). Der Landeswahlausschuss stellt schließlich gemäß § 37 LWG fest, wie viele gültige Landesstimmen die Parteien und Wählergruppen erhalten haben, wie viele Sitze auf diese Parteien und Wählergruppen entfallen und welche Bewerber aus den Landeslisten gewählt sind.

Die Berechnung hierzu erfolgt nach den Grundsätzen der Verhältniswahl, wobei das Wahlsystem selbst als personalisiertes Verhältniswahlsystem bezeichnet werden kann. Zunächst werden die 55 Direktmandate an die erfolgreichen Kreiswahlvorschläge verteilt. An der hieran anschließenden Verteilung der Landesmandate nehmen nach § 10 Abs. 1 LWG nur solche Parteien und Wählergruppen teil, die mindestens fünf Prozent der abgegebenen gültigen Landesstimmen erhalten haben. Eine höhere Sperrklausel ist durch die Verfassung ausgeschlossen (Art. 75 Abs. 3 Satz 2 HV). Nicht zu finden ist im LWG eine dem § 6 Abs. 6 BWahlG entsprechende Grundmandatsklausel.

Für die Verteilung der nach Landeslisten zu besetzenden Sitze werden die für jede Landesliste abgegebenen Landesstimmen zusammengezählt, wobei die Landesstimmen derjenigen Wähler nicht berücksichtigt werden, die ihre Wahlkreisstimme für einen im Wahlkreis erfolgreichen Kreiswahlvorschlag abgegeben haben, der von einer Partei oder Wählergruppe vorgeschlagen worden war, für die keine Landesliste zugelassen wurde (§ 10 Abs. 2 Satz 1 und 2 LWG).

Als Berechnungsgrundlage dient die Gesamtzahl der nach § 1 Abs. 1 LWG zu wählenden Mandate, reduziert gemäß § 10 Abs. 2 Satz 3 LWG um diejenigen Sitze, die von Kreiswahlvorschlägen errungen wurden, die keiner Landesliste angeschlossen sind (§ 10 Abs. 2 Satz 2 LWG) oder deren Landesliste an der Fünf-Prozent-Hürde gescheitert ist (§ 10 Abs. 1 LWG). Die verbleibenden Sitze werden gemäß § 10 Abs. 3 LWG an die Parteien und Wählergruppen nach dem Quotenverfahren Hare/Niemeyer entsprechend dem Verhältnis ihrer insgesamt im Land erreichten Landesstimmen verteilt. Von der für jede Partei und jede Wählergruppe so ermittelten Abgeordnetenzahl wird die jeweilige Zahl der in den Wahlkreisen errungenen Sitze abgezogen. Die den Parteien und Wählergruppen hiernach noch zustehenden Sitze werden aus der Landesliste in der dort festgelegten Reihenfolge besetzt, wobei Bewerber, die in einem Wahlkreis gewählt sind, bei der Verteilung durch die Landesliste unberücksichtigt bleiben (§ 10 Abs. 4 LWG).

Gewinnt eine Partei in den Wahlkreisen mehr Mandate als ihr nach dem Verhältnisausgleich zustehen, verbleiben diese Sitze nach § 10 Abs. 5 Satz 1 LWG der Partei als sog. Überhangmandate. Um dennoch die von dem Wahlsystem angestrebte proportionale Orientierung an dem Landesstimmenergebnis zu erreichen, kommt es nach § 10 Abs. 5 Satz 2 LWG zu einer Vergrößerung des Hessischen Landtags, bis der nach § 10 Abs. 3 LWG zu berechnende Proporz erreicht ist.[46] Dies war bisher 2009 und 2018 der Fall.[47]

VI. Wahlprüfung

Ausgangspunkt der gesetzlichen Regelungen zur Wahlprüfung ist Art. 78 HV. Nach dessen Abs. 1 wird die Gültigkeit der Wahlen durch ein beim Landtag gebildetes Wahlprüfungsgericht geprüft, welches auch über die Frage entscheidet, ob ein Abgeordneter seinen Sitz verloren hat.[48] Zusammengesetzt ist das Wahlprüfungsgericht aus den beiden höchsten Richtern des Landes und drei vom Landtag für seine Wahlperiode gewählten Abgeordneten (Abs. 3). Die beiden höchsten Richter des Landes sind nach Art. 78 Abs. 4 HV und § 1 Wahlprüfungsgesetz (WahlPrG) der Präsident des Verwaltungsgerichtshofes sowie der Oberlandesgerichtspräsident. Die drei vom Landtag aus seiner Mitte zu wählenden Abgeordneten werden im Wege der Verhältniswahl nach dem Listenwahlsystem für die Dauer der Wahlperiode gewählt (§ 2 Abs. 1 WahlPrG). Den Vorsitz im Wahlprüfungsgericht führt gemäß § 4 Satz 1 WahlPrG der Präsident des Verwaltungsgerichtshofes, bei seiner Verhinderung der Oberlandesgerichtspräsident.

Nach Art. 78 Abs. 2 HV führen Unregelmäßigkeiten im Wahlverfahren und strafbare oder gegen die guten Sitten verstoßende Handlungen, die das Wahlergebnis beeinflussen, zur Ungültigkeit der Wahl, wenn sie für den Ausgang der Wahl erheblich sind.

Das Wahlprüfungsgericht hat von Amts wegen oder auf Einspruch die Gültigkeit der Wahlen zum Landtag zu prüfen (§ 6 Abs. 1 WahlPrG). Wenn in einem Amtsverfahren keine Fehler bei der Feststellung des Wahl-

---

46 Siehe hierzu ausführlich: *Benjamin Jungkind*, Die Stimmenverrechnung bei den Wahlen zum Landtag des Landes Hessen. Zur Berechnung der Parlamentsgröße und der Ausgleichsmandate, MIP 2020, 111 ff.
47 2009 vergrößerte sich das Parlament auf 118 Sitze, 2018 auf 137 Sitze.
48 Zu letzterem § 39 Abs. 2 Satz 3 i. V. m. Abs. 1 Nr. 1 bis 4 LWG, § 6 Abs. 2 WahlPrG.

ergebnisses ersichtlich sind, stellt das Wahlprüfungsgericht gemäß § 8 Abs. 1 WahlPrG dies nach Ablauf der Einspruchsfrist durch Beschluss fest. Der Ausspruch ist unanfechtbar und kann nur von Amts wegen nach § 18 WahlPrG revidiert werden, wenn wesentliche Tatsachen bekannt werden, die der früheren Entscheidung nicht zugrunde gelegt werden konnten. Die Frage, ob ein Abgeordneter seinen Sitz verloren hat, ist ebenfalls von Amts wegen, auf Einspruch eines Wahlberechtigten sowie zusätzlich auf Antrag des Präsidenten des Landtags hin zu überprüfen (§ 6 Abs. 2 WahlPrG) – an einem Wahlprüfungsverfahren ist der Präsident des Landtags nur zu beteiligen (§ 14 WahlPrG).

Der Einspruch steht sowohl im Falle des § 6 Abs. 1 WahlPrG als auch im Falle des § 6 Abs. 2 WahlPrG nach § 7 Abs. 1 Satz 1 WahlPrG jedem Wahlberechtigten zu. Die Einspruchsfrist beträgt einen Monat und beginnt im Falle des § 6 Abs. 1 WahlPrG mit der Bekanntmachung des Wahlergebnisses, im Falle des § 6 Abs. 2 WahlPrG mit der Entscheidung des Landeswahlausschusses gemäß § 40 Abs. 4 Satz 2 LWG. Unterbleibt eine Entscheidung nach § 40 Abs. 4 Satz 2 LWG, so ist der Einspruch im Falle des § 6 Abs. 2 WahlPrG an keine Frist gebunden.

Die Befugnisse des Wahlprüfungsgerichts sowie der rechtliche Status der Institution wurden in den Jahren 2000/2001 im Zusammenhang mit der CDU-Schwarzgeldaffäre kontrovers diskutiert und erreichten schließlich das BVerfG.[49] Ausgangspunkt war dabei die Wahl zum Hessischen Landtag vom 07.02.1999, die am 01.07.1999 vom Wahlprüfungsgericht zunächst für gültig erklärt worden war.[50] In der Folge wurde jedoch bekannt, dass die CDU knapp 17 Millionen DM in einer Stiftung in Liechtenstein angelegt hatte, ohne dies zu deklarieren. Mit dem Schwarzgeld war teilweise der vorangegangene Wahlkampf finanziert worden,[51] sodass das Wahlprüfungsgericht das Verfahren am 03.03.2000 wieder aufnahm.[52] In Frage stand, ob durch die Verwendung des Schwarzgelds gegen die guten Sitten verstoßen und das Ergebnis der Landtagswahl beeinflusst worden war. Aus der Wahl war die CDU als stärkste Fraktion mit 50 Sitzen hervorgegangen, zusammen mit der FDP verfügte sie aber nur über eine

---

49 Vgl. *Theo Schiller*: Der hessische Landtag, in: Schroeder/Neumann (Hrsg.), Politik und Regieren in Hessen, 2016, S. 306 f.
50 StAnz. 1999, 2350.
51 *Ute Sacksofsky*, Hessische Landesverfassung und Staatsgerichtshof, in: Schroeder/Neumann (Hrsg.), Politik und Regieren in Hessen, 2016, S. 15.
52 Wiedergegeben im Einstellungsbeschluss vom 23.02.2001 StAnz. 2001, 1162, 1163.

denkbar knappe Mehrheit von 56 Sitzen bei 110 Gesamtsitzen des Parlaments.

Von besonderer Brisanz war die Wiederaufnahme des Verfahrens dabei auch deshalb, da nach § 17 WahlPrG a. F. die Urteile des Wahlprüfungsgerichts mit Verkündung rechtskräftig wurden und ein Rechtsweg gegen diese Entscheidung nicht eröffnet war. Nach Wiederaufnahme des Verfahrens durch das Wahlprüfungsgericht stellte jedoch die hessische Landesregierung ihrerseits einen Normenkontrollantrag beim BVerfG mit dem Ziel, Art. 78 Abs. 2 und 3 HV sowie §§ 1, 2 und 17 LWG über die Maßstäbe der Wahlprüfung, die Besetzung des Wahlprüfungsgerichts mit Abgeordneten und die Unanfechtbarkeit der Entscheidung des Wahlprüfungsgerichts für unvereinbar mit dem Grundgesetz erklären zu lassen.[53]

In seiner Entscheidung befand das BVerfG die verfassungsrechtlichen Prüfungsmaßstäbe sowie die Zusammensetzung des Wahlprüfungsgerichts für grundgesetzkonform.[54] Die Unanfechtbarkeit der Entscheidungen des Wahlprüfungsgerichts hingegen wurde für unvereinbar mit Art. 92 GG erklärt, da es den drei vom Landtag aus seiner Mitte zu wählenden Abgeordneten an der für das Richteramt erforderlichen Neutralität und Distanz zum Gegenstand des wahlprüfungsrechtlichen Verfahrens fehle.[55] § 17 WahlPrG a. F. wurde daher unter Zurückweisung der Anträge im Übrigen für nichtig erklärt. Den hessischen Landesgesetzgeber wies das BVerfG darauf hin, dass die Frage nach der Wirksamkeit der abschließenden Entscheidung des Wahlprüfungsgerichts nach den in der Entscheidung vorgegebenen Maßgabe der aufgezeigten Grundsätze neu geregelt werden könne. Eine Reform durch Einführung eines zweistufigen Verfahrens nach dem Vorbild des Art. 41 GG oder eine Veränderung der Zusammensetzung des Wahlprüfungsgremiums, die den Anforderungen der Art. 92 ff. GG entspreche, sei ebenfalls möglich, aber nicht zwingend.[56]

Der hessische Gesetzgeber änderte daraufhin mit dem Gesetz zur Änderung des Wahlprüfungsrechts vom 01.10.2002[57] das LWG, das WahlPrG

---

53 BVerfG, Urt. V. 08.02.2001 – 2 BvF 1/00, BVerfGE 103, 111 ff.
54 Hierzu ausführlich *Jens Kersten*, Eine „sittenwidrige" Landtagswahl? Zur Verfassungsmäßigkeit des Wahlprüfungsrechts in Hessen, DVBl. 2001, 768 ff.; *Adelheid Puttler*, Landeswahlprüfung durch ein Gericht: Art. 19 Abs. 4 GG, die Länderautonomie und die hessischen Wahlprüfungsbestimmungen, DÖV 2001, 849 ff.
55 Vgl. BVerfG, Urt. V. 08.02.2001 – 2 BvF 1/00, BVerfGE 103, 111 (140).
56 Vgl. BVerfG, Urt. V. 08.02.2001 – 2 BvF 1/00, BVerfGE 103, 111 (141).
57 GVBl. I S. 602; aufgrund der Ermächtigung in Art. 3a des Gesetzes wurde das Wahlprüfungsgesetz in seiner vom 10.10.2002 geltenden Fassung neu bekannt gemacht, GVBl. I S. 676.

und das Gesetz über den Staatsgerichtshof (StGHG), der seitdem nach § 52 StGHG für die Wahlprüfungsbeschwerde gegen die Sachentscheidung des Wahlprüfungsgericht nach § 15 WahlPrG zuständig ist.[58]

Nach § 15 Abs. 1 WahlPrG entscheidet das Wahlprüfungsgericht im ordentlichen Wahlprüfungsverfahren aufgrund mündlicher Verhandlung nunmehr durch Beschluss über die Gültigkeit oder Ungültigkeit der Wahlen sowie über die Frage, ob Abgeordnete ihren Sitz verloren haben. Werden mehrere Einsprüche geprüft und/oder sind von Amts wegen mehrere Fragen zu klären, so ergeht am Ende des Wahlprüfungsverfahrens dennoch nur eine einheitliche Entscheidung über die Gültigkeit bzw. Ungültigkeit der Wahl, im Fall der Ungültigkeit der Wahl gilt dies auch für die Folgen (§ 15 Abs. 3 WahlPrG). Die Verpflichtung zu einer einheitlichen Entscheidung ist dabei in der Parallelität von Amts- und Einspruchsprüfung der § 6 Abs. 1 und § 9 WahlPrG angelegt.[59]

Die Feststellung eines mandatserheblichen Wahlfehlers hat nur Auswirkungen für die Zukunft,[60] sodass bereits getroffene Entscheidungen des Parlaments durch die Entscheidung des Wahlprüfungsgerichts unberührt bleiben. Entsprechend wird das Wahlprüfungsverfahren nach Beendigung der Wahlperiode sowie nach Auflösung des Landtags unzulässig. Selbiges gilt nach § 45 LWG bereits 6 Monate vor einer neuen Landtagswahl, da zu diesem Zeitpunkt Ersatzwahlen oder Wiederholungswahlen unterbleiben.

Gegen einen Beschluss des Wahlprüfungsgerichts ist nunmehr gemäß § 17 WahlPrG die Wahlprüfungsbeschwerde nach § 52 StGHG statthaft. Die Beschwerdefrist beträgt nach § 52 Abs. 2 Satz 1 StGHG einen Monat und beginnt nach der Zustellung des Beschlusses des Wahlprüfungsgerichts. Antragsberechtigt sind die Wahlberechtigten, deren Einspruch verworfen wurden, die Fraktionen (§ 1 Abs. 1 Satz 1 des Hessischen Fraktionsgesetzes) sowie der Präsident des Hessischen Landtags, letzterer aber nur, wenn es sich beim Verfahren um eine Mandatsprüfung gehandelt hat. Wurde vor dem Wahlprüfungsgericht über einen Fall des § 15 Abs. 1 Nr. 2 WahlPrG gestritten, so ist auch der Abgeordnete antragsberechtigt, wenn er sein zunächst erhaltenes Mandat im Zuge des Verfahrens verloren hat. Die Kompetenz des Gesetzgebers zur Zuweisung neuer Aufgaben an den

---

58 Hierzu auch *Herbert Günther*, Verfassungsgerichtsbarkeit in Hessen. Kommentar zum Gesetz über den Staatsgerichtshof, 2004, Einleitung Rn. 11; *Franz Jung/Ingo Schon*, Die Hessische Wahlprüfung nach der Entscheidung des BVerfG, ZRP 2001, 354 ff.
59 Vgl. *Herbert Günther*, Verfassungsgerichtsbarkeit (Fn. 58), § 52 Rn. 7.
60 Siehe hierzu ausführlich *Herbert Günther*, Verfassungsgerichtsbarkeit (Fn. 58), § 52 Rn. 22 ff.

HessStGH ergibt sich aus Art. 131 Abs. 1 HV. Die Ermächtigung zur Festlegung des Verfahrens ergibt sich aus Art. 130 Abs. 4 HV sowie Art. 78 Abs. 4 HV.[61]

Den Sachverhalt ermittelt der HessStGH nach § 22 Abs. 1 StGHG von Amts wegen in den Grenzen des zulässigen und substantiierten Beschwerdevorbringens. Eine subjektive Beweislast trifft weder den ursprünglichen Einspruchs- noch einen anderen Beschwerdeführer; das Wahlergebnis wird jedoch so lange als zutreffend vermutet, bis der HessStGH von einem Wahlfehler überzeugt ist.[62] Die Entscheidung des HessStGH ergeht gemäß § 23 Abs. 1 Satz 2, Abs. 2 Satz 1 StGHG grundsätzlich durch Urteil aufgrund mündlicher Verhandlung, es sei denn, die Beteiligten verzichten ausdrücklich auf eine mündliche Verhandlung.[63]

VII. Wahlrechtsreform

Wie dargestellt, sitzen seit der Wahl von 2018 137 statt 110 Abgeordnete im Hessischen Landtag. Entsprechend kam es in der jüngeren Vergangenheit, ebenso wie auf Bundesebene, immer wieder zu Reformforderungen, um die Aufblähung des Hessischen Landtags zu verhindern. Hans Herbert von Arnim etwa warnte gar vor einem „demokratischen Supergau" der Hessen bevorstehen könne.[64] Aufgrund der Ähnlichkeit des hessischen Wahlsystems zu dem auf Bundesebene sind die Reformvorschläge mannigfaltig.[65] Ob die Vergrößerung des Hessischen Landtags jedoch ein Dauerzustand sein wird, bleibt abzuwarten: Obwohl der Ausgleich bereits 1954 eingeführt wurde, sind bisher nur zweimal Ausgleichsmandate entstanden, sodass trotz veränderter Parteienlandschaft entsprechende Prognosen mit

---

61 Vgl. *Herbert Günther*, Verfassungsgerichtsbarkeit (Fn. 58), § 52 Rn. 2.
62 Vgl. *Herbert Günther*, Verfassungsgerichtsbarkeit (Fn. 58), § 52 Rn. 7.
63 Siehe darüber hinaus § 24 Abs. 1 des Gesetzes über den Staatsgerichtshof.
64 Reform des Wahlrechts gefordert, FR-Online, abrufbar unter https://www.fr.de/rhein-main/reform-wahlrechts-gefordert-12773556.html (abgerufen am 28.09.2020); Staatsrechtler: Mit Reform demokratischen Supergau vermeiden, Welt, abrufbar unter: https://www.welt.de/regionales/hessen/article196467703/Staatsrechtler-Mit-Reform-demokratischen-Supergau-vermeiden.html (abgerufen am 28.09.2020).
65 Siehe etwa den Vorschlag der FDP, die bei gleichbleibender Parlamentsgröße eine Senkung der Anzahl der Wahlkreise auf 45 vorschlug: Eckpunktepapier zum Thema „Neuordnung des Wahlrechts in Hessen", FDP, abrufbar unter: https://https://fdp-fraktion-hessen.de/wp-content/uploads/2020/07/156-Anlage-PK-Eckpunktepapier_.pdf (abgerufen am 28.09.2020).

Vorsicht zu genießen sind.[66] Zu bedenken ist zudem, dass die Methode der Stimmenverrechnung im Detail doch klare Unterschiede zur Regelung auf Bundesebene aufweist und insbesondere keine Vorabberechnung vorsieht.

Von den 137 gewählten Abgeordneten sind nur 47 und damit gerade einmal 34,3 % weiblich. Der Anteil der Männer ist damit einerseits fast doppelt so hoch wie der Anteil der Frauen, andererseits hat Hessen[67] aber auch den dritthöchsten Frauenanteil aller Landesparlamente[68] und das obwohl weder die Aufstellungen der Wahlkreisbewerber noch die Aufstellung der Landeslisten paritätische Vorgaben erfüllen müssen. Demgegenüber sieht § 12 Abs. 1 Satz 2 des Hessischen Kommunalwahlgesetzes (HKWG) vor, dass bei der Aufstellung der Wahlvorschläge für die Kommunalwahl nach Möglichkeit Frauen und Männer gleichermaßen berücksichtigt werden sollen. Unter anderem weil es sich hierbei jedoch nur um eine Soll-Vorschrift handelt, waren die Veränderungen nach der Einführung 2015[69] bei der folgenden Kommunalwahl am 06.03.2016 gering: der Frauenanteil in den Gemeindevertretungen stieg leicht von 23,3 % (2011) auf 24,5 %, ebenso nahm auch in den Stadtverordnetenversammlungen der kreisfreien Städte der Frauenanteil von 37,7 % (2011) auf 38,5 % leicht zu, in den hessischen Kreistagen hingegen fiel der Frauenanteil von 31,8 % (2011) auf 30,9 %.[70] Kurzfristig erscheint daher die Einführung einer paritätischen Regelung auf Landesebene wenig wahrscheinlich. Abzuwarten bleibt jedoch, wie die weitere Entwicklung bei den Kommunalwahlen mittelfristig verlaufen wird.

---

66 *Ute Sacksofsky*, Landesverfassung (Fn. 51), S. 14.
67 Stand: April 2020.
68 https://www.lpb-bw.de/frauenanteil-laenderparlamenten#c8378 (abgerufen am 28.09.2020).
69 Gesetz zur Erleichterung der Bürgerbeteiligung auf Gemeindeebene und zur Änderung kommunalrechtlicher Rechtsvorschriften v. 20.12.2015, GVBl. S. 618 (623).
70 Die Zahlen stammen vom Hessischen Statistischen Landesamt. 2011: Vergleichszahlen zu den Kommunalwahlen am 6. März 2016 in Hessen, S. 4, abrufbar unter: https://statistik.hessen.de/sites/statistik.hessen.de/files/BVII3-1_5j16.pdf (abgerufen am 28.09.2020); 2016: Die Kommunalwahlen am 6. März 2016. Endgültige Ergebnisse der Gemeindewahlen und der Kreiswahlen, S. 6, abrufbar unter: https://statistik.hessen.de/sites/statistik.hessen.de/files/BVII3-2_5j16.pdf (abgerufen am 28.09.2020).

§ 11 Mecklenburg-Vorpommern

Nadja Reimold[*]

I. Wahlen zum Landtag

Nach der Wiedervereinigung der Länder der ehemaligen Deutschen Demokratischen Republik mit der Bundesrepublik Deutschland trat am 26.10.1990 der *erste Landtag* des Landes Mecklenburg-Vorpommern an seinem Sitz im Schloss zu Schwerin zusammen. Einmalig im landesverfassungsrechtlichen Vergleich ist dabei die Festlegung des Landtagsgebäudes direkt in der Verfassung des Landes (LV)[1], nämlich in Art. 20 Abs. 3.[2]

Der aktuelle Landtag umfasst *71 Sitze*. Dies entspricht auch der in Art. 20 Abs. 2 Satz 1 LV explizit niedergelegten Mindestanzahl an Abgeordneten, welche sich nur durch Überhang- oder Ausgleichsmandate bzw. leer bleibende Sitze ändern kann (Satz 3). Die ausdrückliche Festschreibung der Abgeordnetenzahl rührt dabei von den Problemen mit der zunächst festgesetzten geraden Zahl[3] her, die es nach Bildung des ersten Parlaments nach der Wiedervereinigung gab. Durch die Festlegung einer ungeraden Anzahl von Abgeordneten sollte in der Zukunft eine „Patt-Situation" der möglichen Regierungsparteien verhindert werden.[4]

---

[*] Die Verfasserin bedankt sich bei Frau Ministerialrätin Sabine Gentner, Herrn Prof. Dr. Claus Dieter Classen und Herrn Prof. Dr. Heinrich Lang für wertvolle Hinweise zu diesem Beitrag.
[1] Verfassung des Landes Mecklenburg-Vorpommern v. 23.05.1993, GVOBl. S. 372, zuletzt geändert durch Art. 1 des Gesetzes v. 14.07.2016, GVOBl. S. 573.
[2] Zu den Gründen hierfür *Armin Tebben*, in: Classen/Litten/Wallerath (Hrsg.), Verfassung des Landes Mecklenburg-Vorpommern. Handkommentar, 2. Aufl. 2015, Art. 20 Rn. 34.
[3] Siehe § 3 Abs. 1 des Gesetzes über die Wahlen zu Landtagen in der Deutschen Demokratischen Republik v. 22.07.1990, GBl. DDR I S. 960; vgl. überblicksmäßig *Ursula Feist/Hans-Jürgen Hoffmann*, Landtagswahlen in der ehemaligen DDR am 14. Oktober 1990: Föderalismus im wiedervereinten Deutschland – Tradition und neue Konturen, ZParl 1991, 5 ff; *Eckart Bomsdorf*, Sitzverteilungen und Machtstrukturen in den östlichen Landesparlamenten und im 12. Deutschen Bundestag nach den Wahlen vom 14. Oktober 1990 sowie 2. Dezember 1990, ZParl 1991, 34 ff.
[4] *Armin Tebben* (Fn. 2), Art. 20 Rn. 28.

Art. 27 Abs. 1 Satz 1 der LV bestimmt seit einer entsprechenden Verfassungsänderung im Jahre 2006,[5] dass die *Legislaturperiode fünf* (statt vorher vier) *Jahre* beträgt.[6] Dabei beginnt die Wahlperiode mit dem Zusammentritt des aktuellen und endet mit dem Zusammentritt eines neuen Landtages (Satz 2). Der Landtag kann sich, anders als der Bundestag,[7] nach Art. 27 Abs. 2 LV auf Antrag eines Drittels mit der Mehrheit von zwei Dritteln seiner Mitglieder selbst auflösen. Hierdurch und durch die negative Beantwortung einer vom Ministerpräsidenten gestellten Vertrauensfrage nach Art. 51 LV kann die Legislaturperiode vorzeitig beendet werden.[8]

Gemäß § 3 Abs. 1, 2 Landes- und Kommunalwahlgesetz (LKWG)[9] wird der Wahltag von der Landesregierung bestimmt, muss aber auf einen Sonntag fallen. Eine Neuerung gibt es seit dem Jahr 2016: Um zu verhindern, dass Neuwahlen zum Landtag in den Sommerferien durchgeführt werden müssen,[10] wurde der Zeitpunkt, bis zu dem reguläre Neuwahlen stattzufinden haben, nach hinten verlegt.[11] Demnach finden solche entsprechend Art. 27 Abs. 1 Satz 3 LV frühestens 58, spätestens 61 (zuvor: frühestens 57 und spätestens 59) Monate nach Beginn der Wahlperiode statt. Diese Änderung betrifft erst den (aktuellen) siebten Landtag. Sie ist vor dem Hintergrund der eher niedrigen Wahlbeteiligung bei den Landtagswahlen zu verstehen. Nach den ersten Landtagswahlen am 14.10.1990 fanden an den folgenden drei Terminen Bundes- und Landtagswahlen in Mecklenburg-Vorpommern gleichzeitig statt. Die Wahlbeteiligung lag in

---

5 Art. 1 Nr. 6 des Zweiten Gesetzes zur Änderung der Verfassung des Landes Mecklenburg-Vorpommern v. 14.07.2006, GVOBl. S. 572; zur Verfassungsmäßigkeit der Änderung LVerfG M-V, Urt. v. 26.06.2008 – LVerfG 4/07, LVerfGE 19, 283 ff.
6 Zur historischen Entwicklung der Wahlperioden in Mecklenburg-Vorpommern siehe *Dirk Zapfe*, in: Classen/Litten/Wallerath (Fn. 2), Art. 27 Rn. 4.
7 *Hans H. Klein*, in: Maunz/Dürig, GG-Kommentar, 77. EL 2016, Art. 39 Rn. 81; BVerfG, Urt. v. 16.02.1983 – 2 BvE 1/83 u. a., BVerfGE 62, 1 (80); vgl. BVerfG, Urt. v. 25.08.2005 – 2 BvE 4, 7/05, BVerfGE 114, 121 (157 f.).
8 Ausführlicher zum Prozedere *Claus Dieter Classen*, in: Classen/Lüdemann (Hrsg.), Landesrecht Mecklenburg-Vorpommern. Studienbuch, 4. Aufl. 2020, § 1 Rn. 44.
9 Gesetz über die Wahlen im Land Mecklenburg-Vorpommern (Landes- und Kommunalwahlgesetz), verkündet als Art. 1 des Gesetzes zur Neuregelung des Wahlrechts im Land Mecklenburg-Vorpommern und zur Änderung anderer Vorschriften v. 16.12.2010, GVOBl. S. 690.
10 Entwurf der Fraktionen der SPD, CDU, DIE LINKE und BÜNDNIS 90/DIE GRÜNEN eines Gesetzes zur Änderung der Verfassung des Landes Mecklenburg-Vorpommern und weiterer Rechtsvorschriften v. 13.01.2016, LT-Drs. 6/5076, S. 1 f.
11 Art. 1 Nr. 2 des Gesetzes zur Änderung der Verfassung des Landes Mecklenburg-Vorpommern und weiterer Rechtsvorschriften v. 14.07.2016, GVOBl. S. 573.

diesen Jahren konstant bei über 70 %.[12] Seit den vorgezogenen Bundestagswahlen im Jahr 2005 war ein Gleichlauf nicht mehr gewährleistet. Bei den darauffolgenden Landtagswahlen sank die Wahlbeteiligung dann auch stark auf teilweise unter 60 %.[13] Es ist wohl geplant, die nächste Landtagswahl in 2021 wieder parallel zur Bundestagswahl stattfinden zu lassen.[14]

Das Landeswahlrecht von Mecklenburg-Vorpommern speist sich, neben den Vorgaben des Art. 28 Abs. 1 GG, primär aus drei landesrechtlichen Quellen: der *Landesverfassung*, insbesondere den Bestimmungen in Art. 2, Art. 3, Art. 20 und 27, *dem Landes- und Kommunalwahlgesetz* und der *Landes- und Kommunalwahlordnung* (LKWO)[15]. Entsprechend der Vorgaben des Art. 28 Abs. 1 Satz 1 GG bestimmt Art. 2 LV denn auch allgemein, dass Mecklenburg-Vorpommern ein republikanischer, demokratischer, sozialer und dem Schutz der natürlichen Lebensgrundlagen verpflichteter Rechtsstaat ist. Nach Art. 3 Abs. 1 LV geht alle Staatsgewalt vom Volke aus und wird von diesem in Wahlen und Abstimmungen sowie durch die Organe der Gesetzgebung, der vollziehenden Gewalt und der Rechtsprechung ausgeübt. *Art. 3 Abs. 3 LV* legt, in Übereinstimmung mit *Art. 28 Abs. 1 Satz 2 GG*, fest, dass *die Wahlen zu den Volksvertretungen* im Lande, in den Gemeinden und Kreisen *allgemein, unmittelbar, frei, gleich und geheim* zu erfolgen haben. Entsprechendes wiederholt *Art. 20 Abs. 2 Satz 2 LV* spezifisch für die Wahlen zum Landtag und verweist in Satz 4 für das Nähere auf die Regelung durch Gesetz. § 2 Abs. 1 LKWG überträgt diese Wahlrechtsgrundsätze in das einfache Recht. Inhaltlich stimmen sie mit den auf Bundesebene geltenden überein.[16] Das Gebot der *Öffentlichkeit der Wahl*,[17] ist in Mecklenburg-Vorpommern ausdrücklich in § 27 LKWG geregelt. Es

---

12 *Statistisches Landesamt Mecklenburg-Vorpommern*, Statistisches Jahrbuch Mecklenburg-Vorpommern 2019 (Schwerin 2019), S. 260.
13 Siehe Statistisches Jahrbuch (Fn. 12), S. 260.
14 „MV wartet mit Wahltermin auf Bundes-Entscheidung", Ostsee-Zeitung v. 27.08.2020, abrufbar unter https://www.ostsee-zeitung.de/Nachrichten/MV-aktuell/Landtagswahl-MV-wartet-mit-Wahltermin-auf-Bundes-Entscheidung (abgerufen am 22.09.2020).
15 Verordnung zum Wahlrecht und zu den Kosten der Landtagswahlen in Mecklenburg-Vorpommern (Landes- und Kommunalwahlordnung), verkündet als Art. 1 der Verordnung zum Wahlrecht, zu den Kosten der Landtagswahlen und zur Änderung der Durchführungsverordnung zur Kommunalverfassung v. 02.03.2011, GVOBl. S. 94.
16 *Maximilian Wallerath*, in: Classen/Litten/Wallerath (Fn. 2), Art. 3 Rn. 8; BVerfG, Beschl. v. 15.02.1978 – 2 BvR 134, 268/76, BVerfGE 47, 253 (276 f.).
17 Für das GG vgl. z. B. BVerfG, Urt. v. 03.07.2008 – 2 BvC 1, 7/07, BVerfGE 121, 266 (291–294); Urt. v. 03.03.2009 – 2 BvC 3, 4/07, BVerfGE 123, 39 ff.

war von besonderer Bedeutung bei der Wahlanfechtung des Stichentscheids zu den Oberbürgermeisterwahlen in Greifswald im Mai 2015. Das VG Greifswald urteilte hierzu, dass der Zutritt zum Wahllokal, „um dort zu wählen und/oder die Ordnungsmäßigkeit des Hergangs der Abstimmung zu beobachten", „zu den Grunderfordernissen sowie zum Selbstverständnis einer parlamentarischen Demokratie [gehöre]. [...] Das Öffentlichkeitsprinzip ist, indem es der Kontrollierbarkeit der Wahlhandlung dient, schlechthin die Grundvoraussetzung für das Vertrauen der Bürger in die Richtigkeit des festgestellten Wahlergebnisses."[18]

Der *Geltungsbereich des LKWG*, der einfachrechtlichen Normierung des Landeswahlrechts, erstreckt sich, im Ländervergleich eher untypisch, sowohl auf „die Wahl des Landtages" als auch „alle Kommunalwahlen [...] im Land Mecklenburg-Vorpommern" (§ 1 LKWG). Vor seinem Erlass im Jahr 2010 waren Kommunal- und Landeswahlrecht in eigenen Gesetzen geregelt.[19] Das LKWG ist in vier Teile gegliedert: gemeinsame Regeln für Landtags- und Kommunalwahlen, (§§ 1–52, wobei sich auch in diesem Abschnitt vereinzelte Regelungen finden, die nur für Landtags- oder Kommunalwahlen gelten, vgl. z. B. § 2 Abs. 2 oder die §§ 37–39 LKWG), ergänzende Vorschriften für Landtagswahlen (§§ 53–59), ergänzende Vorschriften für Kommunalwahlen (§§ 60–69) und allgemeine Schlussbestimmungen (§§ 70–73).

§ 71 Abs. 1 LKWG ermächtigt das Innenministerium „zur Ausführung dieses Gesetzes eine Wahlordnung als Rechtsverordnung zu erlassen", was durch die LKWO geschehen ist. Des Weiteren wird das Innenministerium ermächtigt, entsprechende Verwaltungsvorschriften zu erlassen (Abs. 2), oder bei einer Auflösung des Landtages die im LKWG und in der LKWO bestimmten Fristen und Termine durch Rechtsverordnung abzukürzen oder zu verlängern und damit zusammenhängende ergänzende Verfahrensvorschriften zu erlassen, um eine ordnungsgemäße Vorbereitung der Wahl zu gewährleisten (Abs. 4).

---

18 VG Greifswald, Urt. v. 19.01.2016 – 2 A 1152/15 HGW, juris Rn. 36.
19 Vgl. Landeswahlgesetz für das Land Mecklenburg-Vorpommern v. 04.01.2002, GVOBl. S. 2, und Kommunalwahlgesetz für das Land Mecklenburg-Vorpommern v. 13.10.2003, GVOBl. S. 458, beide aufgehoben mit Wirkung v. 01.01.2011 durch Art. 5 Abs. 2 des Gesetzes v. 16.12.2010, GVOBl. S. 690.

II. Wahlrecht und Wählbarkeit

Die LV selbst enthält keine ausdrücklichen Regelungen zu Wahlrecht und Wählbarkeit. Die Regelung des aktiven und passiven Wahlrechts im Land muss sich daher vor allem am Grundsatz der Allgemeinheit, ggf. auch der Gleichheit, der Wahl messen lassen. Beide Grundsätze sind in einem strengen und formalen Sinn zu verstehen.[20]

Die *Wahlberechtigung* bei den Landtagswahlen in Mecklenburg-Vorpommern ist in § 4 Abs. 1 LKWG geregelt. Sie kommt nur Deutschen im Sinne des Art. 116 Abs. 1 GG unter drei weiteren, kumulativen Bedingungen zu: Sie müssen am Wahltag 18 Jahre alt und seit mindestens 37 Tagen mit ihrer (Haupt-)Wohnung in Mecklenburg-Vorpommern gemeldet sein, oder sich, falls sie keine Wohnung in diesem Sinne haben, sonst gewöhnlich dort aufhalten. Schließlich dürfen Sie nicht nach § 5 LKWG vom Wahlrecht ausgeschlossen sein.

Das passive Wahlrecht baut auf dem aktiven auf. Die *Wählbarkeit* sieht § 6 Abs. 1 Satz 1 LKWG daher für alle wahlberechtigten Personen vor, die das 18. Lebensjahr vollendet haben[21] und seit mindestens drei Monaten mit ihrer (Haupt-)Wohnung im Wahlgebiet gemeldet sind, oder sich, falls sie keine Wohnung in diesem Sinne haben, sonst gewöhnlich dort aufhalten. Die Wählbarkeit entfällt nach § 6 Abs. 2 Satz 1 LKWG, wenn der Kandidat oder die Kandidatin aufgrund einer „rechtskräftigen Verurteilung durch ein deutsches Gericht die Fähigkeit, öffentliche Ämter zu bekleiden und Rechte aus öffentlichen Wahlen zu erlangen, nicht besitzt".

Nach der gefestigten Rechtsprechung des BVerfG zu Art. 20 Abs. 2 Satz 1 GG, ist das „Volk" als Träger und Subjekt der Staatsgewalt ausschließlich aus Deutschen im Sinne des Art. 116 Abs. 1 GG zusammengesetzt.[22] Eine Kompetenz zur Änderung dieses Kreises durch den Landesgesetzgeber wird nicht anerkannt, d. h. es besteht insoweit kein Gestaltungsspielraum im Rahmen des Art. 28 Abs. 1 Satz 2 GG.[23]

---

20 BVerfG, Beschl. v. 04.07.2012 – 2 BvC 1, 2/11, BVerfGE 132, 39 (47).
21 Diese „Dopplung" des Alterserfordernisses ist in der Gesetzesstruktur begründet, da § 6 LKWG auch für Kommunalwahlen gilt, das aktive Wahlalter dort aber bei 16 Jahren liegt, § 4 Abs. 2 Nr. 1 LKWG.
22 BVerfG, Urt. v. 31.10.1990 – 2 BvF 2, 6/89, BVerfGE 83, 37 (50–59); (ursprünglich zum Kommunalwahlrecht, aber mit übertragbaren Aussagen) BVerwG, Urt. v. 13.06.2018 – 10 C 8/17, BVerwGE 162, 244 = NJW 2018, 3328 (3328).
23 BVerfG, Urt. v. 31.10.1990 – 2 BvF 2, 6/89, BVerfGE 83, 37 (53–59); Urt. v. 31.10.1990 – 2 BvF 3/89, BVerfGE 83, 60 (76, 81); vgl. auch *Veith Mehde*, in: Maunz/Dürig (Fn. 7), 73. EL 2014, Art. 28 Abs. 1 Rn. 88; *Kyrill-Alexander Schwarz*, in: von Mangoldt/Klein/Starck, Grundgesetz, 7. Aufl. 2018, Bd. II, Art. 28 Rn. 73.

Nadja Reimold

In Mecklenburg-Vorpommern gilt momentan *sowohl für das aktive als auch das passive Wahlrecht zum Landtag* weiterhin die *Grenze von 18 Jahren.* Während dies für den Bundestag in Art. 38 Abs. 2 GG verankert ist, also nur durch Verfassungsänderung zu modifizieren wäre, findet sich in der Landesverfassung keine entsprechende Vorgabe. Auch gehört das Wahlalter von 18 Jahren nicht zum Kerngehalt des Art. 28 Abs. 1 Satz 2 GG, sodass zumindest die Herabsetzung auf 16 Jahre in die Hoheit der Länder fällt.[24]

Bestrebungen, das aktive Wahlalter herabzusetzen, wie in anderen Ländern bereits geschehen, haben auch in Mecklenburg-Vorpommern Eingang in die parlamentarische Diskussion gefunden, aber im Ergebnis bislang keine Früchte getragen. Bereits die Absenkung des aktiven Wahlalters bei Kommunalwahlen auf 16 Jahre im Jahr 1999[25] war politisch sehr umstritten.[26] Aufgrund der seitdem geänderten Mehrheitsverhältnisse im Landtag – die damals oppositionelle CDU, die geschlossen gegen den Antrag votierte, ist seit 2006 Regierungspartei – ist eine analoge Regelung für Landtagswahlen derzeit unwahrscheinlich geworden. Gleich zwei aktuelle entsprechende Gesetzesentwürfe der Opposition[27] wurden noch nicht einmal an den zuständigen Ausschuss zur Beratung überwiesen bzw. im Plenum abgelehnt.[28] Dies wurde von Mitgliedern der Großen Koalition aus SPD und CDU vor allem auch mit einer Vereinbarung im Koalitionsvertrag begründet, dass über die Frage des Wahlalters eine Volksbefragung stattfinden solle.[29] Ein entsprechender Entwurf der Regierungsfraktionen zur Einführung einer sog. „qualifizierten Volksbefragung" durch Ände-

---

24 (Ursprünglich zum Kommunalwahlrecht, aber mit übertragbaren Aussagen) BVerwG, Urt. v. 13.06.2018 – 10 C 8/17, BVerwGE 162, 244 = NJW 2018, 3328 (3329); *Veith Mehde* (Fn. 23), Art. 28 Abs. 1 Rn. 90.
25 Art. 1 Nr. 2 des Ersten Gesetzes zur Änderung des Kommunalwahlgesetzes für das Land Mecklenburg-Vorpommern v. 03.03.1999, GVOBl. S. 212.
26 Vgl. PlPr. 3/10 v. 03.03.1999, S. 398–415.
27 Gesetzesentwürfe der Fraktion DIE LINKE eines Dritten Gesetzes zur Änderung des Gesetzes über die Wahlen im Land Mecklenburg-Vorpommern, LT-Drs. 7/1124 v. 04.10.2017 und 7/2812 v. 07.11.2018.
28 Zu LT-Drs. 7/1124: PlPr. 7/21 v. 18.10.2017, S. 70 und PlPr. 7/28 v. 24.01.2018, S. 54; zu LT-Drs. 7/2812: PlPr. 7/49 v. 21.11.2018, S. 35 und PlPr. 7/55 v. 23.01.2019, S. 53.
29 PlPr. 7/21 v. 18.10.2017, S. 60–64, 67 f.; PlPr. 7/28 v. 24.01.2018, S. 49, 51; und PlPr. 7/55 v. 23.01.2019, S. 47, 50, 52 f.

rung der Landesverfassung,[30] fand aber wiederum nicht die für eine verfassungsändernde Mehrheit nötige Unterstützung der gewünschten Teile der Opposition.[31]

Das Wahlrecht sowie die Wählbarkeit sind an eine *Mindestaufenthaltsdauer* im Gebiet des Landes geknüpft. Diese Voraussetzung sollte früher ein Mindestmaß an Verbundenheit zum Wahlgebiet sicherstellen.[32] Während die Relevanz dieses Begründungsansatzes in der heutigen Zeit aufgrund verbesserter ortsunabhängiger Möglichkeiten der Information über das neue Wahlgebiet an Bedeutung verloren hat,[33] ist zweiter Hintergrund des „Sesshaftigkeitserfordernisses" der Umstand, dass es auf Landesebene keine eigene Staatsangehörigkeit gibt, auf welche für eine Differenzierung abgestellt werden könnte.[34] In Mecklenburg-Vorpommern ist der Zeitraum mit 37 Tagen für das aktive Wahlrecht, auch im bundesweiten Vergleich, ohnehin sehr kurz. Es umfasst gerade ungefähr die Zeitspanne, die für die Erstellung des Wählerverzeichnisses, § 24 LKWG, benötigt wird.[35] Für das passive Wahlrecht ist die Zeitdauer des Aufenthaltes mit drei Monaten im Ländervergleich durchschnittlich lang gewählt. Die gewählte Person muss dann aber auch während der gesamten Amtsperiode im Wahlgebiet sesshaft sein, da andernfalls die passive Wahlbefugnis wieder entfällt.[36]

Ausschlaggebend ist nach der Rechtsprechung „aus Gründen der Rechtsklarheit und Rechtssicherheit sowie der reibungslosen Durchführung von Wahlen" grundsätzlich allein die *melderechtliche Wohnung*; auf

---

30 LT-Drs. 7/2575 v. 29.08.2018; ausführlich zu diesem Vorschlag *Arne Pautsch*, Die vorerst nicht umgesetzte „qualifizierte Volksbefragung" in Mecklenburg-Vorpommern, in: Braun Binder u. a. (Hrsg.), Jahrbuch für Direkte Demokratie 2018, 2019, 246 ff.
31 Siehe „Volksbefragung in MV droht zu scheitern", Ostsee-Zeitung v. 06.11.2018, abrufbar unter: https://www.ostsee-zeitung.de/Nachrichten/MV-aktuell/Volksbefragung-in-MV-droht-zu-scheitern (abgerufen am 22.09.2020); vgl. auch *Arne Pautsch*, Volksbefragung (Fn. 30), 254.
32 Vgl. *Klaus-Michael Glaser*, Landes- und Kommunalwahlrecht Mecklenburg-Vorpommern. Kommentar, 5. Aufl. 2019, § 4, S. 60; BVerfG, Beschl. v. 04.07.2012 – 2 BvC 1, 2/11, BVerfGE 132, 39 (53 f.); *Martin Morlok*, in: Dreier (Hrsg.), Grundgesetz-Kommentar, Bd. II, 3. Aufl. 2015, Art. 38 Rn. 74.
33 Vgl. *Martin Morlok* (Fn. 32), Art. 38 Rn. 74; *Hans-Heinrich Trute*, in: von Münch/Kunig (Hrsg.), Grundgesetz-Kommentar, Bd. I, 6. Aufl. 2012, Art. 38 Rn. 23.
34 *Claus-Dieter Classen* (Fn. 8), § 1 Rn. 40.
35 Entwurf der Landesregierung eines Gesetzes zur Neuordnung des Wahlrechts im Land Mecklenburg-Vorpommern und zur Änderung anderer Rechtsvorschriften v. 23.06.2010, LT-Drs. 5/3568, S. 53.
36 VG Schwerin, Urt. v. 02.06.2016 – 1 A 2400/15 SN, juris Rn. 19 f.

den tatsächlichen Aufenthalt kommt es nur dann an, wenn es erstere überhaupt nicht gibt.[37] Hierfür spricht im Übrigen auch der Wortlaut der §§ 4 Abs. 1 Nr. 2 und 6 Abs. 1 Satz 1 LKWG („nach dem Melderegister"). Das weitere Anknüpfen allein an den melderechtlichen *Haupt*wohnsitz mag im Falle mehrerer Wohnungen im Wahlgebiet (§ 4 Abs. 3 LKWG) noch relativ unkontrovers sein. Bei Verheirateten oder Verpartnerten, die nicht dauernd getrennt von ihrer Familie oder ihrem Lebenspartner leben, und deren Hauptwohnsitz damit melderechtlich regelmäßig automatisch am Wohnsitz der Familie liegt,[38] erscheint einigen das Festhalten an diesem formal-melderechtlichen Kriterium unter dem Gesichtspunkt des Schutzes von Ehe und Familie nach Art. 6 Abs. 1 GG und der heute mannigfaltigen Ausgestaltung der familiären Lebensformen aber kritikwürdig.[39]

Der *Ausschlusstatbestand* des § 5 LKWG, analog zur Regelung in § 13 BWahlG[40], bestimmt heute lediglich, dass „[a]usgeschlossen vom Wahlrecht ist, wer infolge Richterspruchs das Wahlrecht nicht besitzt." Bis April 2019 enthielt der Paragraph eine zweite Variante, die parallel zu dem ehemaligen Tatbestand in § 13 Nr. 2 BWahlG a. F., einen Ausschluss auch dann vornahm, wenn für die Person „zur Besorgung aller [ihrer] Angelegenheiten eine Betreuung nicht nur durch einstweilige Anordnung bestellt ist". Nachdem die bundesrechtliche Ausschlussregelung mit Beschluss des BVerfG vom 29.01.2019[41] für verfassungswidrig erklärt wurde, wurde die entsprechende Variante in § 5 LKWG sogar noch vor Änderung des

---

37 VG Schwerin, Urt. v. 02.06.2016 – 1 A 2400/15 SN, juris Rn. 22–24, 27; bestätigt durch OVG M-V, Beschl. v. 18.10.2016 – 2 L 323/16, juris Rn. 10–12, 15 (nur auszugsweise abgedruckt in NordÖR 2017, 92); *Klaus-Michael Glaser* (Fn. 32), § 4, S. 59 f.
38 Vgl. § 22 Abs. 1 Bundesmeldegesetz verkündet als Art. 1 des Gesetzes v. 03.05.2013, BGBl. I S. 1084, zuletzt geändert durch Art. 4 des Gesetzes v. 17.02.2020, BGBl. I S. 166.
39 Z. B. *Claus-Dieter Classen* (Fn. 8), § 1 Rn. 40; vgl. für das Thüringer Verfassungsrecht ThürVerfGH, Urt. v. 12.06.1997 – 13/95, NJW 1998, 525 (526–529); aber auch die kritische Anmerkung von *Wolfgang Schreiber*, Die Wohnsitznahme im Wahlgebiet als Wählbarkeitsvoraussetzung, NJW 1998, 492 ff.; zu den Grenzen der Ausforschbarkeit privater Lebensumstände im Rahmen der Feststellung der Richtigkeit der Angaben zum melderechtlichen Hauptwohnsitz vgl. Vierte Beschlussempfehlung und Bericht des Wahlprüfungsausschusses v. 06.03.2018, LT-Drs. 7/1872, S. 23 f., 30 f., 38-40 (angenommen durch Landtag am 14.03.2018, PlPr. 7/31, S. 72).
40 Bundeswahlgesetz in der Fassung der Bekanntmachung v. 23.07.1993, BGBl. I S. 1288, S. 1594, zuletzt geändert durch Art. 1 des Gesetzes v. 18.06.2019, BGBl. I S. 834.
41 BVerfG, Beschl. v. 29.01.2019 – 2 BvC 62/14, BVerfGE 151, 1 ff.

BWahlG gestrichen.⁴² Die schnelle Umsetzung war auch deswegen nötig, da bereits am 26.05.2019 Kommunalwahlen in Mecklenburg-Vorpommern stattfinden sollten.⁴³ Zu diesen hatten ca. 1.000 Menschen aufgrund der geänderten Vorschrift zum ersten Mal das Recht, an den Wahlen teilzunehmen.⁴⁴

III. Wahlsystem

Innerhalb des erwähnten Rahmens (siehe Abschnitt I.), gewährt das GG den Ländern Umsetzungsspielraum bei der Wahl des Wahlsystems. Dabei ist insbesondere die Gleichheit der Wahl zu beachten. Aktives und passives Wahlrecht sollen in formal möglichst gleicher Weise ausgeübt werden können.⁴⁵ Bei Verhältniswahlen muss daher grundsätzlich nicht nur der Zählwert, sondern auch der Erfolgswert der abgegebenen Stimmen gleich sein.⁴⁶ Hiervon werden freilich partiell wieder Ausnahmen durch Einführung einer Fünf-Prozent-Klausel gemacht (siehe Abschnitt V.).

Mecklenburg-Vorpommern hat sich in *Art. 20 Abs. 2 Satz 2 LV* dafür entschieden, dass die Wahl zum Landesparlament „nach den Grundsätzen einer *mit der Personenwahl verbundenen Verhältniswahl*" zu erfolgen hat. Umgesetzt wird dies, analog zur Wahl auf Bundesebene, mit der Aufteilung der Stimmen jedes Wählers und jeder Wählerin in eine Erststimme, die einem oder einer bestimmten Direktbewerber*in in einem Wahlkreis gegeben wird, und eine Zweitstimme, mit der für eine Parteiliste für das gesamte Land votiert wird (§ 53 LKWG). Bei den Landeslisten handelt es sich um sog. *„geschlossene Listen"*, d. h. die Reihenfolge der Kandidat*innen ist für den oder die Wähler*in nicht modifizierbar; es kann nur für eine Liste als ganze votiert werden (vgl. § 53 i. V. m. § 56 Abs. 2 LKWG).

Das Wahlgebiet, welches nach § 54 Abs. 1 LKWG dem Land Mecklenburg-Vorpommern entspricht, ist in *36 Wahlkreise* eingeteilt (§ 54 Abs. 2

---

42 Siehe Art. 1 Nr. 1 Drittes Gesetz zur Änderung des Landes- und Kommunalwahlgesetzes Mecklenburg-Vorpommern vom 10.04.2019, GVOBl. S. 138, und Art. 1 Nr. 2 des Gesetzes zur Änderung des Bundeswahlgesetzes und anderer Gesetze v. 18.06.2019, BGBl. I S. 834.
43 Siehe PlPr. 7/58 v. 13.03.2019, S. 24, 27 f., 30 f.
44 Antwort der Landesregierung auf die Kleine Anfrage der Fraktion DIE LINKE v. 18.07.2019, LT-Drs. 7/3814, S. 4.
45 BVerfG, Beschl. v. 15.02.1978 – 2 BvR 134, 268/76, BVerfGE 47, 253 (277); Beschl. v. 19.09.2017 – 2 BvC 46/14, BVerfGE 146, 327 (349).
46 BVerfG, Beschl. v. 15.02.1978 – 2 BvR 134, 268/76, BVerfGE 47, 253 (277); vgl. dagegen Beschl. v. 31.01.2012 – 2 BvC 3/11, BVerfGE 130, 212 (225).

LKWG), welche wiederum für die Stimmabgabe in Wahlbezirke aufgeteilt werden (§ 54 Abs. 3 Satz 1 LKWG). Die Wahlkreise werden dabei durch Anlage zum LKWG benannt (§ 54 Abs. 2 Satz 2 LKWG). Das Innenministerium kann die Abgrenzung der Wahlkreise nur „innerhalb der bestehenden Einteilung aufgrund kommunaler Gebiets- oder Namensänderungen" neu beschreiben (§ 71 Abs. 3 LKWG).

Es finden sich keine expliziten Bestimmungen zur *Einteilung der Wahlkreise* im LKWG.[47] Allerdings wurde im Jahr 2015 eine gesetzliche Änderung der Wahlkreise vorgenommen,[48] die laut Entwurfsbegründung aufgrund einer zu großen Abweichung einiger Wahlkreise von der Durchschnittsgröße, gemessen an der Zahl der Wahlberechtigten, nötig geworden war.[49] Trotzdem weicht die Zahl der Wahlberechtigten in mehreren Wahlkreisen weiterhin über 25 % vom Durchschnitt ab.[50] Dies wird mit der (älteren) Rechtsprechung des BVerfG, die eine Abweichung von einem Drittel als verfassungsgemäß ansah,[51] sowie mit dem Prinzip der Stabilität der Wahlkreiseinteilung gerechtfertigt.[52] Zwar ist der Einfluss der Direktmandate auf das Wahlergebnis in einem personalisierten Verhältniswahlsystem wie in Mecklenburg-Vorpommern, in dem Überhangmandate grundsätzlich ausgeglichen werden, und auch keine Grundmandatsklausel existiert (siehe genauer zu diesen Begriffen Abschnitt V.), prinzipiell geringer als in anderen Wahlsystemen. Trotzdem erscheint eine solche Abweichung angesichts neuerer verfassungsgerichtlicher Rechtsprechung[53] unter Wahlgleichheitsaspekten und in Anbetracht des Gedankens der persönli-

---

47 Vgl. aber für die Wahlbezirke § 29 Abs. 1–3 LKWO.
48 Art. 1 Nr. 35 des Zweiten Gesetzes zur Änderung des Landes- und Kommunalwahlgesetzes v. 08.01.2015, GVOBl. S. 2.
49 Entwurf der Landesregierung eines Zweiten Gesetzes zur Änderung des Landes- und Kommunalwahlgesetzes v. 03.09.2014, LT-Drs. 6/3242, S. 29 unter Berufung auf BVerfG, Beschl. v. 31.01.2012 – 2 BvC 3/11, BVerfGE 130, 212 ff.
50 Siehe LT-Drs. 6/3242, S. 29–31.
51 BVerfG, Beschl. v. 22.05.1963 – 2 BvC 3/62, BVerfGE 16, 130 (141); so auch *Armin Tebben* (Fn. 2), Art. 20 Rn. 32.
52 LT-Drs. 6/3242, S. 29 f.; vgl. auch Vierte Beschlussempfehlung und Bericht des Wahlprüfungsausschusses v. 06.03.2018, LT-Drs. 7/1872, S. 10 f. (angenommen durch Landtag am 14.03.2018, PlPr. 7/31, S. 72).
53 Vgl. BVerfG, Urt. v. 10.04.1997 – 2 BvF 1/95, BVerfGE 95, 335 (365); Beschl. v. 18.07.2001 – 2 BvR 1252–57/99, NVwZ 2002, 71 (72); (zum Kommunalwahlrecht, aber mit übertragbaren Aussagen) VerfGH NRW, Urt. v. 20.12.2019 – VerfGH 35/19, BeckRS 2019, 32591 Rn. 133–161 und dazu *Andreas Heusch/Franziska Dickten*, Neue Rechtsprechung zum Kommunalrecht, NVwZ 2020, 358 (359 f.); RhPfVerfGH, Beschl. v. 30.10.2015 – VGH B 14/15, NVwZ-RR 2016, 161 (165); StGH BW, Urt. v. 14.06.2007 – GR 1/06, DÖV 2007, 744 (746 f.); aber auch

chen Repräsentation durch Wahlkreisabgeordnete zumindest angreifbar. Da seit 2015 das angesprochene Ungleichgewicht eher noch gewachsen ist, hat die Opposition das Missverhältnis zuletzt explizit kritisiert und verlangt eine Änderung der Wahlkreise bereits bis zur nächsten Landtagswahl im Jahr 2021.[54]

IV. Wahlvorbereitung

Nach Art. 23 Abs. 1 und 2 LV haben Bewerber*innen zu Landtagswahlen, parallel zu Kandidat*innen für Bundestagsmandate nach Art. 48 Abs. 1 und 2 GG, nicht nur Anspruch auf Urlaub zur Vorbereitung der Wahl, sondern sind auch in besonderer Form in der Freiheit, ihren Wahlkampf zu führen, geschützt. Weitere Regelungen zur Wahlvorbereitung finden sich vor allem in den §§ 14–26 LKWG mit Sonderregelungen speziell für Landtagswahlen in §§ 55 und 56 LKWG.

Bei Wahlen zum Landtag sind *wahlvorschlagsberechtigt Parteien im Sinne des Art. 21 GG und Einzelbewerber*innen*, die sich selbst vorschlagen, nicht jedoch bloße Wählergruppen (§ 15 Abs. 1 i. V. m. § 55 Abs. 1 LKWG). Landeslisten können daher nur von Parteien aufgestellt werden. Mehrere Vorschlagsberechtigte dürfen ihre Wahlvorschläge „weder miteinander verbinden noch gemeinsame Wahlvorschläge aufstellen" (§ 15 Abs. 3 LKWG). Während Einzelbewerber*innen nur ein Vorschlag zusteht (§ 18 Abs. 1 Satz 1 LKWG), dürfen Parteien jeweils einen Vorschlag für das Wahlkreismandat und eine Landesliste aufstellen (§ 55 Abs. 1 Satz 2 LKWG). Eine Person darf grundsätzlich nur auf einer Landesliste oder auf einem Kreiswahlvorschlag kandidieren (§ 56 Abs. 4 Satz 1 LKWG). Dieselbe Partei darf sie aber sowohl für ihre Landesliste als auch als Kreiswahlvorschlag vorschlagen (§ 56 Abs. 4 Satz 2 LKWG). Von einer Partei vorgeschlagene Personen müssen dem Wortlaut des § 16 Abs. 4 Satz 1 LKWG nach „Mitglied dieser Partei oder parteilos sein". Allerdings verlangt § 16 Abs. 4 Satz 2 LKWG von den kandidierenden Personen sodann, gegenüber der Wahlleitung zu erklären, „dass sie keiner oder keiner anderen Partei angehören". Der inhaltliche Unterschied in diesen Formulierungen, der (seltene) Fälle

---

BayVerfGH v. 10.10.2001 – Vf. 2-VII-01 u. a., BayVerfGHE 54, 109 ff. = NVwZ-RR 2002, 473 (474 f.).

54 „Unfaire Wahlkreise in MV: Opposition fordert Korrektur", Ostsee-Zeitung v. 08.06.2020, abrufbar unter: https://www.ostsee-zeitung.de/Nachrichten/MV-aktuell/Unfaire-Wahlkreise-in-MV-Opposition-fordert-Korrektur (abgerufen am 22.09.2020).

betrifft, in denen die Person Mitglied mehrerer Parteien ist, scheint in der Kommentarliteratur bisher nicht beachtet worden zu sein.[55]

„Parteien, die am Tag der Aufforderung zur Einreichung von Wahlvorschlägen im Landtag oder im Deutschen Bundestag seit dessen letzter Wahl nicht aufgrund eigener Wahlvorschläge ununterbrochen mit mindestens einer oder einem für sie in Mecklenburg-Vorpommern gewählten Abgeordneten vertreten sind", sind nur aufstellungsberechtigt, wenn sie ihre Beteiligung an der Wahl fristgemäß angezeigt haben und ihre Parteieigenschaft durch den Landeswahlausschuss festgestellt wurde (§ 55 Abs. 2 Satz 1 LKWG). Diese Entscheidung ist für alle Wahlorgane verbindlich und „für eine Ablehnung der Anerkennung ist eine Zweidrittelmehrheit erforderlich" (§ 55 Abs. 4 Nr. 2 LKWG). Gegen eine solche Ablehnung der Anerkennung steht der Vereinigung, anders als seit 2012 auf Bundesebene[56], lediglich das Mittel der Wahlprüfungsbeschwerde (vgl. Abschnitt VI.) zur Verfügung, d. h. ein möglicher Fehler kann grundsätzlich erst im Nachgang der Wahl geltend gemacht werden.[57] Einzelbewerber*innen auf Kreiswahlvorschläge und Wahlvorschläge einer Partei, deren Parteieigenschaft nach § 55 Abs. 2 LKWG festgestellt werden muss, bedürfen der schriftlichen Unterstützung von mindestens 100 Wahlberechtigten (§ 55 Abs. 5 LKWG).

Die Bewerber*innen einer Partei werden durch geheime schriftliche Abstimmung in verbindlicher Reihenfolge entweder von einer Mitgliederversammlung oder einer Vertreterversammlung der Partei aufgestellt (§ 15 Abs. 4 Satz 1, 2 LKWG). „Dabei ist „[j]ede stimmberechtigte teilnehmende Person der Versammlung" vorschlagsberechtigt und den „Vorgeschlagenen ist Gelegenheit zu geben, sich und ihr Programm der Versammlung in angemessener Zeit vorzustellen" (§ 15 Abs. 4 Satz 3, 4 LKWG). Die Landesliste wird in einer Landesversammlung gewählt (§ 56 Abs. 2 LKWG). Für Wahlkreisvorschläge konstituieren sich die Versammlungen entweder nach § 56 Abs. 1 Nr. 1 LKWG durch die im Zeitpunkt ihres Zusammentritts im Wahlkreis zum Landtag wahlberechtigten Mitglieder oder Delegierten der Partei (Wahlkreisversammlung), oder entsprechend § 56 Abs. 1 Nr. 2 LKWG in Kreisen und kreisfreien Städten, die mehrere Wahlkreise umfassen, durch die im Zeitpunkt ihres Zusammentritts in diesen Wahlkreisen zum Landtag wahlberechtigten Mitglieder oder Delegierten der

---

55 Siehe z. B. *Klaus-Michael Glaser* (Fn. 32), § 16, S. 82.
56 Vgl. Art. 93 Abs. 1 Nr. 4c GG, neu eingefügt durch Gesetz v. 11.07.2012, BGBl I S. 1478.
57 *Dirk Zapfe* in: Classen/Litten/Wallerath (Fn. 2), Art. 21 Rn. 13.

Partei (gemeinsame Wahlkreisversammlung). Ein Wahlkreisvorschlag darf nur eine einzelne Person benennen; eine Begrenzung der Kandidatenzahl auf der Liste gibt es hingegen nicht (§ 56 Abs. 4 Satz 3 und 4 LKWG).

Spätestens am 52. Tag vor der Wahl entscheidet der Wahlausschuss öffentlich über die Zulassung der Wahlvorschläge zur Landtagswahl (§ 20 Abs. 1 Satz 1 LKWG, zum nötigen Quorum § 10 Abs. 3 Satz 2, 3 LKWG). Dabei sind Zurückweisungsgründe lediglich die verspätete Einreichung des Vorschlags oder ein sonstiger Verstoß gegen das LKWG oder aufgrund dessen erlassener Rechtsvorschriften (§ 20 Abs. 3 Satz 1 LKWG). Diese Entscheidung ist begrenzt (für Kreiswahlvorschläge über die Beschwerde, § 20 Abs. 5 Satz 1, 2 LKWG) vor der Landtagswahl,[58] ansonsten lediglich im Rahmen des – der Wahl nachgelagerten – Wahlprüfungsverfahrens (vgl. genauer Abschnitt VI.) angreifbar. Allerdings bleibt abzuwarten, ob die Entscheidung des SächsVerfGH vom 16.08.2019, dass im Einzelfall zur Sicherung effektiven Rechtsschutzes eine vorgelagerte Entscheidung „geboten" sei, „wenn und soweit eine Entscheidung eines Wahlorgans auf einem besonders qualifizierten Rechtsverstoß beruht und voraussichtlich einen Wahlfehler von außerordentlichem Gewicht begründete, der erst nach der Wahl beseitigt werden könnte und möglicherweise zu landesweiten Neuwahlen führte",[59] auch Einfluss auf die rechtliche Einschätzung in Mecklenburg-Vorpommern haben wird.

V. Wahlergebnis

Wie unter Abschnitt III. bereits angesprochen, beruht das Landeswahlrecht in Mecklenburg-Vorpommern auf einem sogenannten personalisierten Verhältniswahlsystem, umgesetzt durch ein *Zwei-Stimmen-Wahlrecht* (§ 53 LKWG). § 57 Satz 2, 3 LKWG präzisiert hierzu für die *Direktwahl*, dass in jedem Kreis gewählt ist, wer „die meisten Stimmen auf sich vereinigt. Bei Stimmengleichheit entscheidet das [...] Los." Ausschlaggebend ist also die relative Mehrheit der Stimmen. Auf diesem Wege werden 36 Abgeordnetensitze vergeben.

---

58 Die amtliche Entwurfsbegründung ist hier aber nicht völlig unmissverständlich formuliert und spricht in Bezug auf § 20 Abs. 5 LKWG von einer genaueren Fassung des „nur für Kommunalwahlen anwendbaren" Beschwerdeverfahrens, das für Landtagswahlen „nicht durchführbar" sei, siehe LT-Drs. 5/3568, S. 59.
59 SächsVerfGH, Urt. v. 16.08.2019 – Vf. 76-IV-19 (HS), Vf. 81-IV-19 (HS), NVwZ 2019, 1829 (1832).

Ausführlicher ist die Regelung für die *Verhältniswahl nach Landeslisten* in § 58 LKWG und deren Umrechnung auf Abgeordnetensitze gehalten. (Auch) für die Landtagswahlen in Mecklenburg-Vorpommern gilt eine *Fünf-Prozent-Klausel*: Von vornherein werden bei „der Verteilung der Landtagssitze [...] nur Parteien berücksichtigt, die mindestens fünf Prozent der abgegebenen gültigen Stimmen erhalten haben" (§ 58 Abs. 1 LKWG). Dies zieht zum einen eine Beeinträchtigung des Erfolgswertes der abgegebenen Stimmen für Parteien, deren Stimmenanteil letztendlich nicht diesen Wert erreicht, nach sich – sie bleiben im Ergebnis unberücksichtigt. Des Weiteren werden damit kleinere Parteien benachteiligt, da ihre Chancen, öffentlichkeitswirksam in den Landtag einzuziehen und durch ihr Wirken dort eine breitere Wählerschaft zu gewinnen, im Vergleich zu etablierten Parteien geschmälert werden. Die spezifisch mit der Fünf-Prozent-Klausel verbundene Einschränkung der (aktiven und passiven) Wahlrechtsgleichheit sowie der Chancengleichheit der Parteien (vgl. Art. 3 Abs. 1, 21 Abs. 1 Satz 1 GG, Art. 3 Abs. 4 LV) ist aber nach ständiger Rechtsprechung, sowohl für Bundestagswahlen[60] als auch für entsprechende landesrechtliche Regelungen zu Landtagswahlen[61], zur Sicherung der Funktionsfähigkeit der Volksvertretungen durch Vermeidung der Zersplitterung des Parlaments aufgrund des Einzugs vieler Kleinstparteien gerechtfertigt und gehört jedenfalls insoweit heute zur gängigen wahlrechtlichen Praxis in Deutschland.[62]

Im Jahr 2000 hatte das *LVerfG M-V* über ein *Organstreitverfahren betreffend die damalige Fünf-Prozent-Sperrklausel im Kommunalwahlrecht* des Landes zu befinden. In seiner Entscheidung hat es die Bedeutung des Wahlakts als „entscheidende Legitimationsgrundlage für die Ausübung staatlicher und kommunaler Befugnisse" und – unter Hinweis auf die Rechtsprechung des BVerfG – die Bedeutung des Wahlrechts als „vornehmste[s] Recht des Bürgers im demokratischen Staat" hervorgehoben, dessen Ein-

---

60 BVerfG, Urt. v. 10.04.1997 – 2 BvC 3/96, BVerfGE 95, 408 (419); Beschl. v. 19.09.2017 – 2 BvC 46/14, BVerfGE 146, 327 (353–359) mit weiteren Nachweisen.
61 Z. B. BayVerfGH v. 10.05.2010 – Vf. 49-III-09, VerfGHE 63, 51 ff; v. 10.10.2014 – Vf. 25-III-14, VerfGHE 67, 255 ff; BerlVerfGH, Beschl. v. 17.03.1997 – VerfGH 82/95, LKV 1998, 147 ff; LVerfG SH, Urt. v. 13.09.2013 – LVerfG 9/12, NordÖR 2013, 461 (466).
62 Alle Landeswahlgesetze und auch das BWahlG enthalten momentan eine entsprechende Klausel; vgl. aber für die Unzulässigkeit von Sperrklauseln bei Kommunalwahlen BVerfG, Urt. v. 13.02.2008 – 2 BvK 1/07, BVerfGE 120, 82 ff; ThürVerfGH, Urt. v. 11.04.2008 – VerfGH 22/05, NVwZ-RR 2009, 1 ff.

schränkung nur in sehr engen Grenzen gerechtfertigt sei.[63] Eine einschränkende Regelung sei daher nicht zulässig, wenn sie „nicht an dem Ziel orientiert ist, Störungen der Funktionsfähigkeit des zu wählenden Organs zu verhindern, oder wenn sie das Maß des zur Erreichung dieses Zieles Erforderlichen überschreitet".[64] Allerdings hat das Gericht gleichzeitig darauf hingewiesen, dass es für die Frage der Zulässigkeit einer Sperrklausel auf „die Verhältnisse in dem jeweiligen Land und insbesondere auf den Aufgabenkreis der zu wählenden Volksvertretung" ankommt.[65] Da seit der Reform des Landeskommunalrechts Mecklenburg-Vorpommern im Jahre 1997 die Wahl der Bürgermeister und Landräte nicht mehr den Gemeindevertretungen und Kreistagen überantwortet und die Verwaltungsspitze selbst stärker demokratisch legitimiert war, sei eine Überprüfung der Rechtfertigung einer entsprechenden Sperrklausel notwendig gewesen.[66] Die Argumentation des Gerichts kann aufgrund der unterschiedlichen Funktionen von Kommunalvertretungen und Landesparlament nur begrenzt auf das Wahlrecht zum Landtag übertragen werden und spricht daher insbesondere nicht gegen die Verfassungsmäßigkeit des § 58 Abs. 1 LKWG.[67]

In Mecklenburg-Vorpommern gibt es dabei, anders als z. B. auf Bundesebene,[68] auch *keine sog. Grundmandatsklausel*, d. h. Parteilisten, die nicht mindestens fünf Prozent der Wählerstimmen auf sich vereinigen können, bleiben unabhängig von der Anzahl der erworbenen Direktmandate bei der Zusammensetzung des Landtags unberücksichtigt.

Für die *Berechnung der Landtagssitze* werden in einem ersten Schritt die für jede Liste abgegebenen Zweitstimmen zusammengezählt (§ 58 Abs. 2 Satz 1 LKWG). Hierbei werden die Zweitstimmen der Wähler*innen herausgerechnet, die ihre Erststimme der im Wahlkreis letztendlich erfolgreichen Person gegeben haben, wenn diese als Einzelbewerber*in oder als Kandidat*in einer nicht mit einer Liste repräsentierten Partei angetreten war (§ 58 Abs. 2 Satz 2 LKWG). Weiterhin werden von der Gesamtzahl der nach Art. 20 Abs. 2 Satz 1 LV zu vergebenden 71 Sitze die errungenen Direktmandate, die von Einzelbewerber*innen oder von Bewerber*innen einer Partei, die für keine Landesliste zugelassen ist oder die an der

---

63 LVerfG M-V, Urt. v. 14.12.2000 – LVerfG 4/99, LVerfGE 11, 306 (324).
64 LVerfG M-V, Urt. v. 14.12.2000 – LVerfG 4/99, LVerfGE 11, 306 (325).
65 LVerfG M-V, Urt. v. 14.12.2000 – LVerfG 4/99, LVerfGE 11, 306 (324).
66 LVerfG M-V, Urt. v. 14.12.2000 – LVerfG 4/99, LVerfGE 11, 306 (325 f.).
67 So im Ergebnis auch *Armin Tebben* (Fn. 2), Art. 20 Rn. 31; vgl. hierzu auch *Maximilian Wallerath* (Fn. 16), Art. 3 Rn. 9.
68 Vgl. § 6 Abs. 3 Satz 1 Var. 2 BWahlG.

erwähnten Fünf-Prozent-Hürde scheitert, subtrahiert (§ 58 Abs. 2 Satz 3 LKWG). Die verbleibenden Sitze werden in Mecklenburg-Vorpommern weiterhin nach dem, auf Bundesebene abgelösten,[69] *Hare/Niemeyer-Verfahren* verteilt: „Die Gesamtzahl der verbleibenden Sitze, vervielfacht mit der Zahl der Zweitstimmen für die jeweilige Landesliste im Wahlgebiet, wird durch die Gesamtzahl der Zweitstimmen aller zu berücksichtigenden Landeslisten geteilt. Dabei erhält jede Landesliste zunächst so viele Sitze wie sich für sie ganze Zahlen ergeben" (§ 58 Abs. 3 Satz 2, 3 LKWG). Hernach werden noch verbleibende Sitze entsprechend der Zahlenbruchteile der Ergebnisse auf die Parteilisten verteilt (§ 58 Abs. 3 Satz 4 LKWG). Bei Gleichstand entscheidet das Los (§ 58 Abs. 3 Satz 5 LKWG). Sollte eine Landesliste zwar mehr als die Hälfte der Stimmen erreicht haben, aber nach dieser Rechnung nicht mehr als die Hälfte der Sitze bekommen, wird dies dadurch ausgeglichen, dass ihr vorrangig vor anderen Listen unabhängig von der Nachkommastelle ein weiterer Sitz zuerkannt wird (§ 58 Abs. 4 LKWG).Von der so ermittelten einer Landesliste zukommenden Sitzzahl wird die Anzahl der von ihr errungenen Direktmandate abgezogen (§ 58 Abs. 5 Satz 1 LKWG). Sodann werden die verbleibenden Sitze auf die Listenkandidat*innen in der genannten Reihenfolge verteilt, wobei diejenigen Personen, die bereits ein Direktmandat erwerben konnten, übersprungen werden (§ 58 Abs. 5 Satz 2, 3 LKWG). Sitze ohne Bewerber*in bleiben unbesetzt (§ 58 Abs. 5 Satz 4 LKWG).

Sollte eine Partei mehr Direktmandate errungen haben, als ihr Sitze aufgrund des Zweitstimmenergebnisses zustehen, bleiben ihr diese als *Überhangmandate* erhalten (§ 58 Abs. 6 Satz 1 LKWG). Die Anzahl der den übrigen Parteien zustehenden Sitze wird dann proportional erhöht, bis das ursprüngliche Verhältnis nach § 58 Abs. 3 und 4 LKWG wieder erreicht ist, sog. *Ausgleichsmandate* (§ 58 Abs. 6 Satz 2, 3 LKWG), höchstens jedoch um das Doppelte der Überhangmandate (§ 58 Abs. 6 Satz 4 LKWG). Zudem bestimmt § 58 Abs. 6 Satz 5 LKWG, dass, falls die so ermittelte Gesamtzahl an Landtagssitzen gerade ist, ein weiterer Sitz hinzugefügt wird. Bisher ist es bei keiner der Landtagswahlen in Mecklenburg-Vorpommern zur Entstehung von Überhang- und entsprechend von Ausgleichsmandaten gekommen. Bei der Landtagswahl im Jahre 2016 ist dies jedoch nur ganz knapp vermieden worden, da die SPD mit 26 Direktmandaten genau die

---

[69] Hier wird aktuell das Verfahren nach Sainte-Laguë/Schepers angewandt, vgl. § 6 Abs. 2 BWahlG, geändert durch Art. 1 Nr. 3 des Gesetzes v. 17.03.2008, BGBl I S. 394.

Anzahl erreichte, die ihr nach dem Zweitstimmenergebnis an Sitzen im Landtag zustand.[70]

VI. Wahlprüfung

Das Verfahren der Wahlprüfung ist in Mecklenburg-Vorpommern weitgehend parallel zum bundesrechtlichen Verfahren aufgebaut.[71] Wahlprüfung ist nach *Art. 21 Abs. 1 Satz 1 LV „Aufgabe des Landtages"*. Expliziter bestimmt § 2 Abs. 3 LKWG, dass „Entscheidungen und Maßnahmen, die sich unmittelbar auf das Wahlverfahren beziehen, [...] nur mit den in diesem Gesetz oder in den aufgrund dieses Gesetzes erlassenen Rechtsvorschriften vorgesehenen Rechtsbehelfen und im Wahlprüfungsverfahren angefochten werden [können]". Insoweit wird der sonstige Rechtsweg, Art. 19 Abs. 4 GG, also insbesondere Rechtsschutz *vor* Abhaltung der Wahl, in wahlrechtlichen Angelegenheiten, prinzipiell zulässigerweise,[72] ausgeschlossen. Unter dem Wahlverfahren sind dabei alle Vorgänge von der Vorbereitung des Wahlverfahrens jedenfalls bis zur Ermittlung des Wahlergebnisses zu verstehen.[73] Art. 21 Abs. 3 LV verweist für alle weitergehenden Regelungen auf das Gesetz. Diese finden sich sodann detailliert vor allem in Abschnitt 5 des ersten Teils des LKWG.[74] Die nachfolgenden Bemerkungen müssen sich jedoch auf einen Überblick beschränken.

Auch in Mecklenburg-Vorpommern gilt für die Einleitung des Wahlprüfungsverfahrens das *Anfechtungsprinzip*.[75] Berechtigt, Einsprüche gegen

---

70 Vgl. Zahlen der Landeswahlleiterin, abrufbar unter: https://wahlen.mvnet.de/dateien/2016_land/htm/L_Mandate.htm (abgerufen am 22.09.2020).
71 *Claus Dieter Classen* (Fn. 8), § 1 Rn. 68; vgl. generell *Dirk Zapfe* (Fn. 57), Art. 21 Rn. 1-7; dort unter Rn. 8-12 auch zur sog. Mandatsverlustprüfung nach Art. 21 Abs. 1 Satz 2 LV, § 59 LKWG.
72 Vgl. BVerfG, Beschl. v. 27.06.1962 – 2 BvR 189/62, BVerfGE 14, 154 (155); Beschl. v. 24.07.2018 – 2 BvQ 33/18, BVerfGE 149, 374 (377 f.); *dagegen* Martin Morlok, in: Dreier (Fn. 32), Art. 41 Rn. 12.
73 *Klaus-Michael Glaser* (Fn. 32), § 40, S. 133 will davon die *Feststellung* des Wahlergebnisses unterscheiden; *Dirk Zapfe* (Fn. 57), Art. 21 Rn. 2 bezieht auch diese mit ein; vgl. BVerfG, Beschl. v. 31.01.2012 – 2 BvC 3/11, BVerfGE 130, 212 (223); Urt. v. 03.07.2008 – 2 BvC 1, 7/07, BVerfGE 121, 266 (291).
74 Durch den Erlass des LKWG wurde auch das Gesetz über die Prüfung der Wahl zum Landtag des Landes Mecklenburg-Vorpommern (Wahlprüfungsgesetz) v. 01.02.1994, GVOBl. S. 131, obsolet und mit Wirkung v. 01.01.2011 durch Art. 5 Abs. 2 des Gesetzes v. 16.12.2010, GVOBl. S. 690, aufgehoben.
75 *Dirk Zapfe* (Fn. 57), Art. 21 Rn. 4; *Klaus-Michael Glaser* (Fn. 32), § 35, S. 125.

die Gültigkeit einer Landtagswahl einzulegen, sind ausschließlich Wahlberechtigte des Wahlgebietes (§ 35 Abs. 1 Satz 1 LKWG). Einsprüche sind schriftlich oder zur Niederschrift und begründet innerhalb einer Frist von zwei Wochen nach der Bekanntmachung der Wahlergebnisse bei der Wahlleitung zu erheben (§ 35 Abs. 1 Satz 1 und Abs. 2 LKWG).[76] Der Umstand, dass nach § 35 Abs. 4 LKWG ein Wahlprüfungsverfahren im Falle einer Rücknahme des Einspruchs eingestellt werden *kann*, aber nicht *muss*, zeugt von der *objektiv-rechtlichen Zielsetzung* des landesrechtlichen Wahlprüfungsverfahrens[77], das die Gesetzmäßigkeit des Wahlverfahrens und damit die Integrität des Parlaments als Repräsentationsorgan der Wahlbevölkerung garantieren soll. Generell hat der Einspruch keine aufschiebende Wirkung (§ 35 Abs. 3 LKWG).

Über die Einsprüche verhandelt und entscheidet in erster Instanz der *Rechtsausschuss des Landtages* (§ 36 Abs. 1 Satz 1 i. V. m. § 37 Abs. 1 Satz 1 LKWG). Im Verfahren der Wahlprüfung gilt der *Amtsermittlungsgrundsatz*.[78] Es kann eine öffentliche, mündliche Verhandlung stattfinden (§ 37 Abs. 3 Satz 1, 2 LKWG). Über das Ergebnis wird aber unter Ausschluss der Öffentlichkeit beraten (§ 37 Abs. 3 Satz 3 LKWG). Regelungen zu den Beteiligten am Verfahren trifft § 36 Abs. 2 und 3 LKWG. Nach § 38 Satz 1 LKWG wird der letztendliche Beschluss dem Landtag „als Antrag" zugeleitet. Lehnt letzterer den Antrag ab, so muss der Rechtsausschuss noch einmal über ihn befinden (§ 38 Sätze 2 und 3 LKWG). Die zweite Vorlage eines Antrages kann vom Landtag dann „nur durch Annahme eines anderen Antrages über die Gültigkeit der angefochtenen Wahl und die sich aus einer Ungültigkeit ergebenden Folgerungen abgelehnt werden" (§ 38 Satz 5 LKWG), also de facto durch einen Gegenvorschlag.

Die potenziellen Ergebnisse der Wahlprüfung sind in § 40 LKWG aufgeführt. Dabei ist ersichtlich, dass das Gesetz soweit möglich den *„Bestandsschutz" einer einmal gewählten Volksvertretung* bezweckt.[79] Im Falle der Wahl einer Person, die eigentlich nicht wählbar war oder nicht zur Wahl zugelassen werden durfte, ist die Ungültigkeit nur „ihrer" Wahl festzustellen und ihr Ausscheiden zu beschließen (Abs. 1 Satz 1). Ist bei der Feststellung des Wahlergebnisses ein Fehler unterlaufen, so ist nur diese Feststel-

---

76 Zu den Voraussetzungen des Wahlprüfungsverfahrens im Rahmen einer Mandatsverlustprüfung, insbesondere zu den möglichen Antragsberechtigten siehe § 59 Abs. 4 ggf. i.V. mit Abs. 3 Satz 4 LKWG.
77 *Klaus-Michael Glaser* (Fn. 32), § 35, S. 125; *Dirk Zapfe* (Fn. 57), Art. 21 Rn. 2.
78 Als „Offizialprinzip" bezeichnet bei *Dirk Zapfe* (Fn. 57), Art. 21 Rn. 4.
79 Vgl. auch ausführlicher *Klaus-Michael Glaser* (Fn. 32), § 40, S. 132 f.; *Dirk Zapfe* (Fn. 57), Art. 21 Rn. 6 führt dies auf das Verhältnismäßigkeitsprinzip zurück.

lung aufzuheben und eine neue anzuordnen (Abs. 4). Die sehr weitreichende Feststellung der Notwendigkeit der Wiederholung der gesamten Wahl ist nach dem LKWG lediglich, aber immerhin in den Fällen zu treffen, in denen „bei der Vorbereitung der Wahl oder bei der Wahlhandlung Unregelmäßigkeiten [vorkommen], die das Wahlergebnis oder die Verteilung der Sitze aus den Wahlvorschlägen im Einzelfall beeinflusst haben können" (§ 40 Abs. 2 Satz 1 LKWG). Ein solche Unregelmäßigkeit liegt grundsätzlich in jedem Verstoß gegen eine wahlrechtliche Vorschrift,[80] was nach der Rechtsprechung die Vorschriften des LKWG, insbesondere § 2 Abs. 1, und der LKWO umfasst.[81] Diese muss nicht tatsächlich zu einer anderen Zusammensetzung des Landtages geführt haben, die Möglichkeit der Beeinflussung reicht aus. Es muss sich bei dieser Möglichkeit aber um „eine konkrete und nach der Lebenserfahrung nicht ganz fern liegende" handeln.[82] Beziehen sich die Unregelmäßigkeiten nur auf einzelne Wahlbezirke, so ist grundsätzlich auch nur insoweit; traten sie allerdings in mehr als der Hälfte der Wahlbezirke eines Wahlkreises auf, ist die Festellung für den gesamten Wahlkreis zu treffen (§ 40 Abs. 2 Satz 2 LKWG). Gleichzeitig ist ggf. darüber zu entscheiden, ob Wahlvorschläge, auf die sich „Unregelmäßigkeiten" bezogen, für die neue Wahl zuzulassen sind (§ 40 Abs. 2 Satz 3 LKWG). Ist keine der genannten Alternativen erfüllt, muss der Einspruch zurückgewiesen werden (§ 40 Abs. 5 LKWG).

Die rechtlichen Folgen der Feststellung des Landtages sind dann in § 41 LKWG geregelt. So treten diese für die betroffene Person erst mit Unanfechtbarkeit der Feststellung ein (Abs. 1). Haben Personen, deren Wahl sich im Nachhinein als ungültig herausstellt, „Amts- oder Mitwirkungshandlungen" vor dem Zeitpunkt der Unanfechtbarkeit der entsprechenden Entscheidung vorgenommen, behalten diese prinzipiell ihre Wirksamkeit (Abs. 2 Satz 1). Ausnahmsweise sind Wahlen, die in der konstituierenden Sitzung des Landtages vorgenommen worden sind, auf Verlangen eines Mitglieds zu wiederholen, wenn „das Ergebnis der Wahlprüfung Auswirkungen auf" ihr Ergebnis gehabt haben kann (Abs. 2 Satz 2). Allerdings kann die betroffene Person von der Mitarbeit bis zur Unanfechtbar-

---

[80] Vgl. *Dirk Zapfe* (Fn. 57), Art. 21 Rn. 5.
[81] VG Greifswald, Urt. v. 19.01.2016 – 2 A 1152/15 HGW, juris Rn. 33 f.; die dort geäußerte Ansicht, dass diese Rechtsverletzung den Wahlorganen auch „zugerechnet" werden können müsse, wurde vom Wahlprüfungsausschuss des Landtages auch in Bezug auf Landtagswahlen aufgegriffen, siehe Vierte Beschlussempfehlung und Bericht des Wahlprüfungsausschuss v. 06.03.2018, LT-Drs. 7/1872, S. 9 (angenommen durch Landtag am 14.03.2018, PlPr. 7/31, S. 72).
[82] VG Greifswald, Urt. v. 23.04.1996 – 4 A 2023/94, juris Rn. 34.

keit der Entscheidung ausgeschlossen werden (Abs. 3 Satz 1, 2 Alt. 2). Wenn die Landtagswahl insgesamt oder nur in einem Wahlkreis wiederholt werden muss, bleiben die Gewählten bis zur Wiederholungswahl im Amt (Abs. 4).

Die *Entscheidungen des Landtages* über die Gültigkeit einer Wahl oder den Verlust der Mitgliedschaft im Landtag *können* grundsätzlich nach Art. 21 Abs. 2 LV i. V. m. §§ 11 Abs. 1 Nr. 5, 49 LVerfGG M-V[83] *vor dem LVerfG M-V angefochten werden*. Das Verfahren ist also, parallel zur bundesrechtlichen Regelung, *zweistufig* ausgestaltet. Während auf Ebene des Landtags Prüfungsmaßstab das geltende einfache Wahlrecht ist,[84] kommt dem LVerfG wohl zusätzlich die Kompetenz zu, dieses Recht auf seine Vereinbarkeit mit der Landesverfassung zu überprüfen.[85] Das Anfechtungsrecht steht nach § 49 Abs. 1 LVerfGG M-V dem Abgeordneten, „dessen Mitgliedschaft bestritten ist", einem Wahlberechtigten, „dessen Anfechtung der Wahl vom Landtag verworfen worden ist, wenn ihm mindestens 100 Wahlberechtigte beitreten", oder einer Fraktion oder „Minderheit des Landtages, die wenigstens ein Zehntel der gesetzlichen Mitgliederzahl umfaßt", zu. Die Frist für die Anfechtung beträgt einen Monat ab dem Zeitpunkt des Landtagsbeschlusses, § 49 Abs. 2 LVerfGG.

§ 43 LKWG beschäftigt sich mit der Neufeststellung des Wahlergebnisses. Ist ein den ursprünglichen Einspruch zurückweisender Beschluss des Landtags vom LVerfG M-V aufgehoben worden, so muss eine neue Entscheidung nach § 40 LKWG unverzüglich getroffen werden (Abs. 1). Im Falle einer vollständigen oder teilweisen Aufhebung der Feststellung des Wahlergebnisses durch den Landtag, muss der Wahlausschuss unverzüglich eine erneute Feststellung herbeiführen (Abs. 2). Eine nochmalige Anfechtung dieser Entscheidungen oder Feststellungen ist nach Abs. 3 ausgeschlossen, insoweit sie mit der rechtskräftigen Aufhebungsentscheidung übereinstimmen.[86]

---

[83] Gesetz über das Landesverfassungsgericht Mecklenburg-Vorpommern v. 19.07.1994, GVOBl. S. 734, zuletzt geändert durch Gesetz v. 19.01.2010, GVOBl. S. 22.

[84] *Klaus-Michael Glaser* (Fn. 32), § 37, S. 129; vgl. auch Vierte Beschlussempfehlung und Bericht des Wahlprüfungsausschusses v. 06.03.2018, LT-Drs. 7/1872, S. 2, 11 (angenommen durch Landtag am 14.03.2018, PlPr. 7/31, S. 72).

[85] Vgl. BVerfG, Beschl. v. 04.07.2012 – 2 BvC 1, 2/11, BVerfGE 132, 39 (47); Beschl. v. 31.01.2012 – 2 BvC 3/11, BVerfGE 130, 212 (224 f.).

[86] Zu den begrenzten Überprüfungsmöglichkeiten von landeswahlrechtlichen Entscheidungen durch das BVerfG, Beschl. v. 16.07.1998 – 2 BvR 1953/95, BVerfGE 99, 1 ff. und hierzu LVerfG M-V, Beschl. v. 17.08.2010 – LVerfG 11/10, LVerfGE 21, 213 ff.

VII. Wahlrechtsreform

Bereits erwähnt wurden einige der Reformen des Wahlrechts zum Landtag Mecklenburg-Vorpommern der letzten zehn Jahre: auf Verfassungsebene im Jahr 2016 die Verlängerung der Frist für Neuwahlen, auf einfachgesetzlicher Ebene im Jahr 2010 eine größere Wahlrechtsreform, allerdings mit eher strukturellen Auswirkungen durch die Zusammenfassung des Kommunal- und Landeswahlrechts und wenigen inhaltlichen Änderungen im Recht zur Wahl des Landtages,[87] weitere kleinere Änderungen und eine Neuordnung der Wahlkreise in 2015,[88] und die Streichung des Wahlrechtsausschlusses bezüglich Betreuter in 2019. Aktuell wird in diesem Zusammenhang im Landtag über eine Übernahme der bundesrechtlichen Wahl-Assistenzbestimmungen in das LKWG beraten.[89]

Mit dem Näherrücken der nächsten Landtagswahl im Herbst 2021 ist zu erwarten, dass mögliche Reformbestrebungen neuen Schwung bekommen werden. So dauert die politische *Diskussion über eine Absenkung des Wahlalters* für das aktive Wahlrecht auch für Landtagswahlen auf 16 Jahre (zum derzeitigen Stand vgl. Abschnitt II.) weiterhin an. Eine Online-Petition, die Anfang des Jahres 2019 gestartet wurde, fand nur mäßig Unterstützung.[90] Als Antwort auf eine aktuelle Kleine Anfrage der Opposition betreffend die Verfassungsmäßigkeit des Ausschlusses 17-Jähriger vom Wahlrecht verwies die Landesregierung u. a. darauf, dass betroffene Minderjährige entsprechende rechtliche Schritte selbst einleiten könnten.[91]

Der aktuelle Landtag Mecklenburg-Vorpommern ist nur zu gut 25 % weiblich besetzt und der Frauenanteil im Vergleich zur vorherigen Legislaturperiode wieder gesunken.[92] Er ist damit eines der Landesparlamente mit den – auch in absoluten Zahlen – wenigsten weiblichen Mitgliedern. Entsprechend wird ein sog. *Parité-Gesetz* angelehnt an das brandenburgi-

---

87 Vgl. überblicksmäßig *Klaus-Michael Glaser*, LKWG (Fn. 32), Einführung, S. 13.
88 Siehe Art. 1 des Zweiten Gesetzes zur Änderung des Landes- und Kommunalwahlgesetzes v. 08.01.2015, GVOBl. S. 2.
89 Entwurf der Landesregierung eines Vierten Gesetzes zur Änderung des Landes- und Kommunalwahlgesetzes v. 09.09.2020, LT-Drs. 7/5347.
90 Vgl. Online Petition. Ja zum Wahlalter 16 – Für mehr Demokratie in Mecklenburg-Vorpommern, abrufbar unter: https://www.openpetition.de/petition/online/ja-zum-wahlalter-16-fuer-mehr-demokratie (abgerufen am 22.09.2020).
91 Antwort der Landesregierung auf die Kleine Anfrage der Fraktion DIE LINKE v. 12.06.2019, LT-Drs. 7/3639, S. 2.
92 Vgl. https://www.landtag-mv.de/landtag/abgeordnete/ehemalige-abgeordnete (abgerufen am 22.09.2020).

sche Vorbild[93], d. h. die gesetzliche Verpflichtung der wahlvorschlagsberechtigten Parteien, ihre Liste für die Zweitstimme jeweils abwechselnd mit einer weiblichen Kandidatin und einem männlichen Kandidaten zu besetzen, aktuell diskutiert, ist aber rechtlich und politisch sehr umstritten.[94] Die Landesregierung wollte aufgrund verfassungsrechtlicher Bedenken gegen eine solche Regelung insbesondere die Entscheidung des BbgVerfG in den dortigen Verfahren gegen das Paritätsgesetz abwarten.[95] Nach der Nichtigerklärung der jeweiligen Parité-Regelung in Thüringen und Brandenburg[96] erscheint die weitere Entwicklung hier offen.

---

93 Vgl. Zweites Gesetz zur Änderung des Brandenburgischen Landeswahlgesetzes – Parité-Gesetz v. 12.02.2019, GVBl I S. 1; siehe dazu § 7 IV 1.
94 PlPr. 7/69 v. 21.06.2019, S. 55–67; „Frauen im Landtag: MV ist bundesweit Vorletzter", Ostsee-Zeitung v. 14.02.2019, abrufbar unter: https://www.ostsee-zeitung.de/Nachrichten/MV-aktuell/Frauen-in-der-Politik-MV-ist-bundesweit-Vorletzter (abgerufen am 22.09.2020).
95 Antwort der Landesregierung auf die Kleine Anfrage der Fraktion DIE LINKE v. 16.04.2019, LT-Drs. 7/3419, S. 2.
96 ThürVerfGH, Urt. v. 15.07.2020 – VerfGH 2/20; vgl. § 19 IV 2; BbgVerfG, Urt. v. 23.10.2020 – VfgBbg 9/19 und 55/19; vgl. § 7 IV 1.

§ 12 Niedersachsen

Henner Gött

I. Wahlen zum Niedersächsischen Landtag

Die Niedersächsische Verfassung (NV) vom 19.05.1993 konstituiert Niedersachsen als eine um plebiszitäre Elemente angereicherte repräsentative Demokratie (Art. 2 Abs. 1 NV). Sie errichtet ein parlamentarisches Regierungssystem, in dessen Zentrum der Landtag steht.[1] Der Landtag ist die einzige unmittelbar „gewählte Vertretung des Volkes" (Art. 7 Satz 1 NV) und nimmt elementare Staatsfunktionen wahr. Dazu gehören etwa die Gesetzgebung, die Ausübung der Budgethoheit, die Wahl des Ministerpräsidenten, der Richter des Niedersächsischen Staatsgerichtshofs (NdsStGH) und weiterer Organe, die Mitwirkung an der Regierungsbildung und die Kontrolle der Regierung. Von entsprechender Bedeutung für die niedersächsische Staatsorganisation ist die Landtagswahl. Durch sie werden die Mitglieder des Landtags als Entscheidungsträger unmittelbar (und alle weiteren Entscheidungsträger mittelbar) vom Volk legitimiert.[2] Außerdem werden durch die Landtagswahl entscheidende personal- und sachpolitische Weichen für die kommende Legislaturperiode gestellt.

1. Regelungsstruktur des niedersächsischen Landtagswahlrechts

Das niedersächsische Landtagswahlrecht umfasst Regelungen auf allen Hierarchieebenen des niedersächsischen Rechts. Die NV regelt Grundzüge der Landtagswahl insbesondere in Art. 8 und 9 NV sowie ergänzend in Art. 11, 55 Abs. 3, 61 und 76 NV. Im Vergleich zu den Regelungen anderer Landesverfassungen beschränkt sich die NV vielfach auf Grundsätzliches und überlässt zahlreiche Fragen der einfachgesetzlichen Ausgestaltung.

---

1 *Jörn Ipsen*, Niedersächsische Verfassung – Kommentar, 3. Aufl. 2011, Vorbem. zum Zweiten Abschnitt, Rn. 1.
2 Der NdsStGH folgt wie auch das BVerfG einem auf Legitimationsketten beruhenden Modell demokratischer Input-Legitimation, siehe NdsStGH, Urt. v. 05.12.2008 – 2/07, NdsStGHE 4, 232 (258 ff.).

Hierfür enthält Art. 8 Abs. 5 NV einen Gesetzesvorbehalt, der zugleich auch als verfassungsrechtlicher Ausgestaltungsauftrag zu verstehen ist.[3] In historischer Perspektive ist zu bemerken, dass die NV im Vergleich zu ihrer Vorgängerverfassung, der von 1951–1993 geltenden Vorläufigen Niedersächsischen Verfassung (VNV), das Landtagswahlrecht in einer Reihe von Aspekten geändert und modernisiert hat. Zu nennen sind etwa die Regelungen zur Wahlperiode, zu Sperrklauseln oder zu Inkompatibilitäten.[4]

Das aufgrund von Art. 8 Abs. 5 NV ergangene Niedersächsische Landeswahlgesetz (LWG) in der Fassung vom 30.05.2002 regelt die Vorbereitung und Durchführung der Landtagswahl. Die Regelungen des LWG werden wiederum durch die auf Grundlage von § 55 Abs. 1 LWG ergangene Niedersächsische Landeswahlordnung (LWO) vom 01.11.1997 weiter ausgestaltet. Ergänzende Regelungen zur Wahlprüfung finden sich in dem auf Art. 11 Abs. 3 Satz 1 NV beruhenden Gesetz über die Prüfung der Wahl zum Niedersächsischen Landtag (NWahlPrG) vom 06.03.1955 sowie im Gesetz über den Staatsgerichtshof (NStGHG) vom 01.07.1996.

Schließlich muss das niedersächsische Landtagswahlrecht mit höherrangigem Recht vereinbar sein, weswegen auch bundes-, unions- und völkerrechtliche Regeln relevant werden können. Zu nennen ist hier insbesondere Art. 28 Abs. 1 Satz 2 GG, aber auch Bestimmungen in von Deutschland ratifizierten völkerrechtlichen Verträgen, die innerstaatlich im Range einfachen Bundesrechts gelten und aufgrund des Vorrangs des Bundesrechts eigenständige Prüfungsmaßstäbe für das Landeswahlrecht darstellen. Zu Letzteren gehören etwa Art. 3 des ersten Zusatzprotokolls zur EMRK und Art. 25 lit. a des Internationalen Paktes über bürgerliche und politische Rechte, die jeweils das Recht auf freie Wahlen verbürgen.

2. Größe des Landtags

Die Mindestgröße des Landtags ist in § 1 Abs. 1 Satz 1 LWG gesetzlich festgelegt und beträgt 135 Abgeordnete. Durch sog. Mehrsitze (Überhang-

---

3 Vereinzelt trifft die NV jedoch auch detailliertere Regelungen als andere Verfassungen, etwa zu den Voraussetzungen des Wahlrechts, dazu unten II.

4 Zu relevanten Änderungen *Albert Janssen/Udo Winkelmann*, Die Entwicklung des niedersächsischen Verfassungs- und Verwaltungsrechts in den Jahren 1990–2002, JöR 51 (2003), 301 (312); *Torsten Soffner*, in: Epping/Butzer/Brosius-Gersdorf/Haltern/Mehde/Waechter (Hrsg.), Hannoverscher Kommentar zur Niedersächsischen Verfassung, 2012, Art. 8 Rn. 4 ff.

mandate) und deren Ausgleich ist die tatsächliche Zahl der Abgeordneten jedoch in aller Regel zumindest geringfügig höher.[5] Die tatsächliche Größe beträgt in der laufenden 18. Wahlperiode 137 Abgeordnete.[6]

Die gesetzliche Mindestgröße des Landtags wurde im Laufe der Zeit zwei Mal geändert. Von der 1. bis zur 7. Wahlperiode (1947–1974) betrug sie 149, von der 8. bis einschließlich zur 16. Wahlperiode (1974–2008) 155 Abgeordnete.[7] Die heutige Größe des Landtags ist Folge einer bewussten Verkleinerung, die 2004 vor allem aus Gründen der Haushaltskonsolidierung beschlossen wurde.[8] Die tatsächliche Zahl lag teils deutlich darüber – mit einem Rekord von 181 Abgeordneten in der 16. Wahlperiode.[9] Eine für die 1. und 2. Wahlperiode vorgeschriebene Höchstzahl von 158 Abgeordneten wurde 1954 gestrichen.[10]

3. Wahlperiode und Wahltermin

Die Dauer der Wahlperiode ist in Art. 9 NV geregelt. Regulär beträgt sie fünf Jahre (Art. 9 Abs. 1 Satz 1 NV); bis einschließlich zur 14. Wahlperiode (1994–1998) waren es vier Jahre (Art. 6 Abs. 1 Satz 1 VNV, nach 1993 anwendbar i. V. m. Art. 76 Abs. 2 NV).[11] Die Wahlperiode beginnt gemäß

---

5 Dazu unten V.3.
6 „Die Zahl der Abgeordneten", Webseite des Niedersächsischen Landtags, abrufbar unter: https://www.landtag-niedersachsen.de/mitgestalten_wahlen_abgeordnetenanzahl/ (abgerufen am 19.06.2020).
7 Siehe § 1 Abs. 1 Satz 1 NLWG in der Fassung vom 31.03.1947, GVBl. S. 3; Art. I Nr. 1 des Sechsten Gesetzes zur Änderung des Niedersächsischen Landeswahlgesetzes v. 03.07.1973, GVBl. S. 212; Art I Nr. 1 lit. a des Gesetzes zur Änderung des Niedersächsischen Landeswahlgesetzes, des Niedersächsischen Abgeordnetengesetzes und des Ministergesetzes v. 16.12.2004, GVBl. S. 626.
8 Gesetzentwurf der Fraktionen der CDU, SPD, FDP und Bündnis 90/Die Grünen zur Änderung des Niedersächsischen Landeswahlgesetzes, des Niedersächsischen Abgeordnetengesetzes und des Niedersächsischen Ministergesetzes v. 10.11.2004, LT-Drs. 15/1420, S. 14.
9 *Landesbetrieb für Statistik und Kommunikationstechnologie*, Sitzverteilung im Niedersächsischen Landtag ab 1947 (2008), abrufbar unter: http://www.nls.niedersachsen.de/Tabellen/Wahlen/Sitzeab47.html (abgerufen am 11.06.2020).
10 § 1 Abs. 1 Satz 1 NLWG in der Fassung vom 31.03.1947, GVBl. S. 3; Art. I Nr. 1 des Dritten Gesetzes zur Änderung des Niedersächsischen Wahlgesetzes v. 30.11.1954, GVBl. S. 143.
11 *Markus Steinmetz*, in: Goltsche/Steinmetz (Hrsg.), PdK Niedersachsen, Bd. A 26, 2017, Anm. 1.2.8. Die Länge war in der Verfassungskommission umstritten, dazu *Torsten Soffner* (Fn. 4), Art. 9 Rn. 3 m. w. N.

Art. 9 Abs. 1 Satz 2 NV mit dem Zusammentritt des Landtags und endet mit dem Zusammentritt des nächsten Landtags.[12] Der Zusammentritt des neuen Landtags erfolgt spätestens am dreißigsten Tag nach seiner Wahl (Art. 9 Abs. 3 NV). Eine „landtaglose Zeit" zwischen dem Ende der Wahlperiode des alten und dem Zusammentritt des neuen Landtags ist damit – anders als noch unter der VNV – nicht mehr möglich.[13] Der nächste Landtag ist frühestens 56 und spätestens 59 Monate nach Beginn der Wahlperiode des aktuellen Landtags zu wählen (Art. 9 Abs. 2 HS. 1 NV).[14] Damit steht innerhalb der fünfjährigen Wahlperiode des aktuellen Landtags ein dreimonatiges Fenster für die Wahl des nächsten Landtags offen. Im Falle der Auflösung des Landtags (Art. 10 NV) muss die Neuwahl binnen zwei Monaten erfolgen (Art. 9 Abs. 2 HS. 2 NV).[15]

Der Wahltermin und die Wahlzeit wird in allen Fällen von der Landesregierung durch eine auf der Grundlage von § 9 Satz 1 LWG ergehende Rechtsverordnung bestimmt.[16] Diese kann den Wahltermin innerhalb des Dreimonatsspielraumes des Art. 9 Abs. 2 HS. 1 NV frei bestimmen und so z. B. die Wahl mit dem Datum einer anderen Wahl zusammenlegen. Teilweise wird jedoch vertreten, dass die Festlegung eines frühen Wahltermins besonderer Begründung bedürfe, da die NV trotz des Dreimonatsspielraums von einer fünfjährigen Wahlperiode als Regelfall ausgehe.[17] Außer in den Fällen der Landtagsauflösung soll die Festlegung neun Monate vor der Wahl geschehen (§ 9 Satz 2 LWG). Anders als bei Kommunalwahlen (vgl. § 6 Abs. 1 KWG) bestehen keine näheren gesetzlichen Vorgaben, jedoch fanden bisher ausnahmslos alle Landtagswahlen an einem Sonntag statt.

---

12 Nach h. M. meint dies den Beginn der konstituierenden Sitzung, *Heinzgeorg Neumann*, Die Niedersächsische Verfassung – Handkommentar, 3. Aufl. 2000, Art. 9 Rn. 7 f.; *Jörn Ipsen* (Fn. 1), Art. 9 Rn. 8. Siehe auch *Lars Brocker*, in: Epping/Hillgruber (Hrsg.), BeckOK GG, 43. Ed. 2020, Art. 39 Rn. 10, m. w. N.
13 Vgl. Art. 6 Abs. 1 und 3 VNV; *Heinzgeorg Neumann* (Fn. 12), Einl. S. 43.
14 Durch diese Regelung kann es i. V. m. Art. 9 Abs. 3 NV zu einer faktischen Verkürzung der Wahlperiode kommen, *Christian Starck*, Die neue Niedersächsische Verfassung von 1993, NdsVBl. 1994, 2 (3).
15 Zur Genese dieser Regelung im Kontext der Regierungskrise von 1969/1970 *Jörn Ipsen* (Fn. 1), Art. 9 Rn. 3.
16 Zuletzt die Verordnung über die Neubestimmung des Wahltages und der Wahlzeit der Wahl zum Niedersächsischen Landtag der 18. Wahlperiode v. 21.08.2017, GVBl. S. 266.
17 *Jörn Ipsen* (Fn. 1), Art. 9 Rn. 10.

4. Wahlrechtsgrundsätze

Gemäß Art. 8 Abs. 1 NV wird der Landtag in allgemeinen, unmittelbaren, gleichen, freien und geheimen Wahlen gewählt. Damit setzt Art. 8 Abs. 1 NV die bundesrechtlichen Vorgaben des Art. 28 Abs. 1 Satz 2 GG um.[18] Die in Art. 8 Abs. 1 NV enthaltenen Wahlrechtsgrundsätze entsprechen denjenigen bei Bundestagswahlen und werden vom NdsStGH in enger Anlehnung an die Rechtsprechung des BVerfG ausgelegt.[19] Nicht ausdrücklich verfassungsrechtlich geregelt ist der Grundsatz der Öffentlichkeit der Wahl. Der Öffentlichkeitsgrundsatz wird vom BVerfG aus Art. 38 i. V. m. Art. 20 Abs. 1 und 2 GG abgeleitet.[20] In Niedersachsen folgt er aus Art. 8 NV i. V. m. dem in Art. 1 Abs. 2, 2 Abs. 1 NV geregelten Demokratieprinzip.[21] Der Öffentlichkeitsgrundsatz kommt darüber hinaus in zahlreichen einfachgesetzlichen Regelungen zum Ausdruck, z. B. in § 24 LWG und § 45 LWO. Bei der einfachgesetzlichen Ausgestaltung der Wahlrechtsgrundsätze behält der niedersächsische Gesetzgeber im Rahmen der NV und des Art. 28 Abs. 1 Satz 2 GG Gestaltungsspielräume.[22]

II. Wahlrecht und Wählbarkeit

Im Zuge der Verfassungsänderung von 1993 wurden die Voraussetzungen des aktiven und passiven Wahlrechts einander weitgehend angeglichen. Gemäß Art. 8 Abs. 2 NV sind alle Deutschen, die das 18. Lebensjahr vollendet und im Land Niedersachsen ihren Wohnsitz haben, sowohl wahlberechtigt als auch wählbar. Art. 8 Abs. 2 NV enthält ein Grundrecht.[23] Die Voraussetzungen der Vorschrift werden für das aktive Wahlrecht in § 2 LWG und für das passive Wahlrecht in § 6 LWG näher ausgestaltet.

---

18 Zur Geltung von Art. 8 Abs. 1 NV trotz Inhaltsgleichheit mit Art. 28 Abs. 1 Satz 2 GG NdsStGH, Vorlagebeschl. v. 18.07.1969 – 1/68, NdsStGHE 1, 107 und BVerfG, Beschl. v. 29.01.1974 – 2 BvN 1/69, BVerfGE 36, 342 (360 ff.).
19 *Christian Starck*, Verfassungsgerichtsbarkeit der Länder, in: Isensee/Kirchhof (Hrsg.), Handbuch des Staatsrechts, Bd. VI, 3. Aufl. 2009, § 130 Rn. 90; *Torsten Soffner* (Fn. 4), Art. 8 Rn. 15. Dazu § 3 II.
20 BVerfG, Urt. v. 03.03.2009 – 2 BvC 3/07, BVerfGE 123, 39 (68).
21 Ähnlich *Lothar Hagebölling*, Niedersächsische Verfassung – Kommentar, 2. Aufl. 2011, Art. 8 Anm. 2.
22 *Torsten Soffner* (Fn. 4), Art. 9 Rn. 16.
23 *Heinzgeorg Neumann* (Fn. 12), Art. 8 Rn. 12.

1. Deutscheneigenschaft

„Deutsche" sind nach §§ 2 Satz 1, 6 Abs. 1 Satz 1 Nr. 3 LWG alle Personen i. S. d. Art. 116 Abs. 1 GG. Dies umfasst deutsche Staatsangehörige und die sog. Statusdeutschen.[24] Der im Rahmen der Verfassungsänderung 1993 diskutierte Vorschlag, den Deutschenbezug gänzlich zu streichen und so auch ein Ausländer- bzw. Staatenlosenwahlrecht zu ermöglichen[25], fand letztlich keine Mehrheit. Zudem ist fraglich, ob eine solche Änderung angesichts der bislang denkbar restriktiven Rechtsprechung des BVerfG zum Ausländerwahlrecht mit Bundesrecht vereinbar wäre.[26]

2. Wahlalter

Das Wahlalter beträgt heute sowohl für das aktive als auch das passive Wahlrecht 18 Jahre. Zuvor war es bereits unter der Geltung der VNV von ursprünglich 21 bzw. 25 Jahren schrittweise abgesenkt worden.[27] Vorstöße für eine weitere Absenkung auf 16 Jahre konnten sich bislang nicht durchsetzen.[28]

3. Wohnsitzerfordernis

Als Konkretisierung des in Art. 8 Abs. 2 NV geregelten Wohnsitzerfordernisses knüpft das LWG den Wohnsitz an das seit 2013 im BMG geregelte Melderecht.[29] Nach § 2 Satz 3 LWG ist in Niedersachsen wohnhaft, wer dort seine Wohnung im Sinne des Melderechts (s. § 20 BMG) hat. Diese Verweisung auf das BMG ist in demokratietheoretischer Hinsicht insofern

---

24 Dazu allgemein *Fabian Wittreck*, in: Dreier (Hrsg.), Grundgesetz-Kommentar, Bd. 3, 3. Aufl. 2018, Art. 116 Rn. 41 ff.
25 Art. 2/10 des Gemeinsamen Verfassungsentwurfs von SPD und Grünen v. 13.03.1993, LT-Drs. 12/3008, S. 5.
26 Siehe BVerfG, Urt. v. 31.10.1990 – 2 BvF 2/89, BVerfGE 83, 37 (53 ff.); BVerfG, Urt. v. 31.10.1990 – 2 BvF 3/89, BVerfGE 83, 60 (71 ff.).
27 Gesetz über die Absenkung des Wahlalters v. 23.02.1970, Nds. GVBl. S. 36; *Torsten Soffner* (Fn. 4), Art. 8 Rn. 5.
28 Dazu unten VII.
29 Zuvor war der bürgerlich-rechtliche Wohnsitzbegriff der §§ 7 ff. BGB Referenzpunkt, dazu *Heinzgeorg Neumann* (Fn. 12), Art. 8 Rn. 11; zur VNV *Heinzgeorg Neumann*, Die Vorläufige Niedersächsische Verfassung – Handkommentar, 2. Aufl. 1987, Art. 4 Rn. 16.

bemerkenswert, als dass der niedersächsische Gesetzgeber dadurch das Wahlrecht – ein zentrales Element der Ausübung von Volkssouveränität – an Gestaltungsentscheidungen eines „externen" Gesetzgebers (nämlich des Bundesgesetzgebers) knüpft. Dies ist freilich ein Ausdruck der für die föderale Integration geöffneten Staatlichkeit Niedersachsens (s. Art. 1 Abs. 2 NV) und ist zudem im Hinblick auf die allen Deutschen durch Art. 11 Abs. 1 GG garantierte Freizügigkeit im gesamten Bundesgebiet praktisch sinnvoll.

Hat eine Person mehrere Wohnsitze, so ist grundsätzlich der Ort der Hauptwohnung, d. h. die vorwiegend benutzte Wohnung (§ 21 Abs. 2 BMG) maßgeblich. Weist eine Person nach, dass der Mittelpunkt ihrer Lebensbeziehungen nicht am Ort der Hauptwohnung, sondern am Ort einer Nebenwohnung (s. § 21 Abs. 3 BMG) liegt, so ist letzterer Ort der maßgebliche Wohnsitz (§ 2 Satz 5 LWG). Bei Wohnungslosen ist der Ort des gewöhnlichen Aufenthalts entscheidend (§ 2 Satz 3–6 LWG). Da sowohl der Hauptwohnungs- als auch der Nebenwohnungsbegriff des BMG auf Wohnungen im Inland abstellen (s. § 21 Abs. 1 und 3 BMG), sind Auslandsdeutsche nicht wahlberechtigt. Eine § 12 Abs. 2 BWahlG vergleichbare Regelung besteht in Niedersachsen nicht.[30]

Das LWG macht das Wahlrecht zudem von einer Mindestdauer des Wohnsitzes abhängig. Gemäß § 2 Satz 1 Nr. 2 LWG ist wahlberechtigt, wer seit drei Monaten seinen Wohnsitz im Land Niedersachsen hat. Gemäß § 6 Abs. 1 Satz 1 Nr. 2 LWG ist wählbar, wer seit sechs Monaten seinen Wohnsitz in Niedersachsen hat. Solche Mindestwohnsitzzeiten sind landesverfassungsrechtlich zulässig (Art. 8 Abs. 5 Satz 2 NV) und mit Bundesrecht vereinbar.[31]

4. Wahlrechtsausschlüsse

Ausschlüsse vom aktiven und passiven Wahlrecht bestehen nach neuester Rechtslage praktisch nur noch als Folge konkret hierauf abzielender gerichtlicher Entscheidungen.[32] Vom aktiven und passiven Wahlrecht ausgeschlossen ist, wer infolge Richterspruchs das Wahlrecht nicht besitzt (§ 3 bzw. § 6 Abs. 2 Nr. 1 LWG). Darüber hinaus ist vom passiven Wahlrecht

---

30 *Jörn Ipsen* (Fn. 1), Art. 8 Rn. 18.
31 *Torsten Soffner* (Fn. 4), Art. 8 Rn. 55.
32 Die Regelung des § 6 Abs. 2 Nr. 3 LWG ist heute nur noch von geringer praktischer Relevanz.

ausgeschlossen, wer infolge Richterspruchs die Wählbarkeit oder die Fähigkeit zur Bekleidung öffentlicher Ämter nicht besitzt (§ 6 Abs. 2 Nr. 2 LWG).

Bis 2019 waren zudem Personen ausgeschlossen, denen zur Besorgung aller ihrer Angelegenheiten eine Betreuungsperson bestellt worden war (sog. Vollbetreuung) oder die wegen Schuldunfähigkeit in einem psychiatrischen Krankenhaus untergebracht waren (§ 3 Nr. 2 und 3 LWG a. F.). Diese Ausschlusstatbestände standen in Konflikt mit dem Grundsatz der Allgemeinheit der Wahl (Art. 8 Abs. 1 NV, Art. 28 Abs. 1 Satz 2 GG) und mit dem Verbot der Diskriminierung aufgrund einer Behinderung (Art. 3 Abs. 3 Satz 2 NV). Im Nachgang zu zwei Entscheidungen des BVerfG, in denen dieses vergleichbare Regelungen des BWahlG und des EuWG v. a. aufgrund ihrer Pauschalität für verfassungswidrig erklärt hatte[33], wurden die niedersächsischen Regelungen ersatzlos gestrichen.[34] Damit wurde eine im Übrigen auch völkerrechtlich problematische[35] Rechtslage korrigiert.

III. Wahlsystem

1. Grundstruktur

Die NV macht – wie schon die VNV – praktisch keine Vorgaben zum Wahlsystem. Neben den Wahlgrundsätzen enthält sie lediglich eine Sperrklausel (Art. 8 Abs. 3 NV) und eine besondere Inkompatibilitätsregelung (Art. 8 Abs. 4 NV, zu beiden näher unten). Im Vorfeld der Verfassungsänderung 1993 wurde eine Festlegung auf eine Verbindung von Personen- und Verhältniswahlsystem diskutiert, fand jedoch keine Mehrheit.[36] Damit ist sowohl die systemische Grundentscheidung für ein bestimmtes Wahlsystem als auch dessen konkrete Ausgestaltung weitgehend dem Gesetzgeber überantwortet.

---

33 BVerfG, Beschl. v. 29.01.2019 – 2 BvC 62/14, BVerfGE 151, 1 ff; BVerfG, Urt. v. 15.04.2019 – 2 BvQ 22/19, BVerfGE 151, 152 ff.
34 Art. 1 Gesetz v. 27.03.2019, GVBl. S. 70.
35 Siehe EGMR, Urt. v. 20.05.2010 – 38832/06 (Alajos Kiss/Ungarn), Rn. 44 (Verstoß gegen Art. 3 EMRK-ZP). Siehe auch Art. 29 Konvention über die Rechte von Menschen mit Behinderungen, dazu UN-Ausschuss zum Schutz der Rechte von Menschen mit Behinderungen, Feststellung von 03.09.2013 – 4/2011 (Zsolt Bujdosó u.a./Ungarn), UN-Dok CRPD/C/10/D/4/2011 m. w. N.
36 *Jörn Ipsen* (Fn. 1), Art. 8 Rn. 9.

Im Zuge dieser Ausgestaltung hat sich der Gesetzgeber für ein – in den Worten des NdsStGH – „Verhältniswahlrecht mit eingegliedertem Mehrheitswahlrecht"[37] entschieden. In der Literatur wird darüber hinaus vertreten, dass die in Art. 8 Abs. 3 NV enthaltene Sperrklausel implizit das Verhältniswahlrecht (nicht aber das darin integrierte Element der Personenwahl) in der Verfassung festschreibe.[38] Die Gesetzgebungsmaterialien zur NV legen nahe, dass der historische Verfassungsgeber bei der Schaffung der Sperrklausel zwar die geltende Rechtslage absichern, eine verfassungsrechtliche Festlegung auf ein Wahlsystem aber gerade vermeiden wollte.[39] Zudem wäre die konkrete Formulierung des Art. 8 Abs. 3 NV wohl auch in dem theoretischen Fall eines reinen Mehrheitswahlrechts nicht automatisch völlig sinnentleert. Sie könnte dann z. B. so gehandhabt werden, dass Parteien nur Mandate erhalten, wenn sie mit ihren Kandidaten mehr als fünf Prozent aller Direktmandate gewinnen und ansonsten die Wahlkreismandate den jeweiligen Kandidaten mit der zweithöchsten Stimmenzahl zufallen. Allerdings würde dies mit einer deutlichen Sinnverschiebung der Sperrklausel einhergehen, die der historische Verfassungsgeber wiederum ebenfalls nicht im Sinn gehabt haben dürfte. Insgesamt wird man Art. 8 Abs. 3 NV daher zumindest eine starke Indizwirkung zugunsten der Verhältniswahl attestieren können.

2. Stimmgebung

Ähnlich wie bei der Bundestagswahl hat bei der niedersächsischen Landtagswahl jeder Wahlberechtigte zwei Stimmen (§ 1 Abs. 3 LWG). Mit der Erststimme wird in jedem Wahlkreis aus den eingereichten Kreiswahlvorschlägen mit relativer Mehrheit ein Direktkandidat gewählt. Niedersachsen ist seit 2004 in 87 Wahlkreise eingeteilt.[40] Dementsprechend werden

---

37 NdsStGH, Beschl. v. 02.07.1999 – 1/99, NdsStGHE 4, 21 (26); mit stärkerer Akzentuierung als Verhältniswahlrecht *Jörn Ipsen* (Fn. 1), Art. 8 Rn. 28.
38 *Jörn Ipsen* (Fn. 1), Art. 8 Rn. 22.
39 Siehe etwa Vorlage 96 v. 15.04.1993 – 81/813–378W+, S. 2 sowie die Diskussion über die – letztlich nicht erfolgte – Aufnahme einer Grundmandatsklausel in die Verfassung (dazu auch unten V.2.), Gesetzgebungs- und Beratungsdienst beim Niedersächsischen Landtag, Vorlage 88 v. 22.02.1993 – 81/85/139Z+, S. 7; Sonderausschuss „Niedersächsische Verfassung", Niederschrift über die 41. Sitzung v. 26.02.1993 – LT 12. WP II/6/Stk/fu/1036c, S. 7) und Niederschrift über die 42. Sitzung v. 21.04.1993 – LT 12. WP II/6/Stk/wll/0871h, S. 6; *Torsten Soffner* (Fn. 4), Art. 8 Rn. 6.
40 *Markus Steinmetz* (Fn. 11), Anm. 1.

87 der mindestens 135 Sitze im Landtag an direkt gewählte Abgeordnete vergeben.

Mit der Zweitstimme werden die Landeswahlvorschläge (Landeslisten) von Parteien gewählt. Nach den Grundsätzen der Verhältniswahl bestimmt das Verhältnis der Zweitstimmen über die Aufteilung der Mandate zwischen den in den Landtag einziehenden Parteien.[41] Über die Landeslisten erhalten zudem die übrigen mindestens 48 Abgeordneten ihre Mandate.

Bis 1990 galt in Niedersachsen ein sog. Einstimmenwahlrecht. Dabei wurden zur Ermittlung des Verhältnisses zwischen den Parteien die auf jede Partei in den Wahlkreisen entfallenen Stimmen landesweit zusammengerechnet.[42]

3. Einteilung der Wahlkreise

Die Wahlkreiseinteilung erfolgt unmittelbar durch das LWG und ist in der Anlage zu § 10 Abs. 1 LWG geregelt. Eine grundlegende Neueinteilung erfolgte 2004 im Zuge der Reduzierung der Anzahl der Wahlkreise auf 87. Der genaue Zuschnitt und die Benennung der Wahlkreise wurde seitdem durch Änderungsgesetze mehrfach angepasst.[43]

Eine Begleiterscheinung der gesetzesunmittelbaren Wahlkreiseinteilung ist, dass verbindliche Vorgaben für die Einteilung nur unmittelbar aus der Verfassung folgen können. In diesem Kontext wird die weitgehende Unbestimmtheit der Verfassung hinsichtlich des Wahlsystems besonders sichtbar. Die verfassungsrechtlichen Maßstäbe erschöpfen sich weitgehend in den allgemeinen Wahlrechtsgrundsätzen des Art. 8 Abs. 1 NV. Das Fehlen konkreterer verfassungsrechtlicher Vorgaben wird freilich dadurch abgemildert, dass die Rechtsprechung die gesetzgeberischen Leitentscheidungen aufgreift und als Grundlage einer weiteren Konkretisierung der verfassungsrechtlichen Maßstäbe heranzieht. So folgert sie aus dem insbesondere in der Direktwahl mit der Erststimme zum Ausdruck kommenden Gedanken einer territorialen Verankerung des direkt gewählten Abgeordneten im Wahlkreis, dass Wahlkreise unter Berücksichtigung der historisch

---

41 Näher unten V 1.
42 Art. I Nr. 1 des Gesetzes zur Änderung wahlrechtlicher Vorschriften für Landtags- und Kommunalwahlen v. 26.11.1987, GVBl. S. 214); *Heinrich Korte/Bernd Rebe*, Verfassung und Verwaltung des Landes Niedersachsen, 2. Aufl. 1986, S. 164 ff. Siehe auch NdsStGH, Beschl. v. 26.05.1983 – 1/83, NdsStGHE 3, 26 (29).
43 *Markus Steinmetz* (Fn. 11), Anm. 1.

gewachsenen Verwaltungsgrenzen ein abgerundetes, zusammengehöriges Ganzes bilden sollen. Dies rechtfertigt, dass gewisse Unterschiede in den Wahlkreisgrößen hinzunehmen sind und dem Gesetzgeber ein gewisser Beurteilungsspielraum zukommt.[44] Allerdings müssen sich solche Unterschiede im Hinblick auf den Grundsatz der Gleichheit der Wahl in einem vertretbaren Rahmen halten, was in der Vergangenheit nicht immer vollständig gelang.[45] Der NdsStGH hat unter dem Aspekt der Wahlgleichheit den Zuschnitt von Wahlkreisen bei der Landtagswahl 1998 für verfassungswidrig gehalten, weil der kleinste Wahlkreis 38 Prozent kleiner und der größte Wahlkreis mehr als 50 Prozent größer als der Durchschnitt war und damit die Erststimmen je nach Wahlkreis erheblich unterschiedliche Erfolgschancen hatten.[46] Dennoch hat der NdsStGH die Wahl unter dem Gesichtspunkt des größtmöglichen Bestandschutzes des gewählten Landtags nicht für ungültig erklärt.[47]

Die personellen und territorialen Bezugsgrößen für die Wahlkreiseinteilung sind ebenfalls nicht näher in der NV festgelegt. § 10 Abs. 2–4 LWG indizieren jedoch, dass in personeller Hinsicht die Anzahl der Wahlberechtigten und in territorialer Hinsicht die Gemeinde- und Landkreisgrenzen ausschlaggebend sind. Dies entspricht auch der Festlegung der Wahlkreise in der Praxis.[48] Die Orientierung an der Anzahl der Wahlberechtigten unterscheidet das niedersächsische Wahlrecht von einigen anderen deut-

---

44 NdsStGH, Beschl. v. 02.07.1999 – 1/99, NdsStGHE 4, 21 (27); BVerfG, Urt. v. 10.04.1997 – 2 BvF 1/95, BVerfGE 95, 335 (364); Beschl. v. 31.01.2012 – 2 BvC 3/11, BVerfGE 130, 212 (228 f.).

45 Zu Divergenzen siehe *Jörn Ipsen/Thorsten Koch*, Wahlkreisgröße und Wahlrechtsgleichheit, NdsVBl. 1996, 269 ff.

46 NdsStGH, Beschl. v. 02.07.1999 – 1/99, NdsStGHE 4, 21 (27); *Thomas Mann*, in: Hartmann/Mann/Mehde (Hrsg.), Landesrecht Niedersachsen, 3. Aufl. 2020, § 1 Rn. 33. Siehe auch BVerfG, Urt. v. 10.04.1997 – 2 BvF 1/95, BVerfGE 95, 335 (363 ff.).

47 NdsStGH, Beschl. v. 02.07.1999 – 1/99, NdsStGHE 4, 21 (28), unter Berufung auf BVerfG, Urt. v. 20.10.1993 – 2 BvC 2/91, BVerfGE 89, 243 (253); dazu kritisch *Thorsten Koch*, „Bestandsschutz" für Parlamente? – Überlegungen zur Wahlfehlerfolgenlehre, DVBl. 2000, 1093 ff.

48 Siehe die Einteilung anhand von Kommunengrenzen in Anlage zu § 10 Abs. 2 LWG. Bezüglich der Zahl der Wahlberechtigten als Berechnungsgrundlage siehe etwa Bericht der Landeswahlleiterin nach § 10 Abs. 2 LWG vom 14.02.2019, LT-Drs. 18/3048, S. 2. Der Bezug auf Wahlberechtigte in § 10 NLWG ist zudem Folge einer Änderung im Jahre 2004 – zuvor war dort von „Einwohnern" die Rede, siehe Art I Nr. 2 lit. c, lit. e aa) des Gesetzes zur Änderung des Niedersächsischen Landeswahlgesetzes, des Niedersächsischen Abgeordnetengesetzes und des Ministergesetzes v. 16.12.2004, GVBl. S. 626.

schen Wahlrechten, die stattdessen auf die Zahl der Staatsangehörigen abstellen. Einige dort auftretende Probleme, etwa bei einer ungleichen Anzahl deutscher Minderjähriger in den Wahlkreisen, werden in Niedersachsen so vermieden.[49]

Seit 2004[50] ist die Wahlkreiseinteilung einer turnusmäßigen Evaluation unterworfen.[51] Gemäß § 10 Abs. 2 LWG berichtet der Landeswahlleiter dem Landtag innerhalb der ersten 15 Monate der Wahlperiode über die Entwicklung der Zahl der Wahlberechtigten in den Wahlkreisen. Weicht diese um mehr als 25 Prozent von der durchschnittlichen Zahl der Wahlberechtigten aller Wahlkreise ab, schlägt er eine Änderung der Wahlkreiseinteilung vor. Die Entscheidung über eine Neueinteilung verbleibt jedoch beim Landtag. Eine zwingende Änderung ist also auch bei erheblichen Veränderungen nicht explizit vorgesehen.[52] Allerdings dürfte aus Art. 8 Abs. 5 Satz 1 NV eine Pflicht folgen, das Wahlsystem insgesamt in einer den Wahlrechtsgrundsätzen genügenden Weise auszuformen. Entscheidet sich der Gesetzgeber also für ein Wahlsystem, das auf Wahlkreisen aufbaut, und behält er sich deren Einteilung selbst vor, so muss er diese Einteilung ggf. im Lichte der Gleichheit der Wahl an geänderte Umstände anpassen.

IV. Wahlvorbereitung

Die Vorbereitung und Durchführung der Wahl obliegt dem beim Ministerium für Inneres und Sport angesiedelten Landeswahlleiter (§ 13 LWG), den von diesem berufenen Kreiswahlleitern (§ 12 LWG) sowie den diesen zugeordneten Wahlausschüssen (s. auch §§ 1 ff. LWO). Diese nehmen insbesondere Wahlvorschläge entgegen, prüfen diese und entscheiden über ihre Zulässigkeit (s. insb. §§ 21, 22 LWG).

---

49 Dazu BVerfG, Beschl. v. 31.01.2012 – 2 BvC 3/11, BVerfGE 130, 212 (234 ff.); *Martin Morlok*, in: Dreier (Hrsg.), Grundgesetz-Kommentar, Bd. 2, 3. Aufl. 2015, Art. 38 Rn. 109.
50 Gesetz v. 16.12.2004, Nds. GVBl., S. 626.
51 Vergleichbar mit § 3 Abs. 3 und 4 BWahlG.
52 Darin liegt ein wesentlicher Unterschied zu § 3 Abs. 1 Satz 1 Nr. 3 BWahlG, an dem sich der niedersächsische Gesetzgeber bei der Neufassung des § 10 Abs. 2 LWG orientierte, Gesetzentwurf der Fraktionen der CDU, SPD, FDP und Bündnis 90/Die Grünen zur Änderung des Niedersächsischen Landeswahlgesetzes, des Niedersächsischen Abgeordnetengesetzes und des Niedersächsischen Ministergesetzes v. 10.11.2004, LT-Drs. 15/1420, S. 16.

Hinsichtlich der Wahlvorschläge sind Vorschläge für Direktkandidaten in den Wahlkreisen (Kreiswahlvorschläge) und Landeswahlvorschläge zu unterscheiden. Kreiswahlvorschläge können sowohl von Parteien als auch von Einzelbewerbern, die nicht für eine Partei auftreten (s. Legaldefinition in § 17 Abs. 2 Satz 2 LWG) eingereicht werden. Landeswahlvorschläge können hingegen nur von Parteien eingereicht werden. Personen, die in Wahlvorschlägen einer Partei benannt werden, müssen zuvor von den wahlberechtigten Mitgliedern der Partei oder – praktisch bedeutsam – von deren Delegierten in geheimer Abstimmung bestätigt werden (§ 18 Abs. 1 und 5 Satz 1 LWG).

Parteien, die nicht bereits aufgrund eigener Wahlvorschläge im niedersächsischen Landtag oder im Bundestag vertreten sind oder bei der letzten Bundestagswahl in Niedersachsen mehr als fünf Prozent der Zweitstimmen erhalten haben, können nur dann Vorschläge einreichen, wenn ihre Parteieigenschaft gemäß § 16 Abs. 1 und 2 LWG vom Landeswahlausschuss festgestellt wurde. Gegen ablehnende Entscheidungen ist die Nichtanerkennungsbeschwerde statthaft.[53]

1. Kreiswahlvorschläge

Kreiswahlvorschläge werden beim örtlich zuständigen Kreiswahlleiter eingereicht (§ 14 Abs. 1 LWG). Ein Vorschlag muss eindeutig sein: Er darf nur einen Bewerber enthalten. Der Bewerber darf nur in diesem Wahlkreis und nur in diesem Kreiswahlvorschlag (d. h. nicht in einem anderen eingereichten Kreiswahlvorschlag) benannt werden. Pro Partei darf nur ein Bewerber je Wahlkreis zugelassen werden (§ 14 Abs. 5–7 LWG).

Hinsichtlich der zu erfüllenden formellen Anforderungen an den Vorschlag unterscheidet das LWG zwischen drei Kategorien von Vorschlagsberechtigten. Vereinfachte Anforderungen gelten für Kreiswahlvorschläge von Parteien, die bereits aufgrund eigener Wahlvorschläge im niedersächsischen Landtag oder im Bundestag vertreten sind oder die bei der letzten Bundestagswahl in Niedersachsen mehr als fünf Prozent der Zweitstimmen erhalten haben. Vorschläge dieser Parteien bedürfen lediglich der (persönlichen und handschriftlichen) Unterzeichnung von Parteirepräsentanten. Dies können zwei Vorstandsmitglieder des Landesverbandes einschließlich des Vorsitzenden oder eines Stellvertreters sein. Alternativ können die Unterschriften auch von einem vom Landesvorstand besonders

---

53 Dazu unten VI.2.

Bevollmächtigten oder von zwei vom Landesvorstand ermächtigten Vorstandsmitgliedern der nächstniedrigeren Parteigliederungsebene einschließlich des Vorsitzenden oder eines Stellvertreters geleistet werden, wobei es ausreicht, dass sich die Bevollmächtigung bzw. Ermächtigung aus der Parteisatzung ergibt (§ 14 Abs. 2 i. V. m. § 12 Abs. 4 LWG).

Dagegen müssen Kreiswahlvorschläge anderer Parteien zusätzlich zu den Unterschriften durch Repräsentanten noch von mindestens 100 Wahlberechtigten des Wahlkreises unterzeichnet werden (§ 14 Abs. 3 LWG). Vorschläge von Einzelbewerbern müssen von diesen sowie ebenfalls von mindestens 100 Wahlberechtigten des Wahlkreises unterzeichnet werden (§ 14 Abs. 4 LWG).

2. *Landeswahlvorschläge*

Die Vorschriften zu Landeswahlvorschlägen ähneln in vielen Punkten denen zu Kreiswahlvorschlägen. Unterschiede erklären sich vielfach daraus, dass sich der Vorschlag auf das gesamte Land bezieht. Landeswahlvorschläge sind beim Landeswahlleiter einzureichen (§ 15 Abs. 1 Satz 2 LWG). Auch sie müssen eindeutig sein. Bewerber in Kreiswahlvorschlägen dürfen unter derselben Parteibezeichnung allerdings auch auf der Landesliste benannt werden (§ 15 Abs. 3 und 4 LWG). Die Zahl der Bewerber in einer Landesliste ist nicht begrenzt (vgl. § 15 Abs. 5 LWG).

Bei im Landtag oder im Bundestag vertretenen Parteien sowie bei solchen, die bei der letzten Bundestagswahl in Niedersachsen mehr als fünf Prozent der Zweitstimmen erhalten haben, genügt in formeller Hinsicht die Unterzeichnung von mindestens zwei Vorstandsmitgliedern des Landesverbandes, darunter der Vorsitzende oder ein Stellvertreter. Vorschläge anderer Parteien müssen zusätzlich von mindestens 2000 Wahlberechtigten unterzeichnet sein (§ 15 Abs. 2 LWG).

3. *Weitere Vorbereitung und Durchführung der Wahl*

Gewählt wird mithilfe von Stimmzetteln, die amtlich vorbereitet werden[54], oder per Briefwahl (§§ 23, 26 Abs. 1, 27 LWG, § 37 LWO). Des Lesens unkundige oder körperlich behinderte Wahlberechtigte können sich einer Hilfsperson bedienen oder Hilfsmittel verwenden (§ 26 Abs. 3

---

54 Zur Gestaltung NdsStGH, Beschl. v. 29.06.2004 – 1/04, NdsStGHE 4, 97 ff.

LWG, § 48 LWO).⁵⁵ § 26 Abs. 4–8 LWG sieht die Möglichkeit von Wahlgeräten vor und enthält eine entsprechende Verordnungsermächtigung, von der allerdings noch kein Gebrauch gemacht wurde.

V. Wahlergebnis

1. Mandatszuteilung im Allgemeinen

Hinsichtlich der Vergabe der Direktmandate in den Wahlkreisen ist der Grundsatz der (relativen) Mehrheit ausschlaggebend. Danach gewinnt derjenige Kreiswahlvorschlag, der die meisten Erststimmen auf sich vereint. Bei Stimmengleichheit entscheidet das Los (§ 31 LWG).

Für die Zuteilung der Sitze zu den Landeswahlvorschlägen ist dagegen der Grundsatz der Verhältniswahl maßgeblich. Dafür wird zunächst ermittelt, wie viele Zweitstimmen auf jeden Landeswahlvorschlag entfallen sind (§ 33 Abs. 2 LWG). An dem sich hieraus ergebenden Verhältnis der Landesvorschläge zueinander orientiert sich im Folgenden die Vergabe der Sitze an die einzelnen Parteien. Für diese wird zunächst ermittelt, wie viele Sitze überhaupt zu vergeben sind. Dazu werden von der gesetzlichen Mindestgröße von 135 Sitzen die Direktmandate von Bewerbern abgezogen, die keiner Landesliste angeschlossen sind (zum Anschluss siehe § 17 LWG) oder deren Partei gemäß § 33 Abs. 4 LWG an der Fünf-Prozent-Sperrklausel gescheitert ist (zur Sperrklausel siehe sogleich).

Die nach diesen Abzügen verbleibenden Sitze werden auf die in den Landtag eingezogenen Parteien entsprechend dem Verhältnis der auf sie entfallenden Zweitstimmen verteilt. Hierbei findet das D'Hondt'sche Höchstzahlverfahren Anwendung, wobei bei gleichen Höchstzahlen das Los entscheidet (§ 33 Abs. 5 LWG). Damit ist Niedersachsen eines von nur drei Ländern, die auch heute noch das D'Hondt'sche Höchstzahlverfahren anwenden.⁵⁶ Beachtenswert ist, dass es sich hierbei nicht nur um ein bloßes Relikt handelt. Vielmehr war die Sitzverteilung 1977 – als Zugeständnis an die 1976 in die Koalition eingetretene FDP – zunächst auf das Hare/Niemeyer'sche Bruchzahlverfahren umgestellt worden, das für kleinere Parteien tendenziell günstiger ist.⁵⁷ 1984 wurde dann jedoch unter

---

55 Zur Barrierefreiheit siehe auch NdsStGH, Beschl. v. 29.06.2004 – 3/04, NdsStGHE 4, 106 ff.
56 Die anderen Länder sind das Saarland und Sachsen (dazu § 15 V 2 bzw 16 V).
57 *Heinrich Korte/Bernd Rebe*, Verfassung (Fn. 42), S. 164, 167 ff.

der Alleinregierung der CDU erneut das D'Hondt'sche Höchstzahlverfahren eingeführt.[58] Dies geschah in genau dem Zeitraum, in dem das Verfahren nach D'Hondt auf Bundesebene durch das Hare/Niemeyer-Verfahren abgelöst wurde.[59]

Die auf die vorstehend dargestellte Weise ermittelten Sitze stehen den Parteien für ihren jeweiligen Landesvorschlag einschließlich ihrer Kreiswahlvorschläge zu. Daher wird von den so ermittelten Sitzen die Zahl der von der jeweiligen Partei erlangten Direktmandate abgezogen. Die danach verbleibenden Sitze werden an die Bewerber auf der jeweiligen Landesliste in der dort festgelegten Reihenfolge vergeben. Dabei bleiben Bewerber unberücksichtigt, die zugleich ein Direktmandat gewonnen haben (§ 33 Abs. 6 LWG).[60]

2. Fünf-Prozent-Sperrklausel

In Niedersachsen existiert unmittelbar in der Verfassung (Art. 8 Abs. 3 NV) eine Fünf-Prozent-Sperrklausel, die der Sicherung der Funktionsfähigkeit des Landtags dienen soll.[61] Art. 8 Abs. 3 NV ist eine verfassungsimmanente Begrenzung des Schutzbereichs der in Art. 8 Abs. 1 NV verbürgten Wahlrechtsgleichheit. Die Verfassungsunmittelbarkeit ist ein Novum der NV. Zur ersten Landtagswahl 1947 existierte eine einfachgesetzliche Fünf-Prozent-Sperrklausel mit Grundmandatsklausel[62], die aber Anfang 1951 ersatzlos gestrichen wurde.[63] Die seit 1951 geltende VNV enthielt selbst keine Sperrklausel, sondern erlaubte lediglich deren einfachgesetzliche Schaffung in Höhe von bis zu zehn Prozent (Art. 4 Abs. 3 Satz 3 VNV). Hiervon wurde dann zum Beginn der dritten Wahlperiode 1959 in Form einer Fünf-Prozent-Hürde ohne Grundmandatsklausel Gebrauch gemacht.[64] In

---

58 Art. I Nr. 1 lit. a des Gesetzes zur Änderung des Niedersächsischen Landeswahlgesetzes und des Niedersächsischen Kommunalwahlgesetzes v. 20.12.1984, GVBl., S. 285.
59 Art. 1 Nr. 1 lit. b des Siebten Gesetzes zur Änderung des Bundeswahlgesetzes v. 08.03.1985 (BGBl. I S. 521).
60 Für ein Berechnungsbeispiel siehe *Markus Steinmetz* (Fn. 11), Anm. 2.2.
61 NdsStGH, Beschl. v. 15.04.2010 – 2/09, NdsStGHE 5, 31 (35).
62 § 27 NLWG in der Fassung vom 31.03.1947, GVBl. S. 3.
63 Art. 1 Nr. 22 des Gesetzes zur Änderung des Niedersächsischen Landeswahlgesetzes vom 31.03.1947 v. 31.12.1950, GVBl. 1951, S. 3.
64 Art. 1 Nr. 11 des Vierten Gesetzes zur Änderung des Niedersächsischen Landeswahlgesetzes v. 12.07.1958, GVBl. S. 158.

den Beratungen zur NV fand die Übernahme dieser Sperrklausel in die Verfassung dann breite Zustimmung.[65]

Anders als in manchen anderen deutschen Wahlrechten kennt die niedersächsische Sperrklausel keine Ausnahmen. Auch einfachgesetzlich sind Ausnahmen, wie z. B. eine Grundmandatsklausel, weiterhin nicht vorgesehen (vgl. § 33 Abs. 3 LWG). Das Auslassen einer Grundmandatsklausel in der Verfassung beruht auf einer bewussten Entscheidung, da man u. a. befürchtete, die Erwähnung von Direktmandaten würde die NV implizit auf ein bestimmtes Wahlsystem festlegen.[66]

Die strenge Sperrklausel der NV steht in einem latenten Spannungsverhältnis mit höherrangigem Recht. Dies ist im Zusammenhang mit dem Schutz von Volksgruppen und nationalen Minderheiten aktuell geworden. Auf eine Beschwerde der Partei „Die Friesen" hat der NdsStGH 2011 jedoch die Vereinbarkeit von Art. 8 Abs. 3 NV mit dem Grundgesetz, der Europäischen Menschenrechtskonvention und der Rahmenkonvention des Europarates zum Schutz nationaler Minderheiten bejaht[67], was 2016 im Hinblick auf die Europäische Menschenrechtskonvention vom EGMR bestätigt wurde.[68]

Die Verfassungsunmittelbarkeit der Sperrklausel wird auch im Rahmen ihrer möglichen zukünftigen Anpassung relevant. Das BVerfG vertritt in ständiger Rechtsprechung, dass die Verfassungsmäßigkeit einer Sperrklausel nicht abstrakt und für alle Zeiten geklärt werden kann. Stattdessen kommt es für die Rechtfertigung der Sperrklausel darauf an, ob diese in der konkreten Situation hinsichtlich des in Rede stehenden Parlamentes erforderlich ist. Der Gesetzgeber muss die Situation daher fortwährend

---

65 Siehe allerdings Art. 12 Abs. 2 des Verfassungsentwurfs der Fraktion der FDP v. 01.06.1992, LT-Drs. 12/3250, S. 5 (lediglich Ermächtigung des Gesetzgebers zur Einführung einer Fünf-Prozent-Sperrklausel).
66 Eine Grundmandatsklausel war zunächst bewusst aufgenommen worden (Sonderausschuss „Niedersächsische Verfassung", Niederschrift über die 41. Sitzung v. 26.02.1993 – LT 12. WP II/6/Stk/fu/1036c, S. 7), dann aber aus den genannten Gründen wieder gestrichen worden, Sonderausschuss „Niedersächsische Verfassung", Niederschrift über die 42. Sitzung v. 21.04.1993 – LT 12. WP II/6/Stk/wll/0871h, S. 6, bezugnehmend auf Gesetzgebungs- und Beratungsdienst beim Niedersächsischen Landtag, Vorlage 88 v. 22.02.1993 – 81/85/139Z+, S. 7. Zur möglichen impliziten Festlegung auf die Verhältniswahl siehe bereits oben III.1.
67 NdsStGH, Beschl. v. 15.04.2010 – 2/09, NdsStGHE 5, 31 (36).
68 EGMR, Urt. v. 28.01.2016 – 65480/10 (Partei Die Friesen/Deutschland), ECHR 2016, 125.

beobachten und die Sperrklausel ggf. absenken.[69] In Niedersachsen trifft diese aus Art. 28 Abs. 1 Satz 2 GG folgende Pflicht konsequenter Weise den verfassungsändernden Gesetzgeber.[70] Dieser steht vor der praktischen Schwierigkeit, dass eine Anpassung von Art 8 Abs. 3 NV nur mit einer Zweidrittelmehrheit im Landtag (Art. 46 Abs. 3 Satz 1 NV) oder durch Volksentscheid mit Zustimmung der Hälfte der Wahlberechtigten (Art. 46 Abs. 3 Satz 2 i. V. m. Art. 49 Abs. 2 Satz 2 NV) herbeigeführt werden kann. Wird eine notwendige Anpassung der Sperrklausel pflichtwidrig unterlassen, steht allerdings aufgrund des Geltungsvorrangs des Bundesrechts die Nichtigkeit von Art. 8 Abs. 3 NV im Raum.[71]

3. Mehrsitze und beschränkter Ausgleich

Hat eine Partei mehr Direktmandate errungen, als ihr nach dem Verhältnis der Zweitstimmen zustehen würden, verbleiben ihr diese zusätzlichen Mandate. In der Diktion des LWG heißen diese Sitze Mehrsitze (§ 33 Abs. 7 Satz 1 LWG) – in der Sache handelt es sich um Überhangmandate. Kommt es zu Mehrsitzen, wird zugleich die Sitzverteilung in einem zweiten Durchgang neu berechnet. Zu diesem Zweck erhöht sich die gesetzliche Mindestgröße des Landtags von 135 Sitzen um das Doppelte der Anzahl der Mehrsitze. Auf dieser erhöhten Berechnungsgrundlage wird das oben beschriebene Zuteilungsverfahren nach § 33 Abs. 4–6 LWG wiederholt, d. h. es kommt erneut zu einer Verteilung nach dem D'Hondt'schen Höchstzahlverfahren (§ 33 Abs. 7 Satz 2 und 3 LWG). Dadurch, dass nun mehr Sitze zu vergeben sind, erhalten auch die anderen Parteien mehr Mandate; es findet also in gewissem Umfang ein Ausgleich statt. Stehen einer Partei nach der zweiten Verteilung allerdings immer noch Mehrsitze zu, behält sie diese, ohne dass es zu einem dritten Berech-

---

[69] BVerfG, Urt. v. 29.09.1990 – 2 BvE 1/90 u. a., BVerfGE 82, 322 (338 f.); Urt. v. 09.11.2011 – 2 BvC 4/10 u. a., BVerfGE 129, 300 (322); Urt. v. 25.07.2012 – 2 BvF 3/11, BVerfGE 131, 316 (339); Urt. v. 26.02.2014 – 2 BvE 2/13 u. a., BVerfGE 135, 259 (288 ff.).
[70] So auch *Heinzgeorg Neumann* (Fn. 12), Art. 8 Rn. 15.
[71] Dazu allgemein *Veith Mehde*, in: Maunz/Dürig, Grundgesetz-Kommentar, 73. EL 2014, Art. 28 Rn. 44. Die Nichtigkeit bejahend *Torsten Soffner* (Fn. 4), Art. 8 Rn. 62, allerdings ohne die Möglichkeit der Verfassungsänderung zu diskutieren.

nungsdurchgang und einem damit verbundenen weiteren Ausgleich kommt (§ 33 Abs. 7 Satz 4 LWG).[72]

Das System des beschränkten Ausgleichs von Überhangmandaten wurde 1954 eingeführt[73] und besteht in seiner heutigen Form seit 1977.[74] In der Praxis ist es in unterschiedlich großem Umfang relevant geworden. Während in acht Wahlperioden überhaupt keine Mehrsitze anfielen, verzeichnete die 15. Wahlperiode (2003–2008) einen Rekord von 28 Mehrsitzen (14 Überhangs- und 14 Ausgleichsmandate).[75] In der 17. und der laufenden 18. Wahlperiode wurde der Landtag jeweils um ein Überhang- und ein Ausgleichsmandat vergrößert.[76]

Aufgrund des beschränkten Ausgleichs von Überhangmandaten konnte das niedersächsische Modell lange Zeit als eine „proporzschonendere" Alternative zum Bundestagswahlrecht gelten, weil Letzteres überhaupt keinen Ausgleich vorsah. Seitdem das BVerfG 2012 die verfassungsrechtlichen Anforderungen an den Ausgleich von Überhangmandaten konkretisiert und der Bundesgesetzgeber 2013 einen vollständigen Ausgleich von Überhangmandaten bei der Bundestagswahl eingeführt hat, lässt sich indes heutzutage umgekehrt fragen, inwieweit das niedersächsische Modell (noch) verfassungskonform ist. Nach der Rechtsprechung des BVerfG müssen im System der personalisierten Verhältniswahl aus Gründen der Wahlrechtsgleichheit und der Chancengleichheit der Parteien Überhangmandate ab einer bestimmten Anzahl ausgeglichen werden.[77] Dabei hielt das BVerfG ausgleichslose Überhangmandate „im Umfang von mehr als etwa einer halben Fraktionsstärke" für nicht mehr zulässig.[78] § 33 Abs. 7 LWG sieht dagegen keine Höchstgrenze für ausgleichslose Überhangman-

---

72 *Thomas Mann* (Fn. 42), Rn. 35. Rechenbeispiel bei *Torsten Soffner* (Fn. 4), Art. 8 Rn. 88 (dort Fn. 385 und 386).
73 Art. I Nr. 23 lit. d des Dritten Gesetzes zur Änderung des Niedersächsischen Landeswahlgesetzes v. 30.11.1954, GVBl. S. 143.
74 Art. I Nr. 4 lit. d des Siebenten Gesetzes zur Änderung des Niedersächsischen Landeswahlgesetzes v. 27.06.1977, GVBl. S. 209.
75 *Ferdinand Müller-Rommel*, Die niedersächsische Landtagswahl vom 2. Februar 2003: „Denkzettel" für Berlin, ZParl 2003, 689 (694).
76 *Niedersächsische Landeswahlleiterin*, Wahl zum Niedersächsischen Landtag am 20. Januar 2013, abrufbar unter: https://landeswahlleiterin.niedersachsen.de/wahl en/landtagswahl/landtagswahl_2013/wahl-zum-niedersaechsischen-landtag-10005 2.html (abgerufen am 19.06.2020); „Die Zahl der Abgeordneten", Webseite des Niedersächsischen Landtags, abrufbar unter: https://www.landtag-niedersachsen.d e/mitgestalten_wahlen_abgeordnetenanzahl/ (abgerufen am 19.06.2020).
77 BVerfG Urt. v. 25.07.2012 – 2 BvF 3/11, BVerfGE 131, 316 (357).
78 BVerfG Urt. v. 25.07.2012 – 2 BvF 3/11, BVerfGE 131, 316 (368).

date vor, sodass theoretisch deren Anzahl die Grenze des verfassungsrechtlich Zulässigen überschreiten könnte.

In der Praxis ist dieser Fall freilich bisher nicht eingetreten. In jüngerer Zeit ist es nur ein einziges Mal überhaupt zu einem (einzigen) ausgleichslosen Überhangmandat gekommen.[79] Dies liegt weit unterhalb der vom BVerfG genannten „halben Fraktionsstärke", die in Niedersachsen genau wie im Bund 2,5 % der Abgeordneten beträgt (siehe § 2 Abs. 1 GO-LT).

Im Hinblick auf zukünftige Entwicklungen trifft den Gesetzgeber allerdings eine fortdauernde Pflicht zur kontinuierlichen Beobachtung und ggf. Anpassung der Ausgleichsregelung an veränderte Gegebenheiten.[80]

4. Inkompatibilität bei Doppelmitgliedschaft in landesexternen Organen

In Niedersachsen existiert in Art. 8 Abs. 4 NV eine besondere verfassungsunmittelbare Inkompatibilitätsregelung bei paralleler Mitgliedschaft in landesexternen Organen.[81] Danach dürfen Mitglieder des Bundestages, der Bundesregierung, des Europäischen Parlaments sowie der Volksvertretungen und Regierungen anderer Länder nicht zugleich dem Niedersächsischen Landtag angehören.[82] Zulässig ist dagegen die parallele Mitgliedschaft in der niedersächsischen Landesregierung sowie in kommunalen Vertretungsorganen.[83] Die Regelung des Art. 8 Abs. 4 NV stellt eine echte Innovation der Verfassungsänderung von 1993 dar und war zum damaligen Zeitpunkt ohne historisches Vorbild.[84] Seit ihrer Entstehung ist sie bereits mehrfach praktisch relevant geworden[85] und ist angesichts promi-

---

79 Bei der Landtagswahl 2008 zugunsten der CDU, *Niedersächsische Landeswahlleiterin*, Wahl zum Niedersächsischen Landtag am 27. Januar 2008, abrufbar unter: https://landeswahlleiterin.niedersachsen.de/wahlen/landtagswahl/landtagswahl_2 008/-19507.html (abgerufen am 19.06.2020).
80 BVerfG Urt. v. 25.07.2012 – 2 BvF 3/11, BVerfGE 131, 316 (368).
81 Es handelt sich bei Art. 8 Abs. 4 NV nach wohl allgemeiner Auffassung nicht um einen Fall der Ineligibilität, sondern nur der Inkompatibilität, *Jörn Ipsen* (Fn. 1), Art. 8 Rn. 25 f.; *Torsten Soffner* (Fn. 4), Art. 8 Rn. 73, m. w. N. Zu weiteren Inkompatibilitätsvorschriften siehe *Torsten Soffner* (Fn. 4), Art. 8 Rn. 63; *Heinzgeorg Neumann* (Fn. 12), Art. 8 Rn. 16.
82 Zur bundesrechtlichen Zulässigkeit siehe BVerfG, Urt. v. 16.03.1955 – 2 BvK 1/54, BVerfGE 4, 144 ff.
83 *Jörn Ipsen* (Fn. 1), Art. 8 Rn. 24.
84 Siehe aber nunmehr § 1 Abs. 3 ThürAbgG.
85 *Torsten Soffner* (Fn. 4), Art. 8 Rn. 66.

nenter Fälle von Doppelmitgliedschaften in anderen Ländern[86] auch aus rechtsvergleichender Perspektive von Interesse.

Der offenbar ohne nähere Erörterung oder Begründung in die Verfassung aufgenommene Art. 8 Abs. 4 NV wirft bis heute Fragen hinsichtlich seines Regelungszweckes auf.[87] Aufgrund des ausschließlichen Bezugs auf landesexterne Organe ist das Schutzgut jedenfalls nicht die Gewaltenteilung innerhalb Niedersachsens.[88] Die Literatur benennt als Regelungszwecke die Vermeidung von Doppelbelastungen von Abgeordneten[89], die Vermeidung von Interessenkollisionen[90] und die Vermeidung einer zu großen Machtfülle für einzelne Landtagsmitglieder.[91] Freilich sind Doppelbelastungen und Interessenkollisionen auch bei Doppelmitgliedschaften möglich, die nach Art. 8 Abs. 4 NV zulässig sind. Auch das Argument der übergroßen Machtfülle einzelner Abgeordneter erscheint fraglich, weil diese durch Doppelmitgliedschaften in den in Art. 8 Abs. 4 NV genannten anderen Organen nicht vergrößert werden dürfte.[92] Letztlich bleibt daher der genaue Regelungszweck des Art. 8 Abs. 4 NV, von dem auch dessen Vereinbarkeit mit höherrangigem Recht abhängen dürfte[93], ungewiss.

VI. Wahlprüfung

Der Rechtsschutz im Kontext von Landtagswahlen erfolgt in Niedersachsen primär über das Wahlprüfungsverfahren und das sog. Feststellungsverfahren. Durch das Gesetz zur Verbesserung des Rechtsschutzes im Niedersächsischen Landeswahlrecht vom 26.10.2016 wurde der Rechtsschutz in wichtigen Aspekten reformiert und erweitert. Seitdem steht Vereinigun-

---

86 Zu denken ist etwa an die zwischenzeitlichen Doppelmitgliedschaften der ehemaligen AfD-Bundesvorsitzenden *Frauke Petry* im Bundestag und Sächsischen Landtag und des ehemaligen nordrhein-westfälischen AfD-Landesvorsitzenden *Marcus Pretzell* im Landtag Nordrhein-Westfalen und Europäischen Parlament.
87 *Torsten Soffner* (Fn. 4), Art. 8 Rn. 7.
88 *Jörn Ipsen* (Fn. 1), Art. 8 Rn. 24, a. A. *Lothar Hagebölling* (Fn. 21), Art. 8 Anm. 5.
89 *Heinzgeorg Neumann* (Fn. 12), Art. 8 Rn. 18 f.; *Jörn Ipsen* (Fn. 1), Art. 8 Rn. 24; *Torsten Soffner* (Fn. 4), Art. 8 Rn. 65.
90 *Torsten Soffner* (Fn. 4), Art. 8 Rn. 65.
91 *Torsten Soffner* (Fn. 4), Art. 8 Rn. 65.
92 *Soffner* nennt das Beispiel, dass die Bundesregierung auf Veranlassung eines ihrer Mitglieder mit Doppelmitgliedschaft eine abstrakte Normenkontrolle gegen ein vom Landtag beschlossenes Gesetz anstrengt, *Torsten Soffner* (Fn. 4), Art. 8 Rn. 65. Dies könnte sie allerdings auch unabhängig von einer Doppelmitgliedschaft tun.
93 Dazu ausführlich *Torsten Soffner* (Fn. 4), Art. 8 Rn. 78 ff.

gen, denen die Anerkennung als Partei versagt wurde, neben dem Wahlprüfungsverfahren auch die Nichtanerkennungsbeschwerde offen.[94] Weitere Rechtsbehelfe bestehen dagegen grundsätzlich nicht.[95] Insbesondere gibt es in Niedersachsen keine Individualverfassungsbeschwerde zum NdsStGH.

1. Wahlprüfungs- und Feststellungsverfahren

Gegenstand des Wahlprüfungsverfahrens ist die Gültigkeit der Wahlen zum Landtag und des Erwerbs der Mitgliedschaft im Landtag (§ 1 Abs. 1 NWahlPrG). Das Verfahren dient dem Zweck, die rechtsfehlerfreie Vorbereitung der Wahl und den rechtsfehlerfreien Ablauf der Wahlhandlung sicherzustellen.[96] Das Wahlprüfungsverfahren ist zweistufig aufgebaut. In einem ersten Schritt entscheidet der Landtag auf Einspruch über die Gültigkeit der Wahl, Art. 11 Abs. 2 Satz 1 NV. Einspruchsberechtigt sind alle Wahlberechtigten, Parteien, die Wahlvorschläge eingereicht haben oder nicht als Parteien anerkannt wurden, sowie Landtagsfraktionen. Außerdem können der Landtagspräsident, der Innenminister sowie Landes- und Kreiswahlleiter Einspruch in amtlicher Eigenschaft einlegen. Einspruchsgegenstand können grundsätzlich alle Maßnahmen, Feststellungen oder Entscheidungen einer Wahlbehörde oder jeder sonstige Verstoß gegen Vorschriften des LWG oder der LWO sein.[97]

Seit der Reform 2016 ist nicht mehr erforderlich, dass Wahlberechtigte eine Verletzung in eigenen Rechten darlegen oder mindestens 100 Wahlberechtigte dem Einspruch beitreten.[98] Stattdessen kann nun jeder Wahlberechtigte einzeln Einspruch einlegen; davon umfasst sind auch Perso-

---

94 Zu der zugrundeliegenden Rechtsschutzproblematik BVerfG, Beschl. v. 24.08.2009 – 2 BvQ 50/09, BVerfGK 16, 148 ff.; *Martin Morlok/Alexandra Bäcker*, Zugang verweigert: Fehler und fehlender Rechtsschutz im Wahlzulassungsverfahren, NVwZ 2011, 1153 ff.
95 Zur Anfechtung einzelner Handlungen, etwa der Bestimmung des Wahltermins, im Organstreitverfahren, *Heinzgeorg Neumann* (Fn. 12), Art. 9 Rn. 16; zu Normenkontrollen gegen bundesrechtswidriges niedersächsisches Wahlrecht *Torsten Soffner* (Fn. 4), Art. 8 Rn. 17.
96 NdsStGH, Beschl. v. 29.06.2004 – 2/04, NdsStGHE 4, 101 (104). Dagegen dient es grundsätzlich nicht dem subjektiven Rechtsschutz, *Lothar Hagebölling* (Fn. 21), Art. 11 Anm. 2.
97 *Markus Steinmetz* (Fn. 11), Anm. 9.1.3.
98 § 2 Nr. 1 und 2 LWG a. F., dazu NdsStGH, Beschl. v. 02.07.1999 – 1/99, NdsStGHE 4, 17 ff.

nen, die selbst zur Wahl gestanden haben.⁹⁹ Jedoch kann weiterhin eine etwaige Verletzung subjektiver Rechte festgestellt werden (s. § 8 Abs. 1 Satz 3 NWahlPrG).

Die Einspruchsfrist für Wahlberechtigte, Parteien und Fraktionen beträgt einen Monat (§§ 2 Abs. 1, 3 Satz 1 NWahlPrG). Die Frist für Einsprüche des Innenministers und der Wahlleiter beträgt sechs Monate (§§ 2 Abs. 2, 3 Satz 2 NWahlPrG), während Einsprüche des Landtagspräsidenten nicht fristgebunden sind (§ 17 Abs. 1 NWahlPrG). Der Einspruch bedarf der Schriftform und muss innerhalb der Frist begründet werden.¹⁰⁰

Die Entscheidung des Landtags wird durch dessen Wahlprüfungsausschuss vorbereitet, § 4 Abs. 1 NWahlPrG. Der Wahlprüfungsausschuss verhandelt grundsätzlich mündlich und öffentlich, § 5 Abs. 1 Satz 1 NWahlPrG. Er beschließt einen mit Gründen versehenen Entscheidungsvorschlag (§ 8 NWahlPrG), über den der Landtag mit der Mehrheit der abgegebenen Stimmen entscheidet, § 10 Abs. 1 NWahlPrG.

Gegen die Entscheidung des Landtags ist gemäß Art. 11 Abs. 4, 54 Nr. 6 NV, §§ 8 Nr. 1, 22 NStGHG die Beschwerde zum NdsStGH statthaft. Beschwerdeberechtigt ist, wer Einspruch gegen die Gültigkeit der Wahl eingelegt hat. Die Beschwerde muss binnen eines Monats ab Zustellung der Entscheidung eingelegt werden. Die Beschwerde ist begründet, soweit gegen Wahlrecht verstoßen wurde und zumindest die Möglichkeit besteht, dass hierdurch die Sitzverteilung im Landtag beeinflusst wurde (sog. Mandatserheblichkeit).¹⁰¹ Ist dies der Fall, kann gemäß § 22 Abs. 3 NStGHG i. V. m. § 48 Abs. 3 BVerfGG der NdsStGH die Wahl für ungültig erklären. Soweit er davon absieht, stellt er trotzdem die Rechtsverletzung fest.

Neben dem Wahlprüfungsverfahren existiert das sog. Feststellungsverfahren (Art. 11 Abs. 2 Satz 2 NV, §§ 17 f. NWahlPrG), dessen Gegenstand die Feststellung des Mandatsverlusts eines einzelnen Abgeordneten ist. Auf das Feststellungsverfahren finden im Wesentlichen die Regelungen zum Wahlprüfungsverfahren entsprechende Anwendung (§ 18 Abs. 1 NWahlPrG). Antragsberechtigt sind nur Parteien, Fraktionen und in amtlicher Eigenschaft der Innenminister und jeder Wahlleiter (§ 18 Abs. 2 NWahlPrG). Im Beschwerdeverfahren vor dem NdsStGH ist auch der Abgeordnete beschwerdeberechtigt, dessen Mandat bestritten wird (§ 22 Abs. 2 NStGHG).

---

[99] Stenografischer Bericht 17/108 v. 26.10.2016, S. 10999.
[100] NdsStGH, Beschl. v. 26.04.2019 – 3/19, BeckRS 2019, 39883 Rn. 9.
[101] NdsStGH, Beschl. v. 20.02.1975 – 1/74, NdsStGHE 1, 270 (283); *Lothar Hagebölling* (Fn. 21), Art. 11 Anm. 2.

2. Nichtanerkennungsbeschwerde

Gemäß Art. 54 Nr. 6 NV, §§ 8 Nr. 11, 36a NdsStGHG können Vereinigungen, denen die Anerkennung als wahlvorschlagsberechtigte Partei nach § 16 Abs. 2 LWG versagt wurde, bereits vor der Wahl Beschwerde zum NdsStGH erheben. Die Beschwerde ist binnen vier Tagen nach Bekanntgabe der Entscheidung des Landeswahlausschusses zu erheben und zu begründen. Die Beschwerde ist begründet, wenn der Vereinigung zu Unrecht die Anerkennung als wahlvorschlagsberechtigte Partei versagt wurde. Der NdsStGH kann ohne mündliche Verhandlung entscheiden und die Begründung nachreichen. Bis zur Entscheidung des NdsStGH, längstens aber bis zum Ablauf des 59. Tages vor der Wahl, ist die Vereinigung von den Wahlorganen wie eine wahlvorschlagsberechtigte Partei zu behandeln (§ 16 Abs. 4 Satz 1 LWG).

In den Beratungen zu § 36a NdsStGHG wurden wegen der kurzen Fristen und sonstigen verfahrensbeschleunigenden Regelungen verfassungsrechtliche Bedenken geäußert, die aber letztlich unter dem Vorbehalt zukünftiger Änderungen überwunden wurden.[102] Während der NdsStGH sich noch nicht dazu verhalten hat, deutet die Praxis des BVerfG zur weitgehend inhaltsgleichen Regelung des Art. 93 Abs. 1 Nr. 4c GG auf eine verfassungsrechtliche Unbedenklichkeit hin.[103]

Bislang ungeklärt ist, ob der Landtag bei einer späteren Wahlprüfung an die Entscheidung des NdsStGH gebunden ist. In den Beratungen wurde diese Frage offengelassen.[104] Dagegen wird zum Teil angeführt, dass die Nichtanerkennungsbeschwerde ohne Verfassungsänderung eingeführt wurde.[105] Allerdings muss die fehlende verfassungsrechtliche Verankerung nicht zwingend gegen eine Bindung des Landtags sprechen. Der Landtag wird bei der Wahlprüfung funktional nicht als Gesetzgeber tätig, weswegen er nicht bloß an die verfassungsmäßige Ordnung i. S. d. Art. 2 Abs. 2 NV gebunden ist. Vielmehr dürfte der Landtag in seiner Funktion als Wahlprüfungsorgan auch an die im Gesetzgebungsverfahren beschlossenen Gesetze gebunden sein.[106] Nach den allgemeinen Verfahrensvorschriften der § 12 Abs. 1 NStGHG i. V. m. § 31 Abs. 1 BVerfGG binden die Entscheidungen des NdsStGH alle Verfassungsorgane, mithin auch den Land-

---

102 Stenografischer Bericht 17/108 v. 26.10.2016, S. 11001.
103 Stenografischer Bericht 17/108 v. 26.10.2016, S. 11001 f. dort auch Hinweise zur a. A.
104 Stenografischer Bericht 17/108 v. 26.10.2016, S. 11002.
105 Stenografischer Bericht 17/108 v. 26.10.2016, S. 11002.
106 Allgemein zur Gesetzesbindung *Jörn Ipsen* (Fn. 1), Art. 2 Rn. 12.

tag. Dies dürfte zumindest solange der Fall sein, bis der Landtag – unter Einhaltung aller weiteren verfassungsrechtlichen Vorgaben – die Regelungen über die Nichtanerkennungsbeschwerde in einem neuen Gesetzgebungsverfahren geändert hat.

VII. Wahlrechtsreform

Das niedersächsische Landeswahlrecht ist in seiner Geschichte vergleichsweise häufig reformiert und dabei kontinuierlich weiterentwickelt worden. Dabei hat der niedersächsische Gesetzgeber durchaus auch Innovationspotenzial bewiesen. Jüngere Reformen standen meist unter dem Eindruck allgemeinerer Entwicklungstendenzen im Bund und in anderen Ländern, z. B. die Einführung der Nichtanerkennungsbeschwerde 2016 oder die Abschaffung des Wahlrechtsausschlusses für Vollbetreute und Untergebrachte 2019.

Im Hinblick auf noch unverwirklichte Reformbestrebungen ist zum einen die Forderung zu nennen, das Wahlalter auf 16 Jahre abzusenken, wie es aktuell schon bei Kommunalwahlen vorgesehen ist (§ 48 Abs. 1 Satz 1 Nr. 1 NKomVG). In den letzten Jahren wurde die Thematik wiederholt im Landtag diskutiert. Unter anderem brachte die FDP-Fraktion 2018 einen Gesetzesentwurf zur Absenkung des aktiven (nicht aber des passiven) Wahlrechts in den Landtag ein.[107] Aufgrund der Verankerung des Wahlalters in Art. 8 Abs. 2 NV ist für die Absenkung allerdings eine Verfassungsänderung nötig, die entweder eine Zweidrittelmehrheit im Landtag oder einen erfolgreichen Volksentscheid erfordert.[108] Beides ist aufgrund der derzeitigen Mehrheitsverhältnisse vorerst nicht zu erwarten.

Zum anderen ist die anhaltende Diskussion über ein Paritégesetz zu nennen, die im vergangenen Jahr auch in Niedersachsen an Intensität zugenommen hat. Hintergrund ist ein merklich geringerer Anteil von Frauen sowohl im Landtag als auch in den kommunalen Vertretungen. Nachdem es bereits vorher Forderungen nach einem Paritégesetz gegeben hatte,[109] stellte die in einer Koalition mit der CDU regierende SPD im Januar 2020 einen Vorschlag zur Diskussion, ohne allerdings bereits einen Gesetzesentwurf vorzulegen. Danach sollen Parteien auf ihren Landeslis-

---

107 Gesetzesentwurf der FDP-Fraktion zur Absenkung des Wahlalters für die Landtagswahl v. 16.01.2018, LT-Drs. 18/153.
108 Zu den Anforderungen an die Verfassungsänderung siehe bereits oben V.2.
109 Siehe u.a. Entschließungsantrag der Fraktion BÜNDNIS 90/DIE GRÜNEN v. 19.03.2019, LT-Drs. 18/3244, der nicht angenommen wurde.

ten im „Reißverschlussverfahren" abwechselnd einen Mann und eine Frau benennen. Bezüglich der Erststimme werden mehrere Modelle vorgeschlagen, darunter zwei getrennte Direktmandate je Wahlkreis, paritätisch besetzte Doppelkandidaturen in jedem Wahlkreis sowie die Bevorzugung des bei den Direktmandaten unterrepräsentierten Geschlechts bei der Mandatsvergabe über die Landeslisten.[110] Angesichts der Zurückhaltung der anderen Fraktionen dürfte die Schaffung eines Paritégesetzes in der laufenden Legislaturperiode aber eher unwahrscheinlich sein.[111] Zudem dürfte viel vom Umgang mit den in der bundesweiten Diskussion verschiedentlich vorgetragenen verfassungsrechtlichen Bedenken abhängen.[112] Insoweit könnten die verfassungsgerichtlichen Entscheidungen zu den Paritégesetzen in Thüringen und Brandenburg auch in Niedersachsen Signalwirkung entfalten.[113]

---

110 „Neuer Vorschlag für ein Paritätsgesetz", Rundblick – Politikjournal für Niedersachsen v. 15.01.2020 (Ausgabe 009/2020), abrufbar unter: https://www.rundblick-niedersachsen.de/neuer-vorschlag-fuer-paritaetsgesetz-in-je-zwei-wahlkreisen-muss-eine-frau-nominiert-werden/ (abgerufen am 11.06.2020).
111 „Wahlrechtsänderung: Nur die Grünen unterstützen Weils Frauen-Plan", Hannoversche Allgemeine Zeitung v. 14.01.2020, abrufbar unter: https://www.haz.de/Nachrichten/Politik/Niedersachsen/Parite-Gesetz-in-Niedersachsen-SPD-Chef-Weil-will-mehr-Frauen-in-den-Parlamenten-und-dafuer-das-Wahlrecht-aendern (abgerufen am 11.06.2020).
112 Kritisch etwa *Antje von Ungern-Sternberg*, Parité-Gesetzgebung auf dem Prüfstand des Verfassungsrechts, JZ 2019, 525 ff.; für ein Paritégesetz *Silke Laskowski*, Zeit für Veränderungen: Ein paritätisches Wahlrecht jetzt!, RuP 2018, 391 ff. Überblick bei *Hermann Butzer*, in: Epping/Hillgruber (Hrsg.), BeckOK GG, 43. Ed. 2020, Art. 38 Rn. 81 m. w. N.
113 Dazu § 7 IV 1 und § 19 IV 2.

§ 13 Nordrhein-Westfalen

Stefan Lenz

I. Wahlen zum Landtag Nordrhein-Westfalen

Das Landeswahlrecht in Nordrhein-Westfalen erstreckt sich wie üblich über drei Stufen der Normenhierarchie: In der Landesverfassung[1] haben vor allem Art. 31 bis 37 NWVerf. das Landtagswahlrecht zum Gegenstand. Diese Regelungen sind prominent platziert zu Beginn des Ersten Abschnitts („Der Landtag") des Dritten Teils („Von den Organen und Aufgaben des Landes"). Zum Wahlrecht zählen auch Art. 2 NWVerf., der Art. 20 Abs. 2 Satz 2 Halbsatz 1 GG nahekommt, und Art. 69 Abs. 1 Satz 2 NWVerf., für den die Ewigkeitsgarantie des Grundgesetzes das Vorbild war. Zentral ist außerdem das Landeswahlgesetz (LWahlG)[2] samt seiner Anlage, aus der sich die Einteilung des Wahlgebietes ergibt.[3] Die Landeswahlordnung (LWahlO)[4] regelt Einzelheiten von der Beschaffenheit der Wahlurnen[5] bis hin zur Erhebung der Wahlstatistik[6] sowie Besonderheiten wie etwa die Stimmabgabe in Klöstern[7]. Das Wahlprüfungsrecht schließlich ist enthalten im Wahlprüfungsgesetz (WahlPrüfG)[8] und mit wenigen

---

1 Verfassung des Landes Nordrhein-Westfalen v. 28.06.1950, GV. NRW. S. 127, zuletzt geändert durch Art. 1 des Änderungsgesetzes v. 11.04.2019, GV. NRW. S. 202.
2 Gesetz über die Wahl zum Landtag des Landes Nordrhein-Westfalen (Landeswahlgesetz) in der Fassung der Bekanntmachung v. 16.08.1993, GV. NW. S. 516, zuletzt geändert durch Art. 3 des Gesetzes zur Änderung des Kommunalwahlgesetzes und weiterer wahlrechtlicher Vorschriften v. 11.04.2019, GV. NRW. S. 202.
3 § 13 Abs. 1 Satz 2 LWahlG.
4 Landeswahlordnung (LWahlO) v. 14.07.1994 (GV. NRW. S. 548, ber. S. 964), zuletzt geändert durch Art. 1 der Verordnung zur Änderung des Landeswahlordnung v. 24.08.2016, GV. NRW. S. 725.
5 § 33 LWahlO.
6 § 64 LWahlO.
7 § 43 LWahlO.
8 Gesetz über die Prüfung der Wahlen zum Landtag des Landes Nordrhein-Westfalen – Wahlprüfungsgesetz NW – v. 20.11.1951, GS. NW. S. 147, zuletzt geändert durch Art. 1 des Gesetzes zur Änderung des Gesetzes über die Prüfung der Wahlen zum Landtag des Landes NRW v. 01.02.2019, GV. NRW. S. 114.

Regelungen in einer Durchführungsverordnung.[9] Der Landesgesetzgeber ist mit Erlass des Landeswahlgesetzes und des Wahlprüfungsgesetzes, der Innenminister mit Erlass der beiden genannten Verordnungen ausdrücklichen Regelungsaufträgen im ranghöheren Recht nachgekommen.[10]

Der Landtag wird auf fünf Jahre gewählt.[11] Spätestens am zwanzigsten Tag nach der Wahl tritt der neue Landtag erstmals zusammen.[12] Mit dem erstmaligen Zusammentritt und nicht etwa mit dem Wahltag beginnt die fünfjährige Wahlperiode.[13] Die Neuwahl findet im letzten Vierteljahr der Wahlperiode statt.[14] Der Landtag kann sich durch Beschluss mit der Mehrheit seiner gesetzlichen Mitgliederzahl auflösen.[15] Die Wahlperiode endet „auch" in diesem Fall, wie Art. 34 Satz 3 NWVerf. betont, mit dem Zusammentritt eines neuen Landtags. Diese Regelung ist erst 2016 in die Verfassung gelangt[16] und antwortet auf eine zumindest aus Sicht der Abgeordneten höchst unangenehme Erfahrung:[17] Im Jahr 2012 machte der Landtag von seinem Selbstauflösungsrecht Gebrauch, nachdem die Minderheitsregierung von SPD und Bündnis90/Die Grünen daran gescheitert war, eine Mehrheit für das Haushaltsgesetz 2012 aufzubringen.[18] Nach damaliger Rechtslage endete mit der Auflösung des Landtags zugleich die Wahlperiode mit der Folge, dass in Nordrhein-Westfalen zur Überraschung vieler eine parlamentslose Zeit von 76 Tagen anbrach.[19] Die Abgeordnetenman-

---

9 Verordnung zur Durchführung des Gesetzes über die Prüfung der Wahlen zum Landtag des Landes Nordrhein-Westfalen v. 20.11.1951 v. 28.12.1951, GV. NW. 1952 S. 5/GS. NW. S. 59, zuletzt geändert durch Art. 1 der Zweiten Verordnung zur Änderung der Verordnung zur Durchführung des Gesetzes über die Prüfung der Wahlen zum Landtag des Landes Nordrhein-Westfalen v. 20.11.1951 v. 24.08.2016, GV. NRW. S. 725.
10 Art. 31 Abs. 4, Art. 33 Abs. 4 NWVerf.; § 46 LWahlG; § 13 WahlPrüfG.
11 Art. 34 Satz 1 NWVerf.
12 Art. 37 Abs. 1 Satz 1 NWVerf.
13 Art. 36 NWVerf.
14 Art. 34 Satz 2 NWVerf.
15 Art. 35 Abs. 1 NWVerf.
16 Gesetz zur Änderung der Verfassung für das Land Nordrhein-Westfalen v. 25.10.2016, GV. NRW. S. 859.
17 Leicht spöttisch *Bodo Pieroth*, Die Verfassungskommission des Landtags Nordrhein-Westfalen 2013–2016, NWVBl. 2016, 485 (485); *Fabian Wittreck*, Verfassungsrecht, in: Schlacke/ders. (Hrsg.), Landesrecht Nordrhein-Westfalen, 2017, § 1 Rn. 10, 27.
18 Ausführlich *Christoph Goos*, Die erste Landtagsauflösung in Nordrhein-Westfalen, Bonner Rechtsjournal 2012, 26 ff.
19 *Hans-Josef Thesling*, in: Heusch/Schönenbroicher (Hrsg.), Kommentar zur Landesverfassung Nordrhein-Westfalen, 2. Aufl. 2020, Art. 34 Rn. 2, 4.

date sowie die Arbeitsverträge von Fraktions- und Abgeordnetenmitarbeitern liefen aus, ein Ständiger Ausschuss übernahm die Geschäfte. Diese Erfahrung gab den Anstoß zur baldigen Einsetzung einer Verfassungskommission im Jahr 2013,[20] der auch Art. 34 Satz 3 NWVerf. seine Existenz verdankt. Die heutige Rechtslage eröffnet einen „zeitlichen Korridor" für die Terminierung der Neuwahl und der konstituierenden Sitzung.[21] Obwohl der Landtag „auf fünf Jahre gewählt" wird, kann die Wahlperiode daher einige Wochen länger oder kürzer sein.

Der Landtag besteht aus 128 in Wahlkreisen gewählten Abgeordneten und aus regulär 53 weiteren Abgeordneten aus gesondert gewählten Landeslisten.[22] Die Zusammensetzung ergibt sich aus dem Landeswahlgesetz, während die nordrhein-westfälische Landesverfassung anders als manch andere zur Abgeordnetenzahl schweigt. Der Anteil der Wahlkreisabgeordneten beträgt regulär nicht etwa 50 Prozent wie im Bundestag, sondern ungefähr 71 Prozent. Dem Landeswahlrecht wohnt daher eine gesteigerte Tendenz zum Anfall von Überhang- und Ausgleichsmandaten inne.[23] Der Landtag besteht deshalb meistens aus mehr als 181 Abgeordneten. Wenn Überhang- und Ausgleichsmandate anfallen, sinkt der Anteil der Wahlkreisabgeordneten. Der im Jahr 2017 gewählte 17. Landtag besteht aus 199 Abgeordneten: Zu den 181 regulären Mandaten addieren sich 6 Überhang- und 12 Ausgleichsmandate.[24] Der vergrößernde Effekt kann noch stärker ausfallen: Der im Jahr 2012 gewählte 16. Landtag zählte 237 Mitglieder.[25]

Mit dem Anteil der Direktmandate an den zu vergebenden Mandaten steigt die Wahrscheinlichkeit, dass für die nach Zweitstimmen stärkste Partei überhaupt kein Listenbewerber als solcher in den Landtag einzieht. Diese Tendenz schwächt den Einfluss der Landesverbände auf die Zusammensetzung der Fraktionen und stärkt im Gegenzug die Unabhängigkeit

---

20 Antrag der Fraktionen der SPD, CDU, Bündnis90/Die Grünen, FDP und Piraten auf Einsetzung einer Kommission zur Reform der Nordrhein-Westfälischen Verfassung (Verfassungskommission) v. 17.07.2013, LT-Drs. 16/3428.
21 *Hans-Josef Thesling* (Fn. 19), Art. 34 Rn. 2.
22 § 13 Abs. 1 Satz 1, § 14 LWahlG. Verfassungsrechtliche Bedenken gegen die Asymmetrie von Direkt- und Listenmandaten erhebt *Manfred C. Hettlage*, Die Erststimmen gaben den Ausschlag, NWVBl. 2015, 252 f.
23 *Hans-Josef Thesling*, in: Heusch/Schönenbroicher (Fn. 19), Art. 31 Rn. 4.
24 Endgültiges Ergebnis der Landtagswahl 2017 abrufbar auf der Homepage des Landeswahlleiters unter https://www.wahlergebnisse.nrw/landtagswahlen/2017 (abgerufen am 25.05.2020).
25 Endgültiges Ergebnis der Landtagswahl 2012 abrufbar auf der Homepage des Landeswahlleiters unter www.wahlergebnisse.nrw/landtagswahlen/2012 (abgerufen am 25.05.2020).

von Gebietsverbänden und von Abgeordneten gegenüber den Landesverbänden. Diese Tendenz trifft mit einer bundesweit einmaligen[26] Regelung zur Wahl des Ministerpräsidenten in der Landesverfassung zusammen und gewinnt so an parteipolitischer Brisanz. Zum Ministerpräsidenten kann nach Art. 52 Abs. 1 NWVerf. nämlich nur gewählt werden, wer dem Landtag angehört. Aus diesem Grund ist es nicht unwahrscheinlich, dass der Listenführer der Partei, die bei der Landtagswahl die meisten Sitze erringt, deshalb nicht Ministerpräsident werden kann, weil ihm das erforderliche Landtagsmandat fehlt. Bei der Landtagswahl 2017 erhielt die CDU 72 Direktmandate und kein einziges Listenmandat.[27] CDU-Listenführer Armin Laschet, der später zum Ministerpräsidenten gewählt wurde, gewann seinen Wahlkreis Aachen II nur mit knappem Vorsprung vor seiner örtlichen Konkurrentin von der SPD.[28] Bei einer Niederlage hätte ein Wahlkreisabgeordneter aus den Reihen der CDU auf sein Mandat verzichten müssen, damit Laschet noch Ministerpräsident hätte werden können.

Im Einklang mit Art. 28 Abs. 1 Satz 2 GG schreibt Art. 31 Abs. 1 NWVerf. die Allgemeinheit, Gleichheit, Unmittelbarkeit, Geheimheit und Freiheit der Wahl vor (vgl. § 3 II). Nach Auffassung des VerfGH NRW sind die Wahlrechtsgrundsätze außerdem durch Art. 69 Abs. 1 Satz 2 NWVerf. verbürgt und damit ein Maßstab für die Änderung der wahlrechtlichen Regelungen in der Landesverfassung.[29] Diese Auffassung erweist sich als unzutreffend:[30] Die Norm erklärt nach dem Vorbild der Ewigkeitsgarantie des Grundgesetzes Änderungen der Verfassung für unzulässig, die den Grundsätzen des republikanischen, demokratischen und sozialen Rechtsstaates im Sinne des Grundgesetzes widersprechen. Die Norm bringt den Maßstab für Änderungen der Landesverfassung mit den gleichen Worten zum Ausdruck wie Art. 28 Abs. 1 Satz 1 GG. Im Fall von Art. 28 Abs. 1

---

26 *Fabian Wittreck*, Verfassungsrecht (Fn. 17), § 1 Rn. 12.
27 Endgültiges Ergebnis der Landtagswahl 2017 abrufbar auf der Homepage des Landeswahlleiters unter www.wahlergebnisse.nrw/landtagswahlen/2017 (abgerufen am 25.05.2020).
28 Endgültiges Ergebnis für den Wahlkreis Aachen II abrufbar auf der Homepage des Landeswahlleiters unter www.wahlergebnisse.nrw/landtagswahlen/2017/aktuell/a002lw1700.shtml (abgerufen am 25.05.2020).
29 VerfGH NRW, Urt. v. 21.11.2017 – 21/16 u. a., Rn. 60 ff. Die Entscheidungen des VerfGH werden in Zeitschriften üblicherweise nur unvollständig abgedruckt; im Volltext abrufbar sind sie unter www.vgh.nrw.de/rechtsprechung/entscheidungen/index.php.
30 Eingehende Kritik an der Auslegung von Art. 69 Abs. 1 Satz 2 NWVerf. durch den VerfGH bei *Stefan Lenz*, Kommunalverwaltung und Demokratieprinzip, 2020, S. 297 ff.

Satz 1 GG handelt es sich um eine Binnenverweisung, im Fall von Art. 69 Abs. 1 Satz 2 NWVerf. um eine Außenverweisung auf die Verfassungsprinzipien des Grundgesetzes (mit Ausnahme des Bundesstaatsprinzips), wie sie in Art. 20 Abs. 1 bis 3 GG niedergelegt sind. Die Wahlrechtsgrundsätze richtet das Grundgesetz gesondert von Art. 28 Abs. 1 Satz 1 GG in Art. 28 Abs. 1 Satz 2 GG an die Länder. Der Wortlaut von Art. 69 Abs. 1 Satz 2 NWVerf. bietet also keinen Anhaltspunkt für die Auffassung des VerfGH. Nichts anderes gilt für die Entstehungsgeschichte von Art. 69 Abs. 1 Satz 2 NWVerf.: Die Norm wurde 2002 in die Landesverfassung aufgenommen, als der verfassungsändernde Gesetzgeber die Volksgesetzgebung reformierte und unter anderem die Möglichkeit einer Verfassungsänderung durch Volksgesetz schuf.[31] Art. 69 Abs. 1 Satz 2 NWVerf. soll dem Volksgesetzgeber die Grenzen seiner verfassungsändernden Kompetenz vor Augen führen und Selbstausdehnungstendenzen der Volksgesetzgebung vorbeugen. Dabei hatte der verfassungsändernde Gesetzgeber ausschließlich Verstöße gegen Verfassungsprinzipien, nicht gegen Wahlrechtsgrundsätze im Sinn.

Der VerfGH NRW beruft sich vor allem auf die Begründung des Entwurfs des Gesetzes,[32] mit dem Art. 69 Abs. 1 Satz 2 NWVerf. in die Landesverfassung gelangt ist. Aus ihr soll hervorgehen, dass der verfassungsändernde Gesetzgeber die Verweisung in Art. 69 Abs. 1 Satz 2 NWVerf. sehr wohl auf die Wahlrechtsgrundsätze des Grundgesetzes erstrecken wollte. Damit übergeht der VerfGH NRW den aussagestarken Wortlaut der Norm, indem er sich in spekulativer Weise auf einen einzigen, aussageschwachen Satz in der Entwurfsbegründung stützt. Der VerfGH NRW versucht so seine Rechtsprechungspraxis in bestimmten Konstellationen zu rechtfertigen: In manchen Fällen, in denen er den Antrag eines Rechtschutzsuchenden (mitunter bereits wegen Unzulässigkeit) ablehnen oder die entscheidungserhebliche Norm dem BVerfG vorlegen müsste, entscheidet er ohne weiteres in der Sache. Bei der Deutung von Art. 69 Abs. 1 Satz 2 NWVerf. durch den VerfGH NRW handelt es sich um eine reine Zweckkonstruktion.

---

31 Gesetz zur Änderung der Verfassung für das Land Nordrhein-Westfalen v. 5.3.2002, GV. NRW. S. 107.
32 Entwurf eines Gesetzes zur Änderung der Verfassung für das Land Nordrhein-Westfalen v. 27.11.2000, LT-Drs. 13/462, S. 9.

II. Wahlrecht und Wählbarkeit

Auch das nordrhein-westfälische Landeswahlrecht unterscheidet zwischen dem aktiven Wahlrecht als dem Recht, zu wählen, und dem passiven Wahlrecht als dem Recht, gewählt zu werden. Wahlberechtigt ist nach Art. 31 Abs. 2 Satz 1 NWVerf., wer das 18. Lebensjahr vollendet hat; wählbar ist nach Satz 2, wer das Alter erreicht hat, mit dem die Volljährigkeit eintritt. Damit verweist die Landesverfassung auf § 2 BGB.[33] Danach tritt die Volljährigkeit mit Vollendung des 18. Lebensjahres ein. Es handelt sich um eine dynamische Verweisung. Dieser Befund ergibt sich aus der Entstehungsgeschichte[34] wie aus dem Umstand, dass die Verfassung für das Mindestalter für das aktive Wahlrecht eine andere Regelungstechnik verwendet und selbst eine Zahl nennt. Derzeit also gilt für aktives wie passives Wahlrecht das gleiche Mindestalter. Das aktive Wahlrecht hat gemäß dem Landeswahlgesetz neben dem Mindestalter[35] drei weitere Voraussetzungen: dass man Deutscher im Sinne des Art. 116 Abs. 1 GG ist[36], mindestens seit dem 16. Tag vor der Wahl in Nordrhein-Westfalen seine Wohnung, bei mehreren Wohnungen seine Hauptwohnung hat oder sonst sich gewöhnlich aufhält und keine Wohnung außerhalb des Landes hat[37] sowie nicht infolge Richterspruchs sein Wahlrecht nicht besitzt[38].

---

33 *Rolf Grawert*, Kommentar zur Verfassung für das Land Nordrhein-Westfalen, 3. Aufl. 2012, Art. 31 Anm. 3.
34 Gesetzentwurf der SPD-Fraktion zur Änderung der Verfassung für das Land Nordrhein-Westfalen v. 30.5.1973, LT-Drs. 7/2746, S. 4: „Die Koppelung an das Volljährigkeitsalter erübrigt eine erneute Verfassungsänderung, falls der Deutsche Bundestag das Volljährigkeitsalter herabsetzen sollte." Gesetzentwurf der Landesregierung zur Änderung der Verfassung für das Land Nordrhein-Westfalen v. 5.3.1974, LT-Drs. 7/3642, S. 4: „Die Landesregierung schlägt vor, […] die für die Landtagswahl geltenden Bestimmungen über das passive Wahlrecht an die für die Bundestagswahl geltende Regelung anzugleichen." Für die Bundestagswahl enthält Art. 38 II GG eine *dynamische* Verweisung. Die oppositionelle CDU-Fraktion hat der „Automatik in Artikel 31 Abs. 2 Satz 2 des Entwurfs" ausdrücklich nicht widersprochen: Bericht des Hauptausschusses zur 2. Lesung des Entwurfs eines Gesetzes zur Änderung der Verfassung für das Land Nordrhein-Westfalen (Gesetzentwurf der Fraktion der SPD) und des Entwurfs eines Gesetzes zur Änderung der Verfassung für das Land Nordrhein-Westfalen (Gesetzentwurf der Landesregierung) v. 16.5.1974, LT-Drs. 7/3857, S. 3.
35 § 1 Nr. 2 LWahlG.
36 § 1 Nr. 1 LWahlG.
37 § 1 Nr. 3 LWahlG.
38 § 2 LWahlG.

Wählbar ist jeder Wahlberechtigte, der am Wahltag seit mindestens drei Monaten in Nordrhein-Westfalen seine Wohnung, bei mehreren Wohnungen seine Hauptwohnung hat oder sich sonst gewöhnlich aufhält und keine Wohnung außerhalb des Landes hat.[39] Nicht wählbar ist, wer am Wahltag infolge Richterspruchs die Wählbarkeit oder die Fähigkeit zur Bekleidung öffentlicher Ämter nicht besitzt.[40] Die Anknüpfung an das aktive Wahlrecht („jeder Wahlberechtigte") ist unproblematisch, solange das Mindestalter für das aktive Wahlrecht mit dem für das passive Wahlrecht übereinstimmt. Im Falle einer Änderung von § 2 BGB muss das Landeswahlgesetz insoweit geändert werden. Aktives und passives Wahlrecht unterscheiden sich in zwei Voraussetzungen: Erstens weichen die Rückwärtsfristen für die Wohnungsnahme ab, zweitens ist unwählbar auch, wer die Fähigkeit zur Bekleidung öffentlicher Ämter nicht besitzt. In dem Abschnitt „Wahlrecht und Wählbarkeit", in dem die genannten Vorschriften angesiedelt sind, finden sich Regelungen zum Verlust eines Landtagssitzes.[41] Zu den Verlustgründen gehört der nachträgliche Verlust der Wählbarkeit.[42] Davon abgesehen besteht kein Zusammenhang zwischen diesen Regelungen und denen zum aktiven und passiven Wahlrecht.

III. Wahlsystem

Das Landeswahlrecht in Nordrhein-Westfalen verzichtet auf eine Selbstcharakterisierung etwa nach Art des bayerischen Landeswahlrechts, das sich als „verbessertes Verhältniswahlrecht"[43] bezeichnet. Solche Selbstcharakterisierungen misslingen meist. In der Sache gehört das nordrhein-westfälische Landeswahlrecht aus der Perspektive der Wahlsystemforschung zum Subtyp der personalisierten Verhältniswahl.[44] Prägend für die personalisierte Verhältniswahl ist die Verbindung der Mandatsvergabe in einem Einheitswahlkreis nach Proporz mit der Möglichkeit der Personenwahl in

---

39 § 4 Abs. 1 LWahlG. Zum Begriff der Hauptwohnung näher *Thorsten Koch*, Wahlrecht und Melderecht – zur Problematik der Hauptwohnung, NWVBl. 2017, 197 ff.
40 § 4 Abs. 2 LWahlG.
41 §§ 5 f. LWahlG.
42 § 5 Nr. 2 LWahlG.
43 Art. 19 BayLWG.
44 *Wolfgang Löwer*, in: ders./Tettinger (Hrsg.), Kommentar zur Verfassung des Landes Nordrhein-Westfalen, 2002, Art. 31 Rn. 7; *Johannes Dietlein*, Verfassungsrecht, in: ders./Hellermann, Öffentliches Recht in Nordrhein-Westfalen, 7. Aufl. 2019, § 1 Rn. 87; *Hans-Josef Thesling* (Fn. 23), Art. 31 Rn. 4.

Ein-Personen-Wahlkreisen.[45] Die Sitzverteilung richtet sich bei der personalisierten Verhältniswahl wenigstens im Wesentlichen nach dem Stimmenanteil der Parteien im Einheitswahlkreis. Der Einheitswahlkreis deckt sich mit dem gesamten Wahlgebiet, also dem Gebiet des Landes Nordrhein-Westfalen. Bei der nordrhein-westfälischen Landtagswahl ist die Stimmverteilung im Einheitswahlkreis uneingeschränkt maßgeblich für die Sitzverteilung: Wenn mehr Bewerber einer Partei in ihren Wahlkreisen ein Mandat gewinnen, als ihrer Partei nach dem Ergebnis im Einheitswahlkreis zusteht, kommen Überhangmandate zustande, die jedoch durch Ausgleichsmandate vollständig kompensiert werden.[46]

Die Wähler haben bei der Landtagswahl wie bei der Bundestagswahl zwei Stimmen: eine Erststimme, mit der sie einen Wahlkreisbewerber wählen, und eine Zweitstimme, mit der sie eine Landesliste wählen.[47] Das Landeswahlrecht lässt dadurch das häufig taktisch motivierte Stimmensplitting zu, bei dem ein Wähler seine Stimmen an zwei verschiedene Parteien vergibt: die Erststimme an eine Partei, die ernsthaft um das Direktmandat konkurriert, und die Zweitstimme an eine kleine Partei, die sich der seine Stimmen splittende Wähler nicht selten als Koalitionspartner für die mit der Erststimme gewählte Partei wünscht.[48] Das persönliche Ergebnis eines Bewerbers in seinem Wahlkreis kann ihm zu einem Mandat verhelfen, auch wenn er nicht als Listenbewerber in den Landtag einzöge, weil er auf der Liste überhaupt nicht oder zu weit unten platziert ist. Da ausnahmslos jedes Überhangmandat ausgeglichen wird, beeinflusst ein Wähler mit seiner Erststimme, welche Person ein Mandat erhält und wie groß der Landtag wird. Er beeinflusst nicht, wie viele Mandate einer Partei im Verhältnis zu anderen Parteien zustehen. Deshalb können einige Charakterisierungen des Landeswahlrechts wie etwa die als ein „Mischsystem aus Persönlichkeits- bzw. Mehrheitswahl und Verhältniswahl"[49] den falschen Eindruck erwecken, es kämen nicht nur zwei verschiedene Entscheidungsregeln zum Einsatz (Majorz im Ein-Personen-Wahlkreis, Proporz im Einheitswahlkreis), sondern auch zwei verschiedene Prinzipien der Parlamentsbesetzung (vgl. § 1 III 3).

Das Landeswahlgesetz gliedert Nordrhein-Westfalen in 128 Wahlkreise.[50] Die genaue Einteilung ergibt sich aus der Anlage zum Landes-

---

45 *Dieter Nohlen*, Wahlrecht und Parteiensystem, 7. Aufl. 2014, S. 368 ff., 576 f.
46 § 33 Abs. 5 LWahlG.
47 § 26 Abs. 1 Satz 1 LWahlG.
48 *Dieter Nohlen*, Wahlrecht (Fn. 45), 380 ff.
49 *Johannes Dietlein*, Verfassungsrecht (Fn. 44), § 1 Rn. 87.
50 § 13 Abs. 1 Satz 1 LWahlG.

wahlgesetz.[51] Die Wahlkreise gliedern sich wiederum in Stimmbezirke.[52] Sie haben Bedeutung nur für die praktische Durchführung der Wahl. Für die Einteilung der Stimmbezirke sind die Bürgermeister zuständig.[53] Die Wahlkreise müssen gemäß § 13 Abs. 2 Satz 3 LWahlG neu abgegrenzt werden, wenn die Einwohnerzahl eines Wahlkreises um mehr als 20 Prozent von der durchschnittlichen Einwohnerzahl aller Wahlkreise nach oben oder nach unten abweicht. Ziel der Regelung ist die Wahrung eines hinreichend einheitlichen Repräsentationsschlüssels: Das Verhältnis von Mandat und Einwohnerzahl soll über Wahlkreisgrenzen hinweg ungefähr gleichbleiben.[54] Abweichungen führen zu verfassungsrechtlich rechtfertigungsbedürftigen Ungleichbehandlungen von Wählerstimmen. Vor der Landtagswahl 2017 nahm der Gesetzgeber Änderungen vor, die nahezu ausschließlich Wahlkreise im Regierungsbezirk Düsseldorf betrafen.[55] Vor der Landtagswahl 2022 besteht weiterer Änderungsbedarf, diesmal beispielsweise im Regierungsbezirk Münster, weil die Einwohnerzahl der Universitätsstadt Münster seit Jahren stark wächst.[56]

Die Regelung in § 13 Abs. 2 Satz 3 LWahlG stößt aus zwei Gründen auf verfassungsrechtliche Bedenken: Zum einen wählt sie als Bemessungsgrundlage die Zahl der Einwohner (unabhängig von Alter und Staatsangehörigkeit), obwohl es die Rechte der Wahlberechtigten sind, aus denen sich verfassungsrechtliche Maßstäbe für den Zuschnitt von Wahlkreisen ergeben,[57] und obwohl nicht jeder Einwohner dem Staatsorgan „Volk" angehört, das den Landtag wählt.[58] Das BVerfG und der VerfGH NRW sind sich einig, dass sich die Wahlkreiseinteilung grundsätzlich nach der Zahl der Wahlberechtigten richten muss.[59] Die Einbeziehung Minderjähri-

---

51 § 13 Abs. 1 Satz 2 LWahlG.
52 § 15 Abs. 1 Satz 1 LWahlG.
53 § 15 Abs. 1 Satz 2 LWahlG, § 2 Nr. 1 LWahlO.
54 *Dieter Nohlen*, Wahlrecht (Fn. 45), 93 ff.
55 Gesetz zur Änderung des Gesetzes über die Wahlkreiseinteilung für die Wahl zum Landtag Nordrhein-Westfalen (Wahlkreisgesetz) v. 10.11.2015, GV. NRW. S. 739.
56 Jahres-Statistik 2018 (Bevölkerung) zum Download auf der Homepage der Stadt Münster unter www.stadt-muenster.de/stadtentwicklung/zahlen-daten-fakten.html#c36301 (abgerufen am 25.05.2020): Wachstum von 273.543 Einwohnern im Jahr 2008 auf 314.319 Einwohner im Jahr 2018.
57 Befassung mit solchen Maßstäben bei *Martin Beckmann/Gunhild Berg*, Rechtsfragen der Wahlkreiseinteilung in NRW, NWVBl. 2005, 167 ff.
58 Art. 30 Abs. 1 Satz 1 NWVerf.
59 BVerfG, Beschl. v. 31.01.2012 – 2 BvC 3/11, BVerfGE 130, 212 (224 ff.); VerfGH NRW, Urt. v. 20.12.2019 – VerfGH 35/19, Rn. 149 ff.

ger soll ausnahmsweise zulässig sein, wenn ihr Anteil von Wahlkreis zu Wahlkreis lediglich geringfügig abweicht. Diese Maßgabe muss konsequentermaßen auch für die Einbeziehung von Nicht-Deutschen gelten. Praktisch folgt daraus, dass der Landesgesetzgeber die Zusammensetzung der Einwohnerschaft im Vergleich der Landtagswahlkreise stetig überprüfen und die Bemessungsgrundlage nötigenfalls verändern muss.

Zum anderen führen die Abweichungen von bis zu 20 Prozent zu erheblichen Beeinträchtigungen der Wahlrechtsgleichheit. Das ganze Ausmaß der bisher zulässigen Abweichung wird deutlich, wenn man sich vor Augen führt, dass der größte Wahlkreis 1,5-mal so viele Einwohner haben kann wie der kleinste. Das nordrhein-westfälische Kommunalwahlrecht lässt in § 4 Abs. 2 Satz 3 KWahlG Abweichungen von bis zu 25 Prozent ohne besondere Voraussetzungen zu. Der VerfGH NRW ist bei Prüfung dieser Norm zu dem Ergebnis gelangt, dass Abweichungen von mehr als 15 Prozent nur in schwer zu rechtfertigenden Ausnahmefällen verfassungsgemäß seien.[60] Im Wege einer „verfassungskonformen Auslegung" hat er die Regelung in § 4 Abs. 2 Satz 3 KWahlG im Sinne seiner Rechtsauffassung umgedeutet.[61] Unter der Annahme, dass für die Einteilung der Landtagswahlkreise die gleichen verfassungsrechtlichen Maßstäbe gelten wie für die der Kommunalwahlbezirke, muss der Landesgesetzgeber unter Zugrundelegung der Rechtsprechung auch die Landtagswahlkreise nunmehr so einteilen, dass Abweichungen außer in Ausnahmefällen nicht mehr als 15 Prozent betragen. Die (explizite) Änderung der verfassungswidrigen Regelung (durch den Gesetzgeber) in § 13 Abs. 2 Satz 3 LWahlG käme der Verlässlichkeit des Gesetzestextes zugute.

IV. Wahlvorbereitung

Das Landeswahlgesetz regelt vier verschiedene Aspekte des Wahlvorschlags: wer Träger eines Wahlvorschlages sein kann, wer vorgeschlagen werden kann, welche formellen Anforderungen an den Wahlvorschlag bestehen und wie die Wahlvorschläge zugelassen werden. Es regelt unmittelbar vor allem die Kreiswahlvorschläge, vom Gesetz definiert als Wahlvorschläge für die Wahl im Wahlkreis,[62] und ordnet die entsprechende

---

60 VerfGH NRW, Urt. v. 20.12.2019 – VerfGH 35/19, Rn. 149 ff.
61 Kritik daran bei *Stefan Lenz,* Doch wieder eine Stichwahl in NRW!, Verfassungsblog v. 23.12.2019, abrufbar unter: https://verfassungsblog.de/doch-wieder-eine-stichwahl-in-nrw, DOI: https://doi.org/10.17176/20191223-174217-0.
62 § 19 Abs. 1 LWahlG.

Anwendung dieser Regelungen auf die Aufstellung von Listen an.[63] Eigene Vorschriften für die Aufstellung der Listen enthält das Gesetz nur wenige.[64]

Kreiswahlvorschläge können von Parteien im Sinne von § 2 PartG, von Wählergruppen, die das Gesetz als mitgliedschaftlich organisierte Gruppen von Wahlberechtigten definiert, und von Einzelbewerbern eingereicht werden.[65] Listen können nur von Parteien eingereicht werden.[66] Parteien, die im Bundestag oder in einem Landtag seit deren letzter Wahl nicht auf Grund eines eigenen Wahlvorschlags ununterbrochen vertreten sind oder deren Parteieigenschaft nicht bei der letzten Wahl zum Bundestag festgestellt worden ist, können als solche einen Wahlvorschlag nur einreichen, wenn sie spätestens am 90. Tag vor der Wahl dem Landeswahlleiter ihre Beteiligung an der Wahl schriftlich angezeigt haben und der Landeswahlausschuss ihre Parteieigenschaft festgestellt hat.[67] Gegen eine negative Feststellung kann der Anzeigesteller Beschwerde zum VerfGH NRW erheben.[68] Die Beschwerde muss innerhalb einer dafür knapp bemessenen Frist von vier Tagen nicht nur eingereicht, sondern auch begründet werden.

Als Bewerber einer Partei oder einer Wählergruppe kann in einem Kreiswahlvorschlag nur benannt werden, wer in einer Mitgliederversammlung oder in einer Vertreterversammlung des Wahlkreises hierzu gewählt worden ist.[69] Für welche der beiden Varianten sich eine Partei entscheidet, beeinflusst die Erfolgsbedingungen für parteiinterne Bewerber. Vertreterversammlungen bestehen wie Parteitage weit überwiegend aus Amts- und Mandatsträgern der höheren und mittleren Ebene, die sich manchmal von anderen Gesichtspunkten leiten lassen als andere Parteimitglieder. Die Mehrheitsverhältnisse in einer Vertreterversammlung können daher von denen in der Mitgliedschaft abweichen. In Parteihochburgen entscheiden Mitglieder- und Vertreterversammlungen faktisch allein darüber, wer ein Landtagsmandat erhält, wenn nicht sogar der Vorstand eines Gebietsverbandes die Entscheidung vorwegnimmt.[70] In Nordrhein-Westfalen stehen nach wie vor SPD-Hochburgen im Ruhrgebiet und CDU-Hochburgen in Westfalen.

---

63 § 20 Abs. 2 Satz 1 LWahlG.
64 § 17a Abs. 1 Satz 2, Abs. 6 und 7; § 20 Abs. 1, Abs. 2 Sätze 2 und 3 LWahlG.
65 § 17a Abs. 1 Satz 1 LWahlG.
66 § 17a Abs. 1 Satz 2 LWahlG.
67 § 17a Abs. 2 Satz 1 LWahlG.
68 § 17a Abs. 5 Sätze 1 und 2 LWahlG.
69 § 18 Abs. 1 LWahlG.
70 *Hans-Josef Thesling* (Fn. 23), Art. 31 Rn. 6.

Der Parteienbegriff hat Ausschlusswirkung, soweit die Erfüllung seiner Merkmale darüber entscheidet, ob jemand eine Liste einreichen kann.[71] Er ist aber auffälligerweise nicht das entscheidende Kriterium, welche Anforderungen an Kreiswahlvorschläge bestehen. Das Landeswahlgesetz differenziert insoweit nicht nach Parteien und Nicht-Parteien, sondern vereinfacht das Verfahren für solche Parteien, die im Landtag oder im Bundestag auf Grund eines Wahlvorschlages aus Nordrhein-Westfalen ununterbrochen seit deren letzter Wahl vertreten sind. Alle anderen Träger eines Kreiswahlvorschlags müssen für Kreiswahlvorschläge wenigstens 100 Unterschriften von Wahlberechtigten beibringen und für jeden Unterzeichner die Wahlberechtigung nachweisen.[72] Bei Listen sind 1000 Unterschriften erforderlich.[73] Derartige Hürden sind in der Praxis nicht unbedeutend.[74] Die Landesliste muss die Bewerber in erkennbarer Reihenfolge enthalten. Ein Bewerber, der in einem Kreiswahlvorschlag benannt ist, kann nur in der Landesliste derselben Partei benannt werden.[75] Die Verbindung von Wahlvorschlägen mehrerer Parteien oder Wählergruppen und von Landeslisten ist nicht zulässig.[76]

Der jeweilige Wahlleiter prüft die Wahlvorschläge auf ihre Zulässigkeit.[77] Über die Zulassung entscheidet der Wahlausschuss.[78] Die Behebung von Mängeln, die Zurücknahme und die Änderung von Wahlvorschlägen sind nur möglich, solange der Kreis- bzw. Landeswahlausschuss den Wahlvorschlag noch nicht zugelassen hat.[79] Wenn ein Kreiswahlausschuss einen Wahlvorschlag zurückweist, ist die Beschwerde zum Landeswahlausschuss zulässig.[80] Entscheidungen des Landeswahlausschusses über Kreiswahlvorschläge und die Zulassung von Listen sind endgültig.[81] Einsprüche im

---

71 § 17a Abs. 1 Satz 2 LWahlG.
72 § 19 Abs. 2 Satz 2 LWahlG.
73 § 20 Abs. 1 Satz 2 LWahlG.
74 Für die Bundestagswahl berichtet von *Martin Morlok*, Parteienrecht als Wettbewerbsrecht, in: Festschrift für Dimitris Th. Tsatos, 2003, S. 408 (435).
75 § 17a Abs. 6 LWahlG.
76 § 17a Abs. 7 LWahlG.
77 § 21 Abs. 1 Satz 1 LWahlG.
78 § 21 Abs. 3 Satz 1 LWahlG.
79 § 21 Abs. 2 Satz 1, § 23 Abs. 1 Satz 1, Abs. 2 Satz 4 LWahlG.
80 § 21 Abs. 4 Satz 1 LWahlG.
81 § 21 Abs. 4 Satz 5 LWahlG. Dazu *Hans-Georg Franzke*, Rechtswegausschlüsse im Landtagswahlrecht NRW, NWVBl. 2002, 3 ff.; *Bernhard Schlink*, Verfassungsgerichtlicher Rechtsschutz bei der Vorbereitung und Durchführung von Wahlen und Volksbegehren in Nordrhein-Westfalen, in: Festschrift für den Verfassungsgerichtshof für das Land Nordrhein-Westfalen, 2002, S. 137 ff.

Wahlprüfungsverfahren bleiben möglich.[82] Die Regelungen traten ins Bewusstsein, nachdem der Landesgeschäftsstelle der FDP vor der Landtagswahl 2017 ein Missgeschick unterlaufen war:[83] Sie reichte eine Liste ein, auf der die Bewerberin, die für Platz 48 gewählt worden war, an 24. Stelle genannt war und der Bewerber, der für Platz 24 gewählt worden war, an 48. Stelle. Der Irrtum fiel erst nach Zulassung des Wahlvorschlags auf und ließ sich daher nicht mehr beheben. Bei der Landtagswahl gewann die FDP 28 Sitze. Die Verwechslung brachte den Bewerber um ein Mandat und trug es der Bewerberin ein.

In Art. 32 Abs. 1 NWVerf. regelt die Landesverfassung ein Wahlbeteiligungsverbot. Vereinigungen und Personen, die es unternehmen, die staatsbürgerlichen Freiheiten zu unterdrücken oder gegen Volk, Land oder Verfassung Gewalt anzuwenden, dürfen sich an Wahlen und Abstimmungen nicht beteiligen. Die Entscheidung darüber, ob die Voraussetzungen von Art. 32 Abs. 1 NWVerf. vorliegen, trifft nach Absatz 2 auf Antrag der Landesregierung oder von mindestens 50 Abgeordneten des Landtags der VerfGH. Die Entscheidung des VerfGH NRW ist konstitutiv.[84] Den Antrag auf Entscheidung, ob eine Partei verfassungswidrig im Sinne von Art. 21 Abs. 2 GG ist, können ausschließlich Organe stellen (Bundestag, Bundesrat, Landesregierung). Die Landesverfassung ermöglicht es also einer parlamentarischen Minderheit, gegen den Willen der Mehrheit ein Wahlbeteiligungsverbot für Vereinigungen und Personen zu erwirken.[85] Der VerfGH NRW hat ein solches Verbot noch nie ausgesprochen.[86] Art. 32 Abs. 1 NWVerf. hat symbolische Bedeutung und eine Reservefunktion.[87]

Ein Wahlbeteiligungsverbot für eine Partei im Sinne des Parteiengesetzes ist mit dem von Art. 21 Abs. 2 GG gewährten Parteienprivileg unver-

---

82 § 21 Abs. 4 Satz 6 LWahlG.
83 *Marcel Schneider*, Weil die FDP-Geschäftsstelle Listenplätze vertauschte: Muss NRW neu wählen?, Legal Tribune Online v. 03.06.2017, abrufbar unter: www.lto.de/persistent/a_id/23103/ (abgerufen am 25.05.2020).
84 *Rolf Grawert* (Fn. 33), Art. 32 Anm. 2; *Jörg Menzel*, in: Löwer/Tettinger (Fn. 44), Art. 32 Rn. 17; *Hans-Josef Thesling*, in: Heusch/Schönenbroicher (Fn. 19), Art. 32 Rn. 7.
85 *Johannes Dietlein*, Verfassungsrecht (Fn. 44), § 1 Rn. 92; *Jörg Menzel* (Fn. 84), Art. 32 Rn. 7; *Hans-Josef Thesling* (Fn. 23), Art. 31 Rn. 7.
86 Dazu *Fabian Wittreck*, Verfassungsrecht (Fn. 44), § 1 Rn. 26; *Jörg Menzel* (Fn. 84), Art. 32 Rn. 4 f.; *Hans-Josef Thesling* (Fn. 23), Art. 31 Rn. 6.
87 *Hans-Josef Thesling* (Fn. 84), Art. 32 Rn. 1.

einbar.[88] Danach ist die Entscheidung darüber, ob eine Partei im Sinne von Art. 21 Abs. 2 GG verfassungswidrig ist, dem BVerfG vorbehalten mit der Folge, dass andere Staatsorgane (also auch ein Verfassungsgericht eines Landes) an die von ihnen angenommene Verfassungswidrigkeit einer Partei keine Rechtsfolgen (also etwa ein Wahlbeteiligungsverbot) knüpfen dürfen (Anknüpfungsverbot).[89] Soweit der VerfGH NRW an die Verfassungswidrigkeit einer Partei anknüpfen müsste, kann er kein Wahlbeteiligungsverbot verhängen. Fälle, in denen eine Partei es unternimmt, die staatsbürgerlichen Freiheiten zu unterdrücken oder gegen Volk, Land oder Verfassung Gewalt anzuwenden, ohne zugleich verfassungswidrig zu sein, sind zumindest praktisch allenfalls schwer vorstellbar.

V. Wahlergebnis

Im Wahlkreis ist derjenige Bewerber gewählt, der die meisten Stimmen auf sich vereinigt.[90] Bei Stimmengleichheit entscheidet das vom Kreiswahlleiter zu ziehende Los.[91] So einfach die Feststellung des Ergebnisses in den einzelnen Wahlkreisen ist, so schwierig ist die Ermittlung der Sitzverteilung anhand des Zweitstimmenergebnisses. Die Selbstverständlichkeit, dass weniger Mandate zu besetzen sind, als Stimmen abgegeben wurden, erfordert ein mehrstufiges Verfahren, in dem sich Stimmen so in Mandate übertragen lassen, dass die Mandatsverteilung dem Stimmenverhältnis entspricht. Dieses Verfahren ist in § 33 LWahlG geregelt: Zuerst werden die bereinigte Gesamtzahl der Zweitstimmen (Abs. 2) und die Ausgangszahl für die Sitzverteilung (Abs. 3) ermittelt, bevor der Verhältnisausgleich stattfindet (Abs. 4), etwaige Ausgleichsmandate zugeteilt (Abs. 5) und schließlich die Sitze aus den Landeslisten besetzt werden (Abs. 6).

Bezugsgröße für die Mandatsverteilung ist die bereinigte Gesamtzahl der Zweitstimmen.[92] Nicht berücksichtigt werden zum einen die Stimmen, die auf Parteien entfallen sind, die weniger als 5 Prozent der Zweitstimmen erhalten haben.[93] Das Landeswahlgesetz statuiert damit eine

---

88 *Rolf Grawert* (Fn. 33), Art. 32 Anm. 1; *Jörg Menzel* (Fn. 84), Art. 32 Rn. 7; *Hans-Josef Thesling* (Fn. 84), Art. 32 Rn. 2.
89 *Martin Morlok,* in: Dreier (Hrsg.), Grundgesetz-Kommentar, Bd. II, 3. Aufl. 2015, Art. 21 Rn. 157 f.
90 § 32 Abs. 1 Satz 1 LWahlG.
91 § 32 Abs. 1 Satz 2 LWahlG.
92 § 33 Abs. 2 Satz 5 LWahlG.
93 § 33 Abs. 2 Sätze 2 und 3 LWahlG.

Sperrklausel. Parteien, die daran scheitern, sind von der Sitzverteilung von vornherein ausgeschlossen. Im Unterschied etwa zum Bundestagswahlrecht[94] enthält das nordrhein-westfälische Landeswahlrecht keine Grundmandatsklausel. Nach einer solchen Klausel nehmen Parteien, die eine bestimmte Mindestzahl an Direktmandaten erringen, trotz Unterschreitens der Schwelle von 5 Prozent der Zweitstimmen ausnahmsweise an der Sitzverteilung teil. Unberücksichtigt bleiben zum anderen die Zweitstimmen derjenigen Wähler, die ihre Erststimme für einen im Wahlkreis erfolgreichen Bewerber, der von einer Partei, für die keine Landesliste zugelassen ist, vorgeschlagen wurde, oder für einen im Wahlkreis erfolgreichen Bewerber einer Wählergruppe oder für einen im Wahlkreis erfolgreichen Einzelbewerber abgegeben haben.[95]

Steht die bereinigte Gesamtstimmenzahl fest, muss die Ausgangszahl für die Sitzverteilung ermittelt werden. Von der regulären Sitzzahl (181) wird die Zahl der in den Wahlkreisen erfolgreichen Bewerber von Parteien, die nicht am Verhältnisausgleich teilnehmen, sowie die Zahl der in den Wahlkreisen erfolgreichen Bewerber von Wählergruppen oder der in den Wahlkreisen erfolgreichen Einzelbewerber abgezogen.[96] Die Ausgangszahl ist die Menge, aus der die Parteien ihre Sitze erhalten, je nachdem, wie viele Zweitstimmen sie im Verhältnis zur bereinigten Gesamtstimmenzahl gewonnen haben.

Die Zuteilung selbst, der nächste Schritt, richtet sich nach dem Divisorverfahren mit Standardrundung, besser bekannt als das Verfahren nach Sainte-Laguë/Schepers.[97] Dieses Verfahren hat Vorteile gegenüber den beiden anderen in Deutschland gebräuchlichen Sitzzuteilungsverfahren: Das D'Hondt-Verfahren bevorzugt stimmenstärkere Listen gegenüber stimmenschwächeren, wohingegen das Sainte-Laguë/Schepers-Verfahren listenneutral ist; das Hare/Niemeyer-Verfahren kann verhindern, dass sich aus einer absoluten Mehrheit der Stimmen eine absolute Mehrheit der Mandate ergibt.[98] Das Sainte-Laguë/Schepers-Verfahren ist in Deutschland aus guten Gründen im Vordringen und findet auch zum Beispiel bei den Europa- und den Bundestagswahlen Anwendung.

Haben Parteien mehr Sitze in den Wahlkreisen gewonnen, als ihnen nach der Sitzzuteilung im Sainte-Laguë/Schepers-Verfahren zustehen, wird

---

94 § 6 Abs. 3 Satz 1 BWahlG.
95 § 33 Abs. 2 Satz 4 LWahlG.
96 § 33 Abs. 3 LWahlG.
97 § 33 Abs. 4 Satz 1 LWahlG. Zum Verfahren näher *Dieter Nohlen*, Wahlrecht (Fn. 45), 131 f.
98 *Dieter Nohlen*, Wahlrecht (Fn. 45), 123 ff., 130 f.

die Ausgangszahl um so viele Sitze erhöht, wie notwendig sind, um auch unter Berücksichtigung der erzielten Mehrsitze eine Sitzverteilung nach dem Verhältnis der Zahl der Zweitstimmen gemäß dem Sainte-Laguë-Verfahren zu erreichen.[99] Wie die erhöhte Ausganszahl errechnet wird, ist in § 33 Abs. 5 LWahlG beschrieben. Die Regelung hat zur Folge, dass Überhangmandate durch Ausgleichsmandate kompensiert werden, damit das Zweitstimmenverhältnis bei der Zusammensetzung des Landtags gewahrt bleibt. Sie verhindert, dass Parteien einen „Bonus" für hohe Zustimmung zu ihren Bewerbern in den Wahlkreisen erhalten.

Von der Abgeordnetenzahl, die in dem bisher beschriebenen Verfahren für jede Landesliste ermittelt wird, zieht man schließlich die Zahl der von der Partei in den Wahlkreisen des Landes errungenen Sitze ab.[100] Die restlichen ihr zustehenden Sitze werden aus der Landesliste in der dort festgelegten Reihenfolge besetzt.[101] Bewerber, die in einem Wahlkreis gewählt sind, bleiben auf der Landesliste unberücksichtigt.[102] Entfallen auf eine Landesliste mehr Sitze, als Bewerber benannt sind, so bleiben diese Sitze unbesetzt.[103]

VI. Wahlprüfung

Nach Art. 33 Abs. 1 NWVerf. ist die Wahlprüfung Sache des Landtags. Die Entscheidung des Landtags kann durch Beschwerde beim VerfGH NRW angefochten werden.[104] Damit folgt Nordrhein-Westfalen dem sog. gemischten zweistufigen Modell.[105] „Gemischt" nennt sich das Modell deshalb, weil weder allein der Landtag noch allein ein Gericht mit der Gültigkeit einer Wahl befasst ist. Die Wahlprüfung durch das Parlament selbst galt ursprünglich als Fortschritt (keine exekutive Wahlprüfung), wohingegen sie heute einige für defizitär halten (keine gerichtliche Wahlprüfung).[106] Obwohl die Entscheidung des Landtags gerichtlich kontrolliert

---

99 § 33 Abs. 5 Satz 1 LWahlG.
100 § 33 Abs. 6 Satz 1 LWahlG.
101 § 33 Abs. 6 Satz 2 LWahlG.
102 § 33 Abs. 6 Satz 3 LWahlG.
103 § 33 Abs. 6 Satz 4 LWahlG.
104 Art. 33 Abs. 3 NWVerf.
105 Bezeichnung bei *Hans-Josef Thesling*, in: Heusch/Schönenbroicher (Fn. 19), Art. 33 Rn. 2.
106 *Wolfgang Löwer*, in: ders./Tettinger (Fn. 44), Art. 33 Rn. 1 ff.; *Fabian Wittreck*, Verfassungsrecht (Fn. 17), § 1 Rn. 26; *Hans-Josef Thesling* (Fn. 105), Art. 33 Rn. 2.

werden kann, hegen die Kritiker verfassungsrechtliche Bedenken gegen die parlamentseigene Wahlprüfung.[107]

Der Landtag wird nicht von Amts wegen tätig, sondern auf Einspruch.[108] Einspruchsberechtigt sind jeder Wahlberechtigte, jede in einem Wahlkreis mit einem Wahlvorschlag angetretene Partei, der Präsident des Landtags sowie der Landeswahlleiter. Der einzelne Wahlberechtigte bedarf der vorherigen schriftlichen Zustimmung von mindestens 50 weiteren Wahlberechtigten.[109] Der Einspruch ist innerhalb eines Monats nach der Bekanntmachung des Wahlergebnisses und der Namen der gewählten Bewerber einzulegen und zu begründen.[110] Das Wahlprüfungsgesetz nennt fünf Gründe, auf die sich ein Einspruch stützen lässt.[111] Der praktisch bedeutendste ist die Verletzung des Grundgesetzes, der Landesverfassung, des Landeswahlgesetzes oder der dazu ergangenen Durchführungsverordnungen bei der Vorbereitung oder der Durchführung der Wahl oder bei Ermittlung des Wahlergebnisses in einer Weise, die die Verteilung der Sitze beeinflusst (kurz: mandatsrelevante Rechtsverletzung).[112] Das Erfordernis der Mandatsrelevanz verringert die Erfolgsaussichten eines Einspruchs erheblich: Auch schwere Rechtsverletzungen führen nur zur Ungültigkeit der Wahl, wenn sich die Rechtsverletzung in der Mandatsverteilung niedergeschlagen hat.[113] Zur Vorbereitung seiner Entscheidung setzt der Landtag einen Wahlprüfungsausschuss ein, der einen Vorschlag mit einem schriftlichen Bericht vorlegt.[114]

Die Personen, die Einspruch eingelegt haben, und die Abgeordneten, deren Mandat durch die Entscheidung berührt wird, können binnen eines Monats ab Zustellung der Entscheidung Beschwerde beim VerfGH NRW erheben.[115] Das nordrhein-westfälische Wahlprüfungsgesetz regelt im Unterschied zu dem des Bundes eine Ablehnungsfiktion: Entscheidet der Landtag nicht innerhalb einer Frist von drei Monaten, dann gilt der Einspruch als abgelehnt.[116] Auch gegen die fingierte Ablehnung ist die Beschwerde zum VerfGH NRW statthaft, wobei die Anfechtungsfrist mit

---

107 *Johannes Dietlein*, Verfassungsrecht (Fn. 44), § 1 Rn. 90; *Hans-Josef Thesling* (Fn. 105), Art. 33 Rn. 3.
108 § 1 Abs. 1 WahlPrüfG.
109 § 3 Satz 2 WahlPrüfG.
110 § 2 Abs. 1 Satz 1 WahlPrüfG.
111 § 5 WahlPrüfG.
112 § 5 Nr. 3 WahlPrüfG.
113 *Fabian Wittreck*, Verfassungsrecht (Fn. 17), § 1 Rn. 26.
114 § 8 WahlPrüfG.
115 § 10 Abs. 1 Satz 1 WahlPrüfG.
116 § 7 Abs. 2 Satz 1 WahlPrüfG.

Eintritt der Fiktion beginnt.[117] Die Regelung beugt Verfahrensverzögerungen vor, wie sie auf Bundesebene häufig gerügt werden.[118] Die Entscheidungen des Landtags und des VerfGH NRW können bei einem Einspruch, der auf eine mandatsrelevante Rechtsverletzung gestützt wird, nur auf Gültigkeit oder Ungültigkeit der Wahl lauten.[119]

VII. Wahlrechtsreform

Von 2013 bis 2016 erarbeitete eine vom Landtag eingesetzte Verfassungskommission, bestehend aus 19 Abgeordneten (mit Stimmrecht) und fünf „sachverständigen Personen" (ohne Stimmrecht), Vorschläge für eine Verfassungsreform.[120] Die „fein austarierte" Zusammensetzung[121] der Kommission und das Erfordernis einer Zwei-Drittel-Mehrheit führten dazu, dass dort kein Vorschlag angenommen wurde, der nicht später auch im Landtag die erforderliche Mehrheit fand. Der verfassungsändernde Gesetzgeber hat die Vorschläge unverzüglich nach Abschluss der Kommissionsarbeit im Jahre 2016 verwirklicht.[122] Geändert wurden unter anderem die Vorschriften über die Wahlperiode, damit nicht noch einmal eine parlamentslose Zeit wie im Jahr 2012 eintreten würde. Im Übrigen blieb das Wahlrecht, obwohl verschiedene Änderungen erwogen worden waren, unangetastet. Die Kommission hatte die Reform des Wahlrechts zusammen mit anderen heiklen Themen in einen „politischen Korb" gelegt, für den die Fraktionsvorsitzenden eine Gesamtlösung finden sollten – aber am Ende nicht zustande brachten.[123] Eine der „sachverständigen Personen"

---

117 § 10 Abs. 1 Satz 3 WahlPrüfG.
118 *Hans-Josef Thesling* (Fn. 105), Art. 33 Rn. 4.
119 § 7 Abs. 1 Nr. 3 WahlPrüfG. Damit unvereinbar die Ausführungen bei *Hans-Josef Thesling* (Fn. 105), Art. 33 Rn. 5.
120 Antrag der Fraktionen der SPD, CDU, Bündnis90/Die Grünen, FDP und Piraten auf Einsetzung einer Kommission zur Reform der Nordrhein-Westfälischen Verfassung (Verfassungskommission) v. 17.07.2013, LT-Drs. 16/3428.
121 *Bodo Pieroth*, Verfassungskommission (Fn. 17), 486.
122 Gesetz zur Änderung der Verfassung für das Land Nordrhein-Westfalen v. 25.10.2016, GV. NRW. S. 859.
123 *Bodo Pieroth*, Verfassungskommission (Fn. 17), 486; *Hinnerk Wißmann*, Verfassungsreform NRW: Dem Grunde nach „klein, aber fein", NWVBl. 2016, 490 (491); *Werner Reutter*, Verfassungsändernde Gesetzgebung in Nordrhein-Westfalen, ZG 33 (2018), 145 (159 f.).

bemängelte den Ertrag der Kommission deshalb als „mager", eine andere lobte die Verfassungsreform als „klein, aber fein".[124]

In der Kommission fand sich keine Zwei-Drittel-Mehrheit für die Absenkung des Wahlalters von 18 auf 16 Jahre. Das niedrigere Alter ist für Kommunalwahlen in Nordrhein-Westfalen und für Landtagswahlen anderswo vorgesehen. Den Befürwortern war nach eigenem Bekunden an der aus ihrer Sicht demokratietheoretisch angezeigten Verallgemeinerung des Wahlrechts und der Gewinnung junger Menschen für die Demokratie gelegen, während die Gegner erklärtermaßen Wertungswidersprüchen zum Bürgerlichen Recht und zum Strafrecht vorbeugen wollten.[125] Insgeheim dürften auch Prognosen eine Rolle gespielt haben, welchen Parteien die Herabsetzung des Wahlalters nützen und wem sie schaden würde. Später entstand die Klimabewegung „Fridays for Future", die sich überwiegend aus Schülern zusammensetzt und Bündnis90/Die Grünen nahesteht. Dadurch könnten sich die Parteien in ihrem etwaigen Kalkül bestätigt sehen.

Die Kommission verständigte sich auch nicht darauf, das Wahlrecht auf alle Unionsbürger zu erstrecken. Bei den Kommunalwahlen in Nordrhein-Westfalen hingegen können Unionsbürger wählen. In der Diskussion nahmen verfassungsrechtliche Bedenken größeren Raum ein als in der Diskussion über die Absenkung des Wahlalters. Die Gegner eines Unionsbürgerwahlrechts beanspruchten für ihre Auffassung die Rechtsprechung des BVerfG, die von Befürwortern jedoch für überwindbar erklärt wurde.[126] Auch in der Frage des Unionsbürgerwahlrechts mögen die Positionen der Parteien davon beeinflusst gewesen sein, dass sich Wahlrechtsänderungen auf die Erfolgsbedingungen bei Wahlen und den demokratischen Wettbewerb auswirken (können).

Auch für eine Abschaffung der Regel, dass der Ministerpräsident dem Landtag angehören muss, fand sich nicht die erforderliche Mehrheit. Dass die Regelung bundesweit einzigartig ist, nimmt ihr nicht ihre Berechtigung. Man mag sie für eine besonders konsequente Fortführung des Gedankens halten, der dem parlamentarischen Regierungssystem innewohnt: dass der Regierungschef vom Vertrauen des Parlaments abhängig

---

124 *Bodo Pieroth*, Verfassungskommission (Fn. 17), 491: „mager"; *Hinnerk Wißmann*, Verfassungsreform (Fn. 123), 491: „klein, aber fein'". Pieroth war von den „Piraten", Wißmann von der FDP benannt worden.
125 Abschlussbericht der Kommission zur Reform der Nordrhein-Westfälischen Verfassung (Verfassungskommission) v. 27.06.2016, LT-Drs. 16/12400, S. 68 ff.
126 Abschlussbericht der Kommission zur Reform der Nordrhein-Westfälischen Verfassung (Verfassungskommission) v. 27.06.2016, LT-Drs. 16/12400, S. 71 ff.

sein soll. Im Vereinigten Königreich benötigt der Premierminister einen Sitz im Unterhaus.[127] Allerdings begrenzt eine solche Regelung die Flexibilität beim Einsatz politischen Spitzenpersonals, gerade wenn das politische System verschiedene Ebenen hat. Ein Bundes- oder Europapolitiker kann nicht in der laufenden Wahlperiode das Amt des Ministerpräsidenten übernehmen.[128] Die Regelung wurde in der Kommission unter anderem mit dem Argument, sie habe noch nie zu praktischen Problemen geführt,[129] auch und gerade von der CDU verteidigt – die sie wenig später um ein Haar hätte umgehen müssen, um ihrem Spitzenkandidaten zum Amt des Ministerpräsidenten zu verhelfen.[130]

Dass sich die genannten Vorschläge in der Verfassungskommission nicht durchsetzten, bedeutet nicht, dass sie in absehbarer Zeit nicht doch Wirklichkeit werden könnten. Obwohl sich in der Kommission auch für die Einführung einer Individualverfassungsbeschwerde zum VerfGH NRW keine Zwei-Drittel-Mehrheit fand, ist der Rechtsbehelf mittlerweile in die Landesverfassung gelangt.[131] Die SPD scheiterte im Februar 2020 mit einem Antrag, das Wahlalter von 18 auf 16 Jahre zu senken.[132] Die in der Kommission behandelten Themen bleiben also auf der Tagesordnung.

Mitbestimmt wird die Tagesordnung in Nordrhein-Westfalen vom VerfGH, der auf dem Gebiet des Wahlrechts rege Aktivität entfaltet hat.

---

127 *Peter Leyland*, The Constitution of the United Kingdom, 3. Aufl. 2016, S. 35, 39, 159.
128 *Hinnerk Wißmann*, Verfassungsreform (Fn. 123), 491.
129 Abschlussbericht der Kommission zur Reform der Nordrhein-Westfälischen Verfassung (Verfassungskommission) v. 27.06.2016, LT-Drs. 16/12400, S. 60.
130 An das „selbstgefährdende" Verhalten der CDU erinnert *Reiner Burger*, Eingeschränkter Suchraum. Laschets Ambitionen und die Folgen für sein Land, Frankfurter Allgemeine Zeitung v. 15.07.2020, S. 8, unter der Überschrift „Ein selbstgemachtes Nachfolgeproblem" abrufbar unter: www.faz.net/aktuell/politik/inland/laschets-nachfolge-waere-fuer-die-cdu-in-nrw-ein-problem-16860839.html (abgerufen am 11.08.2020). Vor allem prognostiziert der Autor des Artikels, dass die CDU wegen der Regelung in Personalnöte geriete, wenn Laschet vorzeitig sein Amt aufgäbe.
131 Art. 75 Nr. 5a NWVerf. Eingeführt wurde die Norm durch das Gesetz zur Änderung der Verfassung für das Land Nordrhein-Westfalen v. 11.04.2019, GV. NRW. S. 201.
132 Entwurf eines Gesetzes zur Änderung der Verfassung für das Land Nordrhein-Westfalen v. 02.04.2019, LT-Drs. 17/5619. Aus der seit 2017 laufenden Wahlperiode seien zudem die Vorstöße der AfD zur Verkleinerung des Landtags vermerkt: Antrag der Fraktion der AfD: Verkleinerung des Landtages NRW [schlichter Parlamentsbeschluss], LT-Drs. v. 07.11.2017; Entwurf eines Gesetzes zur Änderung des Landeswahlgesetzes des Landes Nordrhein-Westfalen v. 16.06.2020, LT-Drs. 17/9801.

Im Jahr 2017 befand er eine Kommunalwahl-Sperrklausel in relativ niedriger Höhe von 2,5 Prozent[133] für verfassungswidrig, die der verfassungsändernde Gesetzgeber eigens zum Schutz vor diesem Verdikt auch in die Landesverfassung und nicht nur ins Wahlgesetz aufgenommen hatte.[134] Beachtet man, dass das BVerfG zweimal eine Europawahl-Sperrklausel für verfassungswidrig befunden hat, erst eine von 5 Prozent (2011), dann eine von 3 Prozent (2014), so zeichnet sich eine gegen Sperrklauseln gerichtete Rechtsprechungstendenz ab.[135] Seit einiger Zeit lässt sich nicht mehr ausschließen, dass sich der VerfGH NRW auch gegen die Sperrklausel für Landtagswahlen wenden wird.

Wenn der VerfGH NRW die Sperrklausel für verfassungswidrig befindet oder sich eine solche Entscheidung abzeichnet, dann kann der Gesetzgeber die Sperrklausel wahrscheinlich erhalten, indem er sie um ein Ersatzstimmrecht ergänzt.[136] Können die Wähler eine Ersatzstimme abgeben, so findet gedanklich ein zweiter Wahlgang statt, an dem ausschließlich die Parteien teilnehmen, die im ersten Wahlgang die Sperrklausel überwunden haben, und bei dem die Wähler, die beim ersten Wahlgang für eine der erfolgreichen Parteien gestimmt haben, ihre Wahlentscheidung beibehalten, während sich die Wähler der Parteien, die im ersten Wahlgang gescheitert sind, für eine der verbliebenen Parteien entscheiden. Welche Wirkungen ein Ersatzstimmrecht im Einzelnen hat, lässt sich erst dadurch in Erfahrung bringen, dass man es erprobt. Wahrscheinlich aber würde der Anteil der „Papierkorbstimmen" zurückgehen und zugleich die Fragmentierung des Parlamentsparteiensystems abnehmen. Es ließen sich die intendierten Wirkungen einer Sperrklausel in ähnlichem Maße aufrechterhalten wie zuvor und die ungewollten Nebenwirkungen spürbar vermindern. Aus verfassungsrechtlicher Sicht wäre eine derart ergänzte Sperrklausel also weniger problematisch als eine herkömmliche Sperrklausel. Das BVerfG hat sich 2017 in einem Beschluss zum Ersatzstimmrecht geäußert und zu erkennen gegeben, dass ihm an der Offenhaltung des Gestaltungs-

---

133 Art. 78 Abs. 1 Satz 3 NWVerf. Eingeführt wurde die Norm durch das Gesetz zur Änderung der Verfassung für das Land Nordrhein-Westfalen und wahlrechtlicher Vorschriften (Kommunalvertretungsstärkungsgesetz) v. 14.06.2016, GV. NRW. S. 442.
134 VerfGH NRW, Urt. v. 21.11.2017 – 21/16 u. a.
135 BVerfG, Urt. v. 9.11.2011 – 2 BvC 4/10 u. a., BVerfGE 129, 300 ff; BVerfG, Urt. v. 26.2.2014 – 2 BvE 2/13 u. a., BVerfGE 135, 259 ff.
136 Eingehende Begründung des Vorschlags bei *Stefan Lenz*, Sperrklausel und Ersatzstimme im deutschen Wahlrecht, NVwZ 2019, 1797 ff.; *ders.*, Kommunalverwaltung (Fn. 30), 329 ff.

spielraums des Gesetzgebers gelegen ist: Es sei „Sache des Gesetzgebers, die mit einem Eventualstimmrecht verbundenen Vor- und Nachteile gegeneinander abzuwägen und auf dieser Grundlage über dessen Einführung zu entscheiden."[137]

Speziell in Nordrhein-Westfalen würden sich vermutlich vielerorts praktische Bedenken gegen eine solche Neuerung erheben: Das Wahlrecht werde unverständlich und abschreckend, die Auszählung langwierig und fehleranfällig. Richtig ist, dass sich Wähler und Wahlhelfer durch Aufklärung und Übung an ein neues Wahlsystem gewöhnen müssen – aber auch gewöhnen lassen. Da die nordrhein-westfälischen Wähler bei Kommunal-, Landtags-, Bundestags- und Europawahlen mit stets ähnlichen Wahlsystemen zu tun haben, können sich viele von ihnen nicht vorstellen, dass andere Wahlsysteme genauso gute oder bessere Dienste leisten. Die bayerischen Wähler dagegen haben mit ihren nordrhein-westfälischen Mitbürgern zwar das Europa- und Bundestagswahlrecht gemein, können aber bei Kommunalwahlen kumulieren und panaschieren und geben bei Landtagswahlen ihre Stimme in einem von sieben mit den Regierungsbezirken deckungsgleichen Wahlkreisen ab. Befürchtungen, wie sie in Nordrhein-Westfalen herrschen, haben sich in Bayern nicht verwirklicht. Die praktischen und verfassungsrechtlichen Hürden bei der Einführung eines Ersatzstimmrechts sind weit niedriger, als sie erscheinen (können).

Wie in anderen Ländern sind in Nordrhein-Westfalen neuerdings Bestrebungen zu beobachten, die Parteien durch ein Paritäts- oder auch Parité-Gesetz anzuhalten, dass sie ihre Landeslisten im Reißverschlussverfahren abwechselnd mit Männern und Frauen besetzen, damit der Frauenanteil im Landtag möglichst auf die Hälfte steigt. Erst in den 1990er Jahren erreichte der Frauenanteil im nordrhein-westfälischen Landtag eine mehr als marginale Höhe und stagniert seit mehreren Landtagswahlen zwischen ungefähr 27 und 32 Prozent.[138] In Reaktion darauf haben die Fraktionen von SPD und Bündnis90/Die Grünen im November 2019 gemeinsam den Entwurf eines Paritätsgesetzes in den Landtag eingebracht, nach dem der

---

137 BVerfG, Beschl. v. 19.09.2017 – 2 BvC 46/14, BVerfGE 146, 327 (361).
138 Statistik der Landtagsverwaltung auf dem Stand vom 9.6.2017 zum Download abrufbar unter: www.landtag.nrw.de/home/abgeordnete-fraktionen/statistiken/statistik-frauenanteil-17wp.html (abgerufen am 11.08.2019). Statistische Angaben finden sich auch in der Begründung zum Entwurf eines Gesetzes zur Änderung des Landeswahlgesetzes in Nordrhein-Westfalen – Einführung einer paritätischen Aufstellung der Wahllisten mit Frauen und Männern v. 05.11.2019, LT-Drs. 17/7753, S. 7. Die Statistik der Landtagsverwaltung berücksichtigt sowohl den Beginn als auch das Ende einer jeden Wahlperiode.

Landeswahlausschuss künftig eine Liste zurückweisen muss, soweit sie nicht abwechselnd mit Männern und Frauen besetzt ist.[139] Das Gesetz befindet sich noch in der Beratung. Voraussichtlich wird es keine Mehrheit finden, denn CDU und FDP, die die Regierungsmehrheit bilden, sowie die AfD haben sich unter Berufung auf verfassungsrechtliche Bedenken früh und entschieden gegen das Gesetzesvorhaben gestellt.[140] Da in Nordrhein-Westfalen die Anzahl der Wahlkreismandate die der Listenmandate erheblich übersteigt, entsenden die nach Zweitstimmen stärksten Parteien mit relativ hoher Wahrscheinlichkeit ohnehin keine oder wenige Listenbewerber in den Landtag. Wichtigste Stellschraube zur Erhöhung des Frauenanteils im Landtag ist deshalb die Aufstellung von Wahlkreisbewerberinnen, nicht die paritätische Besetzung der Listen.

---

139 Entwurf eines Gesetzes zur Änderung des Landeswahlgesetzes in Nordrhein-Westfalen – Einführung einer paritätischen Aufstellung der Wahllisten mit Frauen und Männern v. 05.11.2019, LT-Drs. 17/7753.
140 Stellvertretend „Frauenquote auf Wahllisten wird wohl scheitern", WDR v. 14.11.2019, abrufbar unter: www1.wdr.de/nachrichten/landespolitik/paritaetsgesetz-nrw-100.html (abgerufen am 11.08.2019).

§ 14 Rheinland-Pfalz

Thomas Spitzlei

I. Wahlen zum rheinland-pfälzischen Landtag

Bei den Wahlen zum rheinland-pfälzischen Landtag sind mehrere landesspezifische Rechtsquellen einschlägig. Die ranghöchste Rechtsquelle ist die Landesverfassung (LV)[1]. Die Art. 76, 80, 82 und 83 LV enthalten grundlegende Regelungen, die aufgrund der Ermächtigungen zur näheren gesetzlichen Ausgestaltung in Art. 76 Abs. 4, Art. 80 Abs. 4 und Art. 82 Sätze 4 und 5 LV im Landeswahlgesetz (LWahlG)[2] konkretisiert werden. Das LWahlG erfährt wiederum auf Grundlage der Verordnungsermächtigung in § 88 LWahlG in der Landeswahlordnung (LWO)[3] und schließlich durch die Landeswahlgeräteverordnung (LWgVO)[4] eine Konkretisierung. Daneben existiert mit dem Landeswahlprüfungsgesetz (LWPG)[5] ein Regelwerk für den Ablauf von Wahlprüfungsverfahren.

Die zentralen Regelungen des Art. 76 LV entsprechen weitgehend denen des Art. 38 GG. Absatz 1 statuiert die Wahlgrundsätze der allgemeinen, gleichen, unmittelbaren, geheimen und freien Wahl. Abweichend von Art. 38 Abs. 1 Satz 1 GG ist die Formulierung nicht auf die zu wählenden Abgeordneten zugeschnitten, sondern betrifft – ähnlich wie in Art. 28 Abs. 1 Satz 2 GG – Wahlen und Volksentscheide aufgrund der Landesverfassung. Damit knüpft die Regelung an Art. 75 Abs. 1 LV an, wonach das Volk nach den Bestimmungen der Landesverfassung durch seine Staatsbürger und die von ihnen bestellten Organe handelt.[6] Ferner deckt sich die Reihenfolge der Wahlgrundsätze nicht mit der in Art. 38 Abs. 1 Satz 1 GG

---

1 Verfassung v. 18.05.1947, zuletzt geändert durch Gesetz v. 08.05.2015, GVBl. S. 35.
2 LWahlG in der Fassung v. 24.11.2004, GVBl. S. 519, zuletzt geändert durch Gesetz v. 26.09.2019, GVBl. S. 297. Die ursprüngliche Fassung datiert auf den 07.12.1950.
3 LWO in der Fassung v. 06.06.1990, GVBl. S. 153, zuletzt geändert durch Verordnung v. 13.05.2016, GVBl. S. 265.
4 LWgVO in der Fassung v. 03.02.2004, GVBl. S. 219.
5 Gesetz v. 18.02.1975, GVBl. S. 92, zuletzt geändert durch Gesetz v. 14.07.2015, GVBl. S. 165.
6 Vgl. *Meinhard Schröder*, in: Brocker/Droege/Jutzi (Hrsg.), Verfassung für Rheinland-Pfalz, 2014, Art. 76 Rn. 1.

und Art. 28 Abs. 1 Satz 2 GG. Die Reihung entspricht Art. 17 und 22 WRV mit dem Unterschied, dass die in Art. 125 WRV als Grundrecht normierte Wahlfreiheit an das Ende gestellt wurde.[7] Eine inhaltliche Abweichung von Art. 38 Abs. 1 Satz 1 GG bzw. Art. 28 Abs. 1 Satz 2 GG ist damit nicht verbunden, sodass für die Wahlgrundsätze letztlich die Rechtsprechung des BVerfG maßgeblich ist.[8] Da die Wahlgrundsätze sowohl das aktive wie das passive Wahlrecht betreffen, beziehen sich auch die Regelungen zur Teilnahme an Wahlen in Art. 76 Abs. 2 LV (Alter) und Art. 76 Abs. 3 LV (Aufenthaltsdauer und Wohnsitz) auf das aktive und passive Wahlrecht, soweit an anderer Stelle nichts Abweichendes bestimmt ist.[9] Im Landeswahlgesetz werden die Wahlgrundsätze in § 1 LWahlG für Volksabstimmungen im Sinne des Gesetzes – gemeint sind Landtagswahlen und Volksentscheide – wiederholt. Es sind ferner allgemeine Regelungen getroffen zum Stimmrecht (§§ 2–4 LWahlG).[10]

Die zweite zentrale Norm auf Ebene der Landesverfassung ist Art. 80 LV. Dort sind Regelungen zum Wahlsystem in Art. 80 Abs. 1 LV, zur Wählbarkeit in Art. 80 Abs. 2 LV und zum Wahltag in Art. 80 Abs. 3 LV getroffen. Das Nähere bestimmt auch hier nach Art. 80 Abs. 4 LV das Landeswahlgesetz. Konkretisiert werden diese Regelungen etwa in den §§ 9 und 10 LWahlG bzgl. der Bildung von Bezirken und Wahlkreisen[11], in den §§ 33–44 LWahlG bzgl. der Wahlvorschläge[12] und in den §§ 46–54a LWahlG bzgl. der Feststellung des Wahlergebnisses[13].

Flankiert wird Art. 80 LV durch die Regelungen zur Wahlperiode und zum Zusammentritt des Landtages in Art. 83 LV. Art. 83 Abs. 1 LV sieht eine Wahlperiode von fünf Jahren vor, die mit dem Zusammentritt des Landtages beginnt und mit dem Zusammentritt des nächsten Landtages endet. Indem das Ende der Legislaturperiode auf den Zeitpunkt des Zusammentritts des nächsten Landtages fällt, werden nahtlose Wahlperioden geschaffen und eine parlamentslose Zeit ausgeschlossen. Um dem Prinzip der Organkontinuität Rechnung zu tragen, ist daher ein Zusammentreten des bisherigen Landtages auch nach den Wahlen bis zur Konsti-

---

7 Vgl. *Adolf Süsterhenn/Hans Schäfer*, Kommentar der Verfassung für Rheinland-Pfalz, 1950, Art. 76 Anm. 2c.
8 *Meinhard Schröder* (Fn. 6), Art. 76 Rn. 2. Zu den Wahlgrundsätzen des GG siehe § 3 II.
9 *Meinhard Schröder* (Fn. 6), Art. 76 Rn. 3.
10 Näher dazu unter II.
11 Näher dazu unter III.
12 Näher dazu unter IV.
13 Näher dazu unter V.

tuierung des neuen Landtages möglich.[14] Eine Ausnahme von der Organkontinuität ist in der Verfassung nur für den Fall der vorzeitigen Auflösung des Landtages nach Art. 84 LV enthalten. Art. 92 LV ordnet zur Überbrückung bis zum Zusammentreten eines neuen Landtages die Bestellung eines Zwischenausschusses als ständigen Ausschuss an.[15]

Art. 83 Abs. 1 LV a. F. sah bis zur Landtagswahl im Jahr 1987 eine vierjährige Wahlperiode vor. Nach der Vorstellung des verfassungsändernden Gesetzgebers sollte eine Verlängerung der Wahlperiode auf fünf Jahre zu einer Ausdehnung der Zeit intensiver parlamentarischer Sacharbeit um etwa 50 Prozent führen, da eine etwa einjährige Anlauf- und Einarbeitungszeit in einer Legislaturperiode und eine ebenfalls etwa einjährige Endphase, die durch Wahlvorbereitung und Wahlkampf geprägt sei, zu berücksichtigen seien. Auch angesichts der positiven Erfahrungen in Nordrhein-Westfalen und dem Saarland werde das mit der Ausdehnung der Wahlperiode verbundene Hinausschieben der (Ab-)Wahlmöglichkeit der Bürger durch die Stärkung der Leistungsfähigkeit des Parlaments kompensiert.[16]

Neuwahlen finden nach Art. 83 Abs. 2 Satz 1 LV frühestens 57 und spätestens 60 Monate nach Beginn der Wahlperiode statt. Der Landtag tritt spätestens am 75. Tag nach seiner Wahl zusammen, Art. 83 Abs. 2 Satz 2 LV. Bis ins Jahr 2015 sah die Verfassung noch einen Korridor von 58 bis 60 Monaten und ein Zusammentreten spätestens 60 Tage nach den Neuwahlen vor. Die großzügiger bemessenen Zeitfenster sollen der Landesregierung bei der Bestimmung des Wahltages einen größeren Spielraum gewähren. Ziel ist die Auswahl eines Wahltages, der eine bestmögliche Wahlbeteiligung verspricht, weil er außerhalb der Osterferien liegt und idealerweise mit anderen Landtagswahlen zusammenfällt. Zudem soll der Landtag einer gefestigten parlamentarischen Tradition entsprechend regelmäßig am 18. Mai, dem Verfassungstag des Landes, zu seiner konstituierenden Sitzung zusammenkommen.[17] Von einer Ausdehnung der ursprünglich 30 Tage und seit 2005 60 Tage langen Frist bis zum Zusammentreten nach der Neuwahl auf 90 Tage – damit wäre die Verlängerung des Korri-

---

14 Vgl. *Paul J. Glauben*, in: Brocker/Droege/Jutzi (Fn. 6), Art. 83 Rn. 6.
15 Näher *Paul J. Glauben* (Fn. 14), Art. 83 Rn. 6.
16 Vgl. Gesetzentwurf der Fraktionen der CDU, SPD und F.D.P. zum Landesgesetz zur Änderung der Landesverfassung (Änderung der Artikel 79, 80 und 83) v. 24.04.1989, LT-Drs. 11/2503, S. 3.
17 Vgl. Gesetzentwurf der Fraktionen SPD, CDU und Bündnis 90/Die Grünen zum Landesgesetz zur Änderung der Verfassung für Rheinland-Pfalz (Änderung der Artikel 82, 83 und 135) v. 12.03.2015, LT-Drs. 16/4732, S. 2.

dors für die Neuwahl um einen Monat bzgl. der Neukonstitution „nach hinten" nachvollzogen worden – hat der verfassungsändernde Gesetzgeber mit Blick auf den Standard in den übrigen Ländern und auf Bundesebene abgesehen.[18]

Während § 25 Abs. 1 und 2 LWahlG die verfassungsrechtlichen Bestimmungen wortwörtlich wiederholen, ist in § 26 Abs. 1 Satz 1 LWahlG eine Regelung mit konstitutiver Wirkung getroffen: Der rheinland-pfälzische Landtag besteht vorbehaltlich der sich aus dem Landeswahlgesetz ergebenden Abweichungen durch Überhang- und Ausgleichmandate aus 101 Abgeordneten. Bis zur Wahl des 12. Landtages im Jahr 1991 war die Zahl der Abgeordneten in Art. 79 Satz 1 LV a. F. auf 100 festgesetzt. Mit der Änderung des Wahlsystems wurde die Zahl der Abgeordneten in der Landesverfassung gestrichen und die Festlegung dem Gesetzgeber im Landeswahlgesetz übertragen.[19] Mit der Erhöhung von 100 auf 101 Abgeordnete sollten Pattsituationen im Parlament verhindert werden.[20]

Daneben existiert mit Art. 82 LV eine Vorschrift zur Wahlprüfung durch den Landtag und den VerfGH. Von der Ermächtigung in Art. 82 Sätze 4 und 5 LV wurde in den §§ 55–57 LWahlG durch konkretisierende Regelungen Gebrauch gemacht.[21]

II. Wahlrecht und Wählbarkeit

Grundlage des aktiven und passiven Wahlrechts sind Art. 76 Abs. 2–4 LV i. V. m. §§ 2, 3 LWahlG und Art. 80 Abs. 2, 4 LV i. V. m. § 32 LWahlG. Wahlberechtigt sind nach Art. 76 Abs. 2 LV alle Staatsbürger, die das 18. Lebensjahr vollendet haben und nicht vom Stimmrecht ausgeschlossen sind. Art. 76 Abs. 3 LV sieht die Möglichkeit der Abhängigkeit des Wahlrechts von einer bestimmten Dauer des Aufenthalts im Land Rheinland-

---

18 Vgl. wiederum Gesetzentwurf der Fraktionen SPD, CDU und Bündnis 90/Die Grünen zum Landesgesetz zur Änderung der Verfassung für Rheinland-Pfalz (Änderung der Artikel 82, 83 und 135) v. 12.03.2015, LT-Drs. 16/4732, S. 6.
19 Siehe dazu Gesetzentwurf der Fraktionen der CDU, SPD und F.D.P. zum Landesgesetz zur Änderung der Landesverfassung (Änderung der Artikel 79, 80 und 83) v. 24.04.1989, LT-Drs. 11/2503, S. 3.
20 Im Gesetzentwurf war die Zahl von 101 Abgeordneten noch als Alternative zu der geplanten Zahl von 100 Abgeordneten vorgesehen, vgl. Gesetzentwurf der Fraktionen der CDU, SPD und F.D.P. zum Landesgesetz zur Änderung der Landesverfassung (Änderung der Artikel 79, 80 und 83) v. 24.04.1989, LT-Drs. 11/2504, S. 2.
21 Näher dazu unter VI.

Pfalz und, bei mehreren Wohnungen, von der Lage der Hauptwohnung in Rheinland-Pfalz vor. Staatsbürger sind – auch ausweislich der deklaratorischen Regelung in § 2 Abs. 1 LWahlG – alle Deutschen i. S. d. Art. 116 Abs. 1 GG. Die Beschränkung auf in Rheinland-Pfalz sesshafte Deutsche findet sich in § 2 Abs. 1 Nr. 2 LWahlG. Diese müssen ihre (Haupt-)Wohnung in Rheinland-Pfalz seit mindestens drei Monaten innehaben oder – sofern sie keine Wohnung in der Bundesrepublik Deutschland haben – sich so lange gewöhnlich in Rheinland-Pfalz aufhalten. § 2 Abs. 1 LWahlG ist damit eine Parallelregelung zu § 12 Abs. 1 BWahlG. Eine Definition der Wohnung wie in § 12 Abs. 3 BWahlG fehlt im rheinland-pfälzischen Recht. Es ist davon auszugehen, dass der Begriff – wie im Bundeswahlrecht – dem Wohnungsbegriff des § 20 BMG entspricht.

Der Ausschluss vom Stimmrecht bestimmt sich nach § 3 LWahlG. Neben dem Verlust des Wahlrechts infolge Richterspruchs (Nr. 1, Parallelregelung zu § 13 BWahlG) ist auch die Bestellung eines Betreuers zur Besorgung aller Angelegenheiten des Betroffenen nicht nur durch einstweilige Anordnung erfasst (Nr. 2). Die Formulierung ist wortlautidentisch zu § 13 Nr. 2 BWahlG a. F. Eine § 13 Nr. 3 BWahlG a. F. entsprechende Regelung (Anordnung der Unterbringung in einem psychiatrischen Krankenhaus nach § 63 StGB i. V. m. § 20 StGB) ist in Rheinland-Pfalz aufgrund der fehlenden Rechtfertigung des Eingriffs in die Allgemeinheit der Wahl bereits im Jahr 2015 gestrichen worden.[22] Das BVerfG hat im Jahr 2019 § 13 Nrn. 2 und 3 BWahlG a. F. mit Art. 38 Abs. 1 Satz 1 GG und Art. 3 Abs. 3 Satz 2 GG für unvereinbar – und § 13 Nr. 3 BWahlG zusätzlich für nichtig – erklärt.[23] Der rheinland-pfälzische Gesetzgeber hat den daraus resultierenden Handlungsbedarf erkannt und wird § 3 Nr. 2 LWahlG voraussichtlich ersatzlos streichen.[24]

Wählbar sind nach Art. 80 Abs. 2 LV alle Wahlberechtigten, die das Alter erreicht haben, mit dem Volljährigkeit eintritt. Die von Art. 76 Abs. 2 LV abweichende Formulierung ist darauf zurückzuführen, dass ursprünglich die Stimmberechtigung mit 21 Jahren und die Wählbarkeit

---

22 Landesgesetz zur Verbesserung des Rechtsschutzes bei Landtagswahlen und zur Änderung weiterer Vorschriften vom 14.07.2015, GVBl. S. 165. Siehe dazu auch den Gesetzentwurf der Fraktionen der SPD und Bündnis 90/Die Grünen v. 20.05.2015, LT-Drs. 16/5027, S. 9.
23 BVerfG, Beschl. v. 29.01.2019 – 2 BvC 62/14, BVerfGE 151, 1 (17 ff.).
24 Siehe dazu die Begründung im Gesetzentwurf der Landesregierung zum Landesgesetz zur Änderung des Landeswahlgesetzes v. 21.04.2020, LT-Drs. 17/11730, S. 17. Näher zum Reformbedarf auch noch unter VII.

erst mit 25 Jahren erreicht wurde.[25] Mittlerweile liegt keine Abweichung mehr vor, da mit der dynamischen Verweisung auf § 2 BGB die Volljährigkeit ebenfalls mit Vollendung des 18. Lebensjahres eintritt. Auf der Grundlage der Ermächtigung in Art. 80 Abs. 4 Satz 1 LV wird dies in § 32 LWahlG konkretisiert. § 32 Abs. 1 LWahlG bestimmt als Stichtag für das Erreichen der Volljährigkeit den Tag der Wahl. Die Regelungen zum Ausschluss der Wählbarkeit in § 32 Abs. 2 LWahlG müssen im Kontext zum aktiven Wahlrecht nach § 3 LWahlG gesehen werden, da die Bestimmung über die Wählbarkeit nach § 32 LWahlG das aktive Stimmrecht nach den §§ 2, 3 LWahlG voraussetzt. Mit der beabsichtigten Streichung von § 3 Nr. 2 LWahlG erhalten Personen, bei denen eine Betreuung in allen Angelegenheiten richterlich angeordnet ist, unmittelbar auch das passive Wahlrecht. De lege lata sind nach § 32 Abs. 2 Nr. 1 LWahlG Personen von der Wählbarkeit ausgeschlossen, die die Wählbarkeit oder die Fähigkeit zur Bekleidung öffentlicher Ämter infolge Richterspruchs nicht besitzen. § 32 Abs. 2 Nr. 2 LWahlG schließt ferner Personen aus, die sich aufgrund einer Anordnung nach § 63 StGB i. V. m. § 20 StGB in einem psychiatrischen Krankenhaus befinden. Diese Regelung soll in Reaktion auf die Rechtsprechung des BVerfG ebenfalls gestrichen werden, da sich die Ausführungen bzgl. des Ausschlusses vom aktiven Wahlrecht nach § 13 Nr. 3 BWahlG a. F. unmittelbar auf den Ausschluss vom passiven Wahlrecht nach § 32 Abs. 2 Nr. 2 LWahlG übertragen lassen.[26]

III. Wahlsystem

Art. 80 Abs. 1 LV sieht eine mit der Personenwahl verbundene Verhältniswahl vor. Damit ist in Rheinland-Pfalz das Wahlsystem abweichend vom Grundgesetz und nach dem Vorbild des Art. 22 WRV verfassungsrechtlich vorgegeben. Da die Entscheidung für ein Wahlsystem eine politisch hochsensible Entscheidung ist, soll die Normierung auf Ebene der Landesverfassung die Möglichkeit einer Änderung im Parlament durch einfache Mehrheit verhindern.[27]

---

25 Zur Entstehungsgeschichte *Martin Hummrich*, in: Brocker/Droege/Jutzi (Fn. 6), Art. 80 Rn. 27.
26 Vgl. wiederum die Begründung zum Gesetzentwurf der Landesregierung zum Landesgesetz zur Änderung des Landeswahlgesetzes v. 21.04.2020, LT-Drs. 17/11730, S. 28.
27 So *Martin Hummrich* (Fn. 25), Art. 80 Rn. 3. Nach Art. 129 Abs. 1 LV ist eine Verfassungsänderung durch den Landtag nur mit einer Mehrheit von zwei Dritteln

Die personalisierte Verhältniswahl kam erstmals bei der Landtagswahl im Jahr 1991 zur Anwendung. Zuvor sah Art. 80 Abs. 1 LV a. F. eine Verhältniswahl in Wahlkreisen vor. Mit der Verfassungsänderung war eine Anpassung an das Bundeswahlgesetz (§ 1 Abs. 1 Satz 2 BWahlG) und eine Stärkung des Einflusses der Wähler auf die personelle Zusammensetzung des Landtages beabsichtigt.[28] In Rheinland-Pfalz ist die personalisierte Verhältniswahl nach § 27 LWahlG mit einem Zweistimmensystem verbunden, bei dem die Erststimme für einen Wahlkreiskandidaten (sog. Wahlkreisstimme) und die Zweitstimme für eine Landes- oder Bezirksliste (sog. Landesstimme) abgegeben werden. Die Stimmabgabe erfolgt nach § 45 LWahlG dadurch, dass der Wähler durch auf den Stimmzettel gesetzte Kreuze oder andere Weise eindeutig kenntlich macht, welchem Bewerber er seine Wahlkreisstimme und welcher Landes- oder Bezirksliste er seine Landesstimme geben will. Die Details zur Wahl in den Wahlkreisen sind in § 28 LWahlG geregelt; die §§ 29–31 LWahlG adressieren die Wahl nach den Landes- und Bezirkslisten.[29]

Das Wahlgebiet ist seit dem Jahr 2019 in vier Bezirke mit insgesamt 52 Wahlkreisen eingeteilt. Eine detaillierte Aufschlüsselung findet sich in der Anlage zu § 9 Abs. 2 Satz 2 LWahlG. Mit der Einführung der personalisierten Verhältniswahl zur Landtagswahl 1991 wurde das Land in vier Bezirke mit insgesamt 51 Wahlkreisen untergliedert. Vor den Landtagswahlen 1996, 2006 und 2016 kam es nur zu punktuellen Änderungen infolge der Kommunal- und Verwaltungsreform sowie – maßgeblich – zur Einhaltung der maximal zulässigen Abweichung von der durchschnittlichen Wahlkreisgröße um 33 1/3 vom Hundert bzw. (seit 2016[30]) 25 vom Hundert.[31]

---

der gesetzlichen Mitgliederzahl oder durch das Volk im Wege des Volksentscheids möglich.
28 Gesetzentwurf der Fraktionen der CDU, SPD und F.D.P. zum Landesgesetz zur Änderung der Landesverfassung (Änderung der Artikel 79, 80 und 83) v. 24.04.1989, LT-Drs. 11/2503, S. 3.
29 Näher zu der Mandatszuteilung unter V.
30 Geändert durch das 7. Landesgesetz zur Änderung des Landeswahlgesetzes v. 23.10.2014, GVBl. S. 232.
31 Vgl. dazu im Einzelnen den Bericht der Landesregierung nach § 9 Abs. 3 des Landeswahlgesetzes (Wahlkreisbericht) für die 17. Wahlperiode des Landtags Rheinland-Pfalz v. 22.11.2018, LT-Drs. 17/7805, S. 4 ff. Zu den Anforderungen an die Wahlkreiseinteilung VerfGH RP, Beschl. v. 30.10.2015 – B 14/15, DVBl. 2016, 52 (54 ff.). Der VerfGH vermeidet eine Aussage zu der äußersten verfassungsrechtlich zulässigen Toleranzgrenze und akzeptiert die Grenze von 25 %. Zur Entscheidung *Fabian Michl/Roman Kaiser*, Wer hat Angst vorm Gerrymander?, JöR 67 (2019), 51 (97 ff.).

Durch Gesetz vom 26.09.2019 wurde die Zahl der Wahlkreise unter teilweiser Neueinteilung auf 52 erhöht.[32] Da im Zuge dieser Änderung die sich aus § 26 Abs. 1 Satz 1 LWahlG ergebende Gesamtzahl von 101 Abgeordneten nicht angepasst wurde, hat sich die Zahl der nach Landes- und Bezirkslisten in den Landtag einziehenden Abgeordneten auf (regulär) 49 reduziert.[33]

IV. Wahlvorbereitung

Die Landesverfassung macht keine Vorgaben zur Kandidatenaufstellung durch Parteien, Wählervereinigungen und auf sonstige Weise. Einschlägig sind insofern vor allem die §§ 33–43 LWahlG, die in chronologischer Reihenfolge das gesamte Verfahren beginnend mit dem Wahlvorschlagsrecht über die Einreichung der Wahlvorschläge, deren Zurücknahme und Änderung bis hin zur Prüfung, Zulassung und Bekanntgabe der Wahlvorschläge regeln.

Wahlvorschlagsberechtigt sind nach § 33 Abs. 1 Satz 1 LWahlG in erster Linie Parteien und mitgliedschaftlich organisierte Wählervereinigungen und daneben Stimmberechtigte. Die spezifischen Voraussetzungen und Möglichkeiten der Einreichung von Wahlvorschlägen divergieren in Abhängigkeit von dem Vorschlagenden und ergeben sich aufgrund der teils umständlichen Formulierungen und vermeidbaren Verweisungen in den §§ 33 ff. LWahlG häufig erst bei näherem Hinsehen. Es ist grob zwischen Wahlkreisvorschlägen (§ 34 LWahlG) und Landes- bzw. Bezirkslisten (§ 35 LWahlG) zu unterscheiden. Ganz allgemein lässt sich sagen, dass Parteien und Wählervereinigungen in den §§ 33 ff. LWahlG in mehrerlei Hinsicht privilegiert werden, vor allem, wenn sie bereits im Landtag oder – freilich nur bei Parteien – im Bundestag vertreten sind. Konkret äußert sich diese Privilegierung von „etablierten" Parteien bzw. Wählervereinigungen etwa darin, dass sie gemäß § 33 Abs. 1 Sätze 3 und 4 LWahlG von der Einreichung von Nachweisen über ihre Satzung, ihr Programm und

---

32 8. Landesgesetz zur Änderung des Landeswahlgesetzes v. 26.09.2019, GVBl. S. 297. Siehe dazu auch den Gesetzentwurf der Landesregierung v. 14.08.2019, LT-Drs. 17/9762, sowie den ausführlichen Bericht der Landesregierung nach § 9 Abs. 3 des Landeswahlgesetzes (Wahlkreisbericht) für die 17. Wahlperiode des Landtags Rheinland-Pfalz v. 22.11.2018, LT-Drs. 17/7805.
33 Vgl. zu diesem Aspekt den Bericht der Landesregierung nach § 9 Abs. 3 des Landeswahlgesetzes (Wahlkreisbericht) für die 17. Wahlperiode des Landtags Rheinland-Pfalz v. 22.11.2018, LT-Drs. 17/7805, S. 26.

der satzungsmäßigen Bestellung ihres Vorstands sowie über die Parteieigenschaft nach § 2 Abs. 1 Satz 1 PartG bzw. die Eigenschaft als mitgliedschaftlich organisierte Wählervereinigung befreit sind.

§ 33 Abs. 1 Satz 2 LWahlG sieht vor, dass (nur) Parteien und Wählervereinigungen Landes- oder Bezirkslisten einreichen können. § 33 Abs. 2 LWahlG stellt klar, dass von jeder Partei bzw. Wählervereinigung entweder eine Liste in jedem Bezirk oder eine Landesliste sowie in jedem Wahlkreis ein Wahlkreisvorschlag eingereicht werden kann. § 35 Abs. 1 LWahlG erschöpft sich im Wesentlichen in einer überflüssigen Wiederholung dieser Regelung. Die Wahlvorschläge müssen den Namen der Partei bzw. der Wählervereinigung sowie – falls vorhanden – deren Kurzbezeichnung enthalten (§ 33 Abs. 3 LWahlG); ferner sollen eine Vertrauensperson sowie eine stellvertretende Vertrauensperson bezeichnet werden, die zur Abgabe und Entgegennahme verbindlicher Erklärungen zum Wahlvorschlag berechtigt sind (§ 33 Abs. 5 LWahlG). Die Namen der Bewerber müssen nach § 35 Abs. 2 Satz 1 LWahlG in einer erkennbaren Reihenfolge enthalten sein. § 35 Abs. 3 LWahlG schließt aus, dass ein Bewerber in mehreren Landes- oder Bezirkslisten sowie bei Benennung in einem Wahlkreisvorschlag auf einer Landes- oder Bezirksliste einer anderen Partei oder Wählvereinigung benannt wird. § 35 Abs. 4 Satz 4 LWahlG enthält schließlich eine weitere Privilegierung von Parteien und Wählervereinigungen, die seit der letzten Wahl ununterbrochen im Landtag oder Bundestag (nur Parteien) vertreten sind. Sie sind von der Unterzeichnung ihrer Listen durch die nach § 35 Abs. 4 Satz 3 LWahlG zu ermittelnde Anzahl an Stimmberechtigten befreit.[34] Die Systematik des Gesetzes bringt durch den Befreiungstatbestand ein Regel-Ausnahme-Verhältnis zum Ausdruck, nach dem das Erfordernis der Einreichung von Unterschriften den Regelfall darstellt. Relevanz hat das Erfordernis indes nur bei nicht privilegierten Parteien und Wählervereinigungen sowie den Wahlvorschlägen von Stimmberechtigten.

Wahlvorschläge von Stimmberechtigten können nach alldem nur Wahlkreisvorschläge sein. Sie müssen nach § 33 Abs. 3 LWahlG abweichend von den Vorschlägen der Parteien oder Wählervereinigungen ein Kennwort enthalten. Bei Wahlkreisvorschlägen ist der Name des Bewerbers und – falls vorhanden – des Ersatzbewerbers anzugeben (§ 34 Abs. 1 LWahlG).

---

34 Bei Landeslisten ist die Anzahl an Wahlkreisen im Land mit 40 zu multiplizieren. Es sind daher 2.080 Unterzeichner erforderlich. Bei Bezirkslisten ist die Zahl der Wahlkreise im Bezirk ebenfalls mit 40 zu multiplizieren. Bei Neuwahlen nach einer Auflösung des Landtages nach § 25 Abs. 3 LWahlG ist jeweils mit dem Faktor 10 zu multiplizieren.

§ 34 Abs. 2 LWahlG schließt die Benennung eines Bewerbers in mehreren Wahlkreisen und in mehreren Wahlkreisvorschlägen in demselben Wahlkreis aus. Wahlkreisvorschläge müssen nach § 34 Abs. 3 Satz 3 LWahlG von 125 Stimmberechtigten bzw. im Fall des § 25 Abs. 3 LWahlG von 50 Stimmberechtigten unterzeichnet sein. Erneut wird dies in Satz 3 der Vorschrift als Regelfall angeordnet, obwohl tatsächlich die Befreiung für „etablierte" Parteien und Wählervereinigungen in § 34 Abs. 3 Satz 4 LWahlG den Regelfall darstellen dürfte.

Als Bewerber kann nach § 33 Abs. 4 LWahlG nur vorgeschlagen werden, wer seine schriftliche und unwiderrufliche Zustimmung dazu erteilt hat. Die näheren Voraussetzungen und das Verfahren der Aufstellung von Bewerbern regelt § 37 LWahlG. Benannt werden kann danach nur, wer nicht Mitglied einer anderen Partei oder Wählervereinigung ist und wer in einer dafür anberaumten Mitgliederversammlung oder einer Vertreterversammlung gewählt worden ist. Die Wahl der Bewerber hat nach § 37 Abs. 3 Satz 1 LWahlG einzeln in geheimer Abstimmung zu erfolgen. Vorschlagsberechtigt ist jeder Stimmberechtigte, § 37 Abs. 3 Satz 3 LWahlG. Abgesehen von den Fällen des § 25 Abs. 3 LWahlG dürfen die Wahlen gemäß § 37 Abs. 3 Satz 5 LWahlG frühestens 45 Monate nach Beginn der Wahlperiode des Landtages stattfinden.

Wahlvorschläge von Parteien und Wählervereinigungen sind von mindestens drei Mitgliedern des Vorstandes zu unterzeichnen, §§ 34 Abs. 3 Sätze 1 und 2, 35 Abs. 4 Sätze 1 und 2 LWahlG. Nähere Vorgaben zu Inhalt und Form machen § 28 LWO für die Wahlkreisvorschläge und § 33 LWO für die Landes- und Bezirkslisten. Wahlkreisvorschläge sind dem Kreiswahlleiter, die Landes- und Bezirkslisten dem Landeswahlleiter nach § 36 LWahlG spätestens am 75. Tage vor der Wahl bis 18 Uhr schriftlich einzureichen. Bei einer Auflösung des Parlaments und Neuwahlen nach § 25 Abs. 3 LWahlG verlängert sich die Frist bis auf den 27. Tag vor der Wahl. § 38 LWahlG erklärt die Verbindung von Wahlvorschlägen mehrerer Parteien oder Wählervereinigungen für unzulässig. Bis zu seiner Zulassung nach § 42 LWahlG kann ein Wahlvorschlag nach § 39 LWahlG zurückgenommen werden. Eine Änderung ist bis zur Zulassung und nach Ablauf der Frist des § 36 LWahlG nur zulässig, wenn ein Bewerber, Ersatzbewerber oder Nachfolger stirbt oder die Wählbarkeit verliert, § 40 LWahlG.

Prüfung und Zulassung von Wahlvorschlägen bestimmen sich nach §§ 41, 42 LWahlG. Die Mängel von an sich gültigen Wahlvorschlägen können in einem Mängelbeseitigungsverfahren bis zur Entscheidung über die Zulassung behoben werden (vgl. § 41 Abs. 3 LWahlG). Die Entscheidung über die Zulassung fällt im Normalfall am 67. Tag vor der Wahl und im

Fall des § 25 Abs. 3 LWahlG am 22. Tag vor der Wahl. § 42 Abs. 4 und 5 LWahlG sehen die Möglichkeit der Beschwerde gegen eine Zurückweisung von Wahlvorschlägen vor. Nach § 43 LWahlG sind die zugelassenen Wahlkreisvorschläge, Bezirks- und Landeslisten spätestens am 34. Tag vor der Wahl öffentlich bekannt zu machen; in den Fällen des § 25 Abs. 3 LWahlG verlängert sich die Frist bis spätestens am 12. Tag vor der Wahl. Das Nähere ergibt sich aus den §§ 32 und 36 LWO.

V. Wahlergebnis

Für die Abgabe und Auszählung der Stimmen werden Stimmbezirke gebildet. § 10 Abs. 2 LWahlG sieht vor, dass in der Regel jede Gemeinde einen Stimmbezirk bildet, größere Gemeinden aber in mehrere Bezirke eingeteilt werden können und kleinere Gemeinden und Gemeindeteile mit benachbarten Gemeinden oder Gemeindeteilen zu einem Stimmbezirk vereinigt werden können. In §§ 9 und 10 LWO wird dies konkretisiert und zudem zwischen allgemeinen Stimmbezirken und Sonderstimmbezirken für Krankenhäuser, Altenheime, Altenwohnheime etc. unterschieden. Bei nicht mehr als 2.500 Einwohnern soll eine Gemeinde einen Stimmbezirk bilden; größere Gemeinden werden in mehrere Stimmbezirke eingeteilt (§ 9 Abs. 1 LWO). Nach § 9 Abs. 2 LWO soll kein Stimmbezirk mehr als 2.500 Einwohner umfassen. Umgekehrt darf die Zahl der Stimmberechtigten nicht so gering sein, dass erkennbar wird, wie einzelne Stimmberechtigte gewählt haben. Die Mindesteinwohnerzahl eines Stimmbezirks ist daher offengehalten und sehr niedrig angesetzt.

Der Wahlvorstand stellt nach Beendigung der Wahlhandlung fest, wie viele Stimmen im Stimmbezirk auf die einzelnen Wahlkreisvorschläge und die einzelnen Landes- und Bezirkslisten abgegeben worden sind, § 46 LWahlG. Für die durch Briefwahl abgegebenen Stimmen trifft diese Feststellung nach § 47 LWahlG ein eigens dafür eingesetzter Wahlvorstand. Basierend auf diesen Ergebnissen können zunächst die Kreiswahlausschüsse nach § 49 LWahlG das Wahlergebnis im Wahlkreis und sodann der Landeswahlausschuss nach § 50 LWahlG das Wahlergebnis im Land feststellen. Berücksichtigt werden nur gültige Stimmen. Die Ungültigkeit einer Stimme kann nach § 48 Abs. 1 Satz 1 Nrn. 1–5 LWahlG auf formelle Mängel und nach § 48 Abs. 1 Satz 1 Nrn. 6–7 LWahlG auf inhaltliche Mängel des Stimmzettels zurückzuführen sein. Bei der Briefwahl führen zusätzlich die in § 48 Abs. 2 Satz 1 Nrn. 1–8 LWahlG genannten Fehler zu der Zurückweisung des Wahlbriefs. Die sehr detaillierten und kleinschritten

Regelungen in den §§ 56–69 LWO konkretisieren diese gesetzlichen Vorgaben.

Im Grundsatz sind alle gültigen abgegebenen Stimmen bei der Ermittlung des Wahlergebnisses zu berücksichtigen. In Rheinland-Pfalz existiert jedoch eine Sperrklausel, welche für die Vergabe der auf die Landes- und Bezirkslisten entfallenden Sitze relevant ist. Art. 80 LV, der die Wählbarkeit und das Wahlsystem regelt, enthält in Absatz 4 Satz 1 eine Ermächtigung zur näheren gesetzlichen Regelung durch das Landeswahlgesetz. Art. 80 Abs. 4 Satz 2 LV eröffnet ausdrücklich die Möglichkeit einer 5-%-Sperrklausel. Eine vergleichbare Regelung enthält das Grundgesetz nicht. Die Beschränkung auf maximal 5 % der abgegebenen gültigen Stimmen auf Ebene der Landesverfassung soll eine einfachgesetzliche Erhöhung der Sperrklausel aus parteipolitischen Interessen mit einer einfachen Mehrheit verhindern.[35] Da eine über 5 % hinausgehende Sperrklausel aber einer Verhältnismäßigkeitskontrolle ohnehin nicht standhalten dürfte[36], ist diese Überlegung eher von theoretischer als von praktischer Relevanz. Auf Ebene des einfachen Gesetzesrechts findet sich die 5-%-Hürde in § 29 Abs. 1 und 5 LWahlG. Angemerkt sei, dass die Landesverfassung nur eine Beschränkung nach oben enthält. Es wäre also möglich, die Sperrklausel mit einfacher Mehrheit durch eine Änderung des Landeswahlgesetzes herabzusetzen.

Das Sitzzuteilungsverfahren bestimmt sich nach § 29 Abs. 2–4 LWahlG. Bis zur Landtagswahl im Jahr 1987 bediente man sich in Rheinland-Pfalz als Umrechnungsverfahren des Höchstzahlverfahrens nach d'Hondt, im Zeitraum von 1991 bis 2006 des Proportionalverfahrens nach Hare und Niemeyer. Seit dem Jahr 2011 findet gemäß § 29 Abs. 2 LWahlG das Divisorverfahren mit Standardrundung nach Sainte-Laguë/Schepers Verwen-

---

35 Vgl. *Martin Hummrich* (Fn. 25), Art. 80 Rn. 3.
36 Vgl. aus der Rechtsprechung des BVerfG statt vieler BVerfG, Urt. v. 26.02.2014 – 2 BvE 2/13 u. a., BVerfGE 135, 259 (286 ff.) (zur Verfassungswidrigkeit der 3 %-Sperrklausel bei der Wahl zum Europäischen Parlament mit abweichender Meinung *Müller*, 299 ff.); BVerfG, Beschl. v. 19.09.2017 – 2 BvC 46/14, BVerfGE 146, 327 (353 ff.) (Verfassungskonformität der 5-%-Sperrklausel bei der Wahl zum Deutschen Bundestag, kein verfassungsrechtliches Gebot einer Eventualstimme). Gegenüber der 5-%-Sperrklausel sehr kritisch bis ablehnend *Ute Sacksofsky*, Wahlrecht und Wahlsystem, in: Morlok/Schliesky/Wiefelspütz (Hrsg.), Parlamentsrecht, 2016, § 6 Rn. 66; *Michael Lysander Fremuth*, Die Verfassung kennt sie nicht und die Demokratie bedarf ihrer nicht – Zur Notwendigkeit der Revision der Fünf-Prozent-Sperrklausel im Recht zur Wahl des Deutschen Bundestages, JZ 2018, 13 (15 ff.).

dung.³⁷ Dabei werden nach § 29 Abs. 2 LWahlG die auf die einzelnen Parteien entfallenden Zweitstimmen durch einen gemeinsamen Divisor geteilt. Ergibt die Verteilung der Sitze auf die Landes- und Bezirkslisten unter Heranziehung des Zuteilungsdivisors Zahlenbruchteile unter 0,5, so ist abzurunden; über 0,5 ist aufzurunden. Zahlenbruchteile gleich 0,5 sind so auf- oder abzurunden, dass die Gesamtzahl der zu vergebenden Sitze eingehalten wird. Der Divisor wird so bestimmt, dass insgesamt so viele Sitze auf die Landes- und Bezirkslisten entfallen, wie Sitze zu vergeben sind. Dazu wird in einem ersten Schritt die Gesamtanzahl aller zu berücksichtigenden Stimmen durch die Gesamtanzahl der zu verteilenden Sitze geteilt und ein vorläufiger Divisor ermittelt. Entfallen danach mehr Sitze auf die Landes- und Bezirkslisten als Sitze zu vergeben sind, ist der Zuteilungsdivisor entsprechend heraufzusetzen, im umgekehrten Fall herunterzusetzen. Die Mehrheitssicherungsklausel in § 29 Abs. 3 LWahlG stellt sicher, dass sich eine absolute Stimmenmehrheit stets auch in der Sitzverteilung wiederspiegelt. Nach § 29 Abs. 4 LWahlG sind schließlich die Direktmandate von der ermittelten Zahl an Sitzen abzuziehen. Die restlichen Sitze werden sodann aus der Liste in der dort festgelegten Reihenfolge besetzt.

Abweichend von der Sitzzuteilung nach § 29 Abs. 2 und 3 LWahlG bleiben Direktmandate nach § 30 Abs. 1 LWahlG als sog. Überhangmandate erhalten, auch wenn dadurch der auf eine Partei entfallende Anteil der Zweitstimmen überschritten wird. Um die Sitzverteilung nach dem Verhältnis der Landesstimmenzahlen zu gewährleisten, erhöht sich die Gesamtzahl der Sitze in diesem Fall um Ausgleichsmandate, § 30 Abs. 2 LWahlG. Die verfassungsrechtlichen Probleme von Überhangmandaten sind vielschichtig; besonders schwer wiegen Beeinträchtigungen der Erfolgswertgleichheit und die Gefährdung des Charakters der Wahl als Verhältniswahl.³⁸ Durch die Vergabe von Ausgleichsmandaten nach § 30 Abs. 2 LWahlG ist in Rheinland-Pfalz der Charakter als Verhältniswahl aber gesichert, da sich die Sitzverteilung letztlich immer an der Zahl der zu berücksichtigenden Zweitstimmen orientiert. Überdies ist darauf hinzuweisen, dass die Problematik in Rheinland-Pfalz seit der Einführung der personalisierten Verhältniswahl zur Landtagswahl im Jahr 1991 nie zum Tragen gekommen ist. Bislang sind in keinem Landtag Überhang- und

---

37 Vgl. *Martin Hummrich* (Fn. 25), Art. 80 Rn. 11, auch m. w. N. zur verfassungsrechtlichen Zulässigkeit der drei Sitzzuteilungsverfahren.
38 Kritisch BVerfG, Urt. v. 25.07.2012 – 2 BvF 3/11 u. a., BVerfGE 131, 316 (357 ff.).

Ausgleichsmandate angefallen.[39] Eine Grundmandatsklausel nach dem Vorbild des § 6 Abs. 3 Satz 1 Var. 2 BWahlG gibt es in Rheinland-Pfalz nicht.

Während die Problematik rund um Sperrklausel und Überhangmandate nur die Zweitstimme betrifft, existiert mit § 28 Satz 3 LWahlG ein beachtliches Entscheidungskriterium bei der Wahl der Wahlkreisabgeordneten: Für den – zugegebenermaßen äußerst unwahrscheinlichen – Fall der Stimmengleichheit entscheidet das vom Kreiswahlleiter zu ziehende Los. Die Entscheidung über den Einzug in den Landtag wird also dem Zufall überlassen, bzw. – präziser – der Gesetzgeber hat sich für den Zufall als Auswahlkriterium entschieden. Dies ist angesichts der großen Bedeutung und der Funktion des Wahlakts, dem Willen des Volkes Ausdruck zu verleihen, zunächst befremdlich, bei näherem Hinsehen aber einleuchtend. Allein der Zufall als ein formelles und das neutralste aller denkbaren Entscheidungskriterien vermag die durch das Votum der Wähler entstandene Pattsituation aufzulösen, ohne einen Kandidaten aufgrund bestimmter (materieller Kriterien) zu bevorzugen oder zu benachteiligen und das Votum so zu verfälschen.[40] Bei der Wahl nach Landes- und Bezirkslisten entscheidet nach § 29 Abs. 2 Satz 4 LWahlG ebenfalls des Los in einer nach anderen Kriterien nicht mehr aufzulösenden Situation.

VI. Wahlprüfung

Eine Wahlprüfung im untechnischen Sinne erfolgt im Vorfeld der Wahl durch die Kreiswahlausschüsse und den Landeswahlausschuss. Stark vereinfacht formuliert überwachen diese Ausschüsse den ordnungsgemäßen Ablauf der Wahl. Dies betrifft insbesondere Beschwerden im Mängelbeseitigungsverfahren gegen Verfügungen des Kreis- bzw. Landeswahlleiters nach § 41 Abs. 4 LWahlG und die Entscheidungen über die Zulassung von Wahlvorschlägen nach § 42 LWahlG. Da der Landeswahlausschuss auch die Funktion einer Beschwerdeinstanz hat, ist seine Besetzung im Jahr

---

39 Vgl. dazu den Bericht der Landesregierung nach § 9 Abs. 3 des Landeswahlgesetzes (Wahlkreisbericht) für die 16. Wahlperiode des Landtags Rheinland-Pfalz v. 21.01.2014, LT-Drs. 16/3215, S. 2.
40 Wie hier *Karl-Ludwig Strelen*, in: Schreiber (Hrsg.), BWahlG Kommentar, 10. Aufl. 2017, § 5 Rn. 3 m. w. N. Ausführlich zur Entscheidung durch den Zufall *Thomas Spitzlei*, Der Zufall als Entscheidungskriterium – Verwaltungsrechtliche Anwendungsfälle und verfassungsrechtliche Zulässigkeit von Losverfahren, VerwArch 111 (2020), 439 ff.

2015 um zwei Richter des OVG Rheinland-Pfalz ergänzt worden, um Personen mit richterlicher Berufserfahrung in das Wahlorgan aufzunehmen.[41]
Das Wahlprüfungsverfahren im engeren Sinne ist in groben Zügen in der Landesverfassung angelegt. Es handelt sich um einen außerordentlichen Rechtsbehelf und kein Rechtsmittel im Sine der Rechtsweggarantie.[42] Art. 82 Satz 1 LV weist die Prüfung der Gültigkeit der Wahlen dem vom Landtag gebildeten Wahlprüfungsausschuss zu. Gegen die Entscheidung des Wahlprüfungsausschusses ist nach Art. 82 Satz 3 LV die Beschwerde an den VerfGH R-P zulässig. Die Zuweisung der Wahlprüfung zumindest auch an das Parlament ist Ausdruck der Parlamentsautonomie.[43] Art. 82 Satz 4 LV enthält eine Regelungsermächtigung insbesondere zur Einrichtung und zum Verfahren des Wahlprüfungsausschusses. § 55 Satz 2 LWahlG verweist dazu auf das Landeswahlprüfungsgesetz. Nach Art. 82 Satz 5 LV kann dem VerfGH R-P durch Gesetz die Entscheidung über Beschwerden einer Partei oder Wählervereinigung gegen die Nichtanerkennung als Wahlvorschlagsberechtigte vor der Wahl zum Landtag übertragen werden. Von dieser Möglichkeit wurde in § 42 Abs. 5 LWahlG Gebrauch gemacht. Eine Beschwerde zum VerfGH R-P kann danach bis spätestens am 64. Tage vor der Wahl erhoben werden.

Der Wahlprüfungsausschuss entscheidet nach § 1 Satz 1 Nr. 1 LWPG auf eine Wahlbeanstandung über die Gültigkeit der Wahlen zum Landtag. Er besteht gemäß § 2 Abs. 1 LWPG in der Regel aus sieben Mitgliedern des Landtages, wobei jede Fraktion vertreten sein und die Sitzverteilung die Mehrverhältnisse im Landtag widerspiegeln muss. Die Wahlbeanstandung ist innerhalb eines Monats nach der öffentlichen Bekanntgabe des Abstimmungsergebnisses schriftlich oder durch Niederschrift bei der Verwaltung des Landtages durch jeden Stimmberechtigten, die an der Wahl beteiligten Parteien und Wählervereinigungen, die Fraktionen des Landtages, den Landeswahlleiter und betroffene Kreiswahlleiter sowie den Präsidenten des Landtages möglich, vgl. § 3 Abs. 1 Nrn. 1–6, Abs. 2, 3 LWPG. Das Verfahren wird in den §§ 6 ff. LWPG geregelt und ist auf die Durchführung einer öffentlichen mündlichen Verhandlung nach § 10 LWPG ausgerichtet. Die Entscheidung wird nach geheimer Beratung in Beschlussform getroffen, § 11 LWPG. Neben der Möglichkeit der Vorlage an den VerfGH

---

41 Siehe den Gesetzentwurf der Fraktionen der SPD und Bündnis 90/Die Grünen zum Landesgesetz zur Verbesserung des Rechtsschutzes bei Landtagswahlen und zur Änderung weiterer Vorschriften v. 20.05.2015, LT-Drs. 16/5027, S. 8.
42 So *Paul J. Glauben* (Fn. 14), Art. 82 Rn. 25.
43 Vgl. wiederum *Paul J. Glauben* (Fn. 14), Art. 82 Rn. 25. Zur Parallele in der WRV *Adolf Süsterhenn/Hans Schäfer* (Fn. 7), Art. 82 Anm. 1 f.

R-P bei Zweifeln über die Verfassungskonformität einer entscheidungsrelevanten Vorschrift nach § 12 LWPG entscheidet der VerfGH R-P nach § 13 LWPG über Beschwerden gegen die Entscheidung des Wahlprüfungsausschusses (sog. Wahlprüfungsbeschwerde).

Näheres zu dem Verfahren und den Entscheidungen des VerfGH R-P bestimmt das VerfGHG[44], insbesondere in § 28a i. V. m. §§ 25, 26. Nach § 26 Abs. 2 VerfGHG erlangt die Entscheidung des VerfGH R-P mit ihrer Veröffentlichung im Gesetz- und Verordnungsblatt Gesetzeskraft. Die zahlreichen Änderungen durch das Landesgesetz zur Verbesserung des Rechtsschutzes bei Landtagswahlen und zur Änderung weiterer Vorschriften[45] im Jahr 2015 betrafen auch Wahlprüfungsbeschwerden vor dem VerfGH. Im Gegensatz zu dem BVerfG und den meisten anderen Verfassungsgerichten bzw. Verfassungsgerichtshöfen der Länder hatte der VerfGH R-P nur eine sehr eingeschränkte Befugnis zur sog. A-Limine-Verwerfung unzulässiger oder offensichtlich unbegründeter Anträge. Diese Befugnis wurde durch die Änderung von § 15a VerfGHG deutlich ausgedehnt.

VII. Wahlrechtsreform

Ein kurzfristiger Reformbedarf resultiert aus der Entscheidung des BVerfG zur Verfassungswidrigkeit von § 13 Nrn. 2 und 3 BWahlG a. F.[46] In Rheinland-Pfalz existiert mit § 3 Nr. 2 LWahlG eine Parallelregelung zu § 13 Nr. 2 BWahlG a. F., die ebenfalls eine verfassungswidrige Typisierung darstellt. Der Gesetzgeber hat den daraus resultierenden Handlungsbedarf erkannt.[47] Dasselbe gilt für § 32 Abs. 2 Nr. 2 LWahlG. Die Regelung schließt nach dem Vorbild von § 13 Nr. 3 BWahlG a. F. betreffend das aktive Wahlrecht Personen von der Wählbarkeit aus, die sich aufgrund einer Anordnung nach § 63 StGB i. V. m. § 20 StGB in einem psychi-

---

44 Landesgesetz über den Verfassungsgerichtshof v. 23.07.1949, GVBl. S. 285, zuletzt geändert durch Gesetz v. 14.07.2015, GVBl. S. 165.
45 Siehe im Einzelnen den Gesetzentwurf der Fraktionen der SPD und Bündnis 90/Die Grünen zum Landesgesetz zur Verbesserung des Rechtsschutzes bei Landtagswahlen und zur Änderung weiterer Vorschriften v. 20.05.2015, LT-Drs. 16/5027.
46 BVerfG, Beschl. v. 29.01.2019 – 2 BvC 62/14, BVerfGE 151, 1 (17 ff.).
47 Gesetzentwurf der Landesregierung zum Landesgesetz zur Änderung des Landeswahlgesetzes v. 21.04.2020, LT-Drs. 17/11730 S. 17. Vgl. dazu auch schon die Ausführungen unter II.

atrischen Krankenhaus befinden. Richtigerweise ist zwischen aktivem und passivem Wahlrecht insofern nicht zu differenzieren; die Entscheidung des BVerfG zur Verfassungswidrigkeit des § 13 Nr. 3 BWahlG a. F. ist daher auf § 32 Abs. 2 Nr. 2 LWahlG zu übertragen.[48]

Konkrete Pläne für ein Paritätsgesetz nach dem Vorbild von Brandenburg und Thüringen gibt es in Rheinland-Pfalz nicht. Über eine Quotierung von Frauen im Parlament wird jedoch regelmäßig im Zuge von Wahlrechtsreformen gestritten.[49] Da die Verfassungskonformität der Paritätsgesetze im Schrifttum überwiegend verneint wird[50] und Organstreitverfahren und Verfassungsbeschwerden gegen entsprechende Regelungen anderer Länder bereits anhängig sind[51], scheint der rheinland-pfälzische Gesetzgeber gut beraten, „auf Zeit zu spielen" und den Ausgang der Verfahren abzuwarten.

Jedenfalls eine Absenkung des Wahlalters scheint in Rheinland-Pfalz in weiter Ferne. Im Jahr 2019 wurde eine Absenkung des Wahlalters bei den Kommunalwahlen diskutiert. Die dafür nötige Verfassungsänderung wurde von den Regierungsfraktionen der SPD, FDP und Bündnis 90/Die Grüne vorangetrieben[52], scheiterte aber an der nötigen Zweidrittelmehrheit, da weder die CDU- noch AfD-Fraktion den Antrag unterstützten.[53] Da eine Absenkung des Wahlalters bei Kommunalwahlen maßgeblich mit der Verwurzelung der Kommunalpolitiker in der örtlichen Gemeinschaft und der daraus resultierenden Nähe der Minderjährigen zu der Kommu-

---

48 Vgl. Gesetzentwurf der Landesregierung zum Landesgesetz zur Änderung des Landeswahlgesetzes v. 21.04.2020, LT-Drs. 17/11730 S. 28.
49 Siehe etwa bereits in der Plenardebatte am 03.11.1989 die Forderung nach einer Quote, PlPr. 11/66, S. 4631 f.
50 Vgl. etwa *Steffen Johann Iwers/Julia Platter*, Gutachten des Parlamentarischen Beratungsdienstes, Geschlechterparität bei Landtagswahlen, 18.10.2018, abrufbar unter: https://www.parlamentsdokumentation.brandenburg.de/starweb/LBB/ELV IS/parladoku/w6/gu/48.pdf (abgerufen am 15.05.2020); sehr ausführlich *Antje von Ungern-Sternberg*, Parité-Gesetzgebung auf dem Prüfstand des Verfassungsrechts, JZ 2019, 525 (528 ff.).
51 Zwischenzeitlich hat der VerfGH Thüringen (Urt. v. 15.07.2020 – VerfGH 2/20, NVwZ 2000, 1266) das thüringische Paritätsgesetz mit sechs zu drei Stimmen für verfassungswidrig und nichtig erklärt. Näher dazu unter § 19 IV. 2.
52 Antrag der Fraktionen der SPD, FDP und Bündnis 90/Die Grünen, Jungen Rheinland-Pfälzerinnen und Rheinland-Pfälzern eine Stimme geben – Kommunales Wahlrecht ab 16 jetzt! v. 22.03.2019, LT-Drs. 17/8658.
53 Der Antrag mündete daher (nur) in einem Beschluss v. 16.05.2019, in dem der Reformbedarf mit den Stimmen der Regierungsfraktionen bekräftigt wurde, LT-Drs. 17/8658.

nalpolitik begründet wird,⁵⁴ ist eine Übertragung auf die Landtagswahlen nicht ohne Weiteres möglich. Die Hürden für eine Absenkung des Wahlalters sind bei Landtagswahlen daher noch höher.

Eine wie auch immer geartete Technisierung oder gar Digitalisierung der Wahl scheint nicht beabsichtigt.⁵⁵ Das BVerfG hat im Jahr 2009 hohe Hürden für den Einsatz von Wahlgeräten aufgestellt, diese damit zugleich aber auch nicht grundsätzlich verboten.⁵⁶ In Rheinland-Pfalz steht § 1 LWgVO der Verwendung von Wahlgeräten bei Landtagswahlen ohnehin entgegen, schließt dies im Umkehrschluss lediglich bei Volksabstimmungen, Kommunalwahlen und Bürgerentscheiden nicht aus.⁵⁷

Als echter Dauerbrenner im Zusammenhang mit Reformbestrebungen ist schließlich die Einteilung der Wahlkreise zu nennen. Die deutschlandweiten Herausforderungen im Zusammenhang mit der Bevölkerungsentwicklung schlagen sich in einem Land wie Rheinland-Pfalz aufgrund der großen regionalen Unterschiede in besonderem Maße nieder. So liegen etwa zwischen den Ballungszentren Mainz, Trier und Koblenz die immer dünner besiedelten Mittelgebirge Hunsrück und Eifel. Die jüngste Neueinteilung der Wahlkreise ist ein Beleg für das starke Gefälle zwischen der attraktiven Main-Rhein-Region und der südwestlich angrenzenden Pfalz.⁵⁸ Die gesetzliche Pflicht zur Neuabgrenzung der Wahlkreise bei einer Abweichung der Zahl der Stimmberechtigten eines Wahlkreises von der durchschnittlichen Zahl der Stimmberechtigten aller Wahlkreise um mehr als 25 v. H. nach § 9 Abs. 4 LWahlG wird den Gesetzgeber in den kommenden Jahren und Jahrzehnten immer wieder beschäftigen. Hinzu kommt die in Deutschland in dieser Form einmalige Struktur der kommunalen Ebenen, bestehend aus (immer noch) gegenwärtig 24 Landkreisen und 12 kreisfreien Städten, 129 Verbandsgemeinden, 29 verbandsfreien

---

54 Vgl. wiederum den Beschluss des Landtages v. 16.05.2019, LT-Drs. 17/8658.
55 Im Überblick zu möglichen Ansätzen *Wolfgang Schreiber*, in: Schreiber (Fn. 40), Geleitwort.
56 BVerfG, Urt. v. 03.03.2009 – 2 BvC 3/07, BVerfGE 123, 39 (83 ff.).
57 Vgl. *Martin Hummrich* (Fn. 25), Art. 80 Rn. 5.
58 Bis zum Jahr 2040 rechnet das Statistische Landesamt in einigen Regionen mit einem Bevölkerungsrückgang von über 10 % gegenüber dem Jahr 2017, siehe dazu Statistisches Landesamt, Demografischer Wandel in Rheinland-Pfalz, Fünfte regionalisierte Bevölkerungsvorausberechnung (Basisjahr 2017), abrufbar unter http://www.statistik.rlp.de/fileadmin/dokumente/stat_analysen/RP_2070/Demogr afischer_Wandel.pdf (abgerufen am 15.05.2020).

Städten und Gemeinden sowie 2.261 Ortsgemeinden.[59] Die verstärkt seit dem Jahr 2014 umgesetzte kommunale Gebietsreform mit dem Ziel des Zusammenschlusses von kleinen Verbandsgemeinden und der Eingliederung kleiner verbandsfreier Städte[60] wird in den nächsten Jahrzehnten voraussichtlich regelmäßig Fragen zur Abgrenzung der Wahlkreise aufwerfen.[61] Dabei muss stets das Spannungsverhältnis zwischen dem Gebot der gleichmäßigen Einteilung der Wahlkreise und dem Grundsatz der Wahlkreiskontinuität im Blick behalten werden.[62]

---

59 Ministerium des Innern und für Sport, Struktur der rheinland-pfälzischen Gemeinden, Städte, Verbandsgemeinden und Landkreise, abrufbar unter: https://mdi.rlp.de/de/unsere-themen/staedte-und-gemeinden/struktur/(abgerufen am 15.05.2020).
60 Zum Prozess Statistisches Landesamt, Auswirkung der Kommunal- und Verwaltungsreform auf den Gebietsstand, abrufbar unter: https://www.statistik.rlp.de/de/gesellschaft-staat/bevoelkerung-und-gebiet/kommunalreform/(abgerufen am 15.05.2020).
61 Vgl. zu diesem Aspekt aus der jüngeren Vergangenheit den Entschließungsantrag der Fraktion der CDU v. 14.10.2014, LT-Drs. 16/4092.
62 Ausführlich dazu *Johann Hahlen*, in: Schreiber (Fn. 40), § 3 Rn. 1 ff. Siehe etwa zum Fortbestand von Wahlkreisen trotz kommunaler Gebietsänderungen den Änderungsantrag der Fraktionen der SPD und Bündnis 90/Die Grünen v. 14.10.2014, LT-Drs. 16/4089.

§ 15 Saarland

Manuel Kollmann

I. Wahlen zum Landtag des Saarlandes

Der Landtag des Saarlandes ist die gewählte Vertretung des Volkes (Art. 65 Abs. 1 SVerf). Vorgaben zur Wahl der Abgeordneten des saarländischen Landtags finden sich in der Verfassung des Saarlandes (dazu 1.), im Landtagswahlgesetz sowie in der Landeswahlordnung (dazu 2.).[1]

1. Vorgaben der Landesverfassung

Die Verfassung des Saarlandes vom 15.12.1947[2] steht – trotz der Sonderrolle des Saarlandes nach dem Zweiten Weltkrieg – in deutscher Verfassungstradition.[3] Der Einfluss der französischen Militärregierung zeigte sich jedoch insbesondere im Landeswahlrecht: Diese setzte durch, dass der erste Landtag für die Dauer von fünf Jahren aufgrund gebundener Listen in drei Wahlkreisen nach den Grundsätzen der Verhältniswahl gewählt wurde (Art. 69 SVerf a. F.). In Anlehnung an den französischen Conseil de la République und den Senat der Vereinigten Staaten von Amerika sollten danach alle zwei Jahre in einem der drei Wahlkreise Neuwahlen für eine Periode von sechs Jahren stattfinden.[4] Mit dieser periodischen Erneuerung

---

1 Siehe daneben die auf Grundlage des § 31 Abs. 2 LWG erlassene Wahlgeräteverordnung v. 29.04.2004, ABl. S. 1051, zuletzt geändert durch Gesetz v. 21.11.2007, ABl. S. 2393 sowie das Gesetz über die Erstattung der Wahlkampfkosten von Landtagswahlen v. 19.05.1999, ABl. S. 958.
2 Verfassung des Saarlandes v. 15.12.1947, ABl. S. 1077, zuletzt geändert durch Artikel 1 des Gesetzes Nr. 1961 v. 10.04.2019, ABl. I, S. 446.
3 *Rudolph Brosig*, in: Wendt/Rixecker (Hrsg.), Verfassung des Saarlandes-Kommentar, 2009, Einleitung, S. 21.
4 *Rudolph Brosig* (Fn. 3), 22; *Peter Rütters*, Landesparlamentarismus – Saarland, in: Mielke/Reutter (Hrsg.), Landesparlamentarismus, 2012, S. 471 (472); *Rudolf Schranil*, Das Recht des Saarlandes – Kommentar zur Verfassung des Saarlandes, 1952, Art. 69 Bem. 4.

eines Drittels der Zahl der Abgeordneten sollte ein „ewiger Landtag" geschaffen werden.[5]

Schon zu Beginn der zweiten Legislaturperiode im Jahr 1953 wurde diese Verfassungsvorschrift gestrichen, ohne dass sie je zur Anwendung kam.[6] Seitdem gilt eine fünfjährige Legislaturperiode (Art. 67 Abs. 1 Satz 1 SVerf). Die Wahlperiode endet, auch im Fall einer Auflösung des Landtages, mit dem Zusammentritt des neuen Landtages (Art. 67 Abs. 1 Satz 2 SVerf), der spätestens am dreißigsten Tag nach der Wahl erfolgen muss (Art. 67 Abs. 2 SVerf).[7]

Der saarländische Landtag bestand nach Art. 68 Satz 1 SVerf a. F. ursprünglich aus 50 Mitgliedern.[8] Bei der Landtagswahl 1975 kam es jedoch zu einer („unechten") Pattsituation, nachdem sich die FDP nach dem Vorbild der sozial-liberalen Koalition im Bund im Wahlkampf auf eine Koalition mit der SPD festgelegt hatte, SPD und FDP zusammen jedoch auf ebenso viele Sitze (25) kamen wie die CDU (25). Auch wenn diese Pattsituation schließlich nach zwei Jahren dadurch gelöst werden konnte, dass die FDP mit der CDU koalierte,[9] war die Frage der Zahl der Abgeordneten des Landtages Grund für die Einsetzung einer Enquete-Kommission,[10] die sich für die Anhebung der Zahl der Mitglieder des Landtages auf eine ungerade Abgeordnetenzahl aussprach.[11] Dies sollte ein „lähmendes" echtes Patt verhindern, wenn im Landtag nur zwei Parteien mit gleicher Abgeordnetenzahl vertreten sind.[12] Man entschied sich für eine moderate Heraufsetzung der *Zahl der Abgeordneten* auf 51 (Art. 66 Abs. 1 Satz 1 SVerf).[13] Damit hat das Saarland bis heute das kleinste Landesparlament in der Bundesrepublik.[14]

---

5 *Rudolph Brosig* (Fn. 3), 21 f.
6 Gesetz Nr. 373 v. 10.04.1953 über die Neufassung des Art. 69 Abs. 2 und des Art. 89 der Verfassung des Saarlandes v. 15.12.1947, ABl. 1953, S. 290.
7 Die vierte Wahlperiode endete mit dem durch Gesetz Nr. 723 v. 29.09.1960, ABl. S. 759 eingeführten Art. 129 SVerf am 30.06.1965, um zu verhindern, dass Neuwahlen stets in die Adventszeit fallen, siehe *Andreas Catrein*, in: Wendt/Rixecker (Fn. 3), Art. 67 Rn. 2 a. E.
8 Siehe zur Entwicklung *Rudolf Schranil* (Fn. 4), Art. 68 Bem. 2.
9 Siehe dazu *Peter Rütters*, Landesparlamentarismus (Fn. 4), S. 483.
10 Vgl. stenografischer Bericht des Landtages, 7. WP, 62. Sitzung, S. 3370.
11 Endbericht der Enquete-Kommission LT-Drs. 7/1260, S. 9–12.
12 Gesetzentwurf der Regierung des Saarlandes zum Landtagswahlgesetz v. 31.05.1988, LT-Drs. 9/1708, S. 20.
13 Zu den Hintergründen auch *Andreas Catrein/Tim Flasche*, in: Wendt/Rixecker (Fn. 3), Art. 66 Rn. 3.
14 *Peter Rütters*, Landesparlamentarismus (Fn. 4), S. 488.

Im Gegensatz zum Grundgesetz, das für das Wahlsystem zur Wahl der Abgeordneten des Bundestages keine Festlegung enthält, hat der saarländische Verfassungsgeber in Art. 66 Abs. 1 Satz 2 das Wahlsystem insoweit festgeschrieben, als es den „Grundsätzen eines Verhältniswahlrechts" entsprechen muss. Wahlen sind nach Art. 63 Abs. 1 SVerf – der für alle nach saarländischem Recht vorzunehmende Wahlen, also auch für die Wahlen zum Landtag des Saarlandes gilt – allgemein, gleich, unmittelbar, geheim und frei. Diese in der deutschen Verfassungstradition wurzelnden Wahlrechtsgrundsätze unterscheiden sich nicht von den Vorgaben des Art. 38 Abs. 1 Satz 1 GG.[15] Der SVerfGH bemüht hierzu die Auslegung des BVerfG.[16]

Die saarländische Landesverfassung hält daneben eine Besonderheit bereit, die auf Bundesebene nur eine einfachgesetzliche Verankerung in § 16 Satz 2 BWahlG findet: Nach Art. 63 Abs. 2 SVerf muss der Tag der Stimmabgabe ein Sonntag oder ein öffentlicher Ruhetag sein. Der Wahltag selbst wird von der Landesregierung bestimmt (§ 2 Satz 1 LWG). Bei der Bestimmung des Wahltages müssen die verfassungsrechtlichen Zeitvorgaben Berücksichtigung finden: Nach Art. 67 Abs. 1 Satz 3 SVerf findet die Neuwahl des Landtages frühestens 57 und spätestens 60 Monate nach Beginn der Wahlperiode statt. Im Falle einer Auflösung des Landtages (vgl. Art. 69 SVerf) findet die Neuwahl innerhalb von 60 Tagen statt (Art. 67 Abs. 1 SVerf). Der zeitgleichen Abhaltung der Landtagswahl mit einer anderen Wahl stehen weder Verfassungs- noch das einfache Recht entgegen.[17] Sie entspricht auch der Staatspraxis: Am Ende der 10. Wahlperiode einigten sich die Landtagsfraktionen auf eine vorzeitige Auflösung des Landtags, um die Landtagswahl 1994 parallel zur Bundestagswahl abhalten zu können.[18]

---

15 Vgl. § 3 II.
16 SVerfGH, Urt. v. 26.03.1980 – Lv 1/80, NJW 1980, 2181 (2183); *Christoph Gröpl*, in: Wendt/Rixecker (Fn. 3), Art. 63 Rn. 1.
17 Siehe näher *Andreas Catrein* (Fn. 7), Art. 67 Rn. 9; *Johann Hahlen*, in: Schreiber (Hrsg.), BWahlG, 9. Aufl. 2013, § 16 Rn. 7.
18 § 51 Abs. 3 LWG ermächtigt dazu durch Verordnung abweichende Regelungen zu treffen, soweit dies zur ordnungsgemäßen Vorbereitung und Durchführung gleichzeitig stattfindender Wahlen und Abstimmungen erforderlich ist. Siehe die Verordnung über die gleichzeitige Durchführung der Landtagswahl mit der Bundestagswahl v. 19.08.1994, ABl. S. 1199.

2. Landtagswahlgesetz sowie Landeswahlordnung

Die saarländische Verfassung regelt nur die Grundstrukturen des Wahlrechts und enthält keine darüber hinausgehenden Vorgaben zum Wahlsystem, sondern überantwortet diese dem Landesgesetzgeber.[19] Dadurch dass sich die Verfassung in Art. 66 Abs. 1 Satz 2 SVerf auf die „Grundsätze" des (Verhältnis-)Wahlrechts beschränkt, lässt sie eine nähere Bestimmung des Landeswahlrechts durch den Gesetzgeber zu, auch ohne dass es eines mit Art. 38 Abs. 3 GG vergleichbaren ausdrücklichen Regelungsauftrags bedarf.[20] Dem Landesgesetzgeber steht bei der Ausgestaltung des Wahlrechts ein weiter Gestaltungsspielraum zu.[21]

Die gesetzlichen Bestimmungen zur Ausgestaltung der Landtagswahl wurden für die ersten drei Wahlperioden noch in Sondergesetzen festgehalten. Erst für die vierte Landtagswahl wurde eine dauerhafte Regelung mit dem Landtagswahlgesetz (LWG) vom 29.09.1960 geschaffen.[22] In seinem Aufbau gleicht die aktuell gültige Fassung des LWG[23] noch der ersten Fassung.

Aufgrund von § 51 Abs. 1 LWG hat das Innenministerium zu dessen Durchführung eine Rechtsverordnung, die Landeswahlordnung (LWO), erlassen.[24] Die Übertragung der Regelung des technischen Teils des Wahlrechts auf den Verordnungsgeber ermöglicht es, in einem einfachen Verfahren auf Entwicklungen des materiellen Rechts zu reagieren und das Wahlrecht den Anforderungen der Praxis anzupassen.[25]

---

19 Siehe *Christoph Gröpl*, Verfassungsrecht, in: ders./Guckelberger/Wohlfarth (Hrsg.), Landesrecht Saarland, 3. Aufl. 2017, § 1 Rn. 70.
20 SVerfGH, Urt. v. 29.09.2011 – Lv 4/11, NVwZ-RR 2012, 169 (181).
21 SVerfGH, Urt. v. 18.03.2013 – Lv 12/12, juris Rn. 25.
22 Gesetz Nr. 724 über die Wahl des Landtages des Saarlandes v. 29.09.1960, ABl. S. 759.
23 Landtagswahlgesetz v. 19.10.1988 in der Fassung der Bekanntmachung v. 09.08.2016, ABl. S. 664, zuletzt geändert durch Artikel 1 des Gesetzes v. 26.08.2020, ABl. I, S. 782.
24 Landeswahlordnung v. 23.06.1989 in der Fassung der Bekanntmachung v. 24.08.2016, ABl. S. 742, 878, zuletzt geändert durch Artikel 2 des Gesetzes v. 26.08.2020, ABl. I, S. 782.
25 Siehe zur Bundeswahlordnung *Johann Hahlen*, in: Schreiber (Fn. 17), § 52 Rn. 1.

II. Wahlrecht und Wählbarkeit

Das *aktive Wahlrecht* kommt nach Art. 64 Satz 1 SVerf allen am Wahltag über 18 Jahre alten Deutschen[26] zu, die im Saarland ihren Wohnsitz haben und nicht vom Stimmrecht ausgeschlossen sind. Während die Vorläufernorm des Art. 66 SVerf a. F. noch an ein Mindestalter von 20 Jahren anknüpfte, wurde 1969 das Wahlalter auf die heutige Volljährigkeitsschwelle von 18 Jahren gesenkt.[27] Mit der Kopplung des Wahlalters an den Eintritt der Volljährigkeit werden Kinder und Jugendliche von der Wahl ausgeschlossen. Vorschläge, das Wahlalter auf 16 Jahre abzusenken, haben im Landtag keine Mehrheit gefunden.[28]

Das Erfordernis eines Wohnsitzes im Saarland (sog. Domizilprinzip) formt § 8 Abs. 1 Satz 1 Nr. 2 LWG dahingehend aus, dass das Innehaben einer Wohnung im Saarland oder subsidiär ein sonstiger gewöhnlicher Aufenthalt seit mindestens drei Monaten erforderlich ist, wobei der Tag der Wohnungs- oder Aufenthaltsnahme in die Frist einzubeziehen ist (§ 8 Abs. 2 LWG). Bei Inhabern mehrerer Wohnungen ist der Ort der Hauptwohnung maßgebend (§ 8 Abs. 1 Satz 2 LWG). Maßgeblich ist das Melderecht (§ 12 Abs. 2 LWO).

Art. 64 Satz 1 SVerf legitimiert den Ausschlusses vom Stimmrecht. Auch wenn die Vorschrift in ihrem Wortlaut keine weiteren Voraussetzungen für den Ausschluss nennt, ist der Ausschluss wegen seines Einflusses auf die Allgemeinheit der Wahl nur ausnahmsweise zulässig und auf das unvermeidbare Minimum zu begrenzen.[29] Einfachgesetzlich vom Wahlrecht ausgeschlossen war nach der bis Ende August 2020 geltenden Fassung des § 9 LWG, wer (1) infolge Richterspruchs das Wahlrecht nicht

---

[26] Die Kopplung an eine eigenständige saarländische Staatsbürgerschaft wurde im Zuge der Vereinigung mit der Bundesrepublik abgeschafft. Siehe näher *Christoph Gröpl*, in: Wendt/Rixecker (Fn. 3), Art. 64 Rn. 1.
[27] Verfassungsänderndes Gesetz v. 09.07.1969, ABl. S. 449.
[28] Gesetzentwurf der Fraktion DIE LINKE v. 05.06.2018, LT-Drs. 16/436, der von der AfD-Landtagsfraktion mit LT-Drs. 16/828 v. 08.05.2019 wiederholt wurde. Siehe auch *Fuchs*, Zündstoff in der Debatte ums Wahlalter, Saarbrücker Zeitung v. 16.5.2019, S. B 2. Daneben den gemeinsamen Gesetzentwurf der PIRATEN-, DIE LINKE- sowie der B90/GRÜNE-Landtagsfraktion zum Gesetz zur Senkung des Wahlalters auf 16 Jahre v. 22.08.2012, LT-Drs. 15/84. Der Antrag, durch Ergänzung des Art. 64 SVerf das Mindestalter für das aktive kommunale Wahlrecht auf 16 herabzusetzen, hat in der Enquetekommission zur Verfassungsreform 1999 keine Mehrheit gefunden, Bericht der Enquetekommission „Reform der Verfassung des Saarlandes" v. 27.05.1999, LT-Drs. 11/2043, S. 48 f.
[29] *Christoph Gröpl* (Fn. 26), Art. 64 Rn. 5.

besaß (s. § 45 Abs. 5 StGB), (2) wem zur Besorgung aller seiner Angelegenheiten ein Betreuer nicht nur durch einstweilige Anordnung bestellt war[30] oder (3) wer sich aufgrund einer Anordnung nach § 63 i. V. m. § 20 StGB in einem psychiatrischen Krankenhaus befand. In Reaktion auf die Entscheidungen des BVerfG von Anfang 2019,[31] mit dem die mit § 9 Nr. 2 und Nr. 3 LWG a. F. wortgleichen Bestimmungen des § 13 Nr. 2 und Nr. 3 BWahlG für mit Art. 38 Abs. 1 Satz 1 GG und Art. 3 Abs. 3 Satz 2 GG unvereinbar erklärt wurden, wurde durch das Gesetz zur Schaffung eines inklusiven Wahlrechts[32] das LWG an das BWahlG[33] jüngst angepasst. Ebenso wie dort sind fortan nur Personen vom Wahlrecht ausgeschlossen, die infolge Richterspruchs das Wahlrecht nicht besitzen. Zugleich wurden die Grenzen zulässiger Assistenz bei der Ausübung des Wahlrechts im neuen § 10 Abs. 7 LWG geregelt. Danach darf sich ein Wahlberechtigter, der des Lesens unkundig oder wegen einer Behinderung an der Abgabe seiner Stimme gehindert ist, der Hilfe einer anderen Person bedienen. Diese Hilfeleistung ist jedoch auf technische Hilfe bei der Kundgabe einer von dem Wahlberechtigten selbst getroffenen und geäußerten Wahlentscheidung beschränkt. Die Hilfsperson ist nach § 30 Abs. 2 LWG zur Geheimhaltung der Kenntnisse verpflichtet, die sie bei der Hilfeleistung erlangt hat. Unzulässig (und auch strafbar nach § 107a StGB) ist eine Hilfeleistung, die unter missbräuchlicher Einflussnahme erfolgt, die selbstbestimmte Willensbildung oder Entscheidung des Wahlberechtigten ersetzt oder verändert oder wenn ein Interessenkonflikt der Hilfsperson besteht.

Nach Art. 66 Abs. 2 Satz 2 SVerf ist jeder Stimmberechtigte wählbar, der das Alter erreicht hat, mit dem die Volljährigkeit eintritt.[34] Damit knüpft

---

30 Nach § 9 Nr. 2 Halbsatz 2 LWG sollte dies auch gelten, wenn der Aufgabenkreis des Betreuers die in § 1896 Abs. 4 und § 1905 BGB bezeichneten Angelegenheiten nicht erfasst.
31 BVerfG, Beschl. v. 29.01.2019 – 2 BvC 62/14, NJW 2019, 1201 ff.; Urt. v. 15.04.2019 – 2 BvQ 22/19, NVwZ-RR 2019, 705 ff.
32 Gesetz Nr. 2002 zur Schaffung eines inklusiven Wahlrechts v. 26.08.2020, ABl. I, S. 782. Vgl. auch den Gesetzentwurf der Fraktionen CDU und SPD zum Gesetz zur Schaffung eines inklusiven Wahlrechts v. 13.11.2019, LT-Drs. 16/1087.
33 Gesetz zur Änderung des Bundeswahlgesetzes und anderer Gesetze v. 18.06.2019, BGBl. I, S. 834.
34 Während die Verfassungsgeber noch ein Mindestalter von 25 Jahren vorsahen (Art. 69 SVerf a. F.), erfolgte im Jahr 1969 eine Absenkung auf 23 Jahre und schließlich Ende 1974 eine Kopplung an die Volljährigkeit, die seit Ende 1975 mit Vollendung des 18. Lebensjahres eintritt, siehe *Rudolph Brosig*, Verfassung des Saarlandes, 2000, S. 236 ff.

das *passive Wahlrecht* an die Vorschrift des Art. 64 Satz 1 SVerf an.[35] Nähere Ausformung hat das passive Wahlrecht in § 11 LWG gefunden. Die positiven Wählbarkeitsvoraussetzungen des § 11 Abs. 1 LWG erfüllt, wer am Wahltag (1) Deutscher i. S. d. Art. 116 Abs. 1 GG ist, (2) das 18. Lebensjahr vollendet hat und (3) seit mindestens drei Monaten im Saarland eine Wohnung innehat oder sich sonst gewöhnlich aufhält. Nicht wählbar ist nach § 11 Abs. 2 LWG, (1) wer nach § 9 LWG vom aktiven Wahlrecht ausgeschlossen ist oder (2) wer infolge Richterspruchs die Wählbarkeit oder die Fähigkeit zur Bekleidung öffentlicher Ämter nicht besitzt (s. § 45 Abs. 1 und 2 StGB).

III. Wahlsystem

Das Wahlsystem des Saarlandes spiegelt die wechselvolle Geschichte dieses Landes. Im bundesweiten Vergleich geltende Besonderheiten wurzeln bis heute in den Vorgaben der französischen Besatzungsmacht für die Wahlen zur Gesetzgebenden Versammlung am 05.10.1947.[36] Die Wahl der Abgeordneten durch Listenwahl nach einer reinen Verhältniswahl mit nur einer Stimme gilt ebenso wie die Aufteilung des Wahlgebiets in drei Wahlbezirke bis heute.[37]

Der Verfassungsgeber hat sich bewusst für eine Verhältniswahl entschieden. Dieses wurde „als das einzige richtige und gerechte" Wahlsystem angesehen.[38] Im Gegensatz zum Grundgesetz, das die Entscheidung über das Wahlsystem dem Gesetzgeber überantwortet, ist das Verhältniswahlrecht bis heute[39] in der Landesverfassung ausdrücklich in Art. 66 Abs. 1 Satz 2 verankert. Auch wenn der verfassungsändernde Gesetzgeber den Wortlaut der Verfassungsvorschrift dahingehend anpasste, dass entgegen der Ursprungsfassung nicht mehr die Grundsätze *der* Verhältniswahl, son-

---

35 *Christoph Gröpl*, Verfassungsrecht (Fn. 19), § 1 Rn. 69.
36 Verordnung über die Wahl der Mitglieder der Gesetzgebenden Versammlung des Saarlandes v. 29.08.1947, Amtsblatt der Verwaltungskommission des Saarlandes v. 08.09.1947, S. 351 ff.
37 *Daniel Kirch*, Sonderpolitikzone Saarland: Die Entwicklung des Parteiensystems von 1985 bis 2009, 2012, S. 65.
38 *Rudolf Schranil* (Fn. 4), Art. 69 Bem. 2.
39 Die Verfassungsrevision 1956 verzichtete auf die ausdrückliche Verankerung des Verhältniswahlrechts in der Verfassung (s. Gesetz Nr. 548, ABl. 1956, S. 1657). Im Frühjahr 1960 wurde die Vorgabe zum Wahlsystem jedoch wieder aufgenommen in Art. 68 SVerf a. F.; siehe dazu auch *Peter Krause*, Verfassungsentwicklung im Saarland 1958–1979, JöR 29 (1980), 393 (408).

dern vielmehr die Grundsätze *eines* Verhältniswahlrechts gelten müssen, was ermöglichen sollte, unter Beibehaltung des Charakters als Verhältniswahlrechts auch Elemente des Persönlichkeitswahlrechts einzuführen,[40] gilt bis heute ein *reines Verhältniswahlrecht* im Saarland. Insoweit fällt das Saarland im bundesweiten Vergleich aus dem Rahmen.

Seit der Wahl der Mitglieder der Gesetzgebenden Versammlung des Saarlandes als erstem Landtag im Jahr 1947 findet die Wahl zum Landtag in drei Wahlkreisen statt: Saarbrücken (bestehend aus dem Regionalverband Saarbrücken), Saarlouis (bestehend aus den Landkreisen Saarlouis und Merzig-Wadern) und Neunkirchen (bestehend aus den Landkreisen Neunkirchen, St. Wendel und dem Saarpfalz-Kreis, § 3 Abs. 2 LWG).

Jeder Wahlberechtigte hat lediglich *eine Stimme*. Mit dieser wird eine Partei oder Wählergruppe en bloc gewählt, deren Kandidaten auf *starren Listen* antreten. Jede Partei oder Wählergruppe kann in jedem der drei Wahlkreise einen Kreiswahlvorschlag und im gesamten Saarland einen Landeswahlvorschlag einreichen (§ 15 Abs. 2 Satz 1 LWG). Die Partei und die Wählergruppe entscheidet mit der Listenaufstellung selbst über die Reihenfolge der Kandidaten.[41] Mit Abgabe seiner Stimme wählt der Wahlberechtigte sowohl den Kreiswahlvorschlag einer Partei oder Wählergruppe als auch zugleich deren Landeswahlvorschlag, wenn ein solcher vorliegt (§ 10 Abs. 1 LWG). Von den 51 Abgeordneten des saarländischen Landtags werden 41 nach den Kreiswahlvorschlägen und die verbleibenden zehn nach den Landeswahlvorschlägen bestimmt (§ 1 Abs. 2 LWG).

Der Koalitionsvertrag der Regierungskoalition aus dem Jahr 2009 sah die Prüfung eines Zwei-Stimmen-Wahlrechts analog dem personalisierten Verhältniswahlrecht nach dem BWahlG vor.[42] Auch die Einführung von Direktmandaten war in der Folge Gegenstand der politischen Diskussion.[43] Trotz der Abmilderung des Wortlauts des Art. 66 Abs. 1 Satz 2

---

40 Endbericht der Enquete-Kommission LT-Drs. 7/1260, S. 12. Siehe auch *Peter Krause*, Verfassungsentwicklung (Fn. 39), 453, welcher die Möglichkeit des Kumulierens und Panaschierens hervorhebt. Als äußerste Grenze wird in der Kommentarliteratur die personalisierte Verhältnismäßigkeitswahl nach dem Vorbild des Bundeswahlgesetzes angesehen, siehe *Andreas Catrein/Tim Flasche* (Fn. 13), Art. 66 Rn. 4.
41 Zu starren Listen *Dieter Nohlen*, Wahlrecht und Parteiensystem, 7. Aufl. 2014, S. 110 f.
42 Neue Wege für ein modernes Saarland, Koalitionsvertrag 2009, S. 73. Siehe auch *Daniel Kirch*, Sonderpolitikzone (Fn. 37), 67 f.
43 Siehe bspw. Antrag der AfD-Fraktion zur Einführung personalisierter Verhältniswahl bei Landtagswahlen v. 08.11.2018, LT-Drs. 16/631.

SVerf ist das saarländische Landeswahlrecht bis dato jedoch seinen Wurzeln treu geblieben.

IV. Wahlvorbereitung

Weil die Wahlberechtigten an die von Parteien und Wahlverbänden aufgestellten starren Listen gebunden sind und damit keine anderen als vorgeschlagene Bewerber wählen können, ist die Aufstellung der Listen eine notwendige Voraussetzung für die Wahl, die das Wahlrecht unmittelbar berührt.[44]

Vorgaben zur Aufstellung der Landes- und Kreiswahlvorschläge sind in den §§ 15 ff. LWG und §§ 22 ff. LWO zu finden. Bei der Listenaufstellung sind daneben die Wahlrechtsgrundsätze des Art. 63 Abs. 1 SVerf zu berücksichtigen. Denn diese betreffen nicht nur die Stimmabgabe als eigentlichen Wahlakt, sondern das gesamte als Einheit zu verstehende Wahlverfahren, mithin auch das Wahlvorschlagsverfahren im Sinne der Einreichung und Zulassung von Wahlvorschlägen.[45] Die parteiinterne Bewerberauswahl stellt damit einerseits einen innerparteilichen Vorgang, aber zugleich auch einen integrierten Bestandteil des staatlichen, demokratischen Wahlverfahrens dar.[46] Der eigenverantwortliche Spielraum der Parteien schließt die Geltendmachung von Wahlfehlern im Rahmen der Wahlprüfung aus, solange die elementaren Standards, wie die für das staatliche Wahlverfahren maßgeblichen Gebote der Freiheit und Gleichheit der Wahl, in ihrem Kerngehalt gewährleistet sind.[47]

Das *Wahlvorschlagsrecht* steht als Kernstück des Bürgerrechts auf aktive Teilnahme an der Wahl jedem Wahlberechtigtem im Zusammenwirken mit anderen zu und ist nicht auf politische Parteien i. S. d. Art. 21 GG beschränkt (§ 15 Abs. 1 LWG).[48] Jede Partei oder Wählergruppe kann in jedem Wahlkreis nur einen Wahlkreisvorschlag und im gesamten Wahlgebiet nur einen Landeswahlvorschlag einreichen (§ 15 Abs. 2 Satz 1 LWG). Ein Landeswahlvorschlag kann nur zugelassen werden, wenn die Partei

---

44 SVerfGH, Urt. v. 29.09.2011- Lv 4/11, NVwZ-RR 2012, 169 (173).
45 SVerfGH, Urt. v. 24.11.1995 – Lv 1/95, S. 9 (abrufbar unter: www.verfassungsgerichtshof-saarland.de); Urt. v. 29.09.2011 – Lv 4/11, NVwZ-RR 2012, 169 (170 f.).
46 SVerfGH, Urt. v. 24.11.1995 – Lv 1/95, S. 10.
47 SVerfGH, Urt. v. 29.09.2011 – Lv 4/11, NVwZ-RR 2012, 169 (181).
48 Gesetzentwurf der Regierung des Saarlandes zum Landtagswahlgesetz v. 31.05.1988, LT-Drs. 9/1708, S. 9. Siehe auch SVerfGH, Urt. v. 24.11.1995 – Lv 1/95, S. 9.

oder Wählergruppe mindestens für einen Wahlkreis einen gültigen Kreiswahlvorschlag eingereicht hat (§ 15 Abs. 2 Satz 2 LWG). Eine Verbindung von Wahlvorschlägen ist unzulässig (§ 15 Abs. 2 Satz 3 LWG). Bei etablierten Parteien, also solchen die im Landtag oder im Deutschen Bundestag seit deren letzter Wahl aufgrund eigener Wahlvorschläge ununterbrochen vertreten sind, ist zu vermuten, dass sie sich ernsthaft an der Wahl beteiligen wollen.[49] „Neue" Parteien können nach § 15 Abs. 3 Satz 1 LWG einen Wahlvorschlag nur einreichen, wenn sie nachweisen, dass sie (1) eine schriftliche Satzung, (2) ein schriftliches Programm und (3) einen nach demokratischen Grundsätzen satzungsgemäß gewählten Vorstand haben. „Neue" Wählergruppen, die im Landtag seit dessen letzter Wahl nicht aufgrund eigener Wahlvorschläge ununterbrochen vertreten waren, können einen Wahlvorschlag nur einreichen, wenn sie nachweisen, dass sie (1) eine schriftliche Satzung und (2) einen nach demokratischen Grundsätzen satzungsgemäß gewählten Vorstand haben (§ 15 Abs. 3 Satz 2 LWG).

Bewerber, die im Sinne des Art. 66 Abs. 2 Satz 2 SVerf wählbar sein müssen und nicht Mitglied einer anderen Partei oder Wählergruppe sein dürfen, sind in einer *Versammlung* der wahlberechtigten Mitglieder der Partei oder Wählergruppe (Mitgliederversammlung) oder in einer Versammlung der von diesen hierzu unmittelbar aus ihrer Mitte gewählten Vertretern (besondere Vertreterversammlung) zu wählen (§ 17 Abs. 1 Satz 1–3 LWG). Zulässig ist auch eine allgemeine Vertreterversammlung, deren Vertreter nach der jeweiligen Satzung allgemein für bevorstehende öffentliche Wahlen von den wahlberechtigten Mitgliedern der Partei oder Wählergruppe aus ihrer Mitte für die Bewerberaufstellung gewählt wurden (§ 17 Abs. 1 Satz 4 LWG). Wahlberechtigt bei der Wahl der Bewerber und der Vertreter der Vertreterversammlung sind (1) für Kreiswahlvorschläge die im jeweiligen Wahlkreis im Zeitpunkt des Zusammentritts der Versammlung wahlberechtigten Parteimitglieder und (2) für Landeswahlvorschläge die im Saarland im Zeitpunkt des Zusammentritts der Versammlung wahlberechtigten Parteimitglieder. Durch den Zusatz, dass die Vertreter „aus ihrer Mitte" gewählt werden müssen, wird klargestellt, dass nur Vertreter gewählt werden dürfen, die im jeweiligen Wahlgebiet auch wahlberechtigt sind.[50]

---

49 Gesetzentwurf der Regierung des Saarlandes zum Landtagswahlgesetz v. 31.05.1988, LT-Drs. 9/1708, S. 9.
50 Gesetzentwurf der Regierung des Saarlandes zum Landtagswahlgesetz v. 31.05.1988, LT-Drs. 9/1708, S. 10. Jedoch soll durchaus Raum auch für eine Berücksichtigung nichtwahlberechtigter Parteimitglieder bei der Ermittlung des Delegiertenschlüssels bestehen, siehe SVerfGH, Urt. v. 24.11.1995 – Lv 1/95, S. 14.

Sowohl die Bewerber und ihre Reihenfolge innerhalb der Liste als auch die Vertreter der Vertreterversammlungen werden in *geheimer* Wahl gewählt (§ 17 Abs. 2 Satz 1 LWG). Der SVerfGH misst dieser Vorschrift eine unabdingbare Bedeutung für das demokratische Wahlrecht zu.[51] Jeder stimmberechtigte Teilnehmer der Versammlung ist vorschlagsberechtigt (§ 17 Abs. 2 Satz 2 LWG). Den Bewerbern muss Gelegenheit gegeben werden, sich und ihr Programm der Versammlung in angemessener Zeit vorzustellen (§ 17 Abs. 2 Satz 3 LWG). Als Bewerber kann nur vorgeschlagen werden, wer seine Zustimmung dazu unwiderruflich schriftlich erteilt hat (§ 17 Abs. 2 Satz 4 LWG). Die Einhaltung des ordnungsgemäßen Wahlverfahrens wird durch Niederschrift bestätigt (§ 16 Abs. 6 LWG).

Das Nähere über die Wahl der Vertreter der Vertreterversammlung, über Einberufung und Beschlussfähigkeit der Mitglieder- und Vertreterversammlungen sowie über das Wahlverfahren regeln die Parteien und Wählergruppen durch Satzungen (§ 17 Abs. 3, 4 LWG). Verstöße gegen das Satzungsrecht der Parteien sind grundsätzlich für die Wahlprüfung unerheblich.[52]

Ein Bewerber kann nur in einem Kreiswahlvorschlag und nur in einem Landeswahlvorschlag benannt werden. Zulässig ist jedoch, dass er in einem Kreiswahlvorschlag und zugleich in dem Landeswahlvorschlag derselben Partei oder Wählergruppe benannt wird (§ 16 Abs. 1, 2 LWG).

Kreiswahlvorschläge von „neuen" Parteien und „neuen" Wählergruppen müssen nach § 16 Abs. 5, 7 LWG von mindestens 300 Wahlberechtigten des Wahlkreises, für den der Kreiswahlvorschlag eingereicht wird, persönlich und handschriftlich unterzeichnet sein.[53] Jeder Wahlvorschlag soll eine Vertrauensperson inklusive Stellvertreter bezeichnen, die berechtigt ist, namens der sie benennenden Partei oder Wählergruppe Erklärungen abzugeben und entgegenzunehmen (§ 18 LWG).

Die Landeswahlvorschläge werden unverzüglich nach Eingang vom Landeswahlleiter und die Kreiswahlvorschläge durch den Kreiswahlleiter auf Gesetzmäßigkeit und Vollständigkeit überprüft (§ 22 Abs. 1 Satz 1, § 23 Abs. 1 Satz 1 LWG). Werden hierbei Mängel festgestellt, wird die Vertrauensperson benachrichtigt und zur Beseitigung behebbarer Mängel aufgefordert (§ 22 Abs. 1 Satz 2 LWG).[54] Nach Ablauf der Einreichungsfrist können nur noch Mängel an sich gültiger Wahlvorschläge behoben werden

---

51 SVerfGH, Urt. v. 29.09.2011 – Lv 4/11, NVwZ-RR 2012, 169 (175).
52 SVerfGH, Urt. v. 24.11.1995 – Lv 1/95, S. 12.
53 Siehe auch § 23 Abs. 5 LWO mit deren Anlage 12.
54 Im Mängelbeseitigungsverfahren kann die Vertrauensperson den Kreis- bzw. Landeswahlausschuss anrufen,§ 22 Abs. 4, § 23 Abs. 1 Satz 2 LWG.

(§ 22 Abs. 2 Satz 1 LWG). Wann ein Vorschlag ungültig ist, regelt § 22 Abs. 2 Satz 2 LWG. Über die Zulassung der Landeswahlvorschläge entscheidet der Landeswahlausschuss, über die von Kreiswahlvorschlägen der Kreiswahlausschuss spätestens knapp 2 Monate vor der Wahl (§ 22 Abs. 5, § 23 Abs. 3 LWG). Gegen die Entscheidung des Kreiswahlausschusses kann Beschwerde an den Landeswahlausschuss eingelegt werden (§ 22 Abs. 6 LWG, § 27 LWO). Die zugelassenen Wahlvorschläge werden spätestens am 48. Tag vor der Wahl im Amtsblatt bekannt gegeben (§ 24 Abs. 2 LWG).[55]

V. Wahlergebnis

Die Sitzverteilung regelt § 38 LWG. In einem *ersten Schritt* werden die Wahlvorschläge aussortiert, die weniger als 5 % der im Wahlgebiet abgegebenen gültigen Stimmen erhalten haben (§ 38 Abs. 1 LWG). Diese Sperrklausel ist zugleich in Art. 66 Abs. 1 Satz 3 SVerf verfassungsrechtlich verankert (dazu 1.). In einem *zweiten Schritt* werden ausgehend von den verbleibenden Wahlvorschlägen die Mehrheitsverhältnisse bestimmt: Die 51 Landtagssitze werden unter Zugrundelegung der für sie abgegebenen Stimmen nach dem Höchstzahlverfahren d'Hondt verteilt (§ 38 Abs. 2 LWG, dazu 2.). In einem *dritten Schritt* werden die der Partei oder Wählergruppe zustehenden Sitze auf ihre Kreiswahlvorschläge und ihren Landesvorschlag verteilt (§ 38 Abs. 3 LWG, dazu 3.).

1. Sperrklausel

Bei der Verteilung der Sitze des Landtages werden nur Wahlvorschläge berücksichtigt, die mindestens 5 % der im Wahlgebiet abgegebenen gültigen Stimmen erhalten haben. Der SVerfGH musste sich in der Vergangenheit wiederholt mit der verfassungsrechtlichen Zulässigkeit der Sperrklau-

---

55 Die Regelung über die Reihenfolge und Bekanntmachung der Wahlvorschläge der Parteien nach § 24 Abs. 1 LWG sowie die darauf in Bezug nehmende Regelung über die Reihenfolge der Parteien und Wählergruppen auf den amtlichen Stimmzetteln nach § 25 Abs. 2 Nr. 1 LWG wurde in Folge des SVerfGH, Urt. v. 29.09.2011 – Lv 4/11, NVwZ-RR 2012, 169 (178 f.) mit dem Gesetz Nr. 1768 zur Änderung des Landtagswahlgesetzes v. 26.01.2012, ABl. S. 94 an die Vorschrift des § 30 Abs. 3 BWahlG angepasst; siehe auch Gesetzentwurf der Fraktionen CDU, SPD, DIE LINKE, FDP, B90/Gründe zum Gesetz zur Änderung des Landtagswahlgesetzes v. 24.01.2012, LT-Drs. 14/686, S. 2.

sel bei der Wahl zum Landtag beschäftigen. Indem die Sperrklausel den Stimmen für eine Partei, die an dieser gescheitert sind, ihren Erfolgswert nimmt, bewirkt sie eine Ungleichgewichtung der Wählerstimmen und stellt einen Eingriff in die Wahlrechtsgleichheit dar (Art. 63 Abs. 1, Art. 12 Abs. 1 SVerf). Zugleich beeinträchtigt sie das verfassungsrechtlich geschützte Recht der Parteien auf Chancengleichheit (Art. 63 Abs. 1 SVerf i. V. m. Art. 21 Abs. 1 GG). Der saarländische Verfassungsgerichtshof sah diese Eingriffe zur Sicherung der Funktionsfähigkeit der Volksvertretung jedoch (noch) als gerechtfertigt an.[56]

Die Prüfung der Beibehaltung oder Änderung der Sperrklausel obliege primär dem Gesetzgeber. Seit der erstmaligen Einführung der Sperrklausel im Saarland im Jahr 1952 habe sich die gesellschaftliche und politische Wirklichkeit geändert. Die damals leitenden Erfahrungen der Weimarer Republik träten nach einer Zeit kontinuierlicher Regierungsstabilität – trotz der Zunahme kleinerer Parteien – merklich zurück. In Übereinstimmung mit der Rechtsprechung des BVerfG hat der SVerfGH daher dem Landesgesetzgeber erstmals 2011 aufgegeben, zu prüfen, ob und welche legitimen Zwecke er mit der Sperrklausel verfolgen will und ob eine solche geeignet, erforderlich und angemessen ist, um diese Ziele zu erreichen. Dabei habe er auch die vergleichsweise hohe faktische Sperrwirkung von rund 2 % zu beachten, die sich aus der geringen Zahl der Abgeordneten des saarländischen Landtags ergibt.[57] Erst nach einer abschließenden Entscheidung des Landesgesetzgebers oder bei ihrem Unterlassen sah sich der Verfassungsgerichtshof zur verfassungsrechtlichen Kontrolle berufen.[58]

In der Folge legte die Regierungskoalition (CDU, FDP, B90/Die Grünen) einen unter Einbeziehung von Sachverständigen beratenen Gesetzentwurf vor, der sich für die Beibehaltung der einfachgesetzlichen Sperrklausel in § 38 Abs. 1 LWG aussprach.[59] Wegen des Koalitionsbruchs und

---

56 Siehe SVerfGH, Urt. v. 29.09.2011 – Lv 4/11, NVwZ-RR 2012, 169 (180 ff.); Urt. v. 22.03.2012 – Lv 3/12, LKRZ 2012, 209; Urt. v. 18.03.2013 – Lv 12/12, juris Rn. 21 ff. Zur Sperrklausel auch SVerfGH, Urt. v. 31.01.2011 – Lv 13/10, juris Rn. 106; Beschl. v. 26.06.2012 – Lv 5/12, LVerfGE 23, 239 ff.; Beschl. v. 21.12.2012 – Lv 13/12. Siehe dazu auch *Franziska Buchwald/Jochen Rauber/Bernd Grzeszick*, Die landtagswahlrechtliche Sperrklausel in der Rechtsprechung des VerfGH des Saarlandes, LKRZ 2012, 441 ff.
57 SVerfGH, Urt. v. 29.09.2011 – Lv 4/11, NVwZ-RR 2012, 169 (183).
58 SVerfGH, Urt. v. 18.03.2013 – Lv 12/12, juris Rn. 27.
59 Gesetzentwurf der Regierung des Saarlandes zum Gesetz zur Änderung wahlrechtlicher Vorschriften v. 14.09.2011, LT-Drs. 14/566.

der vorzeitigen Auflösung des Landtags wurde dieser letztlich nicht verabschiedet.[60]

Im Hinblick auf die daraufhin angesetzten Wahlen zum 15. Landtag des Saarlandes im März 2012 wurde die weiterhin bestehende Sperrklausel im Wege eines Organstreits einer Kleinpartei dem SVerfGH einer erneuten Überprüfung zugeführt. Dieser sah keine Pflicht zur Evaluierung der Sperrklausel noch vor dem Termin dieser Neuwahl. Denn es seien keine evidenten verfassungsrechtlichen Zweifel erkennbar, die eine Überprüfung der Sperrklausel noch vor der Neuwahl für unabdingbar erscheinen ließen. Die Sicherung der Funktionsfähigkeit des Landtages habe gerade im Hinblick auf die angespannte Haushaltslage des Saarlandes eine gewichtige Bedeutung. Der verfassungsrechtliche Auftrag zur Evaluierung und Beobachtung der Sperrklausel wurde wiederholt.[61]

Daraufhin wurde die Sperrklausel in der 15. Legislaturperiode einer umfassenden Evaluierung unterzogen.[62] Alternativen zur Sperrklausel wie die Verminderung des Sperrklausel-Prozentsatzes, die Abschaffung der Sperrklausel unter gleichzeitiger Verkleinerung des Parlaments oder die Einführung einer bedingten Alternativstimme, die dann rechtliche Wirkung entfaltet, wenn die Hauptstimme des Wählers auf einen Wahlvorschlag entfällt, der weniger als 5 % der gültigen Stimmen erhalten hat,[63] wurden diskutiert, letztlich jedoch abgelehnt.[64] Insgesamt sah man gerade wegen der Entwicklung hin zu einer kleinteiligen und vielgestaltigen Parteienlandschaft auch weiterhin eine Gefahr für die Handlungsfähigkeit des saarländischen Landtags bei Wegfall der Sperrklausel.[65]

Folge der Evaluierung war nicht nur die Beibehaltung der 5%-Sperrklausel bei den Wahlen zum saarländischen Landtag in ihrer bisherigen

---

60 Bericht betreffend Evaluation der 5%-Sperrklausel und des Sitzzuteilungsverfahrens v. 07.10.2015, LT-Drs. 15/1543, S. 3.
61 Zum Ganzen: SVerfGH, Urt. v. 22.03.2012 – Lv 3/12, LKRZ 2012, 209. Siehe auch SVerfGH, Urt. v. 18.03.2013 – Lv 12/12, juris Rn. 26 ff.
62 Siehe den Bericht betreffend Evaluation der Fünf-Prozent-Sperrklausel und des Sitzzuteilungsverfahrens v. 07.10.2015, LT-Drs. 15/1543.
63 Siehe dazu auch den Gesetzentwurf der PIRATEN-Landtagsfraktion zum Gesetz zur Einführung der Alternativstimme bei Landtags- und Kommunalwahlen v. 14.11.2013, LT-Drs. 15/676 sowie Gesetzentwurf der PIRATEN-Landtagsfraktion zum Gesetz zur Änderung wahlrechtlicher Vorschriften v. 07.10.2015, LT-Drs. 15/1541. Näher auch *Hermann Heußner*, Die 5%-Sperrklausel: Nur mit Hilfsstimme!, LKRZ 2014, 7 ff., 52 ff.
64 Endbericht LT-Drs. 15/1543, S. 29 ff. Zu diesen Alternativen auch *Franziska Buchwald/Jochen Rauber/Bernd Grzeszick*, Sperrklausel (Fn. 56), 444 f.
65 Endbericht, LT-Drs. 15/1543, S. 28 f.

Form.⁶⁶ Vielmehr wurde die einfachgesetzliche Sperrklausel in Verfassungsrang gehoben. Mit verfassungsänderndem Gesetz vom 13.07.2016 wurde die Sperrklausel in Art. 66 Abs. 1 Satz 3 SVerf festgeschrieben.⁶⁷ Damit ist verfassungsrechtlich abgesichert, dass auf Wahlvorschläge, für die im Land weniger als fünf vom Hundert der gültigen Stimmen abgegeben werden, keine Sitze entfallen. Ausweislich der Drucksachen zum Gesetzentwurf sollte damit die Funktionsfähigkeit des Landtags nachhaltig gesichert und gestärkt werden, indem auch künftig die Stabilität bis zum Ende einer Legislaturperiode gesichert bleibt und nicht durch eine große Aufsplitterung der Wählerstimmen gefährdet wird.⁶⁸ Dahinter steht aber wohl auch, dass damit die Sperrklausel einer verfassungsrechtlichen Überprüfung durch den SVerfGH entzogen werden sollte.⁶⁹ Denn die Verfassungsvorschriften sind Maßstab, nicht Gegenstand der verfassungsgerichtlichen Kontrolle.⁷⁰ Der von Seiten des saarländischen Verfassungsgerichtshofs angekündigten abschließenden verfassungsrechtlichen Kontrolle nach Evaluierung durch den Gesetzgeber ist dieser (offenbar) zuvorgekommen.⁷¹

---

66 Endbericht, LT-Drs. 15/1543, S. 39.
67 Gesetz zur Änderung der Verfassung des Saarlandes und des Kommunalselbstverwaltungsgesetzes v. 13.7.2016, ABl. I, S. 710.
68 Gesetzentwurf der Fraktionen CDU und SPD zum Gesetz zur Änderung der Verfassung des Saarlandes und des Kommunalselbstverwaltungsgesetzes v. 07.10.2015, LT-Drs. 15/1537, S. 6.
69 Siehe *Christoph Gröpl*, Verfassungsrecht (Fn. 19) § 1 Rn. 71. Kritisch zur Vorgehensweise des BayVerfGH, trotz der verfassungsrechtlichen Verankerung der Sperrklausel diese einer verfassungsrechtlichen Prüfung zu unterziehen, *Markus Möstl*, in: Lindner/ders./Wolff, Verfassung des Freistaates Bayern, 2. Aufl. 2017, Art. 75 Rn. 10. Siehe auch zur Konsequenz, dass eine fortlaufende Kontrolle wegen der notwendigen Zwei-Drittel-Mehrheit zur Verfassungsänderung erschwert wird, den Abänderungsantrag der PIRATEN-Landtagsfraktion zum Gesetz zur Änderung der Verfassung des Saarlandes und des Kommunalselbstverwaltungsgesetzes v. 11.07.2016, LT-Drs. 15/1903.
70 Ablehnend zur Rechtsfigur des verfassungswidrigen Verfassungsrechts BVerfG, Urt. v. 03.05.2016 – 2 BvE 4/14, NVwZ 2016, 922 (927).
71 Siehe auch die Feststellung des SVerfGH im Beschl. v. 07.04.2014 – Lv 18/13, LKRZ 2014, 255, wonach der Gesetzgeber seiner Verpflichtung zur Evaluierung nachgekommen sei.

2. Bestimmung der Mehrheitsverhältnisse nach dem D'Hondt'schen Höchstzahlverfahren

Die 51 Landtagsmandate werden auf die nach Berücksichtigung der Sperrklausel verbleibenden Wahlvorschläge unter Zugrundelegung der für sie abgegebenen Stimmen nach dem *Höchstzahlverfahren nach d'Hondt* verteilt. Dadurch wird über die Mehrheitsverhältnisse im Landtag entschieden, also darüber wie viele Sitze jeder Partei und Wählergruppe zustehen.[72] Dieses nach Victor d'Hondt (1841–1901) benannte Divisorverfahren funktioniert dergestalt, dass die Summe aller im Land für die jeweilige Partei oder Wählergruppe abgegebenen Stimmen jeweils gesondert durch eins, zwei, drei usw. geteilt werden (sog. Divisorenreihe).[73] Die sich daraus ergebenden Quotienten werden nach ihrer Größe sortiert. Die 51 höchsten Quotienten entsprechen den 51 Sitzen im Landtag (§ 38 Abs. 2 Satz 2 LWG). Wenn bei der Zuteilung des letzten Sitzes mehrere gleiche Höchstzahlen auftreten, entscheidet das Los (§ 38 Abs. 2 Satz 3 LWG).

Das Höchstzahlverfahren nach d'Hondt kann bei starken Größenunterschieden der Parteianteile zu Abweichungen führen, indem Parteien mit größeren Stimmanteilen begünstigt werden.[74] Die Verzerrung wird umso stärker, je geringer die Zahl der zu vergebenden Mandate ist.[75] Dies hat dazu geführt, dass bei Bundestags- und Landtagswahlen anderer Länder andere Berechnungsverfahren – zunächst das Berechnungsverfahren nach Hare/Niemeyer, zuletzt das Divisorverfahren mit Standardrundung nach Sainte Laguë/Schepers – angewandt wurden. Der saarländische Landesgesetzgeber ist – mit einer kleinen zeitlichen Unterbrechung von 1980 bis 1988, in der das Hare/Niemeyer-Verfahren umgesetzt wurde[76] – der Berechnung nach dem Höchstzahlverfahren nach d'Hondt bis dato treu geblieben.

Pläne der Landesregierung während der 14. Wahlperiode im Landtagswahlrecht für die Sitzverteilung das Zuteilungsverfahren nach Hare/

---

72 *Christoph Gröpl*, Verfassungsrecht (Fn. 19), § 1 Rn. 73.
73 Näher dazu mit Rechenbeispiel *Dieter Nohlen*, Wahlrecht (Fn. 41), 123 ff.
74 SVerfGH, Urt. v. 18.03.2013 – Lv 12/12, juris Rn. 48; *Karl-Ludwig Strelen*, in: Schreiber (Fn. 17), § 6 Rn. 8. Kritisch zu dieser Einschätzung, weil die Unterschiede im Einzelfall nur minimal seien, *Dieter Nohlen*, Wahlrecht (Fn. 41), 124 f.
75 BayVerfGH, Urt. v. 24.04.1992 – Vf. 5-V-92, NVwZ-RR 1993, 113 (114).
76 Gesetz Nr. 1115 zur Änderung des Landtagswahlgesetzes v. 13.12.1979, ABl. 1980, S. 138 ff. mit Änderung des § 47 Abs. 2 LWG. Wiedereinführung des Höchstzahlverfahrens mit Gesetz Nr. 1232 Landtagswahlgesetz (LWG) v. 19.10.1988, ABl. S. 1313 ff. Siehe dazu auch *Daniel Kirch*, Sonderpolitikzone (Fn. 37), 68.

Niemeyer einzuführen, um so – ausweislich der Begründung zum Gesetzentwurf – den Grundsatz der Gleichheit der Wahl besser zu verwirklichen,[77] scheiterten an der vorzeitigen Auflösung des Landtags. Auf ein Wahlprüfungsverfahren hin gab der SVerfGH dem Landesgesetzgeber für die 15. Legislaturperiode auf, zu prüfen, „ob tatsächlich nach den besonderen Verhältnissen des Saarlandes die Wahl eines anderen Sitzverteilungsverfahrens dem Grundsatz der Erfolgswertgleichheit nachweislich besser entspricht ohne andere Nachteile aufzuweisen".[78] Diesem Auftrag ist der Landtag nachgekommen, wobei der Landesgesetzgeber dem Höchstzahlverfahren nach d'Hondt treu geblieben ist.[79] Letztlich maßgeblich war, dass dieses Zuteilungsverfahren im Vergleich zu den beiden anderen Verfahren zwar weniger erfolgswertoptimal sei, dafür aber zuverlässiger in der Umsetzung des Mehrheitsergebnisses. Denn nur das Verfahren nach D'Hondt gewährleiste, dass eine absolute Mehrheit der Stimmen auch zu einer absoluten Mehrheit der Parlamentssitze werde.[80]

3. Verteilung der Sitze nach den Kreis- und Landeswahlvorschlägen

Im dritten Schritt werden die einer Partei oder Wählergruppe zustehenden Sitze auf ihre Kreiswahlvorschläge und ihren Landeswahlvorschlag verteilt (§ 38 Abs. 3 LWG). In den Wahlkreisen werden 41 der insgesamt 51 Sitze vergeben (§ 38 Abs. 3 Nr. 1 LWG). Unter erneuter Anwendung des Höchstzahlverfahrens nach d'Hondt werden die Sitze auf die Kandidaten der Kreiswahlvorschläge verteilt. Dazu werden nicht – wie im vorangehenden Schritt – die Gesamtstimmzahlen im ganzen Land, sondern die im jeweiligen Wahlkreis für die jeweilige Partei ermittelten Stimmenzahlen, nach Wahlkreisen geordnet, einander gegenübergestellt und so lange

---

[77] Gesetzentwurf der Regierung des Saarlandes zum Gesetz zur Änderung wahlrechtlicher Vorschriften v. 14.09.2011, LT-Drs. 14/566. Siehe auch den Koalitionsvertrag 2009 (Fn. 42), 73.
[78] SVerfGH, Urt. v. 18.03.2013 – Lv 12/12, juris Rn. 50.
[79] Keine Mehrheit fanden dementsprechend Gesetzesentwürfe zu einem Wechsel hin zu St. Laguë/Schepers der B90/GRÜNE-Landtagsfraktion, Gesetzentwurf zum Gesetz zur Änderung wahlrechtlicher Vorschriften v. 07.10.2015, LT-Drs. 15/1539 sowie der Gesetzentwurf der PIRATEN-Landtagsfraktion zum Gesetz zur Änderung des Sitzzuteilungsverfahrens bei Landtags- und Kommunalwahlen v. 14.11.2013, LT-Drs. 15/677.
[80] Endbericht, LT-Drs. 15/1543, S. 43 ff. unter Verweis auf *Friedrich Pukelsheim/Sebastian Maier*, Parlamentsvergrößerung als Problemlösung für Überhangmandate, Pattsituation und Mehrheitsklauseln, ZParl 2008, 312 (318).

durch eins, zwei, drei usw. geteilt, bis 41 Höchstzahlen errechnet sind.[81] In Wahlkreisen, in denen überproportional viele Stimmen für eine Partei abgegeben werden, erhalten die Parteien entsprechend mehr Kandidaten. Insoweit kommt es zu einer gewissen „Regionalisierung" des Parlaments.[82]

Die verbleibenden zehn Sitze werden gemäß § 38 Abs. 3 Nr. 2 LWG nach den Landeswahlvorschlägen bestimmt. Jede Partei erhält so viele zusätzliche Mandate nach der Landesliste, bis die Gesamtzahl erreicht wird, die im zweiten Schritt ermittelt wurde. Hat diese keinen oder einen ungültigen Landeswahlvorschlag eingereicht, werden ihr die restlichen Sitze über ihre Kreiswahlvorschläge unter entsprechender Anwendung des D'Hondt'schen Verfahrens zugeteilt (§ 38 Abs. 3 Nr. 3 LWG). Dieses Verfahren führt regelmäßig dazu, dass die großen Parteien ihre Sitze über die Kreiswahllisten besetzen, die kleinen Parteien dagegen auf die Landesliste zurückgreifen.[83]

Die Sitze werden jeweils nach der Reihenfolge auf den starren Wahlkreis- sowie der Landesliste verteilt (§ 38 Abs. 4 LWG). Wenn ein Mitglied aus dem Landtag ausscheidet, wird der Sitz aus der Kreis- oder Landesliste derjenigen Partei oder Wählergruppe besetzt, für die der Ausgeschiedene bei der Wahl angetreten ist (§ 42 LWG).

Können bei der Sitzverteilung oder bei der Berufung von Listennachfolgern die Sitze nicht besetzt werden, weil die Wahlkreis- oder Landesliste der Partei erschöpft ist, werden die übrigen Sitze unter entsprechender Anwendung des Verfahrens nach § 38 Abs. 3 LWG an die anderen Listen der Partei verteilt (§ 43 Abs. 1 LWG).

Es ist theoretisch denkbar, dass einer Partei nach den Wahlkreislisten in der Summe mehr Sitze zufallen, als ihr eigentlich insgesamt nach den Mehrheitsverhältnissen zufallen dürften. Das saarländische Landeswahlrecht enthält keine Regelung, was mit diesen Sitzen geschehen soll. Weil damit auch keine Regelung zu Überhangmandaten vorgesehen ist, können solche auch nicht vergeben werden. In der Folge würden diese Sitze als Konsequenz des Verhältniswahlrechts nicht vergeben werden.[84]

---

81 Siehe das Rechenbeispiel bei *Christoph Gröpl*, Verfassungsrecht (Fn. 19), § 1 Rn. 73.
82 Siehe *Christoph Gröpl*, Verfassungsrecht (Fn. 19), § 1 Rn. 73.
83 *Andreas Catrein/Tim Flasche* (Fn. 13), Art. 66 Rn. 7 a. E.
84 Siehe auch einen Lösungsansatz von *Martin Fehndrich/Andreas Schneider*, abrufbar unter: http://www.wahlrecht.de/landtage/regelungsluecke-saarland.html (abgerufen am 24.05.2020). Sie sprechen sich dafür aus, dass Überhangmandate nicht zugeteilt werden.

VI. Wahlprüfung

Entscheidungen und Maßnahmen, die sich unmittelbar auf das Wahlverfahren beziehen, können nicht von den Fachgerichten überprüft werden (§ 46 Abs. 1 LWG). Ebenso wie auf Bundesebene sieht Art. 75 SVerf ein zweistufiges Verfahren vor:[85] Der Landtag prüft und entscheidet über die Gültigkeit der Wahl (Art. 75 Abs. 1 Satz 1 SVerf, dazu 1.). Diese Wahlprüfungsentscheidung kann vor dem SVerfGH angefochten werden (Art. 75 Abs. 2 SVerf, dazu 2.).

1. Prüfung und Entscheidung über die Gültigkeit der Wahl durch den Landtag

Die Landtagswahl kann wegen *Verstoßes gegen wesentliche Wahlvorschriften* angefochten werden, wenn die *Möglichkeit* besteht, dass durch den Verstoß die *Sitzverteilung beeinflusst* worden ist (§ 46 Abs. 2 LWG). Trotz der Zuweisung dieser Prüfung an den Landtag handelt es sich um eine Rechtskontrolle.[86] Die Bündelung möglicher Einwände beim Landtag verhindert, dass es zu divergierenden Entscheidungen über die Gültigkeit des Wahlakts kommt.[87]

Anfechtungsberechtigt sind der Landeswahlleiter in amtlicher Eigenschaft und jeder Wahlberechtigte (§ 46 Abs. 3 LWG). Die Anfechtung ist beim Landeswahlleiter schriftlich einzulegen und zu begründen. Dieser legt sie mit seiner Stellungnahme unverzüglich dem Landtag vor (§ 46 Abs. 4 LWG). Eine eigene Anfechtung legt der Landeswahlleiter unmittelbar beim Landtag ein (§ 46 Abs. 5 LWG). Die Anfechtung muss innerhalb von zwei Wochen nach Bekanntmachung des Wahlergebnisses im Amtsblatt beim Landeswahlleiter bzw. bei eigener Anfechtung durch diesen beim Landtag eingegangen sein (§ 46 Abs. 6 LWG).

Das Verfahren der Durchführung der Wahlprüfung durch den Landtag regelt das saarländische Wahlprüfungsgesetz (SWahlPrG).[88] Die Entschei-

---

85 Siehe zu dessen verfassungsrechtlicher Zulässigkeit SVerfGH, Beschl. v. 26.06.2012 – Lv 5/12, LVerfGE 23, 239 ff.
86 Gesetzentwurf der Fraktionen CDU, SPD, FDP und B90/GRÜNE zum Gesetz über die Überprüfung der Wahlen zum Landtag des Saarlandes (Saarländisches Wahlprüfungsgesetz) v. 12.05.2010, LT-Drs. 14/172, S. 1.
87 SVerfGH, Urt. v. 31.01.2011 – Lv 13/10, juris Rn. 58; *Christoph Gröpl*, Verfassungsrecht (Fn. 19), § 1 Rn. 74.
88 Gesetz Nr. 1716 über die Überprüfung der Wahlen zum Landtag des Saarlandes v. 25.08.2010, ABl. S. 1336.

dung des Landtags wird durch den Wahlprüfungsausschuss vorbereitet (§ 2 Abs. 1 SWahlPrG). Hierzu hat der Landtag den ständigen Ausschuss für Justiz, Verfassungs- und Rechtsfragen sowie Wahlprüfung eingerichtet (§ 35 Abs. 1 Gesetz über den Landtag des Saarlandes (LTG),[89] § 11 Abs. 1 Nr. 10 GO-LT). In dem Ausschuss muss jede im Landtag vertretene politische Partei mindestens einen Sitz haben (§ 35 Abs. 2 Satz 2 LTG).

Das Verfahren ist gerichtsförmig ausgestaltet.[90] Der Landtagsausschuss tritt zunächst in eine Vorprüfung ein, insbesondere darüber, ob die Wahl form- und fristgerecht angefochten wurde und ob Termin zur mündlichen Verhandlung anzuberaumen ist (§ 3 SWahlPrG). Wenn damit eine weitere Förderung des Verfahrens zu erwarten ist, insbesondere, wenn der Ausschuss sich einen eigenen Eindruck von den Zeugen verschaffen will,[91] wird Termin zur mündlichen Verhandlung anberaumt, die öffentlich stattfindet und sich nach den Vorschriften der Zivilprozessordnung richtet (§§ 4–6 SWahlPrG). Der Ausschuss berät geheim über das Ergebnis der Verhandlung (§ 7 SWahlPrG) und schlägt dem Landtag eine Entscheidung vor, in welcher über die Gültigkeit der Wahl und die sich aus einer Ungültigkeit ergebenden Folgerungen bestimmt wird (§ 8 SWahlPrG, § 35 Abs. 2 Satz 1 LTG). Daraufhin beschließt der Landtag über den Antrag des Ausschusses mit einfacher Mehrheit. Er kann den Antrag annehmen oder an den Ausschuss zurückverweisen, nicht aber abändern, um zu verhindern, dass politische Entscheidungen das gerichtsförmige Verfahren beeinflussen[92] (§ 9 SWahlPrG). Erst die Entscheidung des Landtags bestimmt über die (Un-)Gültigkeit der Wahl.[93]

Entscheidet der Landtag über eine Wahlanfechtung ohne zureichenden Grund nicht innerhalb einer der Funktion und dem Sinn und Zweck einer Wahlprüfung angemessenen Frist, wird der Wahlberechtigte in seinem Grundrecht auf effektiven Rechtsschutz nach Art. 20 SVerf verletzt.[94] Ob in einem solchen Fall ausnahmsweise entsprechend dem Rechtsgedan-

---

89 Gesetz über den Landtag des Saarlandes v. 20.06.1973, ABl. S. 517.
90 Gesetzentwurf der Fraktionen CDU, SPD, FDP und B90/GRÜNE zum Gesetz über die Überprüfung der Wahlen zum Landtag des Saarlandes (Saarländisches Wahlprüfungsgesetz) v. 12.05.2010, LT-Drs. 14/172, S. 7.
91 Gesetzentwurf der Fraktionen CDU, SPD, FDP und B90/GRÜNE zum Gesetz über die Überprüfung der Wahlen zum Landtag des Saarlandes (Saarländisches Wahlprüfungsgesetz) v. 12.05.2010, LT-Drs. 14/172, S. 6.
92 Gesetzentwurf der Fraktionen CDU, SPD, FDP und B90/GRÜNE zum Gesetz über die Überprüfung der Wahlen zum Landtag des Saarlandes (Saarländisches Wahlprüfungsgesetz) v. 12.05.2010, LT-Drs. 14/172, S. 7.
93 *Andreas Catrein/Tim Flasche*, in: Wendt/Rixecker (Fn. 3), Art. 75 Rn. 6 a. E.
94 SVerfGH, Urt. v. 31.01.2011 – Lv 13/10, juris Rn. 69 ff.

ken des § 75 VwGO unmittelbar der SVerfGH im Wahlprüfungsverfahren nach Art. 75 Abs. 2 SVerf ohne vorherige abschließende Entscheidung des Landtages angerufen werden kann, ließ der SVerfGH offen, sah es jedoch als „naheliegend" an.[95]

2. *Anfechtung vor dem Verfassungsgerichtshof*

Der Beschluss des Landtags über die Gültigkeit der Wahl kann vor dem SVerfGH im Verfahren der Wahlprüfung angefochten werden (Art. 97 Nr. 4 i. V. m. Art. 75 Abs. 2 SVerf, § 9 Nr. 4 VerfGHG).[96] Die Verfassungsbeschwerde ist als solche nicht zulässig, wenn die Verletzung von Grundrechten durch einzelne Entscheidungen und Maßnahmen gerügt wird, die sich unmittelbar auf das Wahlverfahren selbst beziehen. Das sind solche, welche die Vorbereitung der Wahl zum Landtag des Saarlandes sowie den Ablauf der Wahlhandlung selbst betreffen oder die im Anschluss an die Wahl bis einschließlich zur Verkündung des Wahlergebnisses getroffen werden.[97]

Anfechtungsberechtigt im Wahlprüfungsverfahren sind der Wahlberechtigte, dessen Anfechtung der Wahl vom Landtag verworfen worden ist[98] sowie eine Fraktion oder eine Minderheit des Landtages, die wenigstens ein Zehntel der gesetzlichen Mitgliederzahl (Art. 66 Abs. 1 Satz 1 SVerf) umfasst (§ 38 Abs. 1 VerfGHG). Die Anfechtung muss binnen Monatsfrist schriftlich erfolgen (§ 38 Abs. 2 VerfGHG). Nach § 38 Abs. 3 VerfGHG kann der SVerfGH von einer mündlichen Verhandlung absehen, wenn von ihr keine weitere Förderung des Verfahrens zu erwarten ist.

---

95 SVerfGH, Urt. v. 31.01.2011 – Lv 13/10, juris Rn. 123.
96 Gesetz Nr. 645 über den Verfassungsgerichtshof v. 17.07.1958 in der Fassung der Bekanntmachung v. 06.02.2001, ABl. S. 582 ff., zuletzt geändert durch Art. 6 des Gesetzes v. 04.12.2019, ABl. I 2020, S. 79.
97 SVerfGH, Urt. v. 31.01.2011 – Lv 13/10, juris Rn. 57.
98 Nachdem die Anfechtungsberechtigung im Wahlprüfungsverfahren nach dem BVerfGG nicht mehr vom Beitritt von 100 weiteren Wahlberechtigten abhängig gemacht wurde, hat der Landesgesetzgeber mit dem Gesetz Nr. 1834 zur Änderung des Gesetzes über den Verfassungsgerichtshof v. 16.07.2014, ABl. I, S. 358 davon aus Gründen der Verbesserung des Rechtsschutzes in Wahlsachen (s. Gesetzentwurf der Regierung des Saarlandes zum Gesetz zur Änderung des Gesetzes über den Verfassungsgerichtshof v. 18.06.2014, LT-Drs. 15/956, S. 8) Abstand genommen. Anfechtungsberechtigt sind auch Nichtwähler, siehe SVerfGH, Urt. v. 31.01.2011 – Lv 13/10, juris Rn. 76.

Der SVerfGH übernimmt den Prüfungsmaßstab aus § 46 Abs. 2 LWG.[99] Neben einem Verstoß gegen wesentliche Wahlvorschriften muss damit die Möglichkeit bestehen, dass durch den Verstoß die Sitzverteilung beeinflusst worden ist. Wesentliche Wahlvorschriften in diesem Sinne betreffen nicht nur den eigentlichen Wahlakt, d. h. die Stimmabgabe, sondern das gesamte Wahlverfahren von dem Wahlvorschlagsverfahren bis zur Ermittlung und Feststellung des Wahlergebnisses.[100] Maßstab sind auch die Wahlrechtsgrundsätze des Art. 63 Abs. 1 SVerf i. V. m. § 1 Abs. 1 LWG.[101] Im Gegensatz zum Landtag auf der ersten Stufe der Wahlprüfung kann der SVerfGH auch die Verfassungsmäßigkeit von gesetzlichen Vorschriften über die Landtagswahl, insbesondere solcher des LWG, überprüfen.[102]

VII. Wahlrechtsreform

Der Gesetzgeber ließ sich in der jüngeren Vergangenheit bei Änderungen des Landtagswahlgesetzes von dem Leitgedanken der Harmonisierung mit dem Bundes- und Europawahlrecht leiten.[103] Im Interesse der Wahlberechtigten, der Wahlvorschlagsträger und der Wahlbehörden wurde die Anwendung der Wahlgesetze vereinheitlicht, um so die Vorbereitung und Durchführung der verschiedenen, teilweise gleichzeitig stattfindenden Wahlen im Saarland zu erleichtern. Unterschiede sollen auf das sachlich gebotene Minimum beschränkt werden.[104]

Gleichzeitig sollen landesspezifische Unterschiede beibehalten werden.[105] So ist es auch zu erklären, warum der saarländische Landesgesetzgeber seit der Wahl zur Gesetzgebenden Versammlung im Jahr 1947 sein

---

99 Siehe SVerfGH, Urt. v. 24.11.1995 – Lv 1/95, S. 9; Urt. v. 16.04.2013 – Lv 10/12, NVwZ-RR 2013, 825.
100 SVerfGH, Urt. v. 16.04.2013 – Lv 10/12, NVwZ-RR 2013, 825.
101 SVerfGH, Urt. v. 24.11.1995 – Lv 1/95, S. 9.
102 SVerfGH, Urt. v. 16.04.2013 – Lv 10/12, NVwZ-RR 2013, 825 (826).
103 Gesetzentwurf der Fraktionen CDU, SPD, FDP und B90/GRÜNE zum Gesetz über die Überprüfung der Wahlen zum Landtag des Saarlandes (Saarländisches Wahlprüfungsgesetz) v. 12.05.2010, LT-Drs. 14/172, S. 6.
104 Gesetzentwurf der Regierung des Saarlandes zum Gesetz zur Änderung wahlrechtlicher Vorschriften v. 13.08.2008, LT-Drs. 13/1997, S. 1, 12; Gesetzentwurf der Fraktionen CDU und SPD zum Gesetz zur Änderung des Landtagswahlgesetzes v. 14.04.2016, LT-Drs. 15/1771, S. 1, 5.
105 Gesetzentwurf der Fraktionen CDU und SPD zum Gesetz zur Änderung wahlrechtlicher Vorschriften v. 08.11.2018, LT-Drs. 16/630, S. 1, 5.

Wahlrecht zwar – auch auf Druck des SVerfGH – immer wieder evaluiert hat, seinen Wurzeln im Ergebnis jedoch treu geblieben ist.

§ 16 Sachsen

Dorothea Heilmann

I. Wahlen zum Sächsischen Landtag

1. Allgemeines

Der Landtag ist das einzige unmittelbar vom Volk gewählte Verfassungsorgan des Freistaates Sachsen. Diese Wahl basiert auf der am 06.06.1992 in Kraft getretenen Sächsischen Verfassung (SächsVerf), welche eine parlamentarische Demokratie (Herrschaft durch das Staatsvolk, Art. 3 Abs. 1 Satz 1 SächsVerf) garantiert. Als Verfassungsorgan leitet der Landtag seine Organstellung sowie seine Rechte und Pflichten unmittelbar aus der Verfassung ab. Da er auch keiner anderen Instanz untersteht, ist er zugleich oberstes Staatsorgan (vgl. Art. 81 Abs. 1 Nr. 1 SächsVerf).

Nach Art. 39 Abs. 3 Satz 1 SächsVerf ist er die gewählte Vertretung des Volkes. Das Repräsentativorgan nimmt die ihm im diesen Sinne verfassungsrechtlich zugewiesenen Aufgaben und Kompetenzen anstelle und im Namen des Volkes wahr.[1] Damit kommt dem Landtag zwar eine herausgehobene Bedeutung im System der repräsentativen parlamentarischen Demokratie zu, diese lässt ihn gleichwohl in der Rangordnung grundsätzlich gleichberechtigt neben dem Parlament und der Rechtsprechung stehen (Prinzip der Gewaltenteilung, Art. 3 Abs. 2 SächsVerf). Die Trennung von Funktion und Verantwortung der jeweiligen Gewalten ist als Ausfluss des Rechtsstaatsprinzips zu verstehen, wie dieses auch schon auf Bundesebene besteht (Art. 1 Satz 2 SächsVerf, Art. 20 Abs. 3 GG). Auch auf Landesebene kommt das System von „Checks and Balances" als Kontrollmechanismus zum Einsatz.[2]

Der Landtag übt die gesetzgebende Gewalt aus, wobei der Haushaltsgesetzgebung eine besondere Bedeutung zukommt.[3] Zudem überwacht er

---

1 *Matthias Dehoust/Peter Nagel/Torsten Umbach*, Die sächsische Verfassung – Einführung und Erläuterung, 2011, S. 15.
2 Vgl. *Matthias Dehoust/Peter Nagel/Torsten Umbach*, Verfassung (Fn. 1), S. 16.
3 So *Sächsischer Landtag*, abzurufen unter: https://www.landtag.sachsen.de/de/landtag/index.cshtml (abgerufen am 29.08.2019).

die Ausübung der vollziehenden Gewalt nach Maßgabe der Verfassung und ist Stätte der politischen Willensbildung. Eine Besonderheit im Vergleich zum Bund ist, dass in Sachsen Gesetzesvorlagen nicht nur von der Staatsregierung und aus der Mitte des Landtages, sondern auch unmittelbar vom Volk durch Volksantrag eingebracht werden können, sodass „die Herrschaft durch das Staatsvolk" nicht nur durch die Landtagswahlen, sondern zusätzlich auch durch Volksentscheide seine Ausprägung findet, Art. 3 Abs. 2 Satz 1, 70–73 SächsVerf.[4]

2. Sitz, Abgeordnete, Wahlperiode

Das Parlament hat seinen Sitz in der Landeshauptstadt Dresden, Art. 2 Abs. 1 SächsVerf. Der Sächsische Landtag besteht in der Regel aus 120 Abgeordneten, Art. 41 Abs. 1 SächsVerf. Obgleich die tatsächliche Verhinderung der Mandatsausübung etwa durch Krankheit oder Reisen keinen Einfluss auf die Zahl der Abgeordneten hat, können sich freilich Abweichungen ergeben.

So kann sich die Zahl bei Ausgleichs- oder Überhangmandaten einerseits erhöhen (§ 6 Abs. 6 SächsWahlG), sie kann andererseits aber auch geringer ausfallen. Letzteres kommt in Frage, wenn eine Partei mehr Sitze erhält, als sie Bewerber*innen vorgeschlagen hat (§ 6 Abs. 5 a. E. SächsWahlG). Zudem kann die Zahl geringer ausfallen, wenn eine (teilweise) Wiederholungswahl (§ 43 Abs. 3 Satz 2 SächsWahlG) oder eine Ersatzwahl (§ 47 Abs. 2 Satz 3 SächsWahlG) unterbleibt, weil nach sechs Monaten ohnehin ein neuer Landtag gewählt wird. Auch ein Parteienverbot kann in der Folge eine geringere Zahl bei Ausgleichs- oder Überhangmandaten begründen, wenn Abgeordnete ihren Sitz verlieren (§ 45 Abs. 4 SächsWahlG). Schließlich kann das Ausscheiden von Abgeordneten dazu führen, dass die Landesliste erschöpft ist (§ 47 Abs. 1 Satz 3 SächsWahlG).

Die Abgeordneten des Landtages vertreten die Interessen der Bevölkerung auf Landesebene. Dabei sind sie nur ihrem Gewissen unterworfen und an Aufträge und Weisungen nicht gebunden, Art. 39 Abs. 3 SächsVerf. Die Wahl zum 7. Sächsischen Landtag fand am 01.09.2019 statt. Im Parlament sind derzeit fünf Fraktionen vertreten: CDU, DIE LINKE, SPD, Bündnis90/Die Grünen und AfD. Derzeit setzt sich der Sächsische Landtag

---

4 *Wilfried Behl*, Sächsisches Wahlgesetz und Landeswahlordnung – Handbuch für Landtagswahlen und Sachsen mit Kommentar zum Wahlgesetz, 2. Aufl. 2014, Einführung, S. 26.

aus 119 Abgeordneten zusammen.⁵ Die geringere als übliche Anzahl von 120 resultiert daraus, dass die AfD aufgrund einer Streichung der Listenplätze 31–61 insgesamt nur 38 statt 39 Mandate erhalten hat.⁶

Da die Dauer der Wahlperiode nicht durch das Demokratieprinzip (Art. 28 Abs. 1 Satz 1 GG i. V. m. Art. 1 Satz 1 SächsVerf) vorgegeben wird, finden abweichend zu der bundesgesetzlichen Regelung Art. 39 Abs. 1 Satz 1 GG (vier Jahre) die Wahlen zum Sächsischen Landtag turnusmäßig alle fünf Jahre statt, Art. 44 Abs. 1 Satz 1 SächsVerf, § 1 Abs. 1 Satz 2 SächsWahlG. Dies wird als angemessener und damit verfassungsmäßiger Zeitraum betrachtet, da diese Dauer der Legislaturperiode im Interesse der Kontinuität und Arbeitsfähigkeit der Volksvertretung weder zu lang noch im Interesse der wiederkehrenden Legitimationserneuerung zu kurz bemessen ist.⁷

3. Regelungsstruktur des Wahlrechts

Zwar trifft auch das Grundgesetz für Landtagswahlen prägende Grundentscheidungen,⁸ die Vorbereitung und Durchführung der Landtagswahl fällt aber in den ausschließlichen Kompetenzbereich des Freistaates Sachsen.⁹

An oberster Stelle ist die Sächsische Verfassung zu verorten. Dieser entsprechend konkretisieren das Sächsische Wahlgesetz sowie die Landeswahlordnung (LWO) die Details. Das Wahlgesetz regelt Näheres zur Wählbarkeit und zum Wahlsystem, Art. 41 Abs. 3 SächsVerf. So führt es die Wahlgrundsätze auf und enthält den Kernbereich der Wahlvorschrif-

---

5 *Sächsischer Landtag*, abzurufen unter: https://www.landtag.sachsen.de/de/landtag/index.cshtml (abgerufen am 29.08.2019).
6 Hierzu ausführlich VI.
7 BVerfG, Beschl. v. 09.03.1976 – 2 BvR 89/74, BVerfGE 41, 399 (414) zur Periodizität; BVerfG, Urt. v. 16.2.1983 – 2 BvE 1, 2, 3, 4/83, BVerfGE 62, 1 (33) zum Zeitraum. Eine Legislaturperiode von fünf Jahren für angemessen und verhältnismäßig erachtend *Christoph Degenhart*, Verlängerung der Wahlperiode: Bundesregierung für ein halbes Jahrzehnt?, LTO v. 03.01.2014, abzurufen unter https://www.lto.de/recht/hintergruende/h/wahlperiode-fuenf-jahre-bundesregierung-lammert/ (abgerufen am 02.06.2020).
8 BverfG, Urt. v. 05.04.1952 – 2 BvH 1/52, BVerfGE 1, 208 (242); BVerfG, Beschl. v. 21.05.1974 – 1 BvL 22/71 u. a., BVerfGE 37, 217 (241); BVerfG, Beschl. v. 22.05.1979 – 2 BvR 193, 197/79, BVerfGE 51, 222 (234); *Wilfried Behl*, Wahlgesetz (Fn. 4), S. 27. Siehe auch § 3 I, II.
9 BVerfG, Urt. v. 11.08.1954 – 2 BvK 2/54, BVerfGE 4, 31 (44); *Wilfried Behl*, Wahlgesetz (Fn. 4), Einführung, S. 27.

ten. Die Landeswahlordnung führt darüber hinaus in chronologischer Reihenfolge alle nötigen Detailregelungen mit den Formblättern als Anlagen auf. So werden Bestimmungen zu den Wahlorganen, zur Wahlvorbereitung, zur Wahlhandlung sowie zur Ermittlung, Feststellung und Bekanntgabe des Wahlergebnisses aufgeführt. Abschließend werden Regelungen zu Nach-, Wiederholungs- und Ersatzwahl sowie zur Berufung von Listennachfolger*innen festgeschrieben.

Schließlich ist noch die Geschäftsordnung des Landtages zu nennen, welche Regelungen für den Zusammenschluss der Abgeordneten zu Fraktionen (Art. 46 Abs. 1 SächsVerf) oder zur Sitzungsleitung durch den Präsidenten/der Präsidentin des Landtages (Art. 47 Abs. 2 SächsVerf) enthält. Sind in der Verfassung keine ausdrücklichen Einschränkungen des Wahlrechts vorgesehen, so sind diese nach gefestigtem verfassungsrechtlichem Verständnis nur aus zwingenden, sich aus der Verfassung selbst ergebenden Gründen zulässig.[10] Die Verfassung, das Wahlgesetz, die Landeswahlordnung sowie die Geschäftsordnung bilden damit insgesamt die Rechtsgrundlagen der Landtagswahl. Hervorzuheben ist der Umstand, dass die Regelungsdichte zum Wahlrecht in der Verfassung des Freistaates Sachsen höher ist als diejenige im Grundgesetz.[11]

4. Wahlrechtsgrundsätze

Nach Art. 4 Abs. 1 SächsVerf sind alle nach der Verfassung durch das Volk vorzunehmenden Wahlen und Abstimmungen allgemein, unmittelbar, frei, gleich und geheim. § 1 Abs. 1 Satz 2 SächsWahlG wiederholt insofern die dort aufgeführten fünf Wahlgrundsätze. Sie entsprechen im Wesentlichen den Wahlgrundsätzen des Bundes (vgl. Art. 38 Abs. 1 Satz 1 GG).[12] Die in Art. 4 Abs. 1 SächsVerf genannten allgemeinen Grundsätze gelten umfassend für die Wähler*innen, Parteien, Bewerber*innen und den gesamten Ablauf der Wahl. Im Fall der Verletzung der Grundsätze der allgemeinen und gleichen Wahl kann aufgrund ihres grundrechtsähnlichen Charakters Verfassungsbeschwerde erhoben werden (Art. 81 Abs. 1 Nr. 4

---

10 SächsVerfGH, Urt. v. 25.11.2005 – Vf. 45-V-05, LKV 2006, 267 (268).
11 Dies gilt auch im Vergleich zur Regelungsdichte zum Wahlrecht in Nordrhein-Westfalen und Schleswig-Holstein, *Patrizia Robbe/Quirin Weinzierl*, Mehr Wahlrecht in das Grundgesetz? – Eine Betrachtung aus historischer, rechtsvergleichender und dogmatischer Sicht, ZRP 2015, 84 (86).
12 Vgl. § 3 II.

SächsVerf).[13] Der Grundsatz der Öffentlichkeit der Wahl ergibt sich nicht unmittelbar aus der Verfassung, sondern folgt wie schon auf Bundesebene aus dem Rechtsstaatsprinzip (Art. 20 Abs. 3 GG, Art. 1 SächsVerf) und ist in Sachsen einfachgesetzlich explizit in § 30 SächsWahlG normiert

II. Wahlrecht und Wählbarkeit

Die genannten Wahlrechtsgrundsätze flankieren auch das aktive und passive Wahlrecht. So erfordert der Grundsatz der gleichen Wahl als spezifische Ausprägung des allgemeinen Gleichheitssatzes (Art. 18 Abs. 1 SächsVerf), dass „allen Staatsbürgern das aktive und passive Wahlrecht in formal möglichst gleicher Weise gewährt wird".[14] Dementsprechend muss „jeder nach den allgemeinen Vorschriften Wahlberechtigte seine Stimme wie jeder andere abgeben" dürfen, wobei „die gültig abgegebene Stimme ebenso bewertet [werden muss] wie die anderen Stimmen; alle Wähler sollen mit den Stimmen, die sie abgeben, den gleichen Einfluß auf das Wahlergebnis haben."[15]

Zudem muss entsprechend dem Grundsatz der freien Wahl gewährleistet sein, dass die Wähler*innen ihren eigenen Willen unverfälscht bei der Wahl äußern können. Dies wird insbesondere durch eine geheime Wahl gewährleistet, die sich auch auf die Erstellung der Wahlvorschläge erstreckt, § 21 Abs. 3, § 27 Abs. 5 SächsWahlG. Zudem ist der Stimmzettel bei der Urnenwahl seit der Abschaffung der Wahlumschläge nach dem Vorbild des Bundeswahlrechts im Jahr 2003 in der Kabine zu kennzeichnen und auch in der Wahlkabine zu falten, § 34 SächsWahlG. Hingegen ist bei einer Briefwahl – die entsprechend dem Bundeswahlrecht nicht gegen den Grundsatz der geheimen Wahl verstößt – weiterhin ein Wahlumschlag notwendig, § 35 SächsWahlG. Um eine Wahlbeeinflussung späterer Wähler*innen zu vermeiden, sind freiwillige Wahlnachfragen nicht vor der Schließung der Wahllokale zu veröffentlichen, § 31 Abs. 2 SächsWahlG.

---

13 *Wilfried Behl*, Wahlgesetz (Fn. 4), § 1 Rn. 3.
14 BVerfG, Beschl. v. 17.01.1971, BVerfGE 12, 73 (77).
15 BVerfG, Urt. v. 05.04.1952, BVerfGE 1, 208 (246); BVerfG, Beschl. v. 03.07.1957, BVerfGE 7, 63 (70).

1. Aktives Wahlrecht

Wahlberechtigt sind gemäß § 11 SächsWahlG alle Bürger*innen, die am Wahltag die deutsche Staatsbürgerschaft haben und 18 Jahre alt sind (Nr. 1). Eine Besonderheit ergibt sich zunächst augenscheinlich aus der Definition des „Volkes" des Freistaates Sachsen, dem nach Art. 5 Abs. 1 Satz 1 SächsVerf Bürger*innen deutscher, sorbischer und anderer Volkszugehörigkeiten angehören. Allerdings kommt es für die Zuordnung zum Staatsvolk nicht auf die „Volkszugehörigkeit" an, sondern entscheidend ist die Bürger*inneneigenschaft, die nach Art. 115 SächsVerf an die Eigenschaft als Deutsche*r im Sinne des Art. 116 Abs. 1 GG geknüpft ist. Die explizite Aufzählung der sorbischen Volksgruppe soll lediglich deren gleichberechtigte Stellung innerhalb des Staatsvolkes verdeutlichen (vgl. auch Art. 6 Abs. 1, 18 Abs. 3 SächsVerf).[16] Zudem ist ein Aufenthalt von mindestens drei Monaten mit einer Hauptwohnung[17] im Freistaat Sachsen für die Wahlberechtigung erforderlich. Nach dieser Maßgabe ist eine mögliche Zweitwohnung in Sachsen nicht ausreichend. Hingegen reicht der gewöhnliche Aufenthalt im Freistaat aus, solange keine Wohnung in einem anderen Land der Bundesrepublik vorhanden ist. Die Zeitspanne von drei Monaten muss am Beginn des Wahltages (0:00 Uhr) bereits abgelaufen sein.[18]

2. Passives Wahlrecht

Nach Art. 41 Abs. 1 SächsVerf sind alle „Wahlberechtigten" wählbar. Entsprechend der einfachgesetzlichen Ausgestaltung des § 14 SächsWahlG sind alle Deutschen im Sinne des Art. 116 Abs. 1 GG wählbar, die am Wahltag das 18. Lebensjahr vollendet haben (Nr. 1). In Übereinstimmung mit der Verfassung, nach der die Wählbarkeit von einer bestimmten Dauer des Aufenthaltes im Land abhängig gemacht werden kann (Art. 4 Abs. 3, 41 Abs. 2 Satz 2 SächsVerf), hat der sächsische Gesetzgeber hiervon Gebrauch gemacht und eine solche Voraussetzung durch den einfachgesetzlichen § 14 Nr. 2 SächsWahlG aufgenommen. Demnach müssen die

---

16 *Wilfried Behl*, Wahlgesetz (Fn. 4), Einführung, S. 22.
17 Bzgl. der Begriffe „Wohnung", „Hauptwohnung" und „sonstiger gewöhnlicher Aufenthalt" sind die Inhalte des Melderechts zugrunde zu legen, SächsGVBl. S 388.
18 *Wilfried Behl*, Wahlgesetz (Fn. 4), § 11 Rn 2 f.

Kandidat*innen seit mindestens 12 Monaten im Wahlgebiet ihre Wohnung, bei mehreren Wohnungen ihre Hauptwohnung, haben oder, falls sie keine Wohnung in einem anderen Land der Bundesrepublik Deutschland haben, sich sonst im Freistaat Sachsen gewöhnlich aufhalten. Sinn und Zweck dieser Regelung ist es, dass mögliche Kandidat*innen sich mit den Verhältnissen im Freistaat Sachsen zunächst vertraut machen, bevor sie sich um ein Mandat bewerben.[19] In der Regel sind Kandidat*innen fest mit einer Region oder Stadt verbunden, die ihnen vertraut ist. Im Jahr 2005 befand der SächsVerfGH, dass allerdings eine nur vorübergehende Aufgabe des Wohnsitzes im Freistaat Sachsen nicht zu einem Entfallen des passiven Wahlrechts führen kann.[20]

Schließlich dürfen die Kandidat*innen nicht nach § 15 SächsWahlG von der Wählbarkeit ausgeschlossen sein (Nr. 3), was regelmäßig dann anzunehmen ist, wenn sie infolge eines Richterspruchs das Wahlrecht nicht besitzen.

Diese Wahlrechtsbeschränkungen widersprechen nicht dem Grundsatz der allgemeinen Wahl, da es sich hierbei um gerechtfertigte persönlichkeits- und sachbezogene Wahlrechtsvoraussetzungen handelt. So sind neben den genannten Wahlrechtsbeschränkungen auch weitere persönlichkeits- und sachbezogene Ausschlüsse wie Minderjährigkeit (§ 11 Nr. 1 SächsWahlG), Geisteskrankheit (§ 11 Nr. 2 und 3 SächsWahlG), Anordnung einer Betreuung in allen Angelegenheiten auf Dauer (§ 12 Nr. 2 SächsWahlG) oder Aberkennung des Wahlrechts durch ein Strafurteil, das die Ungeeignetheit des Straftäters/der Straftäterin beinhaltet (§ 12 Nr. 1 SächsWahlG) mit dem Grundsatz der allgemeinen Wahl vereinbar.

Zulässig ist auch ein nachträglicher Mandatsverlust, wenn in ähnlicher Weise Untragbarkeit gemäß Art. 118 SächsVerf festgestellt wird. Dies ist anzunehmen, wenn der/die Abgeordnete gegen die Grundsätze der Menschlichkeit oder Rechtsstaatlichkeit verstoßen hat (Art. 118 Abs. 1 Nr. 1 SächsVerf).[21] Oder der/die Abgeordnete für das frühere Ministerium für Staatssicherheit/Amt für nationale Sicherheit der DDR tätig war (Art. 118 Abs. 1 Nr. 2 SächsVerf). Letzteres gilt als eine Besonderheit des sächsischen Wahlrechts.[22] Diesbezüglich sind einige Abgeordnetenanklagen vor dem SächsVerfGH zu klären gewesen, die sich in der Sache mit der Verfassungsmäßigkeit dieser Norm auseinanderzusetzen hatten. Bis-

---

19 Vgl. *Wilfried Behl*, Wahlgesetz (Fn. 4), § 11 Rn 2 f.
20 SächsVerfGH, Beschl. v. 25.11.2005 – Vf. 45-V-05, LKV 2006, 269.
21 SächsVerfGH, Beschl. v. 06.11.1998 – Vf. 16-IX-98, LKV 1999, 183 ff.
22 *Matthias Dehoust/Peter Nagel/Torsten Umbach*, Verfassung (Fn. 1), S. 72.

lang scheiterten diese jedoch bereits an der Zulässigkeit (Frist, mangelndes Rechtsschutzbedürfnis).[23]

III. Wahlsystem

Das Wahlgebiet des Freistaates Sachsen ist seit der Landtagswahl 1994 in 60 Wahlkreise eingeteilt, § 2 Abs. 1 SächsWahlG i. V. m. Anlage.[24] Zuvor betrug die Anzahl der Wahlkreise 80. Für die Stimmabgabe wird jeder der 60 Wahlkreise in Wahlbezirke eingeteilt, § 2 Abs. 3 SächsWahlG. Die Wahlkreiskommission, die aus „dem Präsidenten des Statistischen Landesamtes, einem Richter des Sächsischen Oberverwaltungsgerichtes und drei weiteren Mitgliedern" besteht (§ 3 Abs. 1 Satz 2 SächsWahlG), ist dafür zuständig, mögliche Änderungen der Wahlkreiseinteilung mitzuteilen, § 3 Abs. 2 SächsWahlG.

Wie auf Bundesebene basieren auch die Wahlen zum Sächsischen Landtag auf einem System der personalisierten Verhältniswahl. Art. 41 Abs. 1 SächsVerf schreibt dieses sogar bindend vor: „Sie werden nach einem Verfahren gewählt, das die Persönlichkeitswahl mit den Grundsätzen der Verhältniswahl verbindet." Ein reines Mehrheitswahlrecht wäre damit – ebenso wie ein reines Verhältniswahlrecht ohne Personalisierung – unzulässig.[25] Nach diesem Wahlsystem verfügt jede*r Wähler*in über zwei Stimmen (Zweistimmensystem), mit denen er/sie die Verteilung der 120 Landtagsmandate beeinflusst, § 4 SächsWahlG. Zu bemerken ist an dieser Stelle, dass das Wahlgesetz anstatt von „Erst- und Zweitstimme" von „Direkt- und Listenstimme" spricht.[26]

Von den Abgeordneten werden 60 nach Kreiswahlvorschlägen in den Wahlkreisen (Direktstimmen) und die übrigen nach geschlossenen Landeslisten gewählt (Listenstimmen), § 1 Abs. 2 SächsWahlG. Die Wahl einer starren Liste wie in § 27 SächsWahlG ist mit dem Grundsatz der Unmittelbarkeit vereinbar, wenn sich die Listenbewerber*innen aus im Vorhinein unveränderlich festgelegten Bewerber*innen zusammensetzen, von dem

---

23 SächsVerfGH, Beschl. v. 06.11.1998 – Vf. 16-IX-98, LKV 1999, 183 ff.; SächsVerfGH, Beschl. v. 13.01.2000 – Vf. 41-IX-99; SächsVerfGH, Urt. v. 25.11.2005 – Vf. 45-V-05, juris; SächsVerfGH, Beschl. v. 02.11.2006 – Vf. 55-IX-06, LKV 2007, 172 ff.; SächsVerfGH, Beschl. v. 12.12.2008 – Vf. 151-IX-07, LKV 2009, 76 ff.
24 Aktuelle Einteilung der Wahlkreise abzurufen unter https://www.statistik.sachsen .de/wahlen/lw/lw2014/WG/LW2014_WG.htm (abgerufen am 30.08.2019).
25 *Wilfried Behl*, Wahlgesetz (Fn. 4), § 6 Rn. 4.
26 *Wilfried Behl*, Wahlgesetz (Fn. 4), § 1 Rn 1.

die Wähler*innen durch den Stimmzettel oder durch die Wahlbekanntmachung vor der Stimmabgabe Kenntnis nehmen können.[27]

Obwohl Direkt- und Listenstimmen gleichwertig sind, kommt den Listenstimmen („Zweitstimmen") vergleichbar der Bundestagswahl eine hervorgehobene Bedeutung zu, da sich nach ihnen die Zusammensetzung des Landtages richtet. Sie entscheiden also über das Sitzverhältnis der Parteien im Parlament zueinander, wobei von den gesetzlich festgelegten 120 Abgeordneten ausgegangen wird. Dabei nehmen an der Verrechnung nur Parteien teil, die mindestens fünf Prozent der abgegebenen gültigen Listenstimmen erhalten (Fünf-Prozent-Klausel) oder in mindestens zwei Wahlkreisen ein Direktmandat errungen haben (Alternativ-Klausel), § 6 Abs. 1 SächsWahlG.

IV. Wahlvorbereitung

In den §§ 16 ff. SächsWahlG finden sich Regelungen zur Wahlvorbereitung. Wie auch auf Bundesebene (§ 16 BWahlG) muss der Wahltag ein Sonntag oder ein gesetzlicher Feiertag sein, § 16 Abs. 1 Satz 2 SächsWahlG. Über den Wahltag hinaus definiert das sächsische Wahlrecht auch die genaue Wahlzeit (Stimmabgabe zwischen 8:00–18:00 Uhr), § 16 Abs. 1 Satz 3 SächsWahlG. Den Wahlberechtigten steht es frei, an den Werktagen vom 20. bis zum 16. Tag vor der Wahl Einsicht in das von den Gemeinden für jeden Wahlbezirk geführte Wähler*innenverzeichnis zu nehmen, § 17 Abs. 1 Satz 1, 3 SächsWahlG. Auf Antrag kann ein Wahlschein ausgegeben werden, § 17 Abs. 2 Satz 1 SächsWahlG.

1. Recht zur Einreichung von Wahlvorschlägen

Dem Wahlvorschlagsrecht und dessen Ausgestaltung in § 18 SächsWahlG kommt eine zentrale Bedeutung zu, da es eine aktive Teilnahme an der Wahl regelt. Beschränkungen sind nur in einem angemessenen Maß legitim (Grundsatz der gleichen Wahl[28]), wobei nicht nur Parteien, sondern auch nach Maßgabe des § 20 SächsWahlG Wahlberechtigten („andere Kreiswahlvorschläge", § 20 Abs. 3 Satz 1 SächsWahlG) möglich ist, Wahlvorschläge einzureichen.

---

27 *Wilfried Behl*, Wahlgesetz (Fn. 4), § 1 Rn. 5.
28 BVerfG, Beschl. v. 09.03.1976 – 2 BvR 89/74, BVerfGE 41, 399 ff.

Entsprechend des § 18 Abs. 2 SächsWahlG ist entscheidend, ob es sich um eine im Parlament vertretene oder nicht vertretene Partei handelt. Von einer nicht parlamentarisch vertretenen Partei ist nach der Legaldefinition des § 18 Abs. 2 Satz 2 SächsWahlG auszugehen, wenn sie am 90. Tag vor der Wahl weder im Deutschen Bundestag noch in einem Landesparlament (nicht notwendigerweise in Sachsen!) aufgrund eigener Wahlvorschläge vertreten ist. Sind die Voraussetzungen nicht gegeben, gilt eine höhere Hürde, um dennoch Wahlvorschläge einzureichen. So müssen Parteien, die nicht parlamentarisch vertreten sind und deren Parteieigenschaft der Bundeswahlausschuss bei der letzten Wahl zum Deutschen Bundestag nicht festgestellt hat, spätestens am 90. Tag vor der Wahl bis 18:00 Uhr dem Landeswahlleiter/der Landeswahlleiterin ihre Beteiligung an der Wahl schriftlich anzeigen. Der Anzeige sind die schriftliche Satzung und das schriftliche Programm der Partei sowie ein Nachweis über die satzungsgemäße Bestellung des Vorstandes beizufügen, § 18 Abs. 2 Satz 4 SächsWahlG. Bei Vorliegen der in § 18 Abs. 3 SächsWahlG genannten Voraussetzungen liegt eine gültige Anzeige vor. Anschließend hat eine Entscheidung über die Feststellung der Parteieigenschaft durch den Landeswahlausschuss zu erfolgen. Nach § 18 Abs. 5 SächsWahlG kann eine Partei im Wahlgebiet nur eine Landesliste und in jedem Wahlkreis nur einen Kreiswahlvorschlag einreichen.

Darüber hinaus besteht die Möglichkeit, dass nach Maßgabe des § 20 SächsWahlG auch Wahlvorschläge von anderen eingereicht werden können, wenn diese von mindestens 100 Wahlberechtigten des Wahlkreises eigenhändig unterzeichnet sind (Abs. 3). Dabei muss im Zeitpunkt der Unterzeichnung die Wahlberechtigung gegeben sein, welche bei Einreichung der Unterstützungsunterschrift nachzuweisen ist, § 20 Abs. 3 Satz 2, Abs. 2 Satz 3 SächsWahlG. Im Unterschied zum Bundesrecht ist damit die Schwelle zur Aufstellung von Direktkandidat*innen durch Wähler*innenvereinigungen, Bürger*innengruppen und ähnliche Wähler*innenbewegungen stark herabgesetzt (halbiert).[29] Entsprechendes gilt für nicht parlamentarisch vertretene Parteien im Sinne des § 18 Abs. 2 Satz 2 SächsWahlG, wenn diese eigene Direktkandidat*innen oder Landeslisten aufstellen wollen.[30]

Im sächsischen Wahlrecht gibt es die Besonderheit, dass ein Wahlvorschlagsrecht von einer bestimmten Anzahl von Unterstützungsunterschriften abhängig gemacht werden kann, um die Wahl vor Stimmenzersplitte-

---

29 *Wilfried Behl*, Wahlgesetz (Fn. 4), § 6 Rn 2.
30 *Wilfried Behl*, Wahlgesetz (Fn. 4), § 6 Rn 2.

rung zu schützen.[31] Für die Einreichung von Landeslisten sind dabei 1000 Unterschriften erforderlich, § 27 Abs. 1 Satz 4 SächsWahlG, § 35 Abs. 3 Nr. 4 LWO.

2. *Formalitäten der Einreichung*

Entsprechend dem Zweistimmensystem wird nach Kreiswahlvorschlägen, das heißt Vorschlägen für Direktkandidat*innen, und Landeslisten unterschieden. Die Kreiswahlvorschläge sind dem Kreiswahlleiter, die Landeslisten dem Landeswahlleiter/der Landeswahlleiterin einzureichen, § 19 SächsWahlG.

Im Fall der Direktkandidat*innenvorschläge sind der Name der/s Bewerber*in anzugeben, § 20 Abs. 1 Satz 1 SächsWahlG. Parteien müssen vom Vorstand des Landesverbandes oder ggf. des Gebietsverbandes eigenhändig unterzeichnet sein, § 20 Abs. 2 Satz 1 SächsWahlG. Parlamentarisch nicht vertretene Parteien müssen die von 100 Wahlberechtigten eigenhändig unterzeichneten Wahlvorschläge einreichen, § 20 Abs. 2 SächsWahlG. Parteien müssen dabei den Namen der einreichenden Partei und wenn möglich deren Kurzbezeichnung angeben, § 20 Abs. 4 SächsWahlG. Zudem ist eine Ausfertigung der Niederschrift über die Wahl des Bewerbers/der Bewerberin samt eidesstattlicher Versicherung des Versammlungsleitenden und zweier Versammlungsteilnehmenden einzureichen, § 21 Abs. 5 Satz 1, Satz 2 SächsWahlG. Andere Kreiswahlvorschläge bedürfen ebenfalls des Nachweises durch 100 eigenhändige Unterzeichnungen sowie die Angabe eines Kennwortes, § 20 Abs. 3, Abs. 4 SächsWahlG. Schließlich sind in jedem Kreisvorschlag eine Vertrauensperson sowie eine stellvertretende Vertrauensperson zu benennen, die jede für sich berechtigt ist, verbindliche Erklärungen zum Kreiswahlvorschlag abzugeben und entgegenzunehmen, § 22 Abs. 1, Abs. 2 SächsWahlG.

Eine Landesliste kann entsprechend des § 27 Abs. 1 Satz 1 und Satz 2 SächsWahlG nur von einer Partei eingereicht werden, sodass eine Verbindung mehrerer Parteien ausgeschlossen ist. Auch die Landesliste muss von dem Vorstand des Landesverbandes oder ggf. des Gebietsverbandes eigenhändig unterzeichnet sein, § 27 Abs. 1 Satz 3 SächsWahlG. Parlamentarisch nicht vertretene Parteien müssen die von 1000 Wahlberechtigten eigenhändig unterzeichnete Landeslisten einreichen, § 27 Abs. 1 Satz 4 SächsWahlG. Neben der Bezeichnung und ggf. Kurzbezeichnung der einrei-

---

31 VG Leipzig, Urt. v. 02.04.2003 – 6 K 596/01, juris.

chenden Partei ist eine erkennbare Reihenfolge der Bewerber*innen auf der Liste Voraussetzung, § 27 Abs. 2, 3 SächsWahlG.

3. Zurücknahme, Änderung und Mängelbeseitigung von Wahlvorschlägen

Wahlvorschläge können durch gemeinsame schriftliche Erklärung der Vertrauensperson und der stellvertretenden Vertrauensperson zurückgenommen werden, § 23 Satz 1 SächsWahlG. Im Fall eines von 100 Wahlberechtigten unterzeichneten Kreiswahlvorschlages kann dieser bei Vorliegen der Mehrheit der Unterzeichner*innen ebenfalls durch eine schriftliche, öffentlich beglaubigte Erklärung zurückgenommen werden, § 23 Satz 2 SächsWahlG. Auch für eine Änderung des Wahlvorschlages bedarf es einer gemeinsamen schriftlichen Erklärung der Vertrauensperson und der stellvertretenden Vertrauensperson, wobei eine Änderung nur möglich ist, wenn der/die Bewerber*in stirbt, die Wählbarkeit oder die Mitgliedschaft der einreichenden Partei verliert, § 24 SächsWahlG. Bei der Feststellung von Mängeln innerhalb der Prüfung des Wahlvorschlages durch den/die Wahlkreisleiter*in, benachrichtigt diese*r sofort die Vertrauensperson zur Beseitigung dieser Mängel, § 25 Abs. 1 SächsWahlG. Im Fall der mittlerweile verstrichenen Einreichungsfrist sind Mängelbeseitigungen nur noch im begrenzten Umfang möglich, § 25 Abs. 2 SächsWahlG. Zurücknahmen, Änderungen oder Mängelbeseitigungen sind jeweils nur bis zum Zeitpunkt der Entscheidung über die Zulassung des Wahlvorschlages zulässig.

4. Aufstellungsverfahren und Zulassung

Das Aufstellungsverfahren ergibt sich aus den § § 21 ff. SächsWahlG. Aufstellungsberechtigt als Bewerber*in einer Partei (Direktkandidat*in) ist nach § 21 Abs. 1 Satz 1 SächsWahlG nur, wer hierzu gewählt worden ist (Mitgliederversammlung oder Vertreterversammlung). Dabei wird der/die Aufstellungsberechtigte in geheimer Wahl mit Stimmzetteln (der gemäß § 29 Abs. 1 SächsWahlG nur die ersten fünf Bewerber*innen enthält) gewählt, wobei ihm/ihr die Gelegenheit gegeben wird, sich und ihr/sein Programm der Versammlung vorzustellen, § 21 Abs. 3 Satz 1, Satz 3 SächsWahlG.

Am 58. Tag vor der Wahl entscheidet der Kreiswahlausschuss bzw. Landeswahlausschuss über die Zulassung der Kreiswahlvorschläge bzw. Landeslisten, § 26 Abs. 1 Satz 1, § 28 Abs. 1 Satz 1 SächsWahlG. Sie sind zurückzuweisen, wenn sie verfristet sind oder den oben aufgeführten Anforderungen sowie solchen aus der Landeswahlordnung nicht entsprechen, § 26 Abs. 1 Satz 2, § 28 Abs. 1 Satz 2 SächsWahlG.

Im Fall der Zurückweisung von Kreiswahlvorschlägen kann binnen drei Tagen nach Bekanntgabe der Entscheidung Beschwerde an den Landeswahlausschuss eingelegt werden, § 26 Abs. 2 Satz 1 SächsWahlG. Beschwerdeberechtigt sind neben der/dem Bewerber*in auch die Vertrauensperson, Landes- und Kreiswahlleiter*in, § 26 Abs. 2 Satz 2 SächsWahlG. Letztere sind auch berechtigt gegen eine positive Zulassungsentscheidung Beschwerde einzulegen, § 26 Abs. 2 Satz 3 SächsWahlG. Eine Entscheidung über die Beschwerde ist spätestens am 52. Tag vor der Wahl zu fällen, § 26 Abs. 2 Satz 5 SächsWahlG.

Im Fall von mangelhaften Landeslisten, bei denen nur Anforderungen einzelner Bewerber*innen nicht erfüllt sind, werden nur deren Namen aus der Liste gestrichen, sodass die folgenden Bewerber*innen nachrücken, § 28 Abs. 1 Satz 3 SächsWahlG. Die Entscheidung über die Zulassung der Kreiswahlvorschläge und Landeslisten ist spätestens am 48. Tag vor der Wahl durch die/den Kreis- oder Landeswahlleiter*in öffentlich bekannt zu geben, § 26 Abs. 3, § 28 Abs. 2 SächsWahlG.

5. Wahlkampf

Als Ausdruck des Grundsatzes der gleichen Wahl wurde am 03.02.2014 unter Berücksichtigung der Entscheidung des BVerfG[32] zur Sicherstellung der Wahlrechtsgleichheit während der Vorwahlzeit (Beginn sechs Monate vor der Wahl) die Verwaltungsvorschrift der Sächsischen Staatsregierung über die Öffentlichkeitsarbeit während der Vorwahlzeit (VwV Öffentlichkeitsarbeit) erlassen.[33] Sie regelt insbesondere Grenzüberschreitungen hin zur unzulässigen Wahlwerbung.

Aus dem Grundsatz der Freiheit der Wahl folgt zugleich das Gebot der Neutralität amtlicher Stellen während eines Wahlkampfes. Dementsprechend ist es verboten, eine amtliche Stellung zur Einflussnahme auf die Wahlberechtigte auszunutzen.[34]

---

32 BVerfG, Urt. v. 02.03.1977, BVerfGE 44, 125.
33 SächsABl. 2014 Nr. 8, S. 415.
34 OVG Sachsen, Urt. v. 13.02.2007 – 4 B 46/06, SächsVBl 2007, 134.

V. Wahlergebnis

§ 6 Abs. 1 Satz 1 SächsWahlG bestimmt, dass bei der Verteilung der Sitze auf die Landeslisten nur Parteien berücksichtigt werden, die mindestens fünf Prozent der abgegebenen gültigen Listenstimmen erhalten oder in mindestens zwei Wahlkreisen ein Direktmandat errungen haben. Die Vergabe von Listenplätzen wird also davon abhängig gemacht, dass eine Partei einen bestimmten Anteil der abgegebenen gültigen Stimmen oder eine bestimmte Anzahl von Direktmandaten erreicht hat.[35] Es handelt sich damit um eine wie in den meisten Ländern bestehende eigens ausgestaltete Sperrklausel. Die sächsische Ausgestaltung entspricht weitestgehend der Sperrklausel auf Bundesebene (§ 6 Abs. 3 BWahlG). Ein Unterschied ergibt sich lediglich mit Blick auf die Anzahl der Direktmandate (§ 6 Abs. 3 BWahlG: 3 Direktmandate; § 6 Abs. 1 SächsWahlG: 2 Direktmandate). Die Sperrklausel dient zur Herbeiführung regierungsfähiger Mehrheiten und ist mit dem Grundsatz der gleichen Wahl vereinbar.[36]

Von der für jede Landesliste so ermittelten Zahl der Sitze werden die von der Partei in den Wahlkreisen errungenen Direktmandate abgezogen, das heißt, die Mandate, die die Partei bereits über ihre direkt gewählten Wahlkreiskandidat*innen erhalten hat (Persönlichkeitswahl), § 6 Abs. 2 SächsWahlG. Je Wahlkreis (derzeit 60 im Freistaat Sachen) darf sich höchstens ein*e Kandidat*in pro Partei aufstellen lassen. Derjenige oder diejenige mit den meisten Stimmen gelangt anschließend als Abgeordnete*r mittels des Direktmandats in den Landtag. Dort vertritt der oder die Gewählte den Wahlkreis. Die Direktmandate sind dabei vorrangig gegenüber den Listenplätzen.

§ 6 Abs. 6 Satz 1 SächsWahlG sieht dementsprechend „Überhangmandate" vor, wenn eine Partei mehr Wahlkreisabgeordnete stellt, als ihr nach der Listenstimme zustehen würden, das heißt, wenn die Summe der errungenen Direktmandate die Anzahl der Sitze übersteigt. Nach § 6 Abs. 6 Satz 2 SächsWahlG erhalten die übrigen Landeslisten hierfür sog. „Ausgleichsmandate", wenn auf sie höhere Höchstzahlen entfallen als auf das letzte Überhangmandat. Damit soll sichergestellt werden, dass die Stärke der Fraktionen dem Listenstimmenergebnis entspricht. Dieses Wahlsystem drückt den Wählerwillen in ausreichender Form aus, weshalb auch der Bund nach einem wegweisenden Urteil des BVerfG[37] das System der Aus-

---

35 *Wilfried Behl*, Wahlgesetz (Fn. 4), Einführung, S. 21.
36 *Wilfried Behl*, Wahlgesetz (Fn. 4), § 1 Rn. 7.
37 BVerfG, Urt. v. 25.07.2012 – 2 BvF 3/11, NVwZ 2012, 1101 ff.

gleichsmandate in seinem reformierten Wahlgesetz im Jahr 2013 umsetzte, § 6 BWahlG. Die Verrechnung basiert auf dem Höchstzahlenverfahren des belgischen Mathematikers Victor d'Hondt, § 6 Abs. 3 SächsWahlG. Danach werden die Wählerstimmen wie folgt in Mandate umgewandelt: Die von den einzelnen Parteien erzielten Listenstimmenzahlen werden nacheinander durch 1, 2, 3, 4, 5, 6 usw. dividiert, um eine sogenannte Höchstzahl entsprechend der zu vergebenden Mandate zu erhalten. Jeder Landesliste wird dabei der Reihe nach so oft ein Mandat angerechnet, als sie jeweils die höchste Teilungszahl aufweist, § 6 Abs. 3 Satz 2 Sächs-WahlG. Die durch die Überhangmandate benachteiligten anderen Parteien profitieren dementsprechend von Ausgleichsmandaten, wenn sie auf höhere Höchstzahlen entfallen, als sich für die Partei mit den Überhangmandaten für deren letztes Überhangmandat auf deren Liste ergibt. Ergeben sich für den letzten Sitz oder die letzten Sitze gleiche Höchstzahlen für eine größere Anzahl von Landeslisten, als Sitze zu vergeben sind, entscheidet das von dem Landeswahlleiter/der Landeswahlleiterin zu ziehende Los, § 6 Abs. 3 Satz 3 SächsWahlG. Mit Blick auf die Parlamentsgröße darf die Zahl der Ausgleichsmandate im Ergebnis damit nicht größer als die Zahl der Überhangmandate sein, § 6 Abs. 6 Satz 3 SächsWahlG.[38] Demnach ist die Zahl der Mandate zum Ausgleich von Überhangmandaten begrenzt, sodass in der Regel ein Vorteil für die überhängende Partei verbleibt.[39]

Damit ist im Gegensatz zu anderen Ländern (z. B. Baden-Württemberg, Berlin, Nordrhein-Westfalen, Schleswig-Holstein) im Freistaat Sachsen das Verhältnis der gewählten Direktkandidat*innen zu den Listenabgeordneten grundsätzlich gleich groß.[40] Beispielhaft kann hier der 6. Sächsische Landtag (2014–2019) genannt werden, dem 126 Abgeordnete angehörten. Die Zahl setzte sich aus den 120 gesetzlich vorgegebenen Abgeordneten plus drei Überhangmandate für die CDU und je einem Ausgleichsmandat für Die Linke, SPD und AfD zusammen.[41]

An dieser Stelle ist noch kurz auf den Begriff der „verschenkten" Mandate einzugehen, welche als Gegenstück zu den „Überhangmandaten" gesehen werden können. Ihnen liegt der folgende Sachverhalt zugrunde: Entfallen auf eine Landesliste mehr Sitze, als Bewerber*innen benannt sind, so bleiben diese Sitze unbesetzt. Diese „verschenkten" Mandate sind bei der Ermittlung der Abgeordnetengesamtzahl entsprechend zu berück-

---

38 Ausführlich hierzu *Wilfried Behl*, Wahlgesetz (Fn. 4), § 6 Rn 3.
39 *Wilfried Behl*, Wahlgesetz (Fn. 4), § 6 Rn 3.6.
40 *Wilfried Behl*, Wahlgesetz (Fn. 4), § 1 Rn 9.
41 Vgl. *Sächsischer Landtag*, abzurufen unter: https://www.landtag.sachsen.de/de/landtag/index.cshtml (abgerufen am 29.08.2019).

sichtigen. Damit ergibt sich bei erfolglosen Direktkandidat*innen aller parteifreien Bewerber*innen die folgende Formel zur Errechnung der Gesamtzahl der Abgeordneten:
120 (gesetzliche Vorgabe) + Ausgleichsmandate (§ 6 Abs. 6 Satz 2 SächsWahlG) – „verschenkte" Mandate (§ 6 Abs. 5 Satz 4 SächsWahlG) = X (Abgeordnetengesamtzahl).

VI. Wahlprüfung

Im Freistaat Sachsen stehen zur Prüfung des Wahlverfahrens die in § 48 SächsWahlG bezeichneten Rechtsbehelfe zur Verfügung. Einspruchsberechtigt ist nach § 2 Abs. 2 SächsWprG jede*r an der entsprechenden Wahl zum Landtag Wahlberechtigte, jede an dieser Wahl beteiligte Partei, jede bei dieser Wahl als Unterzeichner*in oder Mitunterzeichner*in eines Wahlvorschlags aufgetretene Gruppe von Wahlberechtigten und in amtlicher Eigenschaft der/die Landeswahlleiter*in und der/die Präsident*in des Sächsischen Landtages.

§ 48 SächsWahlG beschränkt die Rechtsbehelfe, die sich unmittelbar auf das Wahlverfahren beziehen (wahlorganisatorische Akte sowie Einzelentscheidungen, die auf das subjektive Wahlrecht der Bürger*innen Einfluss haben), auf solche Rechtsbehelfe, die das SächsWahlG (etwa § 26 Abs. 2 SächsWahlG) und die LWO (§ 19 LWO) vorsehen. Im Wahlprüfungsverfahren werden die Rechtsbehelfe auf solche mit abschließender verfassungsrechtlicher Kontrollmöglichkeit nach dem Wahlprüfungsgesetz beschränkt (§ 5 Abs. 3–4, § 11, § 13 Abs. 3, § 16 Abs. 3 SächsWprG). Das führt zu der Besonderheit, dass entgegen der Rechtswegegarantie des Art. 19 Abs. 4 GG der Verwaltungsrechtsweg insofern nicht eröffnet ist. In Fällen der Beeinträchtigung des subjektiven Wahlrechts ist damit eine zusätzliche Anrufung des Verwaltungsgerichts unzulässig.[42]

Art. 45 SächsVerf bestimmt ausdrücklich und wörtlich, dass die Wahlprüfung Sache des Landtages (Abs. 1 Satz 1)[43] und gegen die Entscheidung die Beschwerde an den SächsVerfGH zulässig ist (Abs. 2). Damit hat sich die Sächsische Verfassung, wie das Grundgesetz (Art. 41 Abs. 1 Satz 2,

---

42 BVerfG, Beschl. v. 24.05.1967 – 1 BvL 18/65, BVerfGE 22, 28 (28); BVerfG, Beschl. v. 11.10.1972 – 2 BvR 912/71, BVerfGE 34, 81 (94); einschränkend *Enno Boettcher/Reinhard Högner*, BWahlG, 1994, § 49 Rn. 2–4.
43 So *Lars Brocker*, in: Epping/Hillgruber (Hrsg.), BeckOK GG, 43. Ed. 2020, Art. 41 Rn. 9 für das Bundesrecht.

Abs. 2 GG), für ein gestuftes Verfahren aus parlamentarischem Selbstprüfungsrecht – dem Parlament steht der „erstinstanzliche Spruch" zu – und gerichtlicher Kontrolle des Wahlverfahrens in „zweiter Instanz" entschieden.[44] Die Norm gilt dabei als lex specialis gegenüber Art. 19 Abs. 4 GG bzw. Art. 38 Satz 1 SächsVerf.[45] Das Nähere bestimme nach Art. 45 Abs. 3 SächsVerf ein Gesetz. Darunter ist das Sächsische Wahlprüfungsgesetz zu verstehen, welches sich an dem Wahlprüfungsgesetz des Bundes orientiert.[46] Damit kann gegen Entscheidungen des Landtages im Wahlprüfungsverfahren nach dem Wahlprüfungsgesetz sowie dem Gesetz über den Verfassungsgerichtshof Beschwerde eingereicht werden. Da eine Wahlprüfung sich aber grundsätzlich nur auf bereits abgeschlossene Wahlen erstreckt, mangelt es an einem vorgezogenen Rechtsschutz.[47]

Obwohl der Sächsische Verfassungsgerichtshof in einer vielbeachteten[48] Entscheidung selbst ausführt, dass der „reibungslose Ablauf einer Parlamentswahl […] grundsätzlich nur gewährleistet werden [kann], wenn die Rechtskontrolle der zahlreichen Einzelentscheidungen der Wahlorgane während des Wahlverfahrens begrenzt und im Übrigen einem nach der Wahl stattfindenden Wahlprüfungsverfahren vorbehalten bleibt", hielt er

---

44 *Alexander Brade*, Präventive Wahlprüfung?, NVwZ 2019, 1814 (1815).
45 Vgl. zur sog. Spezialitätsthese BVerfG, Beschl. v. 20.10.1960 – 2 BvQ 6/60, BVerfGE 11, 329 (329); BVerfG, Beschl. v. 27.06.1962 – 2 BvR 189/62, BVerfG, Beschl. v. 25.07.1967 – 1 BvR 585/62, BVerfGE 14, 154 (155); 22, 275 (281); BVerfG, Beschl. v. 11.10.1972 – 2 BvR 912/71, BVerfGE 34, 81 (94); BVerfG, Beschl. v. 09.10.1977 – 2 BvC 1/77, BVerfGE 46, 196 (198); BVerfG, Beschl. v. 14.03.1984 – 2 BvC 1/84, BVerfGE 66, 232 (234); BVerfG, Beschl. v. 15.12.1986 – 2 BvE 1/86, BVerfGE 74, 96 (101); aus jüngerer Zeit BVerfG, Beschl. v. 24.07.2018 – 2 BvQ 33/18, BVerfGE 149, 374 (jeweils zu Art. 19 Abs. 4 GG). Mit Nachweisen zum (älteren) Schrifttum *Adelheid Puttler*, Landeswahlprüfung durch ein Gericht: Art. 19 Abs. 4 GG, die Länderautonomie und die hessische Wahlprüfungsbestimmungen, DÖV 2001, 849 (851 Fn. 7); Art. 38 Satz 1 SächsVerf entspricht dabei Art. 19 Abs. 4 GG inhaltlich, wobei das Zeitmoment effektiven Rechtsschutzes in Art. 78 Abs. 3 Satz 1 SächsVerf – als lex specialis – gegenüber Art. 38 Satz 1 SächsVerf nochmals herausgehoben wird, vgl. *Baumann-Hasske*, in: Baumann-Hasske/Kunzmann, Die Verfassung des Freistaates Sachsen, 2011, Art. 78 Rn. 2, 4; so auch *Alexander Brade*, Wahlprüfung (Fn. 44), 1814.
46 *Wilfried Behl*, Wahlgesetz (Fn. 4), § 48 Rn 2.
47 *Wilfried Behl*, Wahlgesetz (Fn. 4), § 48 Rn 2.
48 Vgl. *Alexander Brade*, Wahlprüfung (Fn. 44), 1814 ff.; *Winfried Kluth*, Außerordentlicher Wahlrechtsschutz durch den Verfassungsgerichtshof des Freistaates Sachsen – Beginn einer Trendwende?, LKV 2019, 501 ff; *Wolf-Rüdiger Schenke*, Die Garantie eines Wahlrechtsschutzes durch Art. 19 IV GG, NJW 2020, 122 ff.

abweichend von diesem Grundsatz, eine Verfassungsbeschwerde einer Partei im Vorfeld der Wahl dennoch für statthaft.[49]
Der Gerichtshof begründete seine Entscheidung im Wesentlichen mit dem Gebot effektiver Rechtsschutzgewähr aus Art. 38 Satz 1, Art. 78 Abs. 3 Satz 1 SächsVerf. So heißt es: „Der Grundsatz des Vorrangs der Wahlprüfung und die damit einhergehende Verlagerung des subjektiven Rechtsschutzes auf einen Zeitraum nach der Wahl ist kein Selbstzweck. Er ist in Herleitung, Umfang und Wirkungsweise jeweils untrennbar mit dem Zweck der Sicherung eines störungsfreien, ordnungsgemäßen Ablaufs der Wahl verbunden. [...] Die Sperrwirkung des – vorrangig objektiv ausgerichteten – Wahlprüfungsverfahrens ist daher nicht absolut."[50] Ein solcher damit bestehender absoluter Vorrang des Wahlprüfungsverfahrens kann allerdings erst dann angenommen werden, „wenn ein besonders qualifizierter Rechtsverstoß vorliegt, das heißt, wenn die Entscheidung sich in der Sache als willkürlich oder auf bewusstem Missbrauch seiner Entscheidungsgewalt beruhend oder als klar rechtswidrig erweist, und zugleich voraussichtlich einen Wahlfehler von außerordentlichem Gewicht begründete, der erst nach der Wahl beseitigt werden und möglicherweise zu landesweiten Neuwahlen führen könnte."[51]
Im Rahmen dieser Prüfung stellte der Sächsische Verfassungsgerichtshof zugleich Überlegungen über die Verfassungsmäßigkeit des Art. 48 SächsWahlG aufgrund des Fehlens eines „vorgezogenen Rechtsschutzes" an, sieht aber im Ergebnis „noch kein verfassungsrechtlich beachtliches Unterlassen des Landesgesetzgebers".[52]

VII. *Wahlrechtsreform*

1. *Beseitigung des Vorranges des Wahlprüfungsverfahrens*

Im Rahmen von Reformbestrebungen wird das Fehlen eines „vorgezogenen Rechtsschutzes" im Bereich des Wahlprüfungsverfahrens gefordert. Diese Forderungen sind nicht neu. Schon im Jahr 2018 hatte die Partei DIE LINKE einen Gesetzentwurf vorgelegt, der von der damaligen regie-

---

49 SächsVerfGH, Urt. v. 16.08.2019 – Vf. 76-IV-19, NVwZ 2019, 1829 ff.
50 SächsVerfGH, Urt. v. 16.08.2019 – Vf. 76-IV-19, NVwZ 2019, 1829 (1832 Rn. 46).
51 SächsVerfGH, Urt. v. 16.08.2019 – Vf. 76-IV-19, NVwZ 2019, 1829 (1833 Rn. 51).
52 SächsVerfGH, Urt. v. 16.08.2019 – Vf. 76-IV-19, NVwZ 2019, 1829 (1837 Rn. 85); *Alexander Brade*, Wahlprüfung (Fn. 44), 1817.

renden Koalition abgelehnt wurde.⁵³ Durch das „Gesetz zur Stärkung des subjektiven Rechtsschutzes und der innerparteilichen Demokratie bei Wahlen zum Sächsischen Landtag" sollte das Recht der einzelnen Bewerber*innen gestärkt und auch die Möglichkeit eröffnet werden, bereits vor der Wahl Streitfragen zu klären.

Die Thematik wurde durch die stark diskutierte Entscheidung des Sächsischen Verfassungsgerichts⁵⁴ wiederbelebt. Schon im Gesetzesentwurf der Partei DIE LINKE wurde die Beschränkung einer Wahlprüfung durch den Sächsischen Landtag nach erfolgter Wahl durch das bestehende Wahlverfahren kritisch betrachtet, da auf diese Weise nicht die Verletzung subjektiver Rechte, sondern ausschließlich die Gültigkeit der jeweiligen Landtagswahl festgestellt werden könne.⁵⁵ Dies stelle zugleich einen Verstoß gegen die Rechtswegegarantie aus Art. 19 Abs. 4 GG als wesentliches Fundament des demokratischen Rechtsstaates dar.⁵⁶

Dies habe zur Folge, dass Wahlprüfungsbeschwerden zurückgewiesen oder verworfen werden (müssten), wenn die der jeweiligen Beschwerde zu Grunde liegenden Sachverhalte sich nicht auf die Mandatsverteilung im Landtag ausgewirkten und zwar auch dann, wenn es klare Rechtsverletzungen gegeben habe, ohne dass diese förmlich festgestellt werden könnten.⁵⁷ Darüber hinaus weiche das diesbezüglich geltende sächsische Wahlprüfungsrecht von dem auf Bundesebene seit dem Jahre 2012 geltenden Wahlprüfungsrecht ab, ohne dass es dafür einen nachvollziehbaren oder gar rechtfertigenden Grund gäbe.⁵⁸ Letzteres begründe zugleich einen Verstoß gegen das Prinzip der Bundestreue und das Gebot des bundesfreundlichen Verhaltens im Bereich des Wahlprüfungsrechts. Damals wie heute wird daher ein normativ verankerter „vorgezogener Rechtsschutz" im Wahlrecht (SächsWprG, Sächsisches Verfassungsgerichtshofgesetz) gefordert.

2. Parité-Gesetz

Anfang des Jahres 2019 hat die Partei DIE LINKE zudem das „Gesetz zur Gewährleistung der paritätischen Vertretung von Frauen und Männern im

---

53 Gesetzentwurf der Fraktion DIE LINKE v. 07.11.2017, LT-Drs. 6/11223.
54 SächsVerfGH, Urt. v. 16.08.2019 – Vf. 76-IV-19, NVwZ 2019, 1829 ff.
55 Gesetzentwurf der Fraktion DIE LINKE v. 07.11.2017, LT-Drs. 6/11223, S. 2.
56 Gesetzentwurf der Fraktion DIE LINKE v. 07.11.2017, LT-Drs. 6/11223, S. 2.
57 Gesetzentwurf der Fraktion DIE LINKE v. 07.11.2017, LT-Drs. 6/11223, S. 2.
58 Gesetzentwurf der Fraktion DIE LINKE v. 07.11.2017, LT-Drs. 6/11223, S. 2.

Sächsischen Landtag – Sächsisches Parité-Gesetz (SächsParitéG)"[59] vorgelegt. Ziel des SächsParitéG-E ist es, die rechtliche und tatsächliche Gleichstellung von Frauen und Männern innerhalb des Sächsischen Landtags zu fördern. DIE LINKE führt dabei die bislang noch zu keiner Zeit im Landtag bestehenden Parität an, das heißt, dass eine Besetzung des Verfassungsorgans bislang noch nie zu gleichen Teilen mit Frauen und Männern bestand.

Dieser Zustand soll durch eine gesetzlich vorgeschriebene Geschlechterquotierung bei der Listenaufstellung der Parteien überwunden werden. Ziel ist damit, die Sicherstellung einer gleichberichtigten, geschlechterparitätischen Sitzverteilung im Parlament.[60] Der Gesetzentwurf sieht hierfür eine abwechselnde Besetzung der aufzustellenden Landeslisten mit Frauen und Männern als zwingende Voraussetzung für die Zulassung dieser Landeslisten für die Landtagswahlen vor.[61]

DIE LINKE stützt sich dabei zum einen auf Art. 8 SächsVerf und Art. 18 Abs. 2, Abs. 3 SächsVerf, die eine Gleichstellung und Gleichberechtigung zwischen Männern und Frauen betreffen. Zum anderen beruft sich die Partei auf die Funktion des Landtages als gewählte Volksvertretung (Art. 39 Abs. 3 SächsVerf), die es erfordere das ganze Volk zu vertreten, wobei der eigene Erfahrungshorizont dabei eine wesentliche Rolle spiele. Mit Beschluss vom 02.07.2019 wurde der Gesetzesentwurf jedoch abgelehnt.[62]

---

59 Gesetzenwurf der Fraktion DIE LINKE v. 05.03.2019, LT-Drs. 6/16948.
60 Gesetzenwurf der Fraktion DIE LINKE v. 05.03.2019, LT-Drs. 6/16948, S. 3.
61 Gesetzenwurf der Fraktion DIE LINKE v. 05.03.2019, LT-Drs. 6/16948, S. 3.
62 Plenarprotokoll v. 02.07.2019, PlPr 6/94.

§ 17 Sachsen-Anhalt

Fabian Michl

I. Wahlen zum Landtag von Sachsen-Anhalt

„Der Landtag ist die gewählte Vertretung des Volkes von Sachsen-Anhalt", heißt es in Art. 41 Abs. 1 Satz 1 der Landesverfassung (LV).[1] Wie diese Volksvertretung, die seit Januar 1991 im Gebäudekomplex „Domplatz 6–9" in Magdeburg tagt,[2] gewählt wird, bestimmen die Landesverfassung selbst (Art. 42 ff. LV), das Landeswahlgesetz (LWG) und die Landeswahlordnung (LWO). Das Landeswahlrecht von Sachsen-Anhalt folgt in den Grundentscheidungen dem Wahlrecht des „Partnerlandes" Niedersachsen, das nach der Wiedervereinigung beim Neuaufbau der demokratischen Strukturen Unterstützung leistete.[3] Von Anfang an gab es aber auch sachsen-anhaltinische Eigenwege, zu denen in dreißig Jahren eigenständiger Wahlrechtsentwicklung weitere Spezifika hinzugetreten sind. Die Eigenständigkeit des Landeswahlrechts von Sachsen-Anhalt zeigt sich bereits bei der zentralen Wahlrechtsbestimmung der Landesverfassung, Art. 42 Abs. 1 LV, der – anders als das niedersächsische Pendant –[4] nicht nur die Wahlgrundsätze und die Wahlberechtigung regelt, sondern auch Vorgaben für das Wahlsystem enthält.

---

1 Das Schrifttum zu Parlamentarismus und Wahlrecht in Sachsen-Anhalt ist überschaubar. Eine politikwissenschaftliche Überblicksdarstellung über die ersten fünf Wahlperioden liefert *Petra Dobner*, Der Landtag von Sachsen-Anhalt, in: Mielke/Reutter (Hrsg.), Länderparlamentarismus in Deutschland, 2. Aufl. 2011, S. 549 ff.
2 Nach der Wiedervereinigung konstituierte sich der Landtag in einer Kaserne in Dessau, um dort zunächst über die offene Hauptstadtfrage zu entscheiden. Zur Geschichte vgl. Landtag von Sachsen-Anhalt (Hrsg.), Landtag Sachsen-Anhalt, 2013.
3 Vgl. *Hellmut Wollmann*, Institutionenbildung in Ostdeutschland, in: Kaase/Eisen/Gabriel/Niedermayer (Hrsg.), Politisches System, 1996, S. 47 (60 ff.).
4 Art. 4 Abs. 1 der Vorläufigen Niedersächsischen Verfassung von 1951. Die heutige Niedersächsische Verfassung von 1993 ist ein Jahr „jünger" als die Verfassung des Landes Sachsen-Anhalt.

1. Abgeordnetenzahl und Wahlperiode

Die Mindestzahl der Abgeordneten ist in § 1 Abs. 1 Satz 1 LWG geregelt. Sie betrug ursprünglich 99 Abgeordnete. Angesichts der ungünstigen demographischen Entwicklung in Sachsen-Anhalt wurde die Mindestzahl für die 5. und 6. Wahlperiode[5] auf 91 reduziert. Im Zuge der Parlamentsreform 2014 wurde sie für die 7. Wahlperiode (2016–2021) auf 87 und zugleich für die Zeit ab der 8. Wahlperiode (ab 2021) auf 83 herabgesetzt.[6] Auch die Wahlperiode wurde mit Wirkung ab der fünften Landtagswahl (2006) verlängert und beträgt nun fünf Jahre (Art. 43 LV).[7] Sie endet mit dem Zusammentritt des neuen Landtages, dessen Wahl frühestens Anfang des 58., spätestens Ende des 62. Monats nach Beginn der Wahlperiode stattfindet. Der Landtag kann mit zwei Dritteln seiner Mitglieder beschließen, die Wahlperiode vorzeitig zu beenden (Art. 60 Abs. 1 LV). In dem Beschluss ist gleichzeitig der Termin für die Neuwahl zu bestimmen (Art. 60 Abs. 1 LV), die binnen 60 Tagen stattfinden muss (Art. 43 Satz 3 LV). Zur Neuwahl vor dem Ablauf von fünf Jahren kann es außerdem kommen, wenn in zwei Wahlgängen kein Ministerpräsident gewählt worden ist und der Landtag daraufhin mit der Mehrheit seiner Mitglieder beschließt, die Wahlperiode vorzeitig zu beenden (Art. 65 Abs. 2 Sätze 3 und 4 LV).[8]

2. Wahltermin

Wahltag und Wahlzeit bestimmen seit der Parlamentsreform 2014[9] nicht mehr die Landesregierung, sondern der Landtag selbst auf Vorschlag seines Präsidenten (§ 9 Abs. 1 Satz 1 LWG), der zuvor den Landeswahlleiter anhört und sich mit dem Ältestenrat ins Benehmen setzt. Der Wahltag

---

5 5. WP: 2006–2011; 6. WP: 2011–2016.
6 Art. 5 Nr. 1 lit. a bzw. Art. 6 Nr. 1 lit. a i. V. m. Art. 12 Abs. 6 des Gesetzes zur Parlamentsreform 2014 v. 5. Dezember 2014, GVBl. LSA S. 494.
7 Von der 1. bis zur 4. Wahlperiode waren es vier Jahre.
8 Auch in diesem Fall muss die Neuwahl binnen 60 Tagen stattfinden (Art. 43 Satz 3 LV).
9 Gesetz zur Parlamentsreform 2014 v. 05.12.2014, GVBl. LSA S. 494. In der Begründung des ersten Entwurfs für ein Wahlgesetz hieß es noch, dass das Parlament selbst das Datum für das Ende der eigenen Legislaturperiode nicht bestimmen könne; vgl. Gesetzentwurf der Fraktionen von CDU, SPD und FDP v. 02.04.1992, LT-Drs. 1/1352, S. 27.

muss ein Sonntag sein (§ 9 Abs. 1 Satz 2 LWG). Der Landtag entscheidet über den Termin nach einer Beratung (§ 54c GO-LT).[10] Sein Beschluss ergeht nicht in Gesetzesform, sondern ist ein staatsorganisatorischer Akt eigener Art.[11] Seine Verfassungsmäßigkeit kann in einem Organstreitverfahren nach Art. 75 Nr. 1 LV vom LVerfG LSA überprüft werden, etwa auf Antrag einer Oppositionsfraktion oder der Landesregierung. Zudem wird man den einzelnen Wahlberechtigten die Möglichkeit einer Verfassungsbeschwerde zubilligen müssen (Art. 75 Nr. 6 LV), um sein staatsbürgerliches Recht auf eine „rechtzeitige" Wahl (Art. 42 Abs. 1 i. V. m. Art. 43 LV) zu wahren. Ein nachgelagerter Rechtsschutz durch das Wahlprüfungsverfahren dürfte dem Rechtsschutzinteresse kaum genügen.[12] Prüfungsmaßstab können indes allein die äußersten zeitlichen Grenzen des Art. 43 Satz 3 LV sein, innerhalb derer der Landtag über einen vom LVerfG LSA nicht überprüfbaren Entscheidungsspielraum verfügt.

Ob und unter welchen Voraussetzungen die Verlegung des einmal festgelegten Wahltermins zulässig ist, ist ungeklärt. Weder Art. 43 LV noch § 9 LWG lassen erkennen, dass eine einmalige Festlegung unabänderlich sein soll. Man wird die grundsätzliche Möglichkeit daher nicht verneinen können. Andererseits begründet die Festlegung einen gewissen Vertrauenstatbestand, zumal für die wahlkämpfenden Parteien, der schon unter dem Gesichtspunkt der Chancengleichheit der Parteien (Art. 21 GG) nicht ohne weiteres beseitigt werden kann. „Dringende" Gründe, wie sie in anderen Ländern für eine Verschiebung der Wahl verlangt werden,[13] müssen jedoch nicht gegeben sein. Denn die Entscheidung des Landtags hat eine deutlich höhere demokratische Legitimation als die Verschiebung der Wahl durch die Landesregierung. Eine Intervention des LVerfG LSA kommt daher nur bei offensichtlichem Missbrauch in Betracht, insbesondere dann, wenn sich die Landtagsmehrheit einen Wettbewerbsvorteil im Wahlkampf verschaffen will und keinerlei sachliche Erwägungen für die

---

10 Vgl. Beschluss v. 20.11.2019, LT-Drs. 7/5311. Der Wahltag für die Wahl zum Landtag der 8. Wahlperiode wird darin auf den 06.06.2021, die Wahlzeit auf 08:00 bis 18:00 Uhr festgelegt. Vorangegangen war eine durchaus lebhafte Debatte; vgl. Stenografischer Bericht 7/85, S. 20 ff.
11 BVerfG, Urt. v. 16.02.1983 – 2 BvE 1/83 u. a., BVerfGE 62, 1 (31): „staatsorganisatorischer Akt mit Verfassungsfunktion" (bezogen auf die Bestimmung des Wahltags für die Bundestagswahl durch den Bundespräsidenten).
12 Zu Bayern vgl. § 5 I.
13 VerfGH RP, Entsch. v. 29.11.1983 – 6 u. 7/83, NVwZ 1984, 574.

Verschiebung sprechen. Das LVerfG LSA ist dann in seiner Rolle als „Hüter" des demokratischen Wettbewerbs zur Intervention berufen.[14]

3. Wahlgrundsätze

Die Grundsätze der freien, gleichen, allgemeinen, geheimen und unmittelbaren Wahl nach Art. 42 Abs. 1 LV entsprechen denen des Art. 28 Abs. 1 Satz 2 GG.[15] Sie sind nach der Rechtsprechung des LVerfG LSA objektives Verfassungsrecht, das den Wahlberechtigten zugleich subjektive Rechtspositionen verleiht.[16] Hinzu tritt als Ausprägung des Demokratie- und des Rechtsstaatsprinzips (Art. 2 Abs. 1 und 2 LV) der vom BVerfG anerkannte Grundsatz der Öffentlichkeit der Wahl.[17] Er verlangt, dass alle wesentlichen Schritte der Wahl nachvollziehbar und überprüfbar sind. Dieser Vorgabe trägt vor allem § 25 Satz 1 LWG Rechnung, der anordnet, dass die Wahlhandlung und die Ermittlung des Wahlergebnisses im Wahlbezirk öffentlich sind.[18] Der Grundsatz der Öffentlichkeit der Wahl ist auch beim Einsatz von „Wahlgeräten" zu beachten, der durch Wahlgesetz und Wahlordnung zugelassen ist.[19] Technisch muss sichergestellt sein, dass jeder Schritt, von der Stimmabgabe über die Wertung bis hin zur Ergebnisermittlung, von Außenstehenden nachvollzogen und überprüft werden kann.[20]

---

14 Vgl. *Petersen*, in: Elser u. a. (Hrsg.), Das letzte Wort – Rechtserzeugung und Rechtskontrolle in der Demokratie, 2014, S. 59 ff.
15 Dazu § 3 II.
16 LVerfG LSA, Urt. v. 27.03.2001 – LVG 1/01, LKV 2001, 363 zur Kommunalwahl.
17 BVerfG, Urt. v. 03.03.2009 – 2 BvC 3/07 u. a., BVerfGE 123, 39 (70 ff.) zur Bundestagswahl.
18 Auch die LWO sieht in einer Vielzahl von Vorschriften die Öffentlichkeit der Sitzungen der Wahlorgane sowie öffentliche Bekanntmachungen vor.
19 §§ 27 Abs. 4, 56 Abs. 2 LWG i. V. m. §§ 78 ff. LWO.
20 Vgl. die strengen Maßstäbe nach BVerfG, Urt. v. 03.03.2009 – 2 BvC 3/07 u. a., BVerfGE 123, 39 (70 ff.).

II. Wahlberechtigung und Wählbarkeit

1. Volk als „Wahlvolk"

Im Land Sachsen-Anhalt ist das Volk der Souverän. Von ihm geht alle Staatsgewalt aus (Art. 2 Abs. 2 Sätze 1 und 2 LV). Das Volk übt seine Staatsgewalt primär in Wahlen und Abstimmungen, sekundär durch die Organe der Gesetzgebung, der vollziehenden Gewalt und der Rechtsprechung aus (Art. 2 Abs. 2 Satz 3 LV), die ihre Legitimation wiederum auf den Wahlakt des Volkes zurückführen. Das Volk des Art. 2 Abs. 2 LV ist nicht das „Volk von Sachsen-Anhalt", das sich nach der Präambel in freier Selbstbestimmung die Verfassung gegeben hat. Es ist nicht verfassungsgebende, sondern verfasste Gewalt. Zu diesem „Wahlvolk", von dem in Art. 2 Abs. 2 LV als Quelle aller demokratischen Legitimation die Rede ist, zählen nur die Wahl- und Abstimmungsberechtigten nach Art. 42 Abs. 2, Art. 81 LV. Das Wahlrecht vermittelt die Zugehörigkeit zum Volk und ist damit konstitutiv für die Demokratie im Land Sachsen-Anhalt.

2. Deutschenwahlrecht

Nach Art. 42 Abs. 2 Satz 1 LV sind wahlberechtigt und wählbar alle Deutschen, die das 18. Lebensjahr vollendet und in Sachsen-Anhalt ihren Wohnsitz haben. Das aktive und passive Wahlrecht hängt also von der Eigenschaft als „Deutscher" ab, die in der Verfassung nicht näher definiert ist. Als Bezugspunkte kommen die deutsche Staatsangehörigkeit nach dem Staatsangehörigkeitsgesetz, aber auch die Deutscheneigenschaft nach Art. 116 Abs. 1 GG in Betracht, der den Staatsangehörigen (Alt. 1) die Flüchtlinge und Vertriebenen deutscher Volkszugehörigkeit einschließlich ihrer Ehegatten und Abkömmlinge (Alt. 2) zur Seite stellt (sog. Statusdeutsche).

Für einen engeren Begriff, der nur die Staatsangehörigen umfasst, spricht – allerdings nur auf den ersten Blick – Art. 41 Abs. 3 Satz 2 LV. Der Wahlgesetzgeber kann danach das Wahlrecht „von einer bestimmten Dauer der Staatsangehörigkeit" abhängig machen. Aber die Aussagekraft der Bestimmung ist gering,[21] ist sie doch das Ergebnis eines gescheiterten

---

[21] Anders *Andreas Reich*, Verfassung des Landes Sachsen-Anhalt, 2. Aufl. 2004, Art. 42 Rn. 2, der aus Art. 42 Abs. 3 Satz 2 LV folgert, dass der Begriff „Deutsche" in Art. 42 Abs. 2 Satz 1 LV nur deutsche Staatsangehörige bezeichnen könne.

Rechtstransfers.[22] Art. 41 Abs. 3 Satz 2 LV entspricht wörtlich Art. 4 Abs. 3 Satz 2 der Vorläufigen Niedersächsischen Verfassung (VNV) von 1951. Bei der Übernahme der Verfassungsbestimmung des „Partnerlandes" übersah man jedoch, dass sich die niedersächsische Verfassung bereits im systematischen Zusammenhang explizit auf den Deutschenbegriff des Grundgesetzes festgelegt hatte (Art. 4 Abs. 2 VNV). Nach damaligem niedersächsischen Verfassungsrecht bildeten also die Staatsangehörigen nur einen Teil der wahlberechtigten Deutschen und nur für diesen Teil konnte eine gewisse Dauer der Staatsangehörigkeit gefordert werden. Ein Schluss von Art. 4 Abs. 3 Satz 2 VNV auf den klar definierten Deutschenbegriff des Art. 4 Abs. 2 VNV kam nicht in Betracht.[23] Ebenso wenig lässt der – unreflektiert übernommene – Art. 42 Abs. 3 Satz 2 LV einen Rückschluss auf den Deutschenbegriff des Art. 42 Abs. 2 Satz 1 LV zu.

Der verfassungsgebende Landtag von Sachsen-Anhalt ging vielmehr davon aus, dass „sein" Deutschenbegriff in Art. 42 Abs. 2 Satz 1 LV – wie Art. 4 Abs. 2 Satz 1 VNV – alle Deutschen im Sinne des Art. 116 Abs. 1 GG erfasst. Dafür spricht zum einen, dass Vorschläge, die Wahlberechtigung „Bürgern" oder „Staatsbürgern" vorzubehalten, in den Verfassungsberatungen nicht aufgegriffen wurden.[24] Außerdem beriet der Landtag parallel zur Verfassung auch das Wahlgesetz, dessen Entwurf – erneut dem niedersächsischen Vorbild folgend – das aktive und passive Wahlrecht an die Eigenschaft als Deutscher im Sinne des Art. 116 Abs. 1 GG knüpfte.[25] So sieht es auch heute noch § 2 Satz 1 LWG für das aktive und § 6 Abs. 1 LWG für das passive Wahlrecht vor. Obwohl das Wahlgesetz normhierarchisch unter der Verfassung steht, kann in dieser Entscheidung des wahlrechtsgebenden Landtags eine Art „authentischer Interpretation" der nahezu zeit-

---

22 Offenbar gab es gerade bei der Frage der Wahlberechtigung im Verfassungsausschuss einige Unklarheiten. So wird der stellvertretende Ausschussvorsitzende Curt Becker (CDU) mit der Äußerung zitiert, dass der Artikel ursprünglich „so ungenau formuliert" war, dass man „alles hineinlesen" habe können (zit. nach *Astrid Lorenz*, Demokratisierung in Ostdeutschland, 2013, S. 265).

23 Nur ein Jahr nach Inkrafttreten der LV LSA gab Niedersachsen die – völlig aus der Zeit gefallene – Bestimmung des Art. 4 Abs. 3 Satz 2 VNV auf; vgl. *Torsten Soffner*, in: Epping/Butzer/Brosius-Gersdorf/Haltern/Mehde/Waechter (Hrsg.), Hannoverscher Kommentar zur Niedersächsischen Verfassung, 1. Aufl. 2012, Art. 8 Rn. 8. Art. 41 Abs. 3 Satz 2 LV erscheint heute umso deutlicher als der verfassungsrechtliche Atavismus, der er schon Anfang der neunziger Jahre war.

24 Vgl. die Zusammenfassung der Äußerungen zu Art. 40 VerfE, in: Anlage zur LT-Drs. 1/1334, S. 57.

25 Vgl. Gesetzentwurf der Fraktionen von CDU, SPD und FDP v. 02.04.1992, LT-Drs. 1/1352.

gleichen Äußerung des verfassungsgebenden Landtags gesehen werden.[26] Von der Möglichkeit, eine Mindestdauer der deutschen Staatsangehörigkeit für den Erwerb des Wahlrechts festzuschreiben (Art. 42 Abs. 3 Satz 2 LV), hat der Landtag im Übrigen – abweichend vom ursprünglichen Gesetzentwurf – abgesehen.[27]

3. Ausländerwahlrecht

Nach Art. 42 Abs. 2 Satz 2 LV kann das aktive und passive Wahlrecht „Staatenlosen und Ausländern [...] nach Maßgabe des Grundgesetzes gewährt werden". Den Hintergrund für diese etwas unglücklich formulierte Bestimmung bilden die beiden Urteile des BVerfG zum Ausländerwahlrecht aus dem Jahr 1990, nach denen eine einfachgesetzliche Erstreckung des Wahlrechts auf Ausländer mit dem einheitlichen Volksbegriff des Grundgesetzes (Art. 20 Abs. 2 Satz 1, 28 Abs. 1 Satz 2 GG) unvereinbar sein soll. Die Wahlberechtigung in den Ländern kann also nicht über die Deutschen im Sinne des Art. 116 Abs. 1 GG hinaus erweitert werden, da nur diese das deutsche „Teil-Volk" in den Ländern konstituieren.[28] Mit Art. 42 Abs. 2 Satz 2 LV hat der verfassungsgebende Landtag eine Art „Vorratsklausel"[29] für den Fall geschaffen, dass das BVerfG von seiner Rechtsprechung abrückt oder das Grundgesetz entsprechend geändert wird, wie es mit Art. 28 Abs. 1 Satz 3 für das Kommunalwahlrecht von Unionsbürgern bereits geschehen ist. Auch bei einer Öffnung des Grundgesetzes für das Landtagswahlrecht von Ausländern wären diese aber nicht schon „automatisch" nach Art. 42 Abs. 2 Satz 2 LV wahlberechtigt, sondern müssten erst

---

26 Die Unterscheidung zwischen Staatsangehörigen und Statusdeutschen ist heute praktisch weitgehend bedeutungslos geworden, da mit Ausstellung der Spätaussiedlerbescheinigung die deutsche Staatsangehörigkeit erworben wird (§ 7 StAG i. V. m. § 15 BVFG).
27 Beschlussempfehlung v. 05.11.1992, LT-Drs. 1/1994, S. 6.
28 BVerfG, Urt. v. 31.10.1990 – 2 BvF 2, 6/89, BVerfGE 83, 37 ff.; Urt. v. 31.10.1990 – 2 BvF 3/89, BVerfGE 83, 60 ff.; vgl. auch BremStGH, Urt. v. 31.1.2014 – 14 St 1/13, NVwZ-RR 2014, 497 ff.
29 Vgl. Äußerung der Landesregierung zu Art. 40 VerfE, in: Anlage zur LT-Drs. 1/1334, S. 57. Die Landesregierung sprach sich bei den Verfassungsberatungen gegen Art. 42 Abs. 2 Satz 2 LV aus, da entsprechende Regelungen zum Ausländerwahlrecht „erst zu dem maßgeblichen Zeitpunkt in die Verfassung" eingefügt werden sollten und ihr außerdem „Vorratsklauseln in Verfassungen generell problematisch" erschienen.

vom Wahlrechtsgesetzgeber in den Kreis der Wahlberechtigten einbezogen werden. Eine Pflicht dazu spricht die Landesverfassung nicht aus.[30]

4. Ansässigkeit

§ 2 Abs. Satz 1 Nr. 2 LWG macht das aktive Wahlrecht davon abhängig, dass die Person seit mindestens drei Monaten im Land Sachsen-Anhalt eine Wohnung im Sinne des Melderechts, bei mehreren Wohnungen die Hauptwohnung, innegehabt hat oder sich sonst gewöhnlich aufgehalten hat. Dass eine bestimmte Dauer des Wohnsitzes verlangt werden kann, bestätigt Art. 42 Abs. 3 Satz 2 LV. Der Zeitraum von drei Monaten beschränkt die Allgemeinheit der Wahl in zulässiger Weise.[31] Mit dem Kriterium soll zum einen gewährleistet werden, „daß der Landtag das Repräsentativorgan der in Sachsen-Anhalt ansässigen Bevölkerung ist". Zum anderen trägt das Wahlgesetz damit „wahlorganisatorischen Gegebenheiten" Rechnung.[32]

Art. 42 Abs. 3 Satz 2 LV spricht ganz allgemein von „Wohnsitz",[33] während § 2 Satz 1 Nr. 2 Alt. 1 LWG eine Wohnung im Sinne des Melderechts verlangt und bei mehreren Wohnungen auf die Hauptwohnung abstellt. Das Anknüpfen an das Melderecht ist eine zulässige Konkretisierung des in der Verfassung nur als Möglichkeit beschriebenen, aber nicht vorgeschriebenen Wohnsitzerfordernisses. Schon im ersten Entwurf des Wahlgesetzes wurde das Wohnsitzkriterium in Bezug zum Melderecht gesetzt.[34] Heute ist das Bundesmeldegesetz maßgeblich, das den Begriff der Wohnung in § 20 BMG definiert. Ebenfalls schon in der Ursprungsfassung des

---

30 *Andreas Reich*, Verfassung (Fn. 21), Art. 42 Rn. 3.
31 Die Regelung entspricht § 12 Abs. 1 Nr. 2 BWahlG, der von BVerfG, Beschl. v. 23.10.1973 – 2 BvC 3/73, BVerfGE 36, 139 (142) als „traditionelle Begrenzung der Allgemeinheit der Wahl" akzeptiert wurde.
32 Gesetzentwurf der Fraktionen von CDU, SPD und FDP v. 02.04.1992, LT-Drs. 1/1352, S. 25.
33 Angelehnt an Art. 4 Abs. 2 Satz 1 VNV; vgl. zu dessen „Wohnsitz"-Kriterium *Heinzgeorg Neumann*, Die Vorläufige Niedersächsische Verfassung, 2. Aufl. 1987, Art. 4 Rn. 16, der von einer Orientierung am bürgerlich-rechtlichen Begriff des Wohnsitzes (§ 7 BGB) ausgeht.
34 Gesetzentwurf der Fraktionen von CDU, SPD und FDP v. 02.04.1992, LT-Drs. 1/1352, S. 25, wo aber auch auf den Wohnsitz im Sinne des BGB abgestellt wird, der die ursprünglich vorgesehene Vermutung hätte widerlegen können. Die Vermutung wurde nach den Ausschussberatungen aufgegeben; vgl. Beschlussempfehlung (Innenausschuss) v. 05.11.1992, LT-Drs. 1/1994.

Wahlgesetzes enthalten war das Hauptwohnungskriterium, das bei der Parlamentsreform 2014 bewusst beibehalten wurde.[35] Entgegen vereinzelter Kritik[36] handelt es sich um eine gerechtfertigte Beschränkung der Allgemeinheit der Wahl, die sich aus dem nachvollziehbaren Bedürfnis ergibt, die Landesvölker oder die „Teile" des deutschen Volkes in den Ländern eindeutig voneinander abzugrenzen. Jeder deutsche Staatsangehörige soll nach dieser Konzeption nur einem Landeswahlvolk angehören. Dabei erscheint die Hauptwohnung, d. h. die „vorwiegend benutzte Wohnung" (§ 21 BMG), als tauglicher Anknüpfungspunkt.

Das gegenüber dem Innehaben einer (Haupt-)Wohnung subsidiäre Kriterium des gewöhnlichen Aufenthalts, das ebenfalls im Zuge der Parlamentsreform 2014 in § 2 Satz 1 Nr. 2 LWG aufgenommen wurde, trägt der Allgemeinheit der Wahl Rechnung, indem es auch wohnungslosen Menschen die Teilnahme an den Wahlen ermöglicht. Der Gesetzgeber hat freilich den ungewöhnlichen, aber möglichen Fall nicht bedacht, dass ein gewöhnlich in Sachsen-Anhalt Aufhältiger eine Wohnung in einem anderen deutschen Land innehat, die ihn dort zur Teilnahme an den Landtagswahlen berechtigt. Ob eine teleologische Reduktion des Aufenthaltskriteriums für diesen Fall angesichts der damit einhergehenden Einschränkung der Allgemeinheit der Wahl methodisch angängig ist, wird man bezweifeln dürfen. Der Landtag sollte seine Regelungsabsicht nach dem Vorbild anderer Länder auch im Wortlaut des § 2 Satz 1 Nr. 2 LWG zum Ausdruck bringen.[37]

Für das passive Wahlrecht beträgt die Mindestdauer des Wohnsitzes sechs Monate (§ 6 Abs. 1 Nr. 2 LWG), um eine Verbundenheit der Abgeordneten mit der in Sachsen-Anhalt ansässigen Bevölkerung und damit die Repräsentativität des Landtags zu gewährleisten. Angesichts des Verweises auf den „Wohnsitz" im Sinne des § 2 kommt es auch für die Wählbarkeit auf die (Haupt-)Wohnung bzw. den gewöhnlichen Aufenthalt an. Eine sprachliche Anpassung wäre wünschenswert, da § 2 LWG seit der Parlamentsreform 2014 nicht mehr von „Wohnsitz" spricht. Die Unterbrechung des Wohnens bzw. des gewöhnlichen Aufenthalts während der

---

35 § 2 LWG erhielt dabei seine heutige Fassung; erstmals in Beschlussempfehlung (Ältestenrat) v. 10.10.2014, LT-Drs. 6/3497, S. 15 f.
36 *Andreas Reich*, Verfassung (Fn. 21), Art. 42 Rn. 2.
37 Etwa § 11 Nr. 2 SächsWahlG: „[...] oder, *falls sie keine Wohnung in einem anderen Land der Bundesrepublik Deutschland haben*, sich sonst im Freistaat Sachsen gewöhnlich aufhalten" – Hervorhebung F. M.

Sechsmonatsfrist schließt – jedenfalls grundsätzlich –[38] die Wählbarkeit aus.

5. Wahlalter und Ausschluss vom Wahlrecht

Das Wahlalter beträgt einheitlich 18 Jahre (§§ 2 Satz 1 Nr. 1, 6 Abs. 1 Nr. 1 LWG). Da es in Art. 42 Abs. 2 Satz 1 LV vorgegeben ist, wäre seine Absenkung nur im Wege einer Verfassungsänderung möglich, die nach Art. 78 Abs. 2 LV eine Mehrheit von zwei Dritteln der Mitglieder des Landtags voraussetzt. Für die Herabsetzung der Altersgrenze der Wahlberechtigung auf 16 Jahre – und damit eine Angleichung an das aktive Wahlrecht bei den Kommunalwahlen –[39] hat sich keine Mehrheit gefunden.[40]

Ausgeschlossen vom aktiven Wahlrecht ist nach § 3 LWG nur noch, wer infolge Richterspruchs das Wahlrecht nicht besitzt (§ 45 Abs. 5 StGB). § 6 Abs. 2 LWG überträgt diesen Ausschlusstatbestand auf das passive Wahlrecht und ergänzt ihn um die Aberkennung der Wählbarkeit bzw. der Fähigkeit zur Bekleidung öffentlicher Ämter durch Richterspruch (§ 45 Abs. 1 und 2 StGB; § 39 Abs. 2 BVerfGG). Der Wahlrechtsausschluss für Personen unter „Vollbetreuung" wurde als Reaktion auf die Entscheidungen des BVerfG zu entsprechenden Regelungen des Bundes- und des Europawahlgesetzes[41] im Jahr 2019 abgeschafft.[42] Von der Option, Personengruppen vom aktiven Wahlrecht auszuschließen, bei denen davon auszu-

---

38 Vgl. aber SächsVerfGH, Beschl. v. 25.11.2005 – Vf. 45-V-05, LKV 2006, 269 f. Die dort anerkannte Ausnahme dürfte freilich kaum auf Sachsen-Anhalt übertragbar sein, da die Mindestdauer in Sachsen mit einem Jahr deutlich länger bemessen und damit auch „anfälliger" für Unterbrechungen ist.
39 Vgl. Gesetz zur Herabsetzung des Wahlalters zur aktiven Teilnahme an Kommunalwahlen v. 25.7.1997, GVBl. S. 715. Zuletzt wurde sogar eine Herabsetzung auf 14 Jahre in Spiel gebracht; vgl. Gesetzentwurf der Fraktion DIE LINKE v. 28.02.2018, LT-Drs. 7/2527, S. 3.
40 Vgl. Gesetzentwurf der Fraktion der DVU v. 12.10.1998, LT-Drs. 3/431, der aber nur auf eine Änderung des § 2 LWG, nicht auch auf eine Verfassungsänderung gerichtet war; der Antrag wurde schon am 03.12.1998 wieder zurückgezogen. Seither gab es nur eine Kleine Anfrage aus der Fraktion DIE LINKE zu dem Thema; vgl. Antwort der Landesregierung v. 13.09.2011, LT-Drs. 6/399, S. 2 ff.
41 BVerfG, Beschl. v. 29.01.2019 – 2 BvC 62/14, NJW 2019, 1201 ff.; Urt. v. 15.04.2019 – 2 BvQ 22/19, NVwZ-RR 2019, 705 ff.
42 Art. 1 des Gesetzes zur Änderung des Wahlgesetzes des Landes Sachsen-Anhalt und des Volksabstimmungsgesetzes v. 27.11.2019, GVBl. S. 930. Einen Wahlrechtsausschluss für Untergebrachte nach § 63 i. V. m. § 20 StGB, wie § 13 Nr. 3 BWahlG a. F. ihn vorgesehen hatte, kannte das LWG von vornherein nicht.

gehen ist, dass die „Möglichkeit der Teilnahme am Kommunikationsprozess zwischen Volk und Staatsorganen nicht in hinreichendem Maße besteht",[43] hat der Landtag keinen Gebrauch gemacht. Zur Inklusion von Menschen mit Analphabetismus oder Behinderung wurde außerdem eine Vorschrift über die assistierte Stimmabgabe eingeführt (§ 4 Abs. 4 LWG), die dem neuen § 14 Abs. 5 BWahlG wörtlich entspricht.

III. Wahlsystem

1. Verfassungsrechtliche Vorgaben

Art. 42 Abs. 1 LV trifft eine Systementscheidung für ein Wahlverfahren, „das die Persönlichkeitswahl mit den Grundsätzen der Verhältniswahl verbindet". Diese Formulierung, die bereits im überfraktionellen Verfassungsentwurf vom 01.04.1992 enthalten war, ist einigermaßen kryptisch. Denn eine „echte" Persönlichkeitswahl – eine Wahl also, bei der Personen, nicht Parteien gewählt werden – kann strenggenommen nicht mit Verhältniswahlgrundsätzen verbunden werden. Die Verhältniswahl setzt einen Parteienproporz voraus, der die Persönlichkeitswahl überlagern würde. Es kann zwar ein Verhältniswahlrecht mit personenwahlrechtlichen Elementen geben, aber keine Personenwahl nach verhältniswahlrechtlichen Grundsätzen. Vorstellbar ist allenfalls ein Wahlverfahren, in dem ein Teil der Abgeordnetensitze in einer Personenwahl, der andere Teil in einer Listenwahl nach Verhältniswahlgrundsätzen vergeben wird und zwischen beiden „Teilwahlen" kein Proporzausgleich stattfindet (sog. Grabenwahlsystem). Dann aber wären Persönlichkeits- und Verhältniswahl gerade nicht miteinander „verbunden", wie es Art. 42 Abs. 1 der LV verlangt, sondern fänden sozusagen „nebeneinander" statt.

Schon mit Blick auf die historische Erfahrung ist es höchst unwahrscheinlich, dass der verfassungsgebende Landtag mit Art. 42 Abs. 1 LV vom Verhältniswahlsystem abweichen wollte, wie es seit 1918 als „gerechtestes" Wahlsystem gilt.[44] Mit der Wendung „Grundsätze der Verhältniswahl" stellte er sich vielmehr in eine lange deutsche Wahlrechtstradition, die – bei allen Abweichungen im Detail – den Parteienproporz zur Maxime erhebt. Schon Art. 25 Abs. 2 der Verfassung der Provinz Sachsen-Anhalt vom 10.01.1947, die bis zur Auflösung der Länder im Jahr 1952 in

---

43 BVerfG, Beschl. v. 29.01.2019 – 2 BvC 62/14, NJW 2019, 1201 (1204).
44 Vgl. § 2 I 3.

Geltung stand,[45] sah eine „Wahl nach den Grundsätzen des Verhältniswahlrechts" vor, ebenso das Wahlrecht der Weimarer Vorgänger-Freistaaten Preußen und Anhalt.

Da der Prozess der Verfassungsgebung im neugegründeten Land Sachsen-Anhalt Anfang der neunziger Jahre im Wahlrechtskontext der Bundesrepublik stattfand, liegt es nahe, die – misslungene – Formulierung des Art. 42 Abs. 1 LV als Festlegung auf ein personalisiertes Verhältniswahlrecht zu deuten.[46] Immerhin war der verfassungsgebende Landtag selbst am 14.10.1990 nach einem Wahlrecht gewählt worden, das sich eng an das der Bundestagswahl anlehnte.[47] Außerdem beriet er zeitgleich mit dem Verfassungsentwurf den Entwurf für das Landeswahlgesetz,[48] das in den Grundlinien ebenfalls dem Bundeswahlrecht entspricht (dazu sogleich). Auch die damalige Landesregierung verstand Art. 42 Abs. 1 LV als Systementscheidung für die personalisierte Verhältniswahl. Sie regte nämlich im Laufe der Verfassungsberatungen an, „die Festlegung auf das Verhältniswahlrecht in Verbindung mit Elementen des Persönlichkeitswahlrechts in der Verfassung selbst" zu überdenken.[49] Der verfassungsgebende Landtag rückte zwar von der Festlegung nicht ab, schrieb aber zugleich auch keine Details der Ausgestaltung fest.[50] Angesichts der vagen Formulierung des Art. 42 Abs. 1 LV ist davon auszugehen, dass nicht nur eine Personalisierung durch die Direktwahl von Wahlkreisbewerbern, sondern auch andere persönlichkeitsorientierte Modifikationen der Verhältniswahl zulässig sind, z. B. eine offene Listenwahl mit nur einer Stimme. Unzulässig wäre hingegen ein „reines" Verhältniswahlrecht, d. h. eine geschlossene Listenwahl ohne jede Einflussnahme des Wählers auf die personelle Zusammensetzung des Landtags, ebenso wie ein „reines" Personenwahlrecht, also die Direktwahl von Bewerbern im Wahlkreis ohne Rückbindung an den Parteiproporz (meist etwas ungenau als „Mehrheitswahlrecht" bezeichnet[51]).

---

45 Vgl. § 2 VI 1, 2.
46 Im Ergebnis auch *Andreas Reich*, Verfassung (Fn. 21), Art. 42 Rn. 1.
47 Vgl. § 2 VI 3.
48 Gesetzentwurf der Fraktionen von CDU, SPD und FDP v. 02.04.1992, LT-Drs. 1/1352.
49 Äußerung der Landesregierung zu Art. 40 VerfE, in: Anlage zur LT-Drs. 1/1334, S. 57.
50 *Andreas Reich*, Verfassung (Fn. 21), Art. 42 Rn. 1 geht davon aus, dass „kein festes Modell der Wahl" vorgegeben sei, geht aber nicht weiter ins Detail.
51 Vgl. § 1 III 3.

2. Ausgestaltung im Landeswahlgesetz

Ohne den Ausdruck „personalisiertes Verhältniswahlrecht" zu verwenden, etabliert das Landeswahlgesetz ein Wahlsystem, das in den Grundlinien dem Bundeswahlrecht entspricht und sich damit innerhalb der Grenzen bewegt, die Art. 42 Abs. 1 LV der einfachrechtlichen Ausgestaltung zieht. Ab der 8. Wahlperiode werden 41 der mindestens 83 Abgeordneten in den Wahlkreisen in direkter Wahl gewählt, die übrigen Sitze werden den Landeslisten der Parteien zugewiesen (§ 1 Abs. 1 LWG), wobei das Stimmenverhältnis entscheidend ist. Aufgrund der Zuteilung von Ausgleichsmandaten im Fall eines Überhangs bei den Direktmandaten ist die Wahl im Grundsatz eine Verhältniswahl, deren Proportionalität aber durch bestimmte Beschränkungen bei der Sitzzuteilung, insbesondere die Fünf-Prozent-Hürde, modifiziert wird (näher unter V.).

Jeder Wähler hat zwei Stimmen, eine Erststimme für die Wahl eines „Kreiswahlvorschlages", eine Zweitstimme für die Wahl eines „Landeswahlvorschlages" (§ 1 Abs. 3 LWG). Mit der Erststimme kann er also einen Direktkandidaten in seinem Wahlkreis wählen (§ 27 Abs. 1 Nr. 1 LWG), mit der Zweitstimme die Landesliste einer Partei (§ 27 Abs. 1 Nr. 2 LWG), ohne dass er darauf eine bestimmte Person auswählen könnte – zur Wahl steht nur die Liste in der von der Partei vorgegebenen Reihung („geschlossene Listenwahl"). Bis zur Anpassung der Nomenklatur an die „in anderen Wahlgesetzen üblichen Begriffe" im Jahr 2010 hieß die Erststimme „Personenstimme", die Zweitstimme „Parteienstimme".[52] Die Umbenennung ist bemerkenswert, hatte sich der Landtag 1992 doch gerade deshalb für eine Abweichung „von dem sonst üblichen Sprachgebrauch" entschieden, weil das Begriffspaar Personen- und Parteienstimme „den Sachverhalt treffender" kennzeichnet als die Ausdrücke „Erst- und Zweitstimme" und seine Verwendung daher „zur Klarheit und Verständlichkeit des Wahlsystems" beitragen sollte.[53] Achtzehn Jahre und fünf Bundestagswahlen später schienen sich „Erst- und Zweitstimme" aber im allgemeinen Sprachgebrauch in Sachsen-Anhalt so durchgesetzt zu haben, dass die anschaulichen Ausdrücke „Personen- und Parteienstimme" selbst wieder erklärungsbedürftig geworden waren.

---

52 Gesetzentwurf der Fraktionen der CDU, der SPD und der FDP v. 07.10.2009, LT-Drs. 5/2207 neu, S. 19.
53 Gesetzentwurf der Fraktionen von CDU, SPD und FDP v. 02.04.1992, LT-Drs. 1/1352, S. 25.

3. Wahlkreiseinteilung

Für die Direktwahl muss das Gebiet des Landes Sachsen-Anhalt in Wahlkreise eingeteilt werden. Ab der 8. Wahlperiode beträgt die Zahl der Wahlkreise entsprechend der Zahl der Direktmandate 41 (§ 10 Abs. 1 Satz 1 LWG). Der Landtag nimmt die Einteilung selbst in der Anlage zum Landeswahlgesetz vor (§ 10 Abs. 1 Satz 3 LWG). Dabei orientiert er sich an der Vorgabe des § 10 Abs. 1 Satz 2 LWG, dass die Bevölkerungszahl eines Wahlkreises von der durchschnittlichen Bevölkerungszahl der Wahlkreise nicht um mehr als 20 % nach oben oder unten abweichen darf. Man entschied sich bewusst für diese „relativ restriktive" Vorgabe „weit unterhalb der vom Bundesverfassungsgericht gezogenen Grenzen".[54] Bei der Ermittlung der Bevölkerungszahl werden nicht nur die Wahlberechtigten berücksichtigt, sondern alle Einwohner des Wahlkreises, mit Ausnahme der Ausländer im Sinne von § 2 Abs. 1 AufenthG (§ 10 Abs. 1 Satz 5 LWG). Die Orientierung an der deutschen Bevölkerung und nicht an der Zahl der Wahlberechtigten steht in einem latenten Spannungsverhältnis zum Grundsatz der gleichen Wahl (Art. 42 Abs. 2 Satz 1 LV), der – nach der Rechtsprechung des BVerfG zum Bundeswahlrecht – bei der Direktwahl verlangt, „dass alle Wähler über den gleichen Zählwert ihrer Stimmen hinaus mit annähernd gleicher Erfolgschance am Kreationsvorgang teilnehmen können". Die Wahlkreise müssen also so zugeschnitten werden, dass jeder Wahlkreis möglichst die gleiche Zahl an Wahlberechtigten umfasst. Solange sich aber der Anteil der Minderjährigen an der Bevölkerung „regional nur unerheblich unterscheidet", erscheint eine Orientierung an der Bevölkerungszahl akzeptabel.[55] Der Gesetzgeber muss jedoch die Entwicklung im Auge behalten und „nicht nur unerhebliche Abweichungen zwischen der Bevölkerung und der Zahl der Wahlberechtigten" bei der Wahlkreiseinteilung beachten.[56] Die Landesregierung bezieht daher in ihrem Wahlkreisbericht (§ 10 Abs. 1 Satz 4 LWG) den Anteil der Minderjährigen an der Bevölkerung in den Wahlkreisen als „Kontrollüberlegung" ein.[57]

Vorgaben für den territorialen Zuschnitt der Wahlkreise enthält das Wahlgesetz nicht. Es ist nicht einmal vorgesehen – und auch nicht aus der Verfassung selbst ableitbar –, dass der Wahlkreis ein zusammenhängendes

---

54 Abg. Dr. Püchel (Berichterstatter des Ausschusses für Inneres), PlPr. 1/40 v. 12.11.1992, S. 4468.
55 BVerfG, Urt. v. 31.01.2012 – 2 BvC 3/11, BVerfGE 130, 212 (231).
56 BVerfG, Urt. v. 31.01.2012 – 2 BvC 3/11, BVerfGE 130, 212 (231 f.).
57 Wahlkreisbericht 2019, S. 3 f., Anlage zu LT-Drs. 7/4270.

Gebiet bilden soll (vgl. § 3 Abs. 1 Nr. 4 BWahlG). Die Grenzen der Landkreise und kreisfreien Städte taugen überdies weder rechtlich noch praktisch als Orientierungspunkt für den Zuschnitt der 41 Wahlkreise, da nach der Kreisreform von 2007 in Sachsen-Anhalt nur noch elf Landkreise und drei kreisfreie Städte bestehen.

Aus § 10 Abs. 2 LWG ergibt sich implizit lediglich, dass die Gemeindegrenzen die kleinste Einheit für die Abgrenzung bilden. Ändern sie sich (vgl. §§ 17 ff. KVG LSA), verändern sich nach § 10 Abs. 2 Satz 1 LWG *ipso iure* auch die Wahlkreisgrenzen, aber nur, wenn durch die Gebietsänderung nicht mehr als fünf Prozent der Gemeindeeinwohner den Wahlkreis wechseln.[58] Wird eine neue Gemeinde aus den Gebietsteilen mehrerer Wahlkreise gebildet, wird sie automatisch Bestandteil des Wahlkreises mit der geringeren Einwohnerzahl (§ 10 Abs. 2 Satz 2 LWG). Gebietsänderungen nach Ablauf des 44. Monats nach Beginn der Wahlperiode wirken sich erst auf die Wahlkreiseinteilung in der nächsten Wahlperiode aus (§ 10 Abs. 2 Satz 3 LWG). Entsprechendes gilt für die Änderung von Landkreisgrenzen (§ 10 Abs. 3 LWG), die aber bei der Wahlkreisbildung ohnehin nicht entscheidend sind. Die explizite Regelung dürfte dem Umstand geschuldet sein, dass die Wahlkreise in der Anlage zum Wahlgesetz stets nach dem folgenden Muster beschrieben werden: „vom Landkreis [L] die Gemeinden [G1], [G2], [G3] …".

IV. Wahlvorbereitung

Die Wahlvorbereitung durch Aufstellung von Bewerbern ist in erster Linie Sache der politischen Parteien. In den Wahlkreisen können aber auch Einzelbewerber antreten. Bei den Vorgaben an die Kandidaten- und Listenaufstellung in den §§ 14 bis 21 LWG orientierte sich der Landtag am Wahlrecht „anderer Länder".[59] Obwohl diese Länder nicht näher bezeichnet werden, ist auch und besonders im Abschnitt über die Wahlvorbereitung die Prägung durch das „Partnerland" Niedersachsen unverkennbar, dessen

---

58 Diese Einschränkung geht auf eine Beschlussempfehlung des Innenausschusses zurück; ursprünglich war ein unbegrenzter „Automatismus" angedacht; vgl. Gesetzentwurf der Fraktionen von CDU, SPD und FDP v. 02.04.1992, LT-Drs. 1/1352, S. 4. An dieser Stelle wich der Landtag bewusst vom niedersächsischen Vorbild ab, das keine vergleichbare Einschränkung vorsah.
59 Gesetzentwurf der Fraktionen von CDU, SPD und FDP v. 02.04.1992, LT-Drs. 1/1352, S. 28.

Vorschriften in diesem Abschnitt nahezu vollständig wörtlich übernommen wurden.

1. Kreiswahlvorschläge („Direktkandidaten")

Werden Direktkandidaten von Parteien aufgestellt, die bereits mindestens einen Abgeordneten in den Landtag entsenden, durch mindestens einen Abgeordneten aus Sachsen-Anhalt im Bundestag vertreten sind oder bei der letzten Wahl zum Bundestag in Sachsen-Anhalt mehr als fünf Prozent der gültigen Zweitstimmen erhalten haben, genügt für die Einreichung des Kreiswahlvorschlags die Unterschrift der Landesleitung der Partei (§ 14 Abs. 4 i. V. m. § 12 Abs. 3 Satz 2 Nrn. 1 bis 3 LWG). Kreiswahlvorschläge von anderen Bewerbern, also parteilosen Kandidaten oder Kandidaten einer Partei, die die genannten Voraussetzungen nicht erfüllt,[60] müssen von mindestens 100 Wahlberechtigten des Wahlkreises unterzeichnet sein (§ 14 Abs. 2 Satz 1 LWG).[61]

Ein Parteibewerber darf nicht Mitglied einer anderen Partei sein und muss von den im Wahlkreis im Zeitpunkt ihres Zusammentretens wahlberechtigten Mitgliedern der Partei in geheimer Wahl bestimmt werden (§ 19 Abs. 1 Satz 1 LWG, § 17 Satz 1 PartG). § 19 Abs. 1 Satz 2 LWG ermöglicht anstelle dieser unmittelbaren Kandidatenaufstellung die praktisch relevantere Wahl durch Delegierte. § 19 LWG enthält zahlreiche weitere Vorgaben für die Aufstellung von Kandidaten in den Wahlkreisen, die nach Absatz 5 überwiegend entsprechend für die Aufstellung von Landeslisten („Landeswahlvorschlägen") gelten. Erwähnenswert ist, dass die Kandidatenwahlen frühestens 44 Monate nach Beginn der Wahlperiode des Landtages stattfinden dürfen (§ 19 Abs. 2a Satz 4 LWG). Das Nähere über die Wahl der Delegierten und das Verfahren der Delegiertenversammlung bleibt der Regelung durch Parteisatzung überlassen (§ 19 Abs. 3 LWG, vgl. § 17 Satz 2 PartG).

---

60 An deren Zulassung stellt § 17 LWG besondere Anforderungen.
61 Vgl. auch die weiteren Vorschriften für die Unterzeichnung, Einreichung und Prüfung in § 14 Abs. 1 bis 3, 5 LWG und § 30 ff. LWO.

2. Landeswahlvorschläge („Landeslisten")

Werden Landeswahlvorschläge von den oben genannten „privilegierten" Parteien eingereicht, genügt erneut die Unterzeichnung durch die Landesleitung. Listen anderer Parteien müssen außerdem von 1.000 Wahlberechtigten unterzeichnet sein (§ 15 Abs. 1 Satz 1 LWG). Parteigebundene Direktkandidaten können auch auf den Landeslisten ihrer Parteien kandidieren (§ 15 Abs. 2 LWG). Die Kreiswahlvorschläge einer Partei sind automatisch an die Landeswahlvorschläge derselben Partei angeschlossen (§ 18 Abs. 1 LWG). Dieser „Anschluss" der Direktkandidaten ist für die Feststellung des Wahlergebnisses (§ 35 LWG) und für eine etwaige Ersatzwahl (§ 43 LWG) von Bedeutung. Einzelbewerber oder Parteibewerber ohne Landesliste können nicht an einen Landeswahlvorschlag angeschlossen werden (§ 18 Abs. 2 LWG).

V. Wahlergebnis

1. Erst- und Zweitstimmenergebnis

Bei der Direktwahl im Wahlkreis ist gewählt, wer die meisten Erststimmen erlangt (§ 33 Abs. 1 LWG). Beim äußerst unwahrscheinlichen Fall der Stimmengleichheit entscheidet das Los (§ 33 Abs. 2 LWG). Für die Zuweisung der Sitze auf die Parteilisten wird zunächst festgestellt, wie viele Zweitstimmen für die einzelnen Landeswahlvorschläge abgegeben wurden (§ 35 Abs. 2 Satz 1 LWG). Unberücksichtigt bleiben dabei die Zweitstimmen derjenigen Wähler, die mit der Erststimme einen Einzelbewerber (oder den Bewerber einer Partei ohne Landesliste) gewählt haben, wenn dieser Bewerber im Wahlkreis erfolgreich war (§ 35 Abs. 2 Satz 2 i. V. m. § 32 Satz 2 LWG). Das Wahlgesetz will – dem Vorbild von § 6 Abs. 1 Satz 2 BWahlG folgend – eine Besserstellung der „Einzelbewerber-Wähler" gegenüber den „Parteibewerber-Wählern" verhindern. Denn setzt sich ein Parteibewerber mit Listenanschluss (§ 18 Abs. 1 LWG) im Wahlkreis durch, vermindert sich der Zweitstimmenerfolg seiner Wähler dadurch, dass das Direktmandat von den Abgeordnetensitzen abgezogen wird, die auf die Parteiliste entfallen (§ 35 Abs. 7 LWG).[62] Die Wähler eines erfolgreichen Einzelbewerbers könnten hingegen im Fall der Berücksichtigung

---

62 Gesetzentwurf der Fraktionen von CDU, SPD und FDP v. 02.04.1992, LT-Drs. 1/1352, S. 29.

ihrer Zweitstimme „doppelt" auf die Zusammensetzung des Landtags Einfluss nehmen, indem sie mit der Erststimme „ihrem" Wahlkreiskandidaten zum Erfolg verhelfen und mit der Zweitstimme einer Partei bessere Chancen auf ein Listenmandat verschaffen. Die Nichtberücksichtigung ihrer Zweitstimme verletzt daher nicht etwa den Grundsatz der Wahlgleichheit, „sondern dient umgekehrt seiner Verwirklichung".[63] Da sich bislang bei keiner Landtagswahl Einzelbewerber in einem Wahlkreis durchsetzen konnten, blieb die Vorschrift praktisch bedeutungslos.

2. Sperrklausel (Fünf-Prozent-Hürde)

Nach der Feststellung der Zweitstimmenverteilung werden zunächst diejenigen Listen aussortiert, die nicht mindestens fünf Prozent der im Land abgegebenen gültigen Zweitstimmen erhalten haben (§ 35 Abs. 3 LWG). Die Sperrklausel ist wie die des § 6 Abs. 3 Alt. 1 BWahlG ein grundsätzlich zulässiges Instrument, das – beruhend auf einer gesetzgeberischen Prognose über den Wahlausgang – die Funktionsfähigkeit des Parlaments sichern und Regierungsbildungen ermöglichen soll. Das LVerfG LSA hat im Jahr 2017 die Sperrklausel als „auch weiterhin gerechtfertigt" angesehen. Ohne sie wären bei der Landtagswahl 2016 neun statt fünf Parteien in den Landtag eingezogen,[64] wodurch die Funktionsfähigkeit des Parlaments gefährdet und die Bildung einer stabilen Regierung „nicht nur erschwert, sondern je nach Verteilung der Stimmen nahezu unmöglich" geworden wäre. Die Prognose des Gesetzgebers habe sich also auch in der Rückschau als zutreffend erwiesen.[65] Eine Grundmandatsklausel vergleichbar § 6 Abs. 3 Alt. 2 BWahlG gibt es in Sachsen-Anhalt nicht.

3. Verteilung auf die Listen

In einem nächsten Schritt wird von der Mindestzahl der 83 Abgeordneten die Zahl der Direktmandate abgezogen, die von Einzelbewerbern oder Bewerbern von Parteien errungen wurden, deren Listen an der Sperrklau-

---

63 BVerfG, Beschl. v. 13.06.1956 – 1 BvR 315/53 u. a., BVerfGE 5, 77 (83) zum Vorläufer des heutigen § 6 Abs. 1 Satz 2 BWahlG; gleichsinnig BVerfG, Beschl. v. 03.07.1957 – 2 BvR 9/56, BVerfGE 7, 64 (73).
64 FDP, FW, NPD und sogar die Tierschutzpartei!
65 LVerfG LSA, Beschl. v. 25.10.2017 – LVG 3/17, Rn. 76.

sel gescheitert sind (§ 35 Abs. 4 LWG). Die Zahl der verbleibenden Abgeordnetensitze – bei den bisherigen Wahlen war es bislang stets die gesamte Mindestzahl – wird sodann nach dem Hare/Niemeyer-Verfahren auf die Parteilisten verteilt (§ 35 Abs. 5 LWG). Der Landtag rückte damit schon in der Ursprungsfassung des Wahlgesetzes vom niedersächsischen Vorbild ab, das seit 1984 auf das D'Hondt-Verfahren setzte. In Sachsen-Anhalt orientierte man sich dagegen bewusst am Bundeswahlrecht, das von 1985 bis 2009 nach Hare/Niemeyer verfuhr. So sollte eine Benachteiligung kleiner Parteien vermieden werden.[66] Im Einzelnen werden die Sitze wie folgt verteilt: Die Gesamtzahl der Sitze wird multipliziert mit der Zahl der Zweistimmen, die eine Liste erhalten hat, und sodann durch der Gesamtzahl der Zweistimmen aller berücksichtigungsfähigen Listen geteilt. Jede Liste erhält zunächst so viele Sitze, wie ganze Zahlen auf sie entfallen. Die weiteren Sitze werden nach der Höhe der Zahlenbruchteile vergeben.[67] Eine Ausnahme ist für den Fall vorgesehen, dass eine Partei mehr als die Hälfte der Zweistimmen erhalten hat, aber nach der Verteilungsrechnung nicht auch mehr als die Hälfte der Sitze erhalten würde. Ihr wird dann vorab ein weiterer Sitz zugewiesen, ehe die übrigen Sitze nach der Höhe der Bruchteile verteilt werden (§ 35 Abs. 6 LWG). So wird sichergestellt, dass sich die absolute Mehrheit im Zweitstimmenergebnis auch im Landtag zu einer absoluten Mehrheit der Sitze führt.

Das personenwahlrechtliche Element in den Wahlkreisen wird in den Proporz dadurch eingebunden, dass in einem nächsten Schritt die von Parteibewerbern errungenen Direktmandate von den Listenmandaten ihrer Parteien abgesetzt werden (§ 35 Abs. 7 Satz 1 LWG). Die verbleibenden Sitze – sofern Sitze verbleiben –[68] werden dann nach der Reihung der Liste auf die Listenbewerber der Partei vergeben (§ 35 Abs. 7 Sätze 2 bis 3 LWG). Nach dieser Verteilung stehen die Abgeordneten einer jeden Partei grundsätzlich fest.

---

66 Gesetzentwurf der Fraktionen von CDU, SPD und FDP v. 02.04.1992, LT-Drs. 1/1352, S. 30.
67 Im unwahrscheinlichen Fall des Gleichstandes entscheidet das Los (§ 35 Abs. 5 Satz 5 LWG).
68 Bei der Landtagswahl 2011 zogen für die CDU ausschließlich Wahlkreisbewerber in den Landtag ein.

4. Überhang- und Ausgleichsmandate

Das Verfahren kann jedoch zu Überhangmandaten führen, die das Wahlgesetz den Parteien als „Mehrsitze" belässt: Erringt eine Partei mehr Mandate in den Wahlkreisen, als ihr nach der Proporzverteilung auf die Listen Sitze zustehen, behält sie dennoch alle Wahlkreismandate (§ 35 Abs. 8 Satz 1 LWG). Um den verzerrten Parteienproporz wiederherzustellen, werden aber den anderen Parteien Ausgleichsmandate zugewiesen (§ 35 Abs. 8 Sätze 2 bis 8 LWG). Die Regelung über die Ausgleichsmandate ist an das niedersächsische Vorbild angelehnt, hat jedoch bei der Parlamentsreform 2014 eine grundlegende Neuerung erfahren.[69] Bis dahin fand – wie heute noch in Niedersachsen –[70] nur eine auf das Doppelte der Überhangmandate begrenzte Ausgleichsrunde statt. Danach verblieben die restlichen Überhangmandate ohne Ausgleich. Nach neuer Rechtslage sind zwei Ausgleichsrunden vorgesehen. Verbleiben danach immer noch unausgeglichene Überhangmandate, greift eine dynamische Obergrenze, die in Anlehnung an die Rechtsprechung des BVerfG zum Bundeswahlrecht entwickelt wurde.[71]

Im Einzelnen ist der Ausgleich wie folgt geregelt: Im Fall von Mehrsitzen wird die gesetzliche Mindestzahl der Abgeordnetensitze um die doppelte Zahl der Mehrsitze erhöht. Sodann findet eine Verteilung dieser neuen Gesamtzahl der Sitze nach dem Hare/Niemeyer-Verfahren statt. Verbleiben nach der ersten Ausgleichsrunde noch unausgeglichene Überhangmandate, wird die Gesamtzahl erneut um das Zweifache des verbleibenden Überhangs erhöht und auf die Listen verteilt. Verbleiben nach dieser zweiten Ausgleichsrunde immer noch unausgeglichene Überhangmandate, wird das Prozedere so oft wiederholt, bis es nicht mehr unausgeglichene Überhangmandate gibt „als die Hälfte der Zahl der für die Bildung einer Fraktion erforderlichen Abgeordneten" (§ 35 Abs. 8 Satz 8 LWG).

Die Ermittlung dieser dynamischen Obergrenze richtet sich nach § 35 Abs. 8a LWG.[72] Zu berechnen ist die Zahl der Abgeordnetensitze, die eine

---

69 Vgl. Gesetzentwurf der Fraktionen CDU, SPD und BÜNDNIS 90/DIE GRÜNEN v. 11.09.2014, LT-Drs. 6/3430, S. 38 f.
70 Vgl. § 12 V 3.
71 BVerfG, Urt. v. 25.07.2012 – 2 BvF 3/11 u. a., BVerfGE 131, 316 (364) ging von einem Verfassungsverstoß aus, „wenn Überhangmandate im Umfang von mehr als etwa einer halben Fraktionsstärke zu erwarten sind".
72 Die Vorschrift war im ursprünglichen Gesetzentwurf nicht vorgesehen, sondern geht auf die Beschlussempfehlung des Ältestenrats v. 06.11.2014, LT-Drs. 6/3587, S. 20 zurück.

"fiktive Partei" „mindestens" erhalten würde, wenn sie fünf Prozent der im Land abgegebenen gültigen Zweitstimmen erhalten hätte. Maßgeblich ist dabei der „jeweilige Stand der Verteilung der Abgeordnetensitze", also die jeweils um das Doppelte der Überhangmandate erhöhte Mindestzahl der Sitze. Das Anknüpfen an die Fünf-Prozent-Hürde entspricht der ebenfalls im Zuge der Parlamentsreform 2014 herabgesetzten Anforderung an die Fraktionsstärke (Art. 47 Abs. 1 Satz 1 LV). Betrug die Mindeststärke ursprünglich fünf Prozent der Mitglieder des Landtages, wird inzwischen nur noch verlangt, dass die Partei mindestens den nach dem Wahlgesetz „erforderlichen Anteil an der Stimmenzahl" erreicht hat. Damit ist die Fünf-Prozent-Hürde des § 35 Abs. 3 LWG gemeint.[73]

§ 35 Abs. 8a LWG ist nur mit Mühe operationabel.[74] Die Landeswahlleitung[75] berechnet die Sitze der „fiktiven Partei", indem sie ihr exakt fünf Prozent der gültigen Zweitstimmen zuweist und diese Stimmenzahl anteilig von den Stimmenergebnissen der anderen („realen") Parteien abzieht („relativer Stimmenabzug"). Sodann berechnet sie die Gesamtsitzverteilung mit der fiktiven Partei von der Ausgangsverteilung über die erste Ausgleichsrunde bis zur zweiten Ausgleichsrunde in einem parallelen Rechenlauf. Ergibt der Vergleich dieser fiktiven Sitzverteilung mit der realen, dass die Zahl der real unausgeglichenen Überhangmandate nach der zweiten Ausgleichsrunde kleiner/gleich der Hälfte der Sitze der fiktiven Partei ist, behält die überhängende Partei ihre noch unausgeglichenen Mehrsitze ohne weiteren Ausgleich. Übersteigt die Zahl der unausgeglichenen Mehrsitze jedoch diesen Wert, finden so lange weitere Ausgleichsrunden statt, wie die dynamische Obergrenze überschritten wird. Der Rechenlauf mit der fiktiven Partei wird dafür parallel fortgesetzt.

Aus dem Wortlaut des § 35 Abs. 8a LWG geht diese Berechnungsmethode jedenfalls nicht unmittelbar hervor.[76] Im Gegenteil steht der von der Landeswahlleitung praktizierte parallele Rechenlauf von der Ausgangsver-

---

73 Hintergrund ist die Herabsetzung der Mindestzahl der Abgeordnetensitze von 87 auf 83, die dazu führen hätte können, dass eine Partei, obwohl sie die Fünf-Prozent-Hürde überwindet, nicht genug Abgeordnete in den Landtag entsendet (nämlich 6), um eine Fraktion zu bilden; vgl. Gesetzentwurf der Fraktionen CDU, SPD und BÜNDNIS 90/DIE GRÜNEN v. 11.09.2014, LT-Drs. 6/3430, S. 27 f.
74 Für den weiterführenden Austausch über die „Tücken" dieser Vorschrift dankt der Verfasser Herrn Andreas Schneider (München).
75 Mitteilung des Ministeriums für Inneres und Sport des Landes Sachsen-Anhalt an den Verfasser v. 09.07.2020.
76 Kritik an der Regelung auch bei http://www.wahlrecht.de/landtage/sachsen-anhalt.htm.

teilung an in einem gewissen Spannungsverhältnis zu § 35 Abs. 8a Satz 2 LWG, wonach für die Ermittlung der Sitze der „fiktiven Partei" der „jeweilige Stand der Verteilung der Abgeordnetensitze" zugrunde zu legen ist. Das klingt (eher) so, als ob die „fiktive Partei" überhaupt erst nach der zweiten Ausgleichsrunde einbezogen und nicht von Anfang an „parallel" mitgerechnet werden soll. Aufgrund der Rundungsungenauigkeiten bei der Sitzverteilung in den „Vorrunden" kann das durchaus einen Unterschied machen.

Zudem ist unklar, wie zu verfahren ist, wenn eine oder meherere reale Parteien in der fiktiven Sitzverteilung infolge des „relativen Stimmenabzugs" unter die Fünf-Prozent-Hürde absinken. Angesichts der strukturellen Schwäche von FDP und Grünen in Sachsen-Anhalt[77] ist das keineswegs nur eine theoretische Möglichkeit. Würden diese Parteien bei der Parallelrechnung außen vor bleiben, hätte dies unter Umständen ein ganz erhebliches Anwachsen der Sitze der „fiktiven Partei" zur Folge, die ja mit fünf Prozent der Stimmen „gesetzt" ist, und damit auch eine deutliche Erhöhung der dynamischen Obergrenze. Davon würde wiederum die überhängende Partei profitieren, weil sie mehr unausgeglichene Überhangmandate behalten kann. Mit anderen Worten stünde eine überhängende Partei besser da, wenn neben ihr zwei Parteien mit je 5,1 % der Stimmen im Landtag vertreten sind als eine mit 10,2 % – ein absurdes Ergebnis. Würden hingegen die durch den relativen Stimmenabzug unter fünf Prozent absinkenden Parteien weiter neben der „fiktiven" Partei berücksichtigt, ergäbe die Parallelberechnung eine Sitzverteilung, die so nie Realität sein könnte. Das wiederum zieht die Brauchbarkeit der dynamischen Obergrenze „halbe Fraktionsstärke" in Zweifel, die sich ja an eine reale Größe, nämlich die Mindestfraktionsstärke nach Art. 47 Abs. 1 Satz 1 LV anlehnt.

Als gelungene landeswahlrechtliche Innovation kann diese dynamische Obergrenze für Ausgleichsmandate nicht gelten. Zweifelhaft ist schon, ob ihr Ausgangspunkt – die Orientierung an der Rechtsprechung des BVerfG zum Bundeswahlrecht – überhaupt trägt. Denn diese Judikatur erscheint nur mit Mühe auf die deutlich kleineren Landesparlamente übertragbar. In näherer Zukunft ist ein Anwendungsfall für die dynamische Obergrenze ohnehin nicht zu erwarten, da mit dem Auftreten der AfD die Dominanz der CDU bei den Wahlkreismandaten vorerst gebrochen ist.

---

77 2006 erreichte die FDP 6,7 %, die Grünen scheiterten mit 3,6 % an der Sperrklausel. 2008 scheiterte die FDP mit 3,8 % an der Sperrklausel, die Grünen erreichten 7,1 %. 2016 verpasste die FDP mit 4,9 % den Einzug in den Landtag nur äußerst knapp, während die Grünen mit 5,2 % nur knapp über die Hürde kamen.

War die CDU 2011 noch in 41 der 45 Wahlkreise erfolgreich und erzielte damit sechs Überhangmandate, von denen eines (nach nur einer Ausgleichsrunde) unausgeglichen blieb, kam sie 2016 nur noch auf 27 der 43 Wahlkreismandate; 15 gingen an die AfD, eines an die Linke. Überhangmandate fielen 2016 nicht an.

VI. Wahlprüfung

1. Wahlprüfung des Landtags

Der Landtag überprüft auf Antrag die Gültigkeit der Wahl (Art. 44 Abs. 1 LV). Die Einzelheiten sind im Wahlprüfungsgesetz geregelt (vgl. Art. 44 Abs. 4 LV).[78] Einspruchsberechtigt sind alle Wahlberechtigten und Gruppen von Wahlberechtigten sowie – in amtlicher Eigenschaft – der Präsident des Landtags, der Landeswahlleiter und jeder Kreiswahlleiter (§ 2 WPrüfG). Es gelten Fristen von einem Monat bzw. sechs Monaten (bei amtlicher Einlegung) ab Bekanntmachung des endgültigen Wahlergebnisses (§ 3 WPrüfG).[79] Die Entscheidung des Landtages wird durch einen Wahlprüfungsausschuss vorbereitet (§§ 4 ff. WPrüfG), über dessen Entscheidungsvorschlag der Landtag mit der Mehrheit der abgegebenen Stimmen entscheidet (§ 9 WPrüfG). Lehnt er den Entscheidungsvorschlag ab, gilt dies als Zurückverweisung an den Wahlprüfungsausschuss, der sich erneut mit dem Einspruch befassen und dem Landtag einen neuen Entscheidungsvorschlag unterbreiten muss. Der Landtag kann diesen zweiten Vorschlag nur dann ablehnen, wenn er gleichzeitig einen aus seiner Mitte eingebrachten Vorschlag annimmt. Anderenfalls gilt der Beschluss des Wahlprüfungsausschusses als angenommen (§ 10 WPrüfG).

2. Wahlprüfungsbeschwerde zum Landesverfassungsgericht

Gegen die Entscheidung des Landtags kann das LVerfG LSA im Wege der Wahlprüfungsbeschwerde angerufen werden (Art. 44 Abs. 4 LV i. V. m.

---

78 Gesetz über die Prüfung der Wahl zum Landtag von Sachsen-Anhalt i. d. F. d. Bek. v. 18.02.2010, GVBl. S. 99.
79 Eine Ausnahme gilt bei Zweifeln an der Wählbarkeit, die der Präsident des Landtags auch noch später zum Gegenstand eines Einspruchs machen kann und ggf. muss (§ 15 WPrüfG).

§ 34 LVerfGG). Beschwerdeberechtigt sind alle Wahlberechtigten oder Gruppen von Wahlberechtigten, deren Einspruch vom Landtag verworfen wurde, der Abgeordnete, dessen Mitgliedschaft bestritten ist, jede Fraktion des Landtages sowie der Präsident des Landtages, der für Wahlen zuständige Minister und der Landeswahlleiter, wenn der in amtlicher Eigenschaft eingelegte Einspruch zurückgewiesen wurde. Die Beschwerdefrist beträgt einen Monat ab Zustellung des Landtagsbeschlusses (§ 34 Abs. 2 LVerfGG). Das LVerfG LSA verlangt bereits im Rahmen der Zulässigkeit, dass ein Beschwerdeführer bei seiner Antragsbegründung (§ 16 Abs. 1 Satz 2 LVerfGG) „die tatsächlichen Umstände eines (möglichen) schwerwiegenden Wahlfehlers" vorbringt und „dessen (mögliche) Erheblichkeit für den Ausgang der Wahl und damit die Zusammensetzung des Parlaments" darlegt.[80]

Die Wahlprüfungsbeschwerde ist nur dann begründet, wenn Wahlfehler, „also Rechtsverstöße, die die Wahlvorbereitung, Wahlhandlung oder Ermittlung und Feststellung des Wahlergebnisses betreffen", bestehen und „die ihnen zugrunde liegenden Tatbestände das Wahlergebnis nicht nur unwesentlich beeinflusst haben".[81] Das LVerfG LSA orientiert sich bei seiner Prüfung an den in der Rechtsprechung des BVerfG zum Bundeswahlrecht etablierten Maßstäben. Insbesondere verlangt es, dass ein festgestellter Wahlfehler Einfluss auf die Sitzverteilung im Landtag gehabt hat (Mandatsrelevanz).[82] Überprüft werden nicht nur mögliche Wahlfehler von staatlichen Stellen bei der Wahldurchführung und Ergebnisermittlung, sondern auch Fehler bei der Wahlvorbereitung durch die Parteien.[83]

VII. *Wahlrechtsreform*

Das Wahlsystem in Sachsen-Anhalt war knappe 30 Jahre in seinen Grundstrukturen unangefochten. Diskutiert wurde nur über Fragen, die an den Systementscheidungen nichts verändern. Auch die Parlamentsreformen von 2014 und 2020 haben – sieht man von der Verringerung der Abgeordnetenzahl und der dynamischen Obergrenze für ausgleichslose Überhangmandate einmal ab – zu keiner grundlegenden Änderung des bewährten Wahlrechts geführt. In den letzten Jahren wurde jedoch unter dem Schlag-

---

80 LVerfG LSA, Urt. v. 08.03.2007 – LVG 10/06, Rn. 24; Beschl. v. 25.10.2017 – LVG 3/17, Rn. 41.
81 LVerfG LSA, Urt. v. 08.03.2007 – LVG 10/06, Rn. 32.
82 LVerfG LSA, Beschl. v. 17.01.2000 – LVG 1/99, Rn. 31 ff.
83 Vgl. LVerfG LSA, Beschl. v. 25.10.2017 – LVG 3/17, Rn. 42 ff.

wort „Parité" auch in Sachsen-Anhalt die Forderung nach einer Anhebung des Frauenanteils im Landtag lauter. So sieht der Koalitionsvertrag zwischen CDU, SPD und Bündnis 90/Die Grünen aus dem Jahr 2016 vor, dass geprüft werden soll, „ob ein verfassungskonformes Paritégesetz auf den Weg gebracht werden kann, das Regelungen sowohl für die kommunale Ebene als auch die Landesebene enthält." Den Koalitionspartnern schwebte dabei eine „paritätische Besetzung von Kandidierenden-Listen" vor.[84] Ein entsprechender Gesetzentwurf wurde jedoch weder von der Landesregierung noch von den regierungstragenden Fraktionen in den Landtag eingebracht. Offenbar wollte man den Ausgang der Verfassungsstreitigkeiten in Brandenburg und Thüringen abwarten.[85]

Im Februar 2019 brachte die Fraktion DIE LINKE den Entwurf eines „Parité-Gesetzes Sachsen-Anhalt" in den Landtag ein, der nicht nur alternierende Listen vorschreiben will, sondern auf eine noch grundlegendere Änderung des Wahlrechts abzielt.[86] Durch die Einrichtung von Zweipersonenwahlkreisen, in denen Parteien jeweils nur mit Kandidaten-„Tandems" aus Mann und Frau antreten können, soll der Anteil der Frauen bei den Direktmandaten angehoben werden. Die Zahl der Wahlkreise soll, um das Parlament nicht zu vergrößern, von 41 auf 22 gesenkt werden. Einzelbewerber sollen aber weiterhin in den Wahlkreisen allein antreten können. Um Bedenken gegen die Verfassungsmäßigkeit auszuräumen, sieht der Entwurf außerdem eine Änderung der Landesverfassung vor: Die Staatszielbestimmung der Förderung der tatsächlichen Gleichstellung von Frauen und Männern (Art. 34 LV) soll um einen Absatz erweitert werden, nach dem das Land für die „Möglichkeit einer gleichen Repräsentation von Frauen und Männern in gewählten Vertretungen" sorgt. Außerdem soll Art. 42 Abs. 1 LV dahin geändert werden, dass das Wahlverfahren des Landtages nicht nur die „Persönlichkeitswahl mit den Grundsätzen der Verhältniswahl verbindet", sondern zugleich „die paritätische Zusammensetzung mit Frauen und Männern ermöglicht". Von den – im Einzelnen noch ungeklärten – bundesrechtlichen Vorgaben des Art. 28 Abs. 1 GG und des Art. 21 GG suspendiert eine solche Verfassungsänderung auf Länderebene freilich nicht.

Der Gesetzentwurf wurde am 28.02.2019 kontrovers im Landtagsplenum diskutiert und an den Rechts- sowie den Innenausschuss überwie-

---

84 „Zukunftschancen für Sachsen-Anhalt – verlässlich, gerecht und nachhaltig", S. 36.
85 Vgl. Wortbeitrag Anne-Marie Keding (Ministerin für Justiz und Gleichstellung), Plenum v. 28.02.2019, PlPr. 7/66, S. 53.
86 Gesetzentwurf der Fraktion DIE LINKE v. 20.02.2019, LT-Drs. 7/3968.

sen.[87] Ein Abschluss des Gesetzgebungsverfahrens ist noch nicht absehbar. Angesichts der ablehnenden Haltung von CDU und AfD ist aber nicht damit zu rechnen, dass der Vorschlag Gesetz werden wird, zumal für die Verfassungsänderung die Zustimmung von zwei Dritteln der Mitglieder des Landtags erforderlich wäre (Art. 78 Abs. 2 LV). Das Thema „Parité" dürfte jedoch auch den wahlrechtlichen Diskurs in der nächsten Legislaturperiode prägen, zumal der Landesdelegiertenrat von Bündnis 90/Die Grünen ein Paritégesetz zur Bedingung für eine künftige Regierungsbeteiligung der Partei erhoben hat.[88] Die amtierende Justizministerin (CDU) hat demgegenüber eine offene Listenwahl als Alternative zu geschlechterorientierten Vorgaben ins Spiel gebracht.[89] Die Öffnung der Parteilisten für eine individuelle Personenentscheidung wäre mit Art. 42 Abs. 1 LV ohne weiteres vereinbar. Ob die offene Listenwahl den Parité-Gedanken in der Wahlpraxis befördert, steht auf einem anderen Blatt.[90]

---

[87] PlPr. 7/66, S. 48 ff.
[88] Vgl. https://www.gruene-lsa.de/die-haelfte-der-macht-den-frauen/(zuletzt abgerufen am 20.08.2020).
[89] „Mehr Frauen in die Parlamente: Personen statt Listen wählen", dpa/sa, 02.01.2020.
[90] Vgl. *Gesine Fuchs*, Wählen Frauen anders als Männer?, APuZ 2018, 37 (42), die – freilich auf sehr dürftiger empirischer Grundlage – davon ausgeht, dass „Präferenzstimmensysteme heutzutage häufig Kandidatinnen zum Wahlerfolg verhelfen und es nicht nur von der Parteistärke und den von den Parteien erstellten Wahllisten abhängt, wie viele Frauen es im Parlament gibt." Zugleich stellt *Fuchs* angesichts abweichender Befunde aber fest, dass sich ein Präferenzwahlsystem – zu dem die offene Listenwahl zählt – „positiv oder negativ auf Frauenrepräsentation auswirken kann" (43).

§ 18 Schleswig-Holstein

Stefan Martini

I. Wahlen zum Landtag Schleswig-Holstein

Die Wahlen zum Landtag Schleswig-Holstein legitimieren die Ausübung landesparlamentarischer Staatsgewalt unmittelbar (s. Art. 2 Abs. 2 Satz 2 Var. 1, Art. 16 Abs. 1 Satz 1 und 3 LV). Sie bilden die Grundlage personaler Legitimation[1] für ein System repräsentativer Demokratie. Dieses errichtet die Landesverfassung (LV)[2] in Anlehnung an den Text des Grundgesetzes (s. Art. 20 Abs. 2 GG) und auf der Grundlage des Grundsatzes der Volkssouveränität (Art. 2 Abs. 1 LV). Die Landtagswahlen ermöglichen insoweit die Ausbildung eines parlamentarischen Regierungssystems (Art. 16 Abs. 1 Satz 2, Art. 33 ff. LV). Anders als im Grundgesetz ist auf Landesebene zusätzlich die plebiszitäre Dimension kollektiver Willensbildung ausgeprägt und ausdrücklich verfasst (Art. 48 u. 49 LV).

1. Regelungsstruktur des Wahlrechts

Den Rahmen des schleswig-holsteinischen Wahlrechts zieht die Landesverfassung. Sie bestimmt die Grundzüge der Wahl: die prinzipielle Ausrichtung des Wahlsystems auf eine Verbindung von Persönlichkeits- und Verhältniswahl (Art. 16 Abs. 2 LV), Beginn und Ende der Wahlperiode (Art. 19 LV), Wahltermin (Art. 19 Abs. 1 Satz 3 und Abs. 3, Art. 4 Abs. 2 LV) sowie die Garantie der Wahlprüfung (Art. 4 Abs. 3 LV). Neben dem

---

1 SHLVerfG, Urt. v. 30.08.2010 – LVerfG 1/10, JZ 2011, 154 (261); *Johannes Caspar*, in: ders. u. a. (Hrsg.), Verfassung des Landes Schleswig-Holstein, 2006, Art. 2 Rn. 5, 8.
2 Verfassung des Landes Schleswig-Holstein in der ab 11.12.2014 geltenden Fassung, GVOBl. S. 344. Zur Landesverfassungsgeschichte *Utz Schliesky*, Verfassung und Verfassungsgericht – Die Fortsetzung des Kampfes um die Verfassung, in: Knelangen/Boyken (Hrsg.), Politik und Regieren in Schleswig-Holstein, 2019, S. 103 (104 ff.); *Werner Reutter*, Politik und Verfassung in Deutschland, JöR 66 (2018), 617 ff.

Verweis auf die Grundrechte des Grundgesetzes (Art. 3 LV[3]) sind die Wahlrechtsgrundsätze (Art. 4 Abs. 1 LV) sowie Sicherungen der Wahlkandidatur (Art. 5 LV) in der Landesverfassung niedergelegt. Die Maßstäbe der Verfassung konkretisiert und kontrolliert seit dem Jahr 2008 das SHLVerfG (Art. 51 LV, insbesondere Abs. 2 Nrn. 5 und 6);[4] zuvor übernahm diese Aufgabe gemäß Art. 99 GG das BVerfG[5].

Die Ausgestaltung der Wahl und ihres Verfahrens überantwortet die Verfassung dem Gesetzgeber (Art. 4 Abs. 4, Art. 16 Abs. 2 Satz 2 LV). Diesem Gesetzgebungsauftrag ist der Landtag mit dem Landeswahlgesetz (LWahlG) nachgekommen.[6] Von der Verordnungsermächtigung in § 58 Abs. 1 LWahlG zur weiteren Konkretisierung des Landtagswahlrechts hat das Ministerium für Inneres, ländliche Räume und Integration durch Erlass der Landeswahlordnung (LWO) Gebrauch gemacht.[7]

Aufgrund der Eingliederung Schleswig-Holsteins in die Rechtsordnung der Bundesrepublik Deutschland (Art. 1 LV, Präambel GG) ist höherrangiges Recht, d. h. Bundesrecht, Unionsrecht (über Art. 23 Abs. 1 GG)[8] und Völkerrecht (über Art. 25, Art. 59 Abs. 2 GG) zu beachten. Das Grundgesetz gibt die Errichtung einer repräsentativen Demokratie, die Durchführung von Wahlen zu Vertretungsorganen sowie Wahlrechtsgrundsätze gemäß Art. 28 Abs. 1 Satz 2 GG vor und erwartet, dass die Verfassungsordnungen der Länder den Grundsätzen zentraler Staatsstrukturprinzipien gemäß Art. 28 Abs. 1 Satz 1 GG nicht widersprechen (Homogenitätsklausel).[9] Ebenfalls von Bedeutung sind wegen der Durchgriffsnorm des Art. 1 Abs. 3 GG (neben der Rezeption gemäß Art. 3 LV) die Grundrechte des

---

3 In die Verfassung eingefügt mit G. v. 18.03.2008, GVOBl. S. 149 (damals als Art. 2a); ohne Rezeption des Art. 38 GG, *Christine Nordmann*, „Rezipierte" Grundrechte für Schleswig-Holstein, NordÖR 2009, 97 (98 f.); anders *Florian Becker*, Landesgrundrechte in Schleswig-Holstein, in: Merten/Papier (Hrsg.), Handbuch der Grundrechte in Deutschland und Europa, 2017, § 259 Rn. 16, siehe aber auch Rn. 31 f.

4 Errichtet durch G. v. 17.10.2006, GVOBl. S. 220; das LVerfGG trat am 01.05.2008 in Kraft (s. § 59 LVerfGG), GVOBl. 2007, S. 338; 2008, S. 25; näher *Utz Schliesky*, Verfassung (Fn. 2), 118 ff.; *Martina Flick Witzig*, Das Schleswig-Holsteinische Landesverfassungsgericht, in: Reutter (Hrsg.), Landesverfassungsgerichte, 2017, S. 371 ff.

5 Und davor kurzzeitig das OVG Nds./SH (in Lüneburg), siehe *Utz Schliesky*, Verfassung (Fn. 2), 119; *Nele Matz-Lück*, in: Becker/Brüning/Ewer/Schliesky (Hrsg.), Verfassung des Landes Schleswig-Holstein, 2020 (i. E.), Art. 51 Rn. 7.

6 G. v. 01.10.1991, GVOBl. S. 442, berichtigt, 637.

7 Zuletzt v. 09.07.2019, GVOBl. S. 224.

8 Mittelbar und unbestimmt, Art. 2 und Art. 10 Abs. 1 EUV.

9 Näher § 3 I.

GG[10], z. B. Art. 3 Abs. 3 GG,[11] sowie Art. 21 GG[12]. Grundsätzliche Maßstäbe errichten im Völkerrecht Art. 3 ZP I EMRK (Wahlrechtsgrundsätze, Herrschaft auf Zeit) sowie Art. 25 lit. b IPbpR (Wahlrecht, Wahlrechtsgrundsätze)[13].

2. *Größe des Landtags*

Die Regelanzahl von Abgeordneten im Schleswig-Holsteinischen Landtag liegt seit der 16. Wahlperiode (2005–2009) bei 69 (§ 1 Satz 1 LWahlG). Sie kann sich durch Überhang- und Ausgleichsmandate (Mehrsitze) erhöhen, wobei stets eine ungerade Zahl an Abgeordneten erreicht werden muss:[14] Ergibt der Verhältnisausgleich im Fall von Überhangmandaten eine gerade Zahl von Landtagssitzen, ist ein zusätzlicher Sitz zu vergeben (§ 3 Abs. 5 Satz 3 LWahlG). Der Landtag der 19. Wahlperiode (2017 bis regulär 2022) fasst 73 Abgeordnete.

Bislang schwankte die Regelgröße des Landtags zwischen 69 und 75 Abgeordneten.[15] Eine zeitweilige Regelgröße von 74 sollte eine entscheidende Rolle der dänischen Minderheit als Zünglein an der Waage verhindern.[16] Die letzte Verkleinerung erfolgte qua Änderung der Landesverfassung von 75 auf 69,[17] wohl um im Verein mit einer Reduktion von Wahlkreisen einer Aufblähung des Landtags durch Überhang- und Ausgleichs-

---

10 Hierzu *Christian Ernst*, in: v. Münch/Kunig/Kämmerer/Kotzur, Grundgesetz-Kommentar, 7. Aufl. (i. E.), Art. 28 Rn. 9.
11 Siehe z. B. SHLVerfG, Urt. v. 13.09.2013 – LVerfG 7/12, BeckRS 2013, 55852 Rn. 130.
12 SHLVerfG, Beschl. v. 08.06.2018 – LVerfG 5/17, juris Rn. 16.
13 Siehe z. B. SHLVerfG, Urt. v. 13.09.2013 – LVerfG 9/12, NordÖR 2013, 461 (466).
14 Der größte Landtag fasste 95 Abgeordnete (2009–2012), siehe Statistisches Amt für Hamburg und Schleswig-Holstein, Wahlen in Schleswig-Holstein seit 1947 – Sitzverteilung, 2013. *Hans-Joachim Waack*, in: Caspar u. a. (Fn. 1), Art. 10 Rn. 61, zum „Leerbleiben von Sitzen" (Art. 10 Abs. 2 Satz 3 a. F.; nun § 3 Abs. 6 LWahlG).
15 Siehe *Bettina Bonde/Immo von Homeyer*, Wahlrecht, Wahlsystem und Wahlergebnisse in Schleswig-Holstein, in: Weser (Hrsg.), Demokratie in Schleswig-Holstein, 1998, S. 343 (344 ff.).
16 *Kurt Hamer*, Von der „Ministerpräsidenten-Verfassung" zur „Parlaments-Verfassung", in: Landeszentrale für politische Bildung Schleswig-Holstein (Hrsg.), Eine neue Verfassung für Schleswig-Holstein, 1990, S. 9 (13), die Verfassungskrise von 1987 (Patt der politischen Lager) mit-verursachend.
17 GVOBl. S. 279, durch G. v. 13.05.2003.

mandate vorzubeugen und Kosten einzusparen[18]. Allerdings wurde diese Festlegung im Jahr 2011 wieder aus der Verfassung entfernt[19] und steht nunmehr zur Disposition des einfachen Gesetzgebers.[20] Der verfassungsändernde Gesetzgeber reagierte damit auf ein Urteil des SHLVerfG, das zu große, durch Mehrsitze verursachte Abweichungen von der Regelgröße kritisierte.[21]

3. Wahlperiode und Wahltermin

Die Dauer der Wahlperiode des Schleswig-Holsteinischen Landtags bestimmt die Verfassung auf fünf Jahre (Art. 19 Abs. 1 Satz 1 LV).[22] Die Periode beginnt mit dem Zusammentritt des neuen Landtags (spätestens am dreißigsten Tag nach der Wahl, Art. 19 Abs. 4 Satz 1 LV[23]) und endet mit der konstituierenden Sitzung des folgenden Landtags (Art. 19 Abs. 1 Satz 2 LV)[24]. Im Jahr 1998 hat sich die Landesverfassung dem Umschwung in den Länderverfassungen angeschlossen, die Wahlperiode im Interesse einer Entzerrung der Wahlkämpfe und der Effizienz der Parlamentsarbeit zu verlängern.[25] Dies widerspricht, zumal angesichts der Ergänzung der

---

18 Martin Kayenburg (CDU), PlPr 15/76. v. 13.12.2002, S. 5731 f.; Entschließung v. 12.12.2002, LT-Drs. 15/2342, ohne Begründung.
19 Gesetz v. 29.03.2011, GVOBl. S. 96.
20 LT-Drs. 17/1081 v. 21.02.2010, S. 4: kein „eingeschränkter Gestaltungsspielraum" mehr, siehe SHLVerfG, Urt. v. 30.08.2010 – LVerfG 3/09, JZ 2011, 261 (262).
21 SHLVerfG, Urt. v. 30.08.2010 – LVerfG 3/09, JZ 2011, 261 (265): „Verfassungsvorgabe [...], die Regelgröße [...] möglichst nicht zu überschreiten"; krit. zur Direktivkraft der Zahl 69 *Florian Becker/Frederik Heinz*, Verfassungswidrigkeit von Normen des schleswig-holsteinischen Landeswahlgesetzes, NVwZ 2010, 1524 (1525); *Hans H. Klein*, Neuwahl par „ordre de mufti": Bemerkungen zu den Urteilen des Landesverfassungsgerichts von Schleswig-Holstein vom 30. August 2010, ZSE 2010, 564 (565).
22 Außerordentliche Verkürzungen bzw. Verlängerungen einzelner Wahlperioden aus pragmatischen Gründen waren jeweils durch Verfassungsänderung abgesichert; in die Dauer der jeweils laufenden Periode wurde dabei nicht eingegriffen, siehe *Hans-Joachim Waack*, in: Caspar u. a. (Fn. 1), Art. 59 u. Art. 59a; die gegenstandslosen Vorschriften sind inzwischen gestrichen.
23 Zu (hinzunehmenden) geringfügigen Über- wie Unterschreitungen der Regelzeit *Hans-Joachim Waack*, in: Becker/Brüning/Ewer/Schliesky (Fn. 5), Art. 19 Rn. 14.
24 *Horst Wuttke*, in: v. Mutius/Wuttke/Hübner, Kommentar zur Landesverfassung Schleswig-Holstein, 1995, Art. 13 Rn. 5.
25 GVOBl. 1998, S. 122; für Verlängerung bereits *Volkmar Gebel*, in: Barschel/Gebel, Landessatzung für Schleswig-Holstein, 1976, Art. 10, S. 123.

repräsentativen Demokratie durch direktdemokratische Elemente, Kernprinzipien demokratischer Legitimation auf Zeit noch nicht.[26]

Die *Verkürzung* der laufenden Wahlperiode ist zum einen durch Selbstauflösung des Landtags möglich und von einem Zwei-Drittel-Votum des Landtags abhängig (Art. 19 Abs. 2 LV).[27] Im Interesse eines rechtssicheren Übergangs zur nächsten Periode muss der Landtag zugleich einen Termin der Neuwahl, die spätestens siebzig Tage nach dem Landtagsbeschluss stattfinden muss, bestimmen (Art. 19 Abs. 2 und 3 LV). Zum anderen kann die Ministerpräsidentin bzw. der Ministerpräsident die Wahlperiode im Falle einer erfolglos gestellten Vertrauensfrage vorzeitig beenden, es sei denn eine andere Person wird zur Ministerpräsidentin bzw. zum Ministerpräsidenten gewählt (Art. 43 LV).[28] Die Frist zur – ins freie Ermessen gestellten –[29] Anordnung der Neuwahl beträgt zehn Tage nach Verkündung des Stimmergebnisses (Art. 43 Abs. 1 Satz 1 LV).[30]

Zu einer zumindest faktischen Verkürzung der 17. Wahlperiode führte ein Urteil des SHLVerfG aus dem Jahr 2010.[31] Da die Wahlprüfung durch das Gericht zwar keine Unregelmäßigkeit der Wahlhandlung selbst, sondern die Verfassungswidrigkeit des der Wahl zugrunde liegenden Wahlrechts (s. noch III.) ergab, ordnete das Gericht keine Wiederholung der Wahl mit entsprechend kurzer Frist (s. § 50 Abs. 1 LVerfGG i. V. m. § 46 Abs. 6 LWahlG: sechs Wochen),[32] vielmehr die Reform des Wahlrechts[33] innerhalb von neun Monaten sowie eine neue Landtagswahl innerhalb

---

26 LVerfG MV, Urt. v. 26.06.2008 – LVerfG 4/07, NVwZ 2008, 1343 ff.; siehe auch BVerfG, Urt. v. 23.10.1951 – BvG 1/51, BVerfGE 1, 14 (33).
27 Grenzen der Änderung der Periodendauer durch Verfassungsänderung bei *Hans-Joachim Waack* (Fn. 23), Art. 19 Rn. 16.
28 Nach Sinn und Zweck soll dies dem/r geschäftsführenden Ministerpräsidenten/in nicht zustehen, *Sönke Schulz*, in: Becker/Brüning/Ewer/Schliesky (Fn. 5), Art. 43 Rn. 9; *Martin Nolte*, in: Caspar u. a. (Fn. 1), Art. 36 Rn. 8, 10, auch skeptisch zur auflösungsgerichteten Vertrauensfrage; anders zu Recht wegen des Selbstauflösungsrechts des Landtags *Peter Hübner*, in: von Mutius/Wuttke/Hübner (Fn. 24), Art. 36 Rn. 2.
29 *Martin Nolte* (Fn. 28), Art. 36 Rn. 16.
30 Ebenfalls nicht später als 70 Tage nach Beendigung, Art. 43 Abs. 1 Satz 2 i. V. m. Art. 19 Abs. 3 LV, *Hans-Joachim Waack* (Fn. 23), Art. 19 Rn. 36.
31 SHLVerfG, Urt. v. 30.08.2010 – LVerfG 1/10, JZ 2011, 254 (261); unzulässige Verfassungsbeschwerde eines Abgeordneten gegen die Verkürzung: BVerfG, Beschl. v. 05.05.2011 – 2 BvR 2599/10, BVerfGK 18, 420 ff.
32 Die Regelfolge der Erklärung der Ungültigkeit der Wahl durch HbgVerfG, Urt. v. 04.05.1993 – 3/92, NVwZ 1993, 1083 (1090).
33 GVOBl. 2011, S. 96.

von 25 Monaten an.³⁴ Die Landesregierung bestimmte gemäß § 4 LWahlG den neuen Wahltermin.³⁵

Eine *Verlängerung* der laufenden Wahlperiode sieht die Landesverfassung nicht vor; selbst in katastrophalen Ausnahmesituationen ist – vom Verteidigungsfall abgesehen (s. Art. 115h Abs. 1 Satz 1 GG) – eine Landtagswahl durchzuführen. Lediglich absolut zwingende, möglichst kurzfristige Verschiebungen des Wahltermins im Interesse der Sicherheit der Bevölkerung mögen hinnehmbar sein.³⁶ Im Interesse institutioneller Stabilität der Institutionen sollte der alte Landtag trotz Überschreitung der Periodendauer bzw. der Zusammentrittsfrist des Art. 19 Abs. 4 LV nötigenfalls weiter tagen, um die Ausübung öffentlicher Gewalt zu legitimieren.³⁷

In konsequenter Anwendung des Diskontinuitätsprinzips kongruieren Wahlperiode und Mandats- wie Amtszeiten.³⁸ Das Abgeordnetenmandat erlischt mit der konstituierenden Sitzung des neuen Landtags oder vorzeitig aufgrund anderer Verlustgründe wie Verzicht und Verlust der Wählbarkeitsvoraussetzungen (§ 49 LWahlG).³⁹ Das Ende der Wahlperiode beschließt auch die Amtszeit der Ministerpräsidentin bzw. des Ministerpräsidenten und entsprechender Landesministerinnen und -minister (Art. 34 Abs. 1 LV)⁴⁰. Diese zur Verfassungsreform 1990 eingefügte Kongruenz bil-

---

34 Kritisch zur langen „Gnadenfrist" *Florian Becker/Frederik Heinz*, Verfassungswidrigkeit (Fn. 21), 1528; allgemein krit. *Hans H. Klein*, Neuwahl (Fn. 21), 576 f.; *Trutz Graf Kerssenbrock*, Erfolgswertgleichheit geht vor Persönlichkeitswahlrecht?, NordÖR 2011, 15 (18) („in freier Rechtsschöpfung"); *Utz Schliesky*, Verfassung (Fn. 2), 123; *Christoph Brüning*, in: Becker/Brüning/Ewer/Schliesky (Fn. 5), Art. 16 Rn. 14.
35 GVOBl. 2011, S. 170 (06.05.2012), von einer „mit Urteil ... erfolgten zeitlichen Beschränkung der 17. Wahlperiode des Landtages" ausgehend (Verbindlichkeit gemäß § 29 Abs. 1 LVerfGG). Krit. zur (analogen) Anwendung von § 4 LWahlG, und stattdessen, § 34 LVerfGG (Vollstreckungsanordnung) bevorzugend, *Hans H. Klein*, Neuwahl (Fn. 21), 578 f.; für Selbstauflösung des Landtags *Martin Morlok*, Wahlrecht auf dem Prüfstand der Verfassungsgerichtsbarkeit: Zwei Entscheidungen des LVerfG Schleswig-Holstein, JZ 2011, 234 (239 f.).
36 Vgl. auch BVerfG, Urt. v. 23.10.1951 – 2 BvG 1/51, BVerfGE 1, 14 (33).
37 Siehe entsprechend *Martin Morlok*, in: Dreier, Grundgesetz, 3. Aufl. 2015, Art. 39 Rn. 28.
38 Ausnahme ist der Landtagspräsident des vorgehenden Landtags, der den neuen Landtag einberuft, als Bindeglied zwischen zwei Landtagen, Art. 19 Abs. 4 Satz 2 LV.
39 Siehe auch § 42 Satz 2 LWahlG: Erwerb der Mitgliedschaft im Landtag durch gewählte Kandidaten nicht vor Ende der Wahlperiode des letzten Landtags.
40 *Martin Nolte*, in: Caspar u. a. (Fn. 1), Art. 27 Rn. 2 ff.; keine Diskontinuität bis zur Wahl der neuen Landesregierung in der früheren Landessatzung SH, siehe *Volkmar Gebel*, in: Barschel/Gebel (Fn. 25), Art. 21, S. 168.

det – neben dem Selbstauflösungsrecht – eine weitere, wenngleich weit weniger wesentliche Säule einer nachgeholten Parlamentarisierung der Landesverfassung, die die innerhalb der Gewaltenbalance dem Landtag zugebilligte Suprematie politischer Willensbildung entfaltet (s. Art. 16 Abs. 1 Satz 1 LV).[41]

Der Wahltermin, der Auswirkungen auf den spätesten Beginn der nächsten Wahlperiode hat (Art. 19 Abs. 4 Satz 1 LV), wird durch Beschluss der Landesregierung bestimmt (§ 4 LWahlG).[42] Im Fall der regulären Wahl muss der Wahltag zwischen achtundfünfzig und sechzig Wochen nach Beginn der konstituierenden Sitzung liegen (Art. 19 Abs. 1 Satz 3 LV) oder innerhalb von siebzig Tagen nach dem die vorzeitige Beendigung der Wahlperiode auslösenden Ereignis (Art. 19 Abs. 3 ggf. i. V. m. Art. 43 Abs. 1 Satz 2 LV).[43] Dabei muss der Wahltag stets auf einen Sonntag oder einen öffentlichen Ruhetag fallen (Art. 4 Abs. 2 LV).

4. Wahlrechtsgrundsätze

Für die Wahlen zum Landtag gelten die Wahlrechtsgrundsätze der Allgemeinheit, Unmittelbarkeit, Freiheit, Gleichheit sowie der geheimen Wahl (Art. 4 Abs. 1 LV). Sie entsprechen den Grundsätzen für die Bundestagswahlen gemäß Art. 38 Abs. 1 Satz 1 GG[44] sowie den Grundsätzen, die für Landtagswahlen gemäß Art. 28 Abs. 1 Satz 2 GG[45] zu beachten sind.[46] Aufgrund dieser Übereinstimmung greift das SHLVerfG für die Auslegung von Art. 4 Abs. 1 LV auf die Rechtsprechung des BVerfG zu den Grundsät-

---

41 Näher *Siegfried Mielke/Christian Bräuer*, Landesparlamentarismus in Schleswig-Holstein: Vom disziplinierten Parlamentarismus zur Parlamentsregierung?, in: Mielke/Reutter (Hrsg.), Landesparlamentarismus, 2. Aufl. 2012, S. 589 (592).
42 Gemäß § 23 GO LReg mit einfacher Mehrheit.
43 Zu den Folgen nicht fristgerechter Wahl *Hans-Joachim Waack* (Fn. 23), Art. 19 Rn. 37 ff.
44 Keine analoge Anwendung auf Landtagswahlen nach BVerfG, Beschl. v. 16.7.1998 – 2 BvR 1953/95, BVerfGE 99, 1 (7 f.).
45 Ein Verhältnis der Anlehnung, siehe SHLVerfG, Urt. v. 26.02.2010 – LVerfG 1/09, NordÖR 2010, 155 (157); BVerfG, Urt. v. 13.02.2008 – 2 BvK 1/07, BVerfGE 120, 82 (102); siehe auch BVerfG, Beschl. v. 15.02.1978 – 2 BvR 134, 268/76, BVerfGE 47, 253 (276); BVerwG, Urt. v. 30.07.2003 – 8 C 16.02, BVerwGE 118, 345 (348).
46 *Johannes Caspar* (Fn. 1), Art. 3 Rn. 7; siehe auch a. a. O., Rn. 11 ff., zum subjektiv-rechtlichen Charakter der Grundsätze. Zu den Wahlrechtsgrundsätzen des GG im Einzelnen § 3.

zen gemäß Art. 38 Abs. 1 Satz 1 GG zurück,[47] soweit sich nicht durch die Besonderheiten des schleswig-holsteinischen Wahlsystems die nach Art. 28 Abs. 1 Satz 2 GG zuerkannten Spielräume ergeben.[48] So ist die Vorgabe, dass im Fall ihres Entstehens Überhangmandate durch Ausgleichsmandate ausgeglichen werden müssen, vom SHLVerfG als Einschränkung des gesetzgeberischen Gestaltungsspielraums im Sinne der Erfolgswertgleichheit interpretiert worden.[49]

II. Wahlrecht und Wählbarkeit

1. Aktives Wahlrecht

Wahlrecht und Wählbarkeitsvoraussetzungen werden nicht in der Landesverfassung, sondern im Landeswahlgesetz bestimmt und konkretisiert.[50] Das *aktive* Wahlrecht haben Deutsche (Art. 116 Abs. 1 GG) ab Vollendung des 16. Lebensjahrs mit mindestens sechswöchigem Wohnsitz bzw. Aufenthalt in Schleswig-Holstein (§ 5 Abs. 1 Nrn. 1 und 2 LWahlG).[51] Damit weicht das schleswig-holsteinische Landesrecht vom Bundesstandard ab und intendiert eine Ausweitung der Wahlberechtigten bzw. der Wahlbeteiligung. Zum einen senkte der Landtag im Jahr 2013 das Wahlalter von 18 auf 16 Jahre, mit erstmaliger Wirkung für die Landtagswahl im Jahr 2017[52]. Mit dieser Maßnahme soll das Interesse an und die Identifikation

---

47 BVerfG, Urt. v. 13.02.2008 – 2 BvK 1/07, BVerfGE 120, 82 (102): „inhaltlich identisch".
48 SHLVerfG, Urt. v. 13.09.2013 – LVerfG 9/12, NordÖR 2013, 461 (464); Beschl. v. 29.10.2018 – LVerfG 7/17, NordÖR 2018, 525 (528); *Johannes Caspar* (Fn. 1), Art. 3 Rn. 25; siehe auch BVerfG, Beschl. v. 16.07.1998 – 2 BvR 1953/95, BVerfGE 99, 1 (11); Beschl. v. 14.02.2005 – 2 BvL 1/05, NVwZ 2005, 568 (569); Urt. v. 05.04.1952 – 2 BvH 1/5, BVerfGE 1, 208 (246).
49 SHLVerfG, Urt. v. 30.08.2010 – LVerfG 3/09, JZ 2011, 261 (262).
50 Fundiert jedoch in Art. 4 Abs. 1 LV (Wahlrechtsgrundsätze), *Johannes Caspar* (Fn. 1), Art. 3 Rn. 12.
51 Näher *Joachim Deter/Hans-Jürgen Thiel*, Landeswahlrecht in Schleswig-Holstein, PdK A 26 SH, September 2016, 6.2.
52 Die Wahlbeteiligung stieg von 60,2 % (2012) auf 64,2 % (2017), die Zahl der Wahlberechtigten von 2.239.615 (2012) auf 2.318.022 (2017), https://www.statistik-nord.de/fileadmin/Dokumente/Wahlen/Schleswig-Holstein/Landtagswahlen/2017/endg%C3%BCltig/e-LTW_2017_Landesergebnisse.pdf (abgerufen am 14.07.2020). Gesonderte Zahlen für die Altersgruppe unter 18 Jahren sind nicht bekannt, siehe *Wilhelm Knelangen*, Die schleswig-holsteinische Landtagswahl vom 7. Mai 2017: Niederlage der „Küstenkoalition" und erstmals „Jamaika" im Nor-

mit demokratischen Institutionen verbessert werden.[53] Das BVerwG sieht – jedenfalls für das Kommunalwahlrecht – in der Absenkung des Wahlberechtigungsalters insbesondere keinen Verstoß gegen das Homogenitätsgebot des Art. 28 Abs. 1 Satz 2 GG.[54] Im Rahmen legislativen Typisierungsspielraums dürfte die Absenkung ebenfalls nicht gegen die Allgemeinheit der Wahl verstoßen, obgleich das Wahlalter anders als auf Bundesebene (Art. 38 Abs. 2 GG) nicht verfassungsrechtlich abgestützt ist.[55] Zum anderen wurde die Mindestdauer der Sesshaftigkeit ungefähr halbiert – von drei Monaten (s. § 12 Abs. 1 Nr. 2 BWahlG) auf sechs Wochen –,[56] um neuen gesellschaftlichen Mobilitätsbedingungen Rechnung zu tragen und die Allgemeinheit der Wahl zu erhöhen.[57] Nicht wahlberechtigt sind inzwischen lediglich Personen, die durch Richterspruch vom Wahlrecht ausgeschlossen sind (§ 5 Abs. 1 Nr. 3, § 7 LWahlG, § 45 Abs. 5 StGB). Ein pauschaler Wahlrechtsausschluss für Personen, für die zur Besorgung in allen Angelegenheiten eine Betreuung bestellt ist,[58] ist bereits im Jahr 2016 unter Hinweis auf die Behindertenrechtskonvention zur Verbesserung der Teilhabe von Menschen mit Behinderungen abgeschafft worden.[59]

2. *Passives Wahlrecht*

Das *passive* Wahlrecht folgt dem aktiven, allerdings mit einigen einschränkenden Abweichungen (§ 8 LWahlG). So wurde das Wahlalter hier nicht abgesenkt und beträgt weiterhin 18 Jahre (§ 8 Abs. 1 Nr. 2 LWahlG). Die Spaltung von aktivem und passivem Wahlrecht entspricht der Regelung im Kommunalwahlrecht.[60] Die Mindestsesshaftigkeit ist im Vergleich zum

---

den, ZParl 2017, 575 (589), siehe a. a. O., 585, zur vergleichsweise niedrigen Wahlbeteiligung. Zu früheren Ausweitungen *Bettina Bonde/Immo von Homeyer*, Wahlrecht (Fn. 15), 346, 367.
53 LT-Drs. 18/101, 07.08.2012, S. 2.
54 BVerwG, Urt. v. 13.06.2018 – 10 C 8.17, BVerwGE 162, 244 (246 ff.) = NJW 2018, 3328 (3329) mit Hinweis auf hinreichende Verstandesreife von Über-16-Jährigen.
55 Siehe BVerfG, Beschl. v. 21.09.1976 – 2 BvR 350/75, BVerfGE 42, 312 (340 f.); BVerfG, Beschl. v. 09.10.2000 – 2 BvC 2/99, NVwZ 2002, 69 (70).
56 GVOBl. 2016, S. 362.
57 LT-Drs. 18/3537, S. 18 f. Kritik in der Stellungnahme des Lorenz-von-Stein-Instituts v. 29.01.2016, Umdruck 18/5562, S. 2 (zu kurze Integrationszeit).
58 GVOBl. 1991, S. 442 (444 f.).
59 GVOBl. 2016, S. 362; LT-Drs. 18/3537, S. 19; somit noch vor BVerfG, Beschl. v. 29.01.2019, 2 BvC 62/14, BVerfGE 151, 1 ff.
60 § 6 Abs. 1 Nr. 1 GKWG.

aktiven Wahlrecht ungefähr verdoppelt (§ 8 Abs. 1 Nr. 3 LWahlG: drei Monate)[61]. Darüber hinaus schließen zusätzliche Ausschlussgründe die Wählbarkeit aus (§ 8 Abs. 2 Nrn. 2 bis 4 LWahlG); dies betrifft vor allem die nicht nur einstweilige Unterbringung in einem psychiatrischen Krankenhaus[62]. Fallen die Wählbarkeitsvoraussetzungen nach der Wahl weg, entscheidet der Landtag über den Verlust des Abgeordnetensitzes (§ 49 LWahlG).

3. Auslands- und Ausländerwahlrecht

Das schleswig-holsteinische Landtagswahlrecht kennt weder ein Auslandswahlrecht[63] noch ein Ausländer/innen-Wahlrecht, auch nicht für ansässige Unionsbürgerinnen und -bürger (s. u., Abschnitt VII.).[64] Während ersterer Ausschluss angesichts der Landesgesetzgebungs- wie Vollzugskompetenzen weniger gravierend erscheint als auf Bundesebene (zumal ein Umzug im Bundesgebiet die Wahl in einem anderen Land ermöglicht),[65] hängt jedenfalls die einfachgesetzliche Erweiterung davon ab, inwiefern man die restriktive Auslegung des Wahlvolksbegriffs (Art. 20 Abs. 2 GG) durch das BVerfG aus dem Jahr 1990[66] – beispielsweise wegen des Fortschritts bei der europäischen Integration – für überholt hält.[67]

---

61 Auch diese Mindestdauer wurde im Jahr 2016 reduziert.
62 Verfassungsrechtlich unter Druck wegen BVerfG, Beschl. v. 29.01.2019 – 2 BvC 62/14, BVerfGE 151, 1 (48 ff.: Verfassungswidrigkeit des entsprechenden Ausschlusses des aktiven Wahlrechts); noch ungeklärt ist, ob die *passive* Seite der Wahlberechtigung und am ehesten die funktionsgerechte Mandatsausübung (Präsenz im Landtag) die pauschale Einschränkung der Allgemeinheit der Wahl rechtfertigen können.
63 Siehe Art. 1 Abs. 2 BayLWG, für Beamte und Arbeitnehmer im öffentlichen Dienst mit Hauptwohnsitz nahe der Landesgrenze aus beruflichen Gründen.
64 Zu Argumentationslinien und Spielräumen *Astrid Wallrabenstein*, Wahlrecht und Mobilität, JöR 66 (2018), 431 ff.
65 Siehe BVerfG, Beschl. v. 04.07.2012 – 2 BvC 1, 2/11, BVerfGE 132, 39 (50).
66 BVerfG, Urt. v. 31.10.1990 – 2 BvF 2/89 u. a., BVerfGE 83, 37 ff.; Urt. v. 31.10.1990 – 2 BvF 3/89, BVerfGE 83, 60 ff.
67 Siehe *Johannes Caspar* (Fn. 1), Art. 3 Rn. 21 f.; ohne Diskussion weiterhin restriktiv *Florian Becker/Christoph Brüning*, Öffentliches Recht in Schleswig-Holstein, 2014, Rn. 49.

III. Wahlsystem

Das Wahlsystem der Kombination von Persönlichkeits- und Verhältniswahlrecht gibt seit dem Übergang von der Landessatzung zur Landesverfassung im Jahr 1990[68] die Verfassung selbst vor (Art. 16 Abs. 2 Satz 1 LV).[69] Der von der Verfassung aufgetragenen gesetzgeberischen Konkretisierung zieht insbesondere die Verpflichtung, nicht begrenzbare Ausgleichsmandate im Fall von Überhangmandaten vorzusehen (Art. 16 Abs. 2 Satz 2 LV), Grenzen.[70]

1. Personalisierte Verhältniswahl

Das LWahlG setzt die Anforderungen mittels einer personalisierten Verhältniswahl (§ 1 LWahlG) um. Nach der Rechtsprechung des SHLVerfG wäre ein Grabenwahlsystem ohnehin durch Art. 16 Abs. 2 Satz 1 LV ausgeschlossen.[71] Mit der Erststimme werden in 35 Wahlkreisen (§ 16 Abs. 1 LWahlG) Abgeordnete durch Mehrheitswahl in den Landtag gewählt, mithin knapp mehr als die Hälfte der Sollgröße von 69 Abgeordneten (§ 1 Abs. 1 Satz 2, Abs. 2, § 2 LWahlG). Die Zahl der Wahlkreise bzw. der direkt gewählten Abgeordneten ist in jüngerer Zeit schrittweise – von der Höchstzahl 45 –[72] gesunken und hat sich der Hälfte der Sollgröße angenähert. Diese Reduktion soll die Wahrscheinlichkeit von Überhangmandaten verringern[73] und stärkt – sofern keine oder wenig Überhangmandate zustande kommen – das Gewicht der Verhältniswahl durch die Zweitstimme[74], mit der von Parteien aufgestellte Landeslisten gewählt werden (§ 1 Abs. 1 Satz 2 Abs. 2, § 3 Abs. 1 LWahlG). Die Dominanz der Verhältniswahl ergibt sich darüber hinaus aus der Mandatszuteilung, die sicher-

---

68 *Peter Hübner*, in: v. Mutius/Wuttke/Hübner (Fn. 24), Art. 10 Rn. 22.
69 Zu frühen Varianten des Mehrheitswahlrechts *Bettina Bonde/Immo von Homeyer*, Wahlrecht (Fn. 15), 344 f.
70 Siehe auch *Peter Hübner* (Fn. 68), Art. 10 Rn. 20 f. Weiter Gestaltungsspielraum nach BVerfG, Beschl. v. 14.02.2005 – 2 BvL 1/05, NVwZ 2005, 568 (570); enger SHLVerfG, Urt. v. 30.08.2010 – LVerfG 3/09, JZ 2011, 261 (262); krit. *Hans H. Klein*, Neuwahl (Fn. 21), 568.
71 SHLVerfG, Urt. v. 30.08.2010 – LVerfG 3/09, JZ 2011, 261 (263).
72 Siehe *Peter Hübner* (Fn. 68), Art. 10 Rn. 22; *Volkmar Gebel*, in: Barschel/Gebel (Fn. 25), Art. 3, C.IV., S. 100: 44; letzte Absenkung von 40 auf 35 im Rahmen der letzten großen Wahlrechtsreform, G. v. 29.03.2011, GVOBl. S. 96.
73 Siehe SHLVerfG, Urt. v. 30.08.2010 – LVerfG 3/09, JZ 2011, 261 (267 f.).
74 Erstmals Zweitstimmenwahl im Jahr 2000, G. v. 27.10.1997, GVOBl. S. 462.

stellt, dass die Stimmenverhältnisse (annähernd) widergespiegelt werden (siehe noch V.1.).[75]

2. Wahlkreisbildung

Die Einteilung der 35 Wahlkreise übernimmt der Wahlkreisausschuss (§ 17 Abs. 1 LWahlG).[76] Neben dem Vorsitz durch die Landeswahlleiterin bzw. den Landeswahlleiter gehören ihm elf Abgeordnete an, wobei alle Fraktionen einschließlich der Gruppe der dänischen Minderheit vertreten sind (§ 17 Abs. 2 LWahlG).[77] Bei der Wahlkreisbildung ist – unter Wahrung örtlicher Zusammenhänge – darauf zu achten, dass die Wahlkreise möglichst gleiche Bevölkerungszahlen aufweisen (§ 16 Abs. 2 LWahlG). Dem Gesetzgeber steht bei der Aufgabe, möglichst gleich große Wahlkreise einzuteilen, ein gewisser Gestaltungs- und Beurteilungsspielraum zu.[78] In Ausübung dieses Spielraums darf die Bevölkerungszahl eines Wahlkreises nicht mehr als zwanzig Prozent von der durchschnittlichen Bevölkerungszahl der Wahlkreise abweichen; dafür ist die Zahl der (deutschen) Wohnbevölkerung zugrunde zu legen (§ 16 Abs. 3 LWahlG).[79] Die höchste Abweichung für die Wahlkreise der letzten Landtagswahl (2017)

---

[75] Siehe SHLVerfG, Urt. v. 30.08.2010 – LVerfG 3/09, JZ 2011, 261 (264: „Dominanz"; 263: „Grundcharakter"); siehe auch *Sophie Schönberger*, Die personalisierte Verhältniswahl – eine Dekonstruktion, JöR 67 (2019), 1 (9); sowie *Christoph Brüning* (Fn. 34), Art. 16 Rn. 53, zum nicht ganz absoluten Verhältnisausgleich.
[76] 1991 geschaffen; zuvor durch ähnlich zusammengesetzten Landeswahlausschuss wahrgenommen, siehe LT-Drs. 12/1467, S. 22; kein Wahlorgan gemäß § 10 LWahlG; siehe auch § 53 Abs. 1 und 2 LWahlG.
[77] Die Berücksichtigung der Parteien ist tradiert seit dem Ausschuss zur Bestimmung von Wahlbezirksgrenzen, eingeführt durch Verordnung Nr. 26 v. 13.04.1946 der britischen Militärregierung, Military Government Gazette, No. 8, S. 173 (175), Art. IV lit. c; zur aktuellen (die Zusammensetzung des Landtags spiegelnden) Besetzung LT-Drs. 19/247 v. 29.09.2017.
[78] BVerfG, Beschl. v. 31.01.2012 – 2 BvC 3/11, BVerfGE 130, 212 (228, sowie 226, 231 zur Chancen- und Wahlgleichheit).
[79] Damit unterhalb der jedenfalls nicht mehr akzeptierten Grenze von 33 1/3 Prozent, BVerfG, Beschl. v. 10.04.1997 – 2 BvF 1/95, BVerfGE 95, 335 (364 f.); Anknüpfung an Wohnbevölkerung akzeptiert a. a. O., 353; Pflicht zur Beobachtung des ggf. zwischen den Wahlkreisen differierenden Minderjährigenanteils BVerfG, Beschl. v. 31.01.2012 – 2 BvC 3/11, BVerfGE 130, 212 (229 ff.). Wegen der Absenkung des Wahlalters in Schleswig-Holstein ist zu vermuten, dass geringe Abweichungen zwischen den Wahlkreisen zu erwarten sind.

betrug 15,79 %.[80] Die Absenkung der maximal tolerierten Abweichung von 25 %[81] auf 20 % hat – vergleicht man frühere größere Abweichungen – zu einer Erhöhung der Wahlchancengleichheit geführt.[82]

IV. Wahlvorbereitung

1. Aufstellungsverfahren

Der Wahlwettbewerb um Sitze im Landtag wird durch Wahlvorschläge vorbereitet, die in einem für alle teilnehmenden Parteien prinzipiell gleichen Verfahren aufgestellt werden. Je eine Wahlkreisbewerberin bzw. ein Wahlkreisbewerber können in Wahlkreis- bzw. Landesversammlungen oder in gemeinsamen Wahlkreisversammlungen gewählt werden (§ 24 Abs. 2 LWahlG).[83] Landeslistenbewerberinnen und -bewerber werden nur auf Landesversammlungen gewählt (§ 23 Abs. 3 LWahlG).[84] Die Aufstellungsversammlungen müssen für ihre Beschlussfähigkeit Mindestquoren erreichen (§ 23 Abs. 4 Satz 5 LWahlG)[85] sowie eine zeitliche Nähe zum Wahltag einhalten (§ 23 Abs. 6 LWahlG). Die Kandidaten müssen eine einfache Mehrheit der Stimmen auf sich vereinen und werden in schriftlicher, geheimer Abstimmung gewählt (§ 23 Abs. 4 LWahlG). Die Wahlvorschläge für Landeslisten können nur von Parteien, diejenigen für Wahlkreise sowohl von Parteien als auch von parteilosen Einzelbewerberinnen bzw. Einzelbewerbern benannt werden (§ 24 Abs. 1 und 8 LWahlG).[86] Die Einreichung der Kreiswahlvorschläge muss bis zum 55. Tag vor der Wahl erfolgen (§ 25 LWahlG); eine gewisse Unterstützung der Wahlvorschläge muss sich durch Unterschriften von Wahlberechtigen ausdrücken (100 je

---

80 Landeswahlleiter, Bevölkerungszahlen der Landtagswahlkreise 2015, https://www.schleswig-holstein.de/DE/Schwerpunkte/Wahlen/Presse/PDF/2015/wahlkreiseEinwohner.pdf?__blob=publicationFile&v=1 (abgerufen am 14.07.2020); siehe auch Landeswahlleiterin, Wahlkreiseinteilung für die Landtagswahl, 22.4.2015, GVOBl. S. 111.
81 1966 eingeführt, *Bettina Bonde/Immo von Homeyer*, Wahlrecht (Fn. 15), 347.
82 Zu höheren Abweichungen SHLVerfG, Urt. v. 30.08.2010 – LVerfG 1/10, juris Rn. 52 f. Keine Begründung der Änderungen in LT-Drs. 17/1081, S. 4.
83 Zur Bedeutung der Aufstellungsgremien für Machtbalance innerhalb der Parteien *Sophie Schönberger*, Verhältniswahl (Fn. 75), 15.
84 Siehe SächsVerfGH, Urt. v. 16.08.2019 – Vf. 76-IV-19 (HS), 81-IV-19 (HS), NVwZ 2019, 1829 (1835), zur Einheit einer Aufstellungsversammlung.
85 Siehe auch die Unterschriftenquoren in § 35 Nr. 1 LWahlG.
86 Für formelle Einzelheiten siehe §§ 21 ff. LWO.

Kreiswahlvorschlag, 1000 für eine Landesliste, § 26 Abs. 4 Satz 4 LWahlG).[87]

2. Anerkennung als Landespartei

Parteien, die bereits durch mindestens eine Abgeordnete oder einen Abgeordneten im Landtag oder im Bundestag vertreten sind, können ohne weitere Prüfung Wahlvorschläge einreichen; sonstige Vereinigungen müssen die Feststellung der Parteieigenschaft durch den Landeswahlausschuss beantragen (s. § 24 Abs. 2 LWahlG). Die Ablehnung der Anerkennung als Partei setzt eine Zweidrittelmehrheit im Landeswahlausschuss voraus (§ 24 Abs. 5 Satz 1 Nr. 2 LWahlG).

Der Parteibegriff entspricht dem des § 2 Abs. 1 Satz 1 PartG:[88] Nur die ernsthaft verfolgte Absicht, an der politischen Willensbildung in Schleswig-Holstein mitzuwirken, begründet die Parteieigenschaft. Das SHLVerfG folgt insoweit der bundesverfassungsgerichtlichen Rechtsprechung zu Art. 21 Abs. 1 GG.[89] Jedenfalls ein nicht über drei Mitglieder hinaus reichender Mitgliederbestand genügt selbst in der Gründungsphase – die Vereinigung war zum Entscheidungsdatum zweieinhalb Monate alt – und selbst unter Berücksichtigung moderner Kommunikationsmöglichkeiten nicht.[90] Eine junge Organisation muss die Tendenz zum Ausbau der Organisationsstruktur und eine aktive Öffentlichkeitsarbeit erkennen lassen.[91]

---

[87] Eine Unterschriftenerfordernis von 300 (bei 37.500 Wahlberechtigten im Wahlkreis) ist früh wegen Verstoßes gegen das Wahlgeheimnis als unzulässig beurteilt worden, OVG Nds./SH (in Lüneburg), Urt. v. 4.7.1950 – II OVG A 297/50, AöR 76 (1951), 361 (365 ff.); siehe auch *Johannes Caspar* (Fn. 1), Art. 3 Rn. 51.

[88] SHLVerfG, Beschl. v. 15.03.2017 – LVerfG 2/17, SchlHA 2017, 135 (137).

[89] SHLVerfG, Beschl. v. 15.03.2017 – LVerfG 2/17, SchlHA 2017, 135 (137 f.).

[90] SHLVerfG, Beschl. v. 15.03.2017 – LVerfG 2/17, SchlHA 2017, 135 (138), auch unter Verweis auf das Beschlussquorum (50) auf der Landesversammlung zur Wahl der Listenkandidaten, § 23 Abs. 4 Satz 4 Nr. 3 LWahlG.

[91] SHLVerfG, Beschl. v. 15.03.2017 – LVerfG 2/17, SchlHA 2017, 135 (138).

3. Nichtanerkennungsbeschwerde

Entgegen dem Grundsatz des nachgelagerten Rechtsschutzes im Wahlverfahren[92] kann die Ablehnung eines Wahlvorschlags durch den Landeswahlausschuss seit dem Jahr 2016 vor dem SHLVerfG angefochten werden (§ 24 Abs. 6 LWahlG).[93] Gemäß Art. 51 Abs. 2 Nr. 5 LV, § 51 Abs. 1 LVerfGG entscheidet das SHLVerfG über die Nichtanerkennung als Partei für die Landtagswahl. Wegen der Zeitknappheit – einstweilige Anordnungen sind nicht vorgesehen (§ 51 Abs. 2 LVerfGG) – beträgt die Beschwerde- und Begründungsfrist lediglich vier Tage, die bereits mit Bekanntgabe der Entscheidung in der Sitzung des Landesauswahlausschusses zu laufen beginnt (§ 51 Abs. 2 Satz 1 LVerfGG).[94] Die Gesetzesinitianten wollten hier einen Gleichlauf mit dem zuvor erweiterten Rechtsschutz auf Bundesebene (Art. 93 Abs. 1 Nr. 4c GG, §§ 13 Nr. 3a, § 96a BVerfGG, § 18 Abs. 4a BWahlG) erreichen.[95] Eine erste Nichtanerkennungsbeschwerde wurde innerhalb von zweieinhalb Wochen rechtzeitig vor der Landtagswahl 2017 entschieden.[96]

V. Wahlergebnis und Mandatszuteilung

1. Mandatszuteilung im Allgemeinen

Zur Erlangung eines der 35 Wahlkreismandate genügt die relative Mehrheit der abgegebenen Erststimmen (§ 2 LWahlG). Im Rahmen des Verhältnisausgleichs werden die Sitze des Landtags nach Zählung der gültigen Zweitstimmen und von den Landeslisten proportional vergeben (§ 3

---

92 Siehe dazu und zu ungeschriebenen Grenzen SächsVerfGH, Urt. v. 16.08.2019 – Vf. 76-IV-19 (HS), 81-IV-19 (HS), NVwZ 2019, 1829 (1829 ff.).
93 G. v. 14.06.2016, GVOBl. S. 361. Gemäß § 24 Abs. 7 LWahlG nicht möglich bei vorzeitiger Beendigung der Wahlperiode (s. I.2.; nicht gelten sollte der Ausschluss für außerordentliche, verfassungsgerichtlich angeordnete Neuwahlen mit langem Vorlauf).
94 SHLVerfG, Beschl. v. 15.03.2017 – LVerfG 2/17, juris Rn. 18 – daher, a. a. O. Rn. 21, unverzügliche Übersendung der Entscheidung und der Niederschrift der Sitzung notwendig (z.B. per E-Mail, Rn. 9); herabgesenkte Substantiierungsanforderungen offenlassend, a. a. O., Rn. 26; vgl. auch § 96a BVerfGG.
95 Durch G. v. 11.07.2012, BGBl. I S. 1478 – BT-Drs. 17/9392 v. 24.04.2012, S. 4; G. v. 12.07.2012, BGBl. I, S. 1501; BT-Drs. 17/9391 v. 24.04.2012, S. 6.
96 SHLVerfG, Beschl. v. 15.03.2017 – LVerfG 2/17 (Wahltag war der 07.05.2017).

Abs. 1, Abs. 3 LWahlG).[97] Die sich ergebenden Sitzkontingente werden nach Anrechnung der Direktmandate aus den Landeslisten besetzt (§ 3 Abs. 4 LWahlG). Übersteigen die Direktmandate den Sitzanteil einer Partei, sind die dadurch entstehenden Mehrsitze (Überhangmandate)[98] auszugleichen, „bis der letzte Mehrsitz durch den verhältnismäßigen Sitzanteil gedeckt ist" (§ 3 Abs. 5 Satz 2 LWahlG).[99] Eine frühere Begrenzung des Sitzausgleichs[100] war gemäß Urteil des SHLVerfG landesverfassungswidrig.[101] Der nun geltende Vollausgleich[102] ermöglicht es – vom Ausschluss der Landeslisten abgesehen, die die Fünfprozenthürde nicht überwinden –, der Wahlgleichheit im größeren Umfang Rechnung zu tragen.[103] Hinzunehmen ist dabei allerdings, einem Anwachsen der Mitgliederzahl des Landtags nicht Einhalt gebieten zu können.[104] Der Wortlaut von Art. 16 Abs. 2 Satz 2 LV schließt es zwar nicht aus, eine Begrenzung der Ausgleichsmandate vorzunehmen.[105] Allerdings interpretiert das SHLVerfG

---

97 Dies gilt für Parteien, die ein Grundmandat errungen, die Fünf-Prozent-Hürde erreicht haben oder der dänischen Minderheit angehören. Für den Verhältnisausgleich werden Wahlkreismandate nicht berücksichtigt, die unabhängig von einer Landesliste oder Partei errungen wurden, § 3 Abs. 2 LWahlG.
98 Überhangmandate entstanden erstmals mit der Landtagswahl 1992, SHLVerfG, Urt. v. 30.08.2010 – LVerfG 3/09, Rn. 72.
99 Eine Streichung der Direktmandate widerspräche dem Persönlichkeitsprinzip (Art. 16 Abs. 2 LV).
100 *Florian Becker/Frederik Heinz*, Offene Fragen im schleswig-holsteinischen Wahlrecht, NordÖR 2010, 131 (135): eingeführt im Jahr 1990; zuvor gab es keinen Ausgleich der Überhangmandate.
101 SHLVerfG, Urt. v. 30.08.2010 – LVerfG 3/09, JZ 2011, 261 (265); zuvor für Verfassungsmäßigkeit *Florian Becker/Frederik Heinz*, Fragen (Fn. 100). Nach den vormals geltenden Vorschriften konnte die Parlamentsmehrheit mit der Wahl im Jahr 2009 weniger Stimmen auf sich vereinen als die Opposition, *Eric Linhart/ Harald Schoen*, Überhang- und Ausgleichsmandate in Schleswig-Holstein: Unklares Wahlrecht und Reformvorschläge, ZParl 2010, 290 (299).
102 G. v. 29.03.2011, GVOBl. S. 96. Siehe SHLVerfG, Urt. v. 30.8.2010 – LVerfG 3/09, JZ 2011, 261 (262): Ausgleich „verfassungsfest" und dient der Wahlgleichheit.
103 *Florian Becker/Frederik Heinz*, Fragen (Fn. 100), 137. Nach LT-Drs. 17/1081, S. 4, war eine Senkung der Wahrscheinlichkeit von Mehrsitzen intendiert.
104 Die Zahl 69 in § 1 Abs. 1 LWahlG ist keine Höchst- oder relativ starre Regelgröße (so für den früheren Verfassungstext SHLVerfG, Urt. v. 30.08.2010 – LVerfG 3/09, JZ 2011, 261 (262); siehe auch *Hans H. Klein*, Neuwahl (Fn. 21), 564: „*Richt*größe", Hervorh. nicht im Original), sondern eine flexible Soll- oder gar Mindestgröße.
105 Siehe *Trutz Graf Kerssenbrock*, Erfolgswertgleichheit (Fn. 34), 15 und passim; siehe auch SHLVerfG, Urt. v. 30.08.2010 – LVerfG 1/10, juris Rn. 121: Hinweis auf Schweigen des Verfassungsgebers.

diese Vorschrift zusammen mit dem Grundsatz der Wahlgleichheit aus Art. 4 Abs. 1 LV und macht so einen Vollausgleich der Überhangmandate zur Regel.[106] Ausnahmen hiervon scheinen lediglich aufgrund rechnerischer Notwendigkeiten denkbar.[107]

Am Verhältnisausgleich nehmen gemäß § 3 Abs. 1 LWahlG – mit Ausnahme von Parteien der dänischen Minderheit – nur Parteien teil, die mehr als fünf Prozent der gültigen Zweitstimmen auf sich vereinigen konnten (Sperrklausel) oder mindestens ein Direktmandat erlangt haben (Grundmandatsklausel)[108]. Die Sitze werden seit der Wahl im Jahr 2012 nach dem Divisorverfahren mit Standardrundung als Höchstzahlverfahren (Sainte-Laguë/Schepers) berechnet (§ 3 Abs. 3 LWahlG).[109] Schleswig-Holstein folgte damit dem Trend, das D'Hondt-Verfahren abzulösen,[110] das größere Parteien leicht bevorzugt[111].

2. *Sperrklausel*

Die Sperrklausel schließt Parteien bzw. deren Landeslisten vom Verhältnisausgleich aus, die die Fünf-Prozent-Hürde nicht erreichen. Diese Einschränkung der Erfolgswertgleichheit sowie der Chancengleichheit der Parteien ist nach Rechtsprechung des SHLVerfG sowie des BVerfG verfas-

---

106 SHLVerfG, Urt. v. 30.08.2011 – LVerfG 3/09, JZ 2011, 261 (264 f.).
107 SHLVerfG, Urt. v. 30.08.2010 – LVerfG 3/09, JZ 2011, 261 (266 f.).
108 Bundesrechtlich verfassungskonform gemäß BVerfG, Urt. v. 23.01.1957 – 2 BvE 2/56, BVerfGE 6, 84 (95); BVerfG, Urt. v. 10.04.1997 – 2 BvC 3/96, BVerfGE 95, 408 (420 ff.); offenlassend SHLVerfG, Beschl. v. 29.10.2018 – LVerfG 7/17, NordÖR 2018, 525 (527 – keine Mandatsrelevanz); kritisch *Johannes Caspar* (Fn. 1), Art. 3 Rn. 47.
109 *Joachim Deter/Hans-Jürgen Thiel*, Landeswahlrecht (Fn. 51), 3.3; zu rechtlichen Grenzen der Änderung des Sitzzuteilungsverfahrens *Mathias Schubert*, in: Becker/Brüning/Ewer/Schliesky (Fn. 5), Art. 4 Rn. 47; zu früheren Stimmberechnungen *Siegried Mielke/Christian Bräuer*, Landesparlamentarismus (Fn. 41), 597. Aufgrund der Änderung konnte die Koalitionsregierung nach der Landtagswahl 2012 eine knappe Mehrheit sichern, siehe *Patrick Horst*, Die schleswig-holsteinische Landtagswahl vom 6. Mai 2012: SPD, Grüne und SSW bilden erste Dänen-Ampel, ZParl 2012, 524 (538).
110 G. v. 29.03.2011, GVOBl. S. 96.
111 Siehe nur Stellungnahme *Joachim Behnke*, 20.01.2011, Umdruck 17/1776, S. 6; *Friedrich Pukelsheim*, Erfolgswertgleichheit der Wählerstimmen zwischen Anspruch und Wirklichkeit, DÖV 2004, 405 (409).

sungsgemäß.[112] Sie ist zur Sicherung der Funktionsfähigkeit des Landtags sowie – etwas zweifelhafter – zur Förderung der Integrationsfunktion der Wahl gerechtfertigt.[113] Das SHLVerfG deutet allenfalls an, dass die Sperrklausel verfassungswidrig werden kann, wenn der durch die Sperrklausel verursachte Ausfall von Stimmen so umfangreich ist, dass die Integrationsfunktion nicht mehr erreicht würde.[114] Ein solcher Fall dürfte zumindest dann eintreten, wenn die Stimmen der ausgeschlossenen Listen die der berücksichtigten übersteigt. Hier setzt die Beobachtungspflicht des Gesetzgebers an.[115]

3. Befreiung von der Sperrklausel für die dänische Minderheit

Gemäß § 3 Abs. 1 Satz 2 LWahlG sind Parteien der dänischen Minderheit vom Erfordernis der Sperrklausel befreit.[116] Diese Privilegierung setzt sich fort in Fraktionsrechten für die Abgeordnetengruppe der dänischen Minderheit, selbst wenn die Fünf-Prozent-Hürde nicht erreicht ist (§ 1 Abs. 2 FraktionsG, § 22 Abs. 4 GO-LT).[117]

Eine Partei ist eine Partei der dänischen Minderheit, wenn sie aus ihr hervorgegangen ist und immer noch personell von ihr getragen und programmatisch durch sie geprägt wird.[118] Der Südschleswigsche Wählerver-

---

112 SHLVerfG, Urt. v. 13.09.2013 – LVerfG 9/12, NordÖR 2013, 461 (465 f.); Beschl. v. 29.10.2018 – LVerfG 7/17, NordÖR 2018, 525 (528 f.); siehe auch BVerfG, Urt. v. 11.08.1954 – 2 BvK 2/54, BVerfGE 4, 31 (40).
113 Unter Verweis auf bundesdeutsche Verfassungstradition SHLVerfG, Urt. v. 13.09.2013 – LVerfG 9/12, NordÖR 2013, 461 (465).
114 SHLVerfG, Beschl. v. 29.10.2018 – LVerfG 7/17, NordÖR 2018, 525 (529).
115 SHLVerfG, Beschl. v. 29.10.2018 – LVerfG 7/17, NordÖR 2018, 525 (529).
116 Seit 1955, *Bettina Bonde/Immo von Homeyer*, Wahlrecht (Fn. 15), 346; im Jahr zuvor war der SSW an der Sperrklausel gescheitert. Verfassungsrechtliche Verankerung anlässlich der Verfassungsreform 1990 diskutiert, aber verworfen, *Sonja Riedinger*, in: Caspar u. a. (Fn. 1), Art. 5 Rn. 4; SHLVerfG, Urt. v. 13.09.2013 – LVerfG 9/12, NordÖR 2013, 461 (468). Vgl. auch § 6 Abs. 3 Satz 2 BWahlG.
117 Siehe näher *Sonja Riedinger* (Fn. 116), Art. 5 Rn. 28; a. a. O., Rn. 25 zur Vollgültigkeit der Mandate.
118 SHLVerfG, Urt. v. 13.09.2013 – LVerfG 9/12, NordÖR 2013, 461 (462); *Bodo Pieroth/Tobias Aubel*, Der Begriff der Partei der dänischen Minderheit im Schleswig-Holsteinischen Landeswahlrecht, NordÖR 2001, 141 (143 f.), zusätzlich Beschränkung der politischen Tätigkeit auf das Siedlungsgebiet; dagegen *Erich Roeper*, Up ewig ungedelt?, NordÖR 2003, 391 (396 f.); *Birthe Köster*, Der Minderheitenschutz nach der schleswig-holsteinischen Landesverfassung, 2009, S. 142 f.

band (SSW) ist – trotz Öffnung in Programm und Mitgliederbestand sowie Ausweitung der Wählbarkeit von Schleswig auf das ganze Land[119] – als Vertretung der dänischen Minderheit anerkannt.[120] Er profitiert regelmäßig von der Sperrklauselbefreiung.[121] Sofern sich weitere Parteien der dänischen Minderheit gründen, ist die Sonderregelung auch auf sie anwendbar.[122] Für alle Parteien der dänischen Minderheit gilt jedoch die rechnerische Anforderung, so viele Zweitstimmen auf sich zu vereinen, wie für einen Sitz im Landtag erforderlich sind (2017: ca. 19.000).

Die Privilegierung muss sich als Einschränkung der Wahlrechtsgleichheit (Art. 28 Abs. 1 Satz 2 GG, Art. 4 Abs. 1 LV) und Chancengleichheit der Parteien (Art. 21 Abs. 1 GG) rechtfertigen lassen; die Abmilderung der Sperrklauselwirkung befreit nicht von der Rechtfertigungslast.[123] Gelegentlich wird die Befreiungsklausel als verfassungswidrig angesehen, wobei vor allem darauf abgestellt wurde, dass die dänische Minderheit nach Einführung der Zweitstimme dadurch privilegiert wird, dass nun Stimmen (notwendig) auch außerhalb des angestammten Siedlungsgebiets für den Verhältnisausgleich gezählt werden.[124] Das Sondervotum zweier Richter und einer Richterin des SHLVerfG hält mildere Mittel zur Repräsentation der dänischen Minderheit für geboten, wie bspw. die Beschränkung auf einen Parlamentssitz oder eine regionalisierte Sperrklausel, und geht angesichts des geringen Bevölkerungsanteils der dänischen Minderheit von einer Überkompensation des Minderheitenstatus aus.[125]

---

119 Mit Einführung der Zweitstimme zuerst in der Wahl im Jahr 2000.
120 SHLVerfG, Urt. v. 13.09.2013 – LVerfG 9/12, juris Rn. 47 ff.; OVG SH, Vorlagebeschl. v. 25.09.2002 – 2 K 2/01, NVwZ-RR 2003, 161 (161 ff.); OVG SH, Urt. v. 30.09.1997 – 2 K 9/97, NordÖR 1998, 70 (74); *Bodo Pieroth/Tobias Aubel*, Begriff (Fn. 118), 145 ff.; kritisch *Trutz Graf Kerssenbrock*, Das Urteil des Landesverfassungsgerichts SH vom 13.9.2013 – Schleswig Holstein auf Dauer in den Händen der Dänen-Ampel?, NordÖR 2015, 8 (9).
121 *Siegfried Mielke/Christian Bräuer* (Fn. 41), 593, von den ersten Landtagswahlen abgesehen.
122 *Uwe Barschel*, in: Barschel/Gebel (Fn. 25), Vorbemerkung, B.IV., S. 88.
123 BVerfG, Urt. v. 10.04.1997 – 2 BvC 3/96, BVerfGE 95, 408 (419 f.).
124 OVG SH, Vorlagebeschl. v. 25.9.2002 – 2 K 2/01, NVwZ-RR 2003, 161 (163 ff., insbesondere 165); unzulässig nach BVerfG, Beschl. v. 17.11.2004 – 2 BvL 18/02, NVWZ 2005, 205 ff.: zuvor verzichtete der SSW freiwillig darauf, sich im Landesteil Holstein zur Wahl zu stellen; siehe ähnlich auch die erneute (und erneut unzulässige, siehe Fn. 129) Vorlage OVG SH, Vorlagebeschl. v. 05.01.2005 – 127/2 E – 43 (Pressemitteilung abrufbar unter www.wahlrecht.de/doku/presse/20050105.htm). Krit. auch *Trutz Graf Kerssenbrock*, Urteil (Fn. 120), 11 f.
125 Sondervotum Brock, Brüning, Hillmann, Urt. v. 13.12.2013 – LVerfG 9/12, juris Rn. 1 ff.

Überwiegend wird die Befreiung indes als verfassungskonform beurteilt.[126] Gemäß dieser herrschenden Meinung können vor allem die Minderheitenschutzvorschrift in der Landesverfassung in Art. 6 Abs. 2 LV[127] und die Sicherung des Charakters der Wahl als Integrationsvorgang bei der politischen Willensbildung des Volkes aus der Rechtsprechung des BVerfG zur Rechtfertigung der Gleichheitseinschränkungen herangezogen werden, verstärkt durch eine einseitige völkerrechtliche Selbstverpflichtung Deutschlands gegenüber Dänemark, an die indirekt auch das Land Schleswig-Holstein gebunden ist.[128] Eine Verpflichtung zur Beschränkung der Teilnahme der Partei(en) der dänischen Minderheiten am Verhältnisausgleich im eigenen Siedlungs- und politischen Aktionsgebiet besteht nicht.[129] Die Einstufung kann sich ändern, wenn sich eine Partei der dänischen Minderheit durch programmatische Ausrichtung, Entwicklung der Parteiorganisation und Wahlaufstellung überregional und mehrheitsgesellschaftlich orientieren würde und damit keiner Privilegierung mehr bedürfte.[130]

---

126 Bereits OVG Nds./SH (in Lüneburg), Urt. v. 19.06.1950 – II OVG A 243/50, AöR 76 (1951), 344 (357) für die Befreiung von der Verpflichtung, in allen Wahlkreisen Kandidaten aufzustellen, andere tatsächliche Voraussetzungen anerkennend; nicht ausdrücklich BVerfG, Urt. v. 05.04.1952 – 2 BvH 1/52, BVerfGE 1, 208 (257); SHLVerfG, Urt. v. 13.9.2013 – LVerfG 9/12, NordÖR 2013, 461 (466 ff., siehe auch 466, einen Verstoß gegen Art. 3 Abs. 3 Satz 1 GG verneinend: Bekenntnis zu einer Minderheit knüpft nicht an Abstammung an) – allerdings eine 4:3-Entscheidung; *Johannes Caspar* (Fn. 1), Art. 3 Rn. 49; für die entsprechende Bundesvorschrift, heute § 6 Abs. 3 Satz 2 BWahlG, BVerfG, Beschl. v. 13.06.1956 – 1 BvR 315/53 u. a., BVerfGE 5, 77 (83); Urt. v. 23.01.1957 – 2 BvE 2/56, BVerfGE 6, 84 (97 f.).
127 SHLVerfG, Urt. v. 13.09.2013 – LVerfG 9/12, NordÖR 2013, 461 (467 f.).
128 SHLVerfG, Urt. v. 13.09.2013 – LVerfG 9/12, NordÖR 2013, 461 (468 f.); siehe Bonn-Kopenhagener Erklärungen v. 29.03.1955, Bundesanzeiger Nr. 63 v. 31.03.1955, S. 4; konkreter die angefügte Protokollerklärungen der Verhandlungsführer v. 28.03.1955, 30.3.1955, LT-Drs. 3/165, I.3. lit. a: Deutsch-Dänisches Papier v. 28.3.1955, I. 3. lit. a; siehe auch SHLVerfG, Urt. v. 03.09.2013 – LVerfG 9/12, juris Rn. 70. Eine Pflicht zur wahlrechtlichen Privilegierung für Minderheiten folgt aus völkerrechtlichen Verpflichtungen nicht, BVerfG, Urt. v. 05.04.1952 – 2 BvH 1/52, BVerfGE 1, 208 (240); wohl auch nicht aus Verfassungsrecht: BVerfG, Urt. v. 11.8.1954 – 2 BvK 2/54, BVerfGE 4, 31 (41 ff.); ebenso *Florian Becker*, Landesgrundrechte (Fn. 3), § 259 Rn. 45.
129 BVerfG, Beschl. v. 14.02.2005 – 2 BvL 1/05, NVwZ 2005, 568 (570); siehe auch SHLVerfG, Urt. v. 13.09.2013 – LVerfG 9/12, NordÖR 2013, 461 (469 f.).
130 SHLVerfG, Urt. v. 13.09.2013 – LVerfG 9/12, NordÖR 2013, 461 (470); *Christoph Brüning* (Fn. 34), Art. 16 Rn. 57.

Angesichts des Förderauftrags für andere Minderheiten in Art. 6 Abs. 2 LV (Sinti und Roma, Friesen) ist die Beschränkung der Privilegierung auf die dänische Minderheit gleichheitsrechtlich problematisch.[131] Allerdings vertritt der SSW nach seinem Selbstverständnis auch friesische Interessen; zudem haben sich bislang keine weiteren Minderheitenparteien in Schleswig-Holstein gegründet.[132]

VI. Wahlprüfung

1. Wahlbezogener Rechtsschutz

Wahlbezogener Rechtsschutz ist grundsätzlich nachgelagert und konzentriert sich auf die Wahlprüfung (Art. 4 Abs. 3, Art. 51 Abs. 2 Nr. 6 LV, § 44 Abs. 1 Satz 1, § 57 LWahlG).[133] Neben wahlbezogenen Maßnahmen und der Gültigkeit der Wahl selbst kann auch die Wählbarkeit einzelner Abgeordneter Bestandteil der Wahlprüfung sein (§ 45 LWahlG); betroffene Abgeordnete können sich gegen die Feststellung der Ungültigkeit ihrer Wahl vor dem SHLVerfG zur Wehr setzen (§ 49 Abs. 1 Nr. 1 LVerfGG).

Indirekter Rechtsschutz ist unabhängig vom konkreten Wahlvorgang über die Nachprüfung des Landeswahlrechts im Verfahren der abstrakten Normenkontrolle möglich.[134] Eine Konkurrenz zur Wahlprüfung ist nach der Rechtsprechung des SHLVerfG lediglich im einstweiligen Rechtsschutz gegeben – eine vorläufige Außerkraftsetzung wahlbezogener Rechtsvorschriften im Hinblick auf eine konkrete Wahl würde dem nach-

---

131 Siehe auch *Trutz Graf Kerssenbrock*, Urteil (Fn. 120), 11; *Carsten Bäcker*, in: Becker/Brüning/Ewer/Schliesky (Fn. 5), Art. 6 Rn. 25; unter Bezug auf völkerrechtliche Verpflichtungen Deutschlands *Andreas Zimmermann*, Anmerkung, JZ 2003, 253 (254).
132 Daher auch kein Gleichheitsverstoß für *Sonja Riedinger* (Fn. 116), Art. 5 Rn. 26; siehe auch die ursprünglich offene Regelung in § 3 Abs. 1 LWahlG, G. v. 27.02.1950, GVOBl. S. 77, allerdings nur von der Pflicht der Zulassung von Wahlvorschlägen in allen Wahlkreisen befreiend.
133 Gegen lediglich mittelbar wahlbezogene Maßnahmen (z. B. in Bezug auf Sondernutzungserlaubnisse für Wahlwerbung) ist der Verwaltungsrechtsweg eröffnet, *Joachim Deter/Hans-Jürgen Thiel*, Landeswahlrecht (Fn. 51), 18.1.
134 Siehe z. B. SHLVerfG, Urt. v. 30.08.2010 – LVerfG 3/09, JZ 2011, 261 ff. (hier: Antragstellerinnen zwei Fraktionen).

gelagerten Rechtsschutz widersprechen.[135] Eine individuelle Landesverfassungsbeschwerde existiert nicht.

2. Wahlprüfung

Die Wahlprüfung ist durch das Homogenitätsgebot aufgegeben[136] und als zweistufiges Verfahren garantiert (Art. 4 Abs. 3 LV): für die Prüfung der Wahl durch den Landtag muss eine Rechtsmittelinstanz eingerichtet werden. Ein zusätzliches Rechtsmittel zum BVerfG hingegen ist (durch Art. 19 Abs. 4 GG) nicht geboten.[137]

Die Wahlprüfung durch den Landtag erfolgt von Amts wegen oder auf Einspruch (§ 43 Abs. 1 LWahlG);[138] die Vorprüfung übernimmt ein Wahlprüfungsausschuss (§ 43 Abs. 1 Satz 2 LWahlG)[139]. Für diese Aufgabe ist der Innen- und Rechtsausschuss berufen (§ 9 Abs. 1 Nr. 1 LTGO).[140] Der Einspruch ist binnen zwei Wochen nach Bekanntgabe des Wahlergebnisses zu erheben (§ 44 Abs. 1 LWahlG). Ergibt die Wahlprüfung keine Unregelmäßigkeiten bei der Wahlvorbereitung, der Wahlhandlung und bei der Feststellung des Wahlergebnisses, ist das Wahlergebnis zu bestätigen (§ 48 LWahlG). In der Wahlprüfung festgestellte Fehler hingegen haben die Ungültigerklärung der Wahl nicht wählbarer Abgeordneter (§ 45 LWahlG), die Anordnung der Wiederholungswahl, gegebenenfalls in einzelnen Wahlbezirken (§ 46 LWahlG) oder die Neufeststellung des Wahlergebnisses (§ 47 LWahlG)[141] zur Folge.

---

135 SHLVerfG, Beschl. v. 15.10.2009 – LVerfG 4/09, juris Rn. 18; Urt. v. 30.08.2010 – LVerfG 3/09, juris Rn. 26.
136 BVerfG, Beschl. v. 16.07.1998 – 2 BvR 1953/95, BVerfGE 99, 1 (18).
137 BVerfG, Beschl. v. 18.10.2010 – 2 BvR 2174/10, NVwZ-RR 2010, 945 ff.
138 Ohne eigene Normenverwerfungskompetenz: SHLVerfG, Urt. v. 30.08.2010 – LVerfG 1/10, JZ 2011, 254 (257); siehe auch *Mathias Schubert* (Fn. 109), Art. 4 Rn. 58.
139 Wiederum vorbereitet durch die Landeswahlleiterin bzw. den Landeswahlleiter, § 65 LWO; SHLVerfG, Urt. v. 30.08.2010 – LVerfG 1/10, JZ 2011, 254 (256): „Vorprüfung der Vorprüfung"; a. a. O., Plädoyer für klarere Abgrenzung beider Vorprüfungsstufen.
140 Siehe z. B. Entscheidung über die Gültigkeit der Landtagswahl vom 07.05.2017 v. 05.10.2017, LT-Drs. 19/250.
141 Z. B. OVG SH, Urt. v. 24.06.1993 – 2 K 4/93, NVwZ 1994, 179 (181): Neuauszählung der Stimmen in einzelnen Wahlbezirken bei Auftreten von Fehlern der Ergebnisfeststellung zur Klärung der Mandatsrelevanz.

Gegen die Entscheidung des Landtags ist die Beschwerde beim SHLVerfG statthaft (Art. 51 Abs. 2 Nr. 6 LV, § 3 Nr. 5 LVerfGG).[142] Antragsberechtigt sind die durch die Entscheidung beschwerten Wahlberechtigten, zudem dem Landtag angehörige Fraktionen, Gruppen sowie mindestens sieben Abgeordnete und die Landeswahlleiterin bzw. der Landeswahlleiter (§ 49 Abs. 1 Nrn. 2 bis 6 LVerfGG). Die kurze Beschwerdefrist von zwei Wochen löst für Wahlberechtigte die Zustellung des Landtagsbeschlusses aus, für die sonstigen Antragsberechtigten der Beschluss selbst (§ 49 Abs. 2 LVerfGG, § 43 Abs. 2 LWahlG).

Gegenstand der landesverfassungsgerichtlichen Wahlprüfungsbeschwerde ist die Rechtmäßigkeit des die Wahlprüfung abschließenden Beschlusses des Landtags sowie die von ihm angenommene Gültigkeit der Wahl (Art. 4 Abs. 3 Satz 2 und Art. 51 Abs. 2 Nr. 6 LV, § 50 Abs. 1 LVerfGG, § 43 Abs. 2 LWahlG).[143] Grundsätzlich begründet nur die Sachentscheidung des Landtags einen entscheidungserheblichen Wahlfehler; allerdings können ihr wesentliche formelle Fehler die Grundlage entziehen.[144] Hinsichtlich der Gültigkeit der Wahl prüft das SHLVerfG neben der wahlbezogenen Anwendung der Wahlrechtsvorschriften[145] die Vereinbarkeit des Landeswahlrechts mit der Landesverfassung als Grundlage dieser Anwendung.[146] Die Verletzung objektiven Wahlrechts genügt; eine subjektive Wahlrechtsverletzung ist nicht erforderlich. Denn Zweck der Wahlprüfung ist es, die gesetzmäßige Zusammensetzung des Parlaments zu gewährleisten.[147] Erfolg hat eine Wahlprüfungsbeschwerde bei Man-

---

142 Einstweilige Anordnungen (§ 30 LVerfGG) sind erst nach Abschluss der parlamentarischen Wahlprüfung denkbar, SHLVerfG, Beschl. v. 23.10.2009 – LVerfG 5/09.
143 SHLVerfG, Beschl. v. 29.10.2018 – LVerfG 7/17, NordÖR 2018, 525 (527); Urt. v. 13.9.2013 – LVErfG 9/12, NordÖR 2013, 461 (462). OVG SH, Urt. v. 30.09.1997 – 2 K 9/97, NordÖR 1998, 70 (71), beschränkt den Beschwerdegegenstand auf die substantiierten Einspruchsgründe.
144 SHLVerfG, Beschl. v. 29.10.2018 – LVerfG 7/17, NordÖR 2018, 525 (527); siehe auch *Mathias Schubert* (Fn. 109), Art. 4 Rn. 65.
145 OVG SH, Urt. v. 30. 09.1997 – 2 K 9/97, NordÖR 1998, 70 (71); SHLVerfG, Urt. v. 30.08.2010 – LVerfG 1/10, JZ 2011, 254 (257), z. B. bei der Wahlkreiseinteilung.
146 SHLVerfG, Urt. v. 30.08.2010 – LVerfG 1/10, JZ 2011, 254 (260); Urt. v. 19.03.2013 – LVerfG 9/12, NordÖR 2013, 461 (462).
147 SHLVerfG, Urt. v. 30.08.2010 – LVerfG 1/10, JZ 2011, 254 (255 f.). Vgl. § 48 Abs. 3 BVerfGG.

datsrelevanz: es muss die reale Möglichkeit bestehen, dass Wahlfehler Einfluss auf die Sitzverteilung gehabt haben oder haben können.[148]

VII. Wahlrechtsreform

Das schleswig-holsteinische Wahlrecht kann auf einige größere und viele kleinere Änderungen zurückblicken.[149] Allerdings ist von den in jüngerer Zeit näher diskutierten Reformoptionen im Wahlrecht[150] lediglich die Absenkung des Wahlalters in Schleswig-Holstein – ohne größere Diskussion – umgesetzt worden (§ 5 Abs. 1 Nr. 1 LWahlG: 16 Jahre). Andere Initiativen konnten sich nicht durchsetzen oder wurden nicht weiterverfolgt: Dazu zählen die vom Landtag beschlossene Aufforderung an die Landesregierung, eine Bundesratsinitiative zur Einführung des Landtagswahlrechts für Unionsbürgerinnen und -bürger zu ergreifen,[151] der Antrag auf Abschaffung der Fünf-Prozent-Sperrklausel,[152] der Vorschlag zur Einführung der Ersatzstimme[153] sowie derjenige zur Einführung des Kumulierens und Panaschierens der Zweitstimme[154].

---

148 OVG SH, Urt. v. 24.06.1993 – 2 K 4/93, NVwZ 1994, 179 (180); Urt. v. 30.09.1997 – 2 K 9/97, NordÖR 1998, 70 (71 f.); SHLVerfG, Urt. v. 13.09.2013 – LVerfG 7/12, BeckRS 2013, 55852, Rn. 177; Beschl. v. 20.6.2013 – LVerfG 6/12, SchlHA 2013, 375 (375 f. – Gestaltung eines Stimmzettels).
149 Nach vierzig Jahren bilanzierend *Bettina Bonde/Immo von Homeyer*, Wahlrecht (Fn. 15), 344.
150 Eingehend die Beiträge in *Tobias Mörschel* (Hrsg.), Wahlen und Demokratie, 2016.
151 Beschl. v. 26.04.2013, PlPr. 18/26, S. 2083, auf Grundlage des Antrags in LT-Drs. 18/737(neu) v. 24.04.2013. Verfassungswidrig nach *Johannes Caspar* (Fn. 1), Art. 3 Rn. 21; sowie StGH Bremen, Urt. v. 31.01.2014 – 14 St 1/13, NVwZ-RR 2014, 497 (abw. M. Sacksofsky: 502 ff.).
152 Piraten, LT-Drs. 18/385 v. 30.11.2012; abgelehnt, siehe LT-Drs. 18/4439(Neu) v. 20.07.2016.
153 Als Alternative zur Abschaffung bzw. Absenkung der Sperrklausel, Piraten, 04.11.2013, Umdruck 18/1916; Vorlage für Innen- und Rechtsausschuss, 15.12.2015, Umdruck 18/5342; unentschieden hinsichtlich der Verfassungsmäßigkeit Wissenschaftlicher Dienst des Landtags, 17.09.2015, Umdruck 18/5538. Eventualstimme verfassungsrechtlich nicht als Kompensation von Sperrklauseln zwingend: SHLVerfG, Urt. v. 13.09.2013 – LVerfG 9/12, NordÖR 2013, 461 (465 f.); siehe auch *Stefan Lenz*, Sperrklausel und Ersatzstimme im deutschen Wahlrecht, NVwZ 2019, 1797 (1800).
154 Piraten-Fraktion, LT-Drs. 18/2557 v. 09.12.2014, S. 2. CDU, SPD, Grüne, SSW, LT-Drs. 18/2532 v. 28.11.2014: „Demokratie lebt von Beteiligung", mit weicheren Maßnahmen.

Jünger und noch offen ist der Erfolg einer Initiative, geschlechterparitätische Wahlvorschläge einzuführen. Nachdem ein erster Versuch der Grünen im Jahr 2007 gescheitert war,[155] ist die Debatte um die Herstellung von Geschlechtergleichheit bei der Repräsentation im Landtag – an neue in anderen Ländern diskutierte oder beschlossene Entwürfe anschließend –[156] neu entbrannt. Die jüngeren Bestrebungen können auf den Frauenanteil im Landtag von konstant weit unter 50 % verweisen (derzeit 31,5 %).[157] Nachdem die Landesministerin für Inneres, ländliche Räume, Integration und Gleichstellung Sütterlin-Waack (CDU) zu Beginn des Jahres 2019 geschlechtsverschiedene Doppelkandidaturen in den Wahlkreisen vorschlug,[158] brachte die SPD-Fraktion im Landtag des Jahres 2019 einen Antrag auf eine Bundesratsinitiative ein,[159] woraufhin der Innen- und Rechtsausschuss eine interfraktionelle Arbeitsgruppe anregte.[160] Die SPD befürwortet in ihrem Antrag eine Ergänzung des Grundgesetzes, um die Parité abzusichern.[161] Die Grünen unterstützen die Parité.[162] CDU, FDP und AfD hingegen hegen verfassungsrechtliche Zweifel.[163] Fortschritte im Gesetzgebungsverfahren oder das Weiterverfolgen auf Bundesebene sind bislang nicht zu erkennen. Es bleibt abzuwarten, inwiefern das Urteil des

---

155 Verfassungskonform gemäß Wissenschaftlicher Dienst des Landtags, 21.06.2007, Umdruck 16/2273; darauf fußender Antrag: LT-Drs. 16/1541(neu), 11.09.2007 (Regelquote mit Ausnahmemöglichkeit sowie Mindestquote nach parteiinternen Mitgliedschaftsverhältnissen); abgelehnt: PlPr 16/77, 30.01.2008, S. 5597.
156 § 25 Abs. 2 BbgLWahlG; § 29 Abs. 5 ThürLWG (siehe Fn. 164); keine Pflicht zur Einführung nach BayVerfGH, Entscheidung v. 26.3.2018 – Vf. 15-VII-16, NVwZ-RR 2018, 457 (466 ff.).
157 Schleswig-Holsteinischer Landtag, Daten & Fakten. 19. Schleswig-Holsteinischer Landtag, Stand: Dezember 2019.
158 Ministerin Sütterlin-Waack: Bis zur vollständigen Gleichstellung fehlt noch einiges, 22.1.2019, https://schleswig-holstein.de/DE/Landesregierung/II/Presse/PI/20 19/Gleichstellung/190123_Frauenwahlrecht.html.
159 LT-Drs. 19/1305 v. 26.02.2019.
160 Innen- und Rechtsausschuss, 19/51, 13.03.2019, AusschPr, S. 32.
161 PlPr 19/55 v. 08.03.2019, S. 4177.
162 PlPr 19/55 v. 08.03.2019, S. 4179 f. Siehe auch https://sh-gruene.de/lpt-24-03-2019-parite-gesetz-auch-in-schleswig-holstein/(abgerufen am 14.07.2020), 24.03.2019, der Landesparteitag eine Anhörung einfordernd.
163 PlPr 19/55, 08.03.2019, S. 4177 f. (CDU); S. 4181 (FDP); S. 4183 (AfD); zweifelnd auch der SSW (4184 f.). Für verfassungswidrig hält der Wissenschaftliche Dienst inzwischen die Verpflichtung zu alternierenden Listen, 13.11.2018, Umdruck 19/1996; siehe auch *Florian Becker*, Landesgrundrechte (Fn. 3), § 259 Rn. 68; zur Vereinbarkeit mit Art. 28 Abs. 1 GG offen *Christian Ernst* (Fn. 9), Art. 28 Rn. 24.

ThürVerfGH, das die thüringische Paritätsregelung für nichtig erklärte,[164] das rechtspolitische Anliegen lähmt oder ihm – die Argumentation der Sondervoten aufgreifend – neues Momentum gegebenenfalls über eine Verfassungsänderungsinitiative verleiht.

---

164 ThVerfGH, Urt. v. 15.07.2020 – VerfGH 2/20, sich v. a. auf die Maßgeblichkeit des Verfassungsgebungswillens stützend; vgl. auch BbgVerfG, Urt. v. 23.10.2020 – VfgBbg 55/19; Urt. v. 23.10.2020 – VfgBbg 9/19.

§ 19 Thüringen

Lukas C. Gundling[*]

I. Wahlen zum Thüringer Landtag

1. Rechtsgrundlagen

Am 14.10.1990 wurden in allen fünf neuen Ländern gleichzeitig Landtage gewählt. Die Wahlen richteten sich nach dem neuen Gesetz[1] über die Wahlen zu Landtagen in der Deutschen Demokratischen Republik (*Länderwahlgesetz*)[2] und der Ordnung zur Durchführung der Wahlen zu Landtagen in der Deutschen Demokratischen Republik vom 14.10.1990.[3] Diese Rechtsnormen der DDR galten durch den Einigungsvertrag auch nach der Wiedervereinigung für die ersten Landtagswahlen in den neuen Ländern der Bundesrepublik fort.[4] Bereits aus der Zeit stammt die bis heute bestehende Einteilung Thüringens in 44 Wahlkreise.[5] Daneben ging mit dieser

---

[*] Der Autor dankt Frau Eike Hinrichsen, wissenschaftliche Hilfskraft an der Erfurter Gesellschaft für deutsches Landesrecht, für die wertvollen Zuarbeiten und die umfangreiche Unterstützung bei der Erstellung des Beitrags.
[1] Siehe zu den Wahlen zuvor *Konrad Löw*, Wahlen und Abstimmungen in der DDR und SBZ, in: Jesse/Löw (Hrsg.), Wahlen in Deutschland, 1998, S. 99 ff. und zu den letzten Bemühungen vor der Westorientierung *Hans Michael Kloth*, Die DDR-Wahlrechtsreformen von 1988/89, in: Jesse/Löw (Hrsg.), Wahlen in Deutschland, 1998, S. 117 ff.
[2] Gesetz über die Wahlen zu Landtagen in der Deutschen Demokratischen Republik v. 22.07.1990, GBl. I S. 960, geändert durch Gesetz v. 30.08.1990, GBl. I S. 1422.
[3] Ordnung zur Durchführung der Wahlen zu Landtagen in der Deutschen Demokratischen Republik vom 14.10.1990 v. 22.07.1990, GBl. I, 977; vgl. dazu auch § 2 VI 3.
[4] Gemäß Einigungsvertrag, Anl. II Kap. II A. I Anl. II Kap. II, Sachgebiet A: Staats- und Verfassungsrecht Abschn. I.
[5] In einer Anlage zum Länderwahlgesetz wurden für die neuen Länder Wahlkreise definiert: Wahlkreiseinteilung für die Landtagswahlen in der Deutschen Demokratischen Republik am 14.10.1990, Beschluss des Präsidiums der Volkskammer v. 27.07.1990.

neugeschaffenen rechtlichen Grundlage die schrittweise Entstehung des neuen Thüringer Parteiensystems einher.[6]

Nachdem im Oktober 1993 die Thüringer Verfassung (ThürVerf)[7] in Kraft getreten war, wurde im November 1993 das Thüringer Landeswahlgesetz (LWG)[8] sowie im Juli 1994 die Thüringer Landeswahlordnung (LWO)[9] verabschiedet. Das Thüringer Wahlrecht stellte dabei eine Fortentwicklung des Wahlgesetzes der Volkskammer von 1990 dar, das sich seinerseits am damaligen deutschen Bundeswahlrecht orientiert hatte.[10] Diese Orientierungspunkte des bestehenden Thüringer Wahlrechts sind jedoch keine Besonderheit des Landes – auch andere der neuen Länder gingen diesen Weg.[11]

Seit Anfang der Neunzigerjahre des vergangen Jahrhunderts gab es sieben Gesetze zur Änderung des Wahlgesetzes in Thüringen[12] und entsprechend verschiedene Anpassungen der Landeswahlordnung.[13] Im Sommer 2012 erfolgte nach einer größeren Zahl kleinerer Änderungen eine Neubekanntmachung des Wahlgesetzes.[14] Die letzte große und tiefgreifende Novelle trat zum Januar 2020 in Kraft,[15] wurde aber im Juli 2020 vom Thüringer Verfassungsgerichtshof (ThürVerfGH) für nichtig erklärt.[16]

---

6 *Thaddäus R. König*, Das Thüringer Parteiensystem, 2018, S. 166 f. Zur Entwicklung auch *Torsten Oppelland/Karl Schmitt*, Parteien in Thüringen, 2008.
7 Verfassung des Freistaats Thüringen v. 25.10.1993, GVBl. 1993 S. 625, in Kraft getreten am 30.10.1993.
8 Thüringer Wahlgesetz für den Landtag v. 09.11.1993 GVBl. 1993, S. 657.
9 Thüringer Landeswahlordnung v. 12.07.1994, GVBl. 1994, S. 817.
10 *Martin Wieczorek*, Parteien und Wahlen, in: Oppelland (Hrsg.), Politik und Regieren in Thüringen, 2018, S. 36; zur Orientierung am Bundesrecht auch *Stefan Storr*, Staats- und Verfassungsrecht, 1998, Rn. 466.
11 Siehe §§ 2 VII, 20 III 1 und bspw. *Rainer Bovermann*, Wahlen zu den Landesparlamenten, in: Andersen (Hrsg.), Wahlen in Deutschland, 2002, S. 60 f.
12 Erstes Gesetz zur Änderung des Thüringer Landeswahlgesetz v. 05.07.1994, GVBl. 1994, S. 795; Zweites Gesetz v. 23.12.1998, GVBl. 1998, S. 451; Drittes Gesetz v. 04.12.2003, GVBl. 2003, S. 510; Viertes Gesetz v. 24.11.2006, GVBl. 2006, S. 544; Fünftes Gesetz v. 22.03.2012, GVBl. 2012, S. 95; Sechstes Gesetz v. 24.03.2017 GVBl. 2017, S. 63; Siebtes Gesetz v. 30.07.2019, GVBl. 2019, S. 322.
13 Erste Verordnung zur Änderung der Landeswahlordnung v. 02. 02.1999, GVBl. 1999, S. 53; Zweite Verordnung v. 19.03.2004, GVBl. 2004, S. 438; Dritte Verordnung v. 27.03.2012, GVBl. 2012, S. 100;
Vierte Verordnung v. 18.03.2014, GVBl. 2014, S. 100; Fünfte Verordnung v.19.08.2019, GVBl. 2019, S. 357.
14 Neubekanntmachung des Thüringer Landeswahlgesetzes v. 30.07.2012, GVBl. 2012, S. 309.
15 Dazu ausführlich siehe unten IV.2.
16 ThürVerfGH, Urt. v. 15.07.2020 – VerfGH 2/20.

2. Grundsätze der Wahl und Wahlperiode

Seit der Neugründung des Landes gab es sieben Landtagswahlen in Thüringen.[17] Sie werden neben dem LWG, der auf Grundlage des § 71 Abs. 1 LWG erlassenen LWO grundlegend – und im Vergleich mit dem Grundgesetz in einem weiterreichenden Maß[18] – durch die Thüringer Verfassung determiniert.

Die Wahlen zum Thüringer Landtag finden seit 1994[19] von Verfassungs wegen mindestens alle fünf Jahre[20] statt (Art. 50 Abs. 1 Satz 1 ThürVerf, § 1 Abs. 3 LWG).[21] Das trägt dem Umstand Rechnung, dass der Wähler nur bedingt direkt auf die Arbeit des Parlaments zugreifen und somit das Vorgehen der Repräsentanten hauptsächlich im Rahmen der regelmäßig stattfindenden Wahlen legitimieren bzw. sanktionieren kann.[22] Das Parlament muss daher dem Volk, auch durch die Gestaltung der Wahlperioden, verantwortlich bleiben.[23] Diese mittlerweile in der Bundesrepublik gängige Fünfjahresregelung entsprang jedoch keiner Landestradition. Zuvor gab es in Thüringen auch Wahlperioden von vier oder drei Jahren.[24] Allerdings

---

17 (1) 14.10.1990 (gemeinsam mit den anderen Landtagwahlen der neuen Länder), (2) 16.10.1994 (gemeinsam mit der BT-Wahl); (3) 12.09.1999; (4) 13.06.2004; (5) 30.08.2009; (6) 14.09.2014; (7) 27.10.2019.
18 Vgl. *Patrizia Robbe/Quirin Weinzierl*, Mehr Wahlrecht in das Grundgesetz?, ZRP 2015, 84 (86).
19 Gemäß § 1 Abs. 2 Länderwahlgesetz zuvor nur für vier Jahre.
20 Entgegen der Verfassungsentwürfe mit einer Wahlperiode von vier Jahren (befürwortet durch *Joachim Linck*, in: Linck/Jutzi/Hopfe, Die Verfassung des Freistaats Thüringen. Kommentar, 1994, Art. 50 Rn. 8) wurden nach Expertenanhörung fünf Jahre festgeschrieben, vgl. Thüringer Landtag (Hrsg.), Die Entstehung der Verfassung des Freistaats Thüringen 1991–1993. Dokumentation, 2003, S. 136. Ein Antrag auf Herabsetzung (vgl. Gesetzesentwurf der Fraktion der LL-PDS v. 31.08.1994, LT-Drs. 1/3593, S. 3, 8) ist gescheitert; siehe *Joachim Linck*, Initiativen zur Änderung der Landesverfassung, in: Thüringer Landtag (Hrsg.), Zehn Jahre Thüringer Landesverfassung, 2004, S. 87.
21 Siehe zu dieser Wahlperiode *Thomas Friedrich*, Gemeinsamer Termin für die Wahl zum Bundestag und zu den Landtagen in den neuen Ländern im Jahr 1994?, ZRP 1993, 363 ff.
22 *Peter M. Huber*, Staatsrecht, in: ders. (Hrsg.), Thüringer Staats- und Verwaltungsrecht, 2000, Rn. 119; *Stefan Storr*, Staatsrecht (Fn. 10), Rn. 476.
23 BVerfG, Urt. v. 27.02.2018 – 2 BvE 1/16 u.a., BVerfGE 44, 125 (139); *Joachim Linck* (Fn. 20), Art. 50 Rn. 1.
24 *Sebastian Dette*, in: Linck/Baldus u. a. (Hrsg.), Die Verfassung des Freistaats Thüringen. Handkommentar. 2013, Art. 50 Rn. 2 ff.

birgt die Festlegung auf fünf Jahre – so die Hoffnung – das Potential eines effektiven Parlaments.[25]

Bei den Thüringer Landtagswahlen werden regelmäßig 88 Abgeordnete gewählt (§ 1 Abs. 1 LWG). Die dafür geltenden Wahlrechtsgrundsätze besitzen in Thüringen weitgehend Verfassungsrang. So normiert Art. 46 Abs. 1 ThürVerf dem Grundgesetz gleich, dass Wahlen allgemein, gleich, frei, geheim und unmittelbar sind.[26] Freilich sind das dem Homogenitätsprinzip aus Art. 28 Abs. 1 Satz 2 GG folgend notwendig vorgegebene Grundsätze.[27] Sie werden ihrer Bedeutung entsprechend am Beginn des LWG in § 1 Abs. 1 Halbsatz 2 lediglich deklaratorisch[28] wiederholt.[29]

Diese Wahlrechtsgrundsätze besitzen neben ihrem objektiven Charakter, der zunächst nur Gesetzgebung, Verwaltung und Rechtsprechung bindet, zugleich auch subjektiven Charakter, so dass sich Wähler und Wahlbewerber direkt auf sie berufen können.[30] Dabei entfalten die Wahlrechtsgrundsätze nicht nur für den Wahlvorgang Wirkung, sondern darüber hinaus auch für die Wahlvorbereitung.[31] Außerdem haben auch die Grundsätze des Wahlsystems[32] in Thüringen Verfassungsrang und können mithin nur mit einer verfassungsändernden Zwei-Drittel-Mehrheit abgeändert werden (Art. 83 Abs. 2 ThürVerf).

3. Wahltermin

Der Wahltermin ist gemäß Art. 50 Abs. 1 ThürVerf, § 18 Abs. 2 Satz 1 LWG zwischen dem 57. und 61. Monat nach Beginn der Wahlperiode von

---

25 *Stefan Storr*, Staatsrecht (Fn. 10), Rn. 476; *Joachim Linck*, (Fn. 20), Art. 50 Rn. 8; *Thomas Würtenberger/Patricia Wiater*, Grundzüge der Thüringer Verfassung, in: Schmitt (Hrsg.), Thüringen. Eine politische Landeskunde, 2. Aufl. 2011, S. 59.
26 Zur GG-Gleichheit siehe *Klaus von der Weiden*, in: Linck/Baldus u. a. (Fn. 24), Art. 46 Rn. 4; *Joachim Linck* (Fn. 21), Art. 46 Rn. 1 und BVerfG, Urt. v. 13.02.2008 – 2 BvK 1/07, BVerfGE 120, 82 (102).
27 *Manfred Baldus*, Verfassungsrecht, in: Baldus/Knauff (Hrsg.), Landesrecht Thüringen, 2019, § 1 Rn. 56.
28 *Klaus von der Weiden* (Fn. 26), Art. 46 Rn. 7.
29 Zu den Wahlrechtsgrundsätzen ausführlich § 3 II.
30 *Manfred Baldus*, Verfassungsrecht (Fn. 27), § 1 Rn. 56; *Peter M. Huber*, Staatsrecht (Fn. 22), Rn. 115 ff.
31 *Manfred Baldus*, Verfassungsrecht (Fn. 27), § 1 Rn. 56; *Joachim Linck*, in: Linck/Jutzi/Hopfe, Die Verfassung des Freistaats Thüringen. Kommentar, 1994, Art. 46 Rn. 1 f. Zur Wahlvorbereitung siehe unten IV.
32 Dazu ausführlich unter III 1.

der Landesregierung festzulegen. Es handelt sich bei dieser Festlegung um einen staatsorganisationsrechtlichen Akt mit einem rechtlich stark determiniertem Ermessensspielraum der Landesregierung.[33] Der Wahltag muss dabei immer ein Sonntag oder ein gesetzlicher Feiertag sein (§ 18 Abs. 1 Satz 2 LWG), um eine möglichst hohe Wahlbeteiligung zu erreichen und möglichst eine Enthaltung aufgrund der Erfüllung von Verpflichtungen im Bereich der Erwerbsarbeit oder Ausbildung auszuschließen. Ferner ist von Ferien oder „langen Wochenenden" abzusehen. Für die Festlegung des Wahltermins ist es mithin geboten, Erwägungen anzustellen, die das Ziel einer möglichst hohen Wahlbeteiligung zum Inhalt haben.[34]

Die ThürVerf wurde 2003 mit Blick auf die Wahlbeteiligung dahingehend abgeändert, dass eine Kollision des Wahltermins mit der Sommerferienzeit vermieden werden kann. Bis dahin sollte der Wahltermin zwischen dem 54. und 59. Monat stattfinden. Damit lässt sich auch die explizite – und für einen Verfassungstext fremd wirkende – Ausnahmeregelung für die fünfte Wahlperiode in Art. 50 Abs. 1 Satz 3 ThürVerf erklären.[35]

Die konkrete Festsetzung des jeweiligen Wahltermins ist nach Art. 80 Abs. 1 Nr. 3 ThürVerf als Streitigkeit verfassungsrechtlicher Art direkt vor dem ThürVerfGH anzugreifen.[36]

II. Wahlrecht und Wählbarkeit

1. Allgemeines

Das aktive wie passive Wahlrecht besitzen in Thüringen gemäß Art. 46 Abs. 2 ThürVerf alle Deutschen, die das 18. Lebensjahr vollendet, also spätestens am Tag der Landtagswahl volljährig werden, und zugleich ihren Wohnsitz in Thüringen haben.[37] Aufgrund dieser Anforderungen der Thüringer Verfassung bedürfte eine immer wieder diskutierte Herabsetzung des Wahlalters – im Gegensatz zu den Kommunalwahlen, bei denen seit

---

33 *Sebastian Dette* (Fn. 24), Art. 50 Rn. 13; *Joachim Linck* (Fn. 20), Art. 50 Rn. 4.
34 Ähnlich *Sebastian Dette* (Fn. 24), Art. 50 Rn. 13.
35 Gesetzesentwurf der Fraktionen der CDU, PDS und SPD v. 03.10.2003, LT-Drs. 3/3651, S. 2; Artikel 2 des Dritten Gesetzes zur Änderung der Verfassung des Freistaats Thüringen v. 24.11.2003, GVBl. 2003, S. 494.
36 *Joachim Linck* (Fn. 20), Art. 50 Rn. 6; *Sebastian Dette* (Fn. 24), Art. 50 Rn. 14.
37 *Joachim Linck* (Fn. 31), Art. 46 Rn. 23.

2015 ein aktives Wahlrecht ab dem vollendeten 16. Lebensjahr gilt[38] – einer Verfassungsänderung und somit einer Zwei-Drittel-Mehrheit im Thüringer Landtag.[39] Doch das Wahlalter ist kein singuläres Erfordernis. Die zudem postulierte Anforderung eines Wohnsitzes im jeweiligen Land kennt das Wahlrecht bereits seit dem 19. Jahrhundert.[40] Es stammt damit aus der Frühphase des modernen deutschen öffentlichen Rechts[41] und stellt eine Vertrautheit und Verbundenheit des Wahlvolks mit den Verhältnissen im Wahlgebiet sicher.[42]

Darüber hinaus überlässt die Verfassung die nähere Ausgestaltung des Wahlrechts und der Wählbarkeit durch Art. 46 Abs. 3 ThürVerf dem Gesetzgeber, wenngleich diesem Spielraum enge Grenzen gesetzt sind.[43] So ist beispielsweise eine Einschränkung der Wählbarkeit aufgrund einer früheren Zusammenarbeit mit dem Ministerium für Staatssicherheit der DDR (MfS, „Stasi") – wie sie das LWG in § 17 Nr. 3 a. F. vorsah – unzulässig.[44] Aber auch Völkerrecht wie die UN-Behindertenrechtskonvention hat Auswirkungen auf den Regelungsbereich des Wahlrechts.[45] In diesen Grenzen hat der Gesetzgeber von seinem wahlrechtseinschränkenden Gestaltungsrecht Gebrauch gemacht (§§ 13 ff. LWG).

---

38 § 1 Abs. 1 ThürKWG, geändert durch Gesetz v. 03.12.2015, GVBl. 2015, S. 181. Ein Normenkontrollantrag gegen die Absenkung war ohne Erfolg, vgl. ThürVerfGH, Urt. v. 25.09.2018 – VerfGH 24/17, NVwZ-RR 2019, 129 ff.
39 Immer wieder durch Thüringer Parteien gefordert, so bspw. *Die Linke Thüringen*, Die Gegenwart gestalten. Wahlprogramm zur Landtagswahl 2019 in Thüringen, Erfurt 2019, S. 30; *SPD Thüringen*, Zuhören und machen. Regierungsprogramm 2019–2024, Erfurt 2019, S. 10; *Bündnis 90/Die Grünen Thüringen*, Mit Mut und Leidenschaft für Thüringen, Landtagswahlprogramm, Erfurt 2019, S. 66. Ferner ist fraglich, ob eine solche Herabsetzung überhaupt und unbegrenzt möglich ist (siehe dazu *Klaus von der Weiden* (Fn. 26), Art. 46 Rn. 36 (Familienwahlrecht) und Rn. 46 (Wahlalter)).
40 *Thomas Würtenberger/Ursula Seelhorst*, Zum Wohnsitz als Voraussetzung des aktiven und passiven Wahlrechts, ThürVBl 1998, 49 (49).
41 *Lukas C. Gundling*, Die moderne Staatsrechtswissenschaft ist jung, ZLVR 2019, S. 15 ff. m. w. N.
42 *Klaus von der Weiden* (Fn. 26), Art. 46 Rn. 48 m. w. N. aus der Rsp.
43 *Klaus von der Weiden* (Fn. 26), Art. 46 Rn. 55. Auch *Manfred Baldus*, Verfassungsrecht (Fn. 27), § 1 Rn. 57 oder *Joachim Linck* (Fn. 31), Art. 46 Rn. 27.
44 ThürVerfGH, Urt. v. 25.05.2000 – VerfGH 2/99, ThürVBl. 2000, 180 (181).
45 Gesetzentwurf der Fraktionen DIE LINKE, der SPD und BÜNDNIS 90/DIE GRÜNEN v. 04.12.2018, LT-Drs. 6/6495, S. 1, 4.

2. Wahlrecht

Neben der Vollendung des 18. Lebensjahr setzt § 13 Satz 1 Nrn. 2 und 3 LWG zusätzlich voraus, dass der Wahlberechtigte Deutscher i. S. d. Art. 116 Abs. 1 GG[46] ist, seit mindestens drei Monaten in Thüringen seinen Wohnsitz hat oder sich dort gewöhnlich aufhält und nicht nach § 14 LWG per Richterspruch vom Wahlrecht ausgeschlossen ist.[47] Mitunter muss ein Wähler sich bei einem Umzug innerhalb des Freistaates selbst um die Eintragung in das jeweilige Wählerverzeichnis bemühen.[48] Dem Wähler kommt in dieser Hinsicht eine Bringschuld zu.

Zwar hat der Verfassungsgeber in Art. 46 Abs. 2 ThürVerf das Wahlrecht nicht im Wortlaut an eine Dauer der Sesshaftigkeit geknüpft, die im LWG normierte Anforderungen an die Dauer der Sesshaftigkeit lässt sich jedoch mit Blick auf die notwendige Vertrautheit mit den Verhältnissen im Wahlgebiet verfassungsrechtlich rechtfertigen.[49] Auch der historische Verfassungsgeber ging von einer solchen Regelung im LWG aus und verzichtete daher auf eine explizite Normierung der Sesshaftigkeitsdauer in der Verfassung.[50]

Auch wenn grundsätzlich in § 13 LWG deutsche[51] Personen gemeint sind, die ihre Hauptwohnung nach § 22 Abs. 1 BMG[52] in Thüringen haben, sieht § 13 Satz 2 LWG vor, dass auch Deutschen, die Inhaber von mehreren Wohnungen im Sinne des Melderechts (§ 21 BMG) sind, ausnahmsweise in Thüringen, am Ort ihrer Nebenwohnung das Wahlrecht

---

46 Vgl. auch die dem Thüringer Verfassungsgeber obliegende Bürgerdefinition in Art. 104 ThürVerf; dazu *Manfred Baldus*, Verfassungsrecht (Fn. 27), § 1 Rn. 62; *Joachim Linck* (Fn. 31), Art. 46 Rn. 22.
47 Nach dem Gesetz v. 29.3.2019, GVBl. 2019, S. 59 nur noch diese Beschränkungen; siehe *Hans-Jürgen Kulke*, Länderreport Thüringen, LKV 2019, 259 (259 f.).
48 *Markus Langer*, Die Ausübung des Wahlrechts nach einem Wohnsitzwechsel, ThürVBl 2015, 49 (53).
49 *Joachim Linck* (Fn. 31), Art. 46 Rn. 24; die notwendige Vertrautheit betonen auch *Klaus von der Weiden* (Fn. 26), Art. 46 Rn. 48 und ThürVerfGH, Urt. v. 12.06.1997 – VerfGH 13/95, ThürVBl 1997, 204 (207).
50 Explizit mit Verweis auf die Regelung im LWG in der ThürVerf nicht berücksichtigt (Protokoll d. 10. Sitzung des VerfUA v. 03.04.1992, S. 26 f.), nachdem der Entwurf der CDU eine solche Regelung in die Verfassung aufnehmen wollte (Gesetzentwurf der Fraktion CDU v. 10.04.1991, LT-Drs. 1/285, S. 4).
51 Es ist ohne explizite Nennung von einem Deutschenrecht auszugehen, siehe *Klaus von der Weiden* (Fn. 26), Art. 46 Rn. 45.
52 Seit der Föderalismusreform 2006 ausschließliche Kompetenz des Bundes, bis 2015 allerdings am ThürMeldeG orientiert (vgl. Thüringer Gesetz zur Ausführung des Bundesmeldegesetzes [ThürAGBMG] v. 23.09.2015, GVBl. 2015, S. 131.

gewährt werden kann, soweit sie dort seit mindestens drei Monaten ihren Lebensmittelpunkt haben.⁵³ Das kann darauf zurückgeführt werden, dass der Begriff des Wohnsitzes weitgehend unbestimmt ist.⁵⁴ Denn moderne Lebensformen können auch dazu führen, dass ein Engagement für die Belange des Allgemeinwohls von einem melderechtlich als Nebenwohnung zu qualifizierenden Ort ausgehen könnte; die Fiktion der Familienwohnung als wahlrechtsrelevanter Wohnsitz ist jedenfalls nicht statthaft und den gesellschaftlichen Verhältnissen unserer Zeit keinesfalls angemessen.⁵⁵

Den von der Hauptwohnung abweichenden Lebensmittelpunkt glaubhaft zu machen obliegt dem, der das Wahlrecht am Ort seiner Nebenwohnung erlangen möchte. Nach § 13 Satz 3 bis 5 LWG ist der Antrag spätestens am 50. Tag vor der Wahl bei der Gemeinde am Ort der Nebenwohnung zu stellen. Dieser Antrag wird vom Kreiswahlleiter bis spätestens am 35. Tag vor der Wahl beschieden, wobei der Antragsteller binnen einer Woche nach Bekanntgabe der Entscheidung Beschwerde beim Landeswahlleiter einlegen kann. Über diese muss bis spätestens am 21. Tag vor der Wahl entschieden worden sein. Dabei erkennt der ThürVerfGH an, dass das Kriterium der Sesshaftigkeit am Maßstab der Allgemeinheit der Wahl zu bewerten und entsprechend weit zu fassen ist.⁵⁶ Zugleich ist das Sesshaftigkeitskriterium eine traditionelle Begrenzung der Allgemeinheit der Wahl.⁵⁷

Es entsteht trotzdem keine Beliebigkeit im Thüringer Wahlrecht. Eine Wahlberechtigung an mehreren Orten, respektive in mehreren deutschen Ländern, kann wohl nicht beansprucht werden, wenngleich die Ausübung des Wahlrechts in mehreren Ländern kaum effektiv überprüft werden

---

53 *Markus Langer*, Ausübung (Fn. 48), 50.
54 Jedenfalls kann nicht der Wohnsitz i. S. d. § 7 BGB angelegt werden (*Klaus von der Weiden* [Fn. 26], Art. 46 Rn. 49; *Stefan Storr*, Staatsrecht [Fn. 10], Rn. 500), a. A *Joachim Linck* (Fn. 31), Art. 46 Rn. 25: § 7 BGB und § 22 BMG führen nicht zu divergierenden Annahmen. Siehe auch *Thomas Würtenberger/Ursula Seelhorst*, Wohnsitz (Fn. 40), 49 (51).
55 Siehe hierzu ThürVerfGH, Urt. v. 12.06.1997 – VerfGH 13/95, ThürVBl 1997, 204 (206); *Manfred Baldus*, Verfassungsrecht (Fn. 27), § 1 Rn. 63; *Stefan Storr*, Staatsrecht (Fn. 10), Rn. 500; ausführlicher *Markus Langer*, Ausübung (Fn. 48), 52. Mit teilweise abweichender Begründung *Thomas Würtenberger/Ursula Seelhorst*, Wohnsitz (Fn. 40), 50 f.
56 ThürVerfGH, Urt. v. 12.06.1997 – VerfGH 13/95, ThürVBl. 1997, 204 (207).
57 BVerfG, Urt. v. 23.10.1973 – 2 BvC 3/73, BVerfGE 36, 139 (142), dazu auch *Stefan Storr*, Staatsrecht (Fn. 10), Rn. 411.

kann.[58] Die theoretische Möglichkeit, dass durch diese Eröffnung eines Wahlrechts an der Nebenwohnung ein Wählertourismus entsteht, ist derzeit (noch) nicht als Problem einzuordnen.[59] Auch wenn es sich beim Wahlvolk entsprechend um eine diffuse Größe handelt,[60] ist weiterhin ein Wahlrecht für Unionsbürger auf Landesebene bereits aufgrund Art. 20 Abs. 2 GG i. V. m. Art. 28 Abs. 1 Satz 3 GG und Art. 45 Satz 1 ThürVerf ausgeschlossen[61] und in der Folge umso deutlicher auch ein Wahlrecht für Ausländer und Staatenlose, soweit sie nicht von Art. 116 Abs. 1 GG und Art. 104 ThürVerf erfasst sind.[62] Weitere Wahlrechtsausschlüsse, beispielsweise aufgrund von Einweisung in ein psychiatrisches Krankenhaus oder aufgrund umfassender staatlicher Betreuung (§ 14 Nrn. 2 und 3 LWG a.F.), wurden – als Verwirklichung der UN-Behindertenrechtskonvention[63] – im Frühjahr 2019 gestrichen.[64] Diese Entscheidung ist insoweit als politisch zu kategorisieren, als dass solche Einschränkungen mit dem Verfassungsrecht als traditionelle Grenzen des Wahlrechts grundsätzlich vereinbar wären,[65] wenngleich dieser durch die jüngere Rechtsprechung des BVerfG

---

58 Vgl. § 15 Abs. 2 und 4 LWG, Ausführlich und ein mehrfaches Wahlrecht ablehnend *Lukas C. Gundling*, Zum Wahlrecht in zwei Ländern, ZLVR 2019, 88 ff.; ähnlich BayVerfGH v. 09.10.2018 – Vf. 1-VII-17, NVwZ-RR 2019, 169 (170); *Joachim Linck* (Fn. 31), Art. 46 Rn. 26; a. A. ThürVerfGH, Urt. v. 12.06.1997 – VerfGH 13/95, ThürVBl. 1997, 204 (209); *Thomas Würtenberger/Ursula Seelhorst*, Wohnsitz (Fn. 40), 49 m. w. N., die den Ausschluss nur bei Koppelung an das Melderecht befürworten.
59 *Klaus von der Weiden* (Fn. 26), Art. 46 Rn. 51; *Thomas Würtenberger/Ursula Seelhorst*, Wohnsitz (Fn. 40), 49.
60 *Peter M. Huber*, Staatsrecht (Fn. 22), Rn. 113.
61 Ähnlich *Klaus von der Weiden* (Fn. 26), Art. 46 Rn. 45, *ders*, in: Linck/Baldus u. a. (Fn. 24), Art. 49 Rn. 10.
62 Teilweise gefordert, siehe Thüringer Landtag (Hrsg.), Entstehung (Fn. 20), S. 124; Gesetzentwurf der Fraktion NF/GR/DJ v. 23.08.1991, LT-Drs. 1/659, S. 11 (Art. 27 Abs. 2 S. 2 ThürVerf-E) oder Gesetzentwurf der Fraktion der LL-PDS, Thüringer Gesetz zur Änderung der Verfassung des Freistaats Thüringen v. 31.08.1994, LT-Drs. 1/3593, S. 3, 8; ablehnend *Peter M. Huber*, Staatsrecht (Fn. 22), Rn. 112.
63 Siehe Gesetzentwurf der Fraktionen DIE LINKE, der SPD und BÜNDNIS 90/DIE GRÜNEN v. 04.12.2018, LT-Drs. 6/6495 S. 1 f., 4. Vgl. dazu aber auch BVerfG, Beschl. v. 29.01.2019 – 2 BvC 62/14, BVerfGE 151, 1.
64 Art. 2 des Thüringer Gesetz zur Beseitigung von Wahlrechtsausschlüssen v. 29.03.2019, GVBl. 2019, S. 59.
65 *Manfred Baldus*, Verfassungsrecht (Fn. 27), § 1 Rn. 63; *Klaus von der Weiden* (Fn. 26), Art. 46 Rn. 53; *Joachim Linck* (Fn. 31), Art. 46 Rn. 5. Siehe dazu auch BVerfG, Urt. v. 23.10.1973 – 2 BvC 3/73, BVerfGE 36, 139 (141 f.).

zum Bundes- und Europawahlrecht bedeutende Einschränkung fand.[66] Hier besteht somit weiterhin ein rechtspolitischer Gestaltungsraum für den Gesetzgeber.

3. Wählbarkeit

Die Wählbarkeit setzt grundsätzlich das Wahlrecht voraus.[67] Allerdings sind die Voraussetzungen der Wählbarkeit strenger als das Wahlrecht ausgestaltet. So darf kein Ausschluss vom Wahlrecht oder der Wählbarkeit per Richterspruch vorliegen, ebenso wenig darf durch Richterspruch die Fähigkeit zur Bekleidung öffentlicher Ämter abgesprochen sein (§ 17 LWG). Zudem muss der Kandidat mindestens ein Jahr[68] im Wahlgebiet seinen Wohnsitz, Lebensmittelpunkt oder dauernden Aufenthalt haben (§§ 16 Satz 1 Nr. 2, 13 Satz 2 und 3 LWG). Soweit keine Hauptwohnung gegeben ist, muss ein Antrag bis spätestens am 95. Tag vor der Wahl bei der Gemeinde am Ort der Nebenwohnung gestellt sein, wobei über den Antrag, abweichend zum aktiven Wahlrecht, der Landeswahlleiter bis spätestens zum 86. Tag vor der Wahl entscheidet. Widerspruch kann gegen diese Entscheidung beim Landeswahlausschuss eingereicht werden, der darüber spätestens am 72. Tag vor der Wahl entscheidet (§ 16 Satz 2 LWG). An die Wählbarkeit knüpft wiederum Art. 52 Abs. 3 ThürVerf an, der postuliert, dass durch den Verlust der Wählbarkeit ein Landtagsmandat erlischt. Verliert ein Landtagsabgeordneter seine Wählbarkeit, so verliert er auch sein Mandat.[69]

Abgesehen von der Wählbarkeit ergeben sich durch das Thüringer Abgeordnetengesetz (ThürAbgG) seit 1999 Unvereinbarkeitsregelungen, die mittelbar über die Annahme der Wahl die Wählbarkeit beschränken.[70]

---

66 Siehe BVerfG, Urt. v. 15.04. 2019 – 2 BvQ 22/19, BVerfGE 151, 152 (166 ff.) und BVerfG, Beschl. v. 29.01.2019 – 2 BvC 62/14, BVerfGE 151, 1.
67 Siehe dazu ausführlich II 2.
68 Zur Verfassungskonformität des § 16 Nr. 2 LWG, siehe oben II 2. zu § 13 Nr. 2 LWG, insbesondere hier Vertrautheit.
69 Dazu auch *Sebastian Dette*, in: Linck/Baldus u. a. (Hrsg.), Die Verfassung des Freistaats Thüringen. Handkommentar. 2013, Art. 52 Rn. 8 und siehe unten VI 3.
70 Viertes Gesetz zur Änderung des Thüringer Abgeordnetengesetzes v. 16.04.1999, GVBl. 1999, S. 245. Zur Genese auch: Gesetzentwurf der Fraktionen SPD und CDU: Viertes Gesetz zur Änderung des Thüringer Abgeordnetengesetzes, LT-Drs. 2/3236 mit Bezug auf ThürVerfGH, Urt. v. 12.06.1997 – VerfGH 13/95, ThürVBl 1997, 204 (204 ff.), beachte auch Gesetzentwurf der Fraktionen CDU und SPD: Gesetz zur Änderung des Thüringer Landeswahlgesetzes, des Thüringer

Nach § 1 Abs. 3 ThürAbgG sind Mitglieder des Europäischen Parlaments, des Deutschen Bundestags und von Volksvertretungen anderer Länder von der Mitgliedschaft im Thüringer Landtag ausgeschlossen,[71] obwohl ein solches Doppelmandat sowohl für das Europaparlament[72] als auch für den Deutschen Bundestag[73] grundsätzlich zulässig wäre. Auch von der Ermächtigung des Art. 137 Abs. 1 GG, mit dem die Wählbarkeit von Beamten, Angestellten des öffentlichen Dienstes, Berufs- und Zeitsoldaten sowie Richtern beschränkt werden kann, hat Thüringen in Teilen Gebrauch gemacht (vgl. §§ 33 ff. ThürAbgG).[74]

III. Wahlsystem

1. Wahlsystem und Stimmgebung

Art. 49 Abs. 1 ThürVerf schreibt die Grundzüge des Wahlsystems vor: „Der Landtag wird nach den Grundsätzen einer mit der Personenwahl verbundenen Verhältniswahl gewählt." Damit ist der einfache Landesgesetzgeber in der Festlegung des Wahlsystems eingeschränkt.[75] Dies stellt bereits eine erhebliche politische Vorentscheidung dar, denn durch ein reines Mehrheitswahlrecht oder ein lediglich auf Wahlkreisstimmen beruhendes Einstimmenwahlsystem wären kleinere Parteien benachteiligt.[76] Die verfassungsrechtliche Manifestation des Wahlsystems reduziert das Risiko, dass große Regierungsparteien im Alleingang zu ihren Gunsten das Wahlsystem anpassen.[77] So kann diese Verfassungsnorm als Konsequenz aus der thüringischen Geschichte und dem Umgang mit zwei Diktaturen im Frei-

---

Abgeordnetengesetzes, des Thüringer Gesetzes zur Überprüfung von Abgeordneten und des Thüringer Verfassungsgerichtshofsgesetzes, LT-Drs. 2/3237.
71 Zum generellen Ausschluss a. A. BT Wissenschaftlicher Dienst, Gesetzliches Verbot von Doppelmandaten, WD 3 – 3000 – 257/17, S. 4.
72 *Hans von der Groeben/Jürgen Schwarze/Armin Hatje*, Europäisches Unionsrecht, 7. Aufl. 2015, Art. 7 DWA Rn. 1.
73 *Dieter Wiefelspütz*, Abgeordnetenmandat, in: Morlok/Schliesky/Wiefelspütz (Hrsg.), Parlamentsrecht, 2016, § 12 Rn. 12.
74 *Klaus von der Weiden* (Fn. 26), Art. 46 Rn. 53.
75 *Klaus von der Weiden* (Fn. 61), Art. 49 Rn. 7 f.; *Joachim Linck*, in: Linck/Jutzi/Hopfe, Die Verfassung des Freistaats Thüringen. Kommentar, 1994, Art. 49 Rn. 1.
76 *Stefan Storr*, Staatsrecht (Fn. 10), Rn. 497.
77 *Joachim Linck* (Fn. 75), Art. 49 Rn. 1.

staat verstanden werden. Trotzdem ist auch die mit der Personenwahl verbundene Verhältniswahl in dieser Hinsicht nicht makellos.[78]

Die Wähler haben bei Landtagswahlen in Thüringen zwei Stimmen abzugeben, die im Gegensatz zum Bund nicht mit Erst- und Zweitstimme, sondern selbsterklärend mit Wahlkreis- und Landesstimme benannt sind (§ 3 LWG).[79] Mit der Wahlkreisstimme wird per Mehrheitswahl ein Abgeordneter des Wahlkreises gewählt.[80] Die Landesstimme entscheidet über die Anzahl der Mandate einer Partei, die über deren Landesliste in den Landtag gewählt werden. Die Wahl per Landesstimme erfolgt als Verhältniswahl. Die Verfassung sieht indes keine Pflicht zur hälftigen Aufteilung der beiden Mandatsarten vor. Es ist sowohl eine Verschiebung zu mehr Wahlkreismandaten als auch eine Stärkung der Landesmandate denkbar. Der Schwerpunkt liegt allerdings auf der Verhältniswahl, so dass die Mandatsverteilung auf dem Ergebnis der Verhältniswahl beruhen muss, weshalb eine Stärkung der Wahlkreismandate voraussichtlich zu einer Vergrößerung des Parlaments durch Überhang- und Ausgleichsmandaten führen würde. Wahlkreisabgeordnete müssen jedoch nicht notwendig vorgesehen werden, die Personalisierung kann auch durch die Öffnung per Kumulieren und Panaschieren erreicht werden.[81] Somit besteht hier ein Gestaltungsspielraum für den Landesgesetzgeber, der seit der Neugründung des Landes aber konstant vorsieht, dass 44 Abgeordnete aus den Wahlkreisen sowie 44 Abgeordnete über die Landeslisten gewählt werden (§ 1 Abs. 2 LWG). Damit ist grundsätzlich eine hälftige Verteilung der Mandate festgeschrieben. Gerade mit Blick auf eine mögliche Verschiebung der Thüringer Bevölkerung hin zur Städtekette zwischen Eisenach und Gera besteht durch die Verfassung allerdings ein nicht unerheblicher Gestaltungsraum, um ein mögliches Ungleichgewicht in der Repräsentation aufzufangen. Zugleich kann sich das tatsächliche Verhältnis von Wahlkreismandaten und Mandaten, die sich aus den Landeslisten speisen, nach der

---

78 Dazu u. a. *Henner Jörg Boehl*, Das neue Wahlrecht – personalisierte Verhältniswahl reloaded, in: Oppelland (Hrsg.), Das Wahlrecht im Spannungsfeld demokratischer Legitimität und politischer Funktionalität, 2015, S. 65 ff.

79 *Martin Wieczorek*, Parteien (Fn. 10), S. 37; *Joachim Linck* (Fn. 75), Art. 49 Rn. 8. Allerdings war die Begrifflichkeit ebenfalls in Rede; siehe Thüringer Landtag (Hrsg.), Entstehung (Fn. 20), S. 132 f.

80 Zur Rechtfertigung der Wahlkreisstimme siehe *Martin Morlok*, Das Verhältnis von Erst- und Zweitstimme, in: Oppelland (Fn. 72), S. 98 ff.; *Eckard Jesse*, Die Zweitstimme in der Bundesrepublik Deutschland, in: Oppelland (Fn. 72), S. 105 ff.

81 *Klaus von der Weiden* (Fn. 61), Art. 49 Rn. 9; a. A. *Joachim Linck* (Fn. 75), Art. 49 Rn. 8, der ein Überwiegen des Elements der Verhältniswahl vertritt.

Feststellung des Wahlergebnisses verschieben – es sind keine unverbundenen Wege der Mandatsverteilung.

2. Gliederung des Wahlgebiets

Thüringens Wahlgebiet gliedert sich in Wahlkreise und diese wiederum in Wahlbezirke. Die Einteilung der Wahlkreise richtet sich nach § 2 LWG.[82] Gemäß § 71 Abs. 1 Nr. 2 LWG ist die Landesregierung ermächtigt, die in § 2 Abs. 3 LWG geforderte Einteilung in Wahlbezirke in der LWO zu regeln.

§ 1 Abs. 2 LWG bestimmt, dass 44 Wahlkreise zu bilden sind. Dabei soll die Bevölkerung gleichmäßig auf die 44 Wahlkreise verteilt sein; die Abweichung von der durchschnittlichen Bevölkerungszahl der Wahlkreise darf in keinem Wahlkreis mehr als 25 % betragen (§ 2 Abs. 4 Satz 3 LWG). Für die Ermittlung der zu berücksichtigenden Bevölkerungszahl wird nicht die Zahl der Wahlberechtigten ermittelt, sondern es bleiben von der Einwohnerzahl lediglich Ausländer i. S. d. § 2 Abs. 1 AufenthG unberücksichtigt (§ 2 Abs. 5 LWG). Die Landesregierung hat regelmäßig dem Landtag bis spätestens 27 Monate nach Beginn der Wahlperiode des Landtags einen schriftlichen Bericht über die Veränderung der Bevölkerungszahlen in den Wahlkreisen vorzulegen und – soweit notwendig – Vorschläge zur Änderung des Wahlkreiszuschnitts zu machen (§ 2 Abs. 4 Satz 1 und 2 LWG). Dabei gilt es zu beachten, dass Gemeindegrenzen nach Möglichkeit eingehalten werden (§ 2 Abs. 1 Satz 1 Halbsatz 2 LWG). Die rege und andauernde Neugliederungstätigkeit auf der kommunalen Ebene in Thüringen, die Gemeindegrenzen betreffend, kann somit durch § 2 Abs. 2 LWG aufgefangen werden.[83]

Die Wahlbezirke werden durch die Gemeinden innerhalb der Grenzen der Gemeinden gebildet, wobei einerseits Gemeinden bis 1.500 Einwohner nur aus einem Bezirk bestehen, andererseits ein Wahlbezirk auch nicht

---

82 Siehe hierzu oben I 1.
83 Zur aktuellen Neugliederungstätigkeit siehe Thüringer Gesetz zur freiwilligen Neugliederung kreisangehöriger Gemeinden im Jahr 2018 und zur Änderung des Thüringer Gesetzes über die kommunale Doppik v. 28.06.2018, GVBl. 2018, S. 273; Thüringer Gesetz zur freiwilligen Neugliederung kreisangehöriger Gemeinden im Jahr 2019 v. 18.12.2018, GVBl. 2019, S. 795; Thüringer Gesetz zur freiwilligen Neugliederung kreisangehöriger Gemeinden im Jahr 2019 und zur Anpassung gerichtsorganisatorischer Vorschriften v. 10.10.2019, GVBl. 2019, S. 385.

größer als 1.500 Einwohner sein und zudem in seinem Zuschnitt den Wählern die Teilnahme an der Wahl erleichtern soll (§ 2 Abs. 3 LWG i. V. m. § 11 Abs. 1, 2 LWO). Zugleich darf die „Zahl der Wahlberechtigten eines Wahlbezirks [...] nicht so gering sein, daß erkennbar wird, wie einzelne Wahlberechtigte gewählt haben." (§ 11 Abs. 2 Satz 3 LWO).[84]

IV. Wahlvorbereitung

Die Phase der Wahlvorbereitung umfasst neben der Festsetzung des Wahltermins und des Wählerverzeichnisses mit der Benachrichtigung der Wähler insbesondere auch die Bestimmung der Wahlvorschläge bis hin zur Herstellung der Stimmzettel.[85]

1. Verfassungsrechtlich garantierter Schutz der Wahlvorbereitungszeit

Diese Phase der Wahlvorbereitung ist durch die Wahlrechtsgrundsätze determiniert. Menschen, die über das Wahlrecht verfügen, können Verletzungen dieser vor den Thüringer Gerichten, hier Verwaltungsgerichten, geltend machen (s. o. I.2.). Zudem steht den Bewerbern verfassungsrechtlich garantiert eine für die Wahlvorbereitung ausreichende Befreiung von der Erwerbsarbeit zu sowie der Schutz vor Entlassungen gemäß Art. 51 ThürVerf. Der Schutz beginnt mit der Aufstellung als Bewerber durch das dafür zuständige Gremium einer Partei oder Wählervereinigung oder mit der Einreichung des Wahlvorschlags bei Einzelbewerbern und reicht bis ein Jahr nach Ende des Mandats beziehungsweise bis drei Monate nach der Wahl bei nicht gewählten Bewerbern.[86]

Dieser verfassungsrechtliche Schutz hat analog auch den von staatlicher Alimentation abhängigen Menschen, wie beispielsweise Erwerbslosen, zuzukommen.[87] Auch sie müssen ausreichend Freiräume erhalten, um sich

---

84 Vgl. auch § 11 Abs. 3 LWO zu Gruppenunterkünfte; zu § 12 Abs. 1 und 2 LWO zu Sonderwahlbezirke für Krankenhäuser, Altenwohn- und Pflegeheime o.ä. und § 12 Abs. 3 i.V.m. § 7 LWO für bewegliche Wahlvorstände für kleinere Krankenhäuser, kleinere Alten- oder Pflegeheime, Klöster, sozialtherapeutische Anstalten und Justizvollzugsanstalten o.ä.
85 Vgl. Vierter Abschnitt, §§ 18 ff. LWG.
86 *Stefan Storr*, Staatsrecht (Fn. 10), Rn. 549.
87 *Sebastian Dette*, in: Linck/Baldus u. a. (Fn. 24), Art. 51 Rn. 8; a. A. bspw. *Joachim Linck*, in: Linck/Jutzi/Hopfe (Fn. 21), Art. 51 Rn. 2.

um ein Landtagsmandat bewerben zu können. So wird vom BVerfG zum verfassungsrechtlich garantierten Existenzminimum die Ermöglichung der Teilhabe am politischen und gesellschaftlichen Leben gezählt.[88] Daneben bekräftigt Art. 9 ThürVerf, der keine Entsprechung im Grundgesetz besitzt,[89] dass jedem das Recht zukommt, an der Mitgestaltung des politischen Lebens in Thüringen teilzuhaben. Zugleich ist es strittig, ob Art. 9 ThürVerf ein eigenständiges Grundrecht statuiert, da der Artikel selbst auf die politischen Freiheitsrechte der Verfassung verweist.[90] In jedem Fall unterstreicht aber Art. 9 ThürVerf, dass *jedem* das Recht zur politischen Mitwirkung zukommen soll, mithin auch die Rechte aus Art. 51 ThürVerf.

2. Aufstellung der Bewerber im Wahlkreis und für die Landesliste

Die Aufstellung der Wahlbewerber richtet sich grundlegend nach §§ 21- 30 LWG und wird in den §§ 30- 40 LWO konkretisiert. Die Aufstellung der Bewerber im Wahlkreis und für die Landesliste erfolgt schriftlich bis spätestens am 66. Tag vor der Wahl (§ 21 LWG). Am 58. Tag vor der Wahl entscheiden über die Zulassung der Wahlkreisvorschläge der Wahlkreisausschuss und über die Landeslisten der Landeswahlausschuss (§§ 28 Abs. 1 Satz 1; 30 Abs. 1 Satz 1 LWG). Gründe für eine Zurückweisung können neben der fehlenden Wählbarkeit einerseits die Einreichung der Vorschläge nach Ablauf der Frist sein oder andererseits formelle Fehler, die durch Nichtbeachtung der Vorgaben in der LWO entstanden sind (§§ 32, 37 LWO). Nicht zwingend erforderlich ist indes, dass der Bewerber seine Hauptwohnung in Thüringen hat. Ein solcher Bewerber muss lediglich bis zum 95. Tag vor der Wahl glaubhaft machen, dass sich sein Lebensmittelpunkt bereits seit einem Jahr in Thüringen befindet.[91]

Wahlvorschläge für den Wahlkreis können von Parteien, die in einem Land- oder im Bundestag vertreten sind, von nicht etablierten Parteien

---

88 BVerfG, Urt. v. 09.02.2010 – 1 BvL 1, 3, 4/09; BVerfGE 125, 175 (223), jüngst bekräftigt in: BVerfG, Urt. v. 05.11.2019 – 1 BvL 7/16, NJW 2019, 3703 (3704, 3708 f.).
89 *Siegfried Jutzi*, in: Linck/Jutzi/Hopfe (Fn. 21), Art. 9 Rn. 2.
90 *Manfred Baldus*, in: Linck/Baldus u. a. (Fn. 24), Art. 9 Rn. 2 ff.; *Siegfried Jutzi* (Fn. 89), Art. 9 Rn. 1. Ähnlich, aber als Grundrecht bei *Stefan Storr*, Staatsrecht (Fn. 10), Rn. 944 ff. Als Grundrecht bspw. bei *Peter M. Huber*, Staatsrecht (Fn. 22), Rn. 116 oder bezeichnet. Als Recht bspw. in ThürVerfGH, Urt. v. 11.04.2008 – VerfGH 22/05, NVwZ-RR 2009, 1 (4) bezeichnet.
91 Dazu ausführlich siehe oben II 3. i. V. m. II 2.

nach § 20 Abs. 2 Satz 1 LWG und von Wahlberechtigten eingereicht werden (§ 20 Abs. 1 i. V. m. § 22 LWG). Parteien können in jedem Wahlkreis einen Bewerber ihrer Partei, mit dessen schriftlicher Zustimmung (§ 22 Abs. 1 Satz 2 LWG), in geheimer Abstimmung mit Stimmzetteln zum Wahlkreisbewerber wählen (§ 23 Abs. 3 Satz 1 LWG). Dabei darf der Kandidat nicht Mitglied einer anderen Partei sein (§ 23 Abs. 1 Satz 1 LWG); ein Bewerber muss also zugleich nicht notwendigerweise über eine Parteimitgliedschaft in der aufstellenden Partei verfügen.

Parteien, die im Deutschen Bundestag oder in einem Landtag seit deren letzter Wahl nicht auf Grund eigener Wahlvorschläge ununterbrochen vertreten waren, können als solche einen Wahlvorschlag nur dann einreichen, wenn sie spätestens am 90. Tag vor der Wahl bis 18 Uhr dem Landeswahlleiter ihre Beteiligung an der Wahl schriftlich angezeigt haben und der Landeswahlausschuss die Parteieigenschaft (gem. Art. 21 Abs. 1 GG, § 2 PartG) festgestellt hat (§ 20 Abs. 2 Satz 1 LWG). Parteien die unter den § 20 Abs. 2 Satz 1 LWG fallen, müssen ihren Wahlkreisvorschlag zusätzlich von mindestens 250 Wahlberechtigten des Wahlkreises eigenhändig unterzeichnen lassen (§ 22 Abs. 3 Satz 1 LWG). Die gleiche Anzahl an eigenhändigen Unterschriften gilt für Wahlvorschläge von Wahlberechtigten ohne parteiliche Einbindung (§ 22 Abs. 2 Satz 2 Halbsatz 1 LWG). Diese Einzelbewerber müssen ihre Zustimmung zur Aufstellung ebenso schriftlich erteilen (§ 22 Abs. 1 Satz 2 LWG). Mithin müssen Bewerber eine gewisse Zustimmung der wahlberechtigten Bevölkerung und damit die Ernsthaftigkeit ihres Vorschlags nachweisen, um als Bewerber zugelassen zu werden. Indes darf der Gesetzgeber das Quorum nicht so hoch ansetzen, dass eine Teilnahme an der Wahl für Bewerber jenseits der großen und etablierten Parteien praktisch unmöglich wird.[92]

In der Regel ist die Zustimmung zur Aufstellung als Bewerber sowohl bei Einzelkandidaten als auch bei von Parteien aufgestellten Bewerben unwiderrufbar (§ 22 Abs. 1 Satz 2 LWG). Eine Änderung der Wahlkreisvorschläge nach Ablauf der Einreichungsfrist kann gemäß § 26 LWG nur erfolgen, wenn der Bewerber stirbt oder die Wählbarkeit verliert. Die Entscheidung ist somit nach Fristablauf persönlichen Erwägungen und Befindlichkeiten entzogen.

---

92 *Joachim Linck* (Fn. 31), Art. 46 Rn. 16; *Klaus von der Weiden* (Fn. 26), Art. 46 Rn. 26.

Landeslisten zur Landtagswahl können hingegen nur von Parteien eingereicht werden (§ 29 Abs. 1 Satz 1 LWG).[93] Die Liste muss dabei – gleich wie beim Wahlkreisbewerber – in einer Mitgliederversammlung oder in einer allgemeinen Vertreterversammlung, in geheimer Abstimmung erstellt werden (§ 29 Abs. 5 i. V. m. § 23 Abs. 1 und 3 LWG). Der Leiter der entsprechenden Versammlung sowie zwei von der Versammlung bestimmte Teilnehmer müssen nach § 29 Abs. 5 i. V. m. § 23 Abs. 6 Satz 2 LWG an Eides statt versichern, dass die Erstellung der Liste und ebenso die darin festgelegte Reihenfolge der Bewerber in geheimer Wahl erfolgt ist. Nicht etablierte Parteien i. S. d. § 20 Abs. 2 LWG müssen zudem 1.000 eigenhändige Unterschriften von Wahlberechtigten mit ihrer Liste einreichen (§ 29 Abs. 1 Satz 2 Halbsatz 2 LWG). Wie bei den Wahlkreisvorschlägen, darf die Gestaltung des Quorums nicht als praktischer Teilnahmeausschluss wirken. Auch diesem Quorum von 1.000 Wahlberechtigten sind derzeit – bei aktueller Wahlberechtigten- und Bevölkerungszahl[94] – keine Bedenken entgegenzusetzen.

Durch die Begrenzung, dass Landeslisten nur von Parteien aufgestellt werden können, soll erreicht werden, dass die Bewerber der Liste durch ein einheitliches politisches Programm verbunden sind. Denn nur unter dieser Voraussetzung könne eine Listenwahl als sinnvoll erachtet werden.[95] Diesem Gedanken entsprechend wurde bei der Erstellung des Landeswahlgesetzes der Änderungsantrag der Fraktion der Linken Liste-PDS (LL-PDS) zur Einfügung eines § 29a abgelehnt,[96] der neben Parteien auch politischen Vereinigungen die Listenaufstellung ermöglichen sollte.[97]

Mit dem siebten Änderungsgesetz des Thüringer Landeswahlgesetzes vom 30.07.2019 hätten die Landeslisten ab dem 01.01.2020 abwechselnd mit Frauen und Männern besetzt werden müssen (§ 29 Abs. 5 Satz 1

---

93 Zur Zulässigkeit dieser Beschränkung *Klaus von der Weiden* (Fn. 26), Art. 46 Rn. 26.
94 Einwohner 3. Quartal 2019: 2.134.393 (gem. Thür. Landesamt f. Statistik, Statistischer Bericht, A I, A II, A III – vj 3/19 – Bevölkerungsvorgänge in Thüringen, 3. Vierteljahr 2019, S. 6); Wahlberechtigte Landtagswahl 2019: 1.729.242 (Thür. Landeswahlleiter, Pressemitteilung 317/2019 vom 07.11.2019).
95 Zu dieser Erwägung auch Plenarsitzungsprotokoll v. 21.10.1993, Erste Besprechung des Thüringer Landeswahlgesetztes, S. 7100.
96 Änderungsantrag der Fraktion Linke Liste-PDS v. 03.11.1993, LT-Drs. 1/2800.
97 Plenarsitzungsprotokoll v. 04.11.1993, Zweite Besprechung des Thüringer Landeswahlgesetztes, S. 7326.

LWG),[98] um nicht von dem Landeswahlausschuss zurückgewiesen zu werden. Diese Änderung geht auf den Gesetzentwurf der Fraktionen DIE LINKE, der SPD und Bündnis 90/Die Grünen vom März 2019 zurück,[99] nachdem bereits das Land Brandenburg eine solche Regelung verankert hatte.[100] Darin begründeten die Antragstellenden die geschlechterparitätische Wahlorganisationsregelung mit dem „Schutz vor struktureller Diskriminierung von Kandidatinnen in parteiinternen Nominierungsverfahren und Sicherung ihres Anspruchs auf Chancengleichheit, Artikel 38 Abs. 1, Artikel 3 Abs. 2 des Grundgesetzes sowie der Sicherung gleichberechtigter demokratischer Teilhabe und effektiver Einflussnahme durch den Souverän, die Bürgerinnen und Bürger, mit Hilfe von Wahlen, Artikel 20, Artikel 38, Artikel 3 Abs. 2 des Grundgesetzes."[101] Somit sei die Änderung des LWG nach der Thüringer Verfassung geboten gewesen, da trotz neutraler Formulierungen im Landeswahlrecht eine gleichberechtigte demokratische Teilhabe von Frauen nicht ermöglicht werde.[102] Angenommen wurde die Änderung am 05.07.2019 mit einer Mehrheit von 43 Stimmen der koalierenden Parteien DIE LINKE, SPD und Bündnis 90/Die Grünen.[103] Paritätsregelungen für deutschen Wahlgesetze stehen indes grundsätzlich in der Kritik der juristischen Literatur.[104] Bisweilen wurde vertreten,

---

98 Siebtes Gesetz zur Änderung des Thüringer Landeswahlgesetzes v. 19.09.2019, GVBl. 2019, S. 322. Das Gesetz ist erst zum 01.01.2020 und damit nach der 7. Landtagswahl in Kraft getreten.

99 Änderungsantrag der Fraktionen DIE LINKE, der SPD und BÜNDNIS 90/DIE GRÜNEN v. 20.03.2019, LT-Drs. 6/6964.

100 *Antje von Ungern-Sternberg*, Parité-Gesetzgebung auf dem Prüfstand des Verfassungsrechts, JZ 2019, 525 ff.

101 Änderungsantrag der Fraktionen DIE LINKE, der SPD und BÜNDNIS 90/DIE GRÜNEN v. 20.03.2019, LT-Drs. 6/6964, S. 2.

102 Änderungsantrag der Fraktionen DIE LINKE, der SPD und BÜNDNIS 90/DIE GRÜNEN v. 20.03.2019, LT-Drs. 6/6964, S. 1. Ähnlich auch die Argumentation von *Silke Ruth Laskowski* bei der mündlichen Verhandlung am 13.05.2020 vor dem ThürVerfGH; a. A. *Thorben Köster*, Parité in Thüringen – ein Beitrag zur Änderung des Thüringer Wahlgesetzes, ThürVBl 2020, 157 ff.

103 PlPr. v. 05.07.2019, Zweite Beratung zum Siebten Gesetz zur Änderung des Thüringer Landeswahlgesetzes, S. 117 f.

104 Bedenken in der gutachterlichen Stellungnahme des Wissenschaftlichen Dienstes des Thüringer Landtages, v. 29.07.2019 LT-Drs. 6/7525, S. 70 ff. oder bei *Martin Morlok/Alexander Hobusch*, Ade parité? – Zur Verfassungswidrigkeit verpflichtender Quotenregelungen bei Landeslisten, DÖV 2019, 14 ff. und *Silvia Pernice-Warnke*, Parlamente als Spiegel der Bevölkerung?, DVBl 2020, 81 ff.; offener *Hans Meyer*, Verbietet das Grundgesetz eine paritätische Frauenquote bei Listenwahlen zu Parlamenten?, NVwZ 2019, 1245 ff.; *Antje von Ungern-Sternberg*, Parité-Gesetzgebung (Fn. 100), 525 (532 ff.).

dass die Thüringer Paritätsregelung verfassungswidrig sei.[105] Selbst eine dahingehende Verfassungsänderung wird teilweise[106] als verfassungswidrig ausgeschlossen.[107] Der Ausschluss einer Verfassungsänderung mit Blick auf Art. 79 Abs. 3 GG formulierte der ThürVerfGH in seiner Entscheidung vom 15.07.2020 jedoch nicht, mithin erscheint die Einführung paritätischer Landeslisten mittels Verfassungsänderung grundsätzlich möglich. Das Siebte Gesetz zur Änderung des Thüringer Landeswahlgesetzes wurde durch den ThürVerfGH mit 6:3 Stimmen bei zwei Sondervoten[108] mit abweichendem Ergebnis jedoch für nichtig erklärt. Die Mehrheit erkannte einerseits sowohl eine nicht gerechtfertigte Beeinträchtigung der durch Art. 46 Abs. 1 ThürVerf garantierten passiven Wahlfreiheit als auch eine Beeinträchtigung der durch Art. 46 Abs. 1 i.V.m. Art. 46 Abs. 2 ThürVerf garantierten passiven Wahlrechtsgleichheit. Andererseits sah der ThürVerfGH die Rechte der Parteien aus Art. 21 Abs. 1 GG i.V.m. Art. 9 Satz 2 ThürVerf verletzt, namentlich die Organisations-, Programm- und Betätigungsfreiheit sowie das Recht der Chancengleichheit. Das Gericht wies die angeführten Rechtfertigungsgründe zurück: Entsprechend des Demokratieprinzips repräsentieren Abgeordnete das Wahlvolk als Ganzes und nicht Einzelne. Mit Blick auf den in der Rechtsprechung des BVerfG anerkannten Integrationsvorgang der Wahl erläuterte das Gericht weiter, dass dieser auf die Integration politischer Kräfte zielt und nicht als Rechtfertigung zur Sicherung der Integration von Frauen und Männer als Geschlechtergruppen herangezogen werden kann. Letztlich entfällt auch eine Rechtfertigung über Art. 2 Abs. 2 Satz 2 ThürVerf bereits durch die Würdigung der Entstehungsgeschichte des Artikels, denn bei der Verfassungsgebung wurde die Aufnahme einer Regelung zur Förderung paritätischer Besetzungen von Entscheidungsgremien explizit abgelehnt.[109]

---

105 Für Thüringen klar *Martin Morlok/Alexander Hobusch*, Kompromisse unerwünscht – zur Einführung eines Paritätsgesetzes in Thüringen, ThürVBl 2019, 282 (289) und *Thorben Köster*, Parité in Thüringen (Fn. 102), 157 (163 ff.).
106 Nachweise für verschiedene Positionen bei *Thorben Köster*, Parité in Thüringen (Fn. 102), 157 (165 [Fn. 137]).
107 *Silvia Pernice-Warnke*, Parlamente (Fn. 104), 89.
108 Sondervoten verfassten einerseits *Renate Licht* und *Jens Petermann* und andererseits *Elke Heßelmann*.
109 ThürVerfGH, Urt. v. 15.07.2020 – VerfGH 2/20, S. 27 ff. des amtlichen Umdrucks (m. w. N. aus den Protokollen der Entstehung der ThürVerf auf S. 43).

V. Wahlergebnis

Das Wahlergebnis wird für die Wahl nach Wahlkreisstimme sowie für die Wahl nach Landesstimmen getrennt festgestellt (§ 73 LWO).[110] So ermittelt jeder Wahlkreisausschuss welcher Wahlkreisvorschlag die meisten Stimmen auf sich vereinen konnte und der Kreiswahlleiter informiert den gewählten Bewerber über seine Wahl (§ 41 LWG). In einer Sitzung des Landeswahlausschusses wird das endgültige Ergebnis der Wahl nach den Landeslisten festgestellt. Entsprechend informiert der Landeswahlleiter die per Landesstimme gewählten Bewerber (§ 42 LWG).

Während bei der Landtagsmandatsvergabe alle Wahlkreisbewerber Berücksichtigung finden, die in ihrem Wahlkreis die Mehrheit der Stimmen auf sich vereinen konnten (Direktmandate), nehmen an der Vergabe der Mandate über die Landesstimmen gemäß Art. 49 Abs. 2 ThürVerf nur die Landeslisten teil, die mindestens fünf Prozent der Landesstimmen auf sich vereinen konnten. Da auch Thüringen – nach anfänglich umfangreicherer Diskussion[111] – für die Landesebene[112] die 5-%-Sperrklausel mit Verfassungsrang versehen hat, um einer Zersplitterung des Parlaments vorzubeugen und regierungsfähige Koalitionen zu ermöglichen,[113] bedarf die Sperrklausel und die damit einhergehende Einschränkung der Gleichheit der Wahl keiner weiteren verfassungsrechtlichen Rechtfertigung. Die Frage nach ihrer Existenzberechtigung ist damit nur noch eine verfassungspolitische.[114] Daneben sieht das Thüringer Wahlrecht auch keine Grundmandatsklausel vor, mit der Parteien an der Mandatsverteilung beteiligt werden könnten, die mit einer Mindestanzahl an Direktmandaten in den Landtag eingezogen sind.[115] Außerdem ist eine Umgehung der 5-%-

---

110 Nähere Bestimmungen zur Ermittlung des Wahlergebnisses und dessen Bekanntgabe, siehe §§ 62 ff. LWO.
111 Thüringer Landtag (Hrsg.), Entstehung (Fn. 20), 132 f.
112 Im Gegensatz zur kommunalen Ebene, bei der eine 5-%-Sperrklausel nicht mit der ThürVerf vereinbar ist, vgl. ThürVerfGH, Urt. v. 11.04.2008 – VerfGH 22/05, NVwZ-RR 2009, 1 ff.
113 *Thomas Würtenberger/Patricia Wiater*, Grundzüge (Fn. 25), 59.
114 *Klaus von der Weiden* (Fn. 61), Art. 49 Rn. 11; *Manfred Baldus*, Verfassungsrecht (Fn. 27), § 1 Rn. 60. Als weiter rechtfertigungsbedürftig eingeordnet bei *Peter M. Huber*, Staatsrecht (Fn. 22), Rn. 124, 161; ähnlich *Stefan Storr*, Staatsrecht (Fn. 10), Rn. 471.
115 *Martin Wieczorek*, Parteien (Fn. 10), S. 37.

Sperrklausel durch Listenverbindungen im Gegensatz zur Listenvereinigung nicht mit der Verfassung zu vereinbaren.[116]

Die Mandatsverteilung im Landtag beruht auf dem Verfahren Hare/Niemeyer und erfolgt auf Basis des Proporzes der Landesstimmen.[117] Aufgrund der jedenfalls zugeteilten Direktmandate kann es dazu kommen, dass eine Partei mehr Sitze per Direktmandate gewonnen hat, als ihr anteilig nach Landesstimmen zustehen würde. Sie verfügt damit über sogenannte Überhangmandate. Um den Proporz nach Landesstimmen wiederherzustellen, werden an die übrigen Parteien Ausgleichsmandate verteilt, entsprechend wächst der Landtag um die Sitze der Überhang- und Ausgleichsmandate an (§ 5 Abs. 6 LWG). Damit kommt es zur Verschiebung zwischen der Mandatsvergabe unter den Wahlkreisbewerbern und solchen von der Landesliste.[118] Ein solcher Ausgleich war bei den Wahlen 2014 mit zwei Mandaten und 2019 mit einem Mandat notwendig, da die CDU jeweils ein Überhangmandat errang; bei der Wahl 1990 errang die CDU zwar auch ein Überhangmandat, jedoch erforderte der Proporz keinen Ausgleich durch zusätzliche Mandate für die anderen Parteien.[119]

VI. Wahlprüfung

1. Allgemeines

Eine Wahlprüfung ist gemäß dem Homogenitätsprinzip aus Art. 28 Abs. 1 GG zwingend durch das Landesrecht zu gewähren.[120] Das Wahlprüfungsverfahren ist in Thüringen entsprechend der bundesrechtlichen Regelung zweistufig aufgebaut.[121] Zunächst ist in erster Instanz der Thüringer Land-

---

116 *Joachim Linck* (Fn. 31), Art. 46 Rn. 19; *Klaus von der Weiden* (Fn. 61), Art. 49 Rn. 12.
117 *Martin Wieczorek*, Parteien (Fn. 10), S. 37; *Stefan Storr*, Staatsrecht (Fn. 10), Rn. 469.
118 Dazu siehe oben III.1.
119 Wahlergebnisse und Mandatsverteilung für alle Wahlen übersichtlich dargestellt bei http://www.wahlen-in-deutschland.de/blThueringen.htm (abgerufen am 10.01.2020); auch *Martin Wieczorek*, Parteien (Fn. 10), 37.
120 BVerfG, Beschl. v. 12.12.1991 – 2 BvR 562/91, BVerfGE 85, 148 (158); BVerfG, Beschl. v. 16.07.1998 – 2 BvR 1953/95, BVerfGE 99, 1 (17 f.). Siehe auch bspw. *Manfred Baldus*, Verfassungsrecht (Fn. 27), § 1 Rn. 64.
121 Ausführlicher zur Wahlprüfung unter dem GG *Andreas Ortmann*, Probleme der Wahlprüfungsbeschwerde nach § 48 BVerfGG, ThürVBl 2006, 169 ff.

tag damit befasst, anschließend gegebenenfalls der ThürVerfGH.[122] Dem ThürVerfGH kommt das Letztentscheidungsrecht zu.[123] Dabei dient das Wahlprüfungsverfahren nur mittelbar dem subjektiven Rechtsschutz, vielmehr soll die Gültigkeit der Wahl als solcher, und damit die korrekte, gesetzmäßige Zusammensetzung des Landtags geprüft werden und auf die zukünftige Vermeidung von Wahlfehlern hingewirkt werden; es handelt sich um ein in erster Linie objektivrechtliches Verfahren, das erst im Nachgang von Wahlen angestoßen werden kann.[124]

Bei einer ähnlichen rechtlichen Ausgangslage hat kürzlich der SächsVerfGH auch einen Wahlrechtsschutz im Vorfeld bejaht.[125] Diese methodisch nicht frei von Kritik gebliebene Entscheidung könnte zukünftig auch von anderen Landesverfassungsgerichten aufgegriffen werden oder den Landesgesetzgeber inspirieren, ein Instrument des Wahlrechtsschutzes im Vorfeld einzurichten.[126] Der naheliegende Weg geht dabei über eine Änderung der Verfassung.[127] Gleichzeitig ist einerseits die Notwendigkeit der Beschränkung des Rechtsschutzes mit Blick auf die immense Menge der Entscheidungen der einzelnen Wahlorgane beizubehalten, um eine termingerechte und gleichzeitige Wahl zu garantieren.[128] Andererseits könnte ein gewisse Ausweitung des Rechtsschutzes sogar mit Blick auf Art. 19 Abs. 4 GG geboten sein.[129]

Die Anfechtung des Wahlergebnisses der Thüringer Landtagswahlen und das Wahlprüfungsverfahren sind im neunten Abschnitt des LWG (§§ 50 ff.) geregelt, wobei sich die dort getroffenen Regelungen auf ein formelles Wahlprüfungsrecht beschränken. Basierend auf der Regelung im Art. 49 Abs. 3 ThürVerf entscheidet der Landtag nach § 51 LWG auf einen Einspruch hin einerseits über die Gültigkeit der Wahlen, andererseits über

---

122 *Stefan Storr*, Staatsrecht (Fn. 10), Rn. 830.
123 *Siegfried Jutzi*, in: Linck/Baldus u. a. (Fn. 24), Art. 80 Rn. 124. Zum Ausschluss des Gangs zum BVerfG *Klaus von der Weiden* (Fn. 61), Art. 49 Rn. 18.
124 *Klaus von der Weiden* (Fn. 61), Art. 49 Rn. 17; *Manfred Baldus*, Verfassungsrecht (Fn. 27), § 1 Rn. 65; *Stefan Storr*, Staatsrecht (Fn. 10), Rn. 831. Auch subjektive Dimension mit Verweis auf BVerfG bei *Siegfried Jutzi* (Fn. 123), Art. 80 Rn. 125.
125 SächsVerfGH, Urt. v. 16.08.2019 – Vf. 76-IV-19 (HS), NVwZ 2019, 1829 (1834).
126 Dazu *Winfried Kluth*, Außerordentlicher Wahlrechtsschutz durch den Verfassungsgerichtshof des Freistaates Sachsen – Beginn einer Trendwende?, LKV 2019, 501 ff.; *Alexander Brade*, Präventive Wahlprüfung?, NVwZ 2019, 1814 ff.
127 *Alexander Brade*, Wahlprüfung (Fn. 126), 1814 (1818 f.).
128 *Stefan Storr*, Staatsrecht (Fn. 10), Rn. 832; a. A. *Andreas Ortmann*, Wahlprüfungsbeschwerde (Fn. 121), 169 (172 ff.).
129 *Wolf-Rüdiger Schenke*, Die Garantie eines Wahlrechtsschutzes durch Art. 19 IV GG, NJW 2020, 122 ff.

die nachträgliche Berufung von Listennachfolgern (§ 48 Abs. 1 LWG) sowie über die Frage, ob ein Abgeordneter nach der Wahl die Mitgliedschaft im Landtag verloren hat (§ 47 LWG). Letzteres ist als Wahlprüfung im weiteren Sinn zu verstehen.[130]

Für einen Rechtsstaat ungewöhnlich, jedoch aus der Geschichte zu erklären, ist das parlamentarische Selbstprüfungsrecht. Das Parlament entscheidet über die Rechtmäßigkeit der Wahlen, aus denen es selbst hervorgegangen ist. Dieser Problematik wird indessen durch die anschließend mögliche verfassungsgerichtliche Kontrolle begegnet.[131] Hierbei ist es für den Rechtsschutz unerheblich, dass der Kreis, der zur Wahlprüfungsbeschwerde berechtigt ist, kleiner als der zum Einspruch beim Landtag berechtigte Kreis ist.[132]

2. Wahlprüfung im engeren Sinn

Einspruchsberechtigt für eine Wahlprüfung im engeren Sinne sind Wahlberechtigte, Gruppen von Wahlberechtigten, an der Wahl beteiligte Parteien und in amtlicher Eigenschaft der Landeswahlleiter und der Präsident des Landtags (§ 53 LWG). Anfechtungsgründe sind insbesondere die in § 54 LWG aufgelisteten Tatbestände, wie beispielsweise rechnerische Unrichtigkeit des Ergebnisses, die Einschüchterung von Wählern oder von Bewerbern oder Rechtsverletzungen, die Auswirkungen auf die Sitzverteilung hatten, wobei diese Liste in § 54 LWG nicht als abschließend aufzufassen ist. Jedenfalls ist gemäß § 52 Abs. 3 LWG ein Einspruch zu begründen. Es ist insbesondere erheblich, ob der Wahlfehler eine Mandatsrelevanz besitzt, sich also auf das Wahlergebnis und die daraus resultierende Sitzverteilung im Landtag auswirkte.[133] Soweit mehrere Parteien über die gleiche Mandatsanzahl verfügen und entsprechend für gewisse Reihungen im Landtag auf die Anzahl der Landesstimmen zurückgegriffen wird, kann

---

130 Als Wahlprüfungssache auch in § 47 Abs. 1 Nr. 1 LWG bezeichnet. Auch *Klaus von der Weiden* (Fn. 61), Art. 49 Rn. 27.
131 *Klaus von der Weiden* (Fn. 61), Art. 49 Rn. 13 ff.; *Joachim Linck* (Fn. 75), Art. 49 Rn. 10 ff.; *Andreas Ortmann*, Wahlprüfungsbeschwerde (Fn. 121), 169 (170 f.).
132 Dazu siehe unten VI.2.
133 ThürVerfGH, Beschl. v. 09.07.2015 – VerfGH 9/15, ThürVBl. 2015, 291 (293); *Klaus von der Weiden* (Fn. 61), Art. 49 Rn. 22 ff.; *Stefan Storr*, Staatsrecht (Fn. 10), Rn. 831.

in einem solchen Fall auch eine Auswirkung auf diese Reihenfolge eine ausreichende Relevanz für eine Wahlprüfung stiften.[134]

Der Wahlprüfungsausschuss des Landtages bereitet die Entscheidungen des Landtages hinsichtlich des Wahlprüfungsverfahrens vor (§ 55 Abs. 1 LWG). Er wird grundsätzlich einmalig in jeder Legislaturperiode gewählt, wobei Abgeordnete, die in einem Wahlprüfungsverfahren die Rechtsstellung von Beteiligten haben, von jeder Mitwirkung im Wahlprüfungsausschuss ausgeschlossen sind (§ 55 LWG). Nach § 56 LWG findet eine Vorprüfung des Einspruchs statt. Dabei wird der Sachverhalt unter Zuhilfenahme von Zeugen und Sachverständigen möglichst vollständig aufgeklärt, um einen Beschluss nach nur einen Verhandlungstermin des Wahlprüfungsausschusses zu ermöglichen. Zudem ist im Normalfall eine öffentliche mündliche Verhandlung vorgesehen. Nach geheimer Beratung richtet der Wahlprüfungsausschuss, seinem Ergebnis entsprechend, einen schriftlichen Antrag an den Landtag, der dabei auch einen Entscheidungsvorschlag enthält (§ 60 LWG). Dieser beruht auf den in § 63 LWG abschließend vorgegebenen Entscheidungsmöglichkeiten. Über den Antrag wird vom Landtag mit einfacher Mehrheit entschieden, wobei eine Ablehnung zur Zurückverweisung an den Wahlprüfungsausschuss führt. Diese Zurückverweisung kann mit der Aufforderung zur Nachprüfung bestimmter tatsächlicher oder rechtlicher Umstände verbunden werden (§ 62 Abs. 1 LWG). Die Wahlprüfung im Landtag ist Rechtsprechung im materiellen Sinne. Es handelt sich um ein gerichtsförmiges Verfahren, bei dem Rechtsgründe und nicht politische Erwägungen zur Entscheidung führen.[135]

Die Entscheidungen des Landtages in Angelegenheiten der Wahlprüfung können nach § 64 LWG beim Verfassungsgerichtshof angefochten werden (Art. 80 Abs. 1 Nr. 8 i.V.m. Art. 49 Abs. 3 ThürVerf). Das Beschwerderecht unterliegt den Bedingungen nach § 48 Thüringer Verfassungsgerichtshofsgesetz (ThürVerfGHG). Demnach kann eine Einzelperson (ein Abgeordneter oder Wahlberechtigter) mit der Unterstützung von mindestens 100 Wahlberechtigten oder einer Gruppe aus dem Landtag, die mindestens ein Zehntel der gesetzlichen Abgeordneten ausmacht, binnen einer Frist von zwei Monaten seit der Beschlussfassung des Landtags eine begründete Beschwerde vor dem Landesverfassungsgericht erheben (§ 48 Abs. 1 ThürVerfGHG). Der Kreis derer, die Beschwerde vor dem

---

134 *Andreas Ortmann*, Wahlprüfungsbeschwerde (Fn. 121), 169 (172).
135 *Klaus von der Weiden* (Fn. 61), Art. 49 Rn. 18; *Siegfried Jutzi* (Fn. 123), Art. 80 Rn. 124; *Andreas Ortmann*, Wahlprüfungsbeschwerde (Fn. 119), 169.

ThürVerfGH erheben können, ist also kleiner als der der Einspruchsberechtigten beim Thüringer Landtag.[136]

Die Entscheidung des ThürVerfGH, für die es nicht notwendigerweise einer mündlichen Verhandlung bedarf (§ 48 Abs. 3 ThürVerfGHG), kann bis zur Nichtigkeit der Wahl reichen. Die Nichtigkeit der Wahl ist allerdings die ultima ratio.[137] Sie kommt bloß dann in Betracht, wenn ein Wahlfehler ein solches Gewicht besitzt, dass der Fortbestand des Landtages unerträglich erscheint.[138] Für den Landtag wie für den ThürVerfGH gilt es zur Fehlerkorrektur das schonendste Mittel heranzuziehen, um das Wahlergebnis soweit möglich zu erhalten.[139]

3. Mandatsverlustprüfung

Bei der Mandatsverlustprüfung, also der Wahlprüfung im weiteren Sinn, stellt der Landtag nach Art. 49 Abs. 3 Satz 3 ThürVerf fest, dass einer der Gründe des Mandatsverlustes, die in der Thüringer Verfassung (Art. 52 Abs. 2 u. 3 ThürVerf) sowie im GG abschließend geregelt sind, vorliegen. Der Gesetzgeber hat in den §§ 46 f. LWG die verfassungsrechtlich normierten Verlusttatbestände zusammengetragen und konkretisiert sowie das Verfahren der Entscheidung über den Mandatsverlust für den Thüringer Landtag ausgestaltet. Eine weitergehende Gesetzgebungskompetenz, wie die Schaffung weiterer Verlusttatbestände, besteht nicht.[140] So wurde für Thüringen ein Verlust des Mandats aufgrund der wissentlichen Mitarbeit, hauptamtlich wie inoffiziell, bei der Stasi oder beim Amt für Nationale Sicherheit, als verfassungswidrig erklärt.[141] Der Verlust des Mandats erfolgt aus Gründen der Rechtsicherheit stets ex nunc.[142]

---

136 ThürVerfGH, Beschl. v. 28.11.1996 – VerfGH 1/95, ThürVBl. 1997, 91 (91 ff.).
137 *Joachim Linck* (Fn. 31), Art. 46 Rn. 12.
138 ThürVerfGH, Beschl. v. 09.07.2015 – VerfGH 9/15, ThürVBl 2015, 291 (295); *Manfred Baldus*, Verfassungsrecht (Fn. 27), § 1 Rn. 64.
139 *Klaus von der Weiden* (Fn. 61), Art. 49 Rn. 26.
140 *Klaus von der Weiden* (Fn. 61), Art. 49 Rn. 27 ff., 32; *Sebastian Dette* (Fn. 69), Art. 52 Rn. 7 f.; *Stefan Storr*, Staatsrecht (Fn. 10), Rn. 504.
141 *Sebastian Dette* (Fn. 69), Art. 52 Rn. 8, mit Verweis auf ThürVerfGH, Urt. v. 25.05.2000 – VerfGH 2/99, ThürVBl. 2000, 180 (181).
142 *Stefan Storr*, Staatsrecht (Fn. 10), Rn. 505.

VII. Wahlrechtsreform

Nachdem das Paritätsgesetz im Juli 2020 vom ThürVerfGH für nichtig erklärt wurde,[143] sind derzeit keine weitgreifenden Änderungen am Thüringer Wahlrecht absehbar.[144] Insbesondere stellen die politischen Mehrheitsverhältnisse in Thüringen keine Paritätsreglungen ermöglichende Verfassungsänderung in Aussicht. Nicht ausgeschlossen ist jedoch, dass der Thüringer Gesetzgeber für den Wahlrechtschutz im Vorfeld von Wahlen Möglichkeiten schafft.[145] Naheliegend ist, dass der Wahlrechtsschutz im Fall von Thüringen beim ThürVerfGH angelegt werden würde.[146] Auch sind im Lichte der neueren Rechtsprechungen Normen wie § 13 Abs. 5 LWO zu überdenken, der es mit Verweis auf § 67 Abs. 2 LWG ermöglicht, die Wählerverzeichnisse für statistische Zwecke nach Geschlechtern getrennt zu führen.[147]

---

143 Zur jüngsten Novelle und den verfassungsrechtlichen Bedenken siehe oben IV.2.
144 Wenngleich in der Literatur Ideen diskutiert werden, bspw. jüngst *Stefan Lenz*, Sperrklausel und Ersatzstimme im deutschen Wahlrecht, NVwZ 2019, 1797 ff.
145 Dazu siehe oben VI.1.
146 Analog *Winfried Kluth*, Wahlrechtsschutz (Fn. 124), 504, auch mit Blick auf *Stefan Storr*, Staatsrecht (Fn. 10), Rn. 828.
147 Mit BVerfG, Beschl. v. 10.10.2017 – 1 BvR 2019/16, BVerfGE 147, 1 (1. Ls.) ist jedenfalls eine dichotome Einteilung der Wähler in Frauen und Männer abzulehnen und damit der Paragraph mit Blick auf die Geheimheit der Wahl zu hinterfragen.

Teil III: Interföderaler Rechtsvergleich

§ 20 Konvergenz und Selbstand

Roman Kaiser/Fabian Michl

I. Wahlrechtsföderalismus

Im deutschen Wahlrechtsföderalismus sind Phänomene zu beobachten, wie sie sich in allen bundesstaatlichen Ordnungen früher oder später einstellen: Die einzelnen Wahlrechtsordnungen der Länder nähern sich einander bzw. dem Vorbild des Bundeswahlrechts an,[1] bewahren aber auch – und sei es nur an (vermeintlich) entlegenen Stellen – gewisse Eigenheiten, die auf politische Besonderheiten oder historische Pfadabhängigkeiten zurückzuführen sind. Dieses Kapitel skizziert den gegenwärtigen Stand des deutschen Wahlrechtsföderalismus entlang der Linien von Anpassung und Beharrung, Konvergenz und Selbstand. Es folgt dabei der Struktur der einzelnen Landeskapitel (Abschnitte II bis VI), deren Erkenntnisse es synoptisch zusammenfasst und vergleichend analysiert.

II. Wahlberechtigung und Wählbarkeit

Das für den deutschen Wahlrechtsföderalismus typische Bild zeigt sich bereits deutlich bei den Regelungen zum aktiven und passiven Wahlrecht. Gemeinsamkeiten in den Grundsätzen verbinden sich mit Unterschieden in den Einzelheiten. So besteht weitgehende Konformität beim Wahlalter. Die Altersschwelle für die Wählbarkeit liegt in allen Ländern bei 18 Jahren. Dabei wird (nur) in Nordrhein-Westfalen, Rheinland-Pfalz und im Saarland an die Volljährigkeit nach § 2 BGB angeknüpft – dies allerdings auf Verfassungsebene. Der Landeswahlgesetzgeber wäre hier folglich verfassungsrechtlich verpflichtet, die Wahlberechtigung an eine Änderung der Volljährigkeit durch den Bundesgesetzgeber anzupassen.

Das aktive Wahlrecht setzt in zwölf Ländern ebenfalls die Vollendung des 18. Lebensjahres voraus. Hingegen beginnt in Brandenburg, Bremen, Hamburg und Schleswig-Holstein die Wahlberechtigung bereits mit 16

---

[1] Zu den Angleichungstendenzen in der Bonner und Berliner Republik vgl. bereits § 2 V, VII.

Jahren. Die Herabsenkung des Wahlalters erfolgte – in Brandenburg sogar verfassungsrechtlich verankert – in den Jahren 2009 bis 2013, ist also im Vergleich zu den meisten anderen fundamentalen Regelungen des Landeswahlrechts noch relativ jung. Trotz verschiedener Initiativen in anderen Ländern ist ein Trend hin zum aktiven Wahlrecht ab 16 Jahren bisher aber nicht zu beobachten.

Eine Konvergenz zeigt sich auch beim Sesshaftigkeitserfordernis. Das Wahlrecht hängt in allen Ländern vom Innehaben der (Haupt-)Wohnung oder in Ermangelung eines Wohnsitzes vom gewöhnlichen Aufenthalt im Landesgebiet ab. In Thüringen genügt seit einer Entscheidung des ThürVerfGH[2] auch eine Nebenwohnung, wenn die betreffende Person dort ihren Lebensmittelpunkt hat. Ähnliche Regelungen finden sich in Brandenburg und Niedersachsen. Das dadurch aufgeworfene Problem der Möglichkeit, in zwei Ländern gleichzeitig wahlberechtigt zu sein, ist bisher ungelöst.[3]

Nachdem die Mindestdauer der Sesshaftigkeit ursprünglich erheblich divergierte, hat sich inzwischen eine Zeit von drei Monaten als Richtgröße etabliert.[4] Sieben Länder legen wie der Bund diese Mindestzeit sowohl für das aktive als auch für das passive Wahlrecht fest. In den anderen Ländern weicht die Regelung jeweils entweder für die Wahlberechtigung oder für die Wählbarkeit von dieser Dauer ab. Dabei ist die Anforderung für die Wählbarkeit stets die höhere. Für die Abgeordnetentätigkeit wird also eine größere Verbundenheit mit dem Staatswesen des Landes für nötig erachtet. Brandenburg, Hessen, Mecklenburg-Vorpommern, Nordrhein-Westfalen und Schleswig-Holstein senken die Mindestzeit für das aktive Wahlrecht ab; die Anforderungen gehen von 16 Tagen bis 6 Wochen. Demgegenüber erhöhen Niedersachsen, Sachsen, Sachsen-Anhalt und Thüringen die Anforderungen für das passive Wahlrecht und verlangen eine Sesshaftigkeit von sechs Monaten bzw. einem Jahr.

Fast vollständig identisch sind die Regelungen zum Ausschluss vom Wahlrecht. Alle Landeswahlgesetze sehen den Ausschluss durch Richterspruch vom aktiven und/oder passiven Wahlrecht vor. Nach den Entscheidungen des BVerfG zur Verfassungswidrigkeit des Wahlrechtsausschlusses von Vollbetreuten und von nach § 63 i. V. m. § 20 StGB in einem psychiatrischen Krankenhaus Untergebrachten[5] haben acht Länder die entspre-

---

2 ThürVerfGH, Urt. v. 12.06.1997 – VerfGH 13/95, NJW 1998, 525 ff.
3 Dazu § 1 III 2 b und § 19 II 2.
4 Vgl. *Michael Sachs*, Das Staatsvolk in den Ländern, AöR 108 (1983), 68 (88 f.).
5 BVerfG, Beschl. v. 29.01.2019 – 2 BvC 61/14, BVerfGE 151, 1 ff. (BWahlG); Beschl. v. 15.04.2019 – 2 BvQ 22/19, BVerfGE 151, 152 (EuWG).

chenden wahlgesetzlichen Regelungen aufgehoben. Brandenburg, Bremen und Hamburg haben die „Inklusion" im Wahlrecht bereits 2018, Nordrhein-Westfalen und Schleswig-Holstein sogar schon 2016 vorweggenommen. In Baden-Württemberg wurde der Wahlrechtsausschluss von Vollbetreuten durch Gesetzesänderung nicht aufgehoben, sondern lediglich für bis 24.10.2021 unanwendbar erklärt, weil die (inzwischen erfolgte) Reaktion des Bundeswahlgesetzgebers abgewartet werden sollte.[6] In Rheinland-Pfalz und im Saarland ist eine Aufhebung bisher nicht erfolgt, aber geplant. In Brandenburg sind allerdings nach § 63 StGB untergebrachte Personen weiterhin nicht wählbar, in Schleswig-Holstein diese und zudem Personen, die infolge Richterspruchs aufgrund des SHPsychKG nicht nur einstweilig in einem Krankenhaus untergebracht sind.

Ein Ausländerwahlrecht schließlich kennt, schon wegen der Rechtsprechung des BVerfG[7], kein Land. Die Brandenburgische Verfassung enthält indes die Verpflichtung, nicht-deutschen Einwohnern des Landes das aktive und passive Wahlrecht zu gewähren, sobald und soweit das Grundgesetz dies zulässt. Die Verfassung von Sachsen-Anhalt sieht zumindest vor, dass diese Rechte Staatenlosen und Ausländern nach Maßgabe des Grundgesetzes gewährt werden können.

III. Wahlsystem

1. Konvergenz der Wahlsysteme

Die Konvergenz der Wahlsysteme, die bereits in der Bonner Republik einsetzte und bis heute anhält, hat zu einer „Harmonisierung" der wahlrechtlichen Grundstrukturen in den deutschen Ländern geführt, die denen des Bundeswahlrechts weitgehend entsprechen. In 15 Ländern wird heute nach einem System der personalisierten Verhältniswahl gewählt. Nur das Saarland hält an einem reinen Verhältniswahlsystem fest. Elf Länder setzen auf eine Kombination der geschlossenen Listenwahl mit der Direktwahl in Ein-Personen-Wahlkreisen und stellen den Wählern dafür je zwei Stimmen zur Verfügung. Ihre Wahlsysteme weisen die größte Ähnlichkeit mit dem Bundeswahlrecht auf. Das letzte Land, das sich in den wahlrechtlichen „Mainstream" einfügte, ist zugleich das einwohnerstärkste: Nord-

---

6 Vgl. § 4 IV.
7 BVerfG, Urt. v. 31.10.1990 – 2 BvF 2/89 u. a., BVerfGE 83, 37 ff.; Urt. v. 31.10.1990 – 2 BvF 3/89, BVerfGE 83, 60 ff.

rhein-Westfalen. Nachdem seit 2007 auch an Rhein und Ruhr zwei Stimmen zu vergeben sind, werden zwei Drittel der Deutschen in den Ländern durch Parlamente repräsentiert, die nach einem strukturell vergleichbaren Wahlrecht gewählt werden.

Diese vor dem Hintergrund der wahlrechtlichen Diversität der Nachkriegsjahre[8] beachtliche Konvergenz lässt sich nicht mit der Überlegenheit des Systems der personalisierten Verhältniswahl mit zwei Stimmen und geschlossenen Listen erklären. Im Gegenteil zeigt die empirische Auswertung aller Landtagswahlen von 1946 bis zur ersten Jahreshälfte 2013, dass die dominante Spielart der personalisierten Verhältniswahl – im Vergleich zur reinen Verhältniswahl Weimarer Typs – weder die Repräsentativität des Parlaments noch die Konzentration des Parteiensystems fördert.[9] Die Fragmentierung der Parteienlandschaft, die sich seit den Wahlerfolgen der AfD in den drei ostdeutschen Landtagswahlen des Jahres 2014 zunehmend intensiviert, bringt die Defizite der „Mischung" von Mehrheits- und Verhältniswahl bei grundsätzlich vollem Proporzausgleich noch stärker zur Geltung. Die Diskrepanz von Wahlkreiserfolgen und Zweitstimmenergebnissen lassen nicht nur den Bundestag, sondern auch die Landtage zunehmend wachsen (vgl. dazu V 3).

Die politikwissenschaftliche Wahlforschung macht als entscheidenden Faktor der Konvergenz im deutschen Wahlrechtsföderalismus die Vorbildwirkung des Bundeswahlrechts aus.[10] Doch ist dieser Erklärungsansatz nicht nur unterkomplex, sondern auch ahistorisch. Das erste Land, das nach 1949 ein personalisiertes Verhältniswahlrecht einführte, nachdem sich das zuvor praktizierte Grabenwahlrecht nicht bewährt hatte, war Schleswig-Holstein, dessen neues Wahlgesetz von 1951 sich indes nicht das Bundeswahlgesetz von 1949, sondern das Landeswahlrecht von Nordrhein-Westfalen und Niedersachsen zum Vorbild nahm, das bereits 1947 auf ein personalisiertes Verhältniswahlrecht – mit einer Stimme! – gesetzt hatte. Auch Hessens neues Wahlgesetz von 1954 war deutlich stärker von dem Wahlrecht der nördlichen Nachbarländer als vom Wahlrecht des Bundes beeinflusst, wie vor allem die Ausgleichsregelung für Überhangmandate zeigt, die erst 2013 im Bundeswahlrecht eine Entsprechung fand.

---

8 Vgl. § 2 IV.
9 *Johannes Raabe/Roland Krifft/Joshua Vogel/Eric Linhard*, Verdientes Vorbild oder Mythos? Eine vergleichende Analyse der personalisierten Verhältniswahl auf Länderebene, ZVglPolWiss (2014), 283 ff.
10 *Louis Massicotte*, To Create or to Copy? Electoral Systems in the German Länder, German Politics 12 (2003), 1 (19); *Matthias Trefs*, Die Wahlsysteme der Länder, in: Hildebrandt/Wolf (Hrsg.), Die Politik der Länder, 1. Aufl. 2008, S. 331 (333).

Der Konvergenzschub der fünfziger Jahre führte zu einer Annäherung der Länder aneinander, nicht an das Bundeswahlrecht, das mit der Einführung des Zweistimmensystems einen eigenen – bis dahin nur vom eigenwilligen Bayern antizipierten – Akzent setzte, der lange Jahre in den Ländern nicht aufgegriffen werden sollte. Die personalisierte Verhältniswahl mit einer Stimme und einer Ausgleichsregelung für Überhangmandate war eine Innovation des Landeswahlrechts, genauer: der beiden großen Länder der britischen Besatzungszone. Dass das System von Nordrhein-Westfalen und Niedersachsen nach Schleswig-Holstein und Hessen „hinüberschwappte", dürfte nicht zuletzt damit zu erklären sein, dass es geradezu prototypisch für einen Kompromiss der beiden großen Parteien der Bundesrepublik stand und sich in der Praxis bereits bewährt hatte. Die Prägewirkung des Bundeswahlrechts in dieser frühen Phase der Konvergenz war demgegenüber gering.

Den zweiten Konvergenzschub erlebte der deutsche Wahlrechtsföderalismus durch die Einführung des Zweistimmensystems in den späten achtziger Jahren in Niedersachsen, Hessen und Rheinland-Pfalz, die im letztgenannten Land mit einem Systemwechsel von der reinen zur personalisierten Verhältniswahl einherging. Zweifellos stand hier das Bundeswahlrecht und nicht etwa das – schwerlich exporttaugliche – bayerische Landtagswahlrecht Pate. Doch wäre es allzu leichtgläubig, die Vereinfachung des Wahlsystems durch „ein besseres Verständnis der Wahlmodi auf den unterschiedlichen Ebenen politischer Repräsentation in der Bundesrepublik" als maßgeblichen Beweggrund für Angleichung der Stimmgebung zu halten.[11] In Niedersachsen und Hessen war die Einführung der Zweitstimme vielmehr eine handfeste Forderung der FDP in den Koalitionsverhandlungen mit der CDU. Die Liberalen versprachen sich von der Möglichkeit des „Stimmensplittings" einen parteipolitischen Vorteil. Die Christdemokraten, die auf einen Koalitionspartner angewiesen waren, gaben nach. Auch in Rheinland-Pfalz hatte die FDP auf die – letztlich überfraktionell getragene – Zweistimmenlösung hingewirkt, die von der SPD nicht zuletzt deshalb mitgetragen worden war, weil auch sie inzwischen auf einen „kleinen" Koalitionspartner hoffen konnte: die Grünen. Ebenfalls einen genuin parteipolitischen Hintergrund hat schließlich die Einführung des Zweistimmensystems in Nordrhein-Westfalen 2007, wo die CDU wiederum nur mit Unterstützung der FDP die sozialdemokratische Regierungstradition unterbrechen konnte. Dass man den Wählern

---

11 So aber *Matthias Trefs*, Wahlsysteme (Fn. 10), S. 333. Präziser *Louis Massicotte*, Systems (Fn. 10), 11, der auf den Druck der kleineren Koalitionspartner hinweist.

das „Umdenken" bei den Wahlen durch eine „Harmonisierung" des Landes- und des Bundeswahlrechts ersparen wollte, ist bestenfalls eine gefällige Verpackung des parteipolitisch motivierten Systemwechsels.

Allenfalls beim dritten Konvergenzschub – der Einführung des personalisierten Verhältniswahlrechts mit zwei Stimmen in den „neuen" Ländern – wirkte das Bundeswahlrecht als maßgeblicher Faktor, der bereits das von der DDR-Volkskammer beschlossene Länderwahlgesetz beeinflusste. Doch die Prägewirkung ließ bereits nach, als die ersten ostdeutschen Landtage neue Wahlgesetze beschlossen. Auch hier orientierte man sich stärker am Vorbild einzelner westdeutscher Länder als am Bundeswahlrecht, wie insbesondere der in allen „neuen" Ländern eingeführte – wenn auch verschiedentlich beschränkte (vgl. V 2) – Ausgleich von Überhangmandaten zeigt, der im Bundeswahlrecht erst seit 2013 praktiziert wird. Begünstigt wurde die Orientierung am westdeutschen Landeswahlrecht nicht zuletzt durch das „Partnerländer-Modell" der Verwaltungshilfe, in dem jedes „neue" Land fachlich und personell durch die Verwaltungen eines oder mehrerer „alten" Länder unterstützt wurde. Besonders deutlich wird der Einfluss der Partnerländer auf das Landeswahlrecht im Osten am Beispiel von Sachsen-Anhalt, das das Wahlsystem seines Partnerlandes Niedersachsen weitgehend übernahm. Bis heute weist das sachsen-anhaltinische Wahlsystem eine größere Strukturähnlichkeit mit dem niedersächsischen als mit dem Bundeswahlrecht auf.

Zusammenfassend lässt sich sagen, dass die Vorbildwirkung des Bundeswahlrechts bei der Konvergenz der Wahlsysteme im deutschen Wahlrechtsföderalismus deutlich überschätzt wird. Die meisten Konvergenzphänomene lassen sich vielmehr als Annäherung der Länder aneinander bzw. als parteipolitisch motivierte Übernahmen einzelner Systemelemente – vor allem des Zweistimmensystems – beschreiben. Natürlich bildete das Bundeswahlrecht dabei stets *auch* einen Referenzpunkt, aber eben nur einen von mehreren und nur selten den maßgeblichen.

2. Selbstand der Wahlsysteme

Von der Konvergenz im Wahlrechtsföderalismus weitgehend unbeeindruckt zeigten sich bislang die Wahlsysteme der beiden süddeutschen Länder Bayern und Baden-Württemberg. Bayern knüpft mit seiner Strukturentscheidung für eine regionale Repräsentation auf Ebene der sieben Wahlkreise (Regierungsbezirke) an seine Weimarer Wahlrechtstradition an, die es schon 1946 durch die stärkere Personalisierung des Wahlverfahrens zu einem personalisierten Verhältniswahlrecht fortentwickelte, das bereits 1949 – und damit vier Jahre vor dem Bund – als Zweistimmensystem ausgestaltet wurde. Die Addition von Erst- und Zweitstimmenergebnis, die offenen Listen und die Mandatszuteilung auf Wahlkreisebene (einschließlich Überhang- und Ausgleichsmandaten) lassen das bayerische Landtagswahlrecht als selbständiges Wahlsystem erscheinen, das kaum Annäherungstendenzen an den „Mainstream" zeigt. Ähnliches gilt für das – ebenfalls auf regionale Repräsentation zugeschnittene – Wahlsystem von Baden-Württemberg, dessen Ein-Stimmen-System sich freilich einem hohen Konvergenzdruck ausgesetzt sieht, diesem aber trotz verschiedentlicher Reformversprechen beharrlich standhält.

Wahlrechtliche Eigenständigkeit hat auch in den drei kleinsten Ländern – Hamburg, Bremen und dem Saarland – Tradition, wenn auch nur das Saarland auf eine ungebrochene Kontinuität des reinen Verhältniswahlrechts mit regionaler Gliederung zurückblicken kann. Die Wahlrechtsentwicklung in den beiden hanseatischen Ländern führte in den letzten Jahren zu einer Übernahme von Personenwahlelementen, aufgrund derer beide Wahlsysteme heute als Systeme der personalisierten Verhältniswahl gelten können. Jedoch unterscheiden sie sich in Kandidaturform und Stimmgebung deutlich von den Wahlsystemen der anderen Länder und auch untereinander. Strukturell am nächsten kommt dem wahlrechtlichen „Mainstream" noch das hamburgische Wahlrecht mit seiner Unterscheidung von Wahlkreis- und Listenmandaten, während die bremische Unterscheidung von Personen- und Listenbank ein Spezifikum des Zwei-Städte-Staats darstellt.

Doch auch die elf Länder mit einem strukturell vergleichbaren Wahlsystem zeichnen sich – bereits ohne Rücksicht auf Sitzzuteilung und Ausgleichsmandate – durch systemische Eigenheiten aus. Besonders groß ist die Varianz bei der systemprägenden Festlegung des Verhältnisses von Wahlkreis- und Listenmandaten.[12] Das Bundeswahlrecht setzt seit 1953 auf eine exakt hälftige Aufteilung der Mandate, ebenso das Landeswahlrecht von Hessen (seit 1954), Brandenburg, Sachsen und Thüringen. Die Wahlgesetze von Mecklenburg-Vorpommern, Rheinland-Pfalz und Schleswig-Holstein sehen mit jeweils einem Mandat ein leichtes Übergewicht der Wahlkreismandate vor, während in Sachsen-Anhalt die Listenmandate mit einem Mandat überwiegen. Ein deutliches Übergewicht der Wahlkreis-

---

12 Vgl. dazu anschaulich *Louis Massicotte*, Systems (Fn. 10), 8 ff., der aber unzutreffend davon ausgeht, dass auch das Landeswahlrecht von Sachsen-Anhalt eine hälftige Verteilung vorsieht, und außerdem den Einfluss der Parteienlandschaft auf die Entstehung von Überhangmandaten unterschätzt.

mandate kennzeichnet die Wahlsysteme von Berlin (60 %), Niedersachsen (64 %) und Nordrhein-Westfalen (71 %). Doch bezieht sich diese Gewichtung stets nur auf die gesetzliche Ausgangszahl der Mandate, nicht auf die definitive Gesamtzahl nach der eventuellen Zuteilung von Überhang- und Ausgleichsmandaten. Der Ausgleich von Überhangmandaten kann zu einer erheblichen Verschiebung des Verhältnisses zugunsten der Listenmandate führen, die aus dem Bundeswahlrecht bestens bekannt ist, wo derzeit trotz hälftiger Aufteilung in der Ausgangszahl nur 42 % der Abgeordneten in den Wahlkreisen gewählt wurden. Noch drastischer sind die Abweichungen gegenwärtig in Berlin (49 statt 60 %) und Hessen (40 statt 50 %), deutlich zu erkennen auch in Nordrhein-Westfalen (64 statt 71 %).

IV. Wahlvorbereitung

Was das Wahlvorschlagsrecht betrifft, zeigt der interföderale Vergleich nur eine Handvoll unterschiedlicher Regelungsmodelle, die sich jedoch in erheblicher Weise unterscheiden. In sieben Ländern können nur Parteien eine Liste einreichen. Hingegen sind in acht Ländern auch andere Wählergruppen wahlvorschlagsberechtigt. Eine Sonderstellung nimmt insoweit Baden-Württemberg ein, weil es dort kein Listenwahlrecht gibt. Eine Beteiligungsanzeige für parlamentarisch nicht vertretene Parteien ähnlich dem Bundeswahlrecht (§ 18 Abs. 2–4a BWahlG) kennen zwölf Länder (Bayern, Berlin, Brandenburg, Bremen, Hamburg, Mecklenburg-Vorpommern, Niedersachsen, Nordrhein-Westfalen, Sachsen, Sachsen-Anhalt, Schleswig-Holstein und Thüringen). Einzelbewerber können für Wahlkreismandate in zwölf Ländern kandidieren, in den restlichen vier hingegen nicht. In Nordrhein-Westfalen besteht insoweit die Besonderheit, dass explizit auch Wählergruppen Direktkandidaten aufstellen können. Insgesamt lassen sich somit vier verschiedene denkbare Regelungsmodelle für das Wahlvorschlagsrecht unterscheiden, von denen im gegenwärtigen Bundes- und Landeswahlrecht allerdings nur drei vorkommen:

	Einzelbewerber	*keine Einzelbewerber*
nur Parteien	BE, MV, NI, NW, SN, ST, SH, TH, Bund	–
Parteien und Wählergruppen	BW, BB, HH, RP	BY, HB, HE, SL

V. Wahlergebnis

1. Sperrklausel

Eine Fünf-Prozent-Hürde nach dem Vorbild des Bundeswahlrechts ist mittlerweile in allen Landeswahlgesetzen vorgesehen. Teilweise ist sie sogar verfassungsrechtlich vorgeschrieben, zumindest aber abgesichert. Einen Sonderfall bildet nur Bremen, wo die Sperrklausel auf die beiden „Wahlgebiete" Bremen und Bremerhaven gesondert angewendet wird. Bei den Durchbrechungen der Sperrklausel zeigen sich größere Unterschiede. So ist nur in vier Ländern, nämlich Berlin, Brandenburg, Schleswig-Holstein und Sachsen eine Grundmandatsklausel vorgesehen, wobei in den drei erstgenannten Ländern ein Wahlkreismandat genügt, während in Sachsen zwei Wahlkreismandate errungen werden müssen. Brandenburg und Schleswig-Holstein dispensieren darüber hinaus die Parteien nationaler Minderheiten – nämlich Sorben/Wenden bzw. Dänen – von der Sperrklausel. Die bloße Existenz von nationalen Minderheiten führt jedoch nicht automatisch zu entsprechenden Privilegierungen, wie die Beispiele der Sorben in Sachsen und der Friesen in Niedersachsen zeigen. Praktisch relevant wurde bislang nur die schleswig-holsteinische Minderheitenklausel.

2. Sitzzuteilung

Da alle Landtage nach einem Verhältniswahlrecht gewählt werden, ist die Umrechnung der (proporzrelevanten) Stimmen in Mandate eine der zentralen Regelungsmaterien der Wahlgesetze. Die starken Konvergenzen beim Wahlsystem setzen sich an dieser Stelle nicht fort. Vielmehr kommen in den Ländern alle drei üblichen Sitzzuteilungsverfahren – D'Hondt, Hare/Niemeyer, Sainte-Laguë/Schepers – zum Einsatz. Besonders bemerkenswert ist das beharrliche Festhalten dreier Länder, nämlich Niedersachsens, Sachsens und des Saarlandes, am D'Hondt'schen Höchstzahlverfahren, das seit langem dafür kritisiert wird, kleinere Parteien tendenziell zu benachteiligen.[13] Das Divisorverfahren mit Standardrundung nach Sainte-Laguë/Schepers, das den Erfolgswert der Stimmen optimal verwirklicht, wurde vor seiner Übernahme in das Bundeswahlrecht bereits im Landes-

---

13 Vgl. dazu nur *Jochen Rauber*, Das Ende der Höchstzahlen?, NVwZ 2014, 626 ff.

wahlrecht eingesetzt, nämlich in Bremen, wo es 2001 an die Stelle des Verfahrens nach Hare/Niemeyer getreten ist.

3. Ausgleichsmandate

Der Ausgleich von Überhangmandaten ist eine Innovation des Landeswahlrechts, die bereits in den ersten Wahlgesetzen von Nordrhein-Westfalen und Niedersachsen vorgesehen war. Heute finden sich Ausgleichsregelungen in allen Landeswahlgesetzen, die auf ein personalisiertes Verhältniswahlrecht mit Majorzmandaten in Wahlkreisen setzen – das sind alle bis auf Bremen und das Saarland. 2013 ist der Bundesgesetzgeber – nach einer Intervention des BVerfG – dem Vorbild der Länder gefolgt und hat eine Ausgleichsregelung auch für Überhangmandate im Bundestag geschaffen.

Die Ausgleichsmandate sind Fluch und Segen zugleich: Zum einen gewährleisten sie die Proportionalität der Wahl und damit die Repräsentativität des Parlaments. Sie sichern mit anderen Worten den Verhältniswahlcharakter der personalisierten Verhältniswahl. Zum anderen droht ihre unbegrenzte Zuteilung aber, die Parlamente „aufzublähen". So wurden etwa in Berlin, bei der letzten Abgeordnetenhauswahl 30 Ausgleichsmandate zugeteilt und damit die gesetzliche Ausgangszahl von 130 Sitzen um 23 % überschritten. Noch stärker wirkte sich der Ausgleich in Hessen aus, dessen Landtag nach der letzten Wahl von 110 auf 137 Sitze vergrößert werden musste, was einer Erhöhung um knapp 25 % entspricht. In beiden Ländern schlägt die ausgleichsbedingte Parlamentsvergrößerung damit – relativ gesehen – stärker zu Buche als beim Bundestag, der 2017 um knappe 19 % der Ausgangssitze, nämlich 111 Mandate, erweitert werden musste. Die Spitzenposition in der jüngeren Wahlrechtsgeschichte belegt Nordrhein-Westfalen, wo bei der Landtagswahl 2012 56 Ausgleichsmandate vergeben wurden und damit die Ausgangszahl von 181 Sitzen um 31 % erhöht werden musste.

Um einer solchen ungehemmten Parlamentsvergrößerung vorzubeugen, limitieren einige Länder den Ausgleich von Überhangmandaten. So ist in Brandenburg erst ein Ausgleich ab (einschließlich) dem dritten Überhangmandat vorgesehen. Außerdem wird die Gesamtzahl der Mandate auf höchstens 110 erhöht, was einer Erhöhung der Ausgangszahl (88) um 25 % entspricht. Auf dynamische Obergrenzen setzen die Wahlgesetze von Sachsen, Mecklenburg-Vorpommern, Niedersachsen und Sachsen-Anhalt. In Sachsen ist die Zahl der Ausgleichsmandate von vornherein auf die Zahl der Überhangmandate begrenzt, in Mecklenburg-Vorpommern auf das

Doppelte.[14] In Niedersachsen findet nur eine Ausgleichsrunde statt, in der die Gesamtzahl der Mandate um das Doppelte der Überhangmandate vermehrt und auf dieser Grundlage eine neue Gesamtverteilung durchgeführt wird. Danach verbleiben die Überhangmandate ohne Ausgleich. Sachsen-Anhalt sieht mindestens zwei solcher Ausgleichsrunden vor. Bleiben auch dann noch Überhangmandate unausgeglichen, werden so lange Ausgleichsmandate nach demselben Muster verteilt, wie die Zahl der unausgeglichenen Überhangmandate größer ist als die Hälfte der Zahl der für die Bildung einer Fraktion erforderlichen Abgeordneten.

Das Kriterium der hälftigen Fraktionsstärke ist der Rechtsprechung des BVerfG zum Bundeswahlrecht[15] entnommen. Ob und inwieweit diese Judikatur auf das Landeswahlrecht übertragen werden kann, ist indes unklar. Die Übernahme der vom BVerfG ausgeworfenen Zahl von 15 zulässigerweise nicht ausgeglichenen Überhangmandaten, die „als Akt richterlicher Normkonkretisierung nicht vollständig begründet werden" konnte,[16] scheidet bereits angesichts der deutlich unterschiedlichen Parlamentsgrößen aus. Auch eine schematische „Umrechnung" dieser absoluten Grenze für den jeweiligen Landtag ist nicht zielführend, zumal die Ausgestaltung des Ausgleichsmechanismus stets mit einer Prognose über den Wahlausgang verbunden ist, die in erster Linie der Landesgesetzgeber, nicht die Verfassungsgerichtsbarkeit zu treffen hat.

Baden-Württemberg und Bayern folgen beim Ausgleich von Überhangmandaten schließlich ihrer Strukturentscheidung für ein Wahlsystem mit regionalem Repräsentationsaspekt: Überhangmandate fallen auf Ebene der Regierungsbezirke (in Bayern: „Wahlkreise") an und werden auch auf dieser Ebene ausgeglichen. Dadurch kann der Parteienproporz auf Landesebene verzerrt werden – eine Konsequenz, die sich noch unter Hinweis auf den Gedanken regionaler Repräsentation rechtfertigen ließe. Indes wird dieser Gedanke dadurch *ad absurdum* geführt, dass die Bevölkerungsproportionalität der Mandatsverteilung auf die Regierungsbezirke durch die Gewährung von Ausgleichsmandaten aufgegeben wird: Ein Regierungsbezirk, in dem Überhangmandate anfallen, ist im Landtag mit mehr Abgeordneten vertreten, als ihm nach seiner Bevölkerungszahl „zustehen".

---

14 Sofern dies zu einer geraden Gesamtzahl führt, wird diese um einen zusätzlichen Sitz erhöht.
15 BVerfG, Urt. v. 25.07.2012 – 2 BvF 3/11 u. a., BVerfGE 131, 316 (364) ging von einem Verfassungsverstoß erst dann aus, „wenn Überhangmandate im Umfang von mehr als etwa einer halben Fraktionsstärke zu erwarten sind".
16 BVerfG, Urt. v. 25.07.2012 – 2 BvF 3/11 u. a., BVerfGE 131, 316 (370).

VI. Wahlprüfung

Das Verfahren der (nachträglichen) Wahlprüfung ist in 15 Ländern zweistufig ausgestaltet. Das verbreitetste Modell sieht eine – in der Regel durch einen Ausschuss vorbereitete – Entscheidung des Landtags vor, die sodann vor dem Landesverfassungsgericht angegriffen werden kann. In Rheinland-Pfalz entscheidet ein siebenköpfiger Wahlprüfungsausschuss an der Stelle des Plenums. In Bremen und Hessen entscheidet nicht der Landtag, sondern ein spezielles Wahlprüfungsgericht, dessen Entscheidung ebenfalls auf Beschwerde hin der Kontrolle durch das Landesverfassungsgericht unterliegt. Berlin schließlich sieht mit der unmittelbaren Zuständigkeit des BlnVerfGH als einziges Land eine einstufige Wahlprüfung vor. Materiell-rechtlich ist in allen Ländern die Mandatsrelevanz des Wahlfehlers Voraussetzung für eine Ungültigerklärung der Wahl.

§ 21 Entwicklungsperspektiven

Roman Kaiser/Fabian Michl

I. Wahlrechtsreformen „im Kleinen"

Die Zusammenschau der aktuellen Wahlrechtsdiskurse in den Ländern macht deutlich, dass mit „großen" Reformprojekten in der näheren Zukunft nicht zu rechnen ist. In keinem Land wird ernsthaft ein Systemwechsel in Betracht gezogen, etwa von der personalisierten zur reinen Verhältniswahl oder gar zu Graben- oder Mehrheitswahlsystemen. Selbst in Hamburg und Bremen, wo die Wahlrechtsentwicklung der letzten Jahre besonders dynamisch verlief, scheinen sich die derzeitigen Systeme zu stabilisieren. Ob Baden-Württemberg an seiner eigenwilligen Vergabe der Proporzmandate an die unterlegenen Wahlkreisbewerber festhält oder auf die gängige Kombination von Wahlkreis- und Listenkandidaturen einschwenkt, bleibt abzuwarten. Einen grundlegenden Systemwechsel würde allerdings auch das nicht bedeuten. Doch die Wahlrechtsentwicklung in den deutschen Ländern ist keineswegs erstarrt. Diskutiert werden vielmehr einige Wahlrechtsreformen „im Kleinen", also solche, die das Wahlverfahren nicht grundlegend ändern, aber durchaus auf Repräsentationsmodell und Wahlsystem rückwirken können.

Im Vordergrund steht dabei das Bemühen um eine Erhöhung des Frauenanteils unter den Abgeordneten, das unter dem Schlagwort „Parité" mit verschiedenen Reformvorschlägen vorangetrieben wird (II). Regelrechte „Dauerbrenner" des Wahlrechtsdiskurses sind die Absenkung des Wahlalters (III) und die Einführung eines Ausländer- oder Unionsbürgerwahlrechts (IV). Der „eingeübten" Kritik an den Sperrklauseln wird die Einführung eines Ersatzstimmrechts entgegengesetzt, das dazu beitragen könnte, „Papierkorbstimmen" zu vermeiden (V). Auch beim Sitzzuteilungsverfahren sind Reformen nicht auszuschließen, zumal drei Länder noch immer am überkommenen Verfahren nach D'Hondt festhalten (VI). Auch die deutliche Vergrößerung einiger Landtage durch Überhang- und Ausgleichsmandate könnte Reaktionen des Wahlrechtsgesetzgebers nach sich ziehen (VII). Schließlich werden neuerdings die Möglichkeiten eines vorgezogenen Rechtsschutzes in Wahlrechtsfragen erörtert (VIII).

II. Geschlechterparität

Den Wahlrechtsdiskurs in den Ländern beherrschte in den letzten Jahren vor allem die Forderung nach einer geschlechterparitätischen Besetzung der Landtage, der sog. Parité-Gesetze dienen sollen. Im Januar 2019 wurde in Brandenburg als erstem deutschen Land ein solches Parité-Gesetz beschlossen.[1] Thüringen zog im Juli 2019 nach.[2] Die Parität soll in beiden Ländern dadurch befördert werden, dass die Landeslisten der Parteien abwechselnd mit Frauen und Männern oder Männern und Frauen besetzt werden. Listen, die dieser Vorgabe nicht entsprechen, sind vom Landeswahlausschuss zurückzuweisen.

Mit Urteil vom 15.07.2020 erklärte der ThürVerfGH das Thüringer Paritätsgesetz für unvereinbar mit den Grundsätzen der Gleichheit und Freiheit der Wahl nach der Landesverfassung sowie den Rechten der Parteien nach Art. 21 Abs. 1 GG.[3] Am 23.10.2020 folgte das BbgVerfG diesem Verdikt, wobei es in seiner Begründung vor allem die Unvereinbarkeit mit dem Prinzip der Gesamtrepräsentation hervorhob, das im Demokratieprinzip der Landesverfassung zum Ausdruck komme.[4] Die Auswirkungen dieser Rechtsprechung auf den Parité-Diskurs in den anderen Ländern lässt sich noch nicht absehen. Die diskutierten Modelle weichen teilweise von den Regelungen in Thüringen und Brandenburg ab. So werden in Berlin etwa zusätzlich zur „alternierenden" Liste Zweipersonenwahlkreise diskutiert, in denen je ein Mann und eine Frau als Wahlkreisabgeordnete zu wählen sind.[5] In der Tat erscheint eine reine Listenquotierung wenig geeignet, „Parität" in den Landtagen herzustellen, da – je nach Landeswahlrecht – ein erheblicher Teil der Abgeordneten in den Wahlkreisen gewählt wird. Vor allem bei erststimmenstarken Parteien hätten alternierende Listen also keine oder geringe Auswirkungen auf die Zusammensetzung der Fraktion und damit des Parlaments insgesamt.[6]

---

1 Vgl. § 7 IV 1.
2 Vgl. § 19 IV 2.
3 ThürVerfGH, Urt. v. 15.07.2020 – VerfGH 2/20; vgl. § 19 IV 2.
4 BbgVerfG, Urt. v. 23.10.2020 – VfGBbg 55/19; Urt. v. 23.10.2020 – VfGBbg 9/19; vgl. § 7 IV 1.
5 Vgl. § 6 VII 1.
6 Vgl. zur Diskussion in NRW, wo die Zahl der Wahlkreismandate deutlich größer ist als die der Listenmandate, § 13 VII.

III. Absenkung des Wahlalters

Forderungen nach einer Absenkung des Wahlalters in den zwölf Ländern, in denen es derzeit auch für das aktive Wahlrecht bei 18 Jahren liegt, dürften in Zukunft immer wieder laut werden. Die Erfolgsaussichten stehen freilich auf einem anderen Blatt. So standen Gesetzentwürfe in Niedersachsen und Rheinland-Pfalz wegen der für eine Verfassungsänderung erforderlichen Zweidrittelmehrheit von vorneherein auf verlorenem Posten. In Bayern, Mecklenburg-Vorpommern und Nordrhein-Westfalen hat sich die laufende politische Diskussion bisher nicht in parlamentarischen Initiativen niedergeschlagen. Phänomene wie die Klimabewegung „Fridays for Future" dürften das Thema auf absehbare Zeit am Leben erhalten, verdeutlichen aber auch die Bedeutung des parteipolitischen Kalküls, das einer Entscheidung über das Wahlalter zugrunde liegt.[7]

IV. Ausländer- bzw. Unionsbürgerwahlrecht

Etwas anders gestaltet sich die Situation beim Ausländerwahlrecht. Auch dieses Thema ist aus dem politischen Bewusstsein nie ganz verschwunden, sondern bleibt als grundsätzliche Forderung weiterhin existent. In zwei Ländern ist die Ausweitung des Wahlrechts auf Ausländer sogar verfassungsrechtlich angelegt: in Brandenburg als Pflicht, in Sachsen-Anhalt als Option, jeweils unter der Bedingung, dass das Grundgesetz sie zulässt. Einem Ausländerwahlrecht stehen bis dato jedoch die Entscheidungen des BVerfG aus dem Jahr 1990 entgegen.[8] Auch eine Ausweitung der Wahlberechtigten lediglich um Unionsbürger, wie sie konkret in Nordrhein-Westfalen diskutiert worden ist, wird danach überwiegend für unzulässig gehalten. Bewegung in die Sache könnte kommen, sollte sich doch noch ein Landeswahlgesetzgeber, ggf. unter dem Vorzeichen günstiger Mehrheitsverhältnisse am BVerfG, vorwagen und ein Ausländerwahlrecht einführen.

---

7 Vgl. § 13 VII.
8 Näher § 1 III 2 a.

V. Sperrklausel und Ersatzstimmrecht

Trotz verbreiteter Zweifel an der Erforderlichkeit der Fünf-Prozent-Hürde zur Sicherung der Entscheidungsfähigkeit des Parlaments[9] ist ein Abrücken der Länder von der in allen Landeswahlgesetzen vorgesehenen Sperrklausel nicht zu erwarten. Auch eine verfassungsgerichtliche Intervention erscheint wenig wahrscheinlich, da die Landesgesetzgeber ihre Prognosespielräume derzeit kaum überschritten haben dürften. Weder die Urteile des BVerfG zur Sperrklausel im Europawahlrecht[10] noch die Entscheidungen des VerfGH NRW zur Sperrklausel im Kommunalwahlrecht[11] können auf das Wahlrecht der Landtage übertragen werden, da sie andere Vertretungsorgane mit anderen Kompetenzen betreffen, deren Entscheidungsfähigkeit (auch noch) von anderen Faktoren abhängt als der parteipolitischen Zusammensetzung. Es erscheint daher unwahrscheinlich, dass die mit der Sperrklausel einhergehende Beeinträchtigung der Erfolgswertgleichheit in näherer Zukunft abgebaut werden wird.

Eine mögliche Reaktion auf die Kritik an der Sperrklausel ist die Einführung eines Ersatzstimmrechts, auch Eventualstimmrecht genannt.[12] Die Wähler können danach eine weitere (Zweit-)Stimme für den Fall vergeben, dass die Partei, die sie eigentlich präferieren, an der Sperrklausel scheitert. Gedanklich findet also ein zweiter Wahlgang statt, an dem nur die Parteien teilnehmen, die im ersten Wahlgang die Sperrklausel überwunden haben.[13] Die gelegentlich geäußerten Bedenken gegen die Praktikabilität des Ersatzstimmrechts[14] sind nicht durchgreifend.[15] Sofern seine (vermeintliche) Komplexität gegen das Ersatzstimmrecht ins Feld geführt wird, mag der Hinweis auf deutlich anspruchsvollere Wahlverfahren genügen, die bereits heute in den Ländern – vor allem in Bremen und Ham-

---

9 Vgl. *Martin Morlok*, in: Dreier (Hrsg.), GG, 3. Aufl. 2015, Art. 38 Rn. 112 m. w. N.
10 BVerfG, Urt. v. 09.11.2011 – 2 BvC 4/10 u. a., BVerfGE 129, 300 ff.; Urt. v. 26.02.2014 – 2 BvE 2/13 u. a., BVerfGE 135, 259 ff.
11 VerfGH NRW, Urt. v. 06.07.1999 – VerfGH 14, 15/98, NVwZ 2000, 666 ff.; Urt. v. 21.11.2017 – VerfGH 21/16, NVwZ 2018, 159 ff.
12 Dazu ausf. *Stefan Lenz*, Sperrklausel und Ersatzstimme im deutschen Wahlrecht, NVwZ 2019, 1797 ff. m. N. zum Diskursstand; vgl. auch *ders.* Kommunalverwaltung und Demokratieprinzip, 2020, S. 308 ff., sowie § 13 VII.
13 *Stefan Lenz*, Sperrklausel (Fn. 12), 1799.
14 Etwa bei *Martin Morlok* (Fn. 9), Art. 38 Rn. 12, der von einem „wenig praktikable[n] komplexitätssteigernde[n] Vorschlag einer Eventualstimme" spricht.
15 *Stefan Lenz*, Sperrklausel (Fn. 12), 1801 f.

burg – praktiziert werden.[16] Jedenfalls im gängigen Zweistimmensystem erhöht die Ersatzstimme die Komplexität nur geringfügig, zumal sie den Wählern, denen die Effekte der Sperrklausel weitgehend bekannt sein dürften, leicht vermittelbar ist. Ob sich die Landesgesetzgeber für die Einführung eines Ersatzstimmrechts entscheiden, bleibt ihrem legislativen Ermessen überlassen; eine verfassungsrechtliche Pflicht dazu lässt sich nicht konstruieren.[17]

VI. Sitzzuteilungsverfahren

Die meisten Länder verteilen die Mandate nach den Verfahren Hare/Niemeyer oder Sainte-Laguë/Schepers, die sich keiner grundsätzlichen Kritik ausgesetzt sehen, weil sie den Proporz weitgehend abbilden können. Der Nachteil des Hare/Niemeyer-Verfahrens, eine absolute Mehrheit der Zweitstimmen ggf. nicht in eine absolute Mehrheit der Sitze umsetzen zu können, wird dadurch ausgeglichen, dass die Landeswahlgesetze der betroffenen Partei vor der Verteilung der Sitze nach den Bruchteilen einen weiteren – mehrheitssichernden – zuweisen.[18] Ein Wechsel auf Sainte-Laguë/Schepers hätte zwar einen gewissen arithmetisch-ästhetischen Reiz, der aber – für sich genommen – die Landesgesetzgeber kaum zu einer Wahlrechtsreform motivieren wird. Nicht ausgeschlossen erscheint es jedoch, dass Niedersachsen, Sachsen und das Saarland vom D'Hondt-Verfahren abrücken, das in zunehmendem Maße als wahlrechtliches „Relikt" empfunden werden und aufgrund seiner proporzverzerrenden Wirkungen noch stärkerer Kritik ausgesetzt sein dürfte als bisher.[19]

VII. Parlamentsgröße

Die Verkleinerung des durch Überhang- und Ausgleichsmandate angewachsenen Bundestags ist das beherrschende Thema des Bundeswahl-

---

16 Vgl. *Stefan Lenz*, Sperrklausel (Fn. 12), 1802, der auf die in den meisten Ländern praktizierten Mehrstimmensysteme bei Kommunalwahlen hinweist. In Bayern können bei den Kommunalwahlen bis zu 80 Stimmen vergeben, gehäufelt und auf unterschiedliche Wahlvorschläge verteilt werden!
17 Vgl. BVerfG, Beschl. v. 19.09.2017 – 2 BvC 46/14, NVwZ 2018, 648 (654 f.) zum Bundeswahlrecht.
18 § 35 Abs. 6 LWG LSA.
19 Vgl. nur *Jochen Rauber*, Das Ende der Höchstzahlen?, NVwZ 2014, 626 ff.

rechts. Das „Problem"[20] des „übergroßen" Parlaments stellt sich jedoch auch bei einigen Landtagen, deren prozentualer Mandatszuwachs im Vergleich mit der gesetzlichen Ausgangszahl teilweise sogar deutlich über den Zuwachsraten im Bund liegt.[21] Dass die Diskussion in den betroffenen Ländern – vor allem Hessen, Berlin und Nordrhein-Westfalen – dennoch nicht mit der gleichen Intensität geführt wird wie im Bund,[22] dürfte am „Frame" der absoluten Zahlen liegen, in dem eine Erhöhung der Abgeordnetenzahl von 110 auf 137 (Hessen) weniger drastisch erscheint als eine Erhöhung von 598 auf 703 (Bund).

Ob die Länder, in denen deutliche Zuwächse auftreten, diese zum Anlass für Wahlrechtsreformen nehmen werden, bleibt abzuwarten. Bei der letzten Reform des Berliner Parlamentsrechts forderte lediglich die AfD-Fraktion eine Verringerung der Abgeordnetenzahl.[23] Auch in Hessen und Nordrhein-Westfalen sind derzeit keine aussichtsreichen Initiativen für eine Begrenzung der Mandatszahl ersichtlich. Regelungsvorbilder für eine Beschränkung des Ausgleichs von Überhangmandaten gäbe es in den Wahlgesetzen Brandenburgs, Mecklenburg-Vorpommerns, Niedersachsens, Sachsens und Sachsen-Anhalts.[24] Inwieweit die dortigen Regelungen geeignet sind, ein „Anwachsen" der Parlamente zu verhindern, steht auf einem anderen Blatt. Wer das „übergroße" Parlament auch in den Ländern als Problem ansieht, wird an einer grundlegenden Wahlrechtsreform nicht vorbeikommen und dabei auch das eingeführte Zweistimmensystem infrage stellen müssen. Mehrheiten dafür sind derzeit freilich nicht in Sicht.

VIII. Vorgezogener Rechtsschutz

Schließlich ist in Sachsen jüngst eine Wahlrechtsreform angestoßen worden, die primär nicht die Wahlgesetzgebung, sondern die richterliche Ver-

---

20 Ob die Funktionsfähigkeit der Parlamente wirklich entscheidend von einer „beherrschbaren" Abgeordnetenzahl abhängt, sei an dieser Stelle dahingestellt.
21 Vgl. § 20 V 3.
22 Vgl. aber zur Diskussion in Hessen § 10 VII.
23 PlPr. 18/47 v. 26.09.2019, S. 5641 ff. Dieser Kritik schloss sich *Hans Herbert von Armin*, Aufstockung der Entschädigung und Versorgung im übergroßen Abgeordnetenhaus von Berlin – eine Kritik, DVBl. 2020, 305 ff., an, dessen Verknüpfung der Debatte um die Parlamentsgröße mit Fragen der Abgeordnetendiäten indes wenig diskursförderlich sein dürfte.
24 Vgl. § 20 V 3 und die jeweiligen Landeskapitel.

fassungs- und Gesetzesinterpretation betrifft. Der SächsVerfGH hat die bisher in der bundes- wie landesverfassungsrechtlichen Judikatur unangefochtene Spezialitätsthese, nach der das Institut der (nachträglichen) Wahlprüfung einem Rechtsschutz vor der Wahl entgegenstehe,[25] in einer Entscheidung zur Aufstellung der AfD-Landesliste aufgeweicht. Er bejahte ausnahmsweise die Statthaftigkeit einer Verfassungsbeschwerde vor der Wahl, „wenn und soweit eine Entscheidung eines Wahlorgans auf einem besonders qualifizierten Rechtsverstoß beruht und voraussichtlich einen Wahlfehler von außerordentlichem Gewicht begründete, der erst nach der Wahl beseitigt werden könnte und möglicherweise zu landesweiten Neuwahlen führte".[26]

Die rechtswissenschaftliche Diskussion darüber, welche Anforderungen Art. 19 Abs. 4 GG an den Wahlrechtsschutz stellt, hat dadurch einen neuen Impuls erfahren.[27] Es bleibt abzuwarten, ob weitere Landesverfassungsgerichte diese oder gar weitere Ausnahmen vom Vorrang der Wahlprüfung vorsehen werden. Mittel- bis langfristig wäre es auch denkbar, dass die Wahlrechtsgesetzgeber – ähnlich wie bei der teilweisen Einführung einer Nichtanerkennungsbeschwerde ab 2012 –[28] den Impuls aufgreifen und den vorgezogenen Rechtsschutz gesetzlich ausweiten.

---

25 Näher § 1 III 4 m. N. auch zum Schrifttum.
26 SächsVerfGH, Urt. v. 16.08.2019 – Vf. 76-VI-19, NVwZ 2019, 1829 (1832).
27 Vgl. *Wolf-Rüdiger Schenke*, Die Garantie des Wahlrechtsschutzes durch Art. 19 IV GG, NJW 2020, 122 ff.
28 Vgl. Art. 93 Abs. 1 Nr. 4c GG und die Nachweise bei § 1 III 4.

Anhang

Übersicht

	Wahlalter (a/p)	System	Stimmen	Listenform	Mandate (WK)	5-%-Hürde	Zuteilung
BW	18/18	pVHW	1	erfolglose Wahlkreis-/Ersatzbewerber	120+ (70)	landesweit	Sainte-Laguë
BY	18/18	pVHW	2	offen	180+ (91)	landesweit	Hare/Niemeyer
BE	18/18	pVHW	2	geschlossen	130+ (78)	landesweit*	Hare/Niemeyer
BB	16/18	pVHW	2	geschlossen	88+ (44)	landesweit*, **	Hare/Niemeyer
HB	16/18	pVHW	5	offen	84	B/BHV	Sainte-Laguë
HH	16/18	pVHW	10	offen	121+ (71)	landesweit	Sainte-Laguë
HE	18/18	pVHW	2	geschlossen	110+ (55)	landesweit	Hare/Niemeyer
MV	18/18	pVHW	2	geschlossen	71+ (36)	landesweit	Hare/Niemeyer
NI	18/18	pVHW	2	geschlossen	135+ (87)	landesweit	D'Hondt
NW	18/18	pVHW	2	geschlossen	181+ (128)	landesweit	Sainte-Laguë
RP	18/18	pVHW	2	geschlossen	101+ (51)	landesweit	Sainte-Laguë
SL	18/18	VHW	1	geschlossen	51	landesweit	D'Hondt
SN	18/18	pVHW	2	geschlossen	120+ (60)	landesweit*	D'Hondt
ST	18/18	pVHW	2	geschlossen	83+ (41)	landesweit	Hare/Niemeyer
SH	16/18	pVHW	2	geschlossen	69+ (35)	landesweit*, **	Sainte-Laguë
TH	18/18	pVHW	2	geschlossen	88+ (44)	landesweit	Hare/Niemeyer
Bund	18/18	pVHW	2	geschlossen	598+ (299)	bundesweit*	Sainte-Laguë

* Grundmandatsklausel (BE, BB, SH: 1 Mandat; SN: 2 Mandate; Bund: 3 Mandate).
** Ausnahme für nationale Minderheiten (BB: Sorben/Wenden; SH: Dänen)

Autorinnen und Autoren

Prof. Dr. *Tristan Barczak*, LL.M., Inhaber des Lehrstuhls für Öffentliches Recht, Sicherheitsrecht und Internetrecht, Universität Passau

Dr. *Henner Gött*, LL.M., Wissenschaftlicher Assistent am Institut für Völkerrecht und Europarecht, Abteilung Internationales Wirtschaftsrecht und Umweltrecht, Universität Göttingen

Lukas Christoph Gundling, M.A., Wissenschaftlicher Mitarbeiter am Lehrstuhl für Öffentliches Recht und Neuere Rechtsgeschichte, Universität Erfurt

Dorothea Heilmann, Dozentin, Hochschule Meißen (FH) und Fortbildungszentrum

Dr. *Patrick Hilbert*, Akademischer Rat a. Z. am Institut für deutsches und europäisches Verwaltungsrecht, Universität Heidelberg

Laura Jung, MJur, Maître en droit, Rechtsreferendarin am Kammergericht Berlin

Benjamin Jungkind, Wissenschaftlicher Mitarbeiter am Lehrstuhl für Öffentliches Recht und Rechtsvergleichung, Universität Frankfurt am Main

Dr. *Roman Kaiser*, Wissenschaftlicher Mitarbeiter am Lehrstuhl für Öffentliches Recht, Medizinrecht und Rechtsphilosophie, Universität Augsburg

Dr. *Manuel Kollmann*, Rechtsanwalt bei der Kanzlei Redeker Sellner Dahs, Bonn

Dr. *Stefan Lenz*, Rechtsreferendar am Oberlandesgericht Hamm

Dr. *Stefan Martini*, Wissenschaftlicher Mitarbeiter am Lehrstuhl für Öffentliches Recht, insbesondere Völker- und Europarecht, Universität Kiel

Michael Meier, Doktorand am Lehrstuhl für Europäisches und Deutsches Verfassungsrecht, Verwaltungsrecht, Sozialrecht und Öffentliches Wirtschaftsrecht, Universität Potsdam

Dr. *Fabian Michl*, LL.M., Akademischer Rat a. Z. am Lehrstuhl für Öffentliches Recht und Verfassungstheorie, Universität Münster

Nadja Reimold, Wissenschaftliche Mitarbeiterin am Lehrstuhl für Öffentliches Recht, Europa- und Völkerrecht, Universität Greifswald

Christina Schulz, LL.M., Referentin bei der Hamburger Behörde für Wissenschaft, Forschung, Gleichstellung und Bezirke

Dr. *Thomas Spitzlei*, Akademischer Rat a. Z. am Lehrstuhl für Öffentliches Recht, Sozialrecht und Verwaltungswissenschaft, Universität Trier

Victor Struzina, Akademischer Rat a. Z. am Lehrstuhl für Öffentliches Recht, Medizinrecht und Rechtsphilosophie, Universität Augsburg